COLEÇÃO

HISTÓRIA DA IGREJA DE CRISTO

DANIEL-ROPS

COLEÇÃO

HISTÓRIA DA IGREJA DE CRISTO

VI

A IGREJA DOS TEMPOS CLÁSSICOS (I)

4ª edição

Tradução de Henrique Ruas
e Emérico da Gama

QUADRANTE

QUADRANTE

QUADRANTE EDITORA
Rua Bernardo da Veiga, 47 | Tel.: 3873-2270
CEP 01252-020 | São Paulo - SP
atendimento@quadrante.com.br
www.quadrante.com.br

Direção geral
Renata Ferlin Sugai

Direção de aquisição
Hugo Langone

Direção editorial
Felipe Denardi

Produção editorial
Juliana Amato
Gabriela Haeitmann
Ronaldo Vasconcelos
Roberto Martins
Karine Santos

Capa
Gabriela Haeitmann

Diagramação
Sérgio Ramalho

Título original: *L'Église des temps classiques. I. Le grand siècle des âmes*
Edição: 4ª

Dados Internacionais de Catalogação na Publicação (CIP)

Daniel-Rops, Henri, 1901-1965
A Igreja dos tempos clássicos / Henri Daniel-Rops; tradução de Henrique Ruas e Emérico da Gama – 4ª ed. – São Paulo: Quadrante Editora, 2024.

Título original: *L'Église des temps classiques. I. Le grand siècle des âmes*
Conteúdo: VI. O grande século das almas
ISBN (capa dura): 978-85-7465-755-4
ISBN (brochura): 978-85-7465-744-8

1. Igreja - História I. Título

CDD–270

Índices para catálogo sistemático:
1. Igreja : História : Cristianismo 270

Sumário

I. Um construtor da igreja moderna: São Vicente de Paulo 7

II. O grande século das almas 83

III. Quando a Europa muda de bases 205

IV. Luís XIV, rei cristianíssimo 281

V. Cristãos dos tempos clássicos 363

VI. Duas crises doutrinais: jansenismo e quietismo 507

Quadro cronológico 657

Índice bibliográfico 669

Índice analítico 679

I. Um construtor da Igreja moderna: São Vicente de Paulo

O pároco de uma freguesia decaída

Naquele ano — era o ano de 1617 do nascimento de Cristo — o santo tempo da Quaresma começou como de costume: numa indiferença e num desprezo totais. Châtillon, vilarejo do coração dos Dombes, não era nem mais nem menos cristã que centenas de outras vilas e aldeias da França; quer dizer: era muito pouco cristã. A gente simples — camponeses, pescadores, negociantes de gado — não cuidava senão de ganhar a vida, uma vida dura, numa terra fria, coalhada de pântanos, coberta de névoa em oito dos doze meses do ano. A classe alta da sociedade tinha-se feito huguenote, o que não significa que vivesse à grande. Abandonada, a igreja paroquial servia para as reuniões públicas. O campanário, a que chamavam "o reino", abrigava autênticas orgias. O presbitério caía em ruínas. Havia quarenta anos que o culto andava ao sabor das visitas que os titulares da paróquia faziam a fim de arrecadar as quinhentas libras do benefício eclesiástico. Na cidade, entre vigários e capelães, havia bem uns seis padres, mas de costumes soltos e de zelo abaixo do morno. A sua atividade não ia além da celebração de alguma

Missa por uns defuntos, de resto muito esquecidos. Já não tocavam os sinos para anunciar a Missa e as vésperas. Ora, nesse ano, os sinos tocaram.

Tinha chegado um novo pároco. Constava que viera de Paris, pela estrada de Pont-de-Veyle. Era voz pública que fora capelão, preceptor ou coisa parecida em casa de uma família nobre e poderosa, os Gondi, bem conhecidos até ao Chalaronne. Acrescentavam que, para paroquiar Châtillon, tinha renunciado a pingues benefícios. Havia quem, desconfiado, perguntasse por quê... Mas a verdade é que o recém-chegado agradou. Era de mediana estatura, robusto e ainda jovem: menos de quarenta anos. No rosto largo, alongado pela barbicha que Henrique IV pusera de moda, um nariz grande, olhos pequenos e vivos, protegidos por espessas sobrancelhas, boca rasgada, habitualmente franzida por um sorriso brincalhão — tudo compunha uma fisionomia simpática, que inspirava confiança. Ao falar, acentuava as frases com gestos rápidos e mímica. A voz era quente e tinha um sotaque estranho à região. Logo de entrada, soube ganhar tão bem as simpatias que Jean Beynier, um discípulo de Calvino de muitas posses, lhe ofereceu a sua casa para viver enquanto o presbitério não se tornasse habitável. E o novo pároco aceitou a hospedagem, sem cerimônias.

Depressa se percebeu que esse padre era diferente dos outros. Levantava-se antes do alvorecer, rezava uma boa meia-hora, arrumava o quarto e a seguir ia para a igreja, celebrar a Missa: coisas que não eram correntes. Viram-no trabalhar, com as próprias mãos, na limpeza, na reparação, na restauração da pintura da casa do Senhor. Ouviram-no convidar calorosamente os fiéis a ir à igreja. Surpreendidos, os primeiros que compareceram notaram — e foram transmitir aos outros — que os ofícios eram celebrados como nunca, os sermões não eram enfadonhos e os velhos cânticos, agora cantados em coro, aqueciam a alma. Ao fim de algumas semanas, os católicos de Châtillon reaprenderam o caminho da sua igreja e os padres "acomodados", que vagueavam pela vila, convidados pelo novo pároco a viver no presbitério em comunidade fraterna, aceitaram quase todos o convite e mostravam-se satisfeitos.

Que homem espantoso! Gostavam dele os mais modestos aldeões: tanto os ceifeiros de milho-miúdo, a quem ele ia ajudar nas terras enxutas, como os pescadores das enchentes[1]. Os ricos respeitavam-no. Até os hereges e os violentos sofreram a sua influência. Como esse Jean Beynier, seu hospedeiro huguenote, que abjurou o calvinismo. Ou como o nada fácil senhor de Rougemont, que era um *fanfarrão*, constantemente envolvido em rixas e em desordens; um belo dia, o pároco fê-lo parar na estrada e falou-lhe tão docemente de Deus e da alma que o malvado saltou do cavalo e ali mesmo — *tac, tac* — quebrou a terrível espada. Ou, ainda melhor, como essa intratável Mlle. de la Chassagne, avarenta, egoísta, arrogante, que o novo pároco trouxe de volta aos bancos da igreja e persuadiu a ser amável para com a gente humilde. Uma verdadeira conversão!

E, depois, veio o grande abalo. Era um domingo. O prior ia subir ao púlpito. Aproximaram-se dele e falaram-lhe muito baixinho. Viram-no comover-se. E o sermão começou, mas foi um sermão diferente dos outros. Contou aquilo que tinha acabado de saber: fora da vila, numa casa perdida no meio dos pântanos, havia uma família em grande sofrimento. Tinham ficado todos doentes ao mesmo tempo, de modo que ninguém podia socorrer os outros. E tão pobres que dava dó! Já não restava a esses infelizes nem uma libra de pão, nem um pouco de toucinho, nem uma gota de azeite. Haviam de deixá-los morrer assim? Não seria toda a paróquia responsável pelos seus filhos?

Muitos olhos se encheram de lágrimas. E, quando, ao cair da tarde, depois de rezar as vésperas, o prior se pôs a caminho para visitar aqueles abandonados, que encontrou na estrada? Bem mais de cinquenta paroquianas, que voltavam da casa dos pobrezinhos, cada uma com o seu cesto vazio pendente do braço...

A vila inteira sentiu-se melhor, assim unida nesse gesto de caridade. E, naquela mesma noite, juntando à sua volta todas essas boas almas que tinham respondido ao seu apelo, o bom pároco propôs-lhes que organizassem de modo permanente a ajuda aos miseráveis. Acabava de se constituir, visivelmente inspirada pela Providência, a primeira Confraria das *Damas da Caridade*. Com sentido prático, o prior redigiu-lhes um estatuto, um estatuto muito claro, que ainda hoje se pode ver na igreja de Châtillon. E todos se sentiram tocados pelo zelo do padre.

Não ficou ali por muito tempo: ao que parece, cinco meses apenas. Mas o seu rasto ficou. Desse pântano de indiferença, de vícios subreptícios e de heresia, fizera uma comunidade fraterna. Por seu lado, tinha aprendido muito com as suas ovelhas dos Dombes. Acima de tudo, aprendera que a corrupção da sociedade cristã, tema de tantos sermões, podia ser combatida por meios muito simples e também muito eficazes, desde que houvesse nos corações a caridade de Cristo, tão fácil de contagiar.

Esse jovem pároco chamava-se Vicente de Paulo. Os paroquianos logo o chamaram *Monsieur Vincent*.

A teia de aranha

Tinha nascido[2] muito longe de Châtillon, num recanto da França ainda mais pobre do que os Dombes, nos confins das Landes com a rica Chalosse, mas do lado insalubre, entre areias e desertos pantanosos. Pouy, que era a sua aldeia natal, ficava a três léguas de Dax (de Acqs, como então se dizia) e contava cinquenta casas, feitas de adobes e cobertas de colmo, em que era frequente viverem misturadas as pessoas e o gado.

Quatro rapazes e duas moças eram para o pai muitas bocas a alimentar, ainda que não lhes desse senão papas de milho-miúdo e bolacha de trigo escuro, com alguma carne menos de dez vezes por ano. Rude escola essa, cujas lições haveriam de ficar guardadas na memória de Vicente. Quando passar a viver na corte e vir a criadagem formigar junto dos ricos, dirá estas palavras que, na sua boca, constituem uma terna homenagem: "A minha mãe nunca teve criada. Ela mesma se ocupava de servir, porque era mulher — e eu filho — de um pobre camponês".

Um pobre camponês — eis o que ele era e continuaria a ser em espírito durante toda a vida, com tal insistência que até pode fazer pensar em certa ostentação sutil. Seria para salvaguardar a humildade? Seria para lembrar que, pela sua origem, tinha o direito de se fazer defensor da miséria humana? Certamente por ambas as razões. Que o espiritual é também carnal, e que, para dar uma alma ao povo, importa dar-lhe primeiro com que viver — tinha-o ele aprendido por experiência própria, nesses dias em que ia crescendo no barraco cheio de fumaça, ou então no rossio comunal, onde, desde os seis anos, guardava porcos. Não: não o esqueceria.

Devia ser uma criança viva e de inteligência brilhante, porque chamou a atenção de uma pessoa importante de Dax, o senhor Comet, cujas funções de "juiz da paróquia" o levavam de vez em quando a Pouy. A pedido do advogado do tribunal presidial, os franciscanos admitiram-no no seu colégio. Para sair da casca familiar e fazer carreira, Vicente, como tantos outros, seria eclesiástico. Ninguém sabe se, nessa altura, ele se sentia chamado ao sacerdócio. As histórias edificantes a esse respeito só hão de aparecer muito mais tarde. Na bonomia da sociedade francesa dos começos do Grande Século, as distâncias sociais venciam-se facilmente pelo canal da Igreja, apesar dos enfeites do gibão e das rendas do peitilho. Bem o compreendera o pai do pequeno. Aos quinze anos, Vicente já tinha recebido a tonsura e as ordens menores.

Para ser algo mais que pároco de aldeia, o rapaz tinha de prosseguir estudos. O senhor Comet, seu protetor, velou por isso e o pai de Vicente teve um gesto magnânimo: para o filho poder frequentar a universidade, vendeu uma junta de bois. Assim, pois, Vicente passou quatro anos em Toulouse, primeiro em Humanidades, depois em Teologia, levando uma vida que não terá sido tão censurável como, mais tarde, a sua humildade iria confessar, mas é natural que fosse bastante profana. Esse modesto preceptor de crianças nobres, esse *marchand de soupe*[3] que, para sobreviver, tinha que se alojar nas casas dos alunos — prenunciaria de algum modo um santo? Dir-se-ia que o seu destino era, como o de tantos outros, ser um padre-comerciante, mais interessado em benefícios do que no seu ministério. De acordo com os lamentáveis costumes do tempo — esses costumes que ele viria a combater duramente —, transpôs com uma rapidez inquietante as diversas fases do sacerdócio. No ano de 1600, François de Bourdeilles, um velho cego que era bispo de Périgueux, ordenou-o presbítero durante uma visita que o ordenando lhe fez no seu castelo. Vicente mal tinha vinte anos.

Esse tempo, em que, como ele haveria de dizer, permaneceu "na teia de aranha" — a aranha do mundo, cujos fios a todos nos prendem —, prolongou-se ainda bastante: uma boa dezena de anos, se não mais. No entanto, o Céu não se esqueceu de submetê-lo a esse tipo de provas que costumam ser ocasião de conversões. Em 1605, foi a Marselha para conseguir o pagamento de uma dívida que um um velhaco perverso tardava em satisfazer. Tendo embarcado, no regresso, com destino a Narbonne, teve a desgraça de ver o barco assaltado por três bergantins turcos, e de ser conduzido a Túnis e vendido no mercado de escravos, sem ter outra coisa sobre o corpo senão umas bragas e uma vestimenta de linho[4]. A provação foi bem dura. Não tanto, porém, como ele receara, visto que os senhores que o compraram se mostraram muito humanos.

Primeiro foi um "médico espagírico", ou seja um alquimista, que andava em busca da pedra filosofal; e depois, um colono, Guillaume Gautier, meeiro do Bei, que não era senão um antigo monge do convento dos franciscanos de "Nici" da Savoia (quer dizer, Annecy). O encanto pessoal de Vicente valeu-lhe ser bem tratado pelo renegado e suas três mulheres. A tal ponto que, recordando-se da sua condição de padre, o escravo trouxe outra vez o seu senhor à fé do Batismo e o convenceu a regressar a França a fim de ser devidamente absolvido. E assim o próprio Vicente pôde evadir-se.

Em fins de junho de 1607, Vicente e o companheiro desembarcaram em Aigues-Mortes e apressaram-se a entrar em Avinhão, onde o vice-legado do papa os recebeu, "de lágrimas nos olhos e soluços na garganta", felicíssimo de poder edificar os fiéis católicos com o comovedor espetáculo de uma solene abjuração. Além do mais, esse grande senhor eclesiástico interessava-se imensamente por alquimia e pela busca da pedra filosofal, cujos segredos talvez fossem conhecidos pelo ex-escravo do médico de Túnis. Propôs a

Vicente que o acompanhasse numa viagem a Roma, o que o jovem sacerdote aceitou com alegria. Foi uma época feliz da sua vida! *Vixit in Urbe aeterna*, como havia de repetir, mais tarde, Montesquieu, outro gascão. Perfeitamente introduzido por Montorio, sabendo ver e sabendo calar, duas qualidades preciosas na corte romana, e, para mais, pondo em jogo o seu encanto pessoal, Vicente acabou por chegar junto do papa, então Paulo V, e do embaixador da França, Savary de Brève. E com tal sucesso que, ao deixar a Cidade Eterna em 1609, correu o rumor de que fora encarregado de uma missão confidencial.

Que missão? Não se sabe muito bem — nem sequer se ela existiu... Não se tratava da separação de Henrique IV e da rainha Margot, que já estava consumada havia vários anos. Seria o desejo, por parte do papa, de retardar a nomeação para o bispado de Metz do duque de Verneuil, filho natural do rei? Seja como for, Vicente encontrou-se com Henrique IV, que o acolheu bem (talvez em recompensa do seu silêncio) e o fez nomear capelão da ex-mulher. Bom lugar e de pouco trabalho. Distribuir as esmolas em nome da rainha, celebrar a Missa para ela — quando lhe chegava a vez, pois havia vários capelães —, comparecer às recepções dadas pela antiga soberana, não eram coisas para preencher os dias. Foi por isso que Vicente de Paulo conseguiu licenciar-se em Direito Canônico, na Sorbonne.

Do ponto de vista espiritual, terá ele lucrado muito nesse meio da alta sociedade e das belas letras, bastante mesclado, que a beldade de outrora, agora sossegada, gostava de reunir à sua volta? Pelo menos, pôde frequentar o hospital dos *Fate bene Fratelli*[5], situado mesmo em frente do palácio de Margot, e ali ir fazendo a aprendizagem de uma vocação que havia de ser, tão maravilhosamente, a sua. No início de 1610, deram-lhe o benefício da abadia cisterciense de Saint-Léonard-de-Chaumes, na diocese de Saintes, o que o punha ao abrigo de dificuldades materiais. A carreira que o pai camponês tinha sonhado para o filho lá ia avançando...

Mas seria apenas para continuar por toda a vida como um padre mundano, colecionador de benefícios, um embatinado politiqueiro e diplomático, que o Senhor tinha querido proporcionar-lhe, aos trinta anos, uma experiência tão rica? Vicente já conhecia a vida rural e suas misérias, a vida estudantil e seus problemas, a vida dos escravos e suas penas, a vida romana e suas ciladas, enfim a vida das cortes e suas mentiras. E de tudo isso não havia de sair mais nada senão um destino banal, ao serviço de interesses medíocres? Como ele próprio viria a dizer, por volta de 1610 estava ainda na "pequena periferia"; era ainda um homem de horizontes curtos. Mas havia muito tempo que Deus o escolhera para a grande aventura das almas. O olhar divino não o deixava.

A resposta ao apelo

Que foi que se passou? Não se sabe muito bem. Vicente de Paulo nunca foi muito dado a confidências, e em parte nenhuma se exprimiu sobre o acontecimento maior da sua vida espiritual. O que é seguro é que, a partir de cerca de 1610, teve uma transformação interior que não demorou a manifestar-se em atitudes. Terá passado por uma "noite de fogo" do gênero daquela que Pascal viveria quarenta anos mais tarde? Essa "invasão da santidade", de que fala um dos seus biógrafos, terá sido uma súbita estocada, ou antes uma lenta e minuciosa penetração? Certas causas contingentes podem ter contribuído para essa vitória divina. Por exemplo, os numerosos processos que teve de sustentar para disputar os produtos da sua abadia a um inspetor protestante de La Rochelle. Ou ainda aquele guisado, já um tanto ou quanto mal-cheiroso, de esnobismo, de literatice e de galantaria que, a favor ou contra o gosto dele, lhe servia a rainha Margot. Apesar dessas tribulações, dessas astúcias, dessas meias intrigas, ninguém duvida de que Vicente conservou sempre uma alma reta, de fé rústica e sem reticências. Talvez não tivesse necessidade de muitas coisas para corresponder ao apelo interior de Cristo.

Houve alguém que, seguramente, o ajudou a tornar-se permeável ao sopro divino: *Bérulle*, grande figura de espiritualidade, pai da "Escola Francesa", que dominava, austero, o catolicismo francês da época e cujo pensamento iria marcar profundamente toda a vida espiritual do século XVII[6]. Nascido em 1575, Pierre de Bérulle era pouco mais velho que Vicente de Paulo; mas o camponês da Gasconha depressa se fez admirador incondicional desse aristocrata de sangue e de cultura, que é como quem diz desse infatigável arauto da causa de Deus, desse homem que ia fazer ressurgir o Carmelo e criar o Oratório no reino da França.

É de supor que, anteriormente, Vicente nunca houvesse encontrado alguém que tivesse a clara experiência da vida em Deus. Bérulle foi esse alguém, e tanto bastou para que, dobrando os joelhos, ele lhe entregasse por inteiro a orientação da sua alma. O futuro cardeal passou, pois, a ser seu diretor espiritual, seu confessor e, mais ainda, seu modelo vivo. Todos os problemas que atormentavam Bérulle — os da reanimação da massa cristã, decidida pelo Concílio de Trento, mas ainda tão lenta em ser alcançada —, todos foram descobertos pelo mundano capelão da rainha Margot e assumidos por ele com toda a alma. Quer uma tradição, de origem ignorada, que, durante o ano de 1611, em companhia de Bérulle e do enérgico Adrien Bourdoise, que agruparia à sua volta bons padres em Saint-Nicolas-du-Chardonnet, Vicente fez um retiro com o propósito expresso de meditar nessas graves questões e de lhes achar solução.

Não passou muito tempo sem que os atos começassem a seguir e a testemunhar a sua evolução interior. Menos de ano e meio depois de ter recebido o benefício de Saint-Léonard, Vicente já entregava aos franciscanos, para os doentes de que cuidavam, uma quantia enorme — quinze mil libras, ou seja, pelo menos cinco ou seis milhões de francos — que lhe viera de uma dotação: foi o primeiro sinal de obediência aos preceitos de renúncia do Mestre. Mas não deu aos pobres somente os seus bens: deu-lhes também o coração e a alma. Cada vez o viam mais pelas enfermarias do hospital e pelos bairros piolhentos da cidade. Não havia miséria que não o sensibilizasse, quer se manifestasse nos corpos ou nas consciências; assim aconteceu, por exemplo, com um padre, doutor pela Sorbonne, que andava torturado por tentações e dúvidas, e por quem, heroicamente, Vicente de Paulo se ofereceu a Deus, segundo o princípio da reversibilidade dos méritos[7].

Depois, foi a comovedora experiência de Clichy, em que Vicente acabou por ganhar consciência clara daquilo para que era chamado. A fim de secundá-lo no Oratório que ia nascer, Bérulle desejava a colaboração do pároco de Saint-Médard de Clichy, Bourgoing, um santo sacerdote e administrador seguro. Como este teve de deixar o cargo, pensou no seu dirigido para o substituir. Vicente nunca discutiria uma ordem de Bérulle. Sem abandonar a capelania da rainha Margot, assumiu o encargo da enorme paróquia, que se estendia ao norte das muralhas de Paris e cobria não apenas Clichy, mas a planície de Garenne e uma parte dos atuais *arrondissements* [distritos] parisienses números VIII, IX,

XVII e XVIII. Estavam-lhe assim confiadas seis mil almas. Essa população de hortelãos, de camponeses pobres, fazia-lhe lembrar tanto a sua infância! Povo trabalhador, frugal, e, malgrado as aparências, cheio de fé profunda. E como era belo o ofício de pároco!

Com todo o impulso da sua juventude, trabalhou afincadamente durante um ano no ministério paroquial, e aí descobriu grandezas e misérias, o que mais tarde lhe serviria para instruir os sacerdotes. Foi um ano em que pregou, catequizou, confessou, aprendeu a cantar com as suas ovelhas, lançou os alicerces de uma escola e removeu céus e terra para reconstruir a igreja. Pároco modelo e plenamente contente de o ser. Um dia, *Monsieur l'Evêque*, o senhor bispo de Paris[8], fez a Clichy-la-Garenne a visita pastoral e ouviu o pároco dirigir-lhe umas palavras bem pouco habituais: "Parece-me que nem o Santo Padre nem o senhor são tão felizes como eu!"

Mas Deus dispõe daqueles que reserva para Si e leva-os por caminhos que eles próprios não compreendem. Vicente entristeceu-se quando o seu diretor espiritual, Bérulle, lhe pediu que deixasse os seus paroquianos de Clichy e se fizesse preceptor na poderosa casa de Philippe-Emmanuel de Gondi. Outra vez o mundo? Outra vez a vida faustosa e fácil? Agora que tinha saboreado outras iguarias... Mas não. O ambiente Gondi nada tinha de comum com o da rainha Margot. É verdade que todos os Gondi — milionários banqueiros italianos vindos para a França com os Médicis — faziam carreira nos altos postos administrativos ou da Igreja. Mas o senhor da casa para onde ia Vicente, general das galés[9], isto é, almirante e chefe das construções navais, era um homem reto, piedoso e tão interessado nas coisas do espírito que se faria oratoriano ao enviuvar. A mulher, Françoise de Silly, era uma alma fervorosa, de virtude e inteligência igualmente louvadas na corte. Em princípio, Vicente de Paulo teria por função educar e instruir os três rapazes da família: o primogênito, futuro duque, o segundo, que se destinava à Ordem de Malta, e mais tarde o terceiro, um magricela moreno, que viria a ser o ilustre e discutível cardeal de Retz. Mas em breve o jovem padre começou a ter uma posição bem diferente da de simples pedagogo contratado. Mme. Gondi tomou-o por confessor e o próprio general das galés sofreu tanto a sua influência que, certo dia, Vicente conseguiu impedi-lo de se bater em duelo, o que, naquele tempo, era francamente meritório.

Quanto a ele, esse período passado em casa dos Gondi completou-lhe a preparação. Françoise de Gondi, à semelhança de algumas outras mulheres da época, como por exemplo Mme. Acarie, vivia obsessionada pelos problemas que se apresentavam à Igreja e esforçava-se com a maior diligência por dar remédio aos males que observava. Avaliou imediatamente a capacidade do preceptor dos seus rapazes, reconheceu nele um homem de Deus e resolveu empurrá-lo para a grande obra que se impunha. Conhecera nas suas próprias terras a desolação dos campos da França, tantas vezes em processo de descristianização, e a miséria espiritual de grande parte do clero. Levou consigo Vicente para que pudesse ver a situação *in loco*. E ele a viu.

Viu padres que já nem sequer sabiam a fórmula da absolvição, paróquias abandonadas havia anos, almas de boa vontade que se perdiam... Um dia, em Gannes, perto de Folleville, diocese de Amiens, foi chamado a assistir um moribundo de consciência torturada. "Ah! Madame — disse em seguida o pobre do homem a Françoise de Gondi —, eu estaria condenado se não tivesse feito uma confissão geral a *Monsieur Vincent!*" Eram coisas para transtornar uma alma de fé. Passados alguns dias, no começo de 1617, a pedido de Mme. Gondi, Vicente de Paulo subiu ao púlpito da igreja da aldeia, e foi tão profundo e tão eloquente no que disse aos camponeses que quase todos se apresentaram para fazer uma confissão geral e os jesuítas de Amiens tiveram de vir em socorro do jovem confessor. Graças a ele, "a vinha não cultivada do Pai de família" foi desmatada e ele próprio descobriu por experiência a grande realidade pastoral a que devia dedicar a sua vida: a missão.

Por que rompeu subitamente com essa existência em que podia servir tão bem os interesses de Cristo? Estamos também aqui diante de um mistério profundo, o mistério de uma alma sob tantos aspectos secreta. Suspeitou-se que os excessivos escrúpulos, os tumultuosos debates interiores de Mme. Gondi tivessem cansado o seu confessor. Não se deve pensar, mais profundamente, que a sua consciência exigente pudesse tê-lo censurado? Tinha ele o direito de desfrutar de tanto conforto, de tanta segurança, até de tanto luxo, quando tantas misérias dos seus irmãos se viam abandonadas aos piores riscos? Toda a vida do santo deixa transparecer uma espécie de conflito interior entre o seu ardente desejo de viver pobre no meio dos pobres e a obrigação em que se encontrará de permanecer entre os poderosos e os ricos, para os levar a debruçar-se sobre os humildes e os deserdados. A tentação de retirar-se para um canto obscuro é daquelas que assaltam as almas mais elevadas. Fugir do palácio dos Gondi e da alta roda, assumir muito longe desse ambiente qualquer paróquia lamacenta para ali servir a Deus no silêncio... Châtillon-des-Dombes precisava de um pároco, de um verdadeiro pároco; Bérulle queria um sacerdote para o Oratório de Lyon, que ficava nas proximidades. Este conhecia melhor do que ninguém os sentimentos do seu dirigido. Autorizou-o a partir.

Na escola de São Francisco de Sales

Châtillon não foi o retiro definitivo com que Vicente havia sonhado, mas simplesmente uma etapa na estrada pela qual Deus o conduzia. Bem cedo começou a receber cartas e mais cartas, às quais a princípio não respondeu, mas que lhe foi cada vez mais difícil ignorar. Mme. Gondi suplicava-lhe, Mme. Gondi ameaçava-o nada menos do que de "responsabilizá-lo diante de Deus por todo o bem que ela deixaria de fazer por falta de ajuda". Por fim, o senhor Bence, superior do Oratório de Lyon, fez compreender ao pároco de Châtillon que o seu destino, querido pelo Céu, não era ficar refugiado nos pântanos dos Dombes. Vicente obedeceu e partiu, deixando os paroquianos tão desolados como ele.

De novo, pois, o mundo, e os belos bairros, e as agradáveis relações sociais! Assim pareceu de início. Em Paris, esperava-o uma brilhante promoção: o lugar de capelão das terras dos Gondi, e mais a capelania geral das galés reais. Mas os poucos meses de vida em Châtillon tinham-no feito tomar consciência clara do drama do povo cristão, ameaçado de apostasia, e que era tão fácil reconduzir a Deus, por muito pouco amor que se lhe tivesse. A considerável influência de que passava a dispor ia ser utilizada para promover a causa de Cristo, que é a da caridade e da justiça.

Já que lhe estava confiada a cura de almas dos camponeses das terras dos Gondi, Vicente generalizaria entre eles o que tivera tão bons efeitos em Folleville: a missão rural francesa receberia assim a sua forma e os seus meios de ação. Já que também lhe estavam espiritualmente confiados os homens das galés, o antigo escravo de Túnis iria visitar esses forçados e clamaria bem alto o horror e a iniquidade da sua condição. E já que a Providência queria que a sua pobre batina roçasse por tanto veludo e tanto cetim, ele havia de recordar aos ricos essa "eminente dignidade dos pobres na Igreja" que um dos seus jovens discípulos viria a proclamar um dia. Na sua escola, o que se aprenderia havia de ser a lição evangélica do pobre Lázaro.

Tendo, pois, regressado ao solar dos Gondi, onde iria ficar perto de oito anos, Vicente de Paulo encontrou-se decididamente no âmago do movimento que nesse tempo lançava o catolicismo da França — nos seus elementos mais esclarecidos — para a reforma determinada pelo Concílio de Trento. Modestamente, pois não se tornou vaidoso por isso, Vicente tomou lugar nesse meio fervoroso onde tantas almas belas se dedicavam havia quinze anos a dar à Igreja uma nova face. Bérulle, o senhor du Val, mestre da Sorbonne, o santo capuchinho Bento de Canfeld, o padre Coton, os nobres que, no ano seguinte, iam formar a Companhia do Santíssimo Sacramento, e Mme. Acarie, e a marquesa de Meignelay, e a marquesa de Bréauté — todos tinham trabalhado no aprofundamento dos alicerces da fé e na submissão às suas exigências. Foi nesse ambiente da reforma católica que Vicente encontrou, em 1618, o homem que parecia resumir e cumprir todos esses esforços, e que lhe iria fazer dar o passo decisivo: *São Francisco de Sales.*

O bispo de Genebra estava então na força da idade, rodeado de fama e na plenitude do aperfeiçoamento espiritual. De aspecto pesado, parecia mais um montanhês da Savoia do que um homem de corte, mas, no rosto barbado, os olhos estrábicos cintilavam e os lábios sorriam com maliciosa ternura. O grande místico irradiava calor humano, e ninguém resistia à sua firmeza suave, à sua sabedoria tranquila. Vicente tinha lido, como toda a gente, a *Introdução à vida devota*, que era, havia já dez anos, o livro da moda; ao depor no processo de beatificação, transmitiu assim a impressão que lhe causou o autor: pareceu-lhe que era o próprio Cristo a falar, com a mesma benignidade que nos mostra o Evangelho. Durante os dez meses que o bispo de Genebra passou em Paris[10], Vicente teve numerosos encontros com ele. Ouviu-o discorrer sobre as verdades da fé, a educação feminina, as missões que promovera, a direção de almas, e também sobre política, e as obrigações dos poderosos, e muitas outras coisas. Ouviu-o também tratar da Visitação — a Madre Joana de Chantal participava por vezes das conversas —, da sua ideia de que fosse, não uma congregação de religiosas de clausura, mas uma Companhia de mulheres votadas à caridade no mundo — projeto de que Vicente não se esqueceria[11].

Mas o mais importante foi que, ao contato com Francisco de Sales, o capelão dos Gondi descobriu a própria santidade, essa santidade cuja via lhe fora mostrada por Bérulle, e que o seu novo mestre lhe tornava imediatamente sensível, pelo exemplo. A humildade, a serenidade, o domínio de si próprio, a alegria em Deus — todas essas virtudes que ele irá praticar tão plenamente —, foi o autor da *Vida devota* quem as fez amadurecer nele durante os anos em que se conservou sob a sua luz. E sabe-se, por confissão própria, que, quando o seu grande amigo morreu (1622), Vicente experimentou subitamente uma paz profunda, uma paz que punha termo para sempre ao que nele ainda havia de violento, por vezes de impulsivo, ou mesmo de explosivo. Foi como se as virtudes do santo houvessem misteriosamente revertido para o discípulo.

Assim terminava a longa marcha para Deus. Vicente chegava à meta. Pouco depois, haveria de mostrar-se pronto a empreender a obra multiforme em que ia atingir toda a medida da sua capacidade. Cortaria todas as amarras que ainda o retinham; renunciaria, um após outro, aos benefícios eclesiásticos. Faltaria apenas desatar um derradeiro laço: aquele que o prendia, sentimental e secretamente, à sua família das Landes.

Quando pensava nos seus, na sua casa de infância, na mãe que humildemente fazia todo o trabalho de casa, nos irmãos que labutavam tão duramente, apertava-se-lhe o coração e sentia-se arrebatado por um veemente desejo de os arrancar a esse lamaçal, a essa miséria, de os tornar felizes, já que, familiar como era dos poderosos, podia consegui-lo. Dilacerante tentação! Mas está escrito no Evangelho que, para seguir a Cristo, é preciso deixar pai e mãe... Então, Vicente voltou uma vez a Pouy, reviu os lugares da infância, repisou, descalço, o caminho do *eriaou* [erial] que, quando guardava porcos, tantas vezes percorrera com a sua vara. Depois, tomou uma última refeição com os seus e partiu. Não olhou para trás. Mas chorava.

Monsieur Vincent

Terminara o tempo de aproximação e de formação. E parece que foi bem demorado. Aos quarenta e cinco anos, Vicente de Paulo não empreendera ainda nenhuma das grandes criações que sabia serem necessárias. Mas não é verdade que o Senhor esperou pelo ano trigésimo da sua vida na terra para dirigir a Palavra ao mundo? Durante esses anos de tentativas, o ardente gascão aprendera alguma coisa de muito importante, mais importante que os êxitos precoces. Ficara a saber que "as obras de Deus não se fazem quando nós desejamos, mas quando agrada a Deus". Aprendera que "não se deve andar mais depressa do que a Providência". A santa paciência — eis uma virtude que ele praticará em cheio.

Portanto, aos quarenta e cinco anos, Vicente é inteiramente ele mesmo. Já não é o moço da Gasconha, vestido de batina, que se vira em Roma ou nos salões da rainha Margot; nem sequer o jovem pároco de Clichy, cujo ardente entusiasmo espantava o bispo. Algo nele serenou, sem com isso diminuir no que quer que fosse o seu audacioso fervor. Os traços do rosto estavam mais vincados; a fadiga e as preocupações tinham aberto nele sulcos profundos. Cedo terá as pernas pesadas, curvadas as costas. Acabará por ser tal como o mostra o célebre retrato popularizado pelo cinema e pelas imagens, esse homenzinho barbudo, de nariz comprido que faz lembrar Cyrano, de pescoço curto e afundado entre os ombros. Por baixo do solidéu negro que lhe encobre todo o crânio, uma ampla fronte fala dos dons da inteligência. Os olhos brilham, penetrantes[12]. Mas, no sorriso da boca demasiado larga, é a própria alma do santo que transparece. É a sabedoria, a caridade.

Esse padre rústico, que chega à corte com seus sapatos grosseiros, cinto a desfiar-se, batina gasta e esverdeada — "nem rasgões nem manchas, Senhora!", responderá ele à rainha, quando esta se rir ao vê-lo assim —, de onde lhe vem a autoridade que espontaneamente emana da sua figura? Que é o que vai fazer dele, durante os trinta e cinco anos da sua ação, a personalidade mais notável, mais significativa, de todo o catolicismo francês — talvez até de toda a Igreja? O que impressiona o historiador é, antes de mais, a sua abertura de espírito. É inteligente, plenamente inteligente, se bem que não no sentido que os intelectuais dão a esta palavra. Não procura brilhar na dialética e no jogo de ideias. Mas basta um só olhar dos seus olhinhos negros para descer ao fundo dos seres e num instante captar as situações. Vê longe. Está nisso o seu gênio. Todos os problemas que se apresentam ao seu tempo, e mesmo outras questões que ainda mal se adivinham, tudo ele detecta, para tudo encontra soluções lógicas. Mas é também o contrário de um sonhador, de um fabricante de sistemas. É um espírito preciso, realista. Tem os dois pés no chão. Todo o sonho vago, toda a pieguice lhe causam repugnância. "Amor de cavalo e de burro" é como ele chama a todo o sentimento desmedido. Há uma palavra dele que pode servir de regra a todas as suas atitudes, quer práticas, quer espirituais: palavra que nele revela o contemporâneo de Descartes, um homem da Era Clássica: "Deus não nos pede nada que seja contrário à razão".

Mas não vejamos nisso a imagem de um doutrinário nem de um moralizador afetado. Esse homem sério, sólido, que nada faz com precipitação — "quem se apressa — diz ele — recua nas coisas de Deus" —, esse homem cuja calma é pacificadora para todos (e sobretudo para todas) os que dele se aproximam, nem por isso deixa de respirar alegria e jovialidade. Uma sabedoria brincalhona faz-lhe saltar dos lábios réplicas graciosas, em que se entrevê alguma coisa do espírito gascão. Quando responde a um franciscano — que insistia em candidatar-se a um bispado — que seria por demais triste privar a ordem de elemento tão ilustre, não resta ao outro senão saborear o cumprimento. A sua vigilante ironia nunca é cruel. Vicente está nos antípodas do polemista. Empenhado nos mais vivos debates, há de ser sempre comedido, caridoso para com os homens cujas teses condena. O seu traço mais saliente é uma bondade maravilhosa.

Ama as pessoas. Está nisto o essencial do seu caráter. Ama-as apesar das suas mediocridades e misérias, que conhece como ninguém. Ama-as exatamente por causa dessas misérias e mediocridades. O seu primeiro biógrafo, Abelly — "o macio Abelly", como diz Boileau, com uma ironia bastante injusta —, conta-nos que "ele não podia ouvir falar de uma desgraça humana sem que imediatamente se lhe pintassem no rosto a dor e a compaixão!" Caridade constantemente matizada de delicadeza, coisa que nem sempre sucede a essa virtude. No mais marginal dos seres humanos, Vicente respeita a dignidade do homem, porque reconhece aí uma semelhança com Deus. Há mesmo nele um certo aspecto franciscano. Num século em que o padre Malebranche, ao bater no seu cão, julga bater num autômato, a bondade de Vicente para com os animais é impressionante. A sua plena caridade extravasa-se sem cessar, nas palavras, nos atos, nos silêncios. Por isso emana dele uma suavidade irradiante. Uma das suas dirigidas dará este testemunho: "Poderíamos dizer, à maneira dos discípulos que regressavam a Emaús, que, enquanto *Monsieur Vincent* nos falava, os nossos corações sentiam o ardor do amor divino".

O amor de Deus — não procuremos em nenhum outro lugar — é o seu segredo. Este princípio de toda a sua ação deriva da sua fé vigorosa, da sua doutrina segura. Se ama os homens, é porque, de uma vez por todas, tomou a sério os dois primeiros mandamentos do Evangelho, esses que Cristo ensinou serem semelhantes: "Amarás o Senhor de todo o teu coração, de todo o teu espírito, de toda a tua alma. Amarás o próximo como a ti mesmo". Em última análise, a soberana eficácia de Vicente de Paulo não tem que ver senão com a intensidade da sua vida espiritual.

Importa insistir neste ponto, nem que seja para reparar uma injustiça. Por ter sido o santo da caridade, agindo muito; por ter sido cioso da sua interioridade, sinceramente persuadido de que ninguém tinha nada com o assunto; por ter-se rebaixado na sua humildade, com uma perseverança e uma convicção que acabaram por impor-se; por ter tido, enfim, alguns adversários — especialmente do lado de Port-Royal — interessados em alinhá-lo entre os ignorantes, tendeu-se demasiado a afastar Vicente de Paulo da gloriosa companhia dos grandes espirituais. No filme que lhe popularizou a imagem na nossa época, quase diríamos que ele aparece como um gestor da Sopa dos Pobres. Mas nunca nos cansaremos de repetir as palavras de Bremond: "Não foi a sua caridade que fez dele um santo; foi a sua santidade que verdadeiramente o fez caridoso". É certo que *Monsieur Vincent* não trouxe nenhuma renovação à especulação religiosa; ao contrário do seu mestre Bérulle, não deu impulso doutrinário a uma escola inteira nem publicou nada enquanto vivo[13]. Mas o seu pensamento espiritual, que ele não se preocupou de ordenar num sistema lógico, deixando aos seus comentaristas o cuidado de lhe reunir as peças, nem por isso é falho de verdade e de continuidade admiráveis. E, afinal, dentre todos os altos cumes da espiritualidade de uma época tão repleta deles, quem como ele deixou tão profundamente impressa a sua marca?

A sua espiritualidade é essencialmente de equilíbrio e de medida. Dela poderia ele ter dito o que disse da virtude: que "consiste sempre num justo meio". Mesmo em matéria de caridade, Vicente condena o excesso de zelo, não menos que a sua falta. A sua doutrina está a meio caminho entre as dos seus dois mestres ou, melhor dizendo, une-as uma à outra: a ardente mística beruliana ao humanismo piedoso de São Francisco de Sales. Mais que Bérulle, ele confia no homem; mas o seu método tem apesar de tudo mais rudeza que o da *Introdução à vida devota*. Vemo-lo opor-se ao erro jansenista; mas nem por isso cederá à tentação do laxismo. Neste ponto, como em tantos outros, anuncia e prepara a Igreja que vai ser a nossa Igreja. E o seu sucessor, no século seguinte, será Santo Afonso Maria de Ligório.

No fim de contas, tudo se resume para ele num princípio fundamental, o mesmo que São Paulo formulou em termos insuperáveis e que comanda a "metafísica dos santos": importa "viver em Cristo". Se, levantando-se às quatro da madrugada, Vicente começa o dia flagelando-se — até ao sangue —, se exige do corpo esforços e trabalhos desmedidos, é porque tem diante dos olhos o Homem de Dores, por quem todas as dores da terra assumem o verdadeiro significado. Viver a Cruz, viver a paixão de Cristo, é viver também o infinito amor de Cristo pelos homens. Bérulle iniciara *Monsieur Vincent* na contemplação do Verbo encarnado em todos os aspectos da sua existência dolorosa; São Francisco de Sales ensinou-lhe que há um único Modelo para a humanidade. E então Vicente *adere* a Cristo, segundo a fórmula da moda, com toda a alma: a Cristo, "esse perfeito modelo, esse conselheiro".

É por isso que, nas dificuldades da sua existência, se mostra tão pacífico e otimista; entregou totalmente a Deus o cuidado de o guiar. "Nada querer senão o que Deus quer"; saber que "Ele se serve de nós se nós nos damos a Ele"; "esvaziar-se de si mesmo e deixar Deus agir". Nunca fará outra coisa. E isso será eficaz...

É, pois, para obedecer a Deus, ao sinal de Deus, que Vicente irá agir. Porque ele é essencialmente um homem que age para Deus. Construir o Reino do Pai, *hic et nunc* [aqui e agora], introduzir no mundo mais justiça e mais amor, essa é aos seus olhos a tarefa do cristão. Ao contrário de alguns místicos, que se comprazem em viver na solidão e na especulação abstrata, não certamente desdenhosos das coisas da terra, mas querendo ser caridosos apenas pela mortificação e pela oração, de acordo com o princípio de reversão dos méritos e da Comunhão dos Santos, Vicente não concebe amor por Cristo que não seja amor pelos irmãos. É este o último traço do seu caráter e, afinal, o mais decisivo. A caridade difundida em obras alcança, pelas alturas, a contemplação pura. "É ao misticismo que devemos o maior dos nossos homens de ação", diz Bremond.

As grandes criações: as missões

Para *Monsieur Vincent*, soara a hora das realizações. Já sabia o que o Senhor esperava dele. Regressado à família Gondi e dispondo agora de mais influência, ia servir-se dela para empreender uma obra multiforme, cujas concretizações se hão de situar em todos os planos. Obra a um tempo social, moral, teológica, pastoral e até política, cuja variedade não surpreende menos do que a vastidão. Obra que seria impossível sem um temperamento de líder, acompanhado de verdadeiro gênio organizador.

Registremos esta última característica da sua personalidade no momento em que o vamos ver modelar com mão poderosa as grandes criações que legará à Igreja. Os santos fundadores têm frequentemente esses dons. Lembremonos de um São Bento, de um São Domingos, de um Santo Inácio. Vicente é dessa família. Submisso às circunstâncias, adaptando-se aos ambientes em que trabalha, tirando sempre o melhor partido dos homens e dos acontecimentos, é um homem exato, previdente, prudente. Sabe que nunca somos tão ajudados por Deus como quando nos ajudamos a nós mesmos. Administra com a mesma ordem rigorosa todos os interesses de que cuida, sejam grandes ou pequenos. Impõe, a si próprio e aos outros, regras que não deixam ninguém desamparado. Proíbe a si próprio, como aos outros, os riscos inúteis, as tarefas mal preparadas, que tantas vezes fazem soçobrar as generosidades religiosas. Como verdadeiro líder, tem simultaneamente o sentido dos amplos conjuntos e dos pormenores que têm de ser vigiados. Quanto mais longe for, mais as responsabilidades lhe pesarão sobre os ombros — que não vergam. A uma tarefa, logo acrescenta outra: à reforma do clero, o Conselho de Consciência; à organização dos seminários, a assistência às províncias devastadas; à luta contra o jansenismo, as negociações políticas. Nunca desbordado, a tudo fará frente.

Do seu pobre quarto de São Lázaro, vai animar, governar, controlar um mundo. Quantas cartas escreveu? Quantas, sobretudo, ditou ao secretário, o bom irmão Ducourneau? Trinta mil? Cinquenta mil? Não sabemos. A edição Coste dá-nos apenas três mil. "Da cidade, durante a noite", assim é datada uma delas. Muitas outras, porém, foram redigidas às pressas, na estrada, ao acaso das viagens. Sempre saborosas, essas cartas. E, mesmo quando austeras, perfumadas de caridade. Responde a todos os relatórios, a todos os pedidos. Entra nos mínimos pormenores, falando a um do feno que é preciso ceifar, a outro da greve dos carniceiros. Mas também sabe dar ordens que parecem mandamentos, que criam doutrina e orientam a ação. Só uma inteligência extraordinariamente clara poderia levar avante tantas atividades diversas, tão complexas que o historiador tem de contentar-se com descrevê-las por alto, e ainda assim separando artificialmente aquilo que, para *Monsieur Vincent*, se operava na radiosa simultaneidade da vida.

A sua primeira criação — aquela em volta da qual, no fundo, todas as outras se ordenaram — foi a missão. Já vimos germinar nele a ideia, espontaneamente, quando Mme. Gondi o fez tocar diretamente a miséria espiritual das zonas rurais francesas. Para um coração fiel a Cristo, basta o espetáculo de um certo abandono para criar uma exigência de apostolado. Para mais, a ideia andava, como se costuma dizer, "no ar". Outras almas generosas tinham tomado a iniciativa de levedar a pesada massa, introduzindo nela um fermento novo. Vinte e cinco anos antes, o padre Auger remexera Bordeaux e o Sudoeste. No próprio momento em que Vicente ia entrar em cena, o padre Véron percorria a região de Caen e o espantoso Michel Le Nobletz revolvia toda a Bretanha. O barnabita Alexandre Sauli tinha trabalhado intensamente, durante vinte anos, na Córsega. O que, quase involuntariamente, Vicente já começara em Folleville, ia agora continuá-lo algures, em Paillart e em Sèrevilliers, noutros vilarejos da Picardia e depois em Villepreux, em Joigny, em Montmirail e até mesmo em Mâcon, na Borgonha. Na igreja da França, não se acreditava lá muito nessas missões paroquiais, antecessoras das que nós conhecemos. "Troçavam de mim — lamentará *Monsieur Vincent* —; na rua, apontavam-me com o dedo". Mas não era homem para renunciar a um empreendimento que lhe parecia tão visivelmente querido por Deus.

Logo compreendeu que os resultados de tudo isso só seriam duradouros se as missões fossem renovadas, ordenadas segundo um plano, ou seja, institucionalizadas. Isso pressupunha a existência de equipes sacerdotais que tivessem na missão a sua razão de ser. E pareceu-lhe indispensável, para tanto, criar uma sociedade específica. Na sua profunda humildade, relutou em julgar-se o homem dessa fundação. Mas a Providência deu-lhe a conhecer que era essa a vontade divina, e ele só teve que obedecer.

Neste caso, a Providência tomou a voz da excelente Mme. Gondi. Essa alma, um nadinha excessiva, tinha verdadeiramente em si a caridade de Cristo e o sentido da Igreja. O sermão de 17 de janeiro de 1617 causara-lhe tal impressão que a levara a amealhar, à custa dos seus pequenos divertimentos e das despesas com o vestuário, a considerável soma de quinze mil libras, destinada a uma missão permanente, de modo rotativo, em todas as aldeias das suas terras.

Dirigiu-se aos jesuítas, que declinaram a oferta; aos oratorianos, que fizeram o mesmo. O campo não interessava a essas sociedades religiosas. A boa senhora acabou, portanto, por ter a ideia de criar uma nova sociedade. Levou sete anos a amadurecer o projeto; confidenciou-o ao marido, que, aprovando-o, acrescentou trinta mil libras à primeira doação e encorajou-a no propósito que já tinha de falar do assunto com o capelão.

Às coisas correram depressa. Havia então em Paris, nas encostas da Montanha de Sainte-Geneviève, um número considerável de "colégios" que recebiam estudantes do secundário. Eram mais pensões do que casas de ensino. O Colégio *des Bons-Enfants*[14], perto da Porta de São Vítor — onde fica atualmente a rua Monge —, estava praticamente vazio e bastante deteriorado. O arcebispo de Paris, Jean-François de Gondi, irmão do general das galés, nomeou Vicente "Principal", para que pudesse dispor das instalações. Isso foi em março de 1624. No ano seguinte, a 17 de abril de 1625, estava registrado em devida forma, perante notário, o estatuto da fundação, mediante a entrega de quarenta e cinco mil libras pelos Gondi. O arcebispo já tinha cedido a Vicente a propriedade do colégio. Passados dois meses, a boa Mme. Gondi rendia a alma a Deus, depois de ter feito por Ele um bom trabalho.

Estabelecera-se que a *Congregação da Missão* compreenderia seis "membros eclesiásticos", sem direito a qualquer benefício ou cargo, os quais se comprometeriam, subordinados aos bispos, a evangelizar as populações rurais "que se encontram quase ao abandono, ao passo que as cidades dispõem de boa quantidade de doutores e religiosos para as suas necessidades religiosas".

Reuniram-se em volta de Vicente três sacerdotes, três grandes corações: o primeiro, André Portail, que foi para com o futuro santo de uma dedicação a toda a prova; o segundo, François du Coudray, que, para se dar à pobre gente dos campos, sacrificou o que mais amava, os seus trabalhos intelectuais, a sua biblioteca, e até o hebraico, em que era mestre; o terceiro, Jean de la Salle, cuja poderosa personalidade já se afirmara em diferentes meios. Bela equipe! "íamos pregar a missão de aldeia em aldeia", dirá mais tarde Vicente. "Por todo o lado, a minha pregação era a mesma, embora apresentada de mil maneiras: tratava do temor de Deus. Era isso o que nós fazíamos, e Deus, então, fazia o que previra desde toda a eternidade: abençoava de algum modo os nossos trabalhos. Vendo isso, houve bons eclesiásticos que se juntaram a nós".

A pequena companhia começou a crescer. Não, porém, sem despertar a inveja de alguns. Foi o caso dos párocos de Paris, que entraram com uma ação no Parlamento, o qual lavrou uma sentença que não era nem deixava de ser: registrava as cartas régias que fundavam a missão, mas dava satisfação às susceptibilidades dos invejosos. Impôs-se, pois, a necessidade de ir a Roma para tratar de obter do papa a ereção da nova companhia como congregação de direito pontifício. Foram perto de oito anos de esforços, porque a *Propaganda Fide* rejeitou por duas vezes a súplica. Esses padres que não queriam ser "religiosos", mas que afinal desejavam fazer um trabalho análogo ao que outrora executavam os frades mendicantes, que seriam eles exatamente?... Era de desconfiar... E o mais curioso é que, ao que parece, Bérulle, amigo de Vicente, longe de ajudar o discípulo na empresa, lhe levantou obstáculos. Pequenas coisas de grandes homens![15] Foi necessária toda a habilidade diplomática do sr. Coudray para ganhar a partida. A 12 de janeiro de 1633, o papa Urbano VIII, pela bula *Salvatori nostro*, consagrava a obra da missão.

Alguns meses depois, era dado um novo passo, e considerável. Ofereceram a *Monsieur Vincent* e aos seus um domínio monástico. E que domínio! Nada menos que todo o espaço hoje ocupado, no coração de Paris, pela antiga cadeia de São Lázaro, a estação do Norte, a igreja de São Vicente de Paulo e o Hospital Lariboisière — perto de cem *arpents*[16]. O último prior anunciou a *Monsieur Vincent* que lhe doava esse território. Vicente começou por recuar: "Somos uns pobres padres — murmurou —; vivemos na simplicidade; toda a nossa ambição é servir a pobre gente dos campos..." E acrescentou: "Acabamos agora mesmo de nascer; não passamos de um punhado de homens..."

E assim era. Mas, lá bem no fundo da sua fé, ele bem sabia que a sua obra estava chamada a crescer, como cresce o grão de mostarda. Seu amigo e conselheiro, o sr. du Val, persuadiu-o a aceitar. Transformado em imensa oficina de caridade, em refúgio aberto a toda a aflição humana, o antigo priorado onde outrora se tinham tratado os leprosos, tornou-se a casa-mãe da nova empresa. Foi um acontecimento capital, que deu à obra novos recursos e um novo entusiasmo. Paris, e depois a França, e depois o mundo inteiro haveriam de associar o nome de Vicente de Paulo a São Lázaro. E os Padres da Missão seriam conhecidos pelo nome que tornariam célebre: *os lazaristas*.

Padres da Missão. Eis um termo bem preciso, bem próprio para designá-los. Na origem, são padres, padres seculares. Vivendo no meio do clero rural, estão obrigados somente a uma promessa de *estabilidade* e a uma outra — fundamental aos olhos do fundador — que os vincula ao serviço dos pobres. Promessas privadas, o que os impede de ser, canonicamente, religiosos[17]. *Monsieur Vincent* nunca se cansou de lhes indicar a finalidade que se propunham, em palavras como estas: "Trabalhar pela perfeição própria, fazendo o possível por praticar as virtudes que o Divino Mestre se dignou ensinar-nos, por palavras e pelo exemplo: pregar o Evangelho aos pobres, especialmente aos pobres dos campos". Toda a espiritualidade própria de Vicente de Paulo reside nesta fórmula: viver Cristo para levar Cristo aos outros. Nada mais que isso. Nada menos que isso. "Se nós soubéssemos — dizia ele ainda — animar as almas com o espírito do Evangelho, seríamos grandes missionários". O *se* é demasiado modesto. Que foram Vicente de Paulo e os seus filhos senão grandes missionários?

Quem são eles, afinal? Homens de todos os meios sociais, vindos da burguesia, ou mesmo da nobreza, mas também do povo. Qualquer que seja a sua origem, todos se fizeram povo no meio do povo, pobres entre os pobres, convivendo com a miséria sem constrangimento nem repugnância. Seguindo o exemplo do seu mestre, sentam à sua mesa os mais humildes. Não são homens ilustres e não procuram sê-lo. São gente simples que sabe falar à gente comum, rir e divertir-se com essa gente, porque a sua caridade sabe ser uma virtude alegre. Diz um deles, com simplicidade: "Enviados pelos nossos senhores bispos, vamos evangelizar os pobres, como fez Nosso Senhor". Chegam a uma vila, a um vilarejo, a uma aldeia, uma ou outra vez também a uma cidade, e ali passam de quinze a trinta dias, pregando, sobretudo conversando, principalmente nas igrejas, mas também noutros lugares, se necessário. E, como é óbvio, gratuitamente, sem nada pedir seja a quem for. "Não estamos menos obrigados a fazer de graça as nossas missões do que os capuchinhos a viver de esmolas": é o que Vicente de Paulo manda responder a Mme. de Longueville, que se oferecera para custear uma missão. Não têm outro intuito senão anunciar a Palavra de Deus e levar o povo a fazer uma confissão geral e a comungar. E a verdade é que o conseguem plenamente.

Há um ponto em que Vicente é muito rigoroso e que não cessa de recordar aos seus filhos: para falar de Cristo e fazer-se entender, é preciso ser simples. Costuma-se dizer que a simplicidade não é a maior das virtudes dos pregadores. Naquele tempo, os sermões eram, com demasiada frequência, ocasião de pomposas exibições, de uma erudição barata, que, a pretexto de simbolismo, caía nas mais ridículas alegorias e imagens. Vicente de Paulo não desiste de censurar esses "períodos compassados", essa eloquência "catedrática", esses "floreados", essas "pregações bem penteadas". Basta de *bibus* [ninharias] e de *coeli coelorum!* — exclama com bonomia. "Pavonear-se em lindos discursos é cometer um sacrilégio; sim, um sacrilégio!" Se se quer tocar os corações, é preciso falar de todo o coração, sem frases de efeito, sem ênfase. A isso chama ele o "Pequeno Método". E ao saber que um dos seus missionários continua a lançar mão da eloquência trovejante, escreve-lhe amavelmente, mas com uma ponta de malícia: "Disseram-me que vos esforçais demasiado ao falar ao povo, e que isso vos enfraquece muito. Por amor de Deus, *Monsieur*, poupai a vossa saúde, moderai as palavras e os sentimentos!"

O resultado foi o que nós vimos e que ainda hoje algumas pessoas recordam. As missões eram e continuam a ser meios excelentes de sacudir as almas. Bossuet, escrevendo ao papa Clemente XI para pedir a canonização de Vicente de Paulo, há de declarar a influência decisiva que a missão de Metz teve sobre a sua evolução espiritual. Os humildes, os pequenos a quem os missionários se dirigiam em primeiro lugar, mostravam-se igualmente tocados. A missão tornava-se um acontecimento. Em Laon, por exemplo, decide-se fechar o comércio a fim de todos poderem ir ouvir os missionários. De Poitiers, um enviado que começara por deparar com algumas dificuldades escreve, contente: "Estas almas, que pareciam duras como pedra, deixaram-se atear pelo fogo sagrado". Mende, Aries, Angoulême, Cahors, Sens, Annecy, Châlons, Tréguier, Guingamp, Morlaix — uma a uma reclamam a presença dos senhores de São Lázaro.

Mas não faltaram as contrariedades. Em Sedan, tiveram pela frente numerosos protestantes, o que complicava a situação. Em Saint-Méen, encontraram beneditinos ciosos, que pretendiam impedi-los de conquistar espaço. Em Saintes, interveio o próprio diabo, que, segundo se garantia, vinha, de noite, bater forte e feio na cave da casa onde se alojavam.

De São Lázaro, Vicente seguia o desenvolvimento da sua obra, recebendo os relatórios dos superiores das casas que a missão fundava nos grandes centros e também os que vinham dos missionários que trabalhavam dispersos por toda a parte. Seus filhos escreviam uma verdadeira lenda dourada. Chegavam-lhe testemunhos de gratidão de toda a França. Um dia, recebeu de um dos seus, Étienne Blatiron, missionário na Córsega, o relato espantoso do beijo de paz que publicamente se tinham dado, à saída do sermão, dois inimigos mortais, ambos vinculados à prática da *vendetta*. Houve lágrimas de alegria.

Foram depois as duas missões dos "Saint-Germain", que provaram que Vicente de Paulo não se interessava apenas pelos enlameados dos campos. Primeiro, a missão da Corte, em 1638, quando o rei passava uma temporada no palácio de Saint-Germain-en-Laye. Foi ele próprio que pediu pregadores. Vicente enviou-lhos de boa vontade, escolhendo-os entre os seus ouvintes das "Terças-feiras" e indicando-lhes que dissessem às senhoras lindas e frívolas, aos nobres duelistas, às coquetes e aos sabe-tudo algumas verdades de fundo. E os missionários cumpriram essa indicação sem tremer. A segunda missão foi, três anos depois, num meio menos perfumado, o *faubourg* Saint-Germain de Paris, do qual diz o bom Abelly que era "a latrina de todos os vícios" e onde os discípulos de Vicente de Paulo abalaram de tal modo as almas que o pároco de São Sulpício, Monsieur Olier, se sentiu transformado — e nunca mais o esqueceria.

Até o fim, até os últimos dias de vida, Vicente manteve a missão no centro das suas preocupações e sob a sua atenção constante. Desde a morte de Mme. Gondi, outra grande dama se fizera protetora da nova congregação. Era a duquesa de Aiguillon, inteligência clara e alma sequiosa de bem. Graças a ela, aplainaram-se muitas dificuldades e conseguiram-se muitos apoios. Até o desconfiado cardeal Richelieu aprovou a ação de Vicente de Paulo e a ajudou: estabeleceu-se uma missão na própria vila de onde lhe vinha o título, à qual, ao morrer, o cardeal deixou um importante legado.

Quando já velho, curvado, tolhido, Vicente não hesitará em ir, se necessário, visitar os diversos setores da missão na carruagem que as Damas da Caridade lhe tinham dado e a que ele chamava "a minha infâmia". E quando morrer, em 1660, São Lázaro terá já organizado cento e quarenta missões, a congregação contará cento e trinta e um padres, quarenta e quatro outros clérigos e cinquenta e dois coadjutores, repartidos por vinte e cinco casas. Números impressionantes, mas que deixam adivinhar como era dura a tarefa para cada lazarista. "Quando Nosso Senhor intervém, três são mais que dez", dizia, sorrindo, Vicente de Paulo. Graças a ele e aos seus filhos — nem só a eles, decerto, mas sobretudo a eles —, o movimento da reforma católica deixou de ser na França empresa de clérigos e intelectuais. A terra da França reencontrava as suas raízes cristãs. Se as conservou, deve-o a eles em grande parte.

"Dos padres depende o cristianismo"

Entre as finalidades marcadas aos seus filhos por Vicente de Paulo, havia ainda uma terceira. É claro que tinham de santificar-se a si mesmos e levar aos pobres a Palavra de Deus, mas importava também "ajudar os eclesiásticos a adquirir as virtudes necessárias ao seu estado". Esta terceira intenção não era, na verdade, senão consequência das duas primeiras. Para evangelizar o povo, era necessário evangelizar os pastores, que muitas vezes estavam igualmente necessitados de ajuda.

Como é natural, os decretos do Concílio de Trento não tinham bastado para pôr termo de golpe à decadência do clero. Muitos esforços seriam ainda necessários para subir de novo a encosta pela qual a Igreja deslizava havia mais de dois séculos. Demasiados padres, especialmente nos campos, viviam ao nível do seu povo, de um povo cuja moralidade, depois de tantos anos de convulsões políticas, religiosas e sociais, não era lá muito alta. A falar verdade, a maior parte do clero não escandalizava por maus costumes, mas os seus costumes nada tinham de sacerdotais. Muitos deles eram preguiçosos — "a preguiça é o vício do clero", confessava Vicente de Paulo —, indiferentes a qualquer esforço pastoral. Dada a falta de formação, eram muito ignorantes. Vicente talvez se lembrasse de certo pároco que conhecera durante as suas primeiras missões em terras dos Gondi: nem sequer sabia a fórmula da absolvição. E o absenteísmo era algo normal[18].

Essa decadência do clero atormentava a alma verdadeiramente sacerdotal de *Monsieur Vincent*. Tinha palavras terríveis para a situação que pudera conhecer pessoalmente: "Vivendo como hoje vivem na grande maioria, os padres são os maiores inimigos da Igreja de Deus". E ainda:

"A depravação do estado eclesiástico é a principal causa da ruína da Igreja". Críticas severas, mas que, para esse coração generoso, apenas significavam uma exigência profunda. "Tais os padres, tais os povos". Ou: "Se um bom padre pode fazer um grande bem, ai!, quanto mal não faz um mau padre!" E acrescentava esta pequena frase, em que já parece falar o santo Cura d'Ars: "Não há nada tão grande como um bom padre".

Lançou-se, pois, à reforma do clero. "Ó meus senhores e meus irmãos — exclamava ele diante dos seus lazaristas —, formar bons eclesiásticos é a obra mais difícil, mais alta e mais importante para a salvação das almas". Obra difícil, na verdade. Era preciso acabar com tantos costumes enraizados, exigir garantias morais aos futuros padres, obrigá-los a uma formação específica, impedir que, por recomendação de algum poderoso, se ordenassem pessoas com o propósito de conseguir uma posição social, sem terem a menor bagagem teológica... Um edifício inteiro a reconstruir desde os alicerces. Vicente não era o único a sofrer a angústia desse imenso problema. Meio século antes, o Concílio de Trento estudara-o a fundo e fixara excelentes princípios práticos, mas faltava aplicá-los. Bérulle, com o Oratório, e Bourdoise, com a sua comunidade de padres, trabalhavam nesse sentido. Um pouco mais tarde, viriam ainda Olier e São João Eudes, assim como Holzhauser, na Alemanha, e vários outros. Nessa imensa empresa, Vicente de Paulo não está só, mas assume um papel capital.

A primeira das suas realizações foi-lhe literalmente inspirada pela Providência: ao longo de toda a sua vida, aconteceu-lhe muitas vezes acolher uma sugestão, uma ideia, um projeto, como vindo de Deus e, humildemente, pôr na sua concretização todo o seu zelo e o seu gênio organizativo. Foi em julho de 1628. O bispo de Beauvais, Augustin Potier de Gesvres, viajava na sua carruagem por uma estrada da diocese, acompanhado de alguns eclesiásticos, entre os quais Vicente. Parecia dormitar. Subitamente, abriu os olhos e disse: "Finalmente! Parece-me que encontrei um meio rápido e eficaz de preparar os clérigos para as sagradas ordens: recebê-los em minha casa durante vários dias. Lá farão exercícios de piedade e serão instruídos sobre os seus deveres e funções". Vicente de Paulo teve um estremecimento de alegria: "Essa ideia vem de Deus, senhor bispo. Também eu não vejo nada melhor para pôr no bom caminho o clero da vossa diocese". O bispo respondeu-lhe: "Será bom começar quanto antes. Formulai um programa, preparai a lista dos temas a tratar nas palestras, e, uns quinze ou vinte dias antes das ordenações de setembro, voltai a Beauvais para dispor as coisas para o retiro".

Foi assim que nasceram os *Entretiens des ordinands* ["Conversas com os ordenandos"]. Nas têmporas seguintes, Vicente foi a Beauvais a fim de pregar o primeiro retiro. Três anos mais tarde, estava encontrada a fórmula exata, estabelecido um regulamento e elaborado um pequeno manual, que o futuro santo redigiu em colaboração com outras "pessoas piedosas". Eram essas *Conversas com os ordenandos* um compêndio de ascese e, ao mesmo tempo, um resumo de teologia. O êxito foi considerável. O arcebispo de Paris manifestou o desejo de ter essas Conversas na sua diocese e pediu a Vicente que abrisse as sessões no Colégio dos Bons-Enfants. Depois, quando São Lázaro se abriu à nova Companhia da Missão, o arcebispo exigiu que todos os seus futuros padres participassem das Conversas ali organizadas. A instituição expandiu-se; outras dioceses a adotaram, como Troyes, Noyon e, mais tarde, a Savoia e a própria Roma. Aos católicos do nosso tempo, essa iniciativa pode parecer ainda demasiado rudimentar — que se podia fazer de verdadeiramente sério em vinte dias? —, mas nem por isso foi menos eficaz. Entre os ordenandos das Conversas, dão testemunho disso Jean-Jacques Olier, o padre Rancé e sobretudo Bossuet, que, depois de ter assistido a elas, veio a ensinar lá por diversas vezes.

No entanto, Vicente de Paulo dava-se conta, melhor que ninguém, da insuficiência da sua obra. Esse retiro era certamente um começo, mas era preciso ir mais longe. Esperou durante cinco anos que a Providência o advertisse do que devia fazer. O sinal foi-lhe dado por alguns dos próprios padres que tinham seguido as Conversas com os ordenandos em São Lázaro. Ao tomarem mais consciência das grandezas e das responsabilidades do sacerdócio, pediram a Vicente de Paulo que os reunisse em São Lázaro "para tratar com eles das virtudes e das funções próprias do seu ministério". O santo acedeu a esse pedido e, em 24 de junho de 1633, inaugurava as *Conferências das terças-feiras*, que manteve quase sem exceção até à morte. Tornaram-se famosas e muito concorridas. "Quase não houve eclesiástico de mérito que não quisesse participar delas", diz Lancelot, o pedagogo ilustre que se preocupava com as questões de reforma do clero tanto como com as das raízes gregas.

Assim se constituiu uma elite sacerdotal, animada de fé profunda e generosa emulação. "Não há entre esses senhores da Conferência nenhum que não seja um homem exemplar. Trabalham todos com frutos sem igual", disse Vicente. Foi entre os assistentes às Conferências que escolheu os missionários encarregados de catequizar a Corte, em Saint-Germain. Bossuet, que era um dos mais assíduos, prestou este belo testemunho acerca daquele que era a alma das Conferências: "Ele era esse ministro que, segundo a expressão de São Pedro, fala de Deus com tanto realce que o próprio Deus parece dar-se a conhecer pela sua boca".

Entre os ouvintes dessas Conferências, viram-se bispos como Godeau, de Grasse, o padre Coulanges, a quem Mme. de Rabutin-Chantal chamava o *Bien Bon*, Olier, que meditava na fundação de São Sulpício, e Abelly, futuro biógrafo do santo. Todos proclamariam aos quatro ventos o que deviam a esse homem de Deus[19].

Já era muito. O suficiente? Não ainda. A própria eficácia das *Conversas* e das *Conferências* ia levar Vicente a acrescentar uma terceira peça à obra da reforma do clero. Na sua XXIII sessão, o Concílio de Trento pedira aos bispos que estabelecessem *seminários* nas suas dioceses, com a finalidade de lá formarem os seus futuros sacerdotes[20], mas, passados setenta anos após a clausura da magna assembleia, ainda se procurava a fórmula de aplicação. Todos os reformadores pensavam nela, a começar por Bérulle e Bourdoise. Até então, os resultados tinham sido medíocres. Os padres do Oratório tinham feito diversas tentativas ao longo de vinte e cinco anos, mas sem êxito; Bourdoise, em Saint-Nicolas-du-Chardonnet, não tinha conseguido, em trinta anos, mais do que fundar uma comunidade sacerdotal em que se preparavam os jovens: obra útil, mas de alcance limitado. Todos os bispos que *Monsieur Vincent* tinha formado mais ou menos diretamente lhe suplicavam que criasse seminários no verdadeiro sentido da palavra. O santo hesitava. Seria isso o que Deus queria dele? Os seus filhos tinham por vocação a tarefa de evangelizar a boa gente dos campos, e não eram tão numerosos que os pudesse lançar na ingente obra dos seminários. Que o Céu lhe desse um sinal! E mais uma vez a Providência lhe deu o sinal, por meio do cardeal Richelieu que, numa audiência memorável, o convidou a resolver esse problema que lhe oprimia o coração.

O Colégio dos *Bons-Enfants* tornou-se pois um seminário, a cem metros do de Monsieur Bourdoise. Ou melhor, da iniciativa de Vicente de Paulo saíram dois seminários: o *Maior*, que mantinha nos *Bons-Enfants* doze candidatos ao sacerdócio, e o *Menor*, que era o de Saint-Charles, instalado num anexo de São Lázaro, onde estudavam rapazes não necessariamente destinados ao sacerdócio. Desse modo, tornou-se realidade a separação entre alunos e "seminaristas", desejada pelo episcopado da França havia dezessete anos. Isso teve lugar nos começos de 1642, isto é, na mesma época em que Olier fundava o seminário de Vaugirard. Estava encontrada a fórmula definitiva dos seminários.

Não quer isto dizer, no entanto, que esses seminários dos primeiros tempos fossem como os nossos. Conforme os lugares, os futuros padres eram recebidos por períodos que variavam entre seis meses e dois anos, muito mais para adquirirem formação espiritual e pastoral do que uma alta cultura teológica. Vicente insistia muito nessa formação, e o regulamento que redigiu, bastante draconiano, viria a contribuir para inculcá-la nos alunos. O santo desconfiava dos excessos da Escolástica, que, como ele dizia, "se pode ouvir em Navarra[21] e na Sorbonne". E repetia muitas vezes: *Scientia inflat* ["a ciência incha"]. Queria continuar a ser homem prático. O que não o impedia, aliás, de procurar que os seus seminaristas tivessem "a cabeça bem formada" e sólidas bases de cultura. Assim se constituiu um tipo "vicentino" de seminários, que teve rápido êxito. Os lazaristas associaram essa obra à da missão, incumbindo os seus jovens de missionar e abrindo seminários em todas as localidades importantes para onde os bispos os chamavam: em Cahors (1643), em Saintes (1644), em Mans (1645), em Agen e Tréguier (1648), em Montauban (1652). Ao morrer, o fundador poderia dizer com toda a verdade que trabalhara bem para formar padres dignos do sacerdócio.

"Caritas Christi urget nos"

Missões, seminários, conversão das massas, reforma do clero: bom trabalho, com certeza. E no entanto, para o homem infatigável que era Vicente de Paulo, isso era ainda muito pouco. O amor de Deus e do próximo é paixão devoradora que não consente repouso a quem se lhe entrega. Solicitado de todos os lados pela miséria, Vicente respondia a todos os apelos e até se antecipava em ir ao encontro das aflições que não se manifestavam. Das suas mãos saíam, uma após outra, as obras, as instituições, os grupos, cujo único objetivo era tornar a vida menos dura para os humildes deste mundo, menos injusta, menos cruel. Diante dele, caíam as barreiras sociais, e o dinheiro deixava de ser prisioneiro do egoísmo. Numa época de trevas ferozes, ele fez brilhar a grande luz da bondade. Lançou as bases daquilo que nós hoje chamamos "doutrinas sociais", empenhando-se nessa tarefa de um modo simples e direto, sem se preocupar com teorias. A palavra de ordem que deu às suas filhas espirituais era o lema da sua própria existência: "A caridade de Cristo crucificado nos urge".

Não é outro o retrato que a posteridade, por uma vez agradecida, iria guardar desse homem de Deus. Vicente de Paulo, apóstolo da caridade: até vem mencionado assim nas enciclopédias. Vicente, agasalhando sob o seu enorme capote os meninos abandonados que achou pelas vielas escusas. Vicente, correndo a substituir aos remos da galé um forçado que desmorona sob as chicotadas do guarda. Vicente, servindo com as próprias mãos os doentes amontoados nos hospitais, tratando deles sem repugnância, sem temer o risco de contágio. Vicente, feito provisor das regiões devastadas, organizador de um auxílio católico que há de inspirar o nosso tempo, e salvando da fome províncias inteiras...

São imagens do santo que o povo francês guardará no espírito e no coração: ninguém as repassa sem emoção. Vicente, o mais humano de todos os santos...

Para mais, quando se pensa na obra caritativa de Vicente de Paulo, é preciso evocar as condições, literalmente pavorosas, em que a executou e que a tornavam indispensável. A França entrara exangue no século XVII; estava esgotada pelas guerras religiosas. Sob a sábia administração do rei Henrique, a grande vitalidade que então possuía permitira-lhe pensar rapidamente as chagas, e os anos equívocos da menoridade de Luís XIII não tinham sido suficientes para prejudicar essa recuperação: bastara fazer frente às dificuldades e calamidades naturais, sem lhes acrescentar as que provêm da loucura dos homens. Mas, a partir do momento em que, vendo cair o seu aliado sueco, Gustavo Adolfo, Richelieu, a fim de salvaguardar o equilíbrio europeu, levou a França a passar da "guerra encoberta" à "guerra aberta" contra a Áustria e a Espanha[22], a situação ganhou foros de tragédia. Invadido simultaneamente pelo Leste — onde Saint-Jean-de-Losne resistia heroicamente aos assaltos dos imperiais — e pelo Norte — onde os croatas de Piccolomini conquistavam Corbie —, o reino estava ameaçado de morte.

Enquanto os parisienses mais ricos enchiam as carruagens e se punham em fuga, surgiam em Pontoise as guardas-avançadas do exército espanhol. A Champagne, a Borgonha, a Picardia e não menos a Lorena arfavam sob os golpes do inimigo. Temos de avivar a imagem de tais desastres e recordar que eles duraram bem depois de o "ano de Corbie" (1636) se ter tornado uma triste lembrança. Hordas de soldados cruzavam as províncias em todos os sentidos, incendiando, pilhando ou entregando-se a coisas piores. "Cada um dos meus soldados — dizia o duque de Lorena — tem um diabo no corpo, e, à vista de uma pilhagem, esse diabo multiplica-se por quatro!" Seguidos da criadagem e das mulheres, uns duzentos a trezentos mil homens que tinham vivido anos a fio em terras da França, deixaram-na depois da vitória francesa num estado que é fácil imaginar.

Mal nos atrevemos a acreditar nos documentos que nos relatam a miséria desses anos calamitosos: esses *esqueletos* cobertos de chagas, de quem os lazaristas confessavam sentir medo; essas crianças nuas errando à cata de raízes; essas mães que, segundo se conta, repartiam entre si a carne dos seus filhos... "Já não se lavra a terra!", exclama uma das testemunhas, num grito de indignação que não pode ser superado por nenhum outro nos lábios de um camponês da França. Às desgraças da guerra juntavam-se as das epidemias que costumam escoltá-las: a peste, que renovava os seus golpes praticamente a cada ano; a varíola, quase igualmente mortífera; a tinha[23], devastadora. Para cúmulo de infelicidade, também o clima se intrometeu. Houve invernos terríveis, inundações catastróficas. E depois, quando finalmente se assinou a paz e se julgava poder respirar, sobrevieram novas perturbações. Como se não tivesse bastado a da guerra dos protestantes em volta de Montauban e de La Rochelle, eclodiram as conspirações dos nobres contra Richelieu, a revolta dos *croquants* [miseráveis] no Périgord e dos *va-nu-pieds* ["pés-descalços"] na Normandia. E eis que, em Paris, os membros do Parlamento, logo apoiados pelos duques e pelos príncipes, iam fazer contra o cardeal italiano um jogo que, apesar do nome que se lhe deu — a Fronda[24] —, nada teve de infantil. Foi esse jogo que, mais uma vez, sujeitou Paris ao medo e à fome. Tempos horríveis.

O milagre de Vicente de Paulo foi ter sabido fazer frente a todas as desgraças que os acontecimentos e a inconsciência dos homens provocavam; foi fazer aparecer, para ajudá-lo na sua imensa tarefa, tesouros de caridade que estavam escondidos nessa sociedade egoísta, frívola e brutal. Porque o misterioso fulgor que dele irradiava atraía para os seus empreendimentos centenas, milhares de dedicações. Com a sua doçura imperiosa, impunha sacrifícios. "Uma rainha não precisa de joias!" — dizia ele, gentilmente, a Ana de Áustria, que hesitava em doar os seus diamantes. O entusiasmo na dedicação aos outros, a emulação na generosidade — eis os impulsos que Vicente de Paulo soube despertar nas almas, porque a sua própria alma transbordava deles.

Foram primeiro as *Damas da Caridade*. Já vimos como essa instituição nasceu espontaneamente, ou seja, providencialmente, em Châtillon-des-Dombes: uma inspiração do Céu, mas que em breve se concretizou num minucioso regulamento. Regressando a Paris, para junto de Mme. Gondi, foi bem fácil a Vicente reunir mulheres da alta sociedade para as encarregar do cuidado de *caridades* semelhantes às de Châtillon. O que esperava delas era que fossem visitar "nossos senhores os pobres", levando-lhes comida e vestuário; que os socorressem material e moralmente. Dizia-lhes: "Se alguém perguntasse a Nosso Senhor: — Que viestes fazer a este mundo? —, Ele responderia: — Assistir os pobres. — Que mais? — Os pobres. — E depois? — Os pobres. É para assistir os pobres que estou aqui". É admirável que tantas almas tenham compreendido uma tal linguagem. Terá havido, como alguém disse, uma "moda da caridade"? Talvez. Deus serve-se de tudo para os seus desígnios. Mas não eram simplesmente senhoras frívolas da alta sociedade a rica presidente Goussault, superiora da Companhia das Damas, que, juntamente com as suas enfermeiras, praticava a caridade com tanta jovialidade; ou a excelente Mlle. Polaillon — a quem Vicente de Paulo, para a arreliar, chamava Mlle. *Poulaillon* ["frangona"] —, cujo grande nariz e olhos vivos iam aparecer tão corajosamente nos bairros de pior fama; ou a finíssima Mme. de Villeneuve, que, com as suas Filhas da Cruz, tinha a paixão do ensino entre as meninas pobres; ou Mme. de Miramion, deslumbrante viúva de dezesseis anos que, desprezando a Corte, se consagrou aos hospitais. Quantos grandes nomes da França, à beira dos leitos do Hôtel-Dieu e da Salpêtrière! Mme. de Maupéou, a princesa de Montmorency, a duquesa de Nemours, Mme. de Beauharnais, Mme. de Hautefort e até princesas de sangue real, como Luísa Maria de Gonzaga, futura rainha da Polônia, e a própria Ana de Áustria, rainha da França. De Paris, o movimento das Damas espalhou-se por toda a França: Beauvais, Senlis, Joigny, Meaux, Châlons... Por toda a parte se fez muito bem.

Dentre essas Damas da Caridade, uma deve ser mencionada à parte e em primeiro plano: *Luísa de Marillac* (1591--1660). Era a jovem viúva de um burguês togado, uma alma ardente que encontrou na caridade a resposta para as suas dúvidas e angústias, uma inteligência viril, lúcida e bem organizada. Após uma infância e uma adolescência de escassas alegrias, concordara sem grande entusiasmo, aos vinte e dois anos, em casar-se com um quadragenário, Antoine Le Gras, secretário oficial de Maria de Médicis. Aos trinta e quatro, perdera o marido. Afastada há muito tempo dos prazeres de uma sociedade que a tinha recebido mal, Mlle. Le Gras[25] também estava, sem o saber, à espera de um sinal de Deus. E recebeu-o. No aniversário da morte do marido, encomendou uma Missa e o padre que a celebrou — Vicente de Paulo — teve a deliciosa ideia de escolher a Missa dos esponsais. Comovida, Luísa de Marillac abriu a alma ao fundador das "Caridades", e este associou-a imediatamente à sua obra nascente. Quatro anos depois, tendo tido tempo de estudar a sua dirigida, de conhecer bem os seus dons de discernimento e de comando, encarregou-a de inspecionar e, se necessário, reformar as

"Caridades" existentes, e até de criar outras. Luísa trabalhou bem em Montmirail, Villepreux, Beauvais, etc.

Foi ela ou foi Vicente que teve a ideia de uma nova fundação? Santa Luísa de Marillac rodeou-se durante toda a vida de uma humildade tão grande, que nem sempre se lhe presta a devida justiça. A expressão popularizada "as Irmãs de São Vicente de Paulo" parece vincar bem a voluntária discrição daquela que foi, também ela, fundadora. Seja, porém, como for, cabe a *Monsieur Vincent* o mérito de ter adotado a ideia e levado a bom termo a sua concretização.

Era fácil notar que as "Caridades" sofriam de dois males que, ao que se diz, comprometem também as obras católicas do nosso tempo. Por um lado, demasiadas vezes as Damas puxavam cada uma para o seu lado e cada grupo queria ser responsável único dos seus atos, o que, dizia o santo, resultava numa *mixórdia.* Por outro lado, passado o entusiasmo dos começos, as boas senhoras, tomadas pelas suas ocupações mundanas, sobretudo nas cidades, nem sempre achavam tempo para preparar a comida dos pobres, levá-la até o lugar onde moravam e cuidar deles. Pensou-se então em arranjar-lhes auxiliares. Assim surgiu a "Confraria da Caridade das servidoras dos pobres doentes das paróquias". Eram as *Irmãs da Caridade.*

Os começos foram difíceis. Para constituir essas profissionais da Caridade, Vicente de Paulo limitara-se a escolher, durante as suas missões, moças de origem modesta que não estivessem inclinadas a casar-se, enviando-as depois para as paróquias em que havia "Caridades". Recrutadas ao acaso e muito pouco preparadas, essas auxiliares provocaram decepções. Era indispensável escolhê-las com mais rigor e dar-lhes uma verdadeira educação em vista da tarefa que as esperava. Disso se encarregou Mlle. Le Gras, a futura Santa Luísa. Em 29 de novembro de 1633, reunia ela em sua casa — um modesto alojamento do bairro de Saint-Victor, perto de Saint-Nicolas-du-Chardonnet — quatro humildes camponesas decididas a fazer-se servidoras dos pobres. Assim nasceu o Instituto das Irmãs da Caridade. E as vocações vieram tão depressa que, três anos depois, foi preciso mudarem-se para La Chapelle, onde puderam dispor de uma sede mais ampla, e em seguida para a rua do *faubourg* Saint-Denis, em frente de São Lázaro.

Assim nasceu uma das instituições que mais honram a Igreja, uma daquelas que, dando testemunho da caridade de Cristo, não consentem que, nas horas sombrias, desesperemos da humanidade. É conhecida a palavra de Napoleão. Uma vez, em que, num serão das *Tuilleries*, um grupo de filósofos exaltava diante dele as benfeitorias da filantropia no Século das Luzes, o imperador interrompeu-os: "Tudo isso é bom e bonito, meus senhores, mas fazei-me, se puderdes, uma irmã cinzenta!"[26] Nas ruas mais tristes das grandes cidades, e também nos campos mais deserdados, o hábito das Irmãs — que era o das camponesas do tempo de Vicente de Paulo, como se pode ver no quadro de Le Nain *Le Souper des Paysans* ["A ceia dos camponeses"] —, mais a touca branca, são os símbolos vivos daquilo que o coração humano, exaltado pelo amor de Cristo, pode dar de mais sublime.

As Irmãs da Caridade não eram nem são hoje propriamente "religiosas". No século XVII, não se concebia que houvesse religiosas sem estarem enclausuradas por trás de uma grade. É certo que São Francisco de Sales tinha pensado num tipo de virgens consagradas que circulassem pelo mundo e assim trabalhassem por Cristo e pela Igreja. Mas não tinha conseguido vê-lo aprovado. E as suas visitandinas voltaram à clausura. Mas Vicente conseguiu. Não, porém, sem dificuldades. A primeira vez que Blaise Meliand, procurador-geral da coroa, recebeu a visita de Mlle. Le Gras, que lhe vinha requerer o registro dos estatutos da fundação pelo Parlamento, exclamou, muito surpreendido: "Vós sois seculares? Mas isso não pode ser! Todas as comunidades femininas são regulares". Mas para alguma coisa Vicente de Paulo era gascão... Os estatutos estavam redigidos de tal modo que foi impossível qualquer confusão e todos os obstáculos puderam ser aplainados. Em 1646, o arcebispo de Paris aprovou o regulamento. Muito habilmente, Luísa de Marillac arranjou maneira de que o novo instituto ficasse sob a direção do seu pai espiritual, Vicente de Paulo, coisa que, por humildade, ele não desejava. (Há aí uma história de processo desaparecido, um verdadeiro conto policial, bem divertido...). Em 1657, o rei sancionava a fundação por cartas-patentes. Oito anos depois da morte dos dois fundadores, ou seja em 1668, a obra era reconhecida como de direito pontifício.

Quem será capaz de avaliar a autêntica revolução social que representou a criação das Irmãs da Caridade? Porque a verdade é que, até então, as obras de caridade eram principalmente tarefa do clero, de religiosos e de senhoras ricas. E agora viam-se aparecer, e em primeiro plano, moças do povo, "dessas boas moças dos campos" que Vicente louvava tanto, gente que usava sobrenomes que cheiram a terra de França: Madeleine Raporteblé, Marie Vigneron, Jeanne Gresier, Mathurine Guérin, Julie Hore Lore, Toussainte David, Françoise Fanchon... Eram as virtudes dessas mulheres humildes, puras, sóbrias, tenazes, que Vicente queria ver praticadas em toda a *petite compagnie* ["pequena companhia"]. Às que desejavam entrar nesse serviço dos pobres, ele propunha o exemplo da vaqueira *Marguerite Naseau*, mocinha de Suresnes, que aprendera sozinha a "Cruz de Deus" — que era como então se chamava ao alfabeto —, pedindo de vez em quando, a alguém que passava, que lhe indicasse as letras. Logo que conseguira reunir uma pequena bagagem, partira de aldeia em aldeia, a fim de ensinar as crianças mais pobres. E desse modo conhecera Vicente de Paulo — que andava a pregar uma missão em Villepreux — e se entregara ao serviço da sua obra. E ele haveria de dizer dela: "Todos estimavam a primeira Irmã da Caridade".

Monsieur Vincent utilizou as suas filhas em toda a parte. Não houve nenhuma das suas obras que não tivesse a colaboração dessas irmãs vestidas de cinzento. Nas paróquias, iam visitar os pobres a casa[27]. Ensinavam as pequeninas. Não tardou que fossem enviadas aos hospitais, aonde levaram um sorriso de luz. Quando Vicente de Paulo se ocupou dos prisioneiros e dos forçados, foram ainda as irmãs que o ajudaram nessa terrível empresa. E, mesmo quando a rainha Ana de Áustria pediu gente que cuidasse dos soldados feridos e doentes, foram elas, sempre elas, que atenderam ao apelo e enviaram quatro das suas para a frente de batalha — as primeiras enfermeiras que houve —, duas das quais morreram de contágio. Foi isso que fizeram essas religiosas fora de série que não eram "religiosas..." "Ir ter com os pobres em lugar de rezar — dizia-lhes *Monsieur Vincent* — é deixar Deus por Deus".

E a "pequena companhia" cresceu depressa. Em 1660, no momento em que Vicente de Paulo e Luísa de Marillac se iam seguir na morte, tinham elas umas cem casas, das quais cerca de trinta só em Paris. E de toda a parte se pedia a presença das irmãs cinzentas.

Damas da Caridade... Irmãs da Caridade... E onde estavam os homens? Acaso Vicente de Paulo os afastava da sua imensa obra? Não. Embora depositasse visivelmente maior confiança no sexo feminino, nas suas eminentes qualidades de dedicação, não se esqueceu dos homens. Já em 1619 instituíra uma primeira Confraria de Caridade para os homens, antepassada das Conferências de São Vicente de Paulo que Ozanam desenvolveria dois séculos mais tarde. E foi também ele um dos inspiradores — no melhor sentido — da Companhia do Santíssimo Sacramento[28], longínquo antecessor da Ação Católica. Por muitos lugares da França, foram os membros dessa companhia que ajudaram a implantar as obras de Vicente de Paulo.

Tais foram as colaboradoras e os colaboradores que o santo soube suscitar, em grande número, para o ajudar nas suas realizações. Quanto a estas, foram tão numerosas e tão diversas, que desencorajam todas as tentativas de enumerá-las. Qualquer delas fazia surgir outra, era completada por outra, num mecanismo de maravilha.

Certo dia — era o ano de 1634 —, Mme. Goussault vem falar a Vicente de Paulo do *Hôtel-Dieu* e da situação desoladora dos doentes ali internados. O hospital é pequeno e está abarrotado de doentes. As irmãs agostinianas que se ocupam dele, sob a autoridade do cabido de Notre-Dame, não podem bastar para tudo; de resto, obrigadas à clausura pela Regra, não são as pessoas mais indicadas para pedir apoios e socorros do exterior. *Monsieur Vincent* começa por recusar. Não lhe agrada nada "meter a foice em seara alheia". A boa presidente insiste; quer encarregar-se de socorrer o hospital junto com as Damas da Caridade. Vicente acaba por render-se; já que é essa a vontade de Cristo, enviará as Damas para visitar os doentes, levar-lhes "geleias, caldos, compotas" e também livros e jogos para se distraírem; e para trabalhar pela salvação daquelas almas. Pouco tempo depois, assiste-se a uma admirável emulação. "De 100 a 120" damas da alta sociedade encarregam-se dos novecentos doentes. Ao lado do hospital, instalam-se as irmãs cinzentas, que colaboram com as grandes damas, em autêntica fraternidade. O peso é grande para a jovem companhia de Mlle. Le Gras, mas não faltam voluntárias para enfrentá-lo.

Vem, porém, outro peso, e esse pior: a obra das *Crianças enjeitadas*. De todas as iniciativas de Vicente de Paulo, é esta, sem dúvida, a mais famosa, a que mais toca os corações. A situação era abominável. Nesses tempos ferozes e desolados, muitas mães abandonavam os filhos, pelo estado de miséria e desespero em que se encontravam. Só em Paris, recolhiam-se todos os anos milhares de criancinhas à porta das igrejas. Que sorte as esperava? Existia uma instituição oficial, *la Couche* [o Berço], que tinha por finalidade tomar conta delas, mas que, na realidade, não passava de uma horrível repartição. Deixadas nos braços de "madrastas", que as alimentavam em troca de umas moedas por ano, muitas morriam de fome e por falta de cuidados. Pior ainda: havia as que, vendidas por oito ou dez soldos, caíam nas mãos de mendigos profissionais, que lhes quebravam braços e pernas para despertar a comiseração e atrair esmolas. De todos esses abandonados, "não se encontra um só que viva além dos cinco anos". Em 1638, Luísa de Marillac encarrega-se dessas pequeninas vítimas.

Reformar o "Berço"? Não valia a pena pensar nisso. Em breve, a obra das crianças enjeitadas complementa a instituição oficial e não tarda a substituí-la. É preciso muito dinheiro. Por várias vezes, Vicente de Paulo não tem outro remédio senão reunir as comissões das Damas da Caridade e fazê-las chorar evocando os dramas das criancinhas que, por falta de meios financeiros, tornarão a cair na sua horrível sorte. Essa obra persistirá: primeiro, no palácio de Bicêtre; em seguida, no *faubourg* de Saint-Denis; mais tarde, e definitivamente, no Hospital das Crianças Enjeitadas, que Luís XIV mandará construir. Um número, para dar ideia da importância dessa obra e de como era necessária: de 1638 a 1660, foram salvas quarenta mil crianças...

Outra chaga de Paris e das cidades importantes: os mendigos, que também proliferavam devido à situação geral. Soldados estropiados, artesãos arruinados, velhos abandonados... eram legião. E tão numerosos, que se sentiam fortes... e se mostravam insolentes. Não se podia conversar com um amigo na rua ou rezar numa igreja sem que se fosse logo incomodado por vozes importunas, insistentes, que reclamavam, que exigiam a esmola e que insultavam quando se lhes recusava. Periodicamente, o governo renovava as leis de polícia. Tudo inútil. Vicente de Paulo passa a cuidar também desse problema. Por felicidade, em 1653, um benfeitor anônimo envia-lhe cem mil libras. Logo ele trata de fundar um asilo para os mais desgraçados dos mendigos, que são os velhos. Quarenta camas para começar — e aí está o Asilo do Nome de Jesus. É claro que com as irmãs cinzentas. Não é muito, mas que exemplo! A emulação começa a funcionar. A duquesa de Aiguillon oferece cinquenta mil libras. Os "Senhores da Repartição Central dos Pobres", finalmente atentos ao que se passa nos hospitais e nos asilos, confiam às Irmãs da Caridade as *Petites Maisons* ["Pequenas Casas"] da rua de Sèvres: um pobre hospício de sifilíticos e tinhosos. Como é óbvio, elas vão imediatamente para lá. E não tarda muito que surja a *Salpêtriere*, num recinto ao sul de Paris onde se fabricava salitre. A rainha Ana de Áustria dá-o a Vicente de Paulo para que recolha lá duzentos miseráveis. Em 1657, está concluído o Hospício Geral.

Haverá alguma miséria humana sobre a qual não se tenham debruçado Vicente de Paulo e os seus auxiliares? Os enjeitados eram inocentes, os doentes mereciam compaixão, os mendigos, na sua maior parte, não eram culpados.

Mas... e os próprios culpados, os presos, os forçados? Estariam excluídos da caridade de Cristo? Vicente de Paulo não o admite. Para ele — e hão de correr os séculos até que a humanidade o compreenda —, os condenados, os presos, os forçados são também homens. Os seus amigos da Companhia do Santíssimo Sacramento tinham-lhe dado a conhecer a pavorosa situação dos detentos. "Eles apodrecem em vida", escrevia-lhe Le Voyer d'Argenson, após a visita que fizera à cadeia de Saint-Roch. De mistura, havia por lá bandidos, ladrões, infelizes encarcerados por dívidas, rapazes um nadinha desequilibrados... Vicente de Paulo vai visitá-los pessoalmente. A sua bondade leva-lhes paz e conforto. Há monstros de rosto humano que, ao ouvi-lo, se põem a chorar. Depois, o apóstolo vai visitar os poderosos, indigna-se, "pede que esses desgraçados sejam tratados um pouco melhor", que tenham, pelo menos, socorros espirituais. Triunfa. E, para os adolescentes delinquentes, abre em São Lázaro uma casa de correção, que está duzentos anos à frente da sua época.

Será tudo? Ainda não. Há um destino ainda pior que o dos hóspedes das prisões. É o dos desgraçados — e nem todos eles cometeram grandes crimes — que a justiça real condenou às galés, como remadores. Que belas são as galés do rei, "rasantes, velozes, vivas, bruscas", com as suas duas velas triangulares, que não se parecem com nenhuma outra, e os seus remos — trinta e dois de cada lado — tão bem cadenciados... Mas esses remos são manejados por homens: duzentos e sessenta por navio. Fixados aos bancos por correntes, vivem de costas nuas, para melhor receberem as chicotadas dos guardas sempre que os *comitres* entendam que eles remam com pouca força. A sorte desses desgraçados é tão horrenda que são numerosos os corações que se comovem, entre eles o bispo (oratoriano) de Marselha, Jean-Baptiste Gault, e o cavaleiro Gaspard de Simiane. *Monsieur Vincent* sabe melhor que ninguém o que é ser forçado das galés. Em Túnis, pouco faltara para ser um deles... E vinha-se preocupando com a situação desses condenados desde que Philippe Emmanuel de Gondi, em 1619, fizera que o nomeassem capelão real das Galés. Vai visitá-los, protesta junto dos *comitres* contra a dureza desumana das condições em que são mantidos. E é numa dessas ocasiões que, segundo se afirma, substitui no banco um dos forçados. Quando a *corrente* parte para Marselha, vai ver os infelizes e fala-lhes com ternura. Envia para junto deles as suas Irmãs da Caridade;

Barbe Angiboust ficará célebre entre os forçados pela sua constante doçura, pela sua paciência infinita. Depois, manda missionários aos próprios portos de estacionamento das galés, para que preguem no meio deles. Assim se conseguem resultados incríveis, surpreendentes conversões. E a inesgotável caridade do santo obtém ainda das autoridades francesas que criem uma capelania atuante das galés e uma enfermaria das galés.

Onde se deterá essa caridade? Nem sequer perante os turcos. Na barbárie — que Vicente de Paulo também conhece como ninguém —, há escravos cristãos, raptados pelos corsários. Importa ir vê-los e confortá-los espiritualmente. As autoridades muçulmanas recusam. Só admitem padres-escravos. O gascão encontra um modo de contornar o obstáculo: o rei nomeia missionários como cônsules. Tal é o caso de Jacques Le Vacher, simultaneamente cônsul e vigário apostólico de Cartago, que ousa abrir capelas em terras barbarescas e acabará por ser martirizado, em Argel, preso à goela de um canhão. "Se me fosse permitido — escreve-lhe Vicente de Paulo —, cobiçaria a vossa felicidade".

Ministro sem pasta de uma dirigida régia

Esses êxitos não dão apenas testemunho do gênio e da santidade de um homem. Fazem também adivinhar o prestígio que o rodeava. À medida que os anos passavam e as obras se multiplicavam, Vicente de Paulo, apesar da sua modéstia, ia ocupando um lugar cada vez mais considerável no reino da França. Richelieu talvez não o tivesse compreendido plenamente, mas a verdade é que o estimava. Embora com certa segunda intenção e reticência, não há dúvida de que o apoiou. As suas reservas provinham do fato de Vicente ter continuado a querer ser amigo dos Marillac — um dos quais, o marechal, fora decapitado por ordem do cardeal — e também do seu antigo aluno, o jovem e inquietante Jean-François-Paul de Gondi, futuro cardeal Retz, "gênio determinado, que era impossível amar ou odiar em meios termos", como dirá Bossuet, e que se gabava de ter participado de duas conspirações contra o poderoso ministro[29].

Mas o rei Luís XIII estimou-o e admirou-o sem reservas. Esse monarca enigmático, encastelado na sua timidez, incapaz de exprimir a riqueza dos sentimentos nobres e suaves que possuía, encontrava em Vicente de Paulo, nas raras vezes em que o via, um confidente infinitamente solícito, sensível e penetrante. Diante dele, não tinha aqueles aflitivos silêncios em que o interlocutor perdia o pé, sem saber se devia atribuí-los à cólera, ao acanhamento ou à melancolia. Se bem que muito ligado ao seu confessor, que era o padre Dinet, Luís XIII gostava de conversar com Vicente acerca dos problemas da sua alma. Quando sentiu aproximar-se a morte, desejou tê-lo à cabeceira. E foram seis semanas de conversas, dos princípios de abril a 14 de maio de 1643, das quais o pouco que sabemos é sublime.

Vicente, apaziguando aquela alma de fé profunda, mas assaltada pela angústia; Vicente, rodeando o doente de uma afeição quase paternal; o moribundo pedindo ao santo que lhe expusesse em pormenor a sua obra, os seus projetos, e murmurando: "Ah! *Monsieur Vincent*, se voltar a ter saúde, hei de querer que todos os bispos passem três anos em vossa casa!"

Morto o rei, como o seu filho, o futuro Luís XIV, era um menino de cinco anos, a viúva, Ana de Áustria, achou-se perante os encargos e as responsabilidades de uma regência que seria longa e provavelmente assinalada por grandes dificuldades. Também ela era uma alma de fé, dessa fé devota e rígida que lhe vinha de Filipe II, mas à qual soubera dar a coloração de caridade autêntica que faltara à religião do avô. Até esse momento, a sua vida fora complexa e bastante dividida. Casada aos quinze anos com um rei de quinze anos, quase abandonada por muito tempo, em troca das aves, da falcoaria e dos pequenos usurários, e, por outro lado, dando ouvidos demasiado complacentes a amigos perigosos, Ana era já, no entanto, essa mulher generosa que, trajada de saia negra à moda das burguesas, ia visitar os doentes à "Caridade", ao Hospital ou ainda a esse Val-de-Grâce que fundara com o seu dinheiro pessoal, e onde servia os doentes com as régias mãos "de surpreendente beleza" — como dizia Mme. de Motteville —, sabendo encontrar para cada qual uma palavra de compaixão e deixando correr, dos "seus belos olhos mesclados de verde", lágrimas de tristeza perante o opressivo espetáculo de tanta miséria que ela não chegava para aliviar. Esse aspecto da rainha era obra de *Monsieur Vincent*, que fizera dela a primeira das Damas da Caridade.

Logo que enviuvou, afastando ao mesmo tempo jesuítas e capuchinhos, que rivalizavam no desejo de obter a honra de dirigir a régia consciência, Ana de Áustria chamou *Monsieur Vincent*. Após um momento de hesitação, ele aceitou, com a condição de poder exercer a sério a sua função de conselheiro, no que a rainha consentiu. Não iria ser uma direção espiritual muito repousante, visto que a dirigida, insinuante quadragenária, não estava isenta de tentações e prezava demasiado os bailes e o teatro. Para honra de ambos, tanto do santo como da sua penitente, a verdade é que a sintonia foi sempre completa, e mútua a confiança. Confidente e confessor, não fugindo de falar à rainha dos "seus pequenos assuntos", que eram grandes para a Igreja e para a França, Vicente de Paulo tornou-se uma potência, um personagem público de sabida influência, uma espécie de ministro sem pasta, encarregado de tudo o que hoje designamos por "Assistência Pública" e "Assuntos Sociais". "*Monsieur Vincent* é o canal por onde tudo chega aos ouvidos de Sua Majestade" — observava, já no tempo de Luís XIII, um jovem diplomata italiano da Nunciatura. Iria isso continuar na época da Regência? O diplomata italiano chamava-se Mazarino...

Quais foram as relações de Vicente de Paulo com o segundo cardeal? Ora se disse que foram bastante más, ora que o santo teria favorecido os amores da rainha com o belo Júlio, ou mesmo abençoado um casamento secreto entre os dois[30]. A verdade está no meio. Havia entre os dois homens tantas diferenças que seria inconcebível poderem encontrar-se num plano comum. Um humilde santo, cheio de retidão e de generosidade, cuja vida inteira se orientava para o espiritual, não podia ser compreendido por um político torcido, ávido de dinheiro e de títulos, cujos passos eram todos ditados por interesses temporais, quer próprios, quer do Estado que dirigia. O desentendimento entre os dois foi crescendo, e quase se transformou em discórdia. Mas a rainha nunca consentiu em sacrificar, àquele cujo "espírito" confessava "amar ternamente", o "patife" de batina surrada de quem Mazarino troçava.

Uma vez que, a partir de 1643, dispunha de influência considerável e quase oficial, Vicente de Paulo teve uma só ideia: servir-se dessa influência para alargar o campo da sua caridade e fazer triunfar Cristo e a Igreja. O que por vezes se considera como sua ação política não foi, na realidade, senão a extensão do papel crescente que desempenhava na sociedade francesa. "Simples e bondosamente", como sempre, pôs ao serviço das ideias que lhe ocupavam a cabeça os mais vastos meios de ação.

Foi então que os seus filhos multiplicaram as missões e fundaram numerosos seminários nas províncias. Foi então que as Conferências das terças-feiras passaram a estar, se assim se pode dizer, cada vez mais *afreguesadas*. Foi então que as obras caritativas, os asilos, os hospitais receberam a ajuda que lhes permitiu instalar-se em bases sólidas. Devemos sublinhar um ponto: convertido de certa maneira em representante do Estado para a Assistência Pública, Vicente de Paulo jamais confundiu a caridade de Cristo com os métodos estatais. Para ele, o amor aos homens não podia ser distribuído administrativamente. Os pobres, os miseráveis, não se reduziam a números de contabilidade, a "casos" classificados; nunca deixavam de ser homens, que tinham de ser tratados com infinita delicadeza. Por exemplo, organizou a Obra dos *Petits-Ménages* ["Pequenas Famílias"] para que os casais idosos das classes pobres não fossem separados e levados cada qual para o seu asilo, mas tivessem dois cômodos onde acabassem juntos o seu tempo de vida. E, quando, em 1656, o governo, para pôr fim à mendicidade, decidiu abrir em Paris o Hospital Geral para onde fossem obrigatoriamente os miseráveis necessitados de cuidados médicos, ao passo que os que gozassem de boa saúde seriam colocados numa casa de trabalho ou expulsos da capital, Vicente de Paulo recusou-se a avalizar esse modo policial de fazer o bem e não aceitou que os lazaristas se encarregassem da nova instituição. Atitude cheia de significado.

No entanto, ele não ignorava nem desprezava os seus poderes de ministro sem pasta. Foi o que se viu quando tomou a seu cargo o auxílio às províncias devastadas pelas guerras. A organização que criou é um modelo no gênero. As campanhas do moderno Auxílio Fraterno católico fazem-nos recordar esse trabalho. Primeiro, cuidou-se de arranjar dinheiro: o generoso esquadrão das Damas da Caridade incumbiu-se disso. Depois, as equipes de socorro foram enviadas aos próprios locais.

Foi o que aconteceu na Lorena ensanguentada e arquejante, onde se criaram sete centros, obviamente mantidos pelos lazaristas e pelas irmãs cinzentas. De Paris, foram mandados para lá missionários volantes, como o bom frei Mathieu Regnard, que mereceu o epíteto de *Renard* [raposa] porque, à custa de astúcias e aventuras dignas do mais picaresco dos romances, conseguiu inúmeras vezes preservar dos assaltos nas estradas as consideráveis somas que era encarregado de transportar. Depois, como os horrores da guerra provocaram nessa região um enorme êxodo, Vicente de Paulo organizou em Paris, com a ajuda de um santo leigo, Gaston de Renty, centros de acolhimento e assistência aos refugiados, onde eles eram tão bem tratados que os parisienses, vagamente invejosos, se interrogavam, gracejando, se Vicente de Paulo não se teria naturalizado loreno. Em seguida, foi a vez da Champagne e da Picardia, igualmente devastadas. Usou-se lá da mesma solicitude e dos mesmos métodos, como podemos verificar pelas *Relations* que Charles Maynard de Bernières redigiu a esse propósito.

Podemos fazer uma ideia do que foi a ação de *Monsieur Vincent* em auxílio das províncias da França pelos muitos testemunhos da época, que falam à alma. Em 1653, os *échevins*[31] de Rethel escreviam-lhe: "Desde há dois anos, a Champagne — e especialmente esta cidade — não subsiste senão pelas caridades que nela mandais repartir". E deveria reproduzir-se em todos os manuais de história da França a emocionante carta em que o tenente-general de Saint-Quentin diz ao santo que, sem ele, essa região teria morrido de fome, e lhe suplica que "para conservar a vida a tantos e tantos pobres moribundos, *continue a ser o pai da Pátria*". Estas últimas palavras expressam tudo.

Mas a obra de caridade não foi, todavia, a única a que se consagrou o diretor espiritual de Ana de Áustria. Vicente de Paulo teve outra maneira, não menos necessária, de servir a caridade de Cristo: cuidando de defender a verdade da mensagem cristã. E, neste campo, quantos não foram os assuntos a que se ligou a sua atividade! A bem dizer, foram todos aqueles em que estavam em causa a fé e a Igreja. E em todas essas matérias agiu com a firme suavidade e o rigor mesclado de misericórdia que sempre se lhe conheceu.

Nada mais significativo que a sua atitude no grande debate que então se abriu no seio da Igreja a propósito do jansenismo[32]. *Monsieur Vincent* era apenas um principiante quando surgiu à luz do dia, para logo se tornar um rio caudaloso de heresia, a pequena corrente de que foi fonte o bispo de Ypres. Inicialmente, Vicente não lhe mostrou nenhuma hostilidade. Aliás, seriam verdadeiramente jansenistas, no sentido exato da palavra, as personalidades da primeira geração, a Madre Angélica, a Madre Inês e Saint-Cyran? Não formariam elas, ao contrário, um dos pelotões da numerosa hoste que então lutava corajosamente pela honra de Deus? Vicente simpatizara com essas atitudes espirituais.

De resto, Saint-Cyran tinha sido seu amigo, a tal ponto que, quando andavam com pouco dinheiro, tinham posto em comum receitas e despesas. E, no entanto, logo que o austero teólogo começou a propagar as suas teses acerca da *Comunhão frequente*, Vicente não hesitou em tomar posição vigorosamente contrária, por considerar que tais teses acabavam por afastar os fiéis da Santa Mesa. Daí resultou a ruptura de uma amizade de quinze anos. Quando, porém, Sain-Cyran foi preso por ordem de Richelieu, e Vicente chamado a depor como testemunha, ninguém lhe arrancou uma só palavra que pudesse arruinar o antigo amigo.

Até esse momento, a caridade. Só que, ao tornar-se claro, desde cerca de 1650, que o jansenismo constituía um perigo grave, pois tendia a tornar-se uma heresia contra a Igreja, o confessor da rainha usou de todo o seu poder para o fazer condenar. Nada mais distante da sua fé reta e atuante, do seu cristianismo rendido, do seu otimismo generoso, do que "essas doutrinas pensantes", cheias de trevas angustiosas e de fermentos de revolta. A condenação pronunciada em 1653 pelo papa Inocêncio X foi, em parte, obra sua. Interessou-se pela redação das "cinco proposições" extraídas da obra de Jansênio que foram submetidas ao juízo de Roma. E trabalhou muito por conseguir o maior número possível de assinaturas episcopais em favor de providências severas. *Amicus Plato, sed major arnica veritas* ["Amigo de Platão, mas mais amigo da verdade"].

E quanto à questão protestante? Também se ocupou dela? Um pouco. E da maneira mais humana e generosa possível. Nos tempos do grande cardeal, essa questão tinha-se apresentado em termos meramente políticos, quando o rei tivera de tomar La Rochelle para impedir que se reconstituísse um Estado dentro do Estado. Ao contrário de alguns fanáticos que teriam preferido aproveitar a ocasião para liquidar "a religião", *Monsieur Vincent* teve sempre para com os protestantes palavras de bondade e de compreensão. Nunca se esqueceu de Jean Beynier, esse homem leal que lhe abrira as portas de sua casa em Châtillon-des-Dombes. Não foi por meio dos livros de controvérsia que abordou os protestantes, mas de homem para homem, de coração aberto. Conhecemos uma carta sua ao lazarista Gallais quando este, ao dirigir uma missão em Sedan, se encontrou na presença de numerosos protestantes. É uma carta admirável pela elevação das ideias e pela equidade das intenções. Nos "irmãos separados" de que falara Canísio, Vicente viu sempre, autenticamente, irmãos. Não é necessário sublinhar quanto esta atitude se encontrava avançada em relação à sua época. A Revogação do Edito de Nantes teria sido inconcebível no tempo em que Vicente de Paulo estava junto dos senhores da França.

Era assim que o santo julgava dever servir a causa católica, a Igreja. Serviu-a ainda de outro modo, num outro campo. Havia já algum tempo, existia no governo uma "congregação dos assuntos eclesiásticos", designada por *Conselho de Consciência,* que se ocupava de tudo o que dizia respeito à Igreja, e em especial das nomeações episcopais. Ana de Áustria escolheu para esse organismo Mazarino, o chanceler Séguier, Charton, penitenciário de Paris, o bom bispo de Beauvais, Potier de Gesvres, o de Lisieux, Cospéau, e esta ou aquela personagem conforme as ocasiões. Embora protestasse, Vicente de Paulo foi designado secretário desse Conselho, com o encargo de instruir os processos e elaborar as atas. E assim se encontrou no âmago dos problemas espinhosos levantados pelas nomeações. Ninguém como ele se apercebia da importância de tais problemas, nem dos perigos que antigos desvios faziam correr à Igreja. Com todas as suas forças, lutou contra as designações escandalosas, que, com demasiada frequência, punham à cabeça das dioceses verdadeiras crianças, gente de espírito mundano ou pessoas indignas.

Foi um duro combate. Mal acabava de ser nomeado e já corria o boato de que caíra em desgraça, por se ter recusado formalmente a deixar que se atribuísse um benefício a um filho do duque de La Rochefoucauld, muito novo ainda. Dessa vez, ganhou, mas, em outras ocasiões, viu-se obrigado a fechar os olhos: eram costumes por demais estabelecidos, e o cardeal Mazarino não gostava nada de ser incomodado nas suas manobras. Apesar de tudo, Vicente de Paulo trabalhou durante nove anos no Conselho de Consciência, imprimindo-lhe profundamente a sua marca. Os bispos saídos de São Lázaro ou influenciados por ele foram implantando progressivamente nas dioceses os sadios métodos da reforma católica. E mesmo aos outros bispos Vicente enviava instruções ou até advertências, se as coisas não corriam bem. O Conselho tomou sábias deliberações, tais como fixar a idade mínima para o acesso aos benefícios, impor um ano de sacerdócio aos futuros bispos, refrear as coadjutorias fraudulentas que favoreciam o nepotismo.

É fácil de imaginar os gritos e o furor que tais providências levantaram... Mazarino, cada vez mais hostil àquela presença incômoda, arranjou maneira de livrar-se dela: a partir de 1652, quase deixou de reunir o Conselho de Consciência, para assim poder, um pouco mais tarde, arredar dele essa consciência demasiado exigente. É verdade que, nesse momento, ele tinha uma outra razão, de mais peso, para detestar Vicente de Paulo.

Não. Não foi que Vicente se sentisse tentado a meter-se nos negócios temporais, como tantas figuras da Igreja, nem a trabalhar contra Mazarino apoiando-se em Retz, o antigo aluno. Mas, no próprio momento em que os

Tratados de Westfália, assinados em 1648, punham termo à guerra com o Império, explodia a Fronda. E, imediatamente, desencadeava-se pelas províncias a barbárie soldadesca, "pior — dizia a Madre Angélica Árnauld — que a dos turcos". Em breve Paris, que se rebelou contra o governo, começou a passar fome. Vicente de Paulo não se limitou a multiplicar os socorros aos refugiados, à pobreza envergonhada, a todas as desgraças. Tornou-se mensageiro da paz, arauto da paz.

Na sua primeira intervenção, em janeiro de 1649, correu a Saint-Germain — apesar da terrível inundação que transformara em lagos as curvas do Sena — e, lançando-se aos pés da rainha, suplicou-lhe o perdão para os parisienses: a paz de Rethel (março de 1649) foi fruto dessa diligência. Três anos depois, a Fronda passou às mãos dos príncipes, e Condé, aliado aos espanhóis, queria a cabeça de Mazarino. *Monsieur Vincent* atreveu-se então a dar outro passo, verdadeiramente extraordinário: teve a audácia — ele, um simples padre — de escrever ao primeiro-ministro, aconselhando-o a não aparecer em público, ao menos momentaneamente, a fim de acalmar as iras. Depois de tudo, o cardeal seguiu o conselho, mas guardou rancor a quem o dera. Vicente pouco se importou com isso: bastava-lhe ter sido, conforme lhe ditava a sua consciência sacerdotal, um bom servidor da paz.

Santidade irradiante

Torna-se difícil evocar o que foi, nos últimos dez ou quinze anos de vida, a irradiação espiritual de Vicente de Paulo. Na França, a sua presença multiplicava-se por toda a parte, por meio das obras que criara e das pessoas que escolhera e colocara em diversos lugares. Os bispos que formara em São Lázaro ou que tinham ouvido as suas lições implantavam nas dioceses as suas ideias reformadoras. Eram, entre outros, Juste Guérin em Annecy, Pavillon em Alet, Solminihac em Cahors, Jacques Raoul e depois Bassompierre em Saintes, Sébastien Zamet em Langres, Antoine Godeau em Grasse, Lescot em Chartres, Perrochel em Bolonha, Brandon em Périgueux. Plêiade excelente, que não esgota a lista. Dos seminários lazaristas começavam a sair gerações de jovens padres, mais bem formados, exemplares. Outros grandes reformadores do clero, como Olier e São João Eudes tinham sofrido a influência direta do santo. Píomens que iam marcar a época seguinte eram chamados por Deus e formados para as suas funções pelo recluso de São Lázaro; o mais ilustre de todos foi Jacques-Bénigne Bossuet, a quem Vicente de Paulo confiava, em 1659, o cuidado de pregar às Irmãs da Providência. Os lazaristas e as Irmãs da Caridade expandiam-se. Os meios burgueses abriam-se a um novo espírito cristão, por obra das Damas da Caridade. E os pobres mostravam-se agradecidos àquele que quisera que a sua sorte fosse menos triste. O humilde padre de cinto de malha elevava-se como um farol sobre a terra da França.

E a sua irradiação ultrapassava as fronteiras do reino. Ele próprio viu tornarem-se internacionais as obras que começara por conceber como de caráter privado, e que se tinham tornado nacionais quase sem que ele o quisesse. Mal tinha sido criada, a missão já se instalava, em 1631, em Roma; discretamente, como convinha, mas com homens de grande classe: du Coudray, que fora dos primeiros lazaristas; Berthe, o organizador; Joly, cheio de espírito de iniciativa; e Dehorgny, muito culto. Pouco depois, os filhos de Vicente de Paulo instituíam as Conversas com os ordenandos e empreendiam missões nos bairros populares e nas zonas rurais. Reconheçamos que há qualquer coisa de paradoxal nesse espetáculo de uma França em que os decretos do Concílio de Trento eram oficialmente ignorados pelo Estado — que não os "recebera" —, e que enviava filhos seus a Roma como portadores do mais belo testemunho do ideal da reforma católica. Na Sabina e em Viterbo, em Subiaco tal como em Mondovi, em Chiavari, em Sestri, em Raconiggi e em muitos outros lugares, os lazaristas missionavam segundo o seu estilo. As missões de Gênova e de Turim tiveram um êxito imenso graças aos padres Blatiron e Martin. E o verdadeiro triunfo veio quando Alexandre VII ordenou aos jovens desejosos de receber o sacerdócio que fossem fazer um retiro com os missionários da França. Notaria Vicente de Paulo quanto havia nisso de saboroso? "Aprouve ao nosso Santo Padre — observava ele — enviar os ordenandos aos pobrezinhos da missão de França". E Vicente era bastante "romano" para saber como isso representava um triunfo.

Houve outras terras que atraíram o zelo infatigável dos lazaristas e das irmãs cinzentas. Nesses lugares, porém, se houve glória, foi uma glória trágica, porque correu o sangue dos seus filhos — esse sangue que nós sabemos, desde Tertuliano, que é sempre semente de cristãos.

Primeiro, a Polônia, que era então um grande país; numa altura em que Berlim não passava de um vilarejo, Varsóvia tinha ares de verdadeira capital. E como lá a influência francesa era grande, veio uma embaixada pedir ao rei da França uma princesa para o rei da Polônia, Ladislau II[33]. Maria de Gonzaga, filha do duque de Nevers e de Mântua, e de Catarina de Lorena, era francesa pela educação, pelo espírito, pela elegância. Uma vez rainha em Varsóvia, lembrou-se de que fora Dama da Caridade, uma das primeiras nessa ação caritativa, e pediu a Vicente de Paulo que lhe enviasse Padres da Missão, Irmãs da Caridade e também Visitandinas. O chefe escolhido para a expedição — o padre Lambert — era um homem tão notável que o fundador via nele o seu futuro sucessor, "seus olhos e seu braço direito". Os primeiros passos foram brilhantes. Missões, escolas, obras de caridade — todas as atividades vicentinas lançaram raízes na Polônia. Mas a tragédia não tardou a vir. Primeiro foi a peste, que mostrou de que heroísmo eram capazes aqueles homens e aquelas mulheres, animados pela caridade de Cristo, mas que matou Monsieur Lambert e várias das irmãs. Depois, foi a guerra, meio-civil, meio-internacional, que lançou sobre a infeliz Polônia os moscovitas, chamados pelos cossacos ucranianos em revolta, e também os suecos. Quando Varsóvia caiu, em 1655, e os soldados veteranos se lançaram, em nome do protestantismo, contra os padres, as igrejas e as instituições católicas, os Padres da Missão resistiram bem, mantendo-se à frente das suas paróquias; mas o novo chefe, Monsieur Ozenne, morreu, e nenhuma das Irmãs da Caridade escapou com vida. Ao saber de tais coisas, o coração de Vicente de Paulo sangrava, mas na sua dor não faltava um toque de orgulho.

A missão tentou desenvolver-se também na "Hibérnia", ou seja, na Irlanda, bem como na Escócia, nas Órcades e nas Hébridas. Foi sobretudo o antigo país de São Columbano que acolheu com emoção os lazaristas. Quando, porém, rebentou a Revolução Inglesa e os tempos de Cromwell trouxeram para a Ilha Verde a sangrenta repressão a que o ditador puritano iria ligar o seu nome, os missionários tiveram de fugir. Não, porém, sem deixarem ficar, como semente de futuras colheitas, esse espírito de missão que os lazaristas irlandeses até hoje fazem frutificar tão bem.

Esses fracassos desencorajavam *Monsieur Vincent*? Não é para sua satisfação pessoal, para sua gloriazinha particular, que um cristão deve obedecer à Palavra e partir para evangelizar as nações. E Vicente pensava também nas terras distantes, nas que ficavam para lá dos mares. E isso por uma razão que nós, homens do século da "morte de Deus", não somos capazes de compreender, mas que é prodigioso ver formulada por um santo do século XVII: era que se interrogava (várias vezes o confessou) se a França — ou o Ocidente, como diríamos hoje — não viria a estar um dia totalmente descristianizada, e se não conviria, prevendo essa eventualidade, implantar a fé em terras onde pudesse germinar... No entanto, não se mostrou apressado em criar missões lazaristas para os africanos: a sua primeira preocupação eram os camponeses da França. Quando a nova Congregação romana *de Propaganda Fide* pediu missionários para o Extremo Oriente, Vicente de Paulo não se ofereceu, mas encorajou Monsieur Pallu, um dos seus fiéis ouvintes das Conferências das terças-feiras, a aceitar e a fundar o que viria a ser a Sociedade das missões Estrangeiras. Mas, quando a Sociedade das Índias, detentora *de facto* do comércio com Madagascar, lhe pediu padres para o serviço da colônia, e fez intervir no caso o núncio apostólico Bagni, Vicente, vendo nisso um sinal do Céu, aceitou, e assim se escreveu mais uma página de glória — de glória tingida de sangue — para a jovem Congregação da Missão, especialmente reveladora dos métodos vicentinos.

O governador da Ilha, Monsieur de Flacourt, era partidário da linha dura. Pareciam-lhe fora de propósito os procedimentos humanos para com seres que ele considerava abaixo do humano. Aqueles que Vicente designou, em 1648, para a missão de Madagascar — o jovem e brilhante padre

Nacquart, o humilde e cordial padre Gondrée — eram lazaristas autênticos e não tardaram em afeiçoar-se a esse povo que lhes era confiado por Cristo; aprenderam a língua malgache e passaram a viver junto dos seus catecúmenos.

Quantos cuidados, quantas dores não custou a Vicente de Paulo essa missão tão longínqua! Nem vale a pena falar das dificuldades financeiras, dos longos cálculos feitos à luz da candeia, para pagar a viagem e o sustento desses missionários. Mas a verdade é que, pouco tempo depois, os dois sacerdotes, já esgotados pelo clima e pelo trabalho excessivo, pediam socorro. E, antes de Vicente ter conseguido os meios necessários para os atender, Gondrée morreu, seguido de perto por Nacquart. Deles ficava uma recordação comovedora: a igrejinha que ainda hoje se vê em Fort-Dauphin. Foi necessário mandar dois novos padres, Bourdaise e Mounier, mas, por sua vez, ambos sucumbiram, vitimados pelo seu zelo e por essa terra fascinante e terrível. Houve que pensar em outros que os substituíssem na rude batalha. E Vicente de Paulo exclamava: "Não acredito que haja na companhia um só cuja coragem não chegue para ir preencher os lugares dos que morreram..." E partiram Herbron e Boussordec... Se as missões lazaristas são hoje, no mundo inteiro e especialmente em Madagascar, o que vemos que são, devem-no à firmeza de Vicente de Paulo, à sua coragem cheia de esperança.

"*In manus tuas, Domine*"

Entretanto, iam passando os anos. Passavam... e quebravam, vergavam o corpo rude de Vicente. Burilavam-lhe no rosto rugas profundas, que faziam parecer mais longo o seu longo nariz e mais salientes as sobrancelhas grossas.

Já estava claramente semelhante ao retrato que o consciencioso Simon François pintou em São Lázaro, pouco antes da morte do santo, retrato hoje perdido, mas que foi utilizado e popularizado pelas gravuras de Van Schuppen e de Edelinck. Estava cansado, desfeito, doente. Sempre essas enxaquecas, e essa "febríola" cotidiana[34], e esse "mal da respiração curta". De tempos em tempos, as dores acentuavam-se, e ele queixava-se docemente, murmurando: "Meu Senhor, meu bom Senhor..." As pernas recusavam-se a acompanhá-lo; já era preciso ajudá-lo a andar e, por vezes, carregá-lo. E então dizia, gracejando: "Aqui me têm feito grande senhor, igual aos bispos..." Estava para chegar aos oitenta anos.

Nesse corpo débil, o espírito tinha permanecido intacto, assim como a vontade e o entendimento. Não voltara a pôr os pés na corte desde que Mazarino o afastara do Conselho de Consciência, mas continuava a encontrar-se com a rainha e a dar-lhe frequentes conselhos, sem a dirigir inteiramente. E, sobretudo, arrostava o fardo que lhe impunha a direção das suas grandes obras. Era o superior de São Lázaro, e não delegava em ninguém o cuidado de dirigir a comunidade. Era o superior das Irmãs da Caridade, e empenhava-se, já visivelmente sem forças, em ir a pé visitá-las, apoiado num cajado (não era longe), a fim de lhes dar conselhos espirituais e de ordem prática. Também às Damas da Caridade, aos padres das Conferências das terças-feiras, às religiosas da Visitação — a todos quis levar até ao fim a mensagem que devia transmitir-lhes. E a todos repetia: "Demo-nos a Deus, e que Ele nos faça a graça de nos conservar firmes. Perseveremos, perseveremos por amor a Deus!"

Em 3 de junho de 1660, ainda reuniu as irmãs cinzentas, para lhes fazer o louvor da sua fundadora, a tão querida Mlle. Le Gras, que acabava de morrer. A 24 de julho, presidia à eleição da nova superiora. Mas sabia que Deus, ao chamar a si a melhor das suas colaboradoras, lhe fazia também a ele um sinal. Sobreveio-lhe um abcesso ocular, que lhe provocou cruéis sofrimentos. Manteve-se calmo, lúcido e — segundo dizem as testemunhas do seu lento apagar-se — tão alegre como de costume. À sua volta, a casa de São Lázaro continuava a trabalhar por Cristo, pela Igreja, pelos "nossos senhores os pobres". De todos os lados afluíam cartas, testemunhos de afeição, votos, remédios. O próprio papa lhe fez chegar uma mensagem. Um pobre negro mandou-lhe plantas para lhe acalmarem as dores e lhe darem refrigério. E, aos 27 de setembro de 1660, extinguiu-se, suavemente, bem nas mãos de Deus.

Pôde-se ver então o que era a glória desse humilde. Toda a população desfilou diante do leito exíguo onde repousava o pobre corpo consumido. Saint-Germain-L'Auxerrois transbordava de gente que queria ouvir o bispo de Puy, Henri de Maupas, pronunciar o elogio fúnebre. Disputaram-se as suas relíquias: reclamaram-nas o papa, reis e santuários, e houve que partilhar até as costelas, as rótulas e o próprio coração. A Igreja sabia que esse homem, que lhe fora tão maravilhosamente fiel ao longo de toda a vida, tinha, já na terra, a promessa do Céu. Beatificou-o em 1729 e, oito anos depois, em 1737, o papa Clemente XII elevou-o aos altares.

A história vê nele um dos homens mais notáveis do seu tempo, a tal ponto que não há manual, por mais laico que se pretenda, que não lhe reserve espaço. Iniciador do sentido social, numa época em que acabavam de romper-se os vínculos de solidariedade dentro das cidades, das comunas e dos feudos — que, na Idade Média, aliviavam as misérias —, mas em que, no entanto, as guerras e as agitações tornavam cada vez mais indispensáveis a entreajuda e o socorro mútuo, São Vicente de Paulo soube associar todas as classes num só esforço para minorar a miséria humana, e suscitou tantas generosidades individuais que o rosto da França se transformou. Tudo o que se fez de generoso na vida social desde há três séculos tem nele a sua origem, demasiadas vezes ignorada. Só nestas últimas décadas de ateísmo é que os organismos oficiais se vêm esforçando por tomar nas mãos a tarefa de assistência, mudando-lhe porém o estilo e a fórmula, esvaziando-a daquilo de que o santo soube impregná-la com tanta perfeição: a humanidade profunda, a verdadeira caridade.

Eis o que fundamentou a glória, *autenticamente* laica, de *Monsieur Vincent*. Eis por que Voltaire lhe prestou homenagem nas célebres palavras: "Para mim, o meu santo é Vicente de Paulo". Mas a Igreja deve-lhe muito mais, e pode venerá-lo por várias outras razões. Há uma grande lei, que sempre se verifica: a edificação do Corpo de Cristo realiza-se antes de tudo no segredo das almas santas, e pela sua soberana eficácia. Só os santos podem discernir as vias que Deus traça à sua Esposa Mística, porque só eles compreendem plenamente o mandato evangélico e captam a mensagem que o Senhor dirige ao tempo em que vivem. Mais que qualquer outro, Vicente de Paulo lançou os alicerces da Igreja moderna que tentava nascer. Seu mestre e amigo, São Francisco de Sales, tinha resumido admiravelmente as aspirações e as tendências da era que se encerrava com ele, a era da reforma católica. Quanto a São Vicente de Paulo, preparou as bases do futuro. Uma cristandade mais viva, levedada por um fermento novo; um clero digno, consciente da grandeza do seu sacerdócio e inteiramente devotado; uma Igreja fraternal, aberta a todos e compassiva para com os pequenos deste mundo; uma religião cheia de humanidade, na qual Cristo fala ao coração: tudo isso, que nós desejamos com o que há de melhor nas nossas almas, se encontra em Vicente de Paulo, nas suas palavras e nos seus atos. Ele ilumina os nossos tempos tão bem como iluminou o seu.

É claro que não esteve sozinho no cumprimento dessa tarefa. Ao lado da sua, outras figuras santas se erguem, quase inumeráveis, animadas pelos mesmos desígnios, cada qual no seu plano, em setores concretos: um Bérulle, um Olier, um Condren, um São João Eudes, e tantos outros. Mas Vicente de Paulo é o único que trabalhou em todos os setores ao mesmo tempo, e em todos com eficácia. Na palavra de Grousset, ele é "figura de proa". Em ninguém como nele se resume e se cumpre o tempo fecundo em que nasceu a *nossa* Igreja — esse "grande século das almas" que se completa no momento em que ele morre.

Notas

[1] Os açudes dos Dombes eram regularmente esvaziados e depois tornados a encher: o tempo de *assec* [seca] permitia as culturas; os anos de *évolage* [águas] forneciam peixe.

[2] Discute-se a data do seu nascimento. Segundo ele próprio nos disse, ao depor no processo de beatificação de São Francisco de Sales, teria nascido "perto de" 1580. O seu biógrafo, Abelly, fixa a data em 1576, talvez apenas na piedosa intenção de mostrar que não recebeu a ordenação sacerdotal tão jovem como se podia imaginar. Baseado em treze textos indiscutíveis, Coste estabeleceu a data de 1581. Quanto ao nome de família — de Paulo —, é evidente que nada tinha de nobre. Vinha de um longínquo antepassado, tão obscuro que, para o designar, não se tinha usado nenhum termo ligado ao seu ofício ou mesmo uma pitoresca alcunha, mas muito simplesmente o nome de batismo. O nome Vicente, muito comum na região, provinha do santo hispânico que, depois de evangelizar o Sudoeste da Gália, morrera mártir sob Diocleciano. É o padroeiro de Lisboa.

[3] "Mercador de sopa", nesse sentido, é a pessoa sem capacidade econômica, pobretona (N. do T.).

[4] Seguimos neste ponto a narrativa tradicional, tal como se encontra em duas cartas do próprio santo, datadas de 24 de julho de 1607 e de 28 de fevereiro de 1608. Alguns historiadores têm sustentado que Vicente de Paulo inventou por completo a história do seu cativeiro em Túnis, a fim de encobrir, aos olhos do seu protetor Comet, outras aventuras talvez menos recomendáveis. As duas cartas mantiveram-se nos arquivos da família Comet até 1658, e, aparentemente, até então, ninguém da intimidade do santo ouvira falar desse capítulo pitoresco da sua vida. O cativeiro de Vicente seria uma grande fanfarronada... E a verdade é que, quando um amigo lhe contou que tinham sido achadas essas duas cartas juvenis, São Vicente de Paulo as reclamou instantemente, para as destruir. Contudo, pode-se retrucar,

aos historiadores que defenderam essa tese da "mentira de Vicente", que não há razão para duvidar da veracidade de tais cartas, uma vez que ele nunca as declarou mentirosas, e que se encontram na sua vida e nos seus atos traços seguros da influência nele exercida pela permanência em Túnis, nomeadamente a sua indiscutível competência em matéria médica; pode-se ainda aduzir que, se ele quis suprimir as cartas, foi por nelas se tratar de alquimia, assunto a que a Inquisição era extremamente sensível. Cf. Granchamp, *La prétendue captivité de saint Vincent de Paul à Tunis*, em *La France en Tunisie au XVIIe siècle;* J. Guichard, *Saint Vincent de Paul, esclave à Tunis*, Paris, 1937 e Deboghie, *Vincent de Paul a-t-il menti?*, em *Revue d'Histoire Ecclesiastique,* XXXIV, Lovaina, 1938.

[5] Designação por que eram mais conhecidos os Hospitalários de São João de Deus. Cf. neste volume o cap. V, par. *A caridade, a missão: São Luís Grignion de Montfort* (N. do T.).

[6] Sobre Bérulle, cf. vol. V, cap. V, par. *Um ideal para o clero: Pierre de Bérulle,* e neste volume o cap. II, par. *Essa alta fonte espiritual.*

[7] O episódio comporta aspectos misteriosos que revelam experiências das mais altas no campo da mística e ao mesmo tempo da psiquiatria. Porque o doutor da Sorbonne se viu curado das tentações, mas Vicente foi assaltado, por muito tempo e de um modo horrendo, pelo próprio demônio que ele derrotara no outro. É muito provável que esse doutor fosse Nicolas Coeffeteau, dominicano, futuro bispo de Marselha: aquele de quem Urbain disse ter sido um dos criadores da prosa francesa (cf. o artigo de Ghichard na *Revue d'Histoire de l'Église de France,* 1938, p. 134).

[8] Neste capítulo, falaremos indistintamente de bispo e de arcebispo de Paris. Isto porque a diocese de Paris, que era sufragânea de Sens, foi elevada a arcebispado em vida de *Monsieur Vincent* (1622). Quanto ao termo *Monsieur l'Évêque* (ou *Monsieur de Paris),* era o único então usado, e assim continuaria até fins do século XVII, altura em que, como diz maliciosamente Saint-Simon, os bispos passaram a dar uns aos outros o tratamento de *Monsieur l'Archevêque* para impor o título.

[9] Antiga embarcação de guerra, comprida e estreita, que emergia pouco acima da água, impelida basicamente por grandes remos, quinze a trinta por bordo, manejados por três a cinco homens cada um, geralmente criminosos condenados "às galés" (N. do T.).

[10] Viera negociar o casamento de Cristina da França, irmã do rei, com o príncipe do Piemonte, herdeiro da Savoia.

[11] Ao morrer, Francisco de Sales confiou a Vicente de Paulo o que tinha de mais caro: a Visitação. Superior da Visitação de Paris, *Monsieur Vincent* assumiu o cargo com todo o zelo, mas sem exercer nenhuma influência precisa sobre as religiosas, que continuaram a ser contemplativas e a dedicar-se ao ensino. Foi diretor de consciência da Madre Joana de Chantal, que lhe pedia mais conforto espiritual do que conselhos.

[12] O original joga com duas palavras quase idênticas: *brillent*, "brilham", e *vrillent,* "verrumam, penetram" (N. do T.).

[13] Podemos encontrar a sua doutrina nas *Conferências* e *Conversas,* nos *Exercícios espirituais* que pregou aos lazaristas, às Irmãs e às Damas da Caridade, assim como na sua imensa correspondência (catorze volumes, editados por Coste entre 1920 e 1925).

[14] *Bons enfants*, literalmente "bons meninos", significava então "filhos de gente rica" (N. do T.).

[15] O que explica que, certo dia, ao falar das "casas" que lhe parecia fazerem bom trabalho em Paris, ao lado de São Sulpício e de Saint-Nicolas-du-Chardonnet, *Monsieur Vincent* se limitasse a dizer: "Quanto ao Oratório, deixemo-lo de lado; não falemos dele".

[16] Antiga medida agrária, equivalente a 5.000 m^2 (N. do T.).

[17] As Constituições definitivas, aprovadas em 1670 por Clemente X, estabeleceram os quatro votos que ainda hoje são próprios dos lazaristas: os três votos de religião — pobreza, castidade e obediência — e o voto especial de serviço aos pobres.

[18] Sobre a situação do clero, cf. neste volume o cap. II, par. *O "estado sacerdotal"*.

[19] Deve-se acrescentar que Vicente de Paulo começou em São Lázaro "retiros fechados" para padres e leigos indistintamente. Alojava-os lá gratuitamente.

[20] Cf. vol. V, cap. II, par. *O Concílio de Trento e a reforma disciplinar.*

[21] Um dos colégios universitários de Paris, que eram conhecidos pelo nome da "nação" a que se destinavam de preferência (N. do T.).

[22] Recorde-se que, desde o casamento da herdeira dos reis católicos, Joana a Louca, com Filipe o Belo de Habsburgo, a casa de Áustria, habitualmente eleita para cabeça do Império Germânico, reinava na Espanha (N. do T.).

[23] É provável que não se tratasse realmente da tinha, mas de outra doença mais grave, com as aparências daquela (N. do T.).

[24] Partido político francês que se rebelou contra Mazarino durante a menoridade de Luís XIV e precipitou a guerra civil de 1648-53 (N. do T.).

[25] Como é sabido, o uso da época reservava o tratamento de "Madame" para as mulheres nobres. *Mademoiselle* designava as burguesas.

[26] "Irmã cinzenta" *(Soeur grise):* a expressão surpreende-nos, por estarmos habituados a ver as Irmãs da Caridade vestidas de azul celeste e cobertas de grandes toucas brancas. A cor das vestes mudou. Durante muito tempo foi cinzenta.

[27] Por vezes, chamavam-lhes "as irmãs da sopa".

[28] Acerca da Companhia do Santíssimo Sacramento, cf. neste volume o cap. II, par. *Primeiras tentativas de "Ação Católica": a Companhia do Santíssimo Sacramento.* Já alguém pretendeu explicar a amplitude e o êxito das obras de Vicente de Paulo insinuando que ele teria sido instrumento e porta-voz dessa companhia, considerada como uma ampla investida para dominar os espíritos; teria sido uma espécie de "testa de ferro" da "Cabala dos Devotos". Mas nenhum fato ou documento permitiu jamais fundamentar seriamente essa hipótese caluniosa.

[29] Sobre as relações entre o ilustre cardeal memorialista e Vicente de Paulo, cf. as obras, muito numerosas, consagradas a Retz. As duas mais recentes são a de P. G. Lorris (Paris, 1956) e de F. Albert-Buisson (Paris, 1954). Mas nenhuma delas consente que se esqueça a de Batiffol.

[30] O fato nunca se esclareceu. Cardeal por privilégio, isto é, não sendo sacerdote, Mazarino podia casar-se. Mas nada de seguro prova que se tenha dado o casamento secreto, e menos

ainda que São Vicente de Paulo tenha tido algum papel no assunto. Mas mesmo que fosse verdade, teríamos de observar que o seu dever de confessor seria preferir o casamento a uma existência quase-conjugal, que provocaria escândalo.

[31] Funcionários que correspondiam aos nossos antigos almotacés, inspetores encarregados da aplicação exata dos pesos e medidas e da taxação dos gêneros alimentícios (N. do T.).

[32] Cf. neste volume o cap. VI.

[33] Depois da morte deste, a esposa, Maria de Gonzaga, casou-se com o cunhado (sucessor do irmão), que veio a ser o rei João Casimiro.

[34] Seria o paludismo trazido do cativeiro? Argumento a favor da estadia de Vicente, como escravo, em Túnis...

II. O GRANDE SÉCULO DAS ALMAS

Juventude da Igreja no século XVII

Será isso suficientemente conhecido? Os primeiros sessenta anos do século XVII constituem, para a Igreja, um tempo forte, uma época de rara beleza e fecundidade, certamente tão rica como os maiores momentos da cristandade medieval; uma era de juventude, de brilhante renovação. Acabamos de ver Vicente de Paulo, dominando esse tempo com a sua silhueta curvada, o seu olhar agudo, cintilante de bondade. Junto dele, às dezenas, erguem-se aqueles que a história tem por seus êmulos; trabalham o mesmo terreno ou abrem outros sulcos, para que surja a mesma seara de almas. São vidas inteiramente orientadas para Deus, obras cujo único objetivo é fazer avançar o seu Reino; poucos séculos, entre os que a Igreja viveu, contam tal número de obras.

Desde que, em 4 de dezembro de 1563, numa pequena cidade alpina tornada ilustre de um dia para o outro, os padres conciliares, representantes de toda a Igreja, tinham dado por concluídos os seus trabalhos, levantava-se um duplo problema. As instruções do Concílio de Trento tinham de ser infundidas no coração e no sangue dos cristãos. Havia que dar força de lei aos decretos conciliares e, sobretudo, embeber as almas do espírito novo que se proclamara nos debates da assembleia. Quarenta anos passados, chegava-se à conclusão de que não era tarefa simples. Apesar de tantos e tantos esforços — aos quais São Carlos Borromeu dera o primeiro impulso, na sua quase totalidade —; apesar da intervenção, discreta ou fulgurante, dos missionários, dos oradores, ou até dos santos; apesar do trabalho das ordens, tanto novas como antigas — o que se via no limiar do novo século era que restava ainda muito por fazer e que aqueles que queriam de verdade servir a Deus não tinham mãos a medir.

Para assumir essas tarefas, que exigiam muito fôlego, que país se proporia? A Itália cristã, que fornecera tantas figuras à reforma católica, estava num compasso de espera. A Alemanha não saíra ainda dos rudes embates em que católicos e protestantes não se limitavam a defender dogmas; uma guerra atroz esgotara-a durante trinta anos, e não lhe permitia mais que um esforço religioso limitado. Na Inglaterra, a Igreja "papista" estava demasiado ocupada em lutar contra a heresia e o cisma, para lhe ser possível conduzir fosse o que fosse além desses combates confusos. E a Espanha, cujos reis se preocupavam sobretudo de firmar o trono, já não tinha um Inácio, nem uma Teresa, nem um João da Cruz; tinha apenas teólogos. Houve um país que aceitou o bastão, o mesmo país que, na Idade Média, tinha sido, numa imagem encantadora, "o forno onde se cozia o pão da cristandade": a França, cujo eclipse espiritual termina e que, a partir dos anos de 1600, volta a ser fiel à vocação de "filha primogênita da Igreja" que, mesmo nos piores momentos, nunca os seus reis tinham deixado de proclamar.

As agitações, porém, não a querem poupar. Recém-saída das horrorosas rupturas em que os seus filhos mutuamente se estrangulavam, e reposta em bases sólidas pelo ponderado rei Henrique IV, terá necessidade de se lançar na guerra além-fronteiras, para salvaguardar os seus direitos e talvez para salvar a vida. Terminada esta, sofrerá logo a seguir, no seu solo, lutas civis e revoluções. No entanto, apesar dessas condições difíceis, é ela que toma nas mãos o estandarte cristão. Em termos políticos, encaminha-se para a preponderância, mas ainda não a conquistou. Em termos literários, também não, embora durante este período ganhe corpo a "Escola de 1660", no borbulhar de febre criadora que irá levar à arte clássica; é já a França de Descartes e de Pascal. Mas, no plano espiritual, é ela que comanda, é ela que ilumina o universo cristão.

Paradoxo. Essa França é também a dos conspiradores e dos ambiciosos sem escrúpulos, a França dos duelos e das aventuras de amor, o país em que heroínas com gola de renda disparam o canhão da Bastilha e se entregam a muitas outras extravagâncias; em que o cardeal Retz faz um jogo de elegante cinismo; em que Paris fervilha de mendigos; em que os filhos ilegítimos são abandonados, às centenas, nos cantos das ruas. E outro paradoxo ainda: essa França é também o reino que foge de reconhecer como leis os decretos tridentinos; se é certo que a Assembleia do Clero os aprovou em 1615, foi apenas a título de algum modo privado, sem o acordo do Estado e contra o Parlamento, que se recusou a registrá-los.

No entanto, é a França que, por mais de meio século, estará à frente da reforma católica. Os fiéis da sua Igreja não são melhores do que os das outras; os abusos e os escândalos não são menores. E contudo a fé, no meio deles, está em renovação, os princípios encontram novos meios de aplicação e a caridade afirma-se em obras sem número. E que clima de santidade! Aí está o essencial! Não são as ordenações reais ou ministeriais — se bem que Luís XIII e Richelieu se tivessem deixado conquistar por essas intenções não são os acórdãos do Parlamento, nem sequer as deliberações da Assembleia do Clero da França, que suscitam o admirável movimento de renascença. Nessa primavera espiritual, a seiva que jorra por toda a parte sobe de um terreno em que gerações e gerações de bons cristãos viveram durante séculos. Grupos ativos de homens e mulheres, pressionados unicamente por exigências espirituais, procuram que a sua vida dê testemunho da Palavra e a faça irradiar. Por que serão em tão grande número, nesse tempo, nesse espaço? Também se poderia perguntar: por que a Itália do Renascimento contou com tantos artistas de primeira ordem? São perguntas que ficam sem resposta. O historiador pode adivinhar nos fatos uma obra da Providência, mas não é capaz de desvendar os desígnios providenciais. O que vê é somente que essa primeira metade do século XVII é autenticamente o *grande século das almas*. E que a França é nesse período a pátria dos santos[1].

Essa alta fonte espiritual

O fato que domina tudo, nesses anos fecundos, é o surto espiritual. É um fenômeno prodigioso. Para traçar um quadro que ainda considerava incompleto, Henri Bremond precisou nada menos que de onze grossos volumes, os densos *in-octavo* da sua *História literária do sentimento religioso*. Se é certo que, no cristianismo, o fim assinalado aos homens é e será sempre o mesmo, ou seja, assegurar-lhes a salvação e promover o Reino de Deus, já os meios e os caminhos preconizados mudam no decorrer dos séculos, e um dos aspectos mais apaixonantes da história da Igreja é precisamente essa incessante renovação das doutrinas, essa multiplicidade de matizes. E talvez nenhuma época como esta tenha contado tantos cumes espirituais e místicos e composto tantas variações sobre o tema único da unidade necessária. "Conheço bem a fonte que brota e resplandece..." — cantara São João da Cruz. E estamos bem diante de uma nascente, de uma fonte de repuxo cujas múltiplas águas irrigam todo o corpo da Igreja.

No período imediatamente anterior, a fonte jorrara na Espanha. Dela tinham saído duas grandes correntes, a da espiritualidade inaciana e, mais mística, a do Carmelo. Uma e outra tinham transbordado amplamente do seu país de origem e, designadamente na França, contribuiriam muito para operar a "invasão mística" que levaria Bremond a maravilhar-se. Aliás, tinha sido na colina sagrada dos mártires parisienses que Inácio de Loyola, numa luminosa manha da Assunção de 1537, reunira os primeiros soldados da futura Companhia de Jesus. E o triunfo internacional da reforma de Santa Teresa de Ávila fora de algum modo garantido pela instalação em Paris dos carmelitas trazidos da Espanha por Pierre de Bérulle[2].

No século XVII, ambas as correntes revelam uma grande vitalidade. Os métodos jesuítas estão bem difundidos; inúmeros fiéis praticam os *Exercícios espirituais*. A Companhia de Jesus vai ter agora numerosos místicos de grande envergadura, como o padre Louis Lallemand[3]. E até no pensamento de Bérulle se encontra o princípio fundamental formulado por Santo Inácio: "Importa, antes de tudo, olhar para Deus e não para nós, e não pretender com esse olhar a busca de nós mesmos, mas sim o puro olhar de Deus". O mesmo se pode dizer da mística do Carmelo. As obras da fundadora, traduzidas para o francês por Gaultier em 1621, tiveram um êxito imenso. Fizeram-se comentários da vida e da mensagem das suas discípulas, Madalena de São José e Catarina de Jesus. Um dos mais altos místicos da época, o carmelita *Jean de Saint-Samson* (1571-1636), merece ser cognominado "o João da Cruz francês". E no próprio pensamento de São Francisco de Sales, ou de Monsieur Olier, ou de São Vicente de Paulo, se notam influências carmelitas.

Mas a "invasão mística" não se deu na França sem que as correntes originais se modificassem em maior ou menor medida. Assim, o treino inaciano da vontade tenderá a ser substituído por um método baseado mais na conformidade de todo o ser com um ideal contemplado do que na tomada de consciência dos estados interiores e dos motivos que levam a agir. Ao mesmo tempo, o grande voo com que Santa Teresa e São João da Cruz procuravam arrebatar a alma num só impulso para Deus torna-se modesto na espiritualidade francesa, e prefere-se conservar os dois pés no chão; é significativo que o mais místico dos espirituais franceses do tempo, Bérulle, admire o jovem Descartes e lhe peça que ponha ao serviço da religião uma filosofia apoiada na razão. O caráter nacional encontra-se todo ele nesse sentido da medida, nesse sentido do humano.

É difícil avançar no sublime labirinto da espiritualidade desses sessenta anos. Mesmo seguindo as largas avenidas abertas por Henri Bremond nesses espessos bosques, vemo-nos e desejamo-nos para saber onde estamos ao cruzar-nos com tais estados de alma, tais impulsos, tais graças, tais sutis doutrinas. São tão numerosas as grandes almas e as obras espirituais que o mais eminente especialista, desesperando de as catalogar todas, teve que dar a um dos seus capítulos o título de *Turba magna*. No entanto, dois eixos se definem: o do *humanismo devoto* e o da *Escola Francesa*. A cada um deles se ligam em maior ou menor grau os guias da procura de Deus. Todos eles têm em comum a convicção de que, como Deus não é uma ideia, mas uma Pessoa, o que conta acima de tudo é firmar a alma nas suas relações com essa Pessoa e levá-la a unir-se a Ele. O que difere são as vias e os meios.

O *humanismo devoto*[4]. Essencialmente, trata-se da doutrina de São Francisco de Sales[5], o grande bispo savoiano — tão francês sob todos os aspectos, a começar pelo estilo exemplar — que viveu até 1622. O ponto de partida do seu pensamento não é outro senão o homem: "Eu sou tão homem que nada mais sou". Como Terêncio, pensa que nada do que é humano lhe é estranho; mas, com Shakespeare, pensa também que a humanidade é bela porque foi consagrada. Ele quer que esse ser de sangue e lama que é o homem erga a cabeça para a luz. A união da alma com Deus há de ser conseguida por um esforço cotidiano, "fiando o fio das pequenas virtudes". É o homem todo que assume essa doutrina; é esse homem quem ela vota a Deus, quem ela *devota*. Devotar, devoto, devoção — as palavras têm ainda, no século XVII, o seu sentido pleno, que nós hoje tornamos insosso. Ser votado a Deus, esse é o destino do homem, querido pela Providência e para o qual o conduz um sistema de graças prevenientes. Doutrina de esperança e de consolação.

O salesianismo situa-se, pois, na linha do humanismo cristão. De certa maneira, é o herdeiro de Erasmo e de Pico della Mirandola, e depois, dos jesuítas Maldonado, Molina e Belarmino, ou ainda de Tolet e de todos os que tinham procurado fomentar uma concepção da vida em que o contributo da Renascença, das suas descobertas, da sua cultura, fosse conciliável com os dogmas e a moral católica. Mas, ao passo que o antigo humanismo cristão era fundamentalmente especulativo e aristocrático, o humanismo devoto dirige-se a toda a gente, põe a vida interior ao alcance de todos: nisso reside a maravilha da *Introdução à vida devota*.

A espiritualidade já não é apanágio dos claustros; acreditar nisso "é um erro, uma heresia" — diz o santo pois ela pode dar-se igualmente bem entre os soldados, na oficina dos artesãos, no lar das pessoas casadas. Com essa doutrina, São Francisco de Sales torna-se, na verdade, o "mestre dos mestres" da vida espiritual moderna.

Ao mesmo tempo, porém, essa espiritualidade nada tem de terra-a-terra. Toda ela é sustentada por um grande impulso para as alturas, pelo impulso do amor. "Tudo na Santa Igreja é para o amor, no amor e do amor!" O *Tratado do amor de Deus* (1607-1616) repete o mesmo: o amor é o termo ao qual se deve chegar, e também o meio de lá chegar. Não se diga, portanto, que esse homem cheio de sabedoria não é um místico! Por mais prudente que seja o seu modo de levantar voo, como duvidar, ao ler o último capítulo do *Tratado*, de que ele visou e atingiu "o cume da alma" à força de "comprazer-se em Deus, conformar-se com Deus e transformar a vontade própria na da Majestade Divina"? Não será este o princípio basilar de toda a experiência mística?

Tal doutrina, de abertura até então ignorada, exerceu considerável influência. O prodigioso êxito da *Introdução* multiplica os *devotos*. Ainda em vida do santo, o confessor real, padre Coton, e sobretudo o padre Richéome (1544-1625) sustentam teses semelhantes às suas. *A pintura espiritual ou arte de admirar, amar e louvar a Deus* está aparentada com a *Introdução*. O bispo de Belley, Jean-Pierre Camus (1583-1652), que nem em 186 opúsculos esgota a energia e o zelo apostólico do bispo de Genebra, difunde pelo grande público o *Espírito de São Francisco de Sales* (1631). Os mosteiros das suas filhas, que são as visitandinas, dão a conhecer as suas *Cartas espirituais*. O jesuíta padre Binet (1639), autor de *Os atrativos todo-poderosos de Deus* e de *A grande obra-prima de Deus*, é tão autêntico discípulo do grande bispo que Santa Joana de Chantal assegura não ter "nunca ouvido um espírito tão conforme em sólida devoção com o de Francisco de Sales". Entre os franciscanos, o padre Boma, autor de *O cristão de todos os tempos* (1655), denota visivelmente a mesma formação de espírito, e, com ele, o poeta desconhecido que, debaixo do burel de capuchinho e do pseudônimo de *Yves de Paris* (1590-1679), propaga a doutrina salesiana da humanidade santificada pela graça. Onde não se encontrarão, afinal, traços desse pensamento? Vemo-los em Maria da Encarnação, a admirável ursulina; no padre Chardon, dominicano; em São Vicente de Paulo, discípulo fervoroso do bispo de Genebra; em Olier e no próprio Bérulle. "Uma vez que a natureza é de Deus, deixá-la-emos como está, sem destruí-la [...]. — O homem é verdadeiramente um grande milagre; é a mais perfeita e a mais admirável mistura que existe na natureza; dir-se-ia que, com ele, Deus quis fazer um resumo das suas obras". Estas frases de Bérulle não farão eco ao pensamento de Francisco de Sales?

São inumeráveis os laços entre o humanismo devoto e a mística da *Escola Francesa*, embora o acento tônico tenha sido muito deslocado. Deve-se a Henri Bremond a revelação dessa *Escola*, tão esquecida. Foi sobretudo ele quem mostrou a sua originalidade e riqueza. Escola de vida interior, de alta espiritualidade alicerçada nos dogmas, especialmente no dogma da Encarnação, ela marca profundamente a alma francesa ao longo de todo o século XVII — em particular durante a Regência —, e também está presente fora da França. Os seus mestres contribuíram, sem dúvida, mais que todos os outros, para a fundação da espiritualidade católica moderna, tal como ainda hoje a praticamos.

Na época de que tratamos, esses mestres são quatro. Antes de todos, o grande e admirável *Bérulle*, o mesmo que já vimos[6], muito novo ainda, trazer para a França o Carmelo, desempenhar o papel de guia no salão piedoso de Mme. Acarie, propondo à Igreja um ideal de sacerdócio insuperável, e fundar o Oratório. "Homem verdadeiramente ilustre e recomendável — dirá Bossuet —, a cuja dignidade me atrevo a dizer que nem a púrpura romana acrescentou seja o que for". Foi ele, sem qualquer dúvida, que fundou a Escola Francesa, ele, "o doutor de tantos doutores, o mestre de tantos santos", que a Igreja não julgou ainda dever colocar nos altares, mas em favor de quem tantas almas grandes dão testemunho. "Untuoso, pesado, ingênuo, desajeitado até nas finezas", sim, é verdade; e demasiadas vezes maçante ao longo das mil e oitocentas colunas que a sua obra preenche na edição Migne. Mas, por outro lado, sublime nos seus melhores momentos, sempre devorado pela fome e sede da Palavra. "Quando o seu gênio irrompe, ele é superior a tudo", exclama Bremond com toda a justiça. As *Elevações a Jesus nos seus principais estados e mistérios*, o discurso sobre *O estado e a grandeza de Jesus* (1623), a finíssima *Vida de Jesus* — infelizmente inacabada —, são obras que deviam ser postas no primeiro plano da literatura espiritual. Quando morreu (1629), estava descoberto o que de principal caracteriza a Escola Francesa.

Os seus discípulos continuam-no. Primeiro, *Charles de Condren* (1588-1641), seu sucessor imediato à frente do Oratório e, segundo parece, homem dotado de uma extraordinária autoridade, o que nem sempre aflora nos seus livros. "Feito para ensinar os anjos", dizia dele Santa Joana de Chantal. E Bremond assegura: "O incomparável". No plano prático, a sua ação prossegue a de Bérulle. Com a obra *A ideia do sacerdócio e do sacrifício de Jesus Cristo*, que será editada em 1677, contribuirá para a formação dos padres. No plano espiritual, porém, a sua *Consideração acerca dos mistérios de Jesus Cristo* vai ainda mais longe do que o pensamento, no sentido do teocentrismo absoluto e da "abnegação" humana.

Jean-Jacques Olier (1608-1657) segue também Bérulle em ambos os planos. Concretamente, com a fundação de São Sulpício, fará subir ao último cume da perfeição o ideal sacerdotal beruliano. Espiritualmente, acrescenta às ideias do grande cardeal místico um acento novo, uma espécie de tremor diante da condição do homem pecador. O seu mérito mais evidente está em ter tornado acessível ao comum dos fiéis a altíssima doutrina espiritual. É ele que a despoja das fórmulas técnicas e até dos seus excessos de sublimidade. E a sua linguagem firme e clara é instrumento eficaz de difusão. A sua *Jornada cristã* (1655) e a sua *Introdução à vida e às virtudes cristãs* (1657) serão lidas por muitos e por muito tempo.

Quanto a *São João Eudes* (1601-1680) — que veremos daqui a pouco[7] lançado de corpo e alma na ação, missionário durante meio século, infatigável construtor de seminários, fundador de uma congregação —, é a mesma a doutrina que ensina: "Jesus, sede tudo na terra, como o sois no Céu!" Em *A vida e o reino de Jesus* (1637), bem como no *Memorial da vida eclesiástica*, nada mais faz do que comentar e desenvolver essa súplica. Mas, ao teocentrismo adorador e prosternado de Bérulle, de Charles de Condren, de Olier, acrescenta um movimento de amor impetuoso, quase familiar, não muito diverso daquele que arrebata São Francisco de Sales, e que o levará ao culto do Coração de Maria e do Sagrado Coração de Jesus[8].

Esses quatro homens aparentam-se e é legítimo falar de Escola a respeito deles, embora, como é óbvio, haja diferenças sensíveis entre uns e outros. Em conjunto, as vias que propõem aos cristãos são mais ásperas do que as que apontava, com o seu bom sorriso, o bispo de Annecy. Não é que, à maneira de certos protestantes e de certos jansenistas, entendam dever condenar em bloco a natureza humana: já vimos que Bérulle quer respeitá-la, não destruí-la. Mas sabem como o homem, cujas grandezas não ignoram, é feito de fraquezas e misérias: é "glória e refugo do universo", como dirá Pascal, um beruliano. A definição capital está contida na fórmula insuperável do cardeal Bérulle: "Que é o homem? Um nada, capaz de Deus". Consoante a índole de cada um, todos os mestres da Escola Francesa desenvolvem esse aforismo. Um nada — essa é a condição do homem. Para que possa sair dela, Bérulle recomenda-lhe a adoração, a fim de que se eleve até Deus; Condren, que meça a sua fraqueza, o abismo de que Deus o tirou pelo ato criador; Olier, que ganhe consciência do seu estado de pecador e implore a divina misericórdia; João Eudes, que se confie ao amor. Todos, porém, entendem que o primeiro passo é "reconhecer o próprio nada diante de Deus". Tudo o mais decorrerá daí.

Em face desse homem-nada, ergue-se Deus. E os berulianos não encontram expressões para O exaltar, para proclamar a espantosa distância que nos separa dEle. Mas é um Deus que conhece o homem, um Deus que amou o homem, que o criou; um Deus que "olhou esse pobre nada e nele se esmerou em formar o nosso ser". O primeiro, o único dever do homem é restituir a Deus o que Ele lhe deu, reconhecendo-o por único Senhor, "verdadeiro centro do mundo". Trata-se, pois, de um teocentrismo absoluto, decidido: consiste em referir tudo ao Deus Uno e Trino.

Esse teocentrismo poderia ser desalentador. Se Deus está assim tão longe, como ter a esperança de chegar a Ele? Mas não; a Escola Francesa não conduz ao desespero. O nada é "capaz de Deus" — não o esqueçamos. E, entre o homem e Deus, existe um mediador: Jesus Cristo, Deus feito homem. É para Ele que todos os mestres da Escola voltam o olhar. A sua espiritualidade é tão cristocêntrica como teocêntrica. De Bérulle dirá um dos seus sucessores, o padre Bourgoing, que ele "foi enviado, como um novo São João Batista, para apontar Jesus com o dedo". O mistério da Encarnação entusiasma-os a todos. Por esse mistério, a humanidade é consagrada, santificada, redimida: é a exaltação divina de um humanismo autêntico. Por Cristo, adoramos o Pai, sublinha Bérulle. Por Cristo-Hóstia, oferecemos ao Pai o único sacrifício meritório, acrescenta Condren. Portanto, existe um só meio de preencher o abismo que separa o homem-nada da infinidade divina: "revestirmo-nos de Nosso Senhor; aniquilar em nós todos os interesses que não sejam os de Deus, a exemplo do próprio Cristo". É a Ele que importa *aderir* — é esta a palavra que a Escola Francesa vai difundir. Doutrina tradicional. Não era outra coisa o que dizia São Paulo ao exclamar: "Não sou eu que vivo, mas Cristo que vive em mim". Doutrina, porém, que encontra aqui uma formulação de incomparável vigor expressivo, de incomparável plenitude.

O berulismo espalha-se. De ano para ano, vão surgindo livros que se centram indefinidamente no mesmo tema: as *Meditações* de Bourgoing, *O espírito do eminentíssimo cardeal de Bérulle*, as *Obras completas* do mestre, e tantos outros. Os padres Gibieuf, Amelote — biógrafo de Charles de Condren —, Métézeau, Hugues Quarré e Jean-Baptiste Noulleau — cuja vida espiritual passa por rudes provas —, são todos discípulos de Bérulle. E não são menos numerosos os que o seguem mesmo fora dos círculos do Oratório. Em Évreux, Fíenri-Marie Boudon, arcediago-mor, encontrará sabor nas mais amargas humilhações, durante oito anos seguidos, por elas lhe lembrarem o abandono de Cristo na Cruz.

Chrisostome de Saint-Lô, religioso penitente da Ordem Terceira de São Francisco; Alexandre de la Ciotat, capuchinho; Hercule Audiffret, superior geral dos doutrinários, e muitos outros, vivem de acordo com o mesmo ideal. Pascal anda muito perto, pois leu tão bem Bérulle que muitos dos seus *Pensamentos* parecem tirados do cardeal. E a glória da igreja da França no período seguinte — Bossuet — será também o mais evidente dos berulianos.

Tais são as duas maiores correntes que brotam da fonte de água viva. Mas não são as únicas. Muitas outras se adivinham, mais ou menos originais, mesclando muitas vezes berulismo e salesianismo, por vezes completadas com achegas italianas, espanholas ou flamengas. Vimos um São Vicente de Paulo oferecer o exemplo de uma espiritualidade em que se combinam, em viva síntese, a influência do bispo de Genebra e a do cardeal de Bérulle. Melhor que ninguém, Vicente quer "esvaziar-se de si próprio" e "unir tão inteiramente a Deus a sua vontade que esta se faça uma só com a vontade divina". Mas, ao mesmo tempo, de onde lhe vem, senão do autor da *Introdução à vida devota*, a generosa confiança que deposita no homem? Se existe uma espiritualidade lazarista, ela consiste nesta luminosa combinação.

A espiritualidade dominicana reanima-se. É ela que nos dá *A Cruz de Jesus*, obra-prima do padre *Louis Chardon* (1595-1651), tratado de teologia mística em que se adivinham a cada passo as sólidas bases do tomismo, mas que, nas suas melhores páginas, parece voar até às alturas. São admiráveis as considerações que dedica ao estado de abandono em que a alma se encontra ao julgar-se rejeitada e desolada, e em que, afinal, precisamente por causa desse abandono, se sente amada. Já Santa Teresa tinha escrito que "quanto mais Jesus ama, mais pesadas são as cruzes que Ele nos faz carregar"; o mesmo pensa Chardon. Poucos autores espirituais mostraram tão profundamente que a melhor sorte do homem está em poder carregar a sua cruz.

Maria da Encarnação (1599-1672) é ursulina. Homônima da outra Maria, da carmelita que fora no mundo a *Bela Acarie*, não passa de uma simples filha de negociantes da Touraine. Enviuvando, deixa o filho pequeno para entrar no convento e, pouco depois, parte para o Canadá, onde vai "plantar a Cruz com as flores-de-lis mesmo à vista dos ingleses". Que grande mística foi essa conquistadora! Os seus relatos sobre os *estados de oração* por que passou chegam a fazer pensar na grande carmelita de Ávila ou em São Bernardo, e a influência de São Francisco de Sales, que alcançara a sua terra natal, dá-lhe segurança e prudência. Deus enche-a de carismas, mas ela analisa a sua experiência com uma acuidade digna do país de Descartes. O seu livrinho *A revolta das paixões numa alma avançada* é um prodígio de psicologia.

Todas as ordens e congregações participam em maior ou menor grau deste imenso movimento. O grande desconhecido que é o *Père Joseph* — o capuchinho Joseph du Tremblay (1577-1638), a *Éminence grise* ["Eminência parda"][9] — é autor de uma *Introdução à vida espiritual* e de uma *Perfeição seráfica*[10], nas quais se revela discípulo de Bento de Canfeld, fiel à espiritualidade franciscana, mas também muito próximo do salesianismo. Entre os carmelitas, temos *Jean de Saint-Samson*, o cego místico, figura admirável para quem o essencial é "a aspiração", isto é, uma como que elevação que parte da natureza mas a ultrapassa, para se prender somente a Deus, interiormente possuído. Em Gand e depois em Malines, uma jovem de Hazebruck, Marie Petit, cognominada *Maria de Santa Teresa* (1623-1677), vive na sua cela uma surpreendente existência "de união mariana", e conta-a em termos emocionantes.

Mais surpreendente ainda é que a Companhia de Jesus, escola de formação moral e de disciplina espiritual, se lance pelos caminhos da alta mística, com o padre *Louis Lallemand* (1588-1635) e seus discípulos, êmulos do padre espanhol Baltasar Alvarez, de quem o padre de la Puente foi biógrafo; bem como os padres Rigoleuc, Grasset, Nouet e o estranho e fascinante padre *Surin* (1600-1663), cuja vida se desenrola num constante combate entre Deus e o Inimigo. São de tal maneira numerosos estes jesuítas místicos, que Bremond os erige em escola autônoma.

Poderíamos prosseguir a lista por muito tempo, e até sair dos quadros do clero, já que os leigos participam da corrente. Um dos grandes êxitos de livraria é exatamente *O cristão interior*, de *Jean de Bernière-Louvigny* (1602-1659), figura da sociedade, tesoureiro-geral do reino, que quis dedicar-se ao apostolado e que, juntamente com o seu amigo Gaston de Renty, parece prefigurar o laicado cristão do nosso tempo. Nunca acabaríamos de enumerar, nesta época extraordinária, as variantes do imenso painel composto por essas obras em que Deus está presente.

Não quer isto dizer que seja de aceitar tudo sem reservas. Tal como em todos os períodos espiritualmente muito ativos e fecundos, há aqui alguns excessos e desvios. Levado ao extremo, não se arrisca o humanismo devoto a absorver o espírito na contemplação profana da natureza, sob o pretexto de que o mundo é obra de Deus? E o desejo de consagrar toda a vida não poderá dar lugar a uma familiaridade pouco compatível com a verdadeira religião? Não terá sido por isso que se compuseram canções com os mandamentos da Lei de Deus?... A obsessão pela mística pode trazer certos perigos. Alguns vão longe demais, esquecendo-se da delicadeza da matéria. A doutrina do "puro amor" — nascida da mística teresiana, assumida de outra maneira por São

Francisco de Sales ou por São João Eudes — não oferece, por pequeno que seja o desvio de interpretação, o perigo de uma facilidade extrema? Dizer *só Deus*, como o Boudon, desinteressando-se de tudo o mais, não será desembaraçar-se levianamente de toda e qualquer ascese, ou mesmo de qualquer prática moral ou caritativa? Em certos textos do "grande século das almas", já se descobre, em germe, o *quietismo*[11] que a Igreja irá condenar; e a reação contra tais excessos haverá de provocar o "processo dos místicos" e, em breve, a sua queda.

Em sentido inverso, uma excessiva insistência em considerar o nada e o poço de misérias que é o homem pode correr o risco de levar a uma concepção demasiado pessimista do cristianismo. Essa tendência existiu desde o começo da Igreja. Aos místicos, não demorarão a opor-se os psicólogos e os ascetas, impressionados sobretudo pelas devastações causadas pelo pecado nas nossas almas; e quando, no fim do século, tiverem Bourdaloue como porta-voz, irão arrastar largas camadas da opinião pública. Mas já muito antes, ainda no ponto de partida, não longe de todos os grandes espirituais, a corrente ascética se desviava nos tempos de Saint-Cyran para o jansenismo. E toda a catolicidade abria brecha.

Tal será a contrapartida humana desta admirável página da história espiritual. Mas um outro perigo se divisava: o de uma separação entre a vida religiosa e a vida em geral. A força de convidar as almas piedosas a elevar-se até Deus, não se lhes estaria dando a ideia de uma salvação apenas pessoal? Não iriam eles esquecer que, se o dever do cristão é certamente salvar-se, esse dever é inseparável do de promover o Reino de Deus? Mais ainda: não causa um certo mal-estar ver que certos cristãos convictos e fervorosos achavam muito natural obter para os filhos títulos e funções eclesiásticas que de modo nenhum mereciam? Foi o que fez Monsieur Gondi, pai do cardeal Retz — e contudo futuro oratoriano! Eis um perigo incontestável, e que explica como, apesar do imenso esforço de todos esses altíssimos espirituais, a cristianização da sociedade não andou mais depressa. Defeito humano; não dos santos.

Eles, os santos, testemunhas de Deus no seu tempo, de maneira nenhuma praticaram essa separação entre a fé e a vida. Foi precisamente essa unidade um dos seus traços mais significativos, que convém sublinhar antes de concluirmos. Todos esses grandes espirituais são homens de ação ou mulheres de ação, pois Maria da Encarnação pertence ao mesmo tipo.

Estaria Bérulle perdido nas suas orações? Ele cria, trabalha, funda o Oratório e intervém até em política. E que é a vida de Vicente de Paulo? Uma batalha cotidiana, em que a própria ação é oração, porque é caridade. Maunoir, Lallemand, João Eudes, Rigoleuc, Francisco Régis e tantos outros estão plenamente empenhados em agir, são missionários na França e fora da França, criadores e animadores de instituições, chefes de grupos que trabalham por tornar outra vez cristão o mundo. Não foi culpa deles se a crosta da terra árida nem sempre se deixou penetrar. Pelo menos, é admirável que, da alta fonte espiritual, a água tenha corrido para tão longe e penetrado tão fundo em tantos pontos.

"Ecclesia in episcopo"

Sim. Essa água viva do Espírito, vemo-la correr em todas as direções e revivificar em todos os setores da Igreja as instituições e as almas. Encontramos por toda a parte, em todos os níveis, discípulos de Bérulle, de São Francisco de Sales, do padre Condren ou de São Vicente de Paulo. Prolongando ou desenvolvendo o espírito do Concílio de Trento, a espiritualidade desses homens faz sentir a sua influência em tudo o que então constitui a *reforma*, no sentido profundo da palavra.

Em primeiro lugar, no nível mais alto. A vida da graça, na Igreja católica, "é essencialmente uma vida hierárquica e hierarquizada". Importa, pois, que os chefes da hierarquia sejam dispensadores da vida da graça.

Ecclesia in episcopo: a célebre fórmula de São Cipriano de Cartago continua a ser verdadeira. "O bispo está na Igreja e a Igreja está no bispo". Quando o corpo episcopal se transforma, todo o corpo cristão é transformado.

É isso o que agora se compreende perfeitamente. Elabora-se uma teologia do episcopado, da qual se encontram múltiplos elementos nas obras de Olier ou nos *Discursos sobre as Ordens Sacras*, de Antoine Godeau, bispo de Grasse e de Vence; e a súmula será feita por Louis Abelly, bispo de Rodez, no seu *Episcopalis sollicitudinis Enchiridion*, "o verdadeiro guia dos bispos". Essa teologia fora já exposta pelo vigoroso primaz de Braga, Bartolomeu dos Mártires, uma das cabeças do Concílio de Trento, mas tinham-lhe prestado pouca atenção. É a partir de agora que a doutrina se reativa e se aplica.

Há, porém, um grande obstáculo a vencer. O Concílio de Trento, assembleia de bispos que formulara os deveres dos bispos, não ousara ou não pudera resolver o problema prévio da sua nomeação, ou seja, o problema da intervenção dos poderes temporais na escolha. Que grande alvoroço se armara quando, durante a XXVª sessão, os padres conciliares tinham tentado abordar a matéria![12] Os embaixadores da França e da Espanha, que por uma vez se tinham posto de acordo, haviam-se mostrado de uma impertinente arrogância, e alguns bispos, como o arcebispo de Praga, tinham feito de tudo para que se afastasse qualquer texto sério. Em consequência, o Concílio ficara nuns conselhos muito platônicos dirigidos aos governantes. E os antigos desvios continuaram, desastrosos.

Em grande número de países, quem de direito ou de fato nomeava os bispos era o poder público. Na França, o mal, que já era institucional, ganhou bases sólidas com a Concordata de 1516: cabia ao rei a designação dos candidatos, e ao papa somente a investidura canônica.

O episcopado torna-se, pois, uma carreira, que depende do Estado e à qual, aliás, se pode juntar outra carreira administrativa. Assim, por exemplo, G. du Vair será bispo de Lisieux e "presidente" da Provença; o cardeal de la Valette, general de exército; Sourdis, arcebispo de Bordeaux, comandará uma frota. Como há interesses materiais ligados aos títulos episcopais (frequentemente apensados a títulos nobiliárquicos: bispos-duques, bispos-condes, bispos-príncipes ou senhores de terras), as ambições que despertam não são necessariamente apostólicas. Uma família que possui um bispado fará tudo para o conservar: é uma parcela do seu patrimônio, útil para os filhos segundos; foi assim que Armand de Richelieu veio a ser padre. Verdadeiras "famílias de bispos" fazem suceder seus membros nas cadeiras episcopais; a mais notória é a dos Gondi, em Paris, cujo terceiro arcebispo, o futuro cardeal Retz, confessará ser "talvez a alma menos eclesiástica que existe em todo o universo". Todos os grandes nomes da França, como também os de poderosas famílias de magistrados, dos Matignon aos Séguier, se encontram à cabeça de dioceses. Por que Richelieu não havia de nomear para a sé de Lyon o seu querido irmão Afonso? Mas que podemos esperar de bispos apenas titulares, que só se interessam pelos rendimentos da diocese e deixam a algum vigário-geral o cuidado de olhar pelas almas? Philippe Cospéau, bispo de Aire, indigna-se com esses bispos nomeados quando ainda "ao colo de suas amas ou educandos em algum colégio". E Vicente de Paulo murmura, angustiado: "Tremo ao pensar que este condenável tráfico de bispados pode atrair a maldição de Deus sobre este reino".

No entanto, a despeito dessas condições muito pouco favoráveis, notam-se alguns progressos bem claros. E já no tempo do bom rei Henrique. É certo que ele cedeu ao mau costume quando, por exemplo, reservou o bispado de Metz para o seu filho natural Henri de Verneuil, de cinco anos. No conjunto, porém, as escolhas que fez foram boas. "Excetuados certos bispos que, por força de seus sobrenomes ilustres, se julgavam dispensados das grandes e das pequenas virtudes, como um Bourbon em Rouen ou um Lorena em Reims", o episcopado nomeado pelo *Vert Galant* [namorador inveterado] foi edificante. Seu filho, alma exigente, vela cuidadosamente pelas nomeações. O episcopado "estilo Luís XIII" é digno de apreço. O próprio Richelieu, embora tivesse a lamentável tendência de utilizar para fins políticos ou bélicos homens que deviam estar inteiramente consagrados ao serviço de Deus, pelo menos procurou garantias morais na escolha de um bispo; o *Pére Joseph* incitou-o a tanto. O mesmo aconteceu mais tarde no tempo de Mazarino, muito inclinado a negociar com o episcopado, como aliás com tudo; a influência de Ana de Áustria e, através dela, de Vicente de Paulo, enquanto esteve no Conselho de Consciência, fez-se sentir de modo a evitar as piores escolhas e até a conseguir algumas excelentes.

Assim se assiste, pois, a uma impressionante renovação do episcopado. É certo que não faltam exceções, e numerosas. Até à Revolução, haverá sempre bispos mundanos, demasiado apaixonados pelos seus belos cavalos, como Monsieur de Poiverel em Alet, ou por caça de montaria, como Monsieur de Montrouge em Saint-Flour ou Monsieur J. d'Estaing em Clermont[13], e outros, ainda piores, que é melhor esquecer. Mas a verdade é que o número desses maus pastores diminui, que a sua presença causa escândalo e suscita uma reação tão forte na opinião pública que Roma consegue opor-se eficazmente a designações por demais insolentes. Por volta de 1660, os bons bispos constituem a maioria.

Não podemos referir-nos a todos eles[14]. Alguns foram elevados aos altares, muitos outros poderiam tê-lo sido, e não foram poucos aqueles que a voz do povo, se é lícito dizer assim, canonizou oficiosamente. Eram muito diferentes uns dos outros, na maneira de ser, nos métodos, na própria espiritualidade, mas identicamente empenhados numa obra autenticamente pastoral, e a sua influência pelos quatro cantos da França far-se-á sentir tanto mais profundamente quanto a maior parte deles irá permanecer por muito tempo na mesma diocese — vinte, trinta, quarenta anos!

Vejamos primeiro aqueles a quem poderíamos chamar os "borromeanos", por pertencerem à família espiritual do irradiante arcebispo de Milão[15]. Os seus livros, os métodos que inaugurou, exercem larga influência. É bem evidente que o maravilhoso São Francisco de Sales — tão humano e ao mesmo tempo tão espiritual, que vimos ser condutor de almas e condutor do povo — é, na sua ação episcopal, imitador de São Carlos Borromeu[16]. Não menos "borromeano" é, mais tarde, o *beato Alain de Solminihac*, bispo de Cahors — bispo contra vontade e por ordem do rei —, que, durante dezoito anos (1636-1654), anda sem parar por montes e vales da sua paupérrima diocese, que dá exemplo de uma vida humílima e quase canonical com os seus padres, que se empenha em fundar um seminário, em formar o seu clero mediante conferências a que ele próprio preside, e que enfrenta ventos e marés — os ventos e marés da mediocridade — com uma tranquilidade sublime. Verdadeiramente, é ele "o São Carlos Borromeu" da França.

Mencionemos a seguir aqueles que se formaram junto de Bérulle e do seu Oratório. É Barthélemy de Donnadieu, bispo de Conninges, dirigido espiritualmente por Condren, alma austera e luminosa que — sucedendo a um prelado batalhador, mais preocupado com a política e a alquimia do que com a teologia e a pastoral — faz da sua circunscrição, em onze anos (1626-1637), uma das dioceses mais vivas da França; sobre o seu túmulo hão de florir os milagres. É Jean-Baptiste Gault, bispo de Marselha, oratoriano, que ficará no grande porto apenas um ano — tempo suficiente para mostrar aos seus diocesanos que um bispo se pode fazer pobre entre os pobres, que é capaz de levar Cristo aos bairros malditos, até aos campos de trabalho forçado e às galés, que sabe morrer no meio do seu povo, com as mãos ao trabalho, literalmente esgotado. E é Etienne de Vilazel, que a diocese de Saint-Brieuc conservará por quarenta anos (1637-1677), porque ele se recusa a abandonar essa Igreja com que Deus o casou; e que diz com bonomia: "Seremos nós bispos para destruir a obra da Cruz, ou para a edificar?"

Por caminhos mais estreitos, há também aqueles que o jansenismo nascente marcou com o seu selo, mas que nem por isso deixam de ser prelados excelentes, devotados às suas ovelhas, exigentes quanto às virtudes do seu clero, porque de si mesmos exigem muito: em Alet, Nicolas Pavillon (de 1657 a 1677), outro amigo de Vicente de Paulo; em Châlons-sur-Marne (de 1646 a 1680), o filho de uma dirigida de São Francisco de Sales e primo-sobrinho de Olier, Félix Vialart de La Herse, que, para melhor se embeber dos métodos de São Carlos Borromeu, lê todos os dias algumas páginas da sua obra.

Mas não faltam também aqueles que, tendo escolhido caminhos aparentemente mais largos e cômodos, guindados às sés episcopais por motivos políticos ou familiares, afinal, de algum modo transformados pelas suas funções, se revelam chefes excelentes, entregues de corpo e alma à obra pastoral e, muitas vezes, até pessoalmente exemplares. É um Armand de Richelieu — sim, ele mesmo! —, bispo perfeito da insignificante diocese de Lyon, onde, antes dele, nenhum bispo residia havia sessenta anos. Ou um François de Sourdis, cardeal-arcebispo de Bordeaux (de 1600 a 1628), porventura demasiado violento em certas horas, mas ativo, realizador, fundador de missões e de seminários, e de quem Tallemand des Réaux pôde dizer que "dirigia muito bem a sua diocese e era homem de bem". Ou um Sébastien Zamet, bispo de Langres (de 1615 a 1654), tipo dos prelados nomeados por favor régio (ao pai, um riquíssimo banqueiro italiano, Henrique IV chamava, brincando, "meu caro primo de prata"), e que, tendo encontrado a diocese numa grande desordem, a organizou com admirável coragem, ao mesmo tempo que se deu de corpo e alma às suas pobres ovelhas quando as desgraças da guerra as oprimiram. Ou ainda esse Antoine Godeau, criatura de Richelieu e que, à testa das dioceses de Grasse e de Vence, descobriu tão plenamente as exigências da vocação do bispo que sobre elas havia de escrever com profundidade.

Seria fácil prolongar a lista desses bispos por diferentes títulos notáveis. Todos, ou quase todos, utilizam os mesmos meios de ação: reunião de *sínodos diocesanos*, destinados ao estudo dos problemas e das soluções; instalação de *vigários forâneos* à frente de cada cantão da diocese, a fim de vigiar mais de perto as paróquias; multiplicação das missões; e sobretudo criação de organismos ou institutos destinados a restaurar aquilo que Bérulle chamava "o estado sacerdotal". É impossível exagerar a importância desta obra de renovação do episcopado[17].

O "estado sacerdotal"

Nem é preciso dizê-lo. O clero, "primeira ordem da Igreja, essencial e absolutamente necessário a ela", a ordem "imediatamente instituída pelo Filho de Deus" (as palavras são outra vez de Bérulle), está em crise. Ou melhor: a degradação em que se encontrava no momento do início da revolução protestante não cedera às excelentes injunções do Concílio de Trento. Era este, como estaremos lembrados, um grande motivo de angústia para Vicente de Paulo, e não menos para todos os que nesta época se preocupam com as coisas de Deus. Escreve um vigário-geral de Châlons: "Quantas pobres almas perecem nos nossos bairros, por culpa dos párocos!" E São João Eudes: "Aqueles que têm por obrigação trabalhar pela salvação das almas fazem profissão de as perder". Lamentos patéticos, entre centenas. Estará então com a razão o severo abade de Saint-Cyran, quando exclama: "Entre dez mil padres, nem um só!"?

É manifesto que exagera. Há bons padres, padres excelentes, e com certeza em muito maior número do que os verdadeiramente maus, embora se fale menos daqueles do que destes. Mas há que confessar que a multiplicidade de testemunhos acerca dos vícios do clero é inquietante. Os católicos do nosso tempo, habituados a ver os seus padres tão zelosos e respeitáveis, têm dificuldade em compreender estas coisas. E hesitam em acreditar que tenham sido numerosos esses padres a quem o bispo, como no caso do excelente Vialart de La Herse, recordava que deviam trazer a batina honestamente abotoada, revestir paramentos litúrgicos para celebrar Missa, não ir à taberna beber ou dançar nas boates com as moças, nem dar guarida na casa paroquial a gente duvidosa. Mais numerosos que esses patentes objetos de escândalo são certamente os padres que se interessam por tudo menos pelo seu sacerdócio e o seu apostolado, que vivem com a família depois da ordenação, ociosos, frequentadores da corte e das grandes rodas, à espera do gordo benefício. Sem já falar dos clérigos das ordens menores, ou dos giróvagos que pululam por toda a parte. Mesmo entre o clero adjudicado às paróquias, são inúmeros os que esquecem inteiramente os fiéis. Na diocese de Langres, quatrocentos e cinquenta e sete párocos não residem na paróquia; só o fazem cento e trinta e oito. Um bispo da região dos Pireneus diz, com graça, que lhe seria muito mais fácil domesticar um urso do que obrigar os seus párocos ao dever de residência.

E quanto àqueles que nem estão ausentes nem dão mau exemplo, valerão grande coisa? A ignorância é de causar vertigens. Quando Adrien Bourdoise era pequenino e pensava em ser padre, certo homem simples aconselhou-o a trabalhar bem, porque — dizia ele — "é muito bonito encontrar um padre que saiba ler e escrever". É claro que nem se cogita de que tais padres conheçam o latim... Já seria ótimo que fossem capazes de balbuciar alguns versículos dos textos litúrgicos! Não admira que *Monsieur Vincent* tivesse encontrado perto de Folleville um pároco que não sabia a fórmula da absolvição, ou que Romillon desse com um, na Provença, que, a propósito e a despropósito, rezava a *Ave-Maria*, a única oração que conhecia.

Qual a razão profunda de tamanhas deficiências? Godeau julgava defini-la, ao escrever: "A origem do mal está na falta de vocações. É daí que decorrem, como de fonte envenenada, a ignorância, o escândalo, a vida fácil dos pastores cujos maus exemplos corrompem as populações". Certamente. Mas talvez houvesse, também, causas materiais. Por que é que os pequenos *prouvaires* nomeados temporariamente, os que tinham direito apenas à *porção côngrua*[18] haviam de pôr muito zelo no serviço dessas paróquias cujos rendimentos iam para os párocos-titulares?[19]

É precisamente a semelhantes desvios que vemos numerosas pessoas oporem-se, não sem êxito. O Concílio de Trento tinha lançado as bases de uma restauração do clero, tinha multiplicado excelentes conselhos... mas ficara-se por aí. Se dera novo impulso ao clero não-hierárquico, consagrando a fórmula dos clérigos regulares, a verdade é que não estabelecera as condições práticas que teriam podido favorecer o retorno à disciplina, à ciência e à virtude. Uma coisa é proclamar um ideal sacerdotal — o que fazem numerosos autores, como François de la Rochefoucauld na sua obra *O estado eclesiástico* —, e outra estabelecer os quadros institucionais dentro dos quais esse ideal possa firmar-se. No fundo, são tarefas inseparáveis, e os condutores da Igreja bem o compreenderam.

Só agora é que este aspecto da história eclesiástica começa a ser pesquisado. Os grandes estudos do padre Bremond centravam-se apenas no "sentimento religioso"; não consideravam a pastoral. Ora, quanto mais se olha para o "grande século das almas" à luz desta perspectiva, tanto mais se nota a vitalidade criadora, o poder de invenção de que dão provas os católicos da França. Na variedade borbulhante das fórmulas, procura-se resolver os problemas primaciais que surgem. O objetivo em vista é refazer o clero, para que os fiéis o sigam. Como chegar a essa meta? Tentativas, tenteios, experiências, fracassos inevitáveis, sem dúvida; mas a verdade é que, pouco a pouco, vai havendo progresso. Esse grande trabalho tem artífices muito numerosos.

Alguns deles são célebres. Na primeira linha, deparamos de novo com *Bérulle*[20], que não é simplesmente um mestre da Escola Francesa de espiritualidade, cuja influência se fará sentir em toda a formação do clero, mas também um realizador. Inspirando-se no exemplo de São Filipe Néri, Bérulle cria o *Oratório* da França (1611-1613), "congregação de padres de Jesus Cristo" — dirá Bossuet — que "não tem outro espírito senão o próprio espírito da Igreja, nem outras regras senão os seus cânones". Em seguida, *Adrian Bourdoise*, homem curioso, rude e firme, apaixonado e razoavelmente trapalhão, que vê no sistema das comunidades de padres a solução de todos os problemas — ao longo de trinta anos, funda cerca de vinte em diversas dioceses — e liga o seu nome ao triunfo, limitado, mas indiscutível, da comunidade parisiense de Saint-Nicolas-du-Chardonnet, criada entre 1612 e 1638. Em terceiro lugar, encontramos evidentemente São Vicente de Paulo, que, como vimos, tanto pelas Conversas com os ordenandos como pelas Conferências das terças-feiras, trabalha pela elevação do nível moral e espiritual dos sacerdotes, ao mesmo tempo que os seus seminários preparam eficazmente os jovens para a função sacerdotal.

Esses são bem conhecidos, mas há muitos outros que o são menos, embora se devam contar entre os iniciadores. Quem se lembra de *J. B. Romillon* e dos pequenos grupos "filipinos" da Provença que, entre 1600 e 1603, servem de traço de união do Oratório de São Filipe Néri com o da França? Quem pensa em *Bernard Bardon de Brun*, "o Bourdoise de Limoges", personagem misterioso, talvez estigmatizado, cuja ação pouco ultrapassa a sua província, mas que fundou, com "os padres de São Marcial", uma forma original de comunidade sacerdotal? Quem sabe o nome de *Charles Demia*, de Lyon, ou de *São João de la Cropte de Chanterac*, apóstolo de Périgueux, ou de *Christophe d'Authier de Sisgaud* bispo de Béthléem, que, com os seus onze padres do Santíssimo Sacramento, trabalhou tão intensamente junto do clero de Valence, de Thiers e de Clermont? Quem poderia sequer elaborar a lista dessas "Sociedades de padres" que se multiplicaram neste tempo, comunidades originais onde, se nem tudo foi perfeito, seguramente se fez muito bem? Nem os leigos ficaram de lado. Entre eles, o admirável *Jacques Crétenet*, cirurgião que se fez mestre de oração e que, depois de fundar uma congregação de padres missionários, enviou os seus grupos de "josefitas" mais ou menos por toda a região do Sena e do Ródano, recebeu um ou outro golpe de báculo dos bispos e até algumas pancadas dos seus próprios filhos espirituais, mas que, depois de enviuvar, se fez padre e morreu como um santo.

Para trabalhar na reforma do clero, todos esses apóstolos utilizam instrumentos mais ou menos semelhantes. A primeira ideia é melhorar os sacerdotes, dentro das circunstâncias em que se encontram. Organizam-se, pois, estágios de formação, de duração variável, em que lhes instilam bons princípios; os retiros dos ordenandos, de Vicente de Paulo, servem de modelo. Outro meio, mais elevado, consiste em fazer com que os padres mais adiantados em formação espiritual mantenham frequentes contatos uns com os outros, para assim fomentarem um esforço coletivo de aprimoramento pessoal. Esta inovação compreende tanto círculos de estudo, do gênero das Conferências das terças-feiras vicentinas, como alguns sínodos diocesanos. Todos os bispos reformadores aprovam tais iniciativas, todos eles presidem às conferências sacerdotais e participam dos retiros do seu clero. Nenhum consegue repetir as grandes realizações de

São Carlos Borromeu, mas semeiam muito — e a semente vai germinar.

Cedo se percebe onde está o ponto fulcral. Não basta reunir os padres já ordenados e incutir-lhes, melhor ou pior, virtudes e princípios doutrinários; será mais eficaz preparar os aspirantes ao sacerdócio para a tarefa que os espera. O Concílio de Trento dissera formalmente, na XXIII sessão: "Os jovens, quando não são bem preparados, deixam-se facilmente levar pelos prazeres do mundo", e o capítulo XXVIII continha um plano preciso de criação de seminários. Criar-se-iam, pois, colégios em que, a partir dos doze anos, entrariam filhos de pobres e filhos de ricos, divididos em classes, dentre os quais o bispo "destinará ao serviço das igrejas um certo número", ao passo que os outros continuariam os estudos para serem bons cristãos leigos. A ideia fora aplicada em diversas dioceses: em Milão, com São Carlos Borromeu; em Reims, desde 1567, sob a ação do cardeal de Lorena.

Os resultados não tinham correspondido às esperanças. A instituição dos seminários — que, no dizer do cardeal Pallavicini, só por si justificaria todo o Concílio de Trento — precisou de muito tempo e de um esforço laborioso para lançar raízes. Por quê? Talvez porque o concílio não regulamentou as condições de ordem prática, nomeadamente as financeiras, em que as dioceses deveriam criar esses estabelecimentos. Talvez porque não estipulou a obrigação de os futuros padres os frequentarem. Talvez também porque, tendo decretado que era preciso ter doze anos para ser admitido neles, se aceitavam desde essa tenra idade os candidatos ao sacerdócio e, por outro lado, se misturavam estudantes e verdadeiros seminaristas, o que produzia uma situação confusa.

O certo é que, nos começos do século XVII, o fracasso parece indiscutível. Fundado pelo cardeal de Lorena, o seminário de Reims torna-se escola de meninos de coro, e o de Rouen, em seis anos, fornece apenas dois padres! Mais grave ainda: o Oratório, fundado por Bérulle exatamente para esse efeito, não dá frutos; os seminários que criou em Lyon, em Mâcon, em Langres e em Saint-Magloire de Paris vegetam. Não demora que os sacerdotes de escol apinhados em torno de Charles de Condren comecem a dedicar-se de preferência às missões, aos colégios, às paróquias.

No entanto, a ideia não é abandonada. Tenta-se, tateia-se. Será que, como pensa Bourdoise, se deve dar aos futuros padres uma formação sobretudo prática, em comunidades sacerdotais, numa espécie de "paróquias-seminários"? Ou, pelo contrário, dever-se-ão criar para eles casas próprias, verdadeiros "seminários"? O cardeal Richelieu interessa-se pelo problema e, em 1636, prepara a fundação da "Academia para Mil Fidalgos", onde irão ser formados jovens da nobreza — quatrocentos para as ordens sacras, seiscentos para grandes carreiras civis. Já em 1625 um simples pároco, de Créteville (hoje Quettreville, perto de Coutances), de nome *Charles Godefroy*, escrevera um estudo intitulado *Le Collêge des Saints Exercices*, em que indicava claramente como instituir um seminário, e enviara o opúsculo à Assembleia do Clero da França, reunida nesse mesmo ano; a Assembleia ficara impressionada. O pioneiro morreu sem ter podido empreender uma obra séria, mas as suas ideias ganharam terreno. São João Eudes há de lembrar-se delas e a Assembleia aconselhará os bispos a criar dois seminários, um para os jovens leigos, outro para os futuros padres.

A fórmula correta é achada entre março de 1641 e outubro de 1644. Três grandes homens de Deus entram em ação: São Vicente de Paulo, Olier e São João Eudes. Vão aparecer seminários lazaristas, sulpicianos e eudistas, enquanto o Oratório, que desde 1641 tem como superior geral o padre Bourgoing, regressa em parte à sua primeira vocação e também compreende a necessidade de verdadeiras casas de formação. Richelieu apoia firmemente essas iniciativas, oferece o palácio de Rueil a Olier, envia mil escudos a Vicente de Paulo, três mil a Bourgoing, e encarrega a duquesa de Aiguillon de ajudar João Eudes. O impulso ganha consistência.

Os bispos seguem o movimento. Nem todos, é certo: alguns refreiam-no; hesitam em confiar a formação dos seus sacerdotes a congregações que não lhes estejam nas mãos. Mas todos aqueles que desejam a sério a reforma da Igreja enveredam a fundo por esse caminho. Compreendem que se trata de uma obra indispensável e veem que, como diz Grammont, fundador do seminário de Besançon, não basta ter edifícios e rendimentos para os manter: acima de tudo, importa o espírito de santidade; esse é o *bê-a-bá* da reforma. Por volta do ano de 1660, nem tudo está feito — muito longe disso. Ainda se deixam velhos padres e religiosos misturar-se com os futuros sacerdotes, que aliás vêm todos porque querem. Se certos seminários são notáveis, outros vegetam, e até, em algumas dioceses, é preciso recomeçar desde o princípio; não há dúvida de que a ascensão espiritual é trabalhosa. No entanto, conseguiu-se um duplo resultado: o clero está mais bem instruído e é mais digno da sua missão; muito mais do que antes, coopera com o bispo.

E não é sem emoção que podemos pensar — em vivo contraste com os padres indesejáveis que vimos constantemente — em tantos padres excelentes que encontramos pelas crônicas da época, esses *santos padres franceses do século XVII*, tão nobremente louvados por Joseph Grandet[21]: um Claude Bernard, chamado "o Padre Pobre", que fundou o Seminário dos Trinta e Três e que se situa na primeira fila da batalha pela caridade; um Cotolendi, pároco de Sainte-Marie-Madaleine de Aix em 1654-1659, e depois vigário apostólico no Extremo Oriente; um Bénigne Joly, que, durante meio século (de 1640 a 1694), edificou o povo de Dijon; um Bardon de Brun, um Enguerrand Le Chevalier... Cada um deles seria exemplo perfeito do verdadeiro sacerdote, se não houvesse, dominando-os a todos, o sacerdote por excelência que foi *Monsieur Vincent*.

O santo dos seminários normandos: São João Eudes

Entre esses animadores do grande movimento renovador do clero da França, emergem três figuras, três homens cuja ação se vai revelar mais determinante. Antes de todos, São Vicente de Paulo, que já vimos criando sucessivamente as Conversas com os ordenandos, as Conferências sacerdotais e o seminário lazarista. Depois, Jean-Jacques Olier, que encontra a fórmula definitiva, aquela que o futuro irá adotar. E, talvez menos conhecido do grande público católico — embora a sua cidade natal, Caen, o homenageie com uma placa na esquina de uma rua e a sua congregação esteja muito espalhada pelo mundo —, o santo da Normandia, *João Eudes*, que por muitos traços se aproxima do santo gascão.

É missionando pela região de Caen, durante os anos de 1652 e seguintes, que João Eudes se persuade de que o grande problema do seu tempo é aperfeiçoar o clero, e de que, para o conseguir, se impõe instituir seminários. Como Vicente, parte de uma dolorosa observação: os campos e as cidades da França têm muita necessidade de ser novamente evangelizados. "Mas, que é que fazem em Paris tantos doutores e bacharéis — exclama ele, numa santa cólera —, enquanto as almas morrem aos milhares?" Jovem sacerdote, não quer confinar-se aos livros e aos estudos, nem sequer às escolas em que a sua companhia, o Oratório, obtém bons êxitos. Nas suas próprias palavras, lança-se à ação "para ressuscitar os mortos". Acompanham-no uns poucos padres, desbastados por ele muito às pressas num breve retiro. E aí o temos, dedicando a cada paróquia onze ou doze semanas para sacudi-las do seu torpor, de acordo com o método que, após a sua morte, se fará conhecido graças ao seu *Pregador Apostólico*. E consegue.

Se o consegue, é por ter sabido falar aos seus ouvintes normandos. Em primeiro lugar, porque é um deles. Nascera em Ri, perto de Argentan, em 1601, de uma família da terra que o irmão mais novo, François de Mézeray, ilustrará também, como membro da Academia Francesa. Crescera entre normandos e, como tantos outros rapazes da província, fora educado pelos jesuítas de Caen. Ordenado padre, mostrara toda a extensão da sua caridade por ocasião de uma peste. Depois, esse homem de aparência robusta, mas na realidade cheio de mazelas, revela-se um extraordinário orador: quando sobe ao púlpito, a sua palavra tanto pode revestir acentos cativantes e calorosos como terríficos ou de uma doçura lancinante. Assim maneja prodigiosamente as multidões, que lhe perdoam as rudezas e as redundâncias. Os normandos vêm às dezenas de milhares para ouvi-lo, e ele os converte.

Convertem-se, sim, mas por quanto tempo? João Eudes compreende logo o problema: "Aqui temos nós estas pobres gentes nas melhores disposições — murmura —, mas que podemos esperar quando os pastores que as guiam são tal como os vemos por toda a parte? Não será fatal que, esquecendo em breve as grandes verdades que as abalaram durante a missão, recaiam nas anteriores desordens?" Portanto, são necessários padres, bons padres, que continuem a obra, que a tornem duradoura. É exatamente o que diz nessa mesma época Vicente de Paulo.

João Eudes atira-se imediatamente à ação. Em 1641, durante a própria missão pregada em Remilly-sur-Lazon, perto de Coutances, convoca os padres dos arredores para conferências acerca da vida espiritual e da pastoral. São numerosos os que acorrem, e todos partem satisfeitos e certamente melhores. Mas não seria preferível criar um autêntico seminário? Muita gente o encoraja nesse sentido: o bispo de Lisieux, Philippe Cospéau; Jacques de Angennes, bispo de Bayeux; Jean de Bernière-Louvigny e o beneditino Dom Tarisse. E, acima de todos, Marie des Vallées, "a santa de Coutances", misteriosa visionária, que lhe garante saber por inspiração divina que a Providência espera dele esse esforço.

Então, João Eudes abre-se com os seus superiores. Nada feito. Nessa altura, o Oratório está ainda a braços com o insucesso dos seus primeiros seminaristas, e prefere orientar os seus membros para as missões e para o ensino. De resto, o padre Bourgoing considera o padre João Eudes mais dotado para a pregação das missões do que para a direção dos seminários, e recusa a autorização. Para João, é uma crise de alma: está profundamente ligado à congregação, aos confrades, às recordações de vinte anos de trabalho oratoriano. Mas, *Deo sic disponente*, como diz o decreto da heroicidade das suas virtudes, insiste na ideia, recusa-se a abandoná-la e afasta-se da congregação. Desliga-se cheio de dor, tal como o padre Eymard sairá dos maristas, o padre Foucauld abandonará a Trapa e o padre Anizan romperá com os irmãos de São Vicente de Paulo. E parte para um novo dever, para um melhor serviço às almas.

Dois homens o encorajam: Richelieu, que o convoca, que conversa longamente com ele e lhe outorga cartas-patentes de fundação; e São Vicente de Paulo, que, nesse mesmo outono de 1642, acaba de abrir um seminário e lhe oferece abundantes conselhos. No ano seguinte, a 25 de março de 1643, regressando a Caen — depois de ter ido rezar à Virgem, sua patrona, na grande peregrinação do Bom-Sucesso de que gosta tanto —, João Eudes entra em ação. Com cinco companheiros, abre a sua própria casa, o seu seminário — que nada tem de oficial —, e funda a *Congregação de Jesus e de Maria*[22], a fim de atacar de frente a dupla tarefa da missão e da formação do clero.

Eis o que vão ser os seminários eudistas: bem menos escolas de teologia do que noviciados, pois pretendem unir a preparação de padres ao apostolado das massas, associando a teoria e a prática. É algo extremamente semelhante ao que São Vicente de Paulo quer fazer em São Lázaro, e também à obra de Authier de Sisgaud, com os seus Padres do Santíssimo Sacramento. Não segue a fórmula elementar das casas fundadas imediatamente após o Concílio de Trento; parece-se mais com São Sulpício.

Seja como for, a fórmula eudista surge como resposta válida a uma necessidade, já que triunfa. Não, porém, sem dificuldades. Primeiro, em Roma, que em menos de dezoito meses recebe quatro pedidos de fundações análogas e resolve frear. Quanto ao Oratório, não empurra muito nesse sentido. E, na própria Normandia, os cônegos, os párocos e os burgueses opõem-se à ideia; montam-se conluios contra o apóstolo, dos quais pelo menos um triunfa, visto que, em certo momento, a sua capela de Caen é interditada. Chega-se a pensar em prendê-lo! Mais secretamente, num momento em que o jansenismo está em pleno vigor, os partidários deste, que se encontram por toda a parte — até no Oratório —, trabalham contra o arauto místico de uma doutrina que afirma ao mundo a bondade de Deus, tão grande, tão infinita, que só a divina Mãe de

Cristo e o coração do próprio Cristo são capazes de a fazer compreender aos homens.

João Eudes resiste a todos os assaltos. A Normandia continua a vê-lo ir de paróquia em paróquia, subindo aos púlpitos para as suas frequentes exortações. O seu seminário de Caen prospera. A Assembleia do Clero da França envia-lhe uma carta de felicitações. Os bispos das províncias, um após outro, chamam-no para que vá fundar seminários nas suas cidades: Coutances em 1650, Lisieux em 1653, Rouen em 1658; mais tarde, será Évreux, em 1667, e a própria Bretanha, que o chamará em 1670. Livros, talvez demasiados livros, estendem a sua influência e fazem penetrar a sua doutrina. Entretanto, as suas filhas da *Ordem de Nossa Senhora da Caridade,* vanguarda do *Bom Pastor,* trabalham para a redenção das mulheres caídas. Quando morrer, em 1680, será uma espécie de patriarca, chamado muitas vezes a dar conselho, e das casas eudistas terão saído centenas de bons sacerdotes. Já se tem estranhado que a Igreja não o tenha canonizado senão em 1925[23].

Jean-Jacques Olier e os senhores de São Sulpício

Jean-Jacques Olier ainda não foi canonizado. Por que será? Segredo da Igreja. No entanto, a história pode afirmar que a Igreja vê nele o mais completo e o mais eficaz dos artífices da reforma do clero que o século XVII viu surgir. Mas não é apenas por este lado que o podemos considerar um desconhecido. Aos olhos de uma posteridade por demais ignorante, seu rosto dir-se-ia cor de cinza, esfumado. O que lhe concedem os mal informados é um respeito misturado com uma ponta de aborrecimento. Não é verdade que os seus filhos, os *Messieurs de São Sulpício*, se celebrizaram pela sua circunspecção, pelo seu voluntário apagamento, pela sua piedade toda interior? E o fundador seria assim? Em certo sentido, era. Mas era mais que isso. Porque a sua existência é admirável, sulcada de episódios fortemente coloridos, de crises e recomeços súbitos. E que personalidade fascinante debaixo desse ar de serenidade, finalmente adquirido à custa de grandes esforços!

Olhemos para ele. Um padrezinho com ar pedante, que ri e troca ditos de espírito com alguns companheiros na feira de Saint-Germain, onde um padre não devia aventurar a sua batina. Tem vinte anos e goza a vida. De repente, uma mulher estaca diante dele[24]. É Marie Rousseau, esposa de um dos vinte e cinco comerciantes de vinho registrados em Paris, uma "Toinette" ou uma "Martine" de Molière, lavrada pela inquietação de Deus. "Oh! Como me fazeis pena — diz-lhe ela —. Rezo pela vossa conversão". Em silêncio, o jovem ardente e frívolo acusa o golpe: o estranho apelo deixa-o perturbado. É a primeira conversão... O segundo golpe atinge-o em Loreto, onze anos depois. Tinha ido lá mais por curiosidade do que por verdadeira devoção, e uma oração à Virgem cura-o de uma penosa doença da vista. Desta vez, é uma conversão para o ideal de perfeição. E Deus não o larga; poucas almas terão sido tão visivelmente solicitadas. Ei-lo agora mergulhado em pleno mistério. Como o transtorna e aflige encontrar subitamente diante dos olhos e reconhecer aquela religiosa que por várias vezes via em sonhos e que sabia que rezava por ele! É a dominicana Agnès de Langeac. Então, o sobrenatural é real..., a comunhão dos santos é algo que se experimenta... A partir desse momento, Olier põe-se a caminho, está *in via*.

Mas ainda não chegou à meta, ainda faltam vários anos, e tormentos e aproximações. Jean-Jacques Olier tem trinta anos. Não será o padrezinho à cata de benefícios que poderia ter sido. Com *Monsieur Vincent*, a quem encontrou e a quem ouviu pregar, descobre o sentido desse sacerdócio que recebeu sem grande ardor, e também a soberana grandeza dos pobres. Com Bérulle, aprende que importa viver em Cristo, se se quer viver verdadeiramente. Mas ainda não está decidido. Esmaga-o uma terrível crise de alma, um combate de tal modo pavoroso — esse combate entre dois homens que se enfrentam no interior de cada homem — que pensa que vai morrer; sente-se cair a pique num ignorado abismo. Até o seu mestre e amigo Condren parece desesperar dele. E, todavia, não é verdade que deu provas de retidão, recusando, por exemplo, o episcopado que Richelieu lhe oferecia insistentemente? E eis que de súbito vem a paz. O ato de aceitação produz-se num silêncio tão grande que não existe nenhuma informação a esse respeito. O certo é que, partir de certo momento, Jean-Jacques Olier sabe que encontrou o seu verdadeiro caminho, e avança por ele. Que aventura! Nem Agostinho, nas suas *Confissões*, nos conta mais.

Falta discernir o fim preciso para o qual Deus o conduz. Por algum tempo, Olier ainda hesita. Irá continuar a ser missionário nas cidades e nos campos da França, onde, apesar de certas contrariedades, não se saiu mal? Ou irá até Tonquim, com o padre Rhodes, ou ainda ao Canadá, onde os jesuítas vêm trabalhando tão bem? São convites à aventura, que ele afasta. Encontrou também o padre Bourdoise e viu de perto a sua obra. Encontrou *Monsieur Vincent*, cujos padres acabavam de fundar um seminário em Annecy. Seu amigo João Eudes andava a ruminar projetos semelhantes... E pronto. A 29 de dezembro de 1641, Jean-Jacques Olier sai de Paris, pela porta de Saint-Germain, acompanhado de François de Caulet e de Jean du Perrier. Marie l'Huillier, ou seja, Mme. de Villeneuve, que instalara as suas *Filhas da Cruz* a uma légua para lá das muralhas da cidade, na pequena aldeia de Val Saint-Girard — *Vaugirard* —, faz-lhe sinal, mais um sinal do Céu. E ele responde. Finalmente.

Agora, como sempre acontece nas grandes vidas conduzidas por Deus, as realizações sucedem-se umas às outras, nascem umas das outras. Inicialmente, Jean-Jacques Olier pensa em criar um seminário. Mas porventura decidiu também instituir uma companhia especialmente encarregada de formar mestres, diretores e professores de seminários? De maneira nenhuma. No entanto, isso sai por si, por uma espécie de encadeamento necessário. A casa de Vaugirard começa a funcionar: a princípio, modestamente; depois, mais à larga, quando um generoso leigo lhe oferece uma residência bastante ampla. Marie l'Huillier vela pela "sopa", como boa Marta. O pároco da freguesia ausenta-se, deixando os fiéis, intencionalmente, aos cuidados dos três novos padres. Juntam-se a estes alguns jovens: Gabriel de Queтplus, Louis de Gondrin, Antoine Ragnier de Poussé, Monsieur de Bassancourt e Monsieur Chassagne, professor de teologia, que vai insistir na necessidade dos estudos. Assim começa o seminário. Mas será essa a fórmula? Far-se-á algo de semelhante ao que Bourdoise tenta em Saint-Nicolas-du-Chardonnet? Quando, quase de certeza em março de 1642, o grupinho de Vaugirard se constitui como sociedade para a formação de sacerdotes, ainda estamos mais em presença de um propósito do que de um plano.

Mas a etapa decisiva vai ser vencida. O pároco que está à frente de São Sulpício perde a esperança de conseguir frutos entre os seus paroquianos e quer passar a responsabilidade para outras mãos. O lugar é oferecido a Olier. Para um beneficiado já bem provido, não se trata de uma promoção, e a mãe de Jean-Jacques é absolutamente contra. Mas ele lembra-se do trabalho feito por *Monsieur Vincent* aos seus, naquele aglomerado de hereges e de valdevinos.

E aceita. Com alguns companheiros — quatro professores e oito seminaristas —, instala-se no presbitério. O nome que designará a nova companhia já está achado: são os próprios paroquianos que lhes chamam os *Padres do clero*. O título oficial será *Padres de São Sulpício*.

A obra não demora a evoluir. A ideia de Bourdoise — formar os futuros padres numa comunidade sacerdotal — parece oferecer meios demasiado limitados. A dos estabelecimentos mistos — meio-colégios, meio-seminários — não deu boas provas. Pela mesma altura, Vicente de Paulo tira a lição dos fatos e abre a sua casa de formação do clero, independente do "seminário menor". A dois passos da igreja de São Sulpício, na rua Guisarde, Olier consegue comprar uma casa de aparência bem modesta, mas suficiente para receber alguns hóspedes. Estamos no começo de 1642. Nasce o primeiro seminário de São Sulpício.

Em que se distingue em breve tempo dos outros, por exemplo dos seminários lazaristas? Olier o dirá em diversos textos. O seu seminário pretende ser "uma escola de religião principalmente para aqueles que vão ter cura de almas". *Escola de religião:* a palavra diz tudo e caracteriza bem o que irá ser facilmente chamado "o estilo de São Sulpício". Discípulo de Bérulle e de Charles de Condren, representante perfeito da espiritualidade da Escola Francesa, Jean-Jacques Olier está convencido de que "o padre é, na Igreja, como um Jesus Cristo vivo". Se o for autenticamente, o resto lhe será dado por acréscimo. Não se trata, pois, de misturar a teoria com a prática e de enviar os jovens clérigos em missão pelos campos e subúrbios antes de estarem plenamente formados. Olier é, pessoalmente, um missionário fora do comum, mas considera que, antes de travar o combate, importa que o combatente esteja preparado. Concentra, pois, os seus melhores esforços na atitude interior. Nada de ostentação ou sequer daquilo a que Fénelon chamará "ciência brilhante". A formação durará cinco anos. Será uma minuciosa formação em teologia dogmática e moral, que preparará a alma do padre para enfrentar todas as dificuldades do seu ministério. Será, além disso, uma pedagogia da arte do púlpito, que era bem necessária. Antes de tudo, porém, será uma "escola de santidade". É de acordo com essas diretrizes que os padres da França — e inúmeros outros em diversos países do mundo — serão formados até aos nossos dias.

Dessa ideia decorre uma outra. Como foi que Jean-Jacques Olier a encontrou? É bom formar futuros padres, mas, em todas as pedagogias, o aluno vale o que valer o mestre. Para ter bons seminaristas, é preciso ter bons professores. Por conseguinte, do grupo dos que o rodeiam e dos que forma, Olier vai destacar os melhores, os mais qualificados, a fim de prepará-los especialmente, num verdadeiro "seminário interior", para serem os professores dos seminários. Assim nascem esses admiráveis educadores do clero que até hoje são conhecidos pelo nome de *sulpicianos*.

A obra cresce em ambas as vertentes. Logo em 1650, como a pequena casa se mostrasse insuficiente, é construída, no mesmo lugar, uma outra, o edifício que ocupava a atual Praça de São Sulpício e que foi demolido durante o Segundo Império. "A pobre e pequenina Companhia dos Padres do Clero da França" aumenta a olhos vistos: aos doze primeiros companheiros somam-se setenta e dois confrades: 12 e 72, números bíblicos... Como atender aos apelos dos bispos, que querem sulpicianos para fundar seminários nas suas dioceses? Antes de 1700, já haverá dez — em Angers, Autun, Bourges, Clermont, Limoges, Lyon, Le Puy...

A imensa tarefa é pesada. Todas as obras que vingam têm essa servidão. Em 1652, Olier vê-se obrigado a deixar a sua querida paróquia de São Sulpício, esse lugar maldito de que ele fizera uma igreja viva: tão vigorosa, que houve que substituir o antigo templo por outro maior, cuja primeira pedra foi lançada por Ana de Áustria. Deixa também as trinta "escolas de caridade" que fundara no bairro. E consagra-se exclusivamente à tarefa de dirigir a formação dos seminaristas e dos professores de São Sulpício. Para eles aceita, em Issy — no suave outeiro de les Moulineaux, em que os moinhos rodam —, o vasto domínio em que a sua obra vai poder crescer. É aí que ainda hoje se ergue o Seminário Maior de Paris. Foi aí que, no silêncio de "la Solitude" ou ao longo da "alameda de Loreto", milhares de padres respiraram o perfume do maravilhoso espírito de oração que caracterizou a Escola Francesa.

Mas, depois de tantos trabalhos, Olier está cansado. Tem quarenta e oito anos e está gasto, doente; se as forças da alma não se mantivessem intactas, dir-se-ia que está no limite da resistência. Ainda vê a sua obra sair da França, e os seus filhos, os sulpicianos, prepararem-se para ir fundar Montreal, semeando o seu espírito no futuro clero do Canadá francês. Espreita-o a apoplexia, que acaba por atingi-lo e afundá-lo. Mas já pode desaparecer (1657): a árvore foi tão bem plantada que crescerá.

No diário de Marie Rousseau, há umas palavras datadas de 1649 que revelam o espírito de profecia que animava essa vendedora de vinho de alma tão elevada: "Virá a hora em que, tendo morrido para a cruz do trabalho, ele já só há de viver na vida de Jesus ressuscitado. E, no lugar para onde se retirará, há de encontrar o repouso interior. E a consumação da sua alma com Deus há de cumprir-se pela virtude do Santíssimo Sacramento". Eis, creio eu, uma boa definição do espírito de São Sulpício. Porque, na verdade, essas palavras se referiam ao padrezinho demasiado bem vestido de cor violeta que ela encontrara na feira de Saint-Germain, por cuja conversão rezara — e de quem Deus fizera o mestre dos seminários franceses.

Sob a regra do Senhor

E o clero regular? Iria porventura ficar atrás do secular? Com certeza que não. Ao longo dos séculos anteriores, fora sempre entre aqueles que vivem sob a regra de Deus que se haviam iniciado os movimentos de reforma que depois tinham impulsionado toda a Igreja: os cluniacenses, os cistercienses, os franciscanos, os dominicanos... E, mais recentemente, tinham sido também religiosos quem, na altura em que o concílio ainda procurava com dificuldade o caminho a seguir, o tinham mostrado aos cristãos: o basco Íñigo, com os seus jesuítas; o suave Filipe Néri, com o seu Oratório; um pouco mais tarde, a grande e sublime Teresa, que fizera reviver o Carmelo; e até, bastante antes, o humilde Mateus de Bascio, com os seus capuchinhos.

Não está extinto o rio das águas vivas. É certo que não conseguiu ainda lavar essas "estrebarias de Augias" em que se converteram, há demasiado tempo, certos setores da vida pretensamente *regular*. Demasiados conventos masculinos e femininos não têm outra regra senão a de *Thélème*[25]. O quadro tem sido mil vezes descrito; não vale a pena insistir. Bastarão dois testemunhos. O do padre Faure, reformador de Saint-Vincent-de-Senlis: "Era um lugar de onde os sinais da religião e da santidade já a bem dizer tinham desaparecido, e onde os jogos, os festins, as cantigas dissolutas eram os divertimentos habituais dos religiosos". E o do jesuíta Polla, sobre as religiosas da "Déserte" de Lyon: "Não restava nenhum costume que fosse próprio da vida em comunidade ou que recordasse, nem mesmo de longe, o regime de clausura. O hábito usado por essas damas em nada as distinguia das do século. A única coisa que ainda tinham da observância consistia em se encontrarem na igreja quando lhes apetecia e em cantar lá o que quisessem. Não se sabia se eram ou não religiosas".

Não é apenas nos romances que as monjas marcam encontros galantes no convento ou que os monges têm aventuras. Os abades comendatários ou as abadessas no exercício do cargo há dez ou quinze anos escarnecem da vida espiritual dos monges e das monjas que teoricamente lhes cabe governar... A essas desordens somam-se as desgraças da guerra, seja civil ou com países estrangeiros. O que admira é que esses desregramentos não sejam mais numerosos e que haja tantas exceções.

Efetivamente, a reação contra esses abusos, tão bem iniciada no século anterior, agora se reforça e aumenta. Sublinhemos um fato: a extraordinária floração de fundações. Contam-se por centenas: só na diocese de Coutances, são seis em doze anos! "Desde há vinte ou trinta anos — diz o Parlamento de Rouen em 1631 —, foram introduzidas tantas e tão diferentes ordens que o seu número excede tudo o que foi instituído nos mil anos anteriores. Há ruas quase inteiramente ocupadas por novas casas religiosas". E isso que se diz em Rouen é verdade a respeito de toda a França. O "grande século das almas" é um século de conventos.

Nesses conventos, faz-se um esforço imenso, frequentemente heroico, para que a regra de Deus seja mais bem seguida. Em contraste com monjas vestidas de saias de tafetá, roquetes e folhos, que tomam tão à ligeira a clausura e rivalizam umas com as outras em matéria de joias, quando não de amantes, importa olhar para a multidão maravilhosa dessas abadessas de vinte anos, na maioria de origem nobre, que, em tantas casas, ardem em zelo pela reforma, agrupam à sua volta todas aquelas que sofrem secretamente com a sua vida pecaminosa, e que falam, aconselham, persuadem, comandam também — pois não são elas filhas de guerreiros? — e, quase em toda a parte, apesar de duras resistências, impõem o regresso à obediência e aos votos tão esquecidos.

Não há congregação feminina que, com maior ou menor intensidade, não passe por essa reviravolta[26]. Entre as *beneditinas*, surge um verdadeiro batalhão de admiráveis abadessas que conseguem maravilhas: em Montmartre, Marie de Beauvillier, que encaminha as suas filhas para a vida perfeita, pondo-as na trilha dos *Exercícios espirituais* de Santo Inácio de Loyola; no Val-de-Grâce, Marguerite d'Arbouze, cuja "amorosa mansidão" desfaz as fúrias que desencadeia; na "Deserte" de Lyon, cuja situação vimos atrás, Marguerite de Quibly, tão firme como bondosa, que põe tudo em ordem sem espaventos; e aqui e além, Marie de Blémur, Madeleine de Chaugy, Françoise de Foix, Laurence de Budos. Ganham expressão novos ramos da ordem: as beneditinas do Calvário, fundadas em 1617 pela Madre Antoinette d'Orléans, com o sólido apoio do padre Joseph du Tremblay; as beneditinas do Santíssimo Sacramento, que Catherine de Bar, a Madré Mechtilde, consagra à adoração da Hóstia no altar (1653).

No *Carmelo*, seria de justiça citar todas essas herdeiras das admiráveis espanholas que, juntamente com Pierre de Bérulle, reanimaram a chama. São elas que fazem da sua casa de Paris um altíssimo centro espiritual de toda a cidade, onde, um dia, virá refugiar-se uma terna vítima da paixão, Louise de la Vallière, já mais ávida de mortificações do que anteriormente de carícias régias[27]. E o convento das carmelitas de Pontoise, onde Mme. Acarie terminou os seus dias, não é menos admirável, se não tão famoso. Entre as *cistercienses*, vemos Louise de Ballon (1591-1668), uma mocinha de dezesseis anos abrasada pelo fogo de Cristo e que faz da sua abadia de Sainte-Catherine, na Savoia, um modelo que muitas vão imitar. Entre as *prêcheresses*, é Charlotte d'Effiat, a irmã do infeliz Cinq-Mars[28], para quem a mãe fundou o mosteiro de la Croix, a fim de que ela pudesse seguir a regra de São Domingos. E como se pode deixar de mencionar Jacqueline Arnauld, a *Madre Angélica*, graças a quem Port-Royal, antes de enveredar por caminhos tortuosos, é um farol para inúmeras almas, farol à volta do qual se reúnem os Solitários e que Pascal contempla, comovido?

Quanto aos homens, não ficam atrás, nem em zelo, nem em coragem. No caso deles, a iniciativa da reforma vem de cima. O cardeal Richelieu, abade comendatário de várias abadias, tem essa preocupação e, para a realizar, junta em seu redor um conselho composto por um cartuxo, um cisterciense (dos bernardos), um beneditino, um jesuíta, um franciscano (dos mínimos) e um dominicano. E o próprio Gregório XV encarrega o piedoso cardeal François de la Rochefoucauld, bispo de Clermont e depois de Senlis, de atuar com firmeza, na qualidade de comissário pontifício. A bem dizer, porém, o movimento reformador não esteve à espera de tais guias para se lançar. Começou logo no limiar do século, na Lorena, quando, em Pont-à-Mousson, o cônego Pierre Fourier se aliou ao premostratense Servais de Laruelle e ao beneditino Didier de la Cour, e os três amigos decidiram trazer para o bom caminho as respectivas ordens. Cumpriram o propósito, e, nos primeiros vinte anos do século, o impulso é tão bem dado que vai bastar prolongá-lo e alargar-lhe os efeitos.

Estamos perante uma espécie de ofensiva concertada. Em Saint-Vincent de Senlis, uma casa cujo péssimo ambiente é por demais conhecido, o padre Charles Faure entra em ação e afasta dos *Cônegos de Santo Agostinho* aqueles que, da vida do santo que lhes deu o nome, apenas conservaram com demasiada evidência os maus exemplos da mocidade. E é tal o seu êxito que François de la Rochefoucauld, depois de eleito abade de Sainte-Geneviève, pede alguns religiosos de Senlis e, impondo-os aos recalcitrantes, faz da sua casa um foco de luz nessa "montanha" de Paris em que a Biblioteca de Sainte-Geneviève e a vizinha igreja – futuro panteão laico — guardam a lembrança dos seus "genovevistas". Ao mesmo tempo, Pierre Fourier, o João Batista Vianney da Lorena, enquanto exerce com perfeição o cargo de pároco de Mattaincourt, é nomeado "visitador" dos agostinianos e consegue reorganizá-los, aliás não sem esforço. E bastante longe dali, em Chancelade de Périgord, Alain de Solminihac, que virá a ser bispo de Rodez, trabalha no mesmo sentido. Em 1634, a fusão de todas essas ofensivas conjugadas leva a uma vitória: a criação da Congregação dos Cônegos Regrantes de França.

Por seu lado, Servais de Laruelle trabalha com eficácia no seio de outros cônegos regulares, de hábito branco, que seguem — ou não seguem... — a Regra de São Norberto. A congregação do antigo rigor dos *premostratenses* ganha terreno na Lorena, na Normandia, em Paris, onde o "cruzamento da Cruz Vermelha" vai guardar a lembrança do convento ali instalado. Por volta de 1660, quarenta casas estão reformadas, e a própria Obediência Comum modificou os estatutos, sob a influência de Drosios, abade de Pare.

Os *beneditinos* estão também em plena atividade. É preciso reconhecer que tinham bastante necessidade de reforma. Dos monges de Saint-Denis dizia Henrique IV, com malícia: "As nossas almas vão ficar muito tempo no purgatório, se ficarmos à espera de que essa gente nos tire de lá". Os monges negros já não queriam saber da glória intelectual de que a ordem sempre gozara. A reforma começa na abadia de Saint-Vanne, na Lorena, com Dom Didier de la Cour, depressa seguido por Dom Claude François, em Moyenmoutier. Os religiosos "vanistas" fazem escola: Saint-Pierre de Jumièges imita-os e Dom Laurent Benard, prior do Colégio de Cluny em Paris, pede-lhes ajuda. Em 1621, o papa aprova uma nova congregação beneditina, que, sob o nome de São Mauro, discípulo de São Bento, e sob a direção de Dom Grégoire Tarisse, impõe uma reorganização firme; em Paris, Saint-Germain-des-Prés torna-se a capital do novo regime. Os beneditinos da Bretanha entram nesse movimento em 1628, e os da Congregação de Chezal-Benoit em 1630. Uma única exceção, exceção dolorosa: a venerável abadia de Cluny mostra-se agastada; primeiro, por estar nas mãos do comendatário Louis de Lorena, cardeal (por decreto) de Guise, casado com Charlotte des Essarts, que fora amante de Henrique IV; depois, porque algumas tentativas agressivas incitam à resistência. Por mais que Richelieu tente obrigá-los à fusão, após a sua morte Roma deixa-se convencer a desistir, o que só será prejudicial para Cluny, pois São Mauro irá sempre crescendo, reatando a insigne tradição dos monges negros de outrora, entregues às grandes tarefas intelectuais — Mabillon é criado entre eles — e tão cheios de sabedoria. Dom Laurent Benard deixou-lhes esta sentença admirável: "Um sábio é sempre homem de coração".

A situação é muito semelhante entre os beneditinos brancos, os filhos de São Bernardo. Por volta de 1575, Jean de la Barrière empreendera uma reforma no convento dos bernardos, no Languedoc. Mas fora excessiva: nem vinho, nem carne, nem cama, nem aquecimento... Bem, tudo isso ainda podia passar..., mas beber em crânios humanos transformados em taças, como alguns tinham chegado a fazer! Esse fanatismo encantara os basbaques, incluindo Henrique III, que pedira bernardos para o Louvre. Mas a participação desses monges na Liga[29] desacreditara-os bastante, e entrara a cizânia nas suas fileiras. É nesse momento que intervém o cardeal de la Rochefoucauld, e Claraval, com Dom Largentier, passa a ser, desde 1624, o centro de uma congregação de estrita observância. Irá Cister aderir? Os religiosos que reinam lá são tíbios, como se vê por um episódio cômico: essas rãs escolhem um rei, elegendo para abade o próprio Richelieu! Julgavam-no longe e muito ocupado... Ora o terrível cardeal toma o papel a sério e impõe a estrita observância, que, assim, em 1661, contará uns sessenta mosteiros. No outro campo, o dos "mitigados", há ainda muito a fazer. Mas eis que um jovem abade comendatário mundano, aparentemente pouco preparado para essa tarefa necessária, é tocado por Deus e sente-se chamado a uma vida nova. Na primavera de 1657, morre a duquesa de Montbazon, e aquele que a amava medita amargamente sobre o destino humano. É um afilhado de Richelieu, chamado Armand Jean de Rancé...

Deste modo, o movimento torna-se geral e estende-se às ordens mendicantes, quaisquer que sejam. São os carmelitas: tanto os "calçados", vestidos de branco, como os "descalços", envoltos em burel castanho; brilham entre eles Louis Jacot, Chérubin de Saint-Joseph, Maur de l'Enfant Jesus.

São os dominicanos, que reforçam as suas posições tomistas contra o jansenismo e o protestantismo. São os filhos de São Francisco, de todas as modalidades. Distinguem-se entre eles os recoletos, que, em plena ascensão, chegam a ter, em 1700, mais de duzentas casas. E sobretudo os capuchinhos, cujo burel, outrora glorioso, mas bastante comprometido nos dias da Fronda, reencontra todo o prestígio quando o padre Bento de Canfeld desembarca da Inglaterra para falar docemente de Deus no palácio dos Acarie, ou quando o padre Ange de Joyeuse, antigo marechal da França, se faz pregador muito apreciado e um santo popularíssimo, ou ainda quando o padre Joseph du Tremblay, a "Eminência parda", alma forte e de grande elevação, multiplica sermões e missões.

E não acabaríamos se quiséssemos dar todos os testemunhos dessa prodigiosa animação do clero regular. Os institutos mais recentes, fundados no século anterior, precisamente com a intenção de fazer a reforma, continuam vigorosos. Os *jesuítas,* expulsos da França após o atentado de Châtel contra Henrique III, recuperam em 1603 o direito oficial de existir (oficiosamente, talvez nunca o tivessem perdido), e o padre Coton, "refém da Companhia junto do rei", torna-se o seu principal conselheiro; dizia-se que Henrique IV "tinha Coton [algodão] nas orelhas". Os colégios de jesuítas multiplicam-se. O colégio de la Flèche é tido por Descartes como a mais célebre casa de educação da Europa. A Companhia tem dezesseis mil membros, repartidos por dez províncias, cinco das quais na França, e não cessa de admitir novos candidatos. É uma potência: basta ver a fúria dos seus inimigos. Menos numeroso, o *Oratório* expande-se, e o mesmo acontece com os teatinos, os barnabitas e os camilianos. Nada disso impede que os novos institutos — os lazaristas, os eudistas, os sulpicianos e outros — sejam favorecidos com vocações. É um assombroso sinal dos tempos.

A massa que leveda: a missão

Se as ordens religiosas se reformam e multiplicam, e o clero quer melhorar, para que tudo isso, senão para levarem com mais eficácia o Evangelho à massa dos cristãos? É a angústia pelas almas ameaçadas de perdição que lança ao apostolado um Vicente de Paulo, um João Eudes, um Jean-Jacques Olier e tantos outros, religiosos, padres seculares, bispos. Esses santos ganharam consciência de uma situação dramática: a de um mundo em que a religião parece em perigo de morte. "A fé que não age será uma fé sincera?" E eles agiram.

"França, país de missão": a expressão que o nosso tempo tornou habitual não se aplica menos ao começo do século XVII, e não apenas na França. De alto a baixo da escala social, a sociedade tem de ser recristianizada. Sobrevivem nela costumes, tradições e as próprias práticas religiosas — aliás muito mais, com certeza, que entre as massas paganizadas da nossa época —, mas a vida moral e espiritual encontra-se num estado de grande degradação. Rebentam por toda a parte a violência, tanto a dos duelistas de gibão como a dos bandidos assaltantes de estradas, e a devassidão, tanto na corte como nas aldeias. O "caso dos venenos" não se limita aos horrores da marquesa de Brinvilliers[30]. Nos campos, prosperam os feiticeiros e as feiticeiras; nas cidades, a magia negra.

É necessário, pois, usar de meios mais ativos para voltar a lançar a semente evangélica. Em primeiro lugar, a *missão*. A ideia nascera, muito naturalmente, logo depois do Concílio de Trento, nesse movimento de regresso às fontes que marcara a era da renovação. Era preciso fazer o que o Senhor tinha ordenado, o que os apóstolos e os primeiros cristãos tinham realizado tão perfeitamente: partir para falar de Cristo às massas humanas. Fora o que tinham empreendido São Filipe Néri em Roma, São Carlos Borromeu em Milão, São Pedro Canísio na Alemanha. E com que êxito! A ideia vai agora expandir-se. A própria palavra *missão* passa a estar na moda, por obra de Vicente de Paulo. A França católica faz dela coisa sua, e coisa bem importante. E também neste ponto se impõe a comparação com o nosso tempo: a igreja da França considera-se "em estado de missão".

O método é simples: foi a experiência que o fixou nos seus grandes traços. Os padres e religiosos que querem "missionar" começam por entrar em contato com o bispo, quando não é este que os convoca. É-lhes confiado um arciprestado, cujas paróquias vão visitar, uma após outra, permanecendo em cada uma entre quinze e vinte dias seguidos, durante os quais pregam, catequizam, recordam as grandes verdades da fé, revolvem corações e almas, e por fim confessam. Concluído esse trabalho, é frequente que o bispo compareça à sede do arciprestado para conferir o sacramento da Confirmação e presidir a uma comunhão geral. Passa-se a seguir a outro arciprestado, a não ser que se trabalhe simultaneamente em mais de um, se o número dos missionários o consente. Acontece que surgem resistências, algumas bem desagradáveis, como as que procedem do clero local, receoso de que os *invasores* pretendam tirar-lhes os benefícios; mas, num imenso número de casos, a massa dos fiéis mostra-se simpática e acolhedora. Vastas áreas e mesmo províncias inteiras são trabalhadas deste modo. Há até o que hoje chamaríamos "missões especializadas", que se dirigem a um setor sociológico determinado, como o dos forçados das galés, ou o dos soldados do exército real, ou o da própria corte, não menos carecida do que os outros. É uma admirável emulação, um trabalho prodigioso.

Todas ou quase todas as grandes figuras católicas da época são missionárias, de uma ou outra maneira. Vicente de Paulo popularizou de tal modo a ideia, o nome e o método da missão que quase parece monopolizar os esforços e os êxitos; e é verdade que ele e os seus filhos — recordemos que o nome exato dos lazaristas é *Padres da Missão* —

trabalharam maravilhosamente, e que vastas regiões lhes ficaram a dever o fato de terem revivido. Mas por acaso São João Eudes terá sido menos eficaz na Normandia? E podemos esquecer que Olier, bastante antes de fundar São Sulpício e de pensar na formação dos professores de seminários, foi um magnífico missionário, levantando a Auvergne com tal entusiasmo que, para o ouvirem e se confessarem com ele, havia aldeias inteiras que — segundo se garante — permaneciam sem comer nem beber, do romper do dia até ao anoitecer?

É uma extraordinária emulação. São muitos os bispos que entram em jogo. Nenhum dos que pensam seriamente na reforma da Igreja descura esse meio de ação. Há alguns que, metendo a mão na massa, vão pessoalmente pregar e confessar nas paróquias, como Jean-Baptiste Gault, Alain de Solminihac, Authier de Sisgaud. Muitos fixam à sua volta missionários permanentes: é o caso de Danès em Toulon, de Dominique Séguier em Meaux. Outros — à imitação de São Carlos Borromeu — criam congregações de missionários diocesanos, como a que Jean de la Cropte de Chanterac fundou no Périguex, ou essa "Câmara de Nosso Senhor Jesus Cristo", estabelecida por Planat em Clermont. Acontece até que algumas dessas congregações originalmente locais transbordam das suas dioceses, como a dos *Padres Missionários do Santíssimo Sacramento*, fundada em 1632 pelo bispo Authier de Sisgaud em Aix-la-Provence.

O impulso vem de todos os lados. Mesmo de muito alto. Richelieu pensou, em 1638, em lançar um plano sistemático de reevangelização da França. Em cada ano, seriam pregadas missões em grande número, em regiões previamente determinadas; só aos jesuítas caberia pregar umas cinquenta por ano! Luís XIII dá dinheiro, muito dinheiro, para financiar as missões, e é imitado por Ana de Áustria.

A Companhia do Santíssimo Sacramento está — discretamente, segundo o seu método — por trás de muitas dessas iniciativas. Até Mazarino fará jus a alguma indulgência do Céu ajudando as missões...

Mas de onde vêm os próprios missionários? É natural que pensemos em primeiro lugar nos lazaristas, nos eudistas, em todos aqueles cuja vocação declarada é exatamente essa. Mas seria injusto esquecer muitos outros. Há sacerdotes seculares que se associam a essa tarefa: Michel de Nobletz, por exemplo, ou J. B. Gault, antes de ser bispo. Também conseguem resultados excelentes os oratorianos, que optaram por este apostolado, juntamente com o do ensino: o próprio padre Condren missionou, assim como o padre Senault, futuro panegirista de Luís XIII; a Picardia guardará por muito tempo a memória do padre Amelote e de outros vinte e cinco filhos de Bérulle, que lá trabalharam muito bem, por volta de 1639; e o modelo — o príncipe — das missões oratorianas é o *padre Lejeune* (1592-1672), que, durante quarenta anos, comoveu vastos auditórios, de Roma a Metz, de Toulouse a Orange, com a sua palavra viva, simples, por vezes um pouco trivial, apesar de cego desde muito novo. Os jesuítas contam nas suas fileiras duas figuras missionárias tão grandes — São Francisco Régis e o padre Maunoir — que é fácil esquecer as outras; mas não podemos deixar na sombra o padre Lingendes ou o padre de la Colombière. Quanto aos capuchinhos, quanto mais se estuda esta época de renovação, tanto mais considerável nos parece o papel que exerceram: o padre Marcellin deixou no Delfinado traços ainda hoje visíveis; na Savoia, em Montmélian ou no Chablais, o padre Chérubin foi magnífico; e em Gap ainda hoje se fala dos padres que, pregando a missão no momento em que se declarou a peste, se deram de tal modo aos fiéis que, de dez que eram, morreram sete, vítimas da epidemia. Os capuchinhos atuaram também no Languedoc e nas Cevenas, em terras protestantes. E não seria justo ignorar que, se o *Père Joseph* se deslocou com tanta frequência e por tanto tempo ao Oeste da França, não foi apenas para arrancar La Rochelle à gente da "religião pretensamente reformada": foi sobretudo para atacar os protestantes pela palavra e pelo exemplo, obtendo resultados extraordinários.

São em grande número as figuras que se destacam nessa multidão colorida de arautos do Evangelho. Podemos deixar de parte — visto que a Lorena ainda não é francesa — Pierre Fourier, o santo loreno. Mas aí está Pierre de Kériolet, pecador público que se converte em missionário e passeia por inúmeras aldeias da Bretanha o pó dos seus andrajos e a palavra violenta dos seus sermões. E Barthélemy Amilia, vigário-geral de Pamiers, que prega em patoá[31] e cujos cânticos ainda hoje são cantados. E Andéol de Lodève, que, no Delfinado, em Bresse, em Velay, no Vivarais, faz sempre chorar os ouvintes, tal o acento com que lhes fala da desgraça das almas pecadoras e da dor que Jesus sofre por elas. Dessas figuras que merecem atenção especial, há três que se destacam.

Na Bretanha, *Michel Le Nobletz* (1577-1652). "Dom Michel", um dos iniciadores da missão, com certeza o mais marcante dos predecessores de *Monsieur Vincent*, é um simples padre que, por quarenta anos, revolve a sua amada Bretanha. Prega aos seus ouvintes em bretão, se necessário, fá-los cantar hinos na sua língua tradicional, não apenas dentro da igreja, mas ao ar livre e pela estrada fora, tem a ideia de mostrar-lhes as grandes verdades da religião sob a forma de painéis pintados, fortemente simbólicos — sobre o Pai-Nosso, sobre as principais cenas do Evangelho, sobre as parábolas de Cristo, sobre a Santíssima Virgem e até sobre os sete pecados capitais, bem aterrorizantes, por sinal — e monta uma verdadeira organização de "damas catequistas"; numa palavra, faz escola, e tão sólida que a sua obra lhe vai sobreviver por muito tempo.

O melhor e mais importante dos seus discípulos é um jovem jesuíta, o *padre Maunoir* (1615-1683), seu verdadeiro filho espiritual. Com os trezentos "cooperadores" que consegue agrupar à sua volta — entre os quais o padre Rigoleuc, um dos mestres da mística francesa —, e também ajudado por duas autênticas santas, Amice Picard e Catherine Daniélou, é ele que toma o bastão das mãos do mestre e por sua vez trabalha toda a Bretanha. O seu instrumento predileto de apostolado é a "Procissão da Paixão", que faz estremecer as almas. Com um padre no papel de Jesus e a intervenção de grupos vivos, é apresentada às multidões toda a história do Salvador, compreendendo sobretudo as cenas da Quinta e da Sexta-feira santas. Quando, por fim, apinhada em torno do Santíssimo, a multidão ouve o sermão do padre, rebentam os soluços e os gritos e protestos de arrependimento. Organizados especialmente pelo padre Huby, os retiros fechados vão alimentar esse fervor nas almas mais elevadas. A católica Bretanha deve imensamente a Nobletz e a Maunoir.

E eis que surge, muito longe dali, nas Cevenas e no Vivarais, um outro jesuíta, figura suave e sublime: *São Francisco Régis* (1597-1640). Muito novo, decide viver unicamente para os pobres, "essa porção mais abandonada do rebanho de Jesus Cristo". Debaixo de temporais e de neve ou do sol duro de agosto, nessas regiões adustas, lá vai ele, a pé, enquanto pode, de cabana em cabana, até aos recantos mais perdidos das serras, comendo apenas as maçãs que a mãe lhe mete à força no bolso, e dando a todos a luminosa esmola do sorriso. Combatido em Viviers, atacado no paço episcopal por alguns nobres que o acham revolucionário — já então! —, dirige-se ao Puy, onde o bispo Just de Serres lhe confia oficialmente a missão na sua diocese. Os seus sermões atraem massas imensas: quatro ou cinco mil ouvintes, frequentemente, entre os quais muitos huguenotes. A sua eloquência, a um tempo calorosa e chocante, é o seu melhor instrumento, juntamente com o confessionário, onde, como fará mais tarde o Cura d'Ars, se encerra horas a fio. Morre aos quarenta e três anos incompletos, gasto até à medula por essa existência completamente oferecida aos outros, e levando para o túmulo o segredo das almas que restituiu à graça; é conhecido o número: dez mil nos últimos quatro meses.

Os resultados parecem indiscutíveis. Pode ser que os números tenham sido um pouco aumentados pelos contemporâneos, por exemplo quando asseguram que São João Eudes converteu de uma só vez vinte ou trinta mil normandos, e isso em várias ocasiões; que Vicente de Paulo trouxe tantas e tantas aldeias inteiras à confissão; que os capuchinhos mobilizaram dezoito mil missionários; ou que, como diz o padre Maunoir no seu diário, "cinquenta mil almas aprenderam a doutrina cristã e cinco mil pecadores públicos se voltaram para Deus no espaço de um ano". Talvez não se devam tomar ao pé da letra esses dados, mas o que é seguro é que esse imenso trabalho deu frutos, que o pão do cristianismo tornou a levedar e qualquer coisa mudou, quer na prática religiosa quer nos costumes. Os estudos sociológicos feitos nos nossos dias demonstram que as zonas que permaneceram cristãs na França até hoje são exatamente aquelas em que os missionários mais trabalharam há trezentos anos, ao passo que aquelas em que eles não penetraram são as zonas, tristemente célebres, que o cônego Boulard marcou em vermelho no seu famoso mapa da prática religiosa da França atual. Seria impossível prestar melhor homenagem às missões do século XVII e aos homens admiráveis que as empreenderam com tanto sacrifício[32].

A massa que leveda: as obras de caridade

A fé renova-se: eis o que se vê na primavera das almas que é a primeira metade do século XVII. Mas que é uma fé sem obras? Uma fé morta. Bem o disse São Tiago, na sua epístola (2, 26). A intensa vida espiritual da época é acompanhada muito naturalmente de inumeráveis obras de caridade. Mais ainda: uma vez que a aliança entre caridade e fé é substancial, não menos psicológica que teológica, a imensa corrente de generosidade que atravessa a sociedade da época contribui para exaltar as almas, tornando mais fervorosa toda a vida religiosa. Vicente de Paulo dizia que lhe causava muito mais alegria o bem que via os outros fazerem do que aquele que ele próprio podia fazer: não era apenas a reação de um coração humilde, mas a atitude de uma alma verdadeiramente apostólica. Também a caridade faz levedar a massa.

Vicente de Paulo... A sua figura impõe-se à nossa memória no momento em que pronunciamos a palavra *caridade*. Porque ele é a caridade encarnada, a testemunha da caridade, o seu infatigável instigador. Nada do que fez pode ser compreendido fora das perspectivas da mais fundamental das virtudes. Os seus lazaristas não são mais missionários do que agentes da caridade. As suas Filhas e suas amigas, as nobres Damas, aderiram a essa caridade que faz parte do título com que se designam[33]. E, ao ver essas santas personagens em ação, a gente pensa na palavra de Lacordaire: "Uma Irmã da Caridade é uma demonstração completa do cristianismo". Mas, também neste campo, Vicente não está sozinho, embora seja ele o primeiro e o mais notável. Essa demonstração, muitos outros a fazem de maneiras diversas. Devemos até confessar que é difícil não nos perdermos por entre a profusão das iniciativas caritativas que surgem: são demasiadas para que possamos catalogá-las.

A humanidade desta época sofre: há tanto tempo que duram as guerras, internacionais e civis, com o seu cortejo de calamidades, de epidemias e fomes! É grande a miséria: não somente a das províncias devastadas, de que tanto se condói o coração de Vicente de Paulo, mas também a dos habitantes dos pardieiros das grandes cidades, e dos mendigos, que nem todos são fingidos, e dos doentes dos hospitais em risco de desabar. Tarefa imensa! Mas de todos os lados se investe contra esse bastião da miséria.

Hospitais e asilos: o Concílio de Trento foi firme ao recordar a tradição dos tempos antigos e obrigar os bispos a "velar com paternal cuidado pelos pobres e por todas as pessoas desventuradas". Os comendatários de hospitais e abrigos são chamados a cumprir os deveres do seu cargo. Também os reis e os príncipes têm obrigações idênticas. E respondem ao apelo. Em 1606, Henrique IV cria a *Câmara da Caridade Cristã,* presidida pelo Grande-Esmoler do Rei. Por ordem régia, todos os hospitais, albergues e outros "lugares de misericórdia" são inspecionados e a sua gestão passa a ser controlada. Lança-se a primeira pedra do Hospital de São Luís e nascem os primeiros hospitais militares. No reinado de Luís XIII, multiplicam-se as casas hospitalares: a "Pitié", em 1612; o Hospital dos Convalescentes, em 1621; o Hospício de Nossa Senhora da Misericórdia ou das *Cent Filles* ["cem moças"], instituído pelo chanceler Séguier para as órfãs; em 1612, o Hospício de Nossa Senhora dos Incuráveis, financiado por Marguerite Rouillé e pelo cardeal de la Rochefoucauld; sob a regência de Ana de Áustria, em 1657, o Hospício do Santo Nome de Jesus, criação de Vicente de Paulo, o das Crianças Enjeitadas, e o Hospício Geral, instalado na Salpêtrière, destinado a resolver simultaneamente os problemas da doença, da miséria e da mendicidade. A maioria das grandes cidades segue o movimento e cria hospitais da caridade. Quase por toda a parte, é a Igreja que toma a iniciativa de abri-los e são as ordens religiosas, masculinas e femininas, que assumem a responsabilidade de administrá-los.

Algumas dessas ordens são notáveis. Em consequência do Breve de Paulo V (1617), os *Irmãos de São João de Deus* acrescentam aos três votos tradicionais o de cuidar dos doentes. O seu fundador, o heroico e humilde português João Cidade, ensinou-lhes — e gritou ao mundo inteiro — que dedicar-se aos outros é fazer bem a si próprio. *Fate bene, Fratelli!* É com esse nome que passam a ser conhecidos. Na França, não têm menos de vinte e quatro hospitais, um dos quais é o da Caridade, em Paris, há pouco destruído e tão mal substituído, e cuja lembrança permanece na "rue des Saints-Pères". Os *camilianos*, que São Camilo de Lélis (1550-1614) acaba de instituir em Chieti, são "clérigos regulares, ministros dos doentes". O seu hábito não demora a tornar-se popular: burel preto, com uma grande cruz vermelha. Só na França, os "crucíferos" têm vinte hospitais. Ao serviço dos doentes, duzentos e vinte deles morrem em menos de trinta anos.

As mulheres não ficam atrás. Quando, em 1624, a Venerável Françoise de la Croix funda as *Irmãs Hospitalárias da Caridade de Nossa Senhora,* a fim de cuidar das mulheres e moças do hospital que acaba de criar na Place Royale — hoje, Place des Vosges —, as vocações são tantas que, passados muito poucos anos, já pode abrir uma segunda casa em Paris — na "rue de la Roquete" — e criar outras em Bourg, Béziers e muito mais. E, mal tinham nascido da santa vontade de Luísa de Marillac e da generosidade sempre criadora de Vicente de Paulo, as *Irmãs da Caridade* descobrem em si a vocação hospitalária e fazem entrar em inúmeras casas de assistência a sua firme doçura e o seu ilimitado devotamento.

São iniciativas famosas, mas quantas outras mereceriam sê-lo também! Nesta época abençoada, dir-se-ia que basta bater na terra para fazer nascer uma fonte... Em Limoges, por exemplo, um convertido, Martial de Maledent, contagia Pierre Mercier com o fogo da caridade e os dois juntos vão falar com um amigo, De Saige: assim nascem as *Clairettes*, da Madre do Calvário, e as *Irmãs da Providência*, de Marcelle Germain. Em Saint-Brieuc e em Phoërmel, Gillette de Pommeraye, Laurence du Breuil e Anne de Canton — três belos nomes bretões — confiam o seu desejo de bem-fazer ao padre Ange de Le Proust, prior dos cônegos de Santo Agostinho, e assim nascem, em 1659, as *Agostinianas de São Tomás de Vilanova*. E em correspondência ao apelo de Marie de Petiot e de Hélène Mercier, congregam-se as *Irmãs de Santo Aleixo:* Santo Aleixo, "o pobre debaixo da escada". Veem-se antigas ordens despertarem do sono: em Amiens e depois em Beauvais, o bispo Potier de Gesvres introduz as Agostinianas Hospitalárias; em Vierzon, M. Bouray assume a mesma tarefa; em Amboise, Catherine de Jésus. O Hospital de Paris tem uma figura santa: Geneviève Bouquet, que não cria uma ordem, mas impõe um estilo que vai durar para além da sua vida. Por todo o lado, onde quer que se manifestem dores físicas, surgem silhuetas generosas, que não poucas vezes levam o seu zelo até ao heroísmo. E o zelo é comunicativo: dele participam simples leigos e até homens de letras. Foi cuidando dos doentes da epidemia de "febre púrpura" que morreu, em 1650, o dramaturgo *Rotrou.*

Mas há ainda um outro apelo, a que a caridade de Cristo também corresponde: o da pobreza extrema, o da miséria. Está próximo o tempo em que uma grande voz se vai erguer, do alto da cátedra: "A Igreja de Deus é verdadeiramente a cidade dos pobres". Os cristãos autênticos já então o sabiam. É em socorro de todos os miseráveis que Vicente de Paulo decide lançar-se e lança as suas Filhas. Preocupa-o o problema dos mendigos, mas não aceita que o Estado pretenda resolvê-lo administrativamente, em termos de polícia, encerrando os desgraçados numa espécie de casas de trabalhos forçados. O seu método consiste em persuadir e amar. É também o das *Religiosas Hospitalárias do Espírito Santo*, que fazem do Hospício da Caridade, que dirigem em Dijon, não somente um albergue, mas uma verdadeira casa de reeducação para os pobres sem trabalho. É igualmente o dos jesuítas que se consagram a tarefas semelhantes: o padre Chaurand, de Avinhão, que institui na Provença cento e vinte e seis casas de beneficência; o padre Dunod, de quem o intendente de Caen se serve para lutar contra o pauperismo em toda a Normandia; e, naturalmente, o padre Francisco Régis, que, à sua tarefa apostólica, acrescenta outra, caritativa e imensa, a Obra da Sopa, destinada a alimentar os famélicos, e ainda a Obra da Renda, que proporciona trabalho às mulheres das serras. Não há ainda Auxílio Católico organizado, nem Assistência Pública, nem Previdência Social, mas todas as iniciativas convergentes suprem essa falta. De maneira não burocrática, vê-se correr por toda a Igreja um autêntico movimento de amor.

É preciso continuar? Citar mais obras e mais nomes? São demasiado numerosos, e por demais variados. Rotrou não é o único leigo cuja imagem parece exemplar.

Há autênticos santos dispersos nesse mundo, como Rentry, de quem voltaremos a falar, e muitos amigos seus da Companhia do Santíssimo Sacramento. Bernières-Louvigny chega mesmo a formular a doutrina da *Esmola cristã*. Os *Messieurs* de Port-Royal não têm a alma menos caridosa; e Blaise Pascal, ao sentir aproximar-se a morte, hospeda um miserável em sua casa. Paris inteiro admira Claude Bernard, "o padre pobre", que o cardeal Richelieu protege a ponto de lhe desculpar mil e uma originalidades, e que há de ter funerais muito mais falados do que os de um ministro. Não há nenhuma dor ou tristeza que não encontre uma caridade disposta a compadecer-se. As mulheres perdidas suscitam generosidades puras: nascem para elas o *Bom Pastor* e as *Madelonnettes;* São Francisco Régis dedica-lhes boa parte dos seus esforços, e o mesmo faz a Companhia do Santíssimo Sacramento. E a obra que cuida de casar meninas sem dote? E a de *Santa Marta,* que protege as empregadas domésticas, a fim de as manter no bom caminho? E a do padre Sousi, que recolhe, em Paris, os pequenos limpa-chaminés da Savoia?... São muitas, ao menos para o breve capítulo de um livro. Mas o espetáculo é maravilhoso.

A massa que leveda: o ensino

Missões e obras de caridade, dois poderosos meios de trabalhar a terra cristã e nela fazer medrar novas searas. Mas há um terceiro, ao qual a Igreja dá a maior importância: o ensino. Dissera-o Santo Inácio de Loyola, numa frase profunda: "Preparar alunos é um dos melhores métodos para formar verdadeiros cristãos". E o Concílio de Trento, na sua V Sessão, tornara obrigatório para os bispos e os padres cuidar o mais possível do ensino. Daí resultara, logo depois do concílio, um notável movimento de expansão pedagógica, sobretudo com as iniciativas dos jesuítas, dos somascos, dos teatinos e das ursulinas. O Bem-aventurado César de Bus fundara os *doutrinários* ou Padres da Doutrina Cristã, e São José de Calazans (que só viria a morrer em 1648) os seus Clérigos das Escolas Pias ou *escolápios*, que se tinham desenvolvido rapidamente em Aragão e depois em todo o mundo hispânico. No entanto, esse movimento perdera impulso. As guerras tinham arruinado muitas escolas; a "grande carestia de vida" estancara a generosidade; a expulsão dos jesuítas causara um mal sensível ao ensino secundário na França. Mas, nos começos do século XVII, tudo muda, e a Igreja torna a ser magnificamente fiel à vocação de mestra que fizera dela a formadora da inteligência e, por meio desta, da consciência humana.

Também aqui todas as grandes figuras da época cuidam do problema, não menos que da missão e das obras de caridade. "Penso que um padre que tivesse a ciência dos santos se faria mestre-escola, e desse modo chegaria a ser canonizado", escreve Bourdoise a Olier. E insiste: "A instrução da infância, esse é o trabalho mais premente". Essa é também a opinião de Vicente de Paulo, que lança as suas Damas da Caridade em busca de mestras competentes, e pede à sua caríssima Mlle. Le Gras que abra escolas para meninas, coisa que as Irmãs da Caridade vão fazer por toda a parte. São Pierre Fourier, por seu lado, está dominado pela preocupação de lutar contra o analfabetismo, e a sua fiel Alix Le Clerc vai ao encontro desse desejo, com as suas *Filhas de Nossa Senhora*. Quanto à Companhia do Santíssimo Sacramento, mais uma vez a vemos na base de todos os esforços que visam refazer um ensino cristão: é ela que ajuda o padre Alexandre Colas de Portmorand a criar uma escola em São Sulpício, ou, ainda, os Padres Mínimos de Chaillot a entrar por essa via.

Também aqui as iniciativas proliferam. O próprio Henrique IV se empenha pessoalmente em reorganizar o ensino, e Luís XIII, Richelieu, Ana de Áustria seguem-lhe o exemplo. Logo que autorizados a regressar à França, os jesuítas criam colégios por todo o lado: em sete anos, quarenta! Os oratorianos, a quem Gregório XV, em 1623, atribuiu especialmente a missão de formar a mocidade, multiplicam também as suas casas: em vinte e dois anos, vinte e três! Mas temos também os Eremitas de Santo Agostinho, com as suas "escolas latinas", os Cônegos do Santo Sepulcro em La Croix, os jerônimos em Firminy, os dominicanos numas quinze cidades. Quanto aos beneditinos e beneditinas, mal acabados de se reformar, fazem-se pedagogos. Faremoutier vai formar muitas jovens da alta sociedade. Renovação, igualmente, nos doutrinários do Bem-aventurado César de Bus, nos escolápios de São José de Calazans. E, para as meninas, as Visitandinas, as Damas de São Mauro, as Filhas da Cruz de Mme. de Villeneuve, e as duas variedades das Irmãs da Congregação de Nossa Senhora: as que Alix Le Clerc fundou na Lorena — frequentemente designadas por "Damas Agostinianas" por serem cônegas de Santo Agostinho — e aquelas que Santa Joana de Lestonnac congregou em Bordeaux. Mas, no primeiro plano, certamente, as *ursulinas*, que Mme. Françoise de Bermont instala em Paris e que se tornam muito conhecidas: em 1677, vão ter duzentas e setenta e cinco casas. De acordo com as respectivas constituições, são ao mesmo tempo sólidas pedagogas e modelo de santidade viva, "em que as alunas devem poder inspirar-se".

Toda essa emulação dá resultados. Durante os primeiros sessenta anos do século XVII, o ensino causa a impressão de um enorme progresso. Só na França, contam-se por centenas e milhares as escolas que nascem ou renascem, e as fundações generosas criadas para permitir às crianças pobres a frequência gratuita. Em Angers, por exemplo, o bispo ordena a todos os párocos, em 1658, que abram uma escola, se ainda não existe nenhuma: é apenas um caso entre muitos outros. Como é natural, nem tudo corre pelo melhor, e são grandes as dificuldades para encontrar professores verdadeiramente competentes. O problema será atacado, um pouco mais tarde, pelo padre Charles Démia, por Nicolas Roland e, sobretudo, por São João Batista de la Salle. Mas é impossível negar que já se obtiveram resultados sérios.

Se quisermos compreender o ideal do ensino primário nesta época, devemos ler o livro publicado em 1654 com o título de *L'École paroissiale*. Nele, um sacerdote que foi mestre-escola durante dezoito anos resume a sua experiência e fornece conselhos. É uma obra notável, em que o autor anônimo escreveu páginas insuperáveis acerca do modo de ensinar às crianças a ortografia, o cálculo, o catecismo, e também acerca do espírito que deve animar o mestre que queira verdadeiramente ser fiel à sua vocação. Os professores e professoras de hoje teriam ainda proveito em lê-la. Não podemos garantir que todos os pedagogos do tempo fossem tão perfeitos; mas já é bom que esse ideal lhes tivesse sido proposto.

No ensino secundário, os professores são, antes de todos, os jesuítas. A *Ratio studiorum* de 1599 fixara-lhes com precisão os métodos que deviam seguir, e eles agora os aplicam aos 27 mil rapazes que educam na França, dos quais 13 mil em Paris! O seu mais célebre estabelecimento da capital, o colégio de Clermont — que Luís XIV, em 1682, consentirá que se chame "Luís o Grande" — conta uns dois mil alunos, 400 dos quais pensionistas. O de Rennes ultrapassa-o, com 2.800. Insistem muito na cultura a que chamamos "clássica", ou seja, no estudo do grego e do latim, especialmente deste último, que, a partir do penúltimo ano secundário, os alunos têm de escrever e falar com fluência. Só lentamente se orientarão para técnicas novas, para o ensino das ciências, por exemplo, e o seu aluno Descartes há de censurá-los por não terem adaptado Aristóteles ao estado moderno da ciência. Todos os que saem das suas casas de educação estão de acordo em que se trata de pedagogos fora de série, firmíssimos na disciplina, por vezes rigorosos em extremo — o padre "fustigador" não é um mito... —, mas que verdadeiramente formam homens. E essas testemunhas que prestam homenagem aos padres jesuítas chamam-se Corneille, Descartes, Molière, Bossuet, Fléchier, Lamoignon, Condé e Luxembourg: os grandes homens do reinado de Luís XIV procedem das mãos deles...

... Ou do Oratório, que rivaliza com a Companhia e que inscreve na lista dos seus premiados Colbert, Tourville e Villars... Fundado em 1638, Juilly é o colégio modelo da congregação. "No Oratório — diz Bossuet —, obediência não é dependência, governo não é comando; toda a autoridade está na doçura, e mantém-se o respeito sem lançar mão do medo". Quer dizer: a pedagogia oratoriana é mais liberal. É também mais "moderna", no sentido de que o estudo das ciências — incluindo a trigonometria e o cálculo integral — acresce ao das humanidades antigas. A gramática latina do padre Condren oferece uma inovação que os alunos apreciam: dá as explicações em francês. A História tem honras de cadeira especial. Abre-se espaço para as artes de aprazimento: o desenho, a música, a dança, a equitação.

Quanto às *Petites Écoles* ["Pequenas Escolas"] de Port-Royal, levam a austeridade muito mais longe que os colégios de jesuítas: os alunos são proibidos de tratar-se por *tu*, devem apontar mutuamente as faltas, não podem representar comédias ou sequer assistir a elas; muito grego e latim, religião em doses maciças. E, no entanto, introduzem uma novidade que situa esses *Messieurs* na primeira fila dos pedagogos modernos: o francês é considerado matéria de ensino e tem as suas horas de aulas. Ali se formará Racine...

No que diz respeito à mocidade feminina, é menor a variedade de métodos. A maior parte das congregações de ensino têm as mesmas ideias que as ursulinas, cujo regulamento, que não ocupa menos de 274 páginas, é um notabilíssimo tratado de pedagogia. O primeiro objetivo é educar moral e espiritualmente as alunas, formar mais a consciência do que o cérebro. Não é esse, afinal, o escopo de Molière? "Formar nos bons costumes o espírito dos filhos..." Muitas leituras piedosas, muitas cerimônias religiosas. As ursulinas assimilaram bem São Francisco de Sales e Bérulle: insistem muito na doutrina do "puro amor" de Cristo. Entre elas, a disciplina é estrita, e não se negligência a palmatória como meio de consegui-la. Põe-se em lugar de honra a formação prática — costura e cozinha —, mas também se ensina latim e grego, e até um pouco de filosofia. E não se diga que não são modernas, essas irmãzinhas: quem sabe que foram as ursulinas que introduziram o garfo nas refeições do internato?

Vemos, pois, um esforço incontestável e fecundo em toda a parte e em todos os níveis. É natural que surjam dificuldades e até que essa santa emulação dê por vezes lugar a rivalidades bastante azedas. Os jesuítas são os mais invejados, como era de esperar, a tal ponto que certo professor da Universidade de Paris recusa sistematicamente aos melhores alunos formados por eles o grau de "Mestre em Artes"; o que é bem pouco quando nos lembramos de que, em Liège, o reitor do colégio da Companhia é pura e simplesmente apunhalado no meio de um motim fomentado por rivais... Os antigos "mestres de escrita", que detêm há séculos o direito de ensinar a escrever, estão furiosos por ver proliferar tantos novos pedagogos; e mesmo entre "escolas paroquiais" e "escolas de caridade" as relações são por vezes tensas. Há bispos que hostilizam claramente a implantação em suas dioceses de casas de ensino dependentes de congregações isentas da sua autoridade, e chega a ser necessário que o governo intervenha. Obstáculos secundários, no fim de contas, e que não impedem um progresso impressionante. Progresso, aliás, demasiado rápido, em certo sentido, visto que não abundam os professores competentes; a partir de 1660, o impulso decai e só se recuperará quando aquela carência for preenchida. De qualquer modo, essa renovação pedagógica terá contribuído poderosamente para formar a sociedade francesa, profundamente cristã, do reinado de Luís XIV, e para preparar a sua grandeza.

Primeiras tentativas de "Ação Católica": a Companhia do Santíssimo Sacramento

Nesse imenso esforço por dar à fé católica o seu vigor e alcance, padres e religiosos não estão sozinhos. E é este também um dos traços característicos da época. Não estamos em face de um mero movimento eclesiástico. São inúmeros os leigos piedosos, homens ou mulheres, que trabalham no mesmo sentido. O apostolado, a caridade e o ensino suscitam devotamentos muito para além dos quadros do clero, das congregações e das ordens. Chega-se até a suspeitar que sejam os leigos quem conduz tudo, servindo-se de certos homens da Igreja como seus instrumentos.

Esta ação dos leigos, na qual poderíamos ver, sem exagero, as primeiras e longínquas tentativas daquilo que até há pouco tempo chamávamos "Ação Católica", é uma ação múltipla, multiforme e, em muitos pontos, ainda mal conhecida. Para lhe fazer a história, seria preciso estar atento à influência então exercida pelas Congregações Marianas, que os jesuítas fomentaram com base nos seus colégios, ao papel das novas confrarias — numerosíssimas — de Nossa Senhora, do Santíssimo Sacramento, do Sagrado Coração, bem como ao das Ordens Terceiras de São Francisco, de São Domingos e do Carmelo, nessa altura em plena vitalidade. Seria necessário averiguar se as Companhias dos Penitentes — brancas ou negras, cinzentas ou azuis — limitavam a sua atividade a organizar procissões, com cogulas, pelas ruas afora. Conviria investigar até onde foi a irradiação de alguns conventos — tal é o caso de Port-Royal de Paris, entre outros — que parecem ter sido fundados precisamente para servir de centros aos "homens do mundo" desejosos de agir cristãmente. Seria ainda preciso medir a função desempenhada pelo "*général* [administrador] da paróquia"... É uma história que está por escrever.

Conhecemos um pouco melhor o apostolado operário, pelo menos o de *Henry Busch* (1600-1666), simples sapateiro vindo do Luxemburgo, a quem chamavam "o bom Henri" e que, ao mesmo tempo que trabalhava duramente no seu mister, só tinha uma preocupação: encaminhar para o bem os membros da sua corporação, afastá-los da taverna e do vício, levá-los à prática dos sacramentos. Em Paris, o seu êxito foi considerável. Não tardou que gente importante o apoiasse, ajudando-o a passar a mestre na sua arte. E assim nasceram as pias sociedades dos *Irmãos sapateiros*, depois dos *Irmãos alfaiates*, que se desenvolveram muito. Mas há outras obras do mesmo gênero: a dos *Irmãos das obras fortes*, fundada em Dijon pelo bom pároco Bénigne Joly, a do cutileiro Jean Clément, a do capelista Baumais. É um conjunto de iniciativas extremamente curiosas, destinadas a recristianizar o meio a partir do próprio meio, numa perspectiva que faz pensar nos nossos movimentos "especializados", e que estava muito além do seu tempo.

De todas essas iniciativas de apostolado laical, há algumas célebres, hoje perfeitamente conhecidas. Em torno de Vicente de Paulo, vimos já as Damas da Caridade, de ação considerável, e, mais modestamente, grupos de homens. Mas esses homens ou mulheres ainda foram congregados e lançados à ação por um membro do clero, por um santo, ao passo que há outros — a bem dizer, nem sempre são outros — que se lançaram, se reuniram e se organizaram movidos por uma profunda exigência interior. Tal é o caso dos membros dessa *Companhia do Santíssimo Sacramento* que já vimos trabalhar em muitas das encruzilhadas da história católica do século XVII, e cuja influência foi, sem qualquer dúvida, de primeiro plano[34].

Em 1627, Henri de Lévis, duque de Ventadour, par de França, lugar-tenente geral do rei no Languedoc, vice-rei do Canadá, passa por uma dolorosa crise espiritual. Leu Teresa de Ávila e medita todos os dias a *Introdução à vida devota*. Católico profundo, sofre cruelmente com tudo o que vai mal na Igreja. E ocorre-lhe uma ideia extraordinária: se a elite católica da França se unisse numa associação destinada a promover o reino de Cristo, essa associação, mercê das imensas relações dos seus membros, exerceria uma influência profunda, tanto para lançar de novo a semente da fé como para lutar contra os seus inimigos. Confidencia a ideia a três religiosos, o padre Philippe d'Ángoumois, capuchinho, seu diretor espiritual, o padre Condren, segundo superior do Oratório, e o padre Suffren, jesuíta, confessor do rei. Todos o encorajam, e Luís XIII, posto ao par do projeto por um membro da sua corte, aprova-a. Em 1629, Henri de Lévis sacrifica a essa vocação o seu "puríssimo amor conjugal", a sua excelsa mulher, Marie-Liesse, que, para o deixar inteiramente livre, entra no Carmelo de Avinhão. Em 1630, está constituída a Companhia do Santíssimo Sacramento.

Que pretende ela? Adrien Bourdoise respondeu a essa pergunta, no seu conhecido estilo categórico: "Uma vez que tantos padres estão de braços cruzados, é preciso que Deus suscite leigos para fazer o trabalho dos *fainéants* [preguiçosos]". Os *Compagnons du Saint-Sacrement* serão apóstolos. Irão renovar "o espírito dos primeiros cristãos [...] a fim de professar serem Jesus Cristo pela palavra e pela santidade de vida, operando todas as boas obras para a glória de Deus e a salvação do próximo". A companhia é, pois, ao mesmo tempo, pia sociedade e associação militante. Reúne-se às quintas-feiras, dia consagrado ao Santíssimo Sacramento; começa as sessões com determinadas preces e termina-as com uma leitura meditada da Bíblia, da *Imitação de Cristo* ou do *Combate espiritual* de Lourenço Scupoli; impõe aos membros a obrigação de fazer retiros, penitências, visitas a doentes e leprosos, assim como esmolas. Ao mesmo tempo, porém, empenha-se em trabalhar em defesa da causa de Deus.

Com grande rapidez, a companhia cresce. Aos primeiros confrades, de 1630 — Charles d'Andelot, François de Coligny, o conde de Brassac, embaixador da França em Roma, François de Rochechouart, todos eles grandes nomes franceses —, juntam-se outros, vindos da alta nobreza ou da nobreza da magistratura. Vemos entre as suas fileiras Gaston de Renty, que será o diretor da companhia quando Henri de Lévis desaparecer (ainda jovem); e também Jean de Bernières-Louvigny, um santo leigo, René Le Voyer d'Argenson, os dois irmãos Lamoignon, Christian e Guillaume, Lefèvre d'Ormenson, filho de um amigo de Henrique IV, e o duque de Nemours, e o duque de la Melleraye, e o conde de Noailles, e o marquês de Salignac-Fénelon: um "quem é quem" mundano do apostolado e da caridade! No episcopado, a companhia tem amigos ilustres, embora procure não se deixar clericalizar e aceite um número reduzido de padres: Alain de Solminihac, Godeau, Perrochel, Zamet, Abelly são amigos. Todas as cabeças do movimento reformador estão, mais ou menos diretamente, em relações com ela: Vicente de Paulo e Olier, como também o Oratório, por intermédio do padre Condren. E Bossuet é seu membro. "Para empreender todo o bem possível e afastar todo o possível mal", como diz uma circular, os associados são em grande número.

Mas aqui começa algo de estranho. Essa associação, de objetivos tão perfeitamente louváveis, rodeia-se de profundo segredo. Por quê? Antes de mais, certamente, por humildade; ao contrário do *Tartufo*, em quem Molière pretenderá retratá-los, esses homens, verdadeiramente cristãos, não querem alardear as suas virtudes e, quando dão esmola, procuram que a mão esquerda ignore o que faz a direita. Por outro lado, também por considerarem que, para agir eficazmente contra abusos e vícios, mais vale não andar a gritar por cima dos telhados, e é preferível mover discretamente as relações sociais que não faltam a cada um deles. Usam de minuciosas precauções para guardar segredo. Os simples membros não conhecem os nomes dos chefes supremos, mas apenas os dos "oficiais" que os comandam diretamente. As atas de cada reunião são guardadas num cofre, marcado com o nome de um confrade, e ficam em depósito em casa de um outro, a fim de que, por morte do depositário, o precioso objeto seja entregue intacto pela família do morto. Para haver maior segurança de que outros imperativos não venham porventura a contrariar a sua finalidade, são excluídos da companhia "todos os religiosos e padres com votos e submetidos a um geral". E qual é a atitude para com as autoridades civis? Formalmente, a companhia não tem nenhuma base legal, quer civil, quer canônica. Informado pelo *Père Joseph*, Richelieu aprova-a. Já o arcebispo de Paris, Jean-François de Gondi, recusa qualquer aprovação, e Roma, desconfiada, limita-se a fazer chegar palavras amáveis.

Nem por isso a companhia deixa de ter um êxito prodigioso. Afluem adesões, até demais, em detrimento da qualidade e mesmo do segredo. Conquistam-se as províncias: em Marselha, com Gaspard de Simiane; em Grenoble, com Foresta; em Toulouse, com Jean de Garibal; em Caen, com Bernières. Em 1659, um congresso (secreto) reúne em Paris os representantes de todas as companhias das províncias, e de cada uma delas vem um relatório acerca do estado da região. Criam-se seções femininas. Imprudência, no que diz respeito ao segredo... Que número de membros terá atingido a companhia? Não o sabemos exatamente, mas, com toda a certeza, vários milhares, repartidos por cinquenta grupos.

Onde exerce ela a sua ação? Por toda a parte. Em nenhum setor da vida católica renovada se deixam de notar, como em pano de fundo, as silhuetas eficazes dos *Messieurs* da companhia. Vemo-los apoiando Vicente de Paulo nas obras caritativas e nos esforços por reformar o clero. Vemo-los apoiando também Olier, Bourdoise ou São João Eudes. As Confrarias de Caridade, que surgem por toda a França, às claras, quem as sustenta discretamente, com a sua influência e a sua bolsa, são os *Messieurs* da companhia. Financiam missões. Encorajam a iniciativa dos fundadores e fundadoras de escolas e colégios. O *magasin général* [armazém geral], onde se concentram todos os objetos destinados aos pobres, são eles que o organizam. E o movimento de opinião para protestar contra as violências dos ingleses na Irlanda? São eles. E o financiamento das missões dos jesuítas entre os índios hurões e algonquins, dos lazaristas nas Hébridas, nas Órcadas e na Hibérnia? São eles, sempre eles! E as sementes de trigo enviadas aos camponeses arruinados? São eles, ainda. E eles, por fim, as equipes de cirurgiões que operam gratuitamente por toda a parte...

Tudo isso é perfeitamente admirável. Tivesse a companhia ficado por aí, e teria certamente perdurado. Mas havia a outra parte do programa: não bastava promover o bem; importava suprimir o mal. E os *Messieurs* da companhia, que têm braço comprido, trabalham também nesse sentido. Em segredo, decerto, mas até quando? Os padres de maus costumes, os vendedores de amuletos e de outros objetos cabalísticos que montaram o seu próspero negócio à volta de São Sulpício, o açougueiro que vende carne às sextas-feiras, os hortaliceiros que invadem o adro de *Notre-Dame*, os traficantes que esperam as moças à chegada das carruagens que as trazem do interior para lhes oferecerem situações miríficas — toda essa gente, decerto pouco estimável, mas numerosa, não tarda a perceber que alguém lhes lançou no encalço os agentes do rei.

A nobreza turbulenta, que se compraz em duelos, também não vê com melhores olhos que o marquês de Salignac-Fénelon, membro da Companhia do Santíssimo Sacramento, tome a iniciativa de desacreditar esse costume absurdo, comprometendo-se sob juramento a não mais puxar da espada; essa nobreza sente-se humilhada. Os protestantes — a heresia é um dos pesadelos da companhia — descobrem sem nenhum prazer que, cada vez que um dos seus é candidato a uma função pública ou a um cargo importante, a companhia, avisada, trata de afastá-lo. E o mesmo acontece com os operários filiados no *Compagnonnage*[35], que Henry Busch, protegido da companhia, denuncia como blasfemadores, homens de má vida, revolucionários; e eis que os *Compagnons du Devoir* são censurados pela Sorbonne...

Aonde conduzirão esses métodos? Um escritor, membro da companhia e ao mesmo tempo acadêmico, Desmarets de Saint-Sorlin — o mesmo que, em 1656, inicia a famosa "querela dos Antigos e dos Modernos"[36] —, entrega-se a atividades literalmente policiais. Responsabilizam-se os confrades pela fogueira a que é levado o louco e visionário Simon Morin. E não passa muito tempo sem que os jansenistas, que, a princípio, gostavam da intransigência da companhia, entrem em conflito com ela. Todos os suspeitos de jansenismo são excluídos das fileiras da associação e, na questão das "cinco proposições", que veremos mais adiante, a companhia utiliza todo o seu crédito para fazer condenar a seita nascente. Feitas as contas, são muitos inimigos!

É do jansenismo que vão sair os golpes que abaterão a companhia. Em 1660, um antigo pároco de Rouen, suspenso das suas funções por causa da nova seita, contra-ataca numa carta em que revela o segredo da seção de Caen, "o Eremitério". Mazarino, encantado, apodera-se do incidente: não ignora que os *Messieurs* da companhia fizeram muitas vezes pressão sobre a rainha para demiti-lo. Um decreto do Parlamento de Paris, de 13 de dezembro, proíbe toda e qualquer associação que não haja sido autorizada por cartas-patentes do poder real. Não se fala da companhia, mas a visada é ela. Advertida, a sociedade queima três meses antes os seus papéis e declara-se dissolvida.

De fato, porém, continuará a existir por muito tempo, em segredo, ao longo de todo o reinado de Luís XIV e no século XVIII, talvez mesmo depois da Revolução; quando, sob a Restauração, surgir "a Congregação", não serão poucas as semelhanças com a companhia. Oficialmente, os membros cuidarão, como dantes, de "Conselhos caritativos", uma espécie antecipada de Conferência de São Vicente de Paulo; mas permanecerá a sua influência profunda. Acaso será ela, a misteriosa companhia, que estará por detrás dos "Bons Amigos", círculos de *edificação* fundados no Quartier Latin pelo padre Bagot e que progridem? E por detrás da *A.A.* — Associações Apostólicas —, que os jesuítas criarão vinte anos depois? Será também ela que encorajará Boudon a fundar, em 1664, a "Sociedade dos Interesses de Deus"? Tudo o que rodeia a companhia ficou sempre envolto em densas brumas...

Por mais discutíveis que tenham sido alguns dos seus meios de ação; por menos admissível que seja o princípio de uma iniciativa que, ao contrário da nossa Ação Católica, se situava fora da Igreja hierárquica e se recusava a aparecer à luz do dia, não podemos condenar a obra desses homens de escol, desses corações sinceros. Não há dúvida de que o que eles constituíram não foi a *Cabala dos Devotos* de que falam os seus adversários. Contribuíram para o progresso da causa da fé e para a reforma moral. A vida das almas no "grande século" deve-lhes muito.

A vida das almas

É, pois, essa vida das almas o que nos importa agora captar. Até que profundidade desceu a água viva que vimos brotar e correr das mais altas fontes da mística? Uma palavra basta para caracterizar o efeito que ela produziu, uma palavra que o mais escrupuloso historiador não pode deixar de subscrever: renovação, *revival,* como dizem os ingleses. É incontestável. Não há a menor dúvida de que cinquenta anos de esforços — uma vez que tudo começou com o

Concílio de Trento —, a ação enérgica de tantos homens de Deus e a oração de tantas vidas consagradas deram os seus frutos. O tipo médio do cristão, que começara a evoluir no século anterior[37], manifesta-se em caracteres que muitas vezes nos permitem falar de antecedentes e cuja influência nos marca ainda hoje. Quantos usos, quantas devoções, práticas, orações, nos vêm desses tempos de grande fé!

Entendamo-nos: nem tudo é perfeito no rebanho da Igreja. Longe disso. O espetáculo oferecido a *Monsieur Vincent* por Châtillon-des-Dombes ou Folleville da Picardia, certamente não é único, e nem todas as vilas e cidades da França tiveram santos para os reconduzir a Deus. Se os padres, em tantas paróquias, eram tão pouco exemplares, como haviam as ovelhas de ser melhores do que eles? Muito adiantado o século, mesmo quando as missões já tiverem feito o imenso esforço de desbravamento, o povo cristão continuará em muitos lugares enredado nesses grandes vícios, por demais evidentes, que se chamam luxúria, embriaguez, preguiça — coisa que não nos deve espantar. Há até defeitos que atualmente se veem menos (ou terão apenas mudado de aparência?), como por exemplo a superstição. Quantos bispos não têm de lutar contra o comércio de amuletos pretensamente milagrosos, de talismãs "evangélicos", de pós alquímicos e benzidos... Os processos de bruxaria impressionam pelo número: o de Loudun, em 1634, em que pereceu o infeliz Urbain Grandier, é o mais famoso; mas há outros, em Aix, Lille, Louviers, Auxonne, Rouen e alhures. Até em meios muito cultos se aceitam apressadamente milagres, carismas, aparições de toda a espécie. Se a cura de Mlle. Périer pelo toque do *Santo Espinho* em 1656, que transforma Blaise Pascal, tio da menina, é oficialmente reconhecida pela Igreja, outras há que parecem menos admissíveis, mas que não apaixonam menos as multidões. E se as visões de Marie Parigot em 1636 são autênticas, tal como as da Madre Inês — a dominicana que apareceu a Olier —, ou até as de *Marie des Vallées* (1590-1656), possessa, depois santa, conselheira de João Eudes e de Renty[38], muito mais notórias e veneradas são as de Antoinette Bourignon[39]...

Essas verrugas não destroem a realidade profunda da renovação cristã, que se observa, em primeiro lugar, nas suas consequências mais visíveis: a melhora dos costumes. Entre os começos do reinado de Luís XIII e os do reinado de Luís XIV, a diferença é sensível. A violência quase desapareceu. O juramento feito por Salignac-Fénelon de jamais se bater em duelo e a ação de Vicente de Paulo fizeram mais que todos os editos de Richelieu, e prepararam o de 1651, que condenou radicalmente essa prática absurda. A família recuperou a dignidade e voltou a ser cercada de respeito. Será que o sexto e o nono mandamentos passaram a ser mais obedecidos? É de duvidar. Mas, pelo menos, prevalecem a decência e o comportamento externo, desde que o Paço de Rambouillet os declarou "de bom tom". Se nem tudo é perfeito nessa cristandade, a verdade é que se formou uma elite católica — que ultrapassa amplamente aquilo que se entende por elite social — cujos costumes morais foram transformados pela fé e cuja influência será profunda ao longo de todo o século XVII. Imagem dessa transformação é a obra teatral de Corneille, uma dramaturgia das virtudes. Quem nos faz amar a alma cristã da época é Pauline, em *Polyeucte.*

É, pois, a fé que, reanimada, transforma a vida. Quais os indícios dessa mudança? O primeiro é *a frequência dos sacramentos*. Acabou-se com a prática medieval da Comunhão em raras ocasiões. A Companhia de Jesus condenou-a e São Francisco de Sales, na *Introdução à vida devota,* cristalizou essa nova tradição numas regras que hão de governar todo o século: o bom católico comunga duas ou três vezes por mês, ou mesmo todos os domingos, se a graça de Deus o convida a isso e o diretor espiritual o autoriza. As estatísticas, embora pouco numerosas, mostram um aumento muito nítido das comunhões durante os primeiros cinquenta anos do século. Cada vez mais se considera que "a vida cristã não pode subsistir sem a Comunhão frequente". Por outro lado, a prática de certos confessores rigoristas, de não autorizar a Comunhão senão muito tempo depois da confissão, a fim de o penitente se arrepender devidamente; as vivas controvérsias suscitadas pelo livro de Arnauld sobre *A Comunhão frequente*[40]; o crescente costume da Comunhão solene das crianças, que se impõe devido aos lazaristas, às ursulinas e aos padres de Bourdoise; a inovação, depois generalizada por Santa Margarida Maria, da "Comunhão às primeiras sextas-feiras do mês" — são outras tantas provas da profunda reverência que se dedica ao sacramento da Eucaristia.

Ao mesmo tempo que se desenvolve essa prática, e de resto ligado a ela, observa-se o que podemos chamar "o sentido do pecado e da penitência". A Idade Média conhecera-o, intenso e sumário; a conturbada época dos séculos XIV e XV degradara-o; reaparece agora, forte e claro. "Toda a vida cristã deve ser vida de penitência, quer se esteja em penitência, quer não". É Saint-Cyran quem o diz; mas muitos outros excelentes cristãos o pensam, sem que os possamos suspeitar de serem jansenistas. Também neste ponto se estabelece a controvérsia: a que opõe os laxistas aos rigoristas. Há excessos em ambos os campos; mas já é belo que um imenso público cristão se inflame por tais problemas; não se pode assegurar que, propostos em nossos dias, esses problemas suscitassem paixões tão vivas.

Um *Exercício espiritual* anônimo, que se difunde por volta de 1650, aconselha aos cristãos, para de manhã, enquanto se vestem, esta oração: "É o meu pecado, ó meu Deus, que me obriga a esta servidão do vestuário e a tantas outras necessidades do meu corpo. Quando me verei em estado de só em Vós pensar e só a Vós amar?" Esta oração-jaculatória a propósito de camisas pode fazer sorrir, mas não deixa de testemunhar uma exigência penitencial que parece alheia ao nosso tempo.

É incontestável, pois, a presença de uma vida profunda das almas, cuidadosamente alimentada pelo cristão. Sobretudo por meio da leitura piedosa. Podemos dizer que o livro troca em miúdos as lições dos grandes mestres espirituais. Nenhuma época terá visto tantas obras de piedade: esses são os êxitos de livraria do tempo!

Catecismos — é verdade, catecismos! O de Canísio, traduzido em todas as línguas; o de Simon Cerné, intitulado *Pedagogia das famílias cristãs*, e o do padre Gambart, escrito para as Damas da Caridade, e, traduzidos do alemão, os do cônego Volusius e do capuchinho Diniz de Luxemburgo. Livros de Horas, livros de orações: o *Ano cristão*, do padre Suifren; as *Meditações para todos os dias do ano*, de Firmin Raissant, e as *Quaresmas cristãs*, e a *Prática do ano santo*, e os *Exercícios espirituais*, e os *Ofícios breves*... São demasiados para os podermos enumerar.

Também a Bíblia é lida, e não apenas nas traduções de Lefèvre d'Étaples ou dos doutores de Lovaina, mas na de Michel de Marolles (1649), na do padre Amelote, ou naquela que empreendem, em 1657, monsenhor Sacy e seus amigos de Port-Royal. Um aspecto a sublinhar: os *Salmos* estão especialmente em voga. O oratoriano Pierre de Cadenet comenta-os com fervor, e diz-se que o rei Luís XIII os sabe em grande parte de cor, e gosta de repetir, na tradução de Godeau: *Qu'on te bénisse dans les deux, où ta gloire éblouit les yeux, où tu marches sur les étoiles!*

["Sede abençoado nos céus, onde a vossa glória cega os olhos, onde andais sobre as estrelas"; cf. Sl 8].

Pululam as vidas de santos: santos dos primeiros tempos e santos da época bárbara, mas também santos recentes e grandes espirituais. As hagiografias de La Chétardye, as grandes coleções de Daillet e do padre Proust vendem-se aos milhares.

Quanto às obras de meditação religiosa, é quase incrível como estão na moda. Só em francês, a *Imitação de Cristo* tem trinta e duas edições entre 1600 e 1660. Do *Combate espiritual* de Lourenço Scupoli, fazem-se duzentas e cinquenta e quatro edições em cem anos. Os *Exercícios* de Santo Inácio e até obras propriamente místicas, como (em extratos traduzidos) as de Santa Teresa de Ávila e de São João da Cruz, não são menos lidas. A *Introdução à vida devota*, publicada em 1608 e que, em 1656, já está traduzida em dezessete línguas, é, durante trinta ou quarenta anos, o livro mais em voga nos meios socialmente elevados.

Todas essas *Meditações* e *Elevações* exaltam, pois, as almas cristãs e as levam à oração. Bremond insinua até, com uma ponta de malícia, que tais obras as dispensam de qualquer esforço intelectual: "As pessoas fazem suas diante de Deus essas fórmulas sublimes". Surgem em grande número coleções de preces que o fiel pode recitar ou ler. Continua a ser muito usado o *Tesouro*, de Jean de Ferrière, que data de 1583, mas fazem-lhe séria concorrência as *Orações cristãs para todo o gênero de pessoas*, livrinho publicado por Godeau em 1646 e que contém pensamentos muito belos, como por exemplo: "O cristão deve estar sempre em espírito de oração, isto é, em espírito de sacrifício e de homenagem a Deus, em contínua oblação de si mesmo". Ou ainda: "Rezar por meio de Jesus Cristo é submeter o espírito próprio ao dEle. É dar-se a Ele, para agir consoante a Sua vontade e sob a Sua ação".

Reza-se, portanto, sempre, em qualquer circunstância, mesmo ao vestir a camisa, como já vimos e como Tronson repetirá aos alunos de São Sulpício[41]. A oração tenderá a ser sobretudo oração mental, a ponto de alguns espirituais serem contra a oração vocal, pondo-a "em desgraça". Mas o povo cristão permanece fiel a esta última, gosta de rezar o terço, encanta-se com certas orações, tais como o *Lembrai--Vos,* que ganha uma popularidade igual à que tivera no tempo de São Bernardo, ou o *Eis-me aqui, ó bom e dulcíssimo Jesus*, recitado de joelhos diante de um crucifixo, ou as ladainhas, que proliferam tão intensamente que Roma se perturba e põe freio a essa moda.

A *Adoração das Quarenta Horas,* instituída por Antoine de Grenoble em 1527, passa a ser obrigatória em Paris desde 1615. E não são apenas as beneditinas do Santíssimo Sacramento que, encorajadas por Ana de Áustria, praticam a *Adoração perpétua,* outrora iniciada por Santo Antônio Maria Zaccaria: há paróquias em que os leigos se revezam, de hora em hora, para garanti-la. Quanto à Missa, que passa a ser frequentada pela quase totalidade dos fiéis e é seguida por *livros de Missa,* cujo uso começa a difundir-se, é cada vez mais "o centro da religião, o coração da devoção, a alma da piedade", como diz São Francisco de Sales. Esboça-se assim uma verdadeira renovação litúrgica, que irá firmar-se na segunda metade do século.

Ainda com o fim de desenvolver a vida das almas, espalham-se diversos costumes piedosos. O dos *retiros* não é o menos impressionante. Foi introduzido ao mesmo tempo pelos jesuítas e pelos "recoletos", franciscanos de estrita observância, e difunde-se tanto que será preciso construir incessantemente novas casas para os realizar. Em breve todas as cidades importantes as terão, bem como muitíssimas terras pequenas. Em Paris, é muito frequentada a casa de São Lázaro, que custou muito caro a São Vicente de Paulo. São oito ou dez dias de silêncio, recolhimento, meditação, oração. Um diretor fala das coisas do alto e, no fim, cada um faz uma confissão geral e comunga. O bom católico sai de lá renovado.

Depois, regressando à vida cotidiana, esse homem procura manter alta a chama dentro de si, mediante a Comunhão frequente, a participação da adoração perpétua, a entrega a obras de caridade e de muitas outras maneiras. Para se guiar e se conservar em clima de fervor, recorrerá a devoções particulares. O culto aos santos, tão prezado na Idade Média, renasce agora como nos dias de antanho, em que eram invocados a propósito e até a despropósito de tudo. Organizam-se frequentes procissões em honra deste ou daquele santo, como a dos mártires de Montmartre, que arrasta Paris.

Quem mais atrai a devoção é Nossa Senhora. Acaso não é Ela a Advogada, a Medianeira de todas as graças? "Ó Jesus, que viveis em Maria..." — a admirável fórmula beruliana anda em todas as bocas. Toda a Escola Francesa, de Olier a Bourgoing e a João Eudes, descobre e proclama "o abismo da grandeza de Maria". A sua Imaculada Conceição não foi ainda dogmaticamente definida, mas Paulo V em 1617, Gregório XV em 1622 e Alexandre VII em 1661 afirmam-na como uma certeza. Multiplicam-se as "Congregações Marianas", assim como as peregrinações aos santuários dedicados à Virgem. O de Nossa Senhora de Verdelais, perto de Bordeaux, passa por uma hora de apogeu. 15 de agosto é dia santo em toda a Igreja, em honra da Assunção. E o casto Esposo de Maria recebe alguns dos belos raios dessa auréola: o Canadá toma São José por padroeiro.

De todas as devoções, porém, a mais sublime, a mais arrebatadora, a que se impõe à piedade de fiéis cada vez mais numerosos é a devoção ao próprio Cristo, ao Homem-Deus, ao Sacerdote insigne, a um tempo celebrante e vítima do sacrifício, ao Deus presente no Santíssimo Sacramento do altar. Com efeito, a espiritualidade da Escola Francesa — com a sua "metafísica dos santos" de que fala Bremond — está toda ela orientada para Cristo. É Cristo, na sua Paixão, quem Pascal evoca na "noite de fogo", é dEle que diz ter derramado cada uma das gotas do seu sangue por cada pecador. E eis que se inicia o culto que umas obscuras carmelitas de Liège já tinham anunciado e que, em 1670, São João Eudes vai promover: o culto ao Sagrado Coração de Jesus, imagem espiritual e ao mesmo tempo sensível da infinita misericórdia do Salvador[42].

A que resultados concretos conduz essa imensa campanha espiritual? Podemos avaliá-lo valendo-nos de alguns exemplos, vendo viver certos homens, certos grupos, durante esta época.

Consideremos uma vila rural, uma entre mil: por exemplo, Saint-Didier-sur-Rochefort, no cantão de Noirotable, com cerca de duas mil almas repartidas por numerosos lugarejos. Um levantamento levado a cabo entre 1635 e 1640 faz-nos palpar a sua vida religiosa[43]. Fins do século XIV: estado lamentável. Quando Talaru, arcebispo de Lyon, faz a visita pastoral a Saint-Didier e às cinco paróquias vizinhas, só encontra padres concubinários... ou padre nenhum. A segunda metade do século XV e sobretudo o século XVI mostram uma certa renovação, mas, no fim desse período, dá-se um novo declínio. A partir de 1600, que mudança, que transformação! As fundações assinaladas pelo levantamento vão-se multiplicando. As Missas são cada vez mais frequentadas, e celebradas com grande dignidade: há Missas solenes até nos dias de semana. Não deixa de nos causar admiração ver que as matinas e as laudes têm assistência de fiéis, por ocasião de numerosas festas de santos, nomeadamente Santa Ana, Santa Catarina, Santo Antônio do Delfinado e, como é óbvio, a Santíssima Virgem. Essas paróquias renovadas estão a cargo de uma comunidade sacerdotal de sete ou oito padres que vivem e trabalham juntos. Pormenor tocante: são os leigos, os bons camponeses de Saint-Didier, que, em 1631, tomam a iniciativa de pedir ao arcebispo a construção de uma capela num lugar afastado. E a súplica diz, muito justamente, que a celebração da Missa no lugarejo seria um meio fecundo de apostolado. Quase diríamos estar em presença, antecipadamente, de uma dessas "paróquias comunitárias" que hoje admiramos...

Paróquias exemplares, e também figuras exemplares. Vejamos uma delas: *Gaston de Renty*, segundo superior da Companhia do Santíssimo Sacramento. Se a expressão "santo leigo" tem algum sentido, aplica-se a esse homem como a ninguém. Conselheiro de Estado, renuncia a esse título, organiza o seu solar de Bény-Bocage como hospício para tinhosos, faz-se pedreiro, consagra toda a sua fortuna a financiar missões oratorianas e obras de caridade. Claro que todo ele se entrega à ação, sem medida nem limite — e da mesma forma sua mulher. Fala de Deus aos operários, aos camponeses, mas também aos nobres, que catequiza. As suas *Doze regras de vida interior* revelam uma alma forte e humilde, preocupada com a justiça e toda ela oferecida a Jesus Cristo. Quando morre, encontram-lhe sobre a carne, cravado na pele, um cinto de ferro, um crucifixo com pontas aguçadas e, como Pascal, escrito com o seu sangue, o famoso testamento dos "juramentos diante de Deus".

Portanto, uma vila entre mil, um cristão entre mil. Agora, um gesto, também um entre mil, mas que dá um testemunho bem alto, porque é um gesto de rei. Aquele que o faz é precisamente o monarca que dizia ao duque de Saint-Simon (pai do historiador): "Deus só me fez rei para Lhe obedecer e para dar bom exemplo". É Luís XIII, que, por tudo o que nos deixou adivinhar da sua vida interior e por muitos dos seus atos, podemos ter por cristão autêntico e profundo. Durante toda a vida foi devoto de Nossa Senhora. Aos catorze anos, consagrou-se a Nossa Senhora das Virtudes, durante a grande peregrinação de Aubervilliers. Apelou expressamente para Ela em várias ocasiões. Em 1627, no momento em que as suas tropas cercavam La Rochelle, ordenou orações públicas, uma imensa ofensiva de *Ave-Marias;* em 1630, quando esteve a ponto de morrer de uma doença fulminante, implorou por correio especial a sua cura a Nossa Senhora de Loreto; em 1635, quando o reino se viu à beira da catástrofe, fez uma novena à Santíssima Virgem e Corbie foi retomada no último dia da novena. O rei considerou impressionantes todos esses fatos e, em dezembro de 1637, por cartas-patentes, proclamou a sua gratidão à Mãe de Deus. Depois, dirigiu-lhe um supremo apelo. Após vinte anos de casamento, o par real continuava sem filhos e o reino sem herdeiro. Que a Virgem Maria o escutasse! E à súplica régia, devidamente registrada pelo Parlamento, a Medianeira respondeu: Ana de Áustria estava grávida! Ia ter um filho! A 15 de agosto de 1638, estando com as suas tropas em Abbeville, diante de uma capela expressamente retomada ao inimigo, o rei *consagra o reino a Nossa Senhora*. A França será feudo, propriedade, terra, domínio da Rainha dos Céus. Bem podem os embaixadores protestantes irritar-se, e o da Suécia, Hugo van Groot, enviar ao chanceler, Axel Oxenstiern, um relatório que o faz rir... Esse gesto, em plena época de renovação espiritual — sobretudo se pensarmos no papel que nela desempenha a França —, tem o valor de símbolo e conclusão.

Na Europa católica

Ao lado do espetáculo oferecido pela França espiritual durante os sessenta anos que constituem o verdadeiro "grande século das almas", o resto da Europa católica dá a impressão de cinzento, de onde emergem, apesar de tudo, algumas figuras mais nítidas. A situação fora completamente diferente no período anterior, o que precedera imediatamente o Concílio de Trento e o que se lhe seguira. Nesses anos, os países que haviam dado as cartas, de modo aliás diverso, tinham sido a Itália de São Carlos Borromeu e de São Filipe Néri e a Espanha de Santo Inácio, de Santa Teresa e de São João da Cruz. Sensivelmente diferente seria também a situação no período posterior. Mas, durante este meio século, o verdadeiro agente da reforma católica é certamente o reino de São Luís.

Não que as exigências da reforma em outros lugares fossem menos imperiosas do que no país das flores-de-lis. Por toda a parte se observavam sintomas análogos, que mostravam estar o trabalho ainda longe de se ter arrematado. Por toda a parte havia paróquias moribundas, como era a de Châtillon-des-Dombes antes de *Monsieur Vincent*. O absenteísmo, a imoralidade, a ignorância viciavam largas camadas do clero. Por toda a parte se encontravam monges esquecidos dos votos e religiosas francamente mundanas. É que, também por toda a parte, os mesmos efeitos são produzidos pelas mesmas causas. Os decretos tridentinos tinham sido bem acolhidos na maioria dos Estados católicos, mas não podiam oferecer soluções para os problemas que eles próprios haviam ignorado, sobretudo o das nomeações de bispos e abades e o das relações dos senhores leigos com a Igreja. A influência, tão frequentemente desastrosa, dos príncipes sobre a hierarquia eclesiástica era quase em todo o lado tanto ou mais tirânica do que na França. Na Espanha, por exemplo, onde o rei católico dispunha não só das nomeações, mas de um meio terrível de domínio, a Inquisição de Estado, qual seria o alto prelado que se animasse a fazer frente ao monarca, que não se lembrasse do cardeal Carranza, a quem, apesar da púrpura, Filipe II metera na prisão, de onde só sairia para morrer passados dezesseis dias, mesmo a propósito?... Até as ordens mais poderosas tinham de entrar em composição com o poder: foi o caso do preposto geral dos jesuítas, Noyelle, que se viu forçado a apresentar desculpas a Carlos II por se ter permitido, ao ir a Roma, visitar o embaixador da França antes de se apresentar ao representante de Sua Majestade católica.

O peso do poder leigo arrastava, pois, em toda a parte, as consequências que já vimos. Também fora da França havia bispos que eram jovens estudantes, abades quase crianças de peito, e só no tempo de Filipe IV e de Carlos II é que Everard Nitard, cardeal-ministro e jesuíta, se empenhará a fundo em pôr remédio a essa situação na Flandres. Nem mesmo em países de soberanos fracos a Igreja era mais livre: na Polônia, a tirania dos nobres mostrava-se ainda mais pesada e mais incoerente do que a dos reis.

Olhada em si mesma, a situação na França não era muito diferente; mas, no reinado de Luís XIII e de Ana de Áustria, toda a época revela, como vimos superabundantemente, uma prodigiosa eflorescência de santidade atuante, que em vão procuraríamos ver repetida em qualquer outro lugar. Nenhum país pode apresentar uma plêiade de homens excepcionais e inteiramente dedicados a Deus como a teve a pátria de Bérulle, de Vicente de Paulo, de Jean-Jacques Olier, de Francisco Régis, de Pierre Fourier e de João Eudes. A terra dos grandes espirituais, a Espanha, quase não os tem já. Baltazar Álvarez, o jesuíta místico, tem como único herdeiro direto o humilde coadjutor *Santo Afonso Rodríguez* (1531-1616). A vidente franciscana, *Maria d'Agreda* (1602-1665), cuja *Mística Cidade de Deus* conhece um êxito imenso, mas que será condenada pelo Santo Ofício, é evidente que não está no mesmo plano da carmelita sublime que foi Teresa de Ávila. *São José de Cupertino* (1603-1663) é mais famoso pelos seus prodigiosos carismas, ubiquidade e levitações, do que pela sua doutrina rudimentar. Noutros países, o capuchinho inglês *Bento de Canfeld* é, com certeza, admirável, e a sua *Regra de Perfeição* não é indigna de ser comparada ao *Combate Espiritual* de Lourenço Scupoli; mas viveu e atuou principalmente na França, e morreu em 1610, ano da morte do teatino italiano. Quem devemos, pois, mencionar? O padre Pointers, na Flandres? Paolo Segneri, na Itália? Belas e radiosas almas, mas não equiparáveis às maiores. Pregadores, exegetas, teólogos, sim; mas, verdadeiros santos, poucos ou nenhum.

Não quer isto dizer que o fervilhar espiritual que se observa na França não exista fora das suas fronteiras. Em todos os países se encontram almas *in via* [a caminho], almas que são visivelmente chamadas por Deus e lhe obedecem. A vida cristã é intensa em muitos países, não menos que na França: assim acontece na Flandres, notória "terra da Contrarreforma" (a palavra é aqui exata), onde universidades e conventos estão em plena ação; ou no reino da Polônia, já inteiramente católico e trabalhado por um dos mais numerosos cleros da Europa.

As práticas que vimos estabelecer-se na França também se observam fora dela. Na Espanha, ganha terreno a prática da Comunhão frequente. Na Bélgica, organizam-se até "comunhões gerais", ocasião em que os fiéis se abeiram em massa do sacramento (em Bruxelas, algumas vezes mais de dez mil!). Em toda a parte, as confrarias piedosas multiplicam espetaculares procissões pelas ruas: a Espanha tem as de Sevilha; a Flandres, as de Bruges, de Gand, de Furnes; e não são as únicas. As antigas Ordens de Cavalaria — Santiago, Calatrava, Malta, Santo Sepulcro — retomam o antigo vigor. Embora com acento próprio consoante os países, difundem-se por todo o lado as mesmas devoções. Em primeiro lugar, a de Nossa Senhora, a quem se eleva a comovente prece do rosário (em Portugal, rezam-no em público, no meio da rua) e a quem, imitando o rei da França, João Casimiro, rei da Polônia, consagrará o seu reino, e Strich, o martirizado prefeito irlandês, a sua cidade de Limerick; sem falar das peregrinações aos santuários marianos, que atraem multidões (o de Passau, na Áustria, recebe perto de duzentos mil visitantes por ano). E a devoção aos santos, a imensos santos, alguns deles recentes. Por exemplo, em Nápoles, a devoção a São Francisco Xavier, que, canonizado onze anos antes, cura milagrosamente o ilustre pregador padre Mastrilli e passa a ser honrado com uma novena de orações que enche as igrejas. Mas, sobretudo, a devoção a Cristo, ao Deus humanado, por clara influência da Escola Francesa de espiritualidade muito para lá das suas fronteiras. Em 1634, os camponeses bávaros de Oberammergau, salvos da peste, fazem o juramento — que cumprem até hoje — de representar piedosissimamente, de dez em dez anos, a Paixão do Salvador.

O testemunho individual das almas não é menos impressionante. Não vamos dizer que os Blaise Pascal sejam legião; mas por toda a parte se encontram consciências exigentes que descobriram Cristo no seu caminho pessoal e ficaram transformadas pelo face a face com o divino. São demasiado numerosas para as podermos citar. A lista iria desde a arquiduquesa Isabel, regente dos Países-Baixos, que morrerá com o hábito de terciária-franciscana, a Ernest de Hessen, Eduardo da Baviera ou Cristiano de Anhalt, que sacrificou o trono à fé. Mas também poderia ir de Niels Stensen, dinamarquês, que se tornou católico junto ao túmulo de São Pedro, até à extravagante *Cristina da Suécia* (1626-1689), que prefere a conversão ao trono dos Vasas e que narrará o seu estranho destino — não muito edificante — num livro modestamente dedicado... a Deus Pai!

Essa animação espiritual que se nota por toda a parte não se traduz, porém, na abundância de realizações práticas que se vê na França. Não quer isto dizer que, fora do país de Bérulle e de Vicente de Paulo, não haja ninguém que não procure espalhar o autêntico espírito do Concílio de Trento. Bem ao contrário. Um pouco por todo o lado, veem-se bispos firmemente empenhados na reforma e que a ela se entregam de corpo e alma nas suas dioceses. Na Espanha, destacam-se Pascoal de Aragão em Toledo, Marcelo de Moscoso em Segóvia, seu irmão Antônio em Cádis e Málaga, Velarde em Ávila, e, em Valência, A. de Estrada de Manrique, que, já em vida, teve fama de santo. Na Boêmia, a Boêmia desolada pela repressão imperial, os dois arcebispos sucessivos de Praga, Lohélius e Von Harroch, para reanimarem a fé católica, opõem aos métodos de terror os do bom exemplo e da caridade. Na Alemanha, os bispos reformadores têm mais dificuldade em se impor, pois os abusos são profundos e o clima de guerra — a Guerra dos Trinta Anos — não favorece o desenvolvimento das virtudes cristãs. Mas Franz von Wartenberg em Ratisbona, G. de Thurn em Salzburgo, J. C. de Liechtenstein em Chiemsee, H. de Knoringen e depois J. de Freyberg em Augsburgo e J. P. de Schonberg, duque da Francônia, em Mogúncia, fazem o melhor que podem em circunstâncias muitas vezes dificílimas. Os sínodos diocesanos e regionais parecem até ter tido na Alemanha um papel mais importante do que na França, como aliás na Itália, onde, logo a seguir ao concílio, passaram a ser habituais. Prossegue a reforma das ordens religiosas: entre os dominicanos — com o ardente Sebastian Michaelis e o prudente Nicolas Ridolfi —, entre os eremitas de Santo Agostinho, entre os carmelitas. Quanto aos beneditinos, a abadia de Fulda, dirigida por Baltazar von Dernbach, desempenha função análoga à de Saint-Vanne na Lorena e na França. No Luxemburgo belga, Orval é o orgulho dos cistercienses. E crescem por toda a parte os institutos recentes: os capuchinhos e, contra vento e maré, os jesuítas.

Neste resumo, que mostra o impulso tridentino atuante em toda a parte, importa distinguir um homem e uma obra, para lhes prestar justiça (coisa que os católicos de hoje não costumam fazer...) e para os situar no mesmo plano das grandes realizações de Bérulle, de São João Eudes, de São Vicente de Paulo e de Olier. Trata-se do Bem-aventurado Bartolomeu Holzhauser (1613-1658) e dos seus "bartolomitas". Bartolomeu é uma figura nobre e irradiante, alma profundamente mística, e ao mesmo tempo um criador e um organizador.

Nascido em Laugna, perto de Augsburgo, de família muito pobre (o pai, sapateiro e com doze filhos por alimentar), segue estudos graças a diversas iniciativas caridosas e, ainda com o fio na agulha, lá se vai sentar nos bancos da Universidade de Ingolstadt, onde dá boa conta de si. Desde pequenino sonha ser padre. Ordena-se em 1639. E põe imediatamente mãos à obra. Tal como Vicente de Paulo ou Olier, angustia-o o estado em que se encontra o clero. Três amigos partilham da sua preocupação. Decidem viver juntos e juntos trabalhar pela necessária restauração do presbiterado. Antes de tudo, neles próprios, e desse modo pregam com o exemplo. Magnificamente caridosos, dão-se por completo às almas. *O Amor de Deus*, que Bartolomeu acaba de escrever, exprime uma espiritualidade altíssima, mas não menos prática: é uma fusão de Santo Inácio de Loyola e São Francisco de Sales. Para que a pequena equipe se torne um instituto, falta apenas o enquadramento. Logo que lhe é atribuída a colegiada de Tittmoning, surge a *União dos padres seculares em comunidade*.

Padres seculares: não são religiosos nem clérigos regulares; não fazem votos, mas somente uma promessa de estabilidade. As constituições, publicadas apenas quatro anos após a morte do fundador, revelam claramente a insigne originalidade da iniciativa, que não deixa de ter semelhanças com algumas da nossa época. Um pouco à maneira de Adrien Bourdoise, mas num horizonte mais amplo — e com menos fantasia —, lembrando-se das úteis lições da experiência canonical, tão variadas, que, no decorrer dos séculos da Igreja, tinham permitido a padres seculares reforçar pela vida em comum as suas virtudes, Holzhauser concebe o seu empreendimento como meio de dar aos que o seguem as garantias e as oportunidades próprias da vida comunitária, sem no entanto deixarem de estar plenamente empenhados na ação pastoral.

Seus bartolomitas serão párocos ou vigários, mas viverão em pequenas equipes, fraternalmente associados. Ele próprio é pároco de Leogenthal, da diocese de Chiemsee, antes de passar para Bingen sobre o Reno, da diocese de Mogúncia. Os centros que cria compreendem ao mesmo tempo o presbitério comunitário, um seminário para formação dos jovens (que seguem os cursos universitários), uma casa de retiros e, por vezes, um centro de caridade.

A ideia triunfa. Bartolomeu Holzhauser vai em peregrinação de país a país, com o propósito de multiplicar os seus pequenos grupos, e os êxitos são rápidos, quer na Suábia, quer na Westfália, no Tirol ou na Polônia. Não demora que os bartolomitas tenham casa em Roma. No momento em que o fundador morre, prematuramente, o seu jovem instituto conta mais de mil e setecentos membros. E a sua influência ultrapassa os limites da instituição. Quando Laurent Neesen funda na Bélgica o seminário de Malines, entre 1639 e 1679, inspira-se nas ideias de Holzhauser, tanto como nas de Vicente de Paulo e de Olier[44].

A verdade é que, em tudo o que de novo e original se faz na Igreja durante esta época, é bem clara a influência francesa. Vimos Vicente implantar os seus lazaristas em Roma e na Polônia. Nos Países-Baixos, o Oratório faz enormes progressos. Os métodos e os homens de São Sulpício são chamados por diversos países, incluído o Canadá. As terras em que se fala francês, quer seja a Savoia, a Lorena ou o Franco-Condado, são literalmente colônias espirituais da França. É frequentemente pela ação direta e, quase sempre, sob a influência dos mestres de espiritualidade franceses que a igreja da Europa se lança em nova caminhada. Assim sucede com a *missão*, que, relativamente rara fora da França durante este período, terá, após 1660, uma considerável expansão na Itália, na Alemanha, na Espanha, em Portugal, na Polônia. Em Hamburgo, o jesuíta Schacht, que evangelizou as massas e as socorreu com maravilhosa caridade durante vinte cinco anos (1629-1654), é um êmulo de Vicente de Paulo. E a influência do santo vai-se exercer na Espanha sobre Jerônimo López, e em Portugal sobre Antônio Vieira. Essa irradiação far-se-á sentir por muito tempo, mesmo quando o foco original já se tiver amortecido.

Roma no tempo de Bernini

Há, no entanto, um campo em que a preponderância espiritual da França não se faz sentir: o da arte. Aí, é Roma que comanda. Roma, que, desde o Concílio de Trento, se impôs mais do que nunca como a capital da cristandade; Roma, que nesse momento se faz maior, se renova, arranja as ruas e praças, ergue fontanários; Roma, onde se prossegue, numa dramaturgia incessantemente renovada, a celebração da Igreja vitoriosa e rejuvenescida. O impulso de alegria e de força criadora que já víramos imperar no final do século anterior[45], continua agora e vai durar cem anos. A Cidade Eterna, talvez ainda mais que na época do Renascimento, é a capital das artes. É impossível contar os pintores, escultores e arquitetos que, para recolherem as suas augustas lições, ali chegam de toda a Itália e até de todos os países católicos, incluída a França. Essa vitalidade contrasta com um certo obscurecimento em outros campos.

Os papas, seguindo o exemplo de Sisto V e de Paulo V, continuam a mostrar-se zelosos mecenas. É Urbano VIII, que encomenda a Bernini o baldaquino da Basílica de São Pedro, fundido com o bronze do Panteão; é Inocêncio X, que renova São João de Latrão e manda erguer, entre outras, a delicada Santa Inês no Circo Agonal; é o austero Alexandre VII, que gasta somas enormes para concluir o Colégio da Sabedoria, destacar o Panteão e sobretudo dar à Basílica de São Pedro a sublime antecâmara da colunata de Bernini.

Mas não estão sozinhos. Todos os soberanos católicos, desde Luís XIII aos sombrios senhores que fecham a dinastia dos Habsburgos na Espanha, são grandes construtores de igrejas, enquanto, em Viena e na Estíria ou na Alta-Áustria, Leopoldo I prossegue fervorosamente a restauração arquitetural iniciada por Fernando III. O zelo por construir novas igrejas é tão grande que, em Paris, burgueses, operários e estudantes se unem em equipes de voluntários no canteiro de obras de Saint-Jacques do Haut-Pas, e o padre Bérulle, futuro cardeal, trabalha com as próprias mãos, ao lado dos discípulos, na capela oratoriana da rua Saint-Honoré[46].

Semelhante ímpeto na construção da casa do Senhor corresponde autenticamente a um ímpeto de fé, bem mais até do que na época do Renascimento, em que se tinham visto numerosos artistas trabalharem no campo religioso — e que magnífico trabalho! — sem serem êmulos em santidade de um Fra Angélico. Os mestres do século XVII são, na maior parte dos casos, homens de fé e, com frequência, de uma fé admirável. Guerchini assiste diariamente à Missa e passa uma hora em oração antes de se pôr ao trabalho. Bernini comunga duas vezes por semana e faz todos os anos um retiro segundo o método de Santo Inácio de Loyola. Na França, também Callot vai à Missa todos os dias, e Philippe de Champaigne vive de acordo com os princípios ascéticos dos Solitários de Port-Royal. Na Espanha, Murillo pertence à confraria fundada em Sevilha por Manara — o célebre *don Juan*, depois de convertido —, com o fim de recolher os náufragos e prestar assistência aos condenados à morte. O espírito tridentino, o grande ideal de reforma, está vivo na arte de muitos países.

Mas é em Roma que se afirma em toda a sua glória. Tal é o sentido do estilo que vimos nascer a seguir ao concílio, como prolongamento e simultaneamente desmentido da arte da Alta Renascença então no apogeu — o *barroco*[47]. Arte que de modo nenhum é de decadência e desagregação, como por demasiado tempo se afirmou, mas que tem uma estética própria, o seu próprio gênio, a sua significação; arte sensual, se quisermos, ostentatória, amiga dos recursos de efeito e do virtuosismo, da qual se pode discutir o gosto, mas não o poder de criatividade. Nesta época, ao menos em Roma e na Itália, tudo o que brilha está na linha do barroco.

Em arquitetura, triunfa o tipo de igreja de nave única, abobadada em berço, flanqueada por pequenas capelas independentes e precedida de uma fachada monumental cuja relação com o interior nem sempre é evidente. A cúpula, oriunda da arte antiga e de Florença, mas renovada pela de São Pedro, é um assombro! São tantas as que se erguem por todos os bairros da Cidade Eterna que o viajante que ande depois por qualquer parte do mundo, se vir uma cúpula, logo pensará em Roma. As colunas invadem as fachadas, tornam-se seu elemento principal, ocasião de mil jogos de luz e sombra, e nelas vem anichar-se todo um povo de estátuas. As formas ainda austeras do Gesù de Vignola e das igrejas da Companhia deixam-se recobrir pela decoração, e é a partir deste momento que parece justificar-se de certo modo o erro que consiste em falar de "estilo jesuítico" para designar esses conjuntos de frontões sobrecarregados, de cúpulas barrigudas, de colunatas e de esculturas que tudo invadem. As antigas igrejas são modificadas segundo o novo gosto, e o milagre é que o arranjo não produz cacofonia!

Autênticas obras-primas saem das mãos de uma plêiade de arquitetos, entre os quais ocupam os primeiros lugares o "cavaleiro" *Bernini* e seu rival *Borromini*. É o tempo em que a requintada Santa Susana oferece ao vento romano uma fachada tão leve que se diria feita de um panejamento que ondula... Ou em que, na Praça Navona, Santa Inês renova incessantemente a sinfonia das curvas, dos recessos, dos desalinhamentos. Ou em que Santo Inácio preside à disposição de uma praça com todo o ar de cenário. Ou em que o padre Guarini integra as igrejas de Turim em espantosas combinações geométricas. É o tempo em que *Longhena*, lembrando-se das lições de Palladio, eleva em 1632, num local incomparável — à entrada do Grande Canal —, esse monumento que, êmulo de São Marcos e do Palácio dos Doges, assinala Veneza — a *Salute*.

O barroco anda por toda a parte. Irrompe na escultura, agora tão intimamente associada à arquitetura que já não será possível afirmar qual delas determina o edifício. É uma escultura tão embriagada da sua própria virtuosidade que constrange o mármore a identificar-se com o veludo e o cetim, quando não com as nuvens; ou que exige ao ouro, profusamente espalhado pelas superfícies, que dê remate à suntuosidade. Mas não está menos presente na pintura, que conserva o domínio sobre os tetos e os tabiques, reconquista os retábulos e se abre em quadros gigantescos; essa pintura que aprendeu as lições dos Carracci ou dos grandes bolonheses do gênero de Caravaggio, e ainda as do demasiado *dolce* Guido, mas que se renova nas mãos do apaixonado Barbieri, conhecido por *Guerchini* (1590-1666), ou nas de *Domenichino* (1581-1641), de quem São Luís dos Franceses guarda a *Vida de Santa Cecília*, de uma beleza virgiliana.

Será cristã essa arte? Sem sombra de dúvida, por mais que desagrade aos que pretendem só poder sentir emoção religiosa na penumbra da abóbada românica ou sob as ogivas góticas; ou àqueles que a julgam em nome de cânones "clássicos", sem verem quanto de barroco autêntico se mescla ao mais estrito classicismo francês. Exatamente como a arte do Concílio de Trento, de onde procede em linha reta — Émile Mâle provou-o superabundantemente —, é uma arte que exprime as devoções do seu tempo: ao Deus humanado, aos santos, à Virgem, ao Menino Jesus, aos anjos, e que proclama a seu modo as grandes verdades dogmáticas reafirmadas pela Igreja — na capela de São Januário de Nápoles, por exemplo, Domenichino mostra Lutero e Calvino espezinhados por um catolicismo soberbamente jovem. Uma arte, convenhamos, que, dos dois elementos que marcam o processo dialético da experiência cristã, põe mais em foco a *glória* do que a *Cruz*.

Há um homem que parece resumir no seu nome e na sua obra tudo o que o barroco tem simultaneamente de extraordinário, de exaltante e de perigoso: esse *Lorenzo Bernini*, a quem chamavam "o cavaleiro Bernini" (1598-1680), decerto o artista mais célebre e mais feliz deste tempo, tão célebre que Luís XIV e Colbert pensaram confiar-lhe a colunata do Louvre e o papado o nomeia diretor das obras de São Pedro, aquele que completou a Basílica da cristandade. Sensível, homem de fé, dotado de uma imaginação prodigiosa incessantemente renovada, Bernini tão bem desenha para a Praça de Espanha a fascinante fonte, em forma de barca meio naufragada, que ainda hoje ali admiramos, como, para a Praça de São Pedro, o prodigioso conjunto de oitenta pilares e duzentas e oitenta e quatro colunas que a rodeiam com os seus dois braços grandiosos. Prejudica-o a superabundância, mas não esqueçamos que a abundância é também dom do gênio, e não muito difundido, e que, se Bernini cede por vezes à facilidade, há na sua técnica um rigor e uma precisão que são de mestre. E é indubitavelmente um artista autenticamente cristão, o verdadeiro herdeiro dos gênios que se sucederam na fábrica de São Pedro, o homem que, ao longo da vida, tanto elevou (em 1633) o baldaquino de bronze que encima o altar pontifício e que é hoje inseparável da nave majestosa, como animou depois os quatro enormes pilares de Michelangelo, pesados, nus, transformando-os em assombrosos relicários; ou que, substituindo o tira-linhas de arquiteto pelo cinzel de escultor, ergueu a "Cátedra de São Pedro" no fundo do coro, nessa composição de pedra, estuque, ouro e teologia sem igual em toda a terra; e que, finalmente (em 1656), com a antecâmara de esplendor vertical, deu à Basílica a proporção exata dentro da sua incrível majestade. Pode-se não gostar de Bernini, ver nele — e em todos os seus contemporâneos e êmulos — os perigos do barroco: o sensualismo, a inclinação por "fazer obra rica", a fácil virtuosidade. Mas seria colossalmente injusto não reconhecer que, nessa expressão do tempo e da sociedade que o cristianismo vivo formula em qualquer época por meio da arte, é a ele que pertence o primeiro lugar.

Nascido na Itália, o barroco não fica confinado ali. Espalha-se rapidamente. Todos os países que acolheram o espírito da reforma católica vão também admitir essa arte que parece ser a arte de Roma e da Igreja triunfante: é sintomático que as cidadelas do protestantismo, como a Inglaterra, a Suécia e os Países-Baixos, se mostrem totalmente ou quase totalmente impermeáveis à sua influência. Há, pois, um barroco austríaco, um barroco checo (Viena e Praga são cidades barrocas), um barroco português, um barroco espanhol e, mais exuberante ainda, arrebatado por essa "gana" de que fala Keyserling, um barroco da América Latina — deslumbrante. Aliás, também infinitamente variado, visto que a flexibilidade é uma das características desse estilo, que absorve com extrema facilidade os elementos locais, as tradições, o folclore, para com tudo isso compor uma síntese, nova em toda a parte. Desde a Karlskirche de Viena, a abadia de Einsiedeln, na Helvécia, a de São Tiago de Innsbruck, até às igrejas do México ou do Brasil, é maravilhosamente sinuoso o caminho que vai multiplicando as criações, muitas vezes fascinantes, sempre extraordinárias: naves atapetadas de ouro, capelas com ar de relicários — ou às vezes também de "salões de baile", como, em Palermo, a capela com estuques de Serpotta —, e fachadas em que a aparente confusão se resolve em harmonia complexa. E em tudo isso se proclama o poder da Igreja e a glória de Deus.

Há, todavia, um país que resiste à tentação barroca — o mesmo país em que o espírito da reforma católica se afirma em seus traços mais puros e mais belos: a França. Não que o gosto italiano não haja penetrado lá: foi até bem fecundo no tempo de Fontainebleau! Surge às claras na fachada de Saint-Gervais, construída em Paris por Clément Métezeau, bem como na igreja de Saint-Paul-Saint-Louis, obra dos arquitetos jesuítas Dérand e Martellange. E a cúpula da Sorbonne, terminada em 1635 por Max Lemercier, e a do Val-de-Grâce, concluída em 1645 por Mansart, são incontestavelmente romanas. O barroco manifesta-se também na pintura de *Simon Vouet* (1590-1649). Mais ainda: vemos puro barroco em numerosos monumentos religiosos da França. Durante a sua viagem a Paris, Bernini ergueu, no coro do Val-de-Grâce, um baldaquino que é réplica em ponto pequeno do de São Pedro. E quantos retábulos, quantos púlpitos e confessionários não serão, durante muito tempo, em pleno apogeu da Era Clássica, perfeitas páginas de barroco? De resto, a separação entre os dois estilos não é tão radical que não se interpenetrem, ao mesmo tempo que concorrem um com o outro, durante mais de um século. Da colunata da Praça de São Pedro à do Louvre, de Santo André do Quirinal a São Sulpício, as filiações são mais sutis do que se tem dito[48].

No entanto, a arte religiosa francesa permanece profundamente diversa da arte religiosa italiana. Será porque encontra na sua própria tradição nacional, que é a da velha Idade Média, um realismo que a faz parar diante de certas ênfases e, por outro lado, um não sei quê de poesia íntima e saborosa? Será também porque as influências propriamente espirituais da Escola Francesa, tão sensata, tão medida, a levam a uma certa filtragem das importações italianas? Não há dúvida de que os pensadores espirituais sabem que o concílio, ao restaurar o verdadeiro espírito religioso, se absteve de proscrever as magnificências do culto e das imagens. Também eles entendem que convém prestar homenagem a Deus embelezando os seus templos e ajudando os artistas a trabalhar para Ele. As igrejas da França não são menos belas do que as da Itália ou as da Espanha. Alguns desses místicos do "grande século das almas" chegam a interessar-se diretamente pelas coisas da arte. É o caso, por exemplo, de Olier, de quem diz Bremond que, "não contente com ser o poeta da Escola Francesa, gostaria de ter sido também o seu pintor", e cuja influência em Le Brun vai ser considerável. A grande corrente espiritual do tempo é, com toda a certeza, a causa da extraordinária abundância de igrejas e capelas que então se constroem (só em Paris, mais de trinta), assim como da inspiração tantas vezes religiosa dos pintores. Mas a sua influência exerce-se também no sentido de uma arte mais contida, mais submetida às normas da razão e menos abandonada ao delírio.

É uma arte nem jesuítica, nem oratoriana, nem jansenista, mas que resume em si tudo aquilo que, na espiritualidade francesa, havia de mais sincero e de mais exigente. Basta entrar na igreja de São Roque ou em Saint-Paul-Saint-Louis, na capela do Val-de-Grâce ou na da Sorbonne, para experimentar uma viva realidade, que fala menos aos sentidos do que o barroco, mas talvez fale mais à alma. Tem a sua correspondência na pintura: nas grandes obras de Eustache le Sueur (1617-1655), autor da história de São Bruno, nas do realista Georges la Tour (1593-1657) e suas Natividades tão comoventes na sua sutil iluminação indireta, ou, mais tarde, nas do jansenista Philippe de Champaigne e nas esculturas de Sarrazin.

A preponderância italiana não é menos clara na música. Foi em Roma que, logo depois do concílio, viveram *Palestrína* e o seu rival *Vitoria*[49], iniciadores de uma música de igreja que cada vez mais se afastará da antiga polifonia para procurar outros caminhos. Até então, padres e teólogos tinham resistido vivamente a tudo o que pudesse fugir à regra de que só a voz humana é digna de orar a Deus: o instrumento musical parecia-lhes teatral, suspeito de sensualidade e de orgulho. Mas, no fim do século XVI, já é concebido de outra maneira: pensa-se em associá-lo à glorificação de Deus. A partir daí, o seu triunfo é seguro, sobretudo o do instrumento típico de igreja: o órgão, que aparece por todo o lado no início do século XVII. *Giovanni Gabrieli* e o holandês *Sweelinck* são mestres organistas reclamados por toda a gente. À medida que aumenta o número de executantes, descobre-se que o maravilhoso instrumento se diversifica sem cessar, consoante o artista e a região.

E logo se precipita a decadência do canto gregoriano, que já se vinha acentuando. Sob pretexto de o salvar, fazem dele certa "edição mediciana", que guarda somente a sua ossatura sem alma; apesar dos trabalhos de Henri du Mont, esse canto só virá a renascer muito mais tarde. A música de igreja orienta-se em outros sentidos. Para ouvir Frescobaldi executar no órgão de São Pedro as suas famosas *Tocatas, é* frequente juntarem-se vinte mil pessoas.

A voz humana reconcilia-se com o instrumento, e não apenas com o órgão, mas até com a orquestra: o recitativo desposa o texto sagrado, que o instrumento dificilmente sublinha. O oratório, inventado cinquenta anos antes da obra fundada por São Filipe Néri, ordena de forma quase dramática a palavra e a música. O grande nome desta época é

Monteverdi (1567-1643), cuja imensa produção inclui numerosas missas, de inesgotável novidade. Por trás dele, avança o esquadrão dos seus discípulos, Cavalli, Provenzale e, um pouco demais na sua sombra, o seu amigo alemão Heinrich Schutz. Quanto à França, também neste campo bastante reservada em relação à influência italiana, se é certo que adota o órgão (os seus organistas contam-se entre os melhores), a verdade é que mantém um tom mais comedido, muito menos teatral. Vemos um *Gigault*, de requintados Natais — que formará Lulli, Bouzignac e Henri du Mont —, o padre Bourgoing[50] — e o próprio rei Luís XIII. Assim se retoma uma tradição de "cantochão", de autêntica originalidade. Mas, com o reinado pessoal de Luís XIV e a ditadura de Lulli nos domínios da música, tudo mudará e passará a afirmar-se a preponderância italiana.

A viragem de 1660

Sim. A admirável época do "grande século das almas" vai acabar. Não é apenas na música, na arquitetura e na pintura que, por volta de 1660, se anuncia um novo capítulo. Estamos perante uma convergência bem extraordinária. Essa mudança, que se traduz em todos os campos — mesmo na economia —, coincide exatamente com o início do reinado de Luís XIV, o qual, também em termos políticos e morais, marca uma esquina da história. A 8 de março de 1661, após a morte de Mazarino, o rei de vinte e dois anos, que até então parecera não prestar a mínima atenção aos problemas de governo, declara ao conselho a sua vontade de ser, de futuro, "o seu próprio primeiro-ministro". E, com surpresa geral, vai cumprir a sua palavra. Só o perspicaz cardeal dissera matreiramente: "Não o conheceis. Pôr-se-á a caminho um pouco tarde, mas irá mais longe do que qualquer outro..." Abria-se um novo capítulo na história da França e do mundo.

E também um novo capítulo na história da Igreja. Vicente de Paulo morrera em 1660, assim como Luísa de Marillac. Três anos antes, Jean-Jacques Olier. Michel le Nobletz, sete. Cinco anos mais tarde, será a vez de Adrien Bourdoise. A curta vida de Pascal, fulgurante de gênio, termina em 1662. Todos esses desaparecimentos são sinais. Das maiores figuras que conduziram a Igreja no seu admirável esforço de renovação, poucas sobrevivem — é o caso de João Eudes —, e mesmo essas já formularam o essencial da sua mensagem: apenas continuarão o trabalho anterior.

Percebemos por numerosos sintomas que o clima está mudando. O jovem rei, casado um ano antes com sua prima a infanta Maria Teresa (assim haviam decidido as negociações da Paz dos Pireneus), põe-na de parte, joga primeiro um jogo perigoso com a sua outra prima e cunhada Henriqueta da Inglaterra, depois cede à muda paixão de Louise de la Vallière e não deixa passar muito tempo sem que a torne pública e lhe dê filhos. Vai longe a piedade estrita e grave do rei Luís XIII.

A corte imita o régio modelo: à volta do príncipe galante, muitos adultérios vão estalar. Os "libertinos", que tornam a levantar cabeça, não são os únicos a dizer que é preciso gozar a vida e desprezar o resto, invocando Gassendi e Saint-Evremond. Numa sociedade em que os maus exemplos vêm de cima, quantos não estão prontos, como diz o padre Mersenne, a tomar "por comum natureza as suas más inclinações"!

Mas a França não tem o monopólio da desordem. A história da corte do Stuart Carlos II não é mais edificante, nem o são os amores de Carlos Manuel II da Savoia ou os trinta e dois filhos naturais de Filipe IV, "rei católico" da Espanha. De alto a baixo, a sociedade desliza e deslizará por muitos anos no plano moral.

A Igreja deixa-se arrastar por essa corrente. É a época em que Abelly, biógrafo de Vicente de Paulo, escreve a terrível frase: "O sacerdócio perdeu a honra"... Depois de tantos esforços! São muitos os padres que se comportam, se não muito mal, ao menos de modo demasiado profano. É bastante curioso que Inocêncio XI se veja forçado a proibir aos padres que se façam lacaios ou mordomos — e nem sequer é obedecido! O absenteísmo rebrota. Bossuet exclama, falando do clero que conhece: "O mundo, o mundo, o mundo!... Os prazeres, os maus conselhos, os maus exemplos! Salvai-nos, Senhor, salvai-nos!" E, para obrigar os seus cônegos de Condom a cumprir o dever de residência, tem de ameaçá-los com a prisão. Em grande número de religiosos, observa-se a mesma recaída. Os adversários da reforma levantam cabeça na Chaise-Dieu, em Saint-Ouen, em Fécamp, em Cluny, sobretudo em Cluny, onde, em 1642, é nomeado abade o príncipe de Conti, um garoto de treze anos. Não fora por acaso que, muito tempo antes, *Monsieur Vincent* tinha sido afastado do Conselho de Consciência. E surgem casos de bispos e cardeais por diploma que abandonam a murça e se casam. Assim, Henrique de Verneuil, filho de Henrique IV, bispo de Metz; Maurício da Savoia-Nemours, arcebispo de Reims; e, fora da França, Henrique III de Lorena-Guise e o arcebispo Alberto o Piedoso, ex-cardeal de Toledo. Compreende-se que a Companhia do Santíssimo Sacramento, austera guardiã dos costumes, tivesse que dissolver-se. Cada vez se abrem menos colégios e escolas, e o movimento só irá recomeçar muito mais tarde. As almas veem-se minadas por dolorosas crises. A do jansenismo desenvolve-se rapidamente, e desde 1656 as *Provinciais*[51] envenenam as discussões; e está em gestação a crise do quietismo.

A crise das inteligências não é menos grave. Descartes morreu há dez anos: irão os cartesianos permanecer fiéis ao que havia de verdadeiramente cristão na doutrina do mestre? Refugiado em Amsterdam, Spinoza medita a *Ética*, em que Jesus Cristo não será mais que um dos nomes da virtude. O ateísmo progride por outros lados. Em 1656, começa a "querela dos Antigos e dos Modernos", na qual, sob a aparência de discussão literária, o que não tarda a estar em causa é o direito de a razão apreender toda a realidade, prescindindo da Revelação cristã. E a escola literária francesa de 1660, abundante em gênios, interessa-se mais pelas paixões do coração que pelos impulsos da alma. Não deixa de ser significativo que, em 1664, Molière seja autorizado a representar o *Tartufo:* nessa caricatura dos falsos devotos, não será mais ou menos visada a verdadeira devoção?[52]

Diremos que a época que se abre será indigna da que a precedeu? Pareceria demasiado severo afirmar que o tempo de Bossuet e de Fénelon, de Massillon e de Fléchier, de Bourdaloue e de Rancé, de São João Batista de la Salle e de São Grignion de Monfort é uma época de decadência. Não devemos falar, como outros falam, de "asas quebradas". Mas o que é certo é que já não estamos perante esse maravilhoso movimento que ergueu a alma cristã durante mais de meio século, repassado de ímpeto espiritual e juvenil ousadia. As mais altas figuras do tempo que chega serão herdeiras, alunas de Bérulle, de Olier, de Vicente de Paulo, mas não vão infundir na Igreja o sangue novo, tão vivo e generoso, que vimos palpitar nas suas veias. Após a crise e a queda dos começos do novo reinado, não há dúvida de que o esforço será reempreendido e corajosamente continuado. Mas que veremos ao mesmo tempo? A divisão entre católicos: jansenistas contra jesuítas; galicanos contra romanos; Bossuet contra Fénelon; Mabillon contra Rance. E não tardará que surjam, simultâneos, o triunfo da intolerância e o advento do livre-pensamento... Entra o século de Luís XIV. Mas o "grande século das almas" sai... Ao olhar da história, os dois grandes séculos não coincidem[53].

Força dos santos: fraqueza dos homens

Resta fazer uma pergunta: por que tal mudança, tal afrouxamento da seiva espiritual? Por um lado, a resposta é impossível de ser formulada: uma das causas procede dos mesmos insondáveis desígnios da Providência que, depois de ter feito nascer um número extraordinário de santos no começo do século, foi menos magnânima no período seguinte. Mas há também razões humanas, bem humanas, que explicam, em certa medida, a desaceleração e a recaída, e como foi que a prodigiosa chama de vida espiritual que vimos arder tão intensamente não pôde prosseguir e oferecer ao mundo inteiro o fogo de Cristo.

A mais grave dessas razões, por muito que custe dizê-lo, é que, durante os últimos quarenta anos do "grande século das almas", o papado não esteve à altura do seu papel. Logo a seguir ao Concílio de Trento, o que tornara possível que o espírito de renovação começasse a regenerar a alma cristã fora o fato de excelentes papas terem tomado a seu cargo a reforma, convertendo-a em obra autenticamente sua[54]. Não é possível exagerar a importância de um São Pio V, "o papa dos grandes combates"[55]. Mas não há dúvida de que tanto Gregório XIII como o terrível Sisto V, o piedoso Clemente VIII como o rigoroso Paulo V, souberam perfeitamente, embora cada qual a seu modo, continuar a mesma obra. E *Gregório XV* (1621-1623), um ancião de cabelos brancos, conseguiu em dois anos coroar o novo rosto da Igreja com uma consagração que se diria definitiva: foi o papa que fundou a *Propaganda Fide* e que realizou em 1622 a quíntupla canonização...[56]

Como foi possível que, depois dele, tanta coisa tivesse mudado? Como é que, sem serem maus (os escandalosos papas da Renascença nunca mais tornariam!), os soberanos pontífices revelaram tal falta de sintonia com as circunstâncias? Acima de tudo, como explicar que tenham concebido o seu papel de um modo que a época já não aceitava, empenhando-se em continuar a ser príncipes italianos, influentes nas combinações políticas e faustosos no aparato do seu governo, como se as suas obrigações temporais fossem mais importantes que as espirituais?

No entanto, quando, a 12 de agosto de 1623, Mafféo Barberini foi eleito para a Sé de Pedro e tomou o nome de *Urbano VIII* (1623-1644), a opinião pública era-lhe favorável. Até os franceses, inicialmente furiosos com o veto lançado pela Espanha contra o seu candidato, o arcebispo de Milão Frederico Borromeu, até eles aceitaram esse florentino elegante, culto, de bela figura. Tem cinquenta e cinco anos e a sua eleição põe termo à série dos decrépitos[57]. A verdade, porém, é que, sob aparências lisonjeiras, Urbano VIII está longe de equivaler aos seus encanecidos predecessores. É um político, mas um político pouco hábil. As suas intervenções na Guerra dos Trinta Anos levam a Santa Sé a dois passos de um ataque imperial a Roma, e não lhe aumentam a autoridade. Vê-se em dificuldades com Veneza, e com Portugal, cuja nova dinastia, a dinastia de Bragança, se recusa a reconhecer. Pior ainda: envolve-se, como se fosse um papa da época de Alexandre VI, numa guerra sórdida em que a sua família enfrenta os Farnésios a propósito do ducado de Castro. Derrotado, Roma teria sido invadida se não fosse a intervenção do rei da França.

Valerá mais *Inocêncio X* (1644-1655)? Boas intenções não lhe faltam, e são meritórios os esforços que faz por melhorar a organização do governo pontifício (dali sairá mais tarde a Secretaria de Estado, órgão central da administração do Vaticano). Mas é um fraco, e as providências que toma para restabelecer a ordem parecem suspeitas: que interesses guiam esse Panfili? Dois fatos são significativos desse reinado em que se acentua o plano inclinado: um, considerável aos olhos da grande história, é o total afastamento da Santa Sé das conclusões da Paz de Westfália[58]; outro, anedótico, é o de que, quando Inocêncio morre, o seu cadáver permanece ao abandono por três dias, num depósito em que os jardineiros guardavam os utensílios, sem que ninguém se ocupe das exéquias.

Com *Alexandre VII* (1655-1667), dir-se-ia que o papado vai crescer. É tido por homem virtuoso, de retidão e energia manifestas. Quando a peste de 1656 faz 15 mil vítimas em Roma, dá muitas provas de coragem. Não foi culpa sua se, quando ainda cardeal Chigi, não pudera fazer triunfar as teses pontifícias nos Congressos de Westfália. A divisa que adota é recebida com agrado: "Falar pouco e fazer muito", *molto fare, pocco dire*. Letrado, esse sienês canonista e teólogo passa por estar bem assessorado. As suas ideias são acertadas, como a de unir os Estados da Europa para deter os turcos. Bem depressa, porém, a sua autoridade se desfaz. Por culpa dele? Ou das circunstâncias? A França de Mazarino levanta-lhe dificuldades, a propósito de Retz; a França do jovem Luís XIV, outras ainda piores. Cansado de sentir o mundo cristão escorregar-lhe entre os dedos, o papa, que envelhece, mergulha numa solidão entristecida e consola-se das suas decepções escrevendo versos latinos. As suas últimas alegrias hão de ser a canonização de São Francisco de Sales e a condenação dos detratores da Imaculada Conceição. Em outra época, um homem assim teria feito mais.

A miséria desses três pontificados é o *nepotismo*, que beira o escândalo; é como se tivéssemos voltado aos tempos de Sisto IV ou do Papa Bórgia. A bem dizer, salvo raras exceções, o mau hábito jamais desaparecera, durante séculos a fio: cada um dos papas colocava junto de si a família. Depois do concílio, contudo, o mal fora-se atenuando. Geralmente, o pontífice nomeava um dos seus sobrinhos para o governo e outro para o Sacro Colégio, entendendo-se tacitamente que este não lhe sucederia. Os três papas que acabamos de referir rompem com esses cuidados. Sob Urbano VIII, dá-se uma invasão de Barberinis insolentes e ávidos. *Quod non fecerunt Barbari, fecerunt Barberini*[59] — é o brocardo dos homens de letras, enquanto o povo romano cantarola: *Han fatto piu danno / Urbano e nepoti / che Vandali e Gothi / a Roma mia bella, / o Papa gabella*[60]. E é para defender os pretensos direitos dos seus caros sobrinhos que o papa lança as suas tropas sobre Castro, promovendo uma coligação contra ele. Aos Barberini rapaces, Inocêncio X bem que tentou fazê-los vomitar o que tinham comido... Mas seriam melhores os Panfili? Sobre o homem de bem que é o papa, quem exerce uma influência crescente é a sua cunhada Olympia Maidalchini, mulher de boa cabeça e forte em negócios. Graças a ela, seu filho Camilo é feito cardeal. Depois, quando Camilo deita fora a púrpura e se casa, sucede-lhe o sobrinho da dama Olympia, um mocinho de dezessete anos (falsificaram-lhe a certidão de nascimento!). E Alexandre VII, o virtuoso Alexandre, que, ao começar o pontificado, se rodeara de gente qualificada, também ele, pouco a pouco, cede ao nepotismo e chama para seu lado um pelotão de Chigis, aos quais, felizmente, resistem as grandes Congregações romanas e o cardeal Rospigliosi, futuro papa.

Tudo isto causa aflição, e pior seria se esses três fracos pontificados não houvessem sido seguidos por outros bem diferentes, se não se houvesse iniciado com Rospigliosi, feito Clemente IX, uma reação corajosa, depois continuada por Clemente X; e, mais ainda, se não se desenhasse já no horizonte próximo a firme e santa figura de *Inocêncio XI*[61]. Importa, aliás, sublinhar que as fraquezas que a história registra não parecem ter ferido o prestígio do papado no conjunto da opinião católica. Desde que os sucessores de São Pedro tinham conseguido fazer concluir o indispensável concílio e tomado em suas mãos a obra reformadora, os fiéis rodeavam a Santa Sé de grande veneração.

Abundam os testemunhos desse devotamento. Por ocasião do Ano Santo de 1650, acorrem a Roma mais de 700 mil peregrinos, que, meses a fio, aclamam Inocêncio X nas mais diversas circunstâncias. Ainda hoje vemos expressa em pedra essa glória temporal dos papas da época, e não somente naquelas que se empregaram na construção de igrejas. Foi Urbano VIII que deu ao Castelo de Sant'Angelo e a Civita Vecchia o ar de fortaleza que lhes reconhecemos. Foi ele que adornou a Praça de Espanha da requintada *barcaccia*, fonte da barca naufragada. Ele ainda que mandou erguer sobre uma deslumbrante colina o palácio de Castelgandolfo, residência de verão. Inocêncio X imita-o. Sob o seu reinado, a Praça Navona é enriquecida com duas fontes. E essas iniciativas de urbanismo e de esplendor atingem o auge quando, sob Alexandre VII, a Porta del Popolo, aos pés dos terraços do Pincio, se estrutura com as suas magníficas perspectivas, e Bernini cerca com os dois braços da sua colunata a Praça de São Pedro, átrio da cristandade ou antecâmara de um soberano...

Será chocante todo esse fausto? Lembramo-nos de Vicente de Paulo e dos pobres que recebia à sua mesa; pensamos em Francisco Régis, cujo almoço era uma simples maçã. Misérias e santidade. Mas tal era o clima do tempo e o novo rosto da Igreja posterior ao Concílio de Trento, um rosto que se desejava fosse glorioso, vitorioso, símbolo da autoridade e majestade que os pontífices tinham reencontrado. De resto, seria injusto ignorar os esforços que esses papas fizeram por prosseguir a reforma e ajudar aqueles que a punham em prática: Urbano VIII, que lança a obra da *Propaganda*, manda corrigir o Breviário, o Ritual e o Martirológio, ajuda com todas as forças os bispos reformadores, interessa-se pelos progressos do Oratório, põe São Sulpício sob a sua dependência direta; Inocêncio X, que patrocina os pregadores populares, segue de perto o trabalho de João Eudes e de Bartolomeu Holzhauser, e dá o seu apoio às fundações recentes; Alexandre VII, que conta entre os seus títulos de glória o de ter trazido para Roma os lazaristas e imposto a todos os futuros padres um retiro dirigido pelos *Messieurs* da missão. Tudo isso é alguma coisa, mas não deixa de ser fragmentário. Não há dúvida de que esses três papas viram as coisas com justeza e fizeram o que lhes foi possível para continuar a obra indispensável. Mas não ficamos com a impressão de que hajam querido dominar as dificuldades com todas as forças ou assumido plenamente a responsabilidade da reforma. Nas mesmas circunstâncias, um São Gregório VII ou um São Pio V teriam sido bem diferentes.

É por isso que, ao dar-se a viragem de 1660, são muitos os problemas à espera de solução, e não tanto por não terem sido vistos, mas antes porque os papas, os únicos com a suficiente autoridade para impor soluções, não tiveram essa vontade. Nada ou pouco foi feito para pôr fim ao sistema dos benefícios, à comenda, à influência, tantas vezes desastrosa, dos poderes laicos sobre as nomeações. E como é que tudo isso teria sido possível, quando as próprias eleições do sumo pontífice dependiam de negociações políticas e resultavam da rivalidade dos poderes de veto?..., quando a própria Cúria romana dava exemplo do mais escandaloso nepotismo? Outra grave dificuldade nem sequer foi abordada: o antagonismo entre seculares e regulares, as desavenças mais que frequentes entre as ordens religiosas de todos os hábitos e os bispos. A infinidade de processos judiciais entre todos esses diversos membros do clero tem algo de embaraçante. E demasiadas vezes a autoridade pontifícia, em vez de pôr fim às querelas, atira uns contra os outros, até mesmo regulares contra a autoridade diocesana: jogo perigoso, que vai influir no desenrolar das grandes crises doutrinais, sobretudo a do jansenismo e a do galicanismo. Anarquia, portanto, em ambos os casos, e singularmente prejudicial à Igreja. É essa anarquia que explica o fracasso parcial da reforma, ou, pelo menos, a lentidão com que as novas ideias conquistam todo o terreno.

Mas essa semi-carência arrasta consigo outras consequências infelizes, em todos os domínios. Acabamos de evocar a crise doutrinal do jansenismo. Não podemos afirmar que os papas deste período não tenham procurado detê-la. Vemos Urbano VIII condenar o *Augustinus*, Inocêncio X pronunciar-se acerca das "cinco proposições", Alexandre VII confirmar a condenação feita pelo seu predecessor e incluir no *Index* as *Provinciais*[62]. Mas terão bastado essas medidas coercivas? Não teria sido preciso opor aos erros algo diferente das condenações, promover uma formulação clara da autêntica doutrina católica? Isso não foi feito, e a questão jansenista vai ser, anos a fio, uma espécie de câncer roendo o Corpo Místico.

Outra deficiência, de natureza parecida. À crise do espírito[63], que começa visivelmente e se vai desenvolver com toda a rapidez, que se opõe afinal? A condenação de Galileu sob o pontificado de Urbano VIII. Talvez seja pouco. Não há, durante esses três pontificados, nenhuma grande encíclica em que se note que a Igreja procura pensar o mundo em gestação e achar soluções para os problemas que angustiam os homens — o que haverão de fazer com perfeição os papas do século XX. Não parece que o papado tenha perdido apenas no plano político a "direção do mundo", como diz o padre Mourret.

Mas também no plano político, e é aí que vão surgir bem cedo as dificuldades mais graves. Porque a verdade é que, enquanto se desenrolam os episódios da sublime luta conduzida pelos grandes espirituais e pelos santos, o panorama terrestre transforma-se rapidamente. O problema do equilíbrio entre católicos e protestantes, que não se soube resolver por meio de uma firme doçura, aproveitando o incontestável desentendimento reinante no campo "reformado" no princípio do século[64], vai resolvê-lo a força, em Münster e em Osnabrück, consagrando um equilíbrio em que a Igreja Católica nada tem a ganhar. Um Paulo V não teria lançado mão de outra "Liga Católica"? Papas mais fortes não teriam feito tudo para impedir a luta de um cardeal francês contra os católicos do imperador? É a Europa das nacionalidades que avança — e também aí a Igreja nada tem a ganhar.

E, com a Europa das nacionalidades, avança a Europa dos absolutismos, que se instalam por todo o lado, e não apenas na França, onde o jovem rei vai erigir em sistema os princípios que Richelieu lhe legou. E tão autoritários como eles são os senhores da Europa: da Espanha, da Inglaterra e de numerosos pequenos Estados italianos. Essa dupla evolução do mundo para o nacionalismo e o absolutismo conclui a destruição da cristandade, o endurecimento dos grupos católicos em entidades fechadas em si mesmas e frequentemente inimigas umas das outras, com as quais a Igreja vai ter muitas vezes de se compor; e finalmente, o abandono de qualquer princípio de uma política cristã: Luís XIV, "Rei Cristianíssimo", vai aliar-se ao Grão-Turco.

Os santos podem iluminar o seu tempo, mas, só por si, não podem trazê-lo todo para a luz. Temos de contar com a fraqueza dos homens e com a sua mediocridade.

Notas

[1] A França teve durante esse período vinte e sete santos ou santas, beatos ou beatas. E quantos outros mereceriam também ser elevados aos altares!

[2] Cf. vol. V, cap. V, par. *A renovação do clero regular continua.*

[3] O padre Louis Lallemand (1588-1635), jesuíta, mestre de noviços em Rouen, e depois instrutor do "terceiro ano", foi uma alta figura de místico, cuja *Doctrine spirituelle* entusiasmou Bremond. Não se deve confundi-lo com os numerosos padres Lallemant, Lalemand ou Lalemant que, também no século XVII, pertenceram à Companhia de Jesus: Charles Lallemant (1587-1607) e seu irmão Jérôme (1593-1610), ambos missionários no Canadá; Jacques Lallemant (1660-1748), que passou a vida a lutar contra o jansenismo; São Gabriel Lalemant, mártir no Canadá (cf. vol. VII, cap. I). Houve até um padre Lallemand que escreveu uma comédia intitulada *Les Moines.* (Note-se que, como era frequente na época, a ortografia do nome era muito variável).

[4] Expressão que foi lançada por Bremond e se tornou usual.

[5] Sobre Francisco de Sales, cf. vol. V, cap. V, par. *Uma figura que encarna uma época: São Francisco de Sales.*

[6] Cf. vol. V, cap. V, par. *Um ideal para o clero: Pierre de Bérulle.*

[7] Cf. neste capítulo o par. *O santo dos seminários normandos: São João Eudes.*

[8] Para o culto ao Coração de Jesus, cf. neste volume o cap. V, par. *Do declínio dos místicos ao culto do Sagrado Coração.*

[9] Assim é muitas vezes designado o célebre conselheiro de Richelieu, contrapondo o cinzento do seu hábito à púrpura do cardeal, ao mesmo tempo que se acentua a importância do seu papel político (N. do T.).

[10] Expressão utilizada, especialmente nesta época, para designar tudo o que diz respeito a São Francisco de Assis e à sua Ordem dos Frades Menores (franciscanos). O próprio fundador é frequentemente chamado o "Serafim de Assis" (N. do T.).

[11] Cf. neste volume o cap. VI.

[12] Cf. vol. V, cap. II, par. *O Concilio de Trento e a reforma disciplinar.*

[13] "Depois que ficou cego, saudava as damas mais do que paternalmente — diz um contemporâneo — medindo-lhes o rosto com as mãos, para contá-lo aos cônegos que o rodeavam..." Note-se, no entanto, que trabalhou na reforma da sua diocese. Sucedeu-lhe o sobrinho, Louis d'Estaing, que foi um bispo digno e reformador.

[14] Cf. a obra de Broutin, referida nas notas bibliográficas.

[15] Sobre São Carlos Borromeu, cf. vol. V, cap. II, par. *Bispos reformadores: São Carlos Borromeu.*

[16] Para São Francisco de Sales, cf. vol. V, cap. V, par. *Uma figura que encarna uma época: São Francisco de Sales.*

[17] Pormenor curioso: a influência desses grandes prelados vai manifestar-se até no onomástico. Na diocese de Coutances, aparecem inúmeros *Charles-François* e *Léonor*, por causa dos bispos Léonor de Matignon e Charles-François Loménie de Brienne.

[18] "Porção côngrua" quer dizer "porção suficiente", tradução exata da fórmula atual "salário mínimo". Aliás, o sistema então vigente protegia unicamente os párocos, não os coadjutores nomeados por eles.

[19] Como é que um clero nessas condições podia impor-se aos seus fiéis? O ambiente de fazer dó que se observava nas igrejas refletia essas deficiências do clero. Em quantos lugares se celebravam os ofícios sem a menor dignidade! É preciso dar-se conta disso para compreender a insistência da Companhia do Santíssimo Sacramento e de São João Eudes em exaltar o "sacramento do altar". Aqui, mulheres decotadas apoiavam-se no altar durante o sacrifício; acolá, mendigos estendiam a mão até no recinto sagrado; mais adiante, crianças levadas à Missa divertiam-se com os seus jogos, e os latidos de cachorros cobriam a voz dos pregadores. Os párocos achavam tudo isso muito natural: quando Alain de Solminihac inspecionou certa igreja numa visita pastoral, lançou-se sobre um padre que cozinhava em pleno presbitério!

[20] Sobre o papel de Bérulle e Bourdoise como reformadores do clero, cf. vol. V, cap. V, par. *Um ideal para o clero: Pierre de Bérulle.*

[21] A obra de Grandet foi escrita por volta de 1690 e publicada em resumo muito mais tarde por Letourneau: *Histoire des saints prêtres français au XVIIe siècle*, Paris, 1897.

[22] De início, designada por *Compagnie de Jésus et de Marie.* A mudança de nome tornou mais sensível o vínculo com a espiritualidade própria do fundador, apóstolo do culto ao Sagrado Coração.

[23] Muito provavelmente por causa do seu relacionamento com a estranha personagem que foi Marie des Vallées. E também devido aos inúmeros panfletos enviados a Roma pelos jansenistas, de quem foi implacável adversário.

[24] Jean-Jacques Olier nasceu, em Paris, a 20 de setembro de 1608. O incidente passou-se nos começos de 1629. A loja de Marie Rousseau estava situada na rue des Canettes.

[25] Trata-se de uma abadia fantasiada por Rabelais no seu *Gargântua* (N. do T.).

[26] Como é óbvio, não mencionamos aqui aquelas que não precisavam dessa viragem, como, por exemplo, a *Visitação*. A grande fundação de São Francisco de Sales e de Santa Joana de Chantal (1610) não deixou, depois da morte de ambos, de dar exemplo de virtudes no estado de oração em que se fixara, renunciando à atividade exterior.

[27] Era a preferida de Luís XIV jovem (N. do T.).

[28] Embora favorito de Luís XIII, o marquês de Cinq-Mars foi executado por ter pedido o auxílio da Espanha contra Richelieu (1620-1642) (N. do T.).

[29] A Liga ou Santa Liga foi a coligação de nobres franceses católicos unidos contra a dinastia dos Valois e os huguenotes. Cf. vol. V, cap. III, par. *Henrique III e a Santa Liga* (N. do T.).

[30] Marie Madeleine d'Aubray, marquesa de Brinvilliers, executada em 1676, foi uma das principais responsáveis por uma série de envenenamentos verificados em Paris entre 1670 e 1680 (N. do T.).

[31] Designação comum a vários dialetos franceses, como, entre outros, o picardo e o normando (N. do T.).

[32] A importância dada às missões pelos católicos do século XVII explica, em certa medida, que eles se tenham interessado menos pela fundação dos seminários, que lhes parecia um elemento complementar da missão. (Em Coutances, a rua que leva ao antigo seminário ainda hoje se chama Rua da Missão).

[33] Cf. neste volume o cap. I, par. *"Caritas Christi urget nos"*.

[34] Só em 1900 se tornou conhecida a história da Companhia do Santíssimo Sacramento, de tal modo o segredo estava bem guardado. Dom Beauchet-Filleau, beneditino, decidiu publicar o manuscrito 14.489 do fundo francês da Biblioteca Nacional, intitulado *Annales de la Compagnie du Saint-Sacrement par le comte Marie-René Le Voyer d'Argenson*. Desde então, têm-se multiplicado obras sobre ela, quer contra, quer a favor (cf. as notas bibliográficas deste volume).

[35] O *Compagnonnage* — que não devemos confundir com a corporação cujas origens remontam à Idade Média, era, no princípio do século XVII, uma associação de trabalhadores que tinha como principal finalidade a ajuda mútua na formação profissional e na procura de trabalho. Os jovens da organização faziam a famosa "Volta à França", durante a qual se aperfeiçoavam no seu mister. Por vezes, esses *Compagnons*, também conhecidos por *Compagnons du Devoir*, interditavam os "mestres" que fossem duros e injustos. E alguns dos seus chefes, os "mestres *Jacques*" e os "mestres *Soubise*", talvez tenham exercido uma ação oculta, que pode mesmo ter sido temível, sem no entanto deverem ser acusados de procedimentos imorais e anti-cristãos. Quando muito, certas cerimônias que praticavam, mal imitadas da Missa, podem ter tido aspectos mais ou menos sacrílegos. A condenação pela Sorbonne não levou ao desaparecimento do *Compagnonnage*, que passou à clandestinidade. Alguns dos seus membros podem ter-se desviado para a franco-maçonaria no século seguinte, mas não a maioria nem nada de parecido. Acerca do *Compagnonnage*, cf. a obra coletiva *Présences*, com prefácio de Raoul Dautry, Paris, 1951.

[36] Discussão entre escolas literárias que se estendeu de fins do século XVII a meados do XVIII; os "antigos", chefiados por Nicolas Boileau (1636-1711), Racine e Corneille, defendiam a excelência da *Ilíada* e da *Odisseia* e das regras aristotélicas para o teatro, e os "modernos", chefiados por Desmarets, François Le Mettel de Boisrobert e sobretudo Charles Perrault (1628-1703), defendiam a superioridade das obras contemporâneas (N. do T.).

[37] Cf. vol. V, cap. II, par. *Uma nova Igreja ou um novo perfil?*

38 Cf. Émile Dermenghem, *La vie admirable et les révélations de Marie des Vallées*, Paris, 1926, enquanto não sai a grande obra há anos preparada pelo pe. Du Chesnay, arquivista dos eudistas.

39 Pseudo-mística (1616-1680) cujas "visões" foram narradas em 19 volumes (!) por Pierre Poiret. Contudo, Antoinette Bourignon teve opiniões acertadas sobre numerosos problemas, designadamente quanto à influência de Descartes e ao perigo da "filosofia".

40 Cf. neste volume o cap. VI, par. *A hora do Grande Arnauld.*

41 Tronson chega a recomendar aos seminaristas que cada um "beije a sua santa tonsura antes de se deitar", gesto que nos pareceria exigir uma espantosa acrobacia se a moda das cabeleiras postiças não o tornasse bem fácil...

42 Cf. neste volume o cap. V, par. *Do declínio dos místicos ao culto do Sagrado Coração.*

43 Esse levantamento inédito foi estudado pelo padre Épinat, encarregado do curso de geografia nas Faculdades Católicas de Lyon, que teve a generosa ideia de nos oferecer o resumo dos seus trabalhos. Mas outros documentos oferecem a mesma impressão, como por exemplo a *Histoire de Montmélian* (uma vilazinha da Savoia) do padre Bernard.

44 A congregação dos bartolomitas extinguir-se-á em 1770, com a morte do seu último superior, que a tinha deixado declinar. Mas a sua influência estendeu-se por muito tempo, mesmo fora da Alemanha. Por volta de 1860, o famoso bispo de Orléans, monsenhor Dupanloup, tentará ressuscitar a obra de Holzhauser. Ainda hoje, a *Unio Apostolica,* fundada em 1862 pelo cônego Lebeurrier, se inspira nele e se esforça por obter a sua canonização.

45 Cf. vol. V, cap. V, par. *A chamada arte barroca.*

46 É atualmente o Templo — protestante — do Oratório.

47 Sobre as origens do barroco e o sentido da palavra, cf. vol. V, cap. V, par. *A chamada arte barroca.*

48 Cf. o livro, tão rico em ideias, que Victor L. Tapié publicou sob o título de *Baroque et classicisme*, Paris.

49 Cf. vol. V, cap. II, par. *No espelho da arte.*

50 Homônimo e confrade do oratoriano, cuja influência, na esteira de Bérulle, foi grande na Escola Francesa.

51 Cf. neste volume o cap. VI, par. *Blaise Pascal e as "Provinciais"*.

52 Embora Tartufo seja menos um falso devoto que um devoto falso.

53 É preciso notar que é normal que se dê certa disparidade cronológica quando se operam profundas mudanças numa sociedade. Praticamente, é só a partir de 1700 que a maioria do clero começará a tirar proveito da formação dos seminários. É por volta de 1730 que esses sacerdotes mais bem formados passarão a informar o conjunto do clero francês com as virtudes que, três quartos de século antes, *Monsieur Vincent* e Olier ensinavam aos seus discípulos. Mas o que há de melhor nos cristãos do tempo de Luís XIV (cf. neste volume o cap. V) deve-se certamente às lições e aos exemplos dos santos e dos altos mestres espirituais do "grande século das almas".

54 Cf., sobre estes papas, o vol. V, caps. II, par. *São Pio V põe em prática o concílio* e V, par. *Os papas da restauração católica.*

[55] Expressão do cardeal Grente, no título da sua obra sobre *São Pio V* (Paris, 1956).

[56] Cf. vol. V, cap. V, pars. *Os papas da restauração católica* e *Glória da Igreja em 1622*.

[57] Tendo sobrevivido a todos os cardeais que o elegeram, Urbano VIII mandou cunhar uma medalha para comemorar o fato, realmente único!

[58] Cf. neste volume o cap. III, par. *Os Tratados de Westfália*.

[59] "O que não fizeram os bárbaros, fizeram-no os Barberini".

[60] "Fizeram mais mal / Urbano e os sobrinhos / que vândalos e godos / a Roma minha bela, / ó papa das taxas!"

[61] Cf. neste volume o cap. V, par. *Esforços e dores do papado*.

[62] Cf., sobre o jansenismo, neste volume o cap. VI.

[63] Cf. vol. VII, cap. I.

[64] Cf. vol. VII, cap. III.

III. Quando a Europa muda de bases

Um tempo de mutação

A primeira metade do século XVII, que vimos constituir uma época admirável de exaltação espiritual, apresenta no plano temporal um aspecto bem diferente. Chega a ser impressionante o contraste entre a pureza, a caridade, a irradiante luz dos santos, e as atrocidades, as violências, as trevas sangrentas que a política oferece como espetáculo horrendo. De um lado, Vicente de Paulo, seus amigos, seus êmulos; do outro, os bandos de mercenários incendiando, matando, pilhando, reduzindo a deserto províncias inteiras. O "grande século das almas" é também uma época de miséria e de sofrimento, porque é tempo de profundas mudanças.

Como é óbvio, a Igreja sofre os contra-golpes dos acontecimentos. Se é certo que, para ela, num determinado plano, a única história que conta é a da vida interior — a história das almas, sempre nova, sempre recomeçada —, também é certo que, como organização humana que é, não se pode desinteressar da história dos povos que a compõem nem dos Estados com os quais tem de manter relações. É na França devastada por derrotas militares e depois pela Fronda, ou na Alemanha, arquejante sob a férula dos homens de armas, que São Vicente de Paulo, São João Eudes, Olier ou Bartolomeu Holzhauser têm de cumprir a sua tarefa. Mas pode-se perguntar se os acontecimentos políticos não porão em causa a própria ação da Igreja, os seus direitos e princípios, as suas possibilidades de estar presente e atuante no mundo em formação.

A crise política que irá dilacerar novamente a Europa é, em larga medida, continuação e consequência das do período anterior. No momento em que se fecha o século XVI e em que o seu sucessor começa a afirmar-se — isto é, conforme a regra habitual, entre os anos 15 e 20 do novo século —, qual é a situação do Ocidente cristão? Aparentemente, estabeleceu-se um equilíbrio entre os dois blocos adversários, sobre o pano de fundo de uma partilha geográfica. Para além de uma linha correspondente, mais ou menos, ao traçado do *limes* romano, terras protestantes; para aquém, terras católicas. Na realidade, não é tão simples como isso. Na zona luterana, há enclaves católicos: a Westfália, a Polônia. Na zona católica, o calvinismo está solidamente instalado em numerosos pontos. Quanto às regiões mais disputadas, prevaleceu também, de maneira mais precisa, a solução da partilha: é a que a Paz de Augsburgo ofereceu à Alemanha, a que a Espanha teve de aceitar nos Países-Baixos, e ainda a dos cantões suíços. Qual o valor dessa compartimentação? Poderá assegurar a paz?

A paz... Só o cansaço geral a garante; ou seja, o tempo e o esquecimento trabalham contra ela. Nenhum dos dois campos admite como definitiva a renúncia a territórios outrora possuídos ou recentemente desejados. Os príncipes luteranos, para quem a adesão ao credo de Wittenberg fora tão vantajosa, sonham com a secularização de belos domínios eclesiásticos. O calvinismo visa a universalidade. Do lado católico, já não se está na fase das moratórias e dos recuos. Desencadeou-se uma contraofensiva em todos os setores: no plano apostólico, com São Pedro Canísio e os jesuítas de Douai; no da polêmica, com Belarmino e Barônio. Mas também no plano político, porque entraram em ação forças propriamente políticas, e foi considerável o papel de um Fernando da Áustria, de um Maximiliano da Baviera, dos arcebispos de Colônia, de André II Bathory na Polônia, no sentido de restituir alguns Estados à fé católica[1]. Ir-se-á abandonar todo esse esforço, o único a merecer verdadeiramente o título usual de Contrarreforma? Para que o conflito estale só falta, pois, a ocasião. Surgirá porventura nos Países-Baixos, onde o autoritário ministro de Filipe IV da Espanha, Olivares, não aceita a partilha que tornou independentes as províncias do Norte? Ou na Boêmia, onde as ambições protestantes se chocam frontalmente com a Contrarreforma? Em 1620, a guerra está em marcha nos dois terrenos.

Será então uma guerra religiosa, herdeira daquelas que ensanguentaram tantos países da Europa em consequência da revolução protestante? Não unicamente. Favorecidas pelo novo conflito religioso, vão-se dar profundas transformações. A Europa vai mudar de rosto e tomar o aspecto que, *grosso modo*, conservará por perto de duzentos anos. A relação de forças entre os Estados europeus está em vias de modificar-se rapidamente. O período precedente foi marcado por um incontestável apagamento da França, provocado em grande medida pelas guerras de religião. Mas, desde que Henrique IV pôs termo ao drama, o reino reergueu-se admiravelmente. Num território que mal abarcava quatro quintos da França atual, contava perto de quinze milhões de habitantes. Sully mostrou-lhe e demonstrou-lhe as suas possibilidades, e a sua fortuna é a primeira da Europa. Basta que um homem forte ponha fim às perturbações internas e restitua à coroa o prestígio perdido para que o reino da flor-de-lis deixe de resignar-se a não ocupar o lugar que entende dever caber-lhe no concerto europeu: o primeiro.

Como durante todo este período a Inglaterra passará por um eclipse quase total, ocupada como está em resolver trabalhosamente difíceis problemas internos, levanta-se diante da França um só rival: os Habsburgos, que procuram fazer-lhe frente e continuam a pensar na monarquia universal que Carlos V lhes inspirou. Menos poderosos desde que os seus domínios foram repartidos entre duas Coroas, nem por isso são menos ambiciosos e temíveis. Em Madri, Filipe IV (1621-1665) aguenta briosamente o luto da Invencível Armada, certo de reinar sobre "vinte vezes o Império de Roma". Em Viena, seu primo Fernando II conserva a nostalgia do Sacro Império Romano-Germânico de outrora. No entanto, há secretas fraquezas ocultas sob tão altivas fachadas. Ao Habsburgo de Viena, basta-lhe pôr um pouco o ouvido à escuta para logo sentir que o seu vasto edifício estala por toda a parte; e não pode ignorar que a coroa imperial que usa na Alemanha ainda é, certamente, um título muito prestigioso, mas sem autoridade eficaz. A própria Espanha transpôs o ponto de apogeu e entrou em declínio. O seu Século de Ouro ficou para trás. O afluxo do metal precioso e a inflação que provocou levaram o seu povo a desaprender de trabalhar. E a expulsão de numerosos mouriscos minou-lhe a economia. A sua população diminui: nove milhões de almas em 1550, seis milhões em 1650. "Quando a Espanha se mexe, a terra treme", diz o orgulhoso provérbio. Mas por quanto tempo isso continuará a ser verdade?

Às causas religiosas do conflito, vão-se misturar inextricavelmente as causas políticas. Recomeça o velho duelo que, desde há mais de um século, opõe os Habsburgos à Casa da França. Luta de uns e outros pela preponderância. Nesse confronto, qual vai ser a atitude da Igreja? Os dois adversários são católicos. Poderá a Santa Sé tomar partido contra os Habsburgos, que se apresentam como campeões da contraofensiva católica, embora saiba que, debaixo do zelo em esmagar a heresia, escondem outras ambições? Por outro lado, poderá ela condenar a "filha primogênita" da Igreja e o seu rei "cristianíssimo", herdeiro de São Luís, o país onde o espírito da reforma de Trento se difunde com mais sucesso? Para que a Santa Sé reconciliasse os filhos do Pai Comum, seria necessário que retomasse o papel de árbitro supremo que desempenhara em outros tempos. Se não considera ser essa a sua tarefa, ou se fracassa nesse desígnio, é de recear que o conflito leve a soluções inteiramente laicas, isto é, a soluções que tomem em consideração unicamente os interesses políticos, e que a nova ordem estabelecida na Europa consagre a um tempo o fim da contraofensiva católica e o esvaimento duradouro do papado.

No interior dos Estados, os problemas são igualmente complexos, e, para a Igreja, igualmente preocupantes. Para pôr termo às sangrentas rupturas provocadas pela revolução protestante, encontraram-se duas soluções: a da autoridade e a do compromisso.

A primeira é a mais geralmente aceita. Formulada na Alemanha segundo o célebre princípio *cujus regio, ejus religio*, que erige em lei a unidade religiosa com base no modelo das diversidades políticas, a Igreja nunca a aceitou plenamente. Primeiro, porque isso suporia que, para manter a paz, teria de renunciar aos territórios ocupados pelo protestantismo. Depois, porque entregar aos príncipes o cuidado de estabelecer a unidade religiosa nos seus domínios equivaleria a oferecer-lhes a tentação de se meter em assuntos em que não cabe à autoridade política intervir – tentação a que eles sucumbirão em larga escala...

Ora, vêm-se espalhando desde há alguns anos pela Europa cristã umas estranhas teorias que reivindicam para os poderes laicais o direito de vigiar e dirigir tudo, "tanto o que pertence à vida civil como o que diz respeito à piedade e à vida cristã". Foram formuladas por *Thomas Lieber*, chamado *Erasto* (1524-1583), médico suíço-alemão instalado como professor em Heidelberg, num livro publicado seis anos após a sua morte — *Explicatio gravíssima* — e zelosamente difundido por um discípulo seu, o inglês Wither. Muito bem acolhidas pela rainha Elisabeth e pelos príncipes protestantes, as teses erastistas não tentarão os soberanos católicos?... Mesmo o imperador? Mesmo o rei cristianíssimo? Não há aí um perigo para a Igreja?

Acresce que essas doutrinas se encaixam perfeitamente na corrente da época. Grandes ou pequenos, todos ou quase todos os Estados se encaminham no sentido do *absolutismo*. A fim de dominar as forças de ruptura que minam o século e unir todas as energias nacionais na luta pela vida, toda a população se entregará a um homem ou a uma família que encarnará a grandeza e as ambições do país. Mas a fatalidade do Estado absolutista consiste em pretender absorver todas as potências criativas do povo, em não deixar escapar nada ao seu domínio, em vigiar acuradamente tanto a economia e a inteligência como a própria religião. É a isso que conduzem a submissão erástica do religioso ao político, que parece implicada no famoso princípio *cujus regio*, e a evolução moderna das formas de governo. Para a Igreja, para o cristianismo, o perigo é grave.

Mas será melhor a outra solução proposta para resolver o problema católico-protestante? É a solução do compromisso, a que prevaleceu na França com o *Edito de Nantes*, na Polônia com a *Convenção de Varsóvia*, e na Boêmia com a *Carta de Majestade* que o nebuloso Rodolfo II deixou que lhe impusessem. Mas essa solução, que estabelece um *modus vivendi* entre os grupos religiosos, não é popular. Na Boêmia, estilhaça-se nove anos depois de a famosa carta ter sido selada. Na Polônia, todos os bispos exceto um se declaram contra a convenção. Na França, as resistências ao edito são numerosas e tenazes: os católicos não se resignam a ver os protestantes instalarem-se nas suas "praças de garantia" como "Estado dentro do Estado". A Igreja, desfavorável por princípio a compromissos que limitem o seu campo de ação, combate esses arranjos, mas com isso acaba por trabalhar em favor dos seus mais sérios adversários. Pôr termo à política de compromisso é reforçar o absolutismo. O rei da França que vai revogar o Edito de Nantes será felicitado pela Santa Sé; mas será também o promotor do quase-cisma galicano.

É, pois, em todos os planos que a Igreja se verá ameaçada na sua autoridade e nos seus direitos. A crise que se vai abrir e a evolução do mundo parecem levar a uma laicização geral da política. Mas não será esse um aspecto, entre outros, de uma crise mais geral, de um processo no termo do qual o homem moderno terá modificado profundamente a sua concepção do mundo, da vida e dele próprio? É uma crise do espírito e da consciência, subjacente a todos os acontecimentos políticos que se vão suceder e que alterará profundamente a face do mundo. Galileu, Bacon, Descartes, Spinoza, o advento da ciência experimental, o estabelecimento de uma nova maneira de raciocinar[2] são marcos que, num outro plano, assinalam uma história que tem como outros dados o declínio dos Habsburgos e o nascimento dos absolutismos. Está em construção a Europa moderna. Será ela ainda a Europa dos batizados?

Uma guerra de religião toma-se guerra política: a Guerra dos Trinta Anos

Não há nenhum exemplo mais impressionante da imbricação dos interesses religiosos com os políticos — e do debilitamento daqueles em benefício destes — do que a *Guerra dos Trinta Anos*. O nome que lhe deram é, aliás, inexato. Os historiadores, facilmente arrastados por métodos expositivos um tanto simplistas, englobaram nessa denominação um conjunto de acontecimentos que exprimem, no plano diplomático e militar, a crise da Europa durante a primeira metade do século. Mas esses acontecimentos, que aliás não se concluíram em 1648, visto que o conflito continuou em diversos pontos muito para além dessa data, dificilmente se podem reduzir à tradicional noção de guerra. A bem dizer, com a política interna e a política externa confundidas, tratou-se de um drama extremamente complexo que, pondo em xeque toda a ordem europeia, levou grandes potências a lutar por garantir a sua preponderância, povos inteiros a combater pela sua liberdade e direitos, e Igrejas inimigas a defrontar-se para reconquistar almas ou terras...

O esquema tradicional, aquele que geralmente seguem os historiadores franceses, é, *grosso modo*, o seguinte. A guerra começa em 1618, na Boêmia, por uma revolta dos checos contra o imperador Fernando II, explicável por causas religiosas e causas políticas. Em 1620, na batalha da *Montanha Branca*, perto de Praga, os exércitos imperiais esmagam os rebeldes, que vão ser implacavelmente reprimidos. A questão, no ponto de partida, é pois uma crise interna nos domínios austríacos. Irá ficar assim? Bons observadores preveem que poderá reatar-se uma guerra geral "de Estado e de religião". Se bem que tentada a intervir a favor dos checos, a fim de enfraquecer os Habsburgos, a França se contém, uma vez que a sua situação interior é precária. Mas a sua reserva não impede que a guerra se alastre.

O fogo pega na Alemanha, onde o príncipe-eleitor palatino Frederico, protestante, aceita a coroa da Boêmia oferecida pelos checos e é despojado de todos os bens e títulos e substituído no Conselho dos Grandes Eleitores do Império pelo duque da Baviera, católico. Na mesma altura, rebenta outro foco de incêndio: aproveitando-se das circunstâncias, visto ter expirado a trégua de Doze Anos (1621), os holandeses retomam as armas contra a Espanha. Postos em minoria no Conselho, ameaçados pelos progressos do imperador, os príncipes protestantes procuram aliados: o rei Cristiano IV da Dinamarca prontifica-se a sê-lo, certamente atraído pela perspectiva de conquistar os bispados de Weser (1625).

A partir desse momento, a guerra torna-se europeia. A França, à socapa, encoraja o dinamarquês. Este é batido e assina em Lübeck uma paz apressada. O imperador reforça as suas posições na Alemanha e intensifica uma política de catolicização pela força. Cresce a inquietação na França. Não há o risco de os Habsburgos de Viena e de Madri, aliados, reatarem a política de cerco do tempo de Carlos V? Richelieu, que já tem entre mãos as rédeas da política francesa, decide agir. Primeiro, moderadamente e mais ou menos em segredo. Corta aos Habsburgos a comunicação entre os territórios da Áustria e os da Itália por Splügen e Stelvio, impedindo-os de ocupar a Valtelina. Prega também uma peça ao imperador quando este quer que o seu filho seja eleito "rei dos romanos", isto é, herdeiro de direito da coroa imperial. O fracasso de Cristiano IV mostra-lhe que nada disso basta, e a sua diplomacia acha então um novo adversário que lançar contra o imperador: Gustavo Adolfo. Subsídios bem distribuídos decidem o rei da Suécia, um estrategista de gênio, a entrar no jogo (1632): as suas tropas, superiormente armadas, passeiam através da Alemanha, varrendo as tropas imperiais, e alcançam o Reno. Como se torna incômodo, esse César! Richelieu não deseja uma Alemanha inteiramente protestante tanto como não deseja uma Alemanha inteiramente imperial. Uma bala, tão oportuna que se diria intencional, mata o chefe sueco na batalha de Lützen, enquanto carregava à frente da sua cavalaria (1632).

É então que Richelieu intervém. Nesse ínterim, esmagara todos os inimigos que tinha na França e já podia substituir a guerra surda pela guerra aberta. Em nome do equilíbrio europeu ameaçado, agrupa à sua volta uma série de aliados, entre os quais os príncipes protestantes da Alemanha, e ataca (1635). As coisas começam mal: as tropas imperiais invadem o norte e o leste do país, tomam Corbie e avançam até Pontoise (1636). Mas a França tem tais recursos que a sua reação é fulminante. Arranca-se Arras ao inimigo, ocupa-se o Rossilhão e um exército aliado é lançado contra a Alsácia. A coligação Habsburgo cambaleia. Já se fala de paz. Faltará ainda algum tempo e a fulgurante vitória de um chefe de vinte e dois anos, Condé, em Recroi (1643), para que, com a sua superioridade militar desfeita, a Espanha recue. Faltará também tempo e a grande colheita de louros feita por Turenne na Alsácia e no Palatinado para que o imperador concorde em assinar a paz. Abertas em 1644 em Münster e Osnabruck, as negociações arrastam-se por quatro trabalhosos anos. Em 1648, os Tratados de Westfália regulam ao mesmo tempo os problemas religiosos, os da política alemã e os da Europa[3].

Em que medida é que todos estes acontecimentos políticos, diplomáticos e militares põem em causa a Igreja, ou, mais genericamente, os interesses religiosos? Para não dizer os princípios do cristianismo, porque esses são gravemente ultrajados. Desde a invasão dos hunos, talvez nenhuma guerra no Ocidente tenha atingido tal nível de horrores. *As misérias da guerra* — a célebre série de gravuras de Callot — deixaram-nos uma representação verídica dessas vilanias. Lançadas através das províncias, tropas mercenárias, para quem "a guerra tinha de alimentar a guerra", assolaram, pilharam, queimaram, torturaram, chacinaram, anos a fio, quase sem distinguir entre países amigos e países inimigos. Os chefes que as comandavam — o magro e oco Tilly, de pluma escarlate no chapéu; o imperioso Kallenstein, cor de bílis —, *condottieri* cuja profissão era combater, não tinham, nesse aspecto, ideias diferentes das dos seus soldados. Quase toda a Alemanha, muitas regiões da França, os Países-Baixos, a Lorena e o Franco-Condado iam sair do conflito dilacerados, arruinados por um quarto de século. E pensar que tais violências foram feitas em nome do Evangelho, para fazer triunfar este ou aquele credo!

No ponto de partida, a Guerra dos Trinta Anos foi incontestavelmente uma guerra religiosa, um novo ato do conflito entre católicos e protestantes[4]. A questão do Donauworth, em 1606, onde o duque Maximiliano da Baviera restabelecera pela força o catolicismo, serviu de prefácio. A *União Evangélica* dos príncipes protestantes da Alemanha enfrentou a *Santa Liga* dos grandes arcebispos e dos Estados católicos do Sul. A explosão veio quando, na Boêmia, o imperador Fernando e seus dez lugar-tenentes quiseram aplicar estritamente a Carta de Majestade, mandando fechar ou demolir templos e barrando categoricamente os progressos dos reformados. A célebre "defenestração de Praga" de 23 de maio de 1618 foi a resposta dos protestantes checos a essa brutal reação católica.

Mas, no conflito nascente, seriam, já então, apenas interesses religiosos os que estavam em jogo? Na Boêmia, a ideia nacional encarnara numa grande figura da pré-Reforma: João Huss. A partir dele, a fé protestante fizera causa comum com o ideal patriótico. Esmagando os revoltosos, o imperador assegurou a vitória do catolicismo sobre a heresia, mas também a do despotismo dos Habsburgos sobre um povo que aspirava à liberdade, sobre um país ao qual, tradicionalmente, se reconhecia uma espécie de semiautonomia de fato[5]. A derrota dos checos consagrou, simultaneamente, a ruína do protestantismo boêmio e o fim do regime bastante suave que os Habsburgos haviam estabelecido em Praga. Foi ao clamor de "Santa Maria!" que os soldados de Tilly se lançaram ao ataque, com a imagem da Virgem pintada nas insígnias guerreiras; e a vitória da Montanha Branca foi celebrada, até mesmo em Roma, como vitória da contraofensiva católica. Mas seriam apenas os interesses da fé que estavam em jogo?

O segundo ato do drama ganhou também a configuração do velho conflito religioso. Quando, em 1626, os imperiais de Wallenstein venceram Mansfeld e as tropas da União Evangélica, e depois Tilly varreu, com um abanar de mãos, Cristiano IV e os seus dinamarqueses, Fernando II lançou uma operação brutal a fim de reconduzir a Alemanha ao catolicismo. O *Edito de Restituição,* de 1629, pretendeu impor a qualquer protestante que houvesse ocupado bens católicos após a Paz de Augsburgo — ou seja, num período de três quartos de século — a restituição do usurpado. Exatamente como se, na França, sob o Segundo Império, se tivesse intimado as pessoas a devolver os bens nacionais adquiridos em 1795! Os príncipes protestantes perderam três arcebispados, quinze bispados, quase todas as abadias do Norte. Os príncipes católicos foram autorizados a expulsar de suas terras os súditos dissidentes, e os calvinistas foram banidos em bloco. Operação, pois, de Contrarreforma.

De Contrarreforma política, mais que espiritual, visto que nem todos os beneficiários dessa devolução se viram livres da suspeita de cupidez, como foi o caso do arquiduque Leopoldo Guilherme, filho do imperador, que, sendo já bispo de Estrasburgo e de Passau, conseguiu obter mais três dioceses suplementares!

Mas será que a fé católica era o único motivo dessa operação? Não se assistia, antes, a uma manobra imperial destinada a impor o absolutismo e a centralização em toda a Alemanha? E com o pensamento reservado de retomar o plano secular de fazer o cerco à França e arrasá-la? No próprio momento em que o primo de Viena procedia a essa brutal catolicização, Filipe IV de Espanha intervinha na Itália para afastar um francês do ducado de Mântua, dominar Veneza, controlar a Savoia e vigiar o ducado de Castro. Na primavera de 1632, em Roma, o jesuíta Pazmany, arcebispo de Gran, arauto da política de força contra os protestantes da Boêmia e da Hungria, conseguia estreitar a aliança entre os dois Habsburgos, *ad majorem Dei gloriam,* para maior glória de Deus, mas também para abater a França. A resposta foi o *raid* de Gustavo Adolfo, rei protestante financiado por um cardeal da França, e, mais tarde, a entrada na guerra do rei cristianíssimo contra o rei católico e o Sacro Império Romano-Germânico...

Assim a Guerra dos Trinta Anos perdeu bem depressa o seu caráter originário de conflito religioso e passou a ser apenas uma luta política. Tem-se dito com frequência que, no armamento e na condução das operações, essa guerra marcou uma guinada decisiva. O mesmo se dá num plano mais geral: é a última das guerras de religião, a primeira das grandes guerras dos tempos modernos. Não há dúvida de que alguns dos seus episódios vão pôr em causa interesses religiosos: é o caso da luta teimosamente travada pelos príncipes protestantes alemães, agrupados à volta de Bernardo de Saxe-Weimar, ou da dos holandeses de Maurício de Nassau contra a terrível infantaria de Olivares. Mas estaria em jogo unicamente a religião? Seria ela, até, o verdadeiro motivo do confronto? O que os príncipes alemães queriam acima de tudo era conservar as suas liberdades, as suas minúsculas e anárquicas soberanias. Ao ajudá-los, Richelieu pensava que uma Germânia retalhada em centenas de pequenas monarquias seria menos perigosa para a França do que um Império unido sob a coroa dos Habsburgos. E, nos Países-Baixos, quem eram os verdadeiros condutores do jogo? Os austeros pastores gomaristas, que viam o diabo em tudo o que, de perto ou de longe, lhes lembrasse o catolicismo, ou os homens de negócios, que viam no esmagamento da Espanha a possibilidade de criar para si um império marítimo, e os seus amigos, os corsários da Frísia e da Zelândia, que esbulhavam os espanhóis de quinhentos barcos? A guerra religiosa já não era senão um pretexto. Os interesses temporais estavam acima dos da fé.

A política de um cardeal

Dois problemas se esclarecem de uma só vez: o da atitude assumida pela França, a França do "rei cristianíssimo", e o do papel desempenhado pelos papas ao longo de todo esse drama em que a Europa se desfez.

A política seguida pela França, e nomeadamente pelo seu "Principal Ministro de Estado", Richelieu, suscitou desde sempre discussões apaixonadas. Como explicar que um cardeal da Santa Igreja se tenha feito aliado das potências protestantes, refreando assim e finalmente bloqueando os progressos do catolicismo na Alemanha, a ofensiva da Contrarreforma?... E que tenha até feito combinações com os turcos? No momento em que essa política era posta em prática, tais perguntas eram formuladas abertamente ao próprio rei por Maria de Médicis, pelo núncio, pelo Guarda dos Selos Marillac, e em escritos dirigidos à opinião pública, como, por exemplo, o *Aviso de um teólogo*, publicado em 1625, o *Espião francês* e os *Mysteria politica*. Muitos bons católicos e igualmente excelentes franceses pensavam que a justa política da França teria sido a aliança com o Império, com a Baviera, com a Espanha e com a Polônia, a fim de esmagar a heresia e restabelecer a unidade católica da Europa. O governo dos cardeais-ministros, a *Gallia purpurata*, como então se dizia, entendeu de outro modo. Por quê?

Afirmar, como fazem alguns, que Richelieu, por muito purpurado que fosse, não queria saber da catolicidade para nada, é pura calúnia. A expressão, frequentemente citada, de um embaixador veneziano — "mais homem de Estado que de Igreja" — é simplificadora e falseia a verdade. Quando o jovem Armand du Plessis de Richelieu recebeu o chapéu cardinalício, o Papa Gregório XV, que não era nenhum tolo e tinha um altíssimo sentido dos interesses da Igreja, enviou-lhe uma carta entusiástica, louvando "o esplendor dos seus méritos" e anunciando-lhe que esmagaria os hereges e "avançaria sobre serpentes e basiliscos". Nada prova que Richelieu não tenha estado toda a vida convencido de merecer tais elogios e de servir verdadeiramente a causa da Igreja, no meio de acontecimentos cuja complexidade era tão grande que nem sempre se tornava fácil discernir onde essa causa se situava. Do que não resta dúvida — a sua correspondência o testemunha — é de que, como político, sempre quis realizar "o que as máximas da teologia ensinam ser permitido"[6]; de que não se resignou a fazer a guerra senão quando a isso se viu constrangido pelas circunstâncias; de que, para mais, nunca mostrou a menor simpatia pela teologia dos protestantes, mesmo quando buscou a aliança com eles. É impossível duvidar de que, no seu ideário, "a França era como o coração de todos os Estados cristãos".

E nos seus métodos, teremos nós de reconhecer traços de "maquiavelismo"? Não no sentido banal e pejorativo do termo. "Fascinado por Maquiavel — diz o cardeal Grente —, Richelieu exprimia a intenção de o reabilitar". O que ele admirava no florentino era o são realismo, o sentido agudo do possível, a implacável lucidez. Nada prova que admitisse as lições de cinismo que também se podem tirar do autor de *O Príncipe*. Tinha horror pela diplomacia na praça pública, pensava que "o segredo é a alma do êxito" — foi até ele quem inventou a expressão *affaire sécrétissime* ["assunto ultra-confidencial"] —, mas nunca praticou o jogo de uma certa duplicidade; nunca, tampouco, faltou à palavra. Aos políticos que ensinam que os Tratados são feitos para serem violados logo que começam a incomodar, ele respondeu que a "fé cristã se opõe a tais máximas". Não parece que a sua política haja sido menos cristã nos métodos que nas intenções.

E será exato dizer que não cessou de apoiar a causa protestante por ódio aos Habsburgos? A sua diplomacia revela, ao longo dos acontecimentos, um jogo infinitamente mais complexo do que aquele que lhe atribui o esquema tradicional. No princípio da guerra, longe de se inclinar para a ajuda aos checos e depois à União Evangélica, aprovou a neutralidade francesa. Mais tarde, já ministro, concebeu uma política muito flexível, segundo a qual países católicos como a Baviera, calvinistas como o Brandenburgo, luteranos como a Suécia deviam resistir conjuntamente às ações dos imperiais. Em 1626, a propósito de Valtelina, não se opôs a um compromisso que tinha ares de defesa do catolicismo. Só em 1630 é que — condenando as iniciativas imprudentes do seu caro *Pêre Joseph*, que ainda julgava possível um arranjo com o imperador — endureceu a sua atitude. Mas isso porque o perigo Habsburgo passara a ser considerável.

Ajudado e aconselhado por Wallenstein, o imperador procurava unificar a Alemanha sob a sua autoridade. A catolicização pela força, empreendida pelo Edito de Restituição, parecia claramente a Richelieu o que era na realidade: um meio de domínio. A aliança entre Viena e Madri ia-se estreitando, e os dois Habsburgos podiam ameaçar todas as fronteiras da França. Para o cardeal-ministro, impunha-se como um dever a defesa dos interesses da integridade territorial, porventura da liberdade e da vida do reino do qual era responsável. Daí o seu jogo de aliança com os protestantes, o trabalho, tão sutil como eficaz, do *Père Joseph* para contrabalançar a diplomacia imperial, o esforço por "alistar nem que seja nos polos" (expressão de Voiture) adversários contra a Casa de Áustria. Daí, por outro lado, os subsídios a Gustavo Adolfo e, mais tarde, o financiamento ao exército luterano e calvinista de Bernardo de Saxe-Weimar.

Traição à causa católica? De modo algum. No momento em que parece mais empenhado nessa política, Richelieu não renuncia às fidelidades próprias do seu sacerdócio. Recusa o oferecimento, que lhe faz Gustavo Adolfo, de uma ação paralela sobre o Franco-Condado e a Alsácia (ação que provavelmente teria dado à França as suas fronteiras do Reno e do Jura), porque o preço a pagar seria um alinhamento completo com a política protestante. Procura também garantir a neutralidade da Liga Católica e mantém uma guarnição francesa em Tréveris, a fim de que os suecos não ataquem o arcebispo-eleitor. E no auge do êxito de Gustavo Adolfo, chega a oferecer a mediação francesa entre o rei da Suécia e o imperador.

Quanto aos resultados da sua obra — continuada e concluída, certamente com menos largueza de vistas, pelo seu discípulo Mazarino —, é injusto considerá-los prejudiciais, sem mais, à causa católica. Se é certo, como veremos, que os Tratados de Westfália consolidaram um recuo em relação ao *statu quo ante*, pouco favorável à Igreja romana, isso aconteceu sobretudo por força das ambições do Império, a que a França teve necessidade de se opor. Mas foi a diplomacia francesa que garantiu aos católicos da Holanda, de Brandenburgo e de Hannover o pouco de liberdade de que beneficiaram e que certamente não teriam tido sem essa intervenção. E, olhando em conjunto a obra de Richelieu, tanto interna como externa, é lícito perguntar se, como pano de fundo de toda essa diplomacia realista, não haveria uma grande ideia, profundamente católica: a de preparar, mediante um trabalho de aproximação, o regresso dos protestantes ao seio da Igreja[7].

Em suma, essa política, que, numa perspectiva francesa, era vantajosa, não era, numa perspectiva católica, menos valiosa que a dos Habsburgos. Ao vermos a maneira como, pelo Edito de Restituição, se deu o retorno dos títulos e benefícios à Igreja, temos até o direito de pensar que os princípios da reforma eclesiástica eram mais bem respeitados no país de Bérulle, de *Monsieur Vincent* e de Olier. Além do mais, para apreciar equitativamente a política de Richelieu, temos de perguntar se seria possível qualquer outra.

É verdade que, efetivamente, foi proposta outra política: aquela a que se deu o nome de política "dos devotos". Propuseram-na o outro grande cardeal — Bérulle — e todo um clã à volta dele. Em princípio, e decerto no pensamento desse homem de Deus, tal política devia tender à defesa da causa católica em toda a parte e por todos os meios, isto é, à formação de um bloco com todas as potências católicas contra os países e os povos protestantes. Vimos essa política aplicada na Inglaterra, no tempo da rainha Henriqueta. Foi também a que o embaixador Du Fargis defendeu em Madri; a de Maria de Médicis, refugiada nos Países-Baixos espanhóis; até, de certo modo, a de Ana de Áustria: a de um ambiente em que se misturavam em ampla medida homens de fé profunda e simples agitadores. Foi mesmo, por algum tempo, a que tentou o *Père Joseph*. Aos olhos dos que a defendiam, Richelieu era o "cardeal dos hereges".

Tal política seria admissível? Por ela, a França teria sido levada a uma situação de inferioridade em face dos Habsburgos, coisa que o reino, em plena expansão, não haveria de aceitar. E ainda não soara a hora em que as flores-de-lis poderiam pretender dirigir com alguma possibilidade de êxito uma Europa católica. Política utópica, que provocaria fatalmente novos conflitos. E, depois, quer queiramos, quer não, essa política cheirava a traição ou a conspiração.

Estava ainda muito perto o tempo em que os soldados espanhóis mantinham uma guarnição em Paris, em nome da fé católica... O perigo de uma intervenção dos Habsburgos na França não era improvável: a Fronda ia demonstrá-lo. Os partidários da aliança espanhola eram afinal os mesmos que resistiam à reorganização do reino pelo cardeal, e a sua vitória teria inevitavelmente trazido de novo a anarquia, de que a França estava cansada. Se Gaston, irmão do rei, Ornano, Chalais, os dois Vendôme, as duas rainhas — todos do partido "devoto" — tivessem ganho, teriam reconduzido o reino à situação em que se encontrara durante os ministérios de Concini ou de Luynes. "Quanto mais a França sofrer, mais a cristandade estará segura!", escrevia

Olivares; era a semelhante voto que deviam associar-se os católicos franceses? Fazendo rolar a cabeça de Chalais no cadafalso, Richelieu pôs fim a uma política que, a coberto de grandes interesses católicos, escondia outros, bastante materiais. Nesses debates impuros, não estava em jogo a fé, nem mesmo os interesses da Igreja. Foi o que compreendeu o lúcido *Père Joseph*, que aderiu por inteiro aos pontos de vista do amigo e o ajudou o melhor que pôde na diplomacia de aliança protestante.

Mas, se é certo que Richelieu não merece de modo nenhum que um historiador católico lhe atire uma pedra, é evidente que, de toda essa série de acontecimentos trágicos e confusos, a causa da Igreja não iria sair assegurada nem engrandecida. Defesa da catolicidade, Contrarreforma — são temas que vão ficar cada vez mais na sombra. Quando, por esgotamento e cansaço gerais, o conflito chegar finalmente ao seu termo, já praticamente não se cuidará do ideal cristão nas laboriosas negociações de paz.

A política da Santa Sé

Talvez isso baste para explicar a política seguida pela Santa Sé ao longo de todos os acontecimentos: política que quis ser de equilíbrio e de justo meio, perfeitamente aceitável em princípio, embora tenha sido conduzida de maneira discutível. Foi muito censurada por isso. Alguns historiadores católicos franceses[8] levam-lhe a mal não ter sustentado a fundo Richelieu, mas os historiadores católicos alemães não têm sido menos severos. Uns e outros argumentam com o fato de essa política ter sido pouco feliz e de a conclusão da guerra ter sido desfavorável à Igreja. Mas seria necessário estar certo de que, *hic et nunc*, teria sido possível seguir outra via, e mais vantajosa. O que, sim, podemos afirmar é que o papado, ontem tão forte em suas posições, senhor do poderoso instrumento diplomático das nunciaturas[9], não desempenhou o papel de árbitro que se poderia esperar dele. Por quê? Talvez, por um lado, devido às fraquezas humanas, ao nepotismo, a uma série de pontificados demasiado breves ou demasiado medíocres. Mas, por outro lado, podemos pensar que essa política — que, no fim de contas, se recusou a tomar partido por um ou outro dos campos — foi guiada por uma clara visão dos fatos e dos interesses em jogo, ou seja, prolongou a de Sisto V.

Essa política de justo meio-termo, quando não de imparcialidade perfeita, não foi seguida imediatamente pela Santa Sé. No início do conflito, de que se tratava? Da luta da coroa católica da Áustria contra rebeldes protestantes. Era óbvio que o papado não tinha por que interrogar-se sobre qual dos campos devia apoiar. Paulo V, o Papa Borghese, não era um fraco. Correndo o risco de uma guerra europeia, acabava de chamar à razão a sereníssima República de Veneza[10] e de intervir vigorosamente na Inglaterra contra as atitudes anticatólicas de Jaime I[11]. Amigo dos Habsburgos — tinha sido núncio em Madri —, foi ele que levou Maximiliano da Baviera a organizar a Liga Católica e, quando lhe chegou a notícia da vitória da Montanha Branca, mandou organizar em Roma uma solene procissão de ação de graças — exatamente aquela durante a qual sofreu o ataque de apoplexia. O seu núncio Caraffa e os jesuítas que enviou à Boêmia trabalharam pela "recatolicização" do país, sem que, ao que parece, a voz do Pontífice se tenha feito ouvir para condenar os excessos.

Política de Contrarreforma, portanto. Já com o sucessor de Paulo V, essa política foi, se não abandonada, pelo menos suavizada e completada por outros fatores. Gregório XV, pontífice de espírito profundo e prudente — o papa da Congregação da Propaganda e da quíntupla canonização de 1622 — talvez se tenha dado conta do perigo que podia constituir para a Europa cristã um reforço excessivo do poder dos Habsburgos. Assim, por um lado, influiu na atribuição do eleitorado do Palatinado ao duque Maximiliano da Baviera — um dos aliados do catolicismo na Alemanha —, a fim de assegurar aos católicos a maioria no colégio imperial. Por outro lado, porém, procurou manter excelentes relações com a França, pedindo-lhe que usasse do seu prestígio no Oriente para assegurar a proteção dos missionários, erigindo em metrópole a sé episcopal de Paris para ser agradável ao rei (1622), e concedendo o chapéu cardinalício a Richelieu, o jovem protegido de Maria de Médicis.

Na questão da Valtelina, não há dúvida de que tentou desempenhar o papel de árbitro. Em 1621, os católicos da região rebelaram-se contra os seus dominadores protestantes, os Grisões, e deu-se uma verdadeira matança de São Bartolomeu nos Alpes réticos, o que levou a Áustria a aproveitar a ocasião para pôr o pé no vale. O papa interveio. Para ele, tratava-se de ajudar os montanheses católicos, mas também de acalmar as inquietações da França, que podia temer que o Habsburgo de Viena favorecesse o primo espanhol instalado na Itália, o que traria o risco de provocar um conflito. Admiravelmente flexível, a diplomacia de Gregório XV esforçou-se por negociar um compromisso que estabelecesse a independência da Valtelina e desse satisfação a toda a gente. As potências estavam prestes a aceitar esse compromisso quando o papa morreu.

Ao seu sucessor, Urbano VIII, estava reservado ser papa durante os anos mais violentos da crise, na altura em que se tornou claro que o conflito punha em causa já não somente catolicismo e protestantismo, mas também dois blocos de potências que defendiam interesses próprios. Tem-se dito que, empenhado nos assuntos dos sobrinhos, ocupado em resolver questões mesquinhas como a do ducado de Castro[12], Urbano VIII não teve tempo de se interessar a sério pelo drama da Europa. É um juízo excessivo. O que parece verdade é que ele e toda a Cúria, vendo desenrolarem-se os episódios de uma guerra que fazia lembrar lamentavelmente as do século anterior, foram dominados pela recordação do ano de 1527, em que os veteranos germânicos do Condestável de Bourbon tinham saqueado Roma. Não tomar partido pareceu-lhes a melhor solução. O papa mandou fortificar o castelo de Sant'Angelo e Civita Vecchia, montar uma fábrica de armas..., mas não tornou claro contra quem dispararia os canhões.

Para julgar equitativamente a sua política, importa ter em conta a situação muito delicada em que se encontrava o papado. Direta ou indiretamente, a Espanha dominava a Itália: controlava Milão e Nápoles, e os seus agentes financiavam e arregimentavam os pequenos príncipes da península itálica. Já a França não dispunha de meios de ação com que ripostar, a não ser a ameaça que podia fazer pesar sobre Avinhão, terra pontifícia. Nessas circunstâncias, seria razoável recriminar o Papa por ter-se visto constrangido a fazer uma política favorável ao Habsburgo?

Ora, a verdade é que ele não se resignou a isso. Se é certo que, para não magoar Madri, se recusou a reconhecer a Casa de Bragança no trono do restaurado reino de Portugal; se é certo, também, que alguns de seus cardeais trabalharam abertamente pela causa espanhola, ele próprio manteve uma atitude de reserva. Tinha, de resto, sofrido no reino de Nápoles e observado no ducado de Mântua os efeitos da intransigência espanhola. Quando o imperador assinou em 1629 o famoso Edito de Restituição, estava tão pouco seguro dos sentimentos do papa que não submeteu o texto à sua aprovação, declarando — era erastismo puro! — que, embora competente em matéria de dogma, o soberano pontífice não tinha nada que se meter em assuntos eclesiásticos! E quando a França entrou em guerra e os adversários de Richelieu foram pedir a Urbano VIII que condenasse "o cardeal dos hereges" e lançasse o interdito sobre o reino, o papa recusou. Ato de coragem da sua parte, se nos lembrarmos das cenas furiosas que se desenrolaram em pleno consistório, quando os cardeais espanhóis, apoiados pelo cardeal Ubaldini, exigiram ao papa que tomasse partido, e foi preciso o cardeal Colonna chamar os guardas para restabelecer a ordem... O que, aliás, não impediu Urbano VIII de se opor, tanto quanto pôde, à aliança de Richelieu com os príncipes protestantes, e em seguida de tentar rompê-la; como também de levar o rei cristianíssimo a desistir de se aliar aos turcos.

Essa política de equilíbrio era, sem qualquer dúvida, uma política cristã. Seria, porém, humanamente realizável? A verdade é que não triunfou. Urbano VIII não tardou a tornar-se suspeito aos dois campos. Wallenstein falava a sério de organizar uma expedição contra Roma. Em Valtelina, a solução de Gregório XV não tivera êxito e o vale passara para a influência dos cantões suíços, ou seja, pouco mais ou menos, para a área protestante. Do lado francês, as boas relações estavam deterioradas: a nomeação por Richelieu do cardeal La Valette para o comando de um exército, justamente o plano contra o qual Urbano VIII protestara, servia de pretexto para uma troca de palavras ácidas. E Veneza parecia levantar-se novamente contra Roma. Para poder conduzir com êxito uma política arbitrai, teria sido preciso um homem de maior envergadura que Barberini, e com um prestígio moral menos afetado por compromissos terrenos.

Nem por isso deixa de pesar a favor de Urbano VIII o fato de, mesmo no pior momento do conflito, ter trabalhado pela paz com uma obstinação meritória. A diplomacia pontifícia procurou incessantemente aproximar a França e a Baviera, ambas católicas. Incessantemente, os núncios mantiveram negociações secretas entre Madri e Bruxelas, de um lado, e Paris do outro.

O sucessor do papa Barberini, Inocêncio X, continuou corajosamente os mesmos esforços, também ele colocado em situação extremamente difícil, sem possibilidade de impedir a passagem através dos seus Estados do exército espanhol de Nápoles, que ia ao encontro do de Milão, mas apoiando Mazarino na lenta e melindrosa caminhada para a paz. Essa paz, porém, que os pontífices tinham querido e preparado, não iria ser concluída de acordo com os seus anseios.

Os tratados de Westfália

Longamente, muito longamente discutidos – perto de quatro anos –, os tratados que iam pôr termo ao conflito foram assinados em *Westfália* (24 de outubro de 1648), em Münster, no que dizia respeito aos litígios entre o Império e a França, e em Osnabrück quanto às questões que opunham a Suécia e os Habsburgos.

Foram acordos logo de início incompletos: alguns meses antes, Filipe IV da Espanha oferecera uma paz separada e total independência aos Países-Baixos revoltados, dando-lhes até Antuérpia, sob a condição de eles abandonarem o partido francês: afinal, a luta iria continuar por mais doze anos, até à Paz dos Pireneus. Os tratados, portanto, diziam respeito apenas à Alemanha e ao Império. A França e a Suécia conseguiram largas recompensas "por terem defendido as liberdades germânicas"[13]. Quanto a essas liberdades germânicas, não podemos negar que tenham sido efetivamente bem defendidas, visto que foram reconhecidos soberanos trezentos e quarenta e três Estados... Consagração do esfacelamento da Alemanha, que, para a França, era um resultado mais importante ainda do que os ganhos diretos.

As cláusulas religiosas do tratado estavam intimamente associadas a esse fracionamento político; de certa maneira, foram elas que o determinaram. O processo desencadeado no século anterior pela revolução de Martinho Lutero chegava às consequências extremas. Proclamava-se — e até se estendia aos calvinistas — a liberdade de consciência e de culto, mas era a liberdade dos príncipes, não a dos súditos. *Cujus regio, ejus religio:* o princípio era afirmado outra vez e até agravado nos seus efeitos, pois o artigo V do Tratado dizia que, "com o direito de território e de soberania, os governos terão o direito de reformar a Igreja"! Era o erastismo levado ao cúmulo. Cada reizinho, cada principículo passava a ser papa nos seus Estados: exatamente o contrário das deliberações do Concílio de Trento, na sua XXIV Sessão. Estabelecia-se uma única reserva a essa regra da religião de Estado: especificava-se que não era lícito suprimir o exercício privado ou público de um dos três cultos onde quer que existisse a 1º de janeiro de 1624. E o cansaço era tão geral que, efetivamente, essa cláusula iria ser geralmente respeitada[14].

Quanto ao regime dos bens, voltava-se também ao *statu quo ante*. Já em 1615 Fernando II tinha percebido o erro do Edito de Restituição, e propusera suspender-lhe os efeitos. Os tratados decidiram que todos os bens eclesiásticos pertenceriam à confissão religiosa que os possuísse em 1624. Na prática, foram os católicos que perderam:

tiveram de renunciar a dois arcebispados, treze bispados e numerosas abadias. Os protestantes viram aumentar a sua influência na Dieta, uma vez que o Brandenburgo não tardaria a pesar fortemente nas eleições imperiais e em toda a política alemã.

A causa protestante em si ganhou muito? Sem dúvida, mas menos do que poderia ter ganho, se tivesse sido servida pela grande igreja evangélica e reformada com que alguns sonhavam — se um homem forte a tivesse dirigido. Paradoxalmente, porém, a vitória política do protestantismo coincidia com o fracasso total da tentativa política de formar uma Igreja única[15]. Cromwell, o homem forte da Reforma, mal tinha acabado de vencer o seu rei (1649) e não estava em condições de preparar uma coligação das forças protestantes: a coligação que Guilherme de Orange iria construir[16].

Apesar de tudo, o perigo para o catolicismo era bem real. Richelieu, se ainda fosse vivo, teria permitido que o seu imenso esforço levasse a tais resultados? Ter-se-ia resignado a pagar o duradouro enfraquecimento do Império por um preço que seria pesado para o seu coração católico? Seja como for, Mazarino não teve tais escrúpulos e a sua diplomacia, durante as negociações, foi decididamente realista, isto é, não teve em nenhuma conta quaisquer princípios que não os do interesse francês.

Compreende-se que Roma tenha visto com maus olhos as conclusões de uma negociação que tanto desejara e preparara. O núncio Chigi e o jesuíta Wangnereck — que assinava, como *Ernestus de Eusebiis*, veementes panfletos contra a política de abandono — bem que tentaram resistir à corrente do oportunismo. Em vão. O duque Maximiliano de Trauttmansdorf, muito influente junto do imperador Fernando II, explicava-lhe, pelo contrário, que, como soberano que era dos protestantes e dos católicos, tinha interesse no arranjo proposto. As reclamações do núncio Chigi ficaram em letra morta. Restou ao papa elevar um protesto solene contra decisões que não podia impedir. O seu representante recusou-se a estar presente na sessão solene em que os tratados foram assinados. A bula *Zelus domus meae* declarou esses documentos "perpetuamente nulos, vãos, inválidos, iníquos, condenados, frívolos e sem força"[17]. Mas, além do rei da Espanha e dos duques de Mântua e de Lorena, nenhum príncipe de alguma importância se fez eco do protesto papal. O próprio papa só ousou publicar a bula, escrita em novembro de 1648, em junho de 1650, após a partida de Roma dos indesejáveis soldados da Suécia e do Brandenburgo.

No plano da grande política internacional — e por quanto tempo? —, o papado acabava de ser despedido.

O enterro da cristandade

Não foi apenas o papado. Os tratados de Westfália consagravam definitivamente o abandono, por parte dos homens políticos, de uma grande e velha ideia, a ideia que dominara na Idade Média: a de que existia entre os povos batizados da Europa um laço mais forte que todas as razões que podiam ter para se oporem uns aos outros, um laço espiritual — a ideia de cristandade.

Essa ideia vinha-se dissolvendo desde o século XIV, e sobretudo desde o século XV[18]. A revolução protestante deu-lhe um golpe mortal, ao lançar uns contra os outros, em lutas inexpiáveis, homens e nações que invocavam por igual o Evangelho. A Guerra dos Trinta Anos demonstrou superabundantemente que os últimos Estados que defendiam a ideia de uma Europa cristã unida não tinham em vista, ao invocá-la, senão manter ou impor a sua própria preponderância. Em Münster e em Osnabrück, enterrou-se a cristandade.

Para substituí-la pelo quê? Por coisa nenhuma. E aí está o drama, um drama de que a Europa do século XX ainda sangra. Daí por diante, nenhum princípio superior, nenhuma autoridade superior se imporia aos Estados. A Europa não seria jamais senão um aglomerado de pequenos e grandes países, mantidos em equilíbrio — equilíbrio instável — pelo antagonismo de forças. Nada se oporia ao assalto dos interesses e das paixões. Alguns se felicitaram por essa mudança, que fundou a Europa moderna. Tal foi o caso do socialista francês Proudhon, que, no seu livro *A Guerra e a Paz,* depois de ter vituperado "a aliança entre a espada e a tiara", característica dos tempos medievais, exclamaria: "Qual foi, após essa famosa aliança, o maior ato da sociedade europeia? O Tratado de Westfália, que, por cima do embate das forças e sob a proteção do deus dos exércitos, lançou os fundamentos do equilíbrio universal". Quando consideramos os resultados conseguidos por tal política, já lá vão passados três séculos, é difícil partilhar de tal entusiasmo[19]. E sentimos vontade de repetir, melancolicamente, as palavras pronunciadas em nome de Pio XII, justamente sobre os acordos de 1648: "Quando os tratados não são sustidos pela lei moral, afundam-se"[20].

No entanto, a ideia de um princípio superior que se impusesse à política não tinha desaparecido dos espíritos. Se é certo que a Europa ia tornar-se a selva que conhecemos, em que só os mais fortes ditariam a lei, não cessaria de fluir uma corrente que procurava alcançar outro estuário que não o império da força. Enquanto os governos e os diplomatas se esforçavam por manter uma paz frágil com base em grandes reforços de alianças e contra-alianças, juristas e teólogos lutavam por ultrapassar esse empirismo, por codificar regras morais para as relações entre os povos e mesmo por encontrar as bases de uma unidade que associasse os europeus no sentimento de uma fidelidade comum. Nostalgia da cristandade... Os defensores do velho ideal têm por herdeiros os promotores do "Direito das Gentes", os protagonistas de uma Europa unida. É este um dos aspectos menos estudados pela historiografia clássica, mas é um dos mais impressionantes de todo esse período em que se ergueu o mundo moderno. Esforços, planos, teorias, sonhos talvez — em vista de uma política humanizada...[21]

No lugar da cristandade em ruínas, estabelecer uma comunidade dos povos, uma verdadeira fraternidade da raça humana! Já no limiar do século XV, Pierre Dubois e um pouco depois Podiebrad, rei da Boêmia, tinham exposto belos e utópicos projetos nesse sentido[22]. No início do século XVII, muitos outros veem a luz do dia. Homens sábios e notáveis lançam os fundamentos dessa solidariedade: o grande jesuíta espanhol *Suárez* (1548-1617) proclama que "todo o Estado atual, em si mesmo uma comunidade perfeita composta pelos seus membros, faz também parte de uma comunidade universal".

O arauto infatigável dessa grandiosa ideia é *Hugo van Groot*, dito *Grotius* (1583-1645), glória da Holanda, jurista eminente, pai do direito das gentes, que encontrou refúgio na França depois de a queda de Oldenbbarneveldt o ter forçado a deixar a pátria. Subsidiado por Richelieu e Luís XIII, nomeado embaixador do rei da Suécia em Paris, Grócio é uma das personalidades mais importantes e simpáticas da sua época. Também para ele era "necessário estabelecer entre as potências cristãs uma espécie de organismo, com assembleias em que sejam dirimidos os seus litígios". E chegou a esboçar o plano de uma Sociedade das Nações.

Mais ambicioso, *Emeric Lacroix*, dito *Emeric Crucé*, desenhou-o com todo o pormenor, no seu *Discurso sobre as ocasiões e os meios de estabelecer a paz geral.* Na sua "Organização das Nações Unidas", que teria a capital em Veneza, admite a Etiópia, a Pérsia, a China e o Japão. Sabemos também que, na velhice, Sully concluiu um *Grand dessein* ["Grande plano"], que atribuiu *a posteriori* ao seu senhor, Henrique IV: seria uma "República cristianíssima", fundada sobre uma federação de quinze "dominações", e um Conselho eleito que governaria o conjunto. Homem prático, Sully previu uma força policial (cem mil infantes, vinte cinco mil cavaleiros) para obrigar os recalcitrantes a obedecer. A ideia andava tanto no ar que Richelieu ditou a Desmarets de Saint-Sorlin o bosquejo de uma tragédia intitulada *Europa,* na qual aparece a deusa Europa a pôr termo às querelas dos turbulentos pequenos que constituem a sua família. Devaneios? Se o quisermos, mas reveladores de um estado de espírito, de uma nostalgia que os homens do século XX serão capazes de entender: ao desaparecer, a cristandade deixa um vazio, e o mundo ainda não se resignava a admitir que a força pudesse preenchê-lo.

Todos esses planos e projetos iam embater, quisessem-no ou não os seus autores, numa mesma dificuldade: como realizar a união que se proclamava tão necessária? Em nome de que princípio, ou de que interesses, seria possível levar os europeus a compreendê-la? Houve quem retomasse a velha ideia de cruzada, já que, no fim de contas, fora na cruzada que a Europa cristã firmara a sua unidade. Pierre Dubois já tinha utilizado essa ideia. E Podiebrad. No seu *Grand dessein*, Sully fizera o mesmo. Foi também essa uma das ideias capitais, quase diríamos uma ideia fixa, do *Père Joseph*, que proclamava por toda a parte que a guerra contra os turcos era o único modo de realizar a paz autêntica entre as nações cristãs (foi o que comentou na sua *Turcíada*, em alguns milhares de hexâmetros latinos). Foi também essa a ideia do duque Charles de Nevers-Gonzaga, a partir de 1627 chefe da Casa dos Paleólogos e, a esse título, muito interessado numa reconquista cristã de Bizâncio...

Mas a cruzada era tão anacrônica e ultrapassada como a cristandade. E todavia ainda estava bem próxima essa batalha de Lepanto em que o Ocidente católico reencontrara numa vitória a sua grandeza. Demasiado ocupada com os seus dramas, a Europa deixara de pensar nisso. Em Viena, fora criada a Ordem da Milícia Cristã... Mas quem a seguia? Alguns dos seus cavaleiros, com polacos e valáquios, tinham lançado em 1620-1621 uma ou outra investida contra os turcos. Coisa pouca. O Império otomano já não parecia ameaçador, tanto o minavam as crises internas. Só em 1656 é que o grão-vizir de Maomé IV, o albanês *Köprülü*, reorganizará a golpes de sabre e lançará outra vez as armas do Crescente contra a Europa. No tempo da Guerra dos Trinta Anos, não se vê no turco senão um possível aliado na guerra diplomática, e o *Père Joseph*, depois de ter martelado aos ouvidos de Luís XIII: "Para mim, só é cristão um rei que queira tomar a cruz", acabará por negociar a aliança do sultão contra os Habsburgos!

Quanto ao próprio rei da França, dizia ao confessor, o padre Caussin: "Gostaria de que os turcos fossem até Madri, de maneira a forçar os espanhóis a fazerem a paz comigo; e depois me juntaria aos espanhóis, para fazermos a guerra aos turcos!" O que denotava uma estranha confusão entre o espírito de cruzada e o princípio do equilíbrio de forças! Nem o perigo turco nem a cruzada refariam a unidade das nações da Europa.

E então? Então, nada. Não era a ideia de unidade que tinha por si o futuro, mas exatamente o seu oposto. Os povos tomavam cada vez mais consciência daquilo que os distinguia. O sentimento nacional espalhava-se cada vez mais. Em quantos pontos da Europa não se afirmava ele em movimentos de independência? Era o que acontecia na desventurada Boêmia, que pagara caro o seu desejo de liberdade; na não menos infeliz Irlanda; mesmo na Sicília, e em Nápoles, onde o jugo espanhol era duramente sacudido; na Catalunha, onde a república presidida por Claris se mantinha havia já dezenove anos (1640-1659); e ainda nos Países-Baixos, que, em 1648, viram confirmada a sua vitória; e no jovem reino de Portugal, libertado desde 1640.

Mas essa corrente, que arrastava tantos povos e que, na medida em que visava a liberdade, era legítima, vai bem cedo levar também a excessos. É o *nacionalismo*. Ei-lo que cresce e se afirma. Não se trata já do direito dos povos à liberdade. Cada um pretende encerrar-se no seu orgulho, o orgulho de ser ele próprio, diferente e separado dos outros. E um tal brio, um tal amor-próprio, combinava perfeitamente com apetites muito concretos... A história começa a tornar-se esse "perigoso produto da química da inteligência" que Paul Valéiy virá a denunciar. É o nacionalismo que vai renovar o orgulho da hispanidade, que na Inglaterra e na Holanda vai fundir-se com a vontade de expansão econômica.

Os franceses não ficarão atrás. Percebendo a situação de risco em que os coloca o traçado dos seus limites territoriais, inventam uma doutrina de "fronteiras naturais" que implantará a França "em todos os lugares onde foi a Gália". Já em 1600 a *Carta Savoiana* proclamara que o reino dos Capetos devia atingir a linha dos cumes dos Alpes. Sully reclama a Lorena, o Franco-Condado, a Savoia e os Países-Baixos. E os franceses cantam: "Quando Paris beber o Reno, toda a Gália alcançará os seus limites".

Na própria Alemanha, na Alemanha despedaçada, com os seus trezentos soberanos, os intelectuais exaltam a *Germania Magna*. A *Introductio in universam geographiam*, de Philip Clavier, que terá vinte e seis edições em vinte anos, anexa à Germânia a Alsácia, a Lorena, todos os Países-Baixos flamengos, a Boêmia e a Escandinávia. Esse antecessor de Guilherme II e de Hitler não está sozinho: numerosos professores começam a exaltar a pureza, a nobreza moral da alma alemã, oposta às corrupções latinas. E não tarda que Grimmelshausen ganhe celebridade vulgarizando esses temas no seu *Simplizissimus*. Se os franceses leram demais César e Estrabão, os germânicos admiram demais Arminius...

Tal é a Europa em preparação, a Europa moderna. E é fácil entender que alguns hajam guardado a nostalgia da cristandade...

A contraofensiva católica detém-se

Em que situação estava então a Europa, do ponto de vista religioso, em meados do século XVII? A paz das Igrejas tinha sido restabelecida... provisoriamente. Fora oficialmente decidido que não haveria mais guerras em nome de credos. Mas que progresso houve no sentido de um verdadeiro apaziguamento dos espíritos? É impossível responder. A manutenção do fracionamento da Alemanha entre múltiplos Estados de diferentes confissões, o desenvolvimento das "ideias erastianas" em todos os lados, contribuíam afinal para reforçar a intolerância. Triunfava por toda a parte a política religiosa baseada no poder. O único ponto firme era que, em nome do equilíbrio das forças, a paz estava fundada em bases diplomáticas e territoriais que dificilmente permitiriam a expansão de qualquer dos dois campos.

Do ponto de vista católico, isso significava que a contraofensiva desencadeada logo após o Concílio de Trento, com os resultados felizes que tivera na Áustria, na Polônia e até em certas regiões da Alemanha, agora se detinha. Abandonava-se o ideal de Contrarreforma, comprometido pelos Estados que, afirmando servi-lo, se tinham servido dele. Seria o fim do grande impulso que dominara a Igreja tridentina? A bem dizer, Barônio e Belarmino não tinham tido discípulos. E recorde-se[23] que, mesmo no plano propriamente espiritual, era nítida a desaceleração nos meados do século. Compreende-se que Inocêncio X se sentisse profundamente aflito.

É sobretudo na Alemanha que essa situação mais impressiona. No entanto, após os tratados, multiplicam-se até ao infinito as manobras, as combinações e as intrigas. É um jogo prodigiosamente complicado esse que, no xadrez de trezentos e quarenta e três peões, envolve emissários da Santa Sé e do Império, jesuítas e capuchinhos, luteranos e calvinistas. Fraco resultado: nenhum dos campos ganha terreno. O princípio *cujus régio...*, afirmado pelos tratados, triunfa. Só os Hohenzollern, no Brandenburgo, renunciam a ele... em princípio. Fora daí, a corrente do erastismo incita ao seu cumprimento estrito. Até entre os protestantes! Vemos um landgrave calvinista de Hessen expulsar os luteranos da sua universidade e, por sua vez, os calvinistas serem expulsos no Anhalt-Zerbst. Quando os Irmãos Morávios, em fuga da perseguição da Boêmia, chegam à Saxônia, só os admitem se passarem ao luteranismo oficial. E os valdenses, que em vão tinham tentado fazer ouvir a sua desolada voz em Münster e em Osnabrück, são tratados sem indulgência em toda a parte.

Para com os católicos, em países protestantes, a tolerância é mais que precária: na Saxônia, por exemplo, só lhes é concedido o culto privado. Já o Brandenburgo se dá ao luxo de mostrar largueza de espírito, mas isso porque, nessa região, os católicos não passam de um por cento. É óbvio que a mesma atitude se observa entre os católicos, onde quer que dominem. São muito raros os soberanos que, como Ernest de Hessen-Rheinfels, procuram sinceramente uma aproximação entre os irmãos separados[24]. As conversões de príncipes — que ocorrem nos dois sentidos, mas mais do protestantismo para o catolicismo — modificam pouco a situação geral. Até ao século XIX, a Alemanha ficará a ser a "veste de Arlequim" de que fala um cronista italiano da época. Os diversos credos vão-se impondo consoante as convicções e a disposição de ânimo dos príncipes. A Reforma protestante não progredirá, mas o catolicismo não reconquistará a Alemanha.

É idêntica a situação na Suíça, onde havia muito prevalecia a política de partilha. Entre os cantões católicos — associados na Liga Borromeu, renovada em 1655 — e os cantões protestantes, existe uma paz de fato, o que não é o mesmo que verdadeiro entendimento. O espírito militante dos cantões montanheses, especialmente Saint-Gall e Lucerna, tenta em vão rever esse estado de coisas. É certo que a primeira guerra de Vilmergen (1656) contra Berna e Zurique será favorável aos católicos; mas essa frágil vantagem não tardará a ser anulada, restabelecendo-se novamente o equilíbrio.

A ofensiva católica também cessa em países onde era de crer que pudesse triunfar. Nos Países-Baixos, fizera-se uma tentativa muito interessante. A situação era ambígua: revoltados contra a católica Espanha em nome das liberdades religiosas, os holandeses não deixavam de ser aliados da França católica e, assim, tinham-se visto obrigados a manter uma atitude de certo respeito para com os fiéis de Roma.

Aproveitando essa situação, os católicos tinham feito alguns progressos, apesar de se verem excluídos de qualquer emprego público e não disporem oficialmente de nenhum meio de propaganda. O vigário apostólico, Philippe Rovenius, dirigia firmemente o pequeno rebanho, que, em cerca de quarenta anos, passou de trezentas mil para quatrocentas mil almas. Houve conversões retumbantes, como a do grande poeta Joost van den Vondel. Só no ano de 1641, contaram-se seiscentas conversões. A seção holandesa do seminário de Colônia tinha de recusar novos alunos. As religiosas leigas, as generosas *klopjes*, entravam em toda a parte. Esse movimento foi brutalmente refreado a partir de 1648, quando as Províncias Unidas assinaram a paz com a Espanha e abandonaram a aliança francesa. O vicariato apostólico foi suprimido em 1651. As medidas anticatólicas tornaram-se mais rigorosas. A proibição de ter igrejas foi estritamente aplicada. Houve que regressar às Missas clandestinas, em casas com várias saídas ou fáceis de barricar, onde se adorava fervorosamente "o querido Senhor das águas-furtadas". A tolerância de que os batavos se gabavam só dizia respeito às diferentes variedades do protestantismo: arminianos e gomaristas, anabatistas ou outros; decididos daí em diante a tolerar-se entre si, não deram aos súditos de Roma nenhum direito ao mesmo tratamento.

Na Inglaterra, o surto católico passara a ter forma quase oficial. No começo do século, após a morte de Elisabeth, ainda se estava por decidir a partida entre a religião anglicana e o catolicismo. Para alguma coisa Jaime I (1603-1625) era filho de Maria Stuart. No seu primeiro discurso da coroa, dissera ele: "Reconheço a Igreja romana como nossa Igreja-Mãe, se bem que ferida de diversas fraquezas". Mas a sua política autoritária, o apoio que deu à Igreja estabelecida, o violento contra-golpe da Conspiração da Pólvora (1605) na opinião pública[25], a severa reação de Paulo V às decisões anticatólicas tomadas nessa altura, pareciam ter afastado qualquer possibilidade de reconciliação com Roma. Subsistia, porém, uma corrente que incitava ao grande retorno.

Quando, em 1625 — depois de ter fracassado um primeiro projeto matrimonial com uma espanhola —, o novo rei, Carlos I, se casou com Henriqueta da França, irmã de Luís XIII, os católicos viram nesse fato a oportunidade de reconciliar o trono com Roma. Bérulle apoiou a fundo esse plano, que foi conduzido imprudentemente. O piedoso cardeal acompanhou a princesa a Londres, com doze oratorianos. Fez com ela a peregrinação ao patíbulo de Tyburn, junto do qual repousavam os restos dos mártires da perseguição elisabetana — mas também os dos autores da Conspiração da Pólvora! Henriqueta recusou-se a receber a coroa das mãos do arcebispo "herético" de Cantuária. O culto "papista" foi restabelecido no palácio real, com um fausto que beirava a ostentação. Ao mesmo tempo, encetavam-se negociações, preparava-se a instalação de um vigário apostólico em Londres e, na expectativa do acordo, chegava à capital um núncio secreto. O cardeal Barberini e o beneditino Leandro estudavam a possibilidade de conceder aos ingleses a Comunhão sob as duas espécies, de reconhecer o casamento dos padres e de considerar válidas as ordenações anglicanas. Durante dois anos, pôde-se acariciar o sonho da união...

O plano fracassou. Em primeiro lugar, porque Carlos I, ainda mais autoritário que os seus antecessores, preferiu uma *High Church* devotada às suas ordens ao regresso ao catolicismo, que o teria privado desse meio de ação. Não há dúvida de que o homem que foi seu agente em toda essa questão — *William Laud*, arcebispo de Cantuária — "romanizou" o anglicanismo, aproximando os seus ritos e usos do cerimonial e costumes católicos; mas ninguém conseguiu saber se ele desejava ir mais além e promover a união. Inquieto com o descontentamento manifestado pelos súditos reformados, e também desejoso de retomar uma vasta política externa contrária à França, sustentando La Rochelle contra Richelieu[26], Carlos I mandou sair da Inglaterra os padres católicos, os criados e mulheres francesas que rodeavam a rainha. Esta chorou, agarrou-se às grades das janelas para os ver partir. O próprio rei a arrancou dali, e tão brutalmente que a deixou com as mãos ensanguentadas. A tentativa de catolicização da Inglaterra parecia ter terminado.

Depois, pouco depois, os acontecimentos propriamente políticos vieram tornar caduca essa possibilidade. A guerra civil, a vitória dos puritanos, a decapitação do rei (1649) e a ditadura de Cromwell assinalaram a ruína total do sonho de união. O "Protetor" declarou-se oficialmente tolerante, mas essa tolerância, como na Holanda, só se aplicava aos diversos protestantismos. "Se por liberdade de consciência — exclamava ele — se entende liberdade de celebrar Missa, prefiro agir francamente e declarar que, onde quer que o Parlamento da Inglaterra tenha o poder, a Missa será proibida". A Inglaterra estava destinada a continuar a ser um bastião protestante[27].

Irlanda e Polônia: inquietações católicas

Portanto, a estabilização que resultou dos Tratados de Westfália parecia ser, em conjunto, desfavorável ao catolicismo. Paralisado na Holanda, bloqueado na Inglaterra, obrigado a aceitar na Alemanha o *status quo* que consagrava as suas perdas, o catolicismo parecia forçado a admitir que, ao menos no plano territorial e político, tinha deixado de avançar. Mas havia algo pior: um bastião católico caía, outro estava gravemente ameaçado. Eram sintomas inquietantes.

A *Irlanda*, após a repressão infligida por Elisabeth às suas veleidades de independência, estava reduzida à servidão, privada das liberdades mais elementares, vigiada por impiedosos funcionários ingleses, submetida a uma pressão crescente da religião oficial[28]. Mas, agarrado ao credo católico com um fervor indomável, o povo de São Patrício tinha permanecido firme. A sua fé, sinal da sua liberdade e do seu direito de existir, era-lhe mais cara que a vida. Estava resolvido a tudo para conservá-la intacta.

Desde 1603, alguns movimentos esporádicos de agitação, mais ou menos encorajados pela Espanha, não tinham conseguido senão provocar represálias. Mas em outubro de 1641, num momento em que Carlos I passava por grandes dificuldades no solo inglês, os *Confederados católicos*, comandados por Phelim O'Neal, por Maguire e por More, desencadearam nos quatro cantos da Ilha uma rebelião em que, é preciso confessar, o furor popular, por longo tempo contido, se entregou a graves excessos. Houve colonos protestantes chacinados e fazendas pilhadas. Incapaz de restabelecer a ordem, Carlos I concedeu aos irlandeses a liberdade de culto (1646), ao mesmo tempo que o seu enviado secreto, o duque de Clamorgan, lhes pedia apoio na luta que o rei mantinha contra os puritanos. Entrar nesse jogo era atrair infalivelmente as iras de Cromwell, se fosse ele o vencedor, sem por outro lado haver nenhuma certeza de que, se triunfasse, Carlos I cumpriria a palavra. O núncio Rinuccini suspeitava de que ele fazia jogo duplo. Para mais, a situação era confusa na Ilha.

O Conselho de Kilkenny, que dirigia a Confederação católica, estava dividido entre duas tendências: a dos categóricos, com Orven O'Neill, que exigiam a restituição integral dos direitos e bens da Igreja; e a dos políticos, mais moderados, como Bellings e Preston, que queriam sobretudo entender-se com o rei e o seu governador, o marquês de Ormond. Tomando partido pelos primeiros, o núncio destituiu o Conselho, instalou outro e chegou ao ponto de excomungar Preston. A cizânia só aproveitava a Cromwell. Logo que se desfez do rei, o ditador tratou de reconduzir a Irlanda à ordem — ordem inglesa e puritana.

O que se seguiu foi atroz. Em poucos meses de campanha (1649), os "cabeças-redondas" tomaram conta da Ilha. Em Drogheda — precisou-o Cromwell no seu relatório —, quase todos os defensores foram passados à espada; os menos de trinta que tiveram a vida poupada foram deportados para as ilhas de Barbados. Em Wexford e em New Ross presenciaram-se horrores muito semelhantes a esse. "Esta amargura — escrevia ainda o Lorde Protetor — vai poupar muito sangue, se a bondade de Deus nos ajudar". Agrupados na região pantanosa do Alto Shannon, à volta do antigo centro monástico de Clonmacnoise, em vão os derradeiros combatentes continuaram uma luta sem esperança.

Em 1652, um *Act* votado pelo Parlamento da Inglaterra confiscava todos os bens dos irlandeses católicos, para os dar a antigos soldados das tropas puritanas. Os que não tinham participado da insurreição foram autorizados a instalar-se para os lados do oeste, nas terras estéreis do Connaught. Alguns preferiram fugir para as montanhas e resignar-se a uma existência encurralada. Quanto aos outros, tiveram de ficar como arrendatários nas suas próprias terras, passadas para mãos inglesas. A Irlanda católica parecia esmagada. Na realidade, porém, ia sustentar, séculos a fio, persistentemente, heroicamente, uma luta fundada numa esperança sobrenatural. No flanco da Inglaterra, como uma chaga, estava aberta a "questão irlandesa".

O outro grande bastião do catolicismo — o do Norte —, a *Polônia*, iria ter sorte semelhante? Em meados do século, havia motivos para formular essa pergunta, e os presságios que se observavam eram inquietantes. E todavia o retorno do grande reino nórdico à fé católica, retorno entusiasta e decidido, fora um dos grandes acontecimentos da Contrarreforma[29]. No limiar do século XVII, Sigismundo III (1587-1632), discípulo do célebre jesuíta Warszewicki, tinha acabado de fazer do seu país uma cidadela de fé romana no meio dos territórios luteranos ou ortodoxos. Polonismo e catolicismo estavam cada vez mais identificados. A "Convenção de Varsóvia", estabelecida em 1573 como compromisso entre as igrejas rivais, depressa se tornara letra morta. As comunidades protestantes haviam perdido, de fato, o direito ao culto público, muito antes de esse direito lhes ser oficialmente retirado, em 1632. Os escritores reformados estavam reduzidos ao silêncio, ao passo que se multiplicavam os libelos e panfletos católicos. Starowolski e Kobierzycki mostravam nas suas obras que a Polônia, também ela filha-primogênita da Igreja, devia ao catolicismo a sua grandeza e as suas virtualidades. E os bispos empreendiam um esforço de autêntica reforma, assim como os jesuítas e os filhos e filhas de São Vicente de Paulo, vindos da França.

No entanto, esse bloco romano, que parecia tão sólido, tinha uma fissura e estava interiormente ameaçado por um sistema político absurdo, cujo primeiro objetivo era garantir à nobreza as suas liberdades e privilégios. A coroa era eletiva. Os soberanos juravam os *pacta conventa*, que lhes eram impostos por uma vintena de riquíssimas e poderosas famílias, os "magnatas". O cúmulo do absurdo viria em 1652, com o reconhecimento do *liberum veto*, isto é, do direito de cada deputado se opor sozinho a qualquer deliberação da Dieta! Era um regime tanto mais deplorável quanto a verdade é que a República da Polônia — um Estado imenso e complexo, que ia do Báltico ao Mar Negro e do Oder ao Dniepre, e que continha no seu seio diversos povos estrangeiros — estava agora cercado por inimigos de dentes afiados: a Suécia, que queria fazer do Báltico um lago sueco; a Prússia, que o Grande Eleitor Frederico-Guilherme (1640-1688) ia guindar a altos destinos; a Rússia, que trabalhava os cossacos da Ucrânia; e a própria Turquia, que empurrava os tártaros da Crimeia.

Uma sucessão de crises, eis o que foi, portanto, a história da Polônia durante a primeira parte do século XVII. Ligado ao Império na guerra europeia, Sigismundo III Vasa foi derrotado, perdeu o trono da Suécia e esteve a ponto de perder o próprio trono da Polônia (1629-1632). Depois, seguiu-se uma política indecisa, que tão depressa aproximava o país da França como o aproximava dos Habsburgos, sem grande visão e sem proveito. Surgiu uma crise dinástica: Ladislau IV (1632-1649) e João Casimiro (1649-1668) morreram sem herdeiros. A seguir, foi a vez das crises religiosas: o protestantismo levantava cabeça; a conferência convocada por Ladislau IV para Thorn, a fim de procurar um *modus vivendi*, nada concluiu. Pior: nasceu a discórdia no próprio seio do catolicismo. Os jesuítas, difamados pelos famosos *Monita Secreta* do trânsfuga Zanorowski[30], foram violentamente atacados, tiveram muitos dos seus colégios e residências pilhados, e por fim foram expulsos da Polônia! Uma luta sórdida entre os "magnatas" e o alto clero pela posse de terras chegou a incidentes sangrentos, como o de Wilno, em que o voivoda e o bispo se combateram até à morte.

Como estranhar que, em tais condições, a Polônia aparecesse como presa para os adversários que a cercavam? Em 1649, os povos submetidos, tártaros, cossacos e rutenos, sublevaram-se, apoiados pelos russos, pelos suecos e pelos prussianos, e com cumplicidades até no seio da nobreza. Em 1655, o país esteve a dois passos da ruína. Varsóvia foi tomada duas vezes pelos suecos. Os santuários de Jasna Gora e de Czestochowa salvaram-se graças ao heroísmo dos seus monges. Aprisionado pelos cossacos, o jesuíta *Santo André Bobola* foi morto (16 de maio de 1657) no meio de pavorosas torturas[31]. Em 1657, pelo Tratado de Wehlau, a Polônia teve de renunciar à suserania sobre a Prússia. Em 1660, pelo Tratado de Oliva, perdeu a Livônia. Eram sintomas do drama que, no decurso do século XVIII, ia lançar por terra a maior nação católica do Norte.

Blocos católicos, blocos protestantes

Se a contraofensiva católica cessara, não devemos dizer que se tivesse abandonado o espírito que a havia animado. Pelo contrário. Na Europa cristã de meados do século, sempre dilacerada, subsistiam os antigos núcleos de resistência, onde a fé romana se mostrava dura, intransigente, indomável — tão dura, intransigente e indomável como podia ser a fé protestante nos bastiões da Reforma erguidos do outro lado.

Os bastiões do catolicismo intransigente situavam-se nos domínios dos Habsburgos ou entre os que sofriam fortemente a sua influência. Nessas regiões, o espírito da Contrarreforma persistia e fazia triunfar os seus princípios. Mas a que preço!

Viena e os Estados hereditários austríacos constituíam o primeiro desses bastiões, no coração da Europa. Em primeiro lugar, Viena, com as suas inumeráveis igrejas, as suas três universidades católicas, a incrível multidão de religiosos de todos os hábitos que deambulavam pelas suas ruas. Até ao fim do século, e mesmo além dele, o velho ideal de luta contra a heresia estará muito ativo, exaltado pela inflamada eloquência do capuchinho veneziano Marco de Aviano e pelo agostiniano Abraão de Santa Clara, o mesmo que vimos em ação na Boêmia e na Hungria.

Na Boêmia, de modo atroz. A seguir à batalha da Montanha Branca, a repressão fustigara o rebelde país checo, associada a uma política de virulenta catolicização. Não fora em vão que o capuchinho Sabinus pregara diante de Fernando II sobre o tema bíblico: "Tu os castigarás com vara de ferro!" Impelido pelo embaixador da Espanha, Dom Onato, pelo cardeal Dietrichstein, por políticos ferozes, como Plateis e Slavata, o imperador escutara-o demasiado à letra. Na grande praça de Praga, tinham rolado vinte e sete cabeças de uma só vez, uma das quais a de um velho de oitenta e seis anos. Condenados a açoites ou à cadeia, os protestantes checos não tinham tido outro remédio senão fugir. Os desfiladeiros do Riesengebirge e do Böhmerwald tinham-nos visto passar em lamentáveis bandos: mais de trinta mil, enquanto todas as suas terras eram confiscadas e dadas a católicos. Pela Constituição de 1627, o catolicismo fora declarado religião oficial e obrigatória. Os jesuítas, confessores dos Habsburgos, tinham obtido o domínio de toda a Igreja checa, erigida em "quarto Estado", o primeiro nas assembleias do reino. Aliás, nem sempre a ação da Companhia fora deplorável. Os seus pregadores, como Colens e Chanovski, tinham feito um trabalho autenticamente apostólico, e a restauração do culto de São Nepomuceno, mártir no século XIV, contribuíra para reacender a fé. Mas quantas violências em comparação com um ou outro resultado feliz!

Durante trinta anos, o país checo gemeu, arquejando de dor. *As lágrimas de sangue da Boêmia*, obra de Holyk editada no exílio, pintaram esse quadro tristíssimo. Debalde dois sucessivos arcebispos de Praga — Lohélius e Von Harroch —, o heroico capuchinho Valeriano Magni, milanês consagrado à causa da aproximação com os protestantes[32], o cardeal Bilenberk e mesmo o jesuíta Balbyn repetiam em tom patético que os hereges deviam ser tratados como irmãos e reconduzidos à verdadeira fé por meio da bondade e dos santos exemplos... Em 1º de fevereiro de 1650, um edito imperial punia com a morte ou a prisão perpétua qualquer não-católico que fosse descoberto na Boêmia a partir de 15 de março desse ano. Uma Contrarreforma levada a cabo dessa maneira podia merecer admiração?

O mesmo espírito tinha Viena querido aplicar na Hungria, nesse resto da Hungria imperial que sobrara depois de os turcos terem ocupado dois terços do país. Ajudado pelos funcionários austríacos, o cardeal-arcebispo de Gran — o jesuíta Pazmany, uma das cabeças da Contrarreforma política e militar — fizera reinar o terror, condenando os protestantes às galés, na esperança de os converter! Aí, no entanto, a reação embatera nos "magnatas", a maioria reformados — os Gabor, os Raköczy —, que conseguiram vencer um exército imperial em 1645. Em consequência, foi assinada uma paz pela qual se reconhecia em princípio a liberdade religiosa — paz que Viena, intimamente, lamentava e não tardaria a pôr em causa.

O outro bastião da Contrarreforma era a Espanha, integralmente fiel ao ideal de Filipe II. Madri assemelhava-se a Viena, superando-a em violência sob o reinado de Filipe III o Piedoso e o de Filipe IV, que, após uma vida de paixões, se fizera devoto de Maria de Agreda. Praticamente já não havia protestantes em toda a Península: a Inquisição liquidara-os. Mas a vigilância do Santo Ofício continuava, e os seus meios de ação eram ainda poderosos.

À falta de hereges cristãos, atirava-se aos últimos mouriscos, esses mal-convertidos do islamismo que, embora estreitamente controlados desde a revolta dos Alpujarras e o edito de Filipe II, não deixavam de praticar em segredo a religião muçulmana e intrigavam com o sultão de Marrocos. Foram, pois, perseguidos sem quartel até ao Algarve, no extremo sul de Portugal, onde se aferravam os últimos núcleos. Foram também apanhados alguns judeus, outro gênero de inconformistas.

Os mesmos métodos se praticaram nos territórios submetidos à Espanha. Nos Países-Baixos católicos, na atual Bélgica, o protestantismo recuava nitidamente; só persistia em pequenos centros, como Roulers, Tourhout, Ypres e Bruges. Tratava-se, porém, de impedir que a influência dos Países-Baixos do Norte, heréticos, contaminasse as regiões católicas. Para isso, o Santo Ofício vigiava de perto as universidades, denunciava todos os desvios doutrinais e em breve se ergueria contra o jansenismo, "protestantismo refervido".

O mesmo aconteceu na própria Itália, apesar de o perigo protestante ser praticamente desprezível. Em Nápoles e nas Duas Sicílias, imperou um verdadeiro terror inquisitorial. Em toda a Península, restavam como grupos heréticos de alguma importância apenas os valdenses, refugiados nos altos vales dos Alpes desde a perseguição que se abatera sobre eles em meados do século XVI[33]. Enfeudado à política espanhola, o duque da Savoia desencadeou contra eles, em 1655, uma campanha terrível que ia durar trinta anos e reduzir a nada as suas humildes comunidades fraternas. Também ali se mantinha o espírito da Contrarreforma.

Para um coração verdadeiramente cristão, tudo o que acabamos de ver não tem nada de belo. Mas, no clã protestante, a situação era exatamente paralela. Foi o caso da Inglaterra e o da Holanda. Em face dos blocos católicos, erguiam-se moles protestantes não menos abruptas e duras.

Em primeira linha, é óbvio, a velha Genebra de Calvino. Rodeada de "papistas", de costas para os cantões suíços que ainda lutavam periodicamente entre si — católicos contra protestantes –, a austera cidadela permanecia impermeável a qualquer penetração católica. É certo que, de tempos a tempos, algum padre era tão ousado que ia levar a comunhão romana ao interior da cidade santa; mas, quando o descobriam, era metido na cadeia, juntamente com o atrevido que lhe dera hospedagem. Em 1621, o Consistório decretara a pena de morte contra qualquer calvinista que regressasse aos ídolos católicos. Os pastores foram proibidos de participar de enterros e de rezar sobre as sepulturas. A ditadura religiosa das margens do Léman não era muito menos rigorosa que nos tempos do pálido picardo. Um jovem francês de Annecy, de nome Remond, que escarneceu publicamente dos Senhores Pastores e pôs em dúvida a verdade da Sagrada Escritura, foi condenado à morte e conduzido ao local de execução, tendo sido indultado justamente no momento em que ia subir os degraus do cadafalso. O Consistório arremetia contra os teólogos reformados que não partilhavam da crença rígida na predestinação, quer fossem os sequazes de Arminius da Holanda, quer os de Amyrault na França, quer os de John Dury na Inglaterra. Se não restasse neste mundo senão uma cidadela intacta da pura fé calvinista, essa seria Genebra!

... A não ser que fosse a Escócia, tal como fora moldada por John Knox, discípulo de Calvino e talvez ainda mais implacável que o mestre[34]. Ali reinava a igreja presbiteriana, com o seu *Livro de Disciplina*. Tudo o que recordasse a "libré da Besta" lhe causava horror. Quando Laud, arcebispo anglicano e ministro do rei de Londres, tentou em

1637 introduzir na Escócia a liturgia e as orações oficiais, um verdadeiro motim rebentou na catedral de Edimburgo, e uma velhota atirou com o seu banquinho à cabeça do deão. Vitoriosa na Inglaterra, na guerra feita ao lado de Cromwell[35], a igreja escocesa considerava-se investida por Deus no dever de manter pura, intacta e intransigente a fé da Reforma.

No entanto, os países nórdicos podiam disputar à Escócia e a Genebra uma tal honra. Na Dinamarca, tinham sido editadas leis de exceção contra os católicos em 1613, 1624 e 1643, e Cristiano V, depois do seu golpe de Estado de 1660, ainda as iria reforçar. Na Suécia, a formação de uma monarquia forte e independente por Gustavo Vasa ficara intimamente vinculada à adoção do luteranismo. Em vão a Santa Sé e os jesuítas tinham tentado reverter essa opção nos tempos de Sigismundo. Gustavo Adolfo fora a espada flamejante da fé luterana, à qual se devotara apaixonadamente. Iria a sua própria filha, *Cristina* (1626-1689), quebrar esse vínculo? Aos vinte e dois anos, desiludida do luteranismo, descobriu o catolicismo em conversas com Descartes e com o embaixador da França, Chanut. Quis encontrar-se com alguns jesuítas que haviam desembarcado secretamente, disfarçados de personagens nobres, e, em 1652, decidiu abjurar. Mas a pressão protestante era tão forte no seu reino e ela conhecia-a tão bem, que nem sequer ousou fazer-lhe frente. Abdicou, fugiu, vestida de homem, e foi para Roma, onde pronunciou uma abjuração espetacular, seguida de longos anos de vida muito aventureira e nem sempre muito católica. Depois dela, seu primo Carlos Gustavo e, em seguida, Carlos V reforçaram as posições anticatólicas. Quem quer que se convertesse seria banido e teria os seus bens confiscados. Nenhum padre poderia entrar no reino.

Blocos católicos de um lado; blocos protestantes do outro: por toda a parte, a intolerância. Se, no plano político, a Europa mudava de bases, no plano religioso continuava presa aos erros e ao fanatismo do passado...

Que sejam um!

Ia-se perpetuar assim, na nova Europa, na Europa "moderna", o grande escândalo dos cristãos divididos. E nada indicava que algum dia pudesse nascer a esperança de pôr fim a essa divisão. "Que eles sejam um, como Nós somos um!" A oração de Cristo continuava sem eco. A unidade religiosa, reflexo vivo da Unidade trinitária, estava tão quebrada como a unidade política.

Houve, porém, algumas almas que não se resignaram a semelhante escândalo, assim como havia alguns espíritos — muitas vezes os mesmos — que não aceitavam o fracionamento da Europa. É uma história emocionante, demasiado ignorada dos cristãos, a história de todas as tentativas feitas por homens generosos no sentido de unir as igrejas e reconstituir o único Corpo Místico, quando o esfacelamento parecia definitivo. Surgiram em ambos os campos.

Do lado católico, príncipes como Adam de Schwartzenberg, amigo do príncipe-eleitor protestante do Brandenburgo, ou os soberanos de Varsóvia, sobretudo Ladislau IV; altos prelados como o bispo polaco de Lubienski ou os dois arcebispos sucessivos de Praga; monges como o capuchinho milanês *Valeriano Magni* (1586-1661), cujo papel na Boêmia, após a Montanha Branca, foi, como já vimos, admirável, ou o beneditino Leandro, que preparou com Roma o regresso dos anglicanos — foram todos eles homens dominados pela ideia de estabelecer contatos e conversações em que pessoas de boa vontade estudassem as questões litigiosas, em espírito de verdadeira caridade. E havemos de ver que a política de Richelieu para com os protestantes, longe de o situar no clã dos fanáticos, talvez seja explicável por adesão profunda a essas intenções. Junto a ele, os jesuítas Audebert e Dulaurens, o próprio *Père Joseph*, um outro capuchinho, o padre Hyacinthe, e o pároco de Charenton, Véron, conheceram decerto esses grandes projetos e apoiaram-nos com mais ou menos força.

No outro campo, encontramos o ilustre jurista holandês *Hugo Grócio*, que já vimos elaborar um plano para a reunificação dos Estados da Europa e promover o direito das gentes. "Durante a minha vida inteira — escrevia ele a um amigo —, ardi no desejo de reconciliar o mundo cristão". Na verdade, aos seus olhos, os dois projetos deviam coincidir: só o Evangelho e seus preceitos podiam constituir as bases morais dos Estados Unidos da Europa, e, por outro lado, que força podia ter um cristianismo cujos filhos continuassem a digladiar-se? Protestante de tendência arminiana, ou seja, oposta a uma doutrina da predestinação demasiado rigorosa[36], Grócio tinha horror a todo o sectarismo. E julgava com especial severidade o de tipo genebrino: "Em toda a parte onde se estabelecem os homens de Calvino — escrevia ele —, perturbam tudo". À Igreja Católica, censurava as misérias morais, o abuso escolástico da especulação, os excessos na devoção à Virgem Maria e aos santos (a consagração à Virgem de Luís XIII dera-lhe vontade de rir). Mas teve a coragem de escrever que o doloroso fracionamento do protestantismo em seitas só poderia acabar se todas as igrejas da Reforma se unissem à Sé de Roma. "Essa Sé sem a qual — dizia ele — não se pode esperar nenhum governo comum da Igreja".

Menos firme no seu pensamento, menos lógico, *Georg Calisto* (1586-1656) não se mostrava menos generoso que

Grócio. Era um luterano, professor da Universidade de Helmstaedt. Começando por defender que cessasse a divisão das Igrejas reformadas, acabou por sonhar com uma união de todas as confissões cristãs, incluídas a católica e a ortodoxa, e propôs a todas a limitação dos dogmas aos "artigos fundamentais" da fé, tais como eram reconhecidos durante os primeiros séculos, deixando, quanto ao resto, a cada uma das igrejas o direito de ensinar o que quisesse. Quimera, evidentemente, esse cristianismo "básico", esse ingênuo sincretismo. Mas não se pode duvidar da generosidade e da nobreza do pensador que o arquitetou[37].

Aonde foram parar todas essas largas intenções? Não muito longe, devemos confessar. Calisto foi furiosamente atacado pelos teólogos reformados, que o acusavam, e ao seu amigo Conrad Hornejus, de não passarem de traidores, vendidos à causa romana. Na sua obra, encontraram nada menos que 28 proposições heréticas... Sorte semelhante sofreu Grócio: durante a sua embaixada em Paris, os luteranos de Upsala mandavam-no espiar por homens a quem pagavam para o denunciar ao governo de Estocolmo. Trabalharam tão bem que o grande jurista pediu que o chamassem de volta para a corte sueca. Por sua vez, Valeriano Magni foi objeto de grande cólera por parte dos jesuítas, e teve de haver-se com relatórios que choviam no Santo Ofício contra ele: acabou por ser preso. Se Richelieu tivesse vivido o suficiente, talvez viesse a levantar decididamente a questão da unidade na hora das negociações da Westfália; mas morreu antes do fim da guerra. As negociações iniciadas por Grócio durante as conferências de Osnabrïick a nada conduziram, e o ilustre holandês morreu pouco depois, num naufrágio. Não era possível exigir de Mazarino o prosseguimento de tão nobre e ampla política. Contra os sonhos de união, os pastores gomaristas de Dordrecht e os teólogos genebrinos eram tão duros como os católicos Neuhaus e Vitus Ebermann. Em nenhum dos muitos artigos assinados na Westfália se tratou da unidade.

No entanto, esses belos projetos não foram abandonados. Os discípulos de Grócio continuaram o pensamento do mestre, designadamente Vondel, o poeta convertido. Georg Calisto continuou o seu apostolado até o momento da morte, fazendo frente às violências desencadeadas contra ele. Houve mesmo tentativas concretas de debates: em Rheinfels (1651), a convite do landgrave Ernest de Hessen-Rheinfels, com a assistência de Valeriano Magni; depois em Frankfurt e em Ratisbona, por iniciativa do jesuíta Jacques Massen; e na Polônia, em Thorn, respondendo ao apelo de Ladislau IV. Nenhum deles deu resultado. Mas não deixavam de ser sintomas de um estado de espírito diferente da intolerância geral, por mais débil que fosse. E esses sonhos despertaram eco na alma de um jovem padre francês, Jacques-Bénigne Bossuet, e na de um jovem filósofo alemão, Leibniz, que retomariam mais tarde o diálogo. Cedo ia entrar em cena o generoso franciscano Spínola[38]. Mas, em meados do século, as hipóteses de uma união das igrejas e mesmo de um real apaziguamento dos espíritos eram tão fracas que podiam ser tidas por nulas.

Richelieu e os protestantes

E a França? Onde situá-la nessa Europa de meados do século, em que parecia que a intolerância triunfava por todo o lado? Entre os blocos católicos, imbuídos da Contrarreforma? Era entre eles que o país tinha visto os seus piores adversários. No campo protestante? Nem pensar nisso! Desde a “Missa do rei Henrique”, era evidente que o reino de São Luís permaneceria integralmente fiel à fé romana. A política externa do governo francês durante a Guerra dos Trinta Anos mostrara-se alheia aos imperativos religiosos; mas, nesse campo, ainda se podia pensar que agira unicamente por uma clara consciência dos seus interesses. Mas fora diferente a sua política interna? Imitara a Áustria ou a Espanha, impondo a todos os súditos a unidade da fé? De modo nenhum. Pelo contrário, oferecera a todo o mundo o exemplo, a bem dizer único, de um Estado pronto a respeitar as consciências. Tal política, herdada da sabedoria prática de Henrique IV, fora também a política de alguém que, nesse ponto mais que em qualquer outro, patenteara a profundidade da sua visão: *Richelieu.*

O Edito que o prudente rei Henrique assinara em Nantes, em 1598, fundara verdadeiramente a paz religiosa? Era lícito duvidar. Na sua quase totalidade, os franceses tinham olhado esse edito como trégua política e armistício militar imposto pelo esgotamento geral, muito mais que como carta-magna da igualdade de crenças. "Isto me crucifica...", exclamara o papa Clemente VIII, ao ler o texto do Edito, "a liberdade de consciência é a pior coisa do mundo". Protestantes como Calvino e Teodoro de Beza sempre tinham proferido aforismos muito parecidos com esse. Em diversos pontos do reino, muitos católicos tinham-se oposto à aplicação do Edito. Por seu lado, onde quer que tivessem força, os protestantes alargavam o melhor que podiam os direitos que lhes haviam sido concedidos e não se privavam de escarnecer dos padres e das Missas. Para qualquer dos campos, infringir o estipulado no texto significava servir a Deus e a Verdade.

Era, pois, bastante provável que o conflito se reacendesse. E certos dados de natureza política podiam provocá-lo. Henrique IV concedera alguns direitos à minoria huguenote, precisamente para evitar que nova onda de intolerância arruinasse a sua obra. Por exemplo: para que a justiça fosse imparcial, tinham sido constituídas, em Paris, Grenoble, Castres e Nérac, câmaras compostas de conselheiros das duas confissões, as chamadas "Câmaras paritárias", o que era uma excelente medida de garantia. Garantia bem menos benéfica era a que consistira em dar aos reformados *praças de segurança*, em número de 150, nas quais teriam o direito de manter guarnições. Como escreveria Richelieu, isso era exatamente o mesmo que permitir aos protestantes "partilhar o Estado com o rei". Assim surgira um verdadeiro "Estado dentro do Estado", com La Rochelle por capital, dotado de tropas, marinha, embaixadores — dois deputados o representavam perante o soberano — e política externa própria que lhe permitia manter relações diretas com a Inglaterra, os Países-Baixos e os príncipes protestantes alemães. "Para falarmos sem rodeios — exclamava o chanceler Pasquier —, esse Estado formado dentro do Estado é uma aberração! Nesse movimento, não está em jogo a religião, mas a obediência".

O perigo era, pois, incontestável. Tanto mais que, favorecidos pelas incertezas e perturbações subsequentes ao assassinato de Henrique IV, os elementos mais violentos do clã protestante, com Henri de Rohan à cabeça, haviam prevalecido sobre os "prudentes" conduzidos pelo velho Duplessis-Mornay. Tinham reclamado do governo a reparação das suas praças, o soldo integral para os seus soldados, enquanto a Igreja protestante se organizava como verdadeiro partido, com o território dividido em dezesseis "províncias" e oito "círculos", e um governo central que impunha as suas decisões por todo o lado. "Felonia!", gritava o mesmo Pasquier. E o termo estava bem perto de ser justo.

Por mais fraco que fosse, podia um governo fechar os olhos a semelhante ruptura do Estado? Quando Luís XIII, vendo a seus pés o cadáver de Concini, pensara tomar o comando do seu reino, logo encetara uma reação. O Béarn, onde os protestantes tardavam em restituir os bens eclesiásticos ao clero católico, fora ocupado pelas tropas reais (1619). No ano seguinte, a Assembleia huguenote de La Rochelle ripostara com medidas nitidamente insurrecionais: os oito "círculos" tinham sido erigidos em governos militares; o duque de Bouillon, chefe do primeiro círculo, fora nomeado comandante de todo o exército protestante, embora o comando de fato pertencesse a Rohan e a Soubise, seu irmão. O rei reagira de novo, enviando tropas para a região de Charente e contra Montauban. Mas, deploravelmente comandadas pelo favorito Luynes, promovido a condestável, as operações tinham sido uma espécie de farsa; uma mina, destinada a abater as muralhas da cidade, fizera saltar, por engano, uma parte do acampamento real... Só algumas derrotas sofridas pelos protestantes no Poitou e perto de Rouen os haviam levado a aceitar, na Paz de Montpellier (1622), juntamente com a reafirmação dos princípios do Edito de Nantes, a supressão das praças de segurança, exceto Montauban e La Rochelle. De fato, porém, o problema do "Estado dentro do Estado" não se solucionara.

Foi a esse problema político que Richelieu se dedicou desde que recebeu o poder, em 1624. Problema político. Importa insistir nestas palavras, pois nada seria mais falso que olhar aquele a quem chamarão "o cardeal de La Rochelle" como ferrabrás de hereges e campeão da intolerância... Esse papel, ele deixou-o aos membros do "partido devoto", que não estavam entre os seus aliados...

Richelieu não gostava dos protestantes. Escrevera contra a teologia reformista os *Principais pontos da fé da Igreja Católica* e, já nos Estados Gerais de 1615, como orador pelo clero, denunciara os seus abusos. Mas, embora estivesse decidido desde o início a "arruinar o partido huguenote » e, nesse domínio como em outros, a "erguer o nome do rei", jamais cedeu à tentação de impor pela força a sua fé e a obediência à sua Igreja. Submeter à ordem uma facção política, "esse é o nosso fim e o nosso desígnio", dizia; mas acrescentava: "O resto é obra que temos de esperar do Céu, sem nunca lançar mão de nenhuma violência a não ser a da vida reta e do bom exemplo". Linguagem verdadeiramente cristã, bastante rara nesse tempo.

O partido huguenote não se tinha desarmado. Se é certo que alguns dos chefes, como La Force e Lesdiguières, se haviam deixado conquistar por pensões, por um bastão de marechal e por uma espada de condestável, os humildes continuavam ferozmente contrários a qualquer acordo duradouro com os católicos e sonhavam cada vez mais com vir a constituir, nas províncias do Oeste, à maneira dos seus amigos holandeses, as "Províncias Unidas" do protestantismo francês. A presença de uma fortaleza, o Fort-Louis, construída expressamente para vigiar a entrada de La Rochelle, irritava-os grandemente, e os mais exaltados falavam abertamente em assaltá-la. "Ou o forte toma a cidade, ou a cidade toma o forte!" — diziam eles. Acaso podia um ministro enérgico tolerar tais atitudes?

A primeira escaramuça foi em 1625-1626. Vendo Richelieu ocupado com o complicado caso da Valtelina, e sabendo que não estava ainda muito seguro na Corte, os mais violentos chefes protestantes reclamaram o desarmamento do Fort-Louis. Como não o conseguiram, sublevaram-se. Soubise ocupou a ilha de Ré, bombardeou uma frota real na foz do Blavet, instalou-se depois na ilha de Oléron, enquanto, ao apelo de Rohan, toda a região huguenote se revoltava, do Atlântico a Nîmes. Tentativa louca, com todo o ar de traição, e até desaprovada pela Inglaterra e pelos Países-Baixos, ao passo que a Espanha a apoiava em segredo. As alianças tinham-se revertido curiosamente e o aspecto político do conflito tornara-se bem evidente. O cardeal estava demasiado ocupado com a situação internacional para prolongar uma luta em que não lhe parecia poder vencer totalmente. E quando a frota real, apoiada por navios ingleses e holandeses, retomou Ré e Oléron, ofereceu aos rebeldes uma paz de *statu quo*, limitando-se a exigir a instalação de um comissário régio em La Rochelle. Mas não ia esquecer a traição.

Minuciosamente, preparou a cartada decisiva. A opinião geral estava com ele. Os homens ponderados, como o presidente de Bordeaux, viam em La Rochelle "o primeiro e o último motor da rebelião". O partido devoto esperava servir-se da ocasião para levar a cabo um vasto proselitismo. O papa pensava o mesmo. Os chefes militares "ambicionavam abrir por meio da guerra o caminho da grandeza", na palavra do embaixador de Veneza.

Só alguns nobres, políticos mais sutis, duvidavam de que fosse razoável dar ao cardeal uma vitória que acabaria por fazer dele senhor da França. "Vereis que havemos de ser suficientemente doidos para tomar La Rochelle!" — exclamava, rindo, o jocoso Bassompierre. O homem eficaz de toda a empresa foi o *Pére Joseph*, em quem o capuchinho não absorvia de todo o antigo soldado e que desempenhou com felicidade o papel, inesperado, de chefe do Estado-Maior geral, planejando os primeiros assaltos, o ataque, o cerco e até o reabastecimento das tropas, com uma perfeição que alguns qualificaram de napoleônica, enquanto a sua pena veemente, em numerosos panfletos, demonstrava à França e ao mundo por que é que "a cabala dos rochelenses" tinha de ser subjugada.

O *Cerco de La Rochelle* começou no princípio do outono de 1627. Ia durar um ano. São conhecidos os episódios.

É um desses capítulos da história cujas imagens se imprimiram na memória em cores vivas e não se apagam. O franzino cardeal, coberto de uma couraça cor de água, de calção e botas fulvas, inspecionava as tropas. Estava "muito pálido e pensativo", e o vento do oceano fazia flutuar o penacho do seu grande chapéu de feltro. Perto dele, encontrava-se o rei, fidelíssimo, "cuja presença equivalia a cem mil homens". Reuniram-se meios consideráveis: 25 mil infantes, canhões novinhos em folha, com a divisa do regalismo político — *ultima ratio regum* —, frotas que se tinham improvisado em três anos.

Do outro lado, encerrada por trás dos seus muros, uma população bravíssima — 30 mil almas —, convicta de estar a defender, juntamente com a vida, princípios mais altos que a própria vida; uma guarnição de velhos soldados habituados à guerra havia muitos anos, e o *maire* Guitton, ameaçando cravar um punhal no coração de quem quer que falasse de rendição. Do lado da terra, uma trincheira de doze quilômetros fechou a cidade; do lado do mar, bloqueou-a um dique de mil e quinhentos metros de comprimento por oito de largura, erguido em seis meses. Em vão, por duas vezes, a Inglaterra, que voltara ao campo protestante, enviou a frota de Buckingham para tentar romper o bloqueio. A fome tornava-se pavorosa; os cadáveres que juncavam as ruas da cidade estavam tão ressequidos pela penúria que nem apodreciam. Tiveram de render-se. Foi a 28 de outubro.

Então, numa imensa revoada de sinos e no meio da euforia geral, deu-se a entrada triunfal. Precedido de guardas-avançadas, o cardeal vencedor tremeu de febre e estava tão pálido que causava medo. Calmo, o *Père Joseph* corria a um dos templos, tratava de fazê-lo consagrar como catedral e celebrava nele a primeira Missa. Tinha sido escrito um capítulo decisivo da história religiosa da França.

Que Rohan continuasse ainda de posse das Cevenas, já pouco importava; mais alguns meses, e ele se veria também forçado a ceder. O episódio militar estava encerrado. Demonstrara que a monarquia francesa não toleraria mais no seu seio qualquer facção decidida a discutir as suas ordens — um "Estado dentro do Estado". No plano religioso, porém, a tomada de La Rochelle, que encerrava um capítulo — o do partido protestante —, abria novas perspectivas. E foi aí que a política de Richelieu veio a revelar-se infinitamente mais generosa que aquela que os fanáticos teriam esperado dele.

Ao entrar na cidade conquistada, uma das primeiras ordens do cardeal foi proibir qualquer pilhagem, toda e qualquer represália, e mandar reabastecer urgentemente os habitantes. Conversou com Guitton, em tom quase amigável, perguntando-lhe o que pensava dos soberanos da França e da Inglaterra, ao que o heroico vencido respondeu: "Penso que é melhor ter como rei aquele que tomou La Rochelle do que aquele que foi incapaz de a defender".

Sábia política, que a *Paz do Perdão* de Alais (28 de junho de 1629) confirmou luminosamente. Os protestantes perdiam os privilégios e as praças de segurança, assim como todos os meios de se organizarem como facção; mas obtinham a clara prova de que não era por "motivos religiosos" que tinham sido combatidos e que, "na qualidade de súditos, o cardeal não fazia nenhuma distinção entre eles e os católicos". Todas as cláusulas propriamente religiosas do Edito de Nantes foram confirmadas.

Por parte de Richelieu, acaso foi somente um ato de grande sabedoria prática, um desses gestos de apaziguamento em que a generosidade e a habilidade se confundem, no interesse supremo da comunidade nacional? Não apenas isso. Dá toda a impressão de que essa política esteve associada no seu espírito a intenções mais profundas. Procurou ele reconduzir à fé católica esses protestantes vencidos? Com certeza; mas sem usar de força nem sequer de pressão. Se alguns agiram assim, não foi por ordens suas. Pelo contrário, o que ele fez foi encorajar missões em zonas protestantes e mostrar especial boa vontade para com os que se convertiam. E a verdade é que uma tal política, moderada e persuasiva, parece ter dado frutos: as estatísticas provam que, entre 1627 e 1637, o efetivo dos pastores baixou 10% a 17% consoante as regiões, e que o número de fiéis protestantes foi sendo cada vez menor, desde o Perdão de Alais até 1661. Num vilarejo como Leyrac, caiu de trezentos para sessenta.

Mas não devemos ficar por aqui. Há numerosos indícios de que o cardeal-ministro viu na sua política para com os protestantes um meio de favorecer a ideia da união das igrejas, pela qual se inclinava. Historicamente relevante é o fato de que, durante a estadia de Grócio em Paris, Richelieu teve longas conversas, muito amigáveis, com o holandês nomeado embaixador da Suécia e zeloso propagandista da causa da união. Aconselhado pelo cardeal, o jesuíta Audebert propôs aos reformados um colóquio em que pastores e padres debateriam os pontos de desacordo. Quando o ex-jesuíta François Véron, pároco de Charenton, preconizou um catolicismo um pouco simplificado, desembaraçado das sobrecargas escolásticas, ao qual, segundo pensava, os protestantes poderiam aderir, as autoridades deixaram-no de mãos livres para defender tais teses do próprio púlpito de Saint-Germain, até que Roma veio a condená-lo.

Tomaram-se até providências que denotam uma clara intenção de apaziguamento, se não de aproximação. Por três vezes — 1633, 1635, 1636 —, o Conselho do Rei proibiu os católicos de qualificarem publicamente os protestantes como hereges. Em 1637, o secretário de Estado La Vrillière, chamado a pronunciar-se sobre uma decisão do bispo de Montpellier contra os casamentos mistos, desautorizou-a. Mais surpreendente ainda: os protestantes já em 1631 obtiveram subvenções oficiais para reunirem os seus sínodos, e até 60 mil libras para as suas escolas. Eram outros tantos indícios de uma política que ia muito além do propósito de trazer ao bom caminho uma facção rebelde, de uma política que permite ver a uma luz adequada aquela que Richelieu pôs em prática na Alemanha e que não obedecia somente aos imperativos do interesse.

É impressionante ver que o movimento teve continuidade, pelo menos numa elite de almas generosas. Houve aproximações entre católicos e protestantes. O pastor Amyrault, de Saumur, jantou um dia com o bispo de Chartres (com grande irritação dos pastores genebrinos, que, ao saberem disso, desferiram veementes censuras). Um pastor de Nîmes, Petit, estava nas melhores relações com o arcebispo de Toulouse. O pároco de Puylaurens fazia os seus fiéis rezarem pelo pastor local, que estava doente. O bispo Godeau era amigo do protestante Courant, e Rivet, membro do Comitê Central reformado, amigo do padre Mersenne. A França de Richelieu surgia, pois, como o único grande país em que se procurava fugir ao jugo da intolerância e se preparava o caminho para uma aproximação entre fiéis das diferentes igrejas. Este fato, que a historiografia oficial não ressalta, engrandece singularmente a figura do cardeal.

Essa política poderia ser duradoura? Estava tão adiantada em relação à época!... Mazarino continuou-a, ao menos nos aspectos administrativos e legais, e declarou com satisfação que, durante a Fronda, "os súditos da religião pretensamente reformada deram provas seguras de afeição e fidelidade" — o que não era inteiramente verdade, pois muitos fatos parecem provar que diversos grupos aproveitaram o ensejo para se rearmarem, e que o Comitê Central do protestantismo, com intenções bastante obscuras, mantinha relações secretas com Cromwell. Mas o segundo cardeal necessitava tanto da paz religiosa que preferiu fechar os olhos, e aliás era suficientemente hábil no jogo das gentilezas diplomáticas. Seja como for, manteve as igrejas em tranquilidade. Quando, em 1649, a notícia da execução de Carlos I da Inglaterra, tio do jovem Luís XIV, provocou na França uma onda de indignação, esboçou-se um movimento favorável a represálias sobre os protestantes. Muito prudentemente, Mazarino cortou-o rente. Mas quanto ao outro lado do programa de Richelieu — a intenção profunda de reaproximação, talvez de união —, que Henri de Gondren, arcebispo de Sens, tentou fazê-lo compreender e retomar, o cardeal não se mostrou nem um pouco interessado. Realista como era, nada disso contava com a sua benevolência nem combinava com os seus gostos.

Aliás, a opinião pública não estava preparada para esse gênero de ideias. Se é certo que, em Paris, os pastores podiam livremente passear e ir celebrar os seus cultos — coisa que os padres católicos não podiam fazer em Londres —, frequentemente eram insultados na rua. Em sentido inverso, os protestantes, onde tivessem força, vexavam os católicos e provocavam-nos com palavras e atos sacrílegos. Um pouco por toda a parte, havia pressões ou mesmo atos arbitrários que arredavam os protestantes das funções públicas, por vezes do comércio. A Companhia do Santíssimo Sacramento, como já vimos, tinha como um dos seus objetivos eliminar a heresia e mobilizava nesse sentido os poderosos meios de que dispunha, opondo-se eficazmente ao acesso dos reformados aos altos cargos. No Languedoc, o conde Rieux tentou até impedir o exercício público do culto reformado, e só cedeu diante de uma reação armada. Em 1650, a Assembleia do Clero recomendou ao rei que "debilitasse a Reforma e a fizesse desaparecer pouco a pouco, mediante a limitação e diminuição das suas liberdades". Mais categórica, a de 1655 condenou a liberdade de consciência e reclamou "o encerramento das sinagogas de Satanás", ou seja, os templos.

Os princípios do Edito de Nantes e do Perdão de Alais dependiam, no fim de contas, da boa vontade do governo. Richelieu e Mazarino tinham compreendido que o entendimento religioso favorecia os seus interesses. Mas que sucederia se o governo julgasse que a diversidade religiosa atentava contra o seu poder, e se a onda escaldante do fanatismo esmagasse os argumentos da prudência? Na Europa de 1660, não era a política de Richelieu que estava em condições de impor-se, mas uma outra que não tardaria a vencer em Paris e em toda a parte: "um rei, uma lei, uma fé".

A caminho da Europa dos absolutismos

Importa fixar a atenção, neste momento, sobre um dos últimos traços do mundo que saía da longa crise. O *absolutismo*, em marcha havia muito tempo na maior parte dos países da Europa, não cessava de avançar. Estava a ponto de se impor em toda a parte: na Espanha, onde continuava a antiga autocracia à maneira de Filipe II; na Inglaterra, onde os Stuarts vencidos o transmitiam ao vencedor Cromwell; mas também no jovem Estado Hohenzollern, onde o Grande Eleitor o estabelecia em bases militares, e nas Províncias Unidas, onde não tardaria que Guilherme de Orange o introduzisse insensivelmente nas instituições democráticas. A França de Luís XIII e de Richelieu oferecia um brilhante exemplo de absolutismo: tinham-se quebrado todas as resistências, tanto as dos nobres como as do protestantes, instaurara-se a ordem real em todo o país, e aprimorava-se constantemente um aparelho administrativo tão sólido que nenhuma vontade de poder poderia escapar-lhe. Luís XIV apenas terá de continuar no mesmo sentido, para dar perfeição ao sistema.

O absolutismo aproveitou-se amplamente das circunstâncias. As desordens internas, como por exemplo na França e na Inglaterra, tinham feito ver nele o único meio de restabelecer a ordem ou mesmo de salvar a unidade nacional. Ao tomarem consciência da sua própria personalidade, os povos estavam prontos a aceitar regimes que lhes parecessem assegurar as oportunidades e as grandezas da pátria. A própria crise religiosa trabalhara a favor do absolutismo. Por toda a parte onde triunfara, o princípio *cujus régio, ejus religio* formava um só todo com o autoritarismo régio, justificando-o no plano doutrinal e dando-lhe meios de ação. Mas onde a outra solução fora experimentada, o resultado era o mesmo. O que demonstravam a experiência da França e — pelo método do absurdo — a da Polônia era que a política de tolerância tinha de ser imposta por um governo forte. Tudo, pois, concorria para o mesmo. Estava aberta a era dos Estados solidamente organizados, firmemente mantidos por governos absolutos... até o momento em que os povos decidissem substituir a autoridade dos monarcas pela sua própria e não reconhecer outros direitos senão os de uma entidade soberana — a *nação*.

Essa progressão do absolutismo, a caminho de ser uma das bases da nova Europa, também levantava graves problemas à Igreja. Primeiro, no plano dos princípios. Quase por toda a parte, o absolutismo assentava na teoria da *monarquia de direito divino*. Já antiga, essa teoria tivera progressos decisivos nos últimos cem anos. Nomeadamente na França, os pregadores da Liga ainda tinham ousado invocar contra Henrique III o Tirano e contra o bearnês da fase herética os direitos da nação católica. Mas os partidários da ordem tinham triunfado, e, com eles, o que Renan chamou a "religião de Reims".

Em vez da teologia de Belarmino e de Suárez — segundo a qual o poder político começa por ser concedido por Deus à sociedade e depois é transmitido por esta aos reis —, a igreja da França preferia cada vez mais uma outra, aquela para a qual o monarca é representante direto de Deus na terra, "sagrado por Deus", depositário de uma missão sobrenatural, só pelo fato de ser herdeiro da coroa. No início do século XVII, essa doutrina encontrava imensa audiência. Guy Coquille, André Duchesne, Jérôme Bignon foram os mais ilustres dos seus defensores. "Os reis são vivas imagens de Deus, por quem são eleitos e escolhidos" — dizia um deles. E outro acrescentava: "Só de Deus recebem o reino". Um arcebispo de Vienne (do Delfinado) declarava a Henrique IV que a sua coroa era "a imagem viva, na terra, do governo eterno que está no Céu". Até onde se estendia o poder desses reis sagrados por Deus? Um zeloso apologista, Savaron, não hesitava em dizer que o rei "exerce as funções de Deus". Aliás, a França não era o único país onde essas teses eram sustentadas. O rei Jaime da Inglaterra — ninguém nos serve tão bem como nós mesmos... —, formulando no seu *Basilicon Doron* uma teoria da monarquia, escrevia: "Os reis são com bom fundamento chamados deuses, visto que exercem um poder em tudo semelhante ao poder divino".

Na França, a política de Luís XIII e de Richelieu, arrancando o país à anarquia e preservando-o de graves ameaças externas, acabou de impor essa doutrina nas mentes: direito divino do monarca e ordem na terra passaram a estar intimamente associados. Em 1632, Le Bret, conselheiro de Estado, escrevia num tratado de direito público: "Os reis são instituídos por Deus. A realeza é um poder supremo deferido a um só. A soberania não é mais divisível que o ponto geométrico".

Nesse clima, não corria a Igreja o grave risco de ver diminuída a sua autoridade? Nos Estados Gerais de 1614, o Terceiro Estado apresentara um projeto de "Lei fundamental" na qual, afirmando que "o rei só de Deus recebe a coroa", precisava que "os súditos não podem ser dispensados, por qualquer causa ou pretexto que seja, da fidelidade e da obediência que lhe são devidas", e que todos aqueles que sustentassem opinião contrária deviam ser tidos por rebeldes, sendo franceses, ou "inimigos jurados", se estrangeiros. Era categórico: rejeitava-se toda e qualquer interferência entre o rei e o seu povo, quer fosse eclesiástica ou pontifícia. O texto parecera tão revolucionário que, após o protesto do clero, Luís XIII interviera para que o retirassem. Mas a ideia que o inspirara permanecia.

Nada mais significativo, para o demonstrar, que a luta que foi travada, durante anos e anos, contra os jesuítas, ultramontanos decididos, como se sabe, e adversários de um "direito divino" excessivo, atentatório à própria autoridade da Igreja e do Papa. Todas as ocasiões passaram a ser utilizadas contra eles desde que, em 1594, um aluno dos seus colégios, Châtel, atentara contra a pessoa de Henrique IV, e sobretudo a partir de 1610, data do assassinato do rei. Pois o jesuíta Mariano não tinha escrito que era, por vezes, permitido matar um tirano? Contudo, a acusação de regicídio não era mais que um pretexto. Libelos e panfletos, subscritos por grandes nomes como Antoine Arnauld[39] e Etienne Pasquier, o requisitório do procurador-geral Servin — tudo contra a Companhia — tinham mostrado bem o que é que estava em causa. Frases extraídas de Belarmino eram denunciadas como sediciosas. Esta, por exemplo: "O Soberano Pontífice pode e deve ordenar aos reis que não abusem da sua autoridade".

A gritaria chegou ao auge quando, em 1626, Sébastien Charmoisy, livreiro na rua Saint-Jacques, em Paris, pôs à venda alguns exemplares, vindos da Itália, do douto tratado de teologia de um jesuíta italiano, o *padre Santarelli* Essa obra austera produziu o efeito de uma bomba. Nela se liam frases como estas: "O Papa pode, mesmo no domínio das coisas temporais, dirigir os príncipes para o seu fim espiritual. Se deles se afastam, pode puni-los, não só excomungando-os, mas infligindo-lhes penas temporais, tais como privá-los do governo do reino e desligar os súditos do juramento de fidelidade". Os parlamentares perderam a cabeça. A Sorbonne lançou raios e coriscos. Toda a Companhia de Jesus foi acusada, visto o geral e três padres haverem aprovado a obra. Intimados a desaprová-la, os jesuítas franceses usaram de circunspeção. Hostil às teses de Santarelli, mas demasiado hábil para consentir ao parlamento e à Sorbonne uma vitória clamorosa contra a Companhia, Richelieu interveio para que a questão se fosse diluindo em banho-maria. Mas a reação violenta suscitada pelas teses do jesuíta — na essência, uma atualização das ideias de Inocêncio III — era reveladora de um estado de espírito: entre a autoridade do seu rei de direito divino e a do Papa da Igreja, a opinião geral parecia decidida a preferir a primeira.

Portanto, no plano dos princípios, o absolutismo real opunha-se aos elementos fundamentais da Igreja; e o mesmo acontecia no plano prático. Por uma espécie de engrenagem, o absolutismo era forçado a tornar-se "totalitário", para utilizar um termo que a nossa época pôs de moda, mas que corresponde a uma realidade muito antiga. O regime absoluto via-se impelido a cuidar de tudo o que dizia respeito aos seus administrados, e a intervir mesmo nos domínios em que seria mais necessário salvaguardar a liberdade. "Este Estado é monárquico. Todas as coisas dependem da vontade do príncipe", mandava Luís XIII responder a um parlamentar. E Richelieu acrescentava: "A ordem do Estado exige uma certa uniformidade dos comportamentos".

Quantas causas de conflitos não encerravam essas duas declarações! Os bens da Igreja, as nomeações dos titulares da sua hierarquia, o funcionamento dos seus serviços — tudo isso dependeria também da vontade do rei? E por "uniformidade dos comportamentos" entenderia o Estado a própria conduta das almas? Estava aberto o caminho para a intervenção do político em matéria religiosa. As doutrinas do velho Erasto eram mais atuais que nunca. Aliás, Grócio, que as adotara, acabava de rejuvenescê-las e de lhes dar novos desdobramentos.

Em toda a parte onde o absolutismo triunfava, surgia a questão das suas relações com a Igreja. Para nos convencermos disso, basta considerarmos o exemplo dos dois países cujos governantes se diziam, um deles "rei católico" e o outro "rei cristianíssimo". Em ambos se acentua o peso do cesaropapismo. Na Espanha, o fato é patente desde Filipe II, para o qual a Inquisição fora, em larga medida, instrumento de governo; mas é mais nítido ainda nos seus sucessores. O conde-duque de Olivares, ministro de Filipe IV, partidário de um absolutismo centralizador idêntico ao de Richelieu, em que "todos os reinos de que se compõe a Espanha serão reduzidos ao estilo e leis de Castela", intervém descaradamente nos assuntos da Igreja, controla os seus bens e as nomeações de bispos, maneja mais que nunca a Inquisição. Vai ainda mais alto: intervém nos conclaves e faz escolher criaturas suas para gerais das grandes ordens, franciscanos, dominicanos, jesuítas. Mas não é menor a desenvoltura com que o "rei católico" trata o papado. Filipe II enviara os seus soldados a Roma, mas o seu sucessor dá lições ao pontífice, em pleno Consistório, para o persuadir a tomar partido contra a França[40], e desloca as suas tropas através dos Estados Pontifícios sem lhe pedir autorização[41]. Já desde Constantino, desde Bizâncio o sabíamos: confundir os interesses próprios com os da Igreja é a lei fatal de todo o absolutismo, por mais cristão, por mais católico que se proclame.

Na França, a marcha para o absolutismo é acompanhada do desenvolvimento de uma doutrina que não levará muito tempo a criar graves problemas à Igreja: o *galicanismo*. Doutrina? A palavra é talvez pouco precisa. Trata-se de um conjunto de tradições, de práticas, de ideias, que vem de muito longe e se apresenta de modo complexo. É uma corrente na qual confluem o sentido de interesses muito concretos, o do orgulho e da independência nacionais, uma espécie de anticlericalismo larvado, porventura laicista, e que arrasta consigo um mundo de recordações do tempo de Filipe o Belo, da época do grande Cisma do Ocidente, das discussões que precederam a Concordata de 1516, sem já falar das teses protestantes. Olhado globalmente, o galicanismo surge como um movimento de oposição às prerrogativas da Santa Sé no que diz respeito à igreja da França e ao Estado francês.

Na realidade, há dois galicanismos, que partilham de igual desconfiança para com a Cúria romana e de um cioso apego aos privilégios e tradições da Igreja nacional: um galicanismo político e um galicanismo eclesiástico. O primeiro tinha sido representado, no final do século XVI, pelo legista *Pierre Pithou* (1539-1596), huguenote convertido, cujo tratado *As liberdades da Igreja galicana* causara sensação. Nessa obra, reconhecia ele ao rei da França, entre outros privilégios, o direito de impedir os bispos do reino de se comunicarem livremente com o papa, o de proibir os apelos a Roma, o de reunir concílios na França, o de se opor à publicação no reino dos atos pontifícios e dos cânones conciliares, mesmo dos concílios ecumênicos. Em princípio, não estavam em causa os direitos espirituais do Papa; mas era-lhe retirada a maioria dos meios de os tornar eficazes. Afirmava Pithou que, para a França, esses poderes do rei não eram "exceções e privilégios", mas "franquias naturais e direitos comuns que os nossos antepassados mantiveram constantemente".

O galicanismo eclesiástico ia ainda mais longe. Seu protagonista era *Edmond Richer* (1559-1633), síndico da Sorbonne[42], autor, em 1611, de um tratado latino sobre "o poder eclesiástico e o poder político". Para ele, Cristo não teria transmitido o poder das chaves exclusivamente a São Pedro, mas ao colégio dos doze apóstolos e dos setenta e dois discípulos. "O poder de ordenar e de decretar leis infalíveis" não residia, pois, senão na assembleia plenária da Igreja, o Concílio. Era, em suma, um regresso às teorias conciliaristas do início do século XV. E era nesses princípios que Richer fundamentava a reivindicação do direito das igrejas nacionais — a galicana em primeira linha — de permanecerem fiéis aos seus costumes, métodos administrativos e privilégios.

Como é fácil verificar, o galicanismo ia no sentido do absolutismo. A monarquia de direito divino só tinha a ganhar com ele. De resto, os seus doutrinadores, como Guy Coquille, eram manifestamente galicanos convictos. Em todas as questões em que estava em jogo a autoridade pontifícia, como, por exemplo, no caso do livro de Santarelli, teóricos galicanos e políticos absolutistas eram aliados. No entanto, os dois galicanismos — o que defendia os direitos do Estado e o que punha em causa a própria autoridade espiritual do Papa — ainda se não confundiam. Denunciado por Du Perron, arcebispo de Sens, e por todos os sufragâneos dessa arquidiocese, Richer foi condenado e demitido. O conjunto do clero não aderira ainda ao absolutismo real, mas já era bastante galicano.

Richelieu encontrou-se diante dessa corrente. Como é natural, viu imediatamente todo o apoio que o galicanismo podia prestar à sua vontade absolutista. Mas não queria de modo nenhum malquistar-se com Roma. Também neste caso o seu jogo foi sutil e moderado: persuadiu Richer a submeter-se e retirar o livro, e deteve o zelo excessivo dos galicanos na questão Santarelli. O que não quer dizer que não estivesse inteiramente ganho pelo galicanismo político. Foi sob a sua proteção que *Pierre Dupuy* (1582-1651) publicou as *Provas das liberdades da Igreja galicana* e o *Comentário a Pierre Pithou*. Depois, quando a Assembleia do Clero de 1639 condenou Dupuy, encarregou *Pierre de Marca* (1594-1662) de retomar a questão e de formular — em termos pelo menos oficiosos — os vínculos entre a Sé Apostólica e a igreja de França: foi o *De concordia sacerdotii et imperiu* Pierre de Marca foi bem longe. Embora reconhecendo formalmente ao Papa os direitos espirituais — chega a falar em infalibilidade pontifícia —, afirmou que "uma lei da Igreja só é completa e obrigatória se à vontade do legislador se acrescenta o consentimento do povo que tem de aplicá-la". Por outras palavras: nenhuma decisão pontifícia seria eficaz na França sem ser aceita pela própria França, na prática pelo governo francês. Entregava-se também a uma crítica viva da progressiva centralização que se operava na Igreja, da disposição dos benefícios por parte de Roma, do papel do Papa nas nomeações episcopais.

Tais teorias abriam a porta a todos os conflitos entre o governo real e a Santa Sé[43]. Sob Richelieu, os incidentes foram evitados, graças à habilidade do cardeal-ministro; houve um único atrito sério, a propósito da nomeação do cardeal La Valette para o comando de um exército, coisa que Urbano VIII criticou com toda a razão[44]. Sob Mazarino, rebentaram duas questões, uma a respeito do cardeal Retz, impenitente adversário do ministro e refugiado em Roma; outra, mais significativa, a propósito da maneira como foi nomeado o bispo de Arras, ao abrigo da Concordata de 1516, num território ocupado *de facto* pela França, mas não francês[45]. Eram indícios que anunciavam conflitos bem mais graves, como os que se deram de forma clamorosa no reinado pessoal de Luís XIV. Que aconteceria se o absolutismo, desejoso de intrometer-se na Igreja, tentasse minar a própria autoridade espiritual do Papa, ou seja, se os dois galicanismos se fundissem num só, apoiado pelo poder? Não haveria aí o risco de um cisma? A questão não ia tardar a surgir.

Assim, em qualquer das perspectivas possíveis, o quadro do mundo no início do século XVII era preocupante para a Igreja. Uma Europa dilacerada, em que a influência do papa e mesmo a de um ideal cristão tinham perdido força. Estados em que o fanatismo religioso não diminuíra, mas que, mesmo sendo católicos, pareciam seguir caminhos capazes de levar a graves crises, talvez a secessões. Sem esquecer outras crises em curso nos espíritos e nas consciências, cujos sintomas eram fáceis de detectar tanto na evolução das ideias como nos violentos incidentes da tempestade jansenista. Tudo isto contrastava singularmente com o quadro da grande renovação espiritual que pudemos observar, de todas essas almas santas que davam o melhor de si para firmar a Igreja nos seus alicerces e reconduzi-la às suas fidelidades.

É aqui que surge o problema. A Igreja renovada, revivificada, seria porventura bastante forte para impor a sua ordem — uma ordem autenticamente cristã — a esse mundo que parecia fugir dela? Ou deveria contentar-se com cobrir de um verniz de cristianismo ambições, interesses ou até paixões que nada tinham a ver com os seus princípios? O combate entre a santidade e o mundo é de todos os tempos. Vamos ver como é que ele se desenrolou, sob as vestes da grandeza, durante os cinquenta anos de um reinado ilustre que começou a 8 de março de 1661.

Notas

[1] Cf. vol. V, cap. V, par. *À procura das ovelhas perdidas.*

[2] Cf. vol. VII, cap. I.

[3] Apesar da vitória de Condé em *Lens* (1648), a guerra com a Espanha continuará até 1660, especialmente porque a Fronda paralisa a França. A paz virá com a vitória de Turenne nas *Dunas* (1658) e será firmada no Tratado dos Pireneus.

[4] Acerca das causas religiosas da Guerra dos Trinta Anos, cf. vol. V, cap. III, par. *Situação do protestantismo no limiar do século XVII.*

[5] Foi essa a razão por que muitos alemães instalados na Boêmia apoiaram os checos contra as pretensões de Viena de quebrar os velhos privilégios.

[6] *Correspondance de Richelieu*, ed. de Avenel, V, p. 282.

[7] Cf. neste capítulo o par. *Richelieu e os protestantes.* O único artigo da política de Richelieu que se pode discutir seriamente é a preferência concedida à Suécia luterana, em detrimento da Polônia católica. Teria sido possível impedir Sigismundo III Vasa de entrar na aliança com a Áustria, que aliás lhe foi prejudicial? Mas a Polônia estava já minada por forças de desagregação que, pouco depois, iriam levá-la à ruína. Talvez Richelieu tivesse medido, com o seu olhar de águia, a fraqueza real desse eventual aliado, e, já que precisava de uma espada para ameaçar o inimigo pelo norte e pelo leste, preferiu o aço escandinavo.

[8] Como Dufourcq.

[9] Cf. vol. V, cap. V, par. *Novas instituições, decisões capitais.*

[10] Cf. vol. V, cap. V, par. *Grandezas e perigos do Vigário de Cristo.*

[11] Cf. vol. V, cap. III, par. *Situação do protestantismo no limiar do século XVII.*

[12] Cf. neste volume o cap. II, par. *Força dos Santos: fraqueza dos homens.*

[13] A França obteve o reconhecimento dos seus direitos de soberania sobre os três bispados — Metz, Toul e Verdun que ocupava sem título jurídico desde 1552. E, acima de tudo, adquiriu, se não toda a Alsácia (ficaram de fora Mulhouse, Estrasburgo e os diversos Estados diretamente dependentes do Império), ao menos — graças à obscuridade dos termos usados no tratado — os meios legais suficientes para proceder mais tarde a uma anexação total.

[14] Na diocese de Estrasburgo, contudo, ocorreriam incidentes violentos a partir de 1660.

[15] Cf. vol. VII, cap. III.

[16] *Ibid.*

[17] Por ocasião do III centenário dos tratados de Westfália, numa carta ao bispo de Miinster, Pio XII renovou a condenação, em termos mais moderados.

[18] Cf. vol. IV, cap. I e vol. V, cap. IV.

[19] É certo que o ideal cristão não impediu a Idade Média de passar por longos conflitos, como aquele que opôs Plantagenetas e Capetos. Mas a política de equilíbrio de forças não foi mais eficaz, e as guerras modernas revelaram-se mais gerais e mais devastadoras.

[20] Na carta a que aludimos atrás (n. 18).

[21] Sobre este assunto, recomendamos o excelente livro de Bernard Voyenne citado nas notas bibliográficas e cujas ideias seguimos.

[22] Cf. vol. V, cap. III, par. *Situação do protestantismo no limiar do século XVII.*

[23] Cf. neste volume o cap. II, par. *A viragem de 1660.*

[24] Cf. neste capítulo o par. *Richelieu e os protestantes*

[25] Cf. vol. V, cap. III, par. *Três vitórias protestantes: Elisabeth I e o anglicanismo.*

[26] Cf. neste capítulo o par. *Richelieu e os protestantes.*

[27] Sobre os acontecimentos da Inglaterra, cf. vol. VII, cap. II.

[28] Cf. vol. V, cap. III, par. *Três vitórias protestantes: Elisabeth I e o anglicanismo.*

[29] Cf. vol. V, cap. V, par. *À procura das ovelhas perdidas.*

[30] Cf. vol. V, cap. I, par. *As Constituições*, nota 26.

[31] Santo André Bobola foi canonizado como mártir em 1938. Por ocasião do III centenário da sua morte, Pio XII propôs a sua figura como exemplo de heroísmo perante a violência desenfreada.

[32] Cf. neste capítulo o par. *Que sejam um!*

[33] Cf. vol. IV, cap. VII, par. *O drama na França.*

[34] Cf. vol. V, cap. III, par. *Três vitórias protestantes: a Escócia de John Knox.*

[35] Cf. vol. VII, cap. II.

[36] Cf. vol. V, cap. III, par. *Seitas e dissidências no protestantismo.*

[37] Outro espírito generoso, *Johann Amos Comenius* (1592-1670), Irmão Morávio, refugiado na Polônia e depois na Holanda, "verdadeiro apóstolo do cristianismo", teve posições bastante parecidas.

[38] Cf. neste volume o cap. V, par. *Uma esperança e uma desilusão.*

[39] Precursor da família jansenista.

[40] Cf. neste capítulo o par. *A política da Santa Sé.*

[41] Cf. neste capítulo o par. *Uma guerra de religião toma-se guerra política: a Guerra dos Trinta Anos.*

[42] Procurador ou representante dos professores de determinada área (N. do T.).

[43] O livro de Marca foi posto no *Index*. Por ocasião de uma grave doença, o autor submeteu-se e mais tarde foi sagrado bispo e até nomeado arcebispo de Paris.

[44] Cf. neste capítulo o par. *Os Tratados de Westfália.*

[45] O encarregado de solucionar o caso foi Marca, já então elevado ao episcopado.

IV. LUÍS XIV, REI CRISTIANÍSSIMO

Rei-Sol. Rei cristianíssimo

Luís XIV... Um historiador francês pode esperar compreensão se, ao abordar o estudo desse homem, desse reinado, deixar transparecer alguma emoção. Nunca, no decurso dos mil anos que entretecem a sua trama histórica, a França foi tão forte, tão prestigiosa, tão resplendente como no longo reinado em que, sob a direção do trigésimo Capeto, atingiu o cume dos seus destinos. São demasiadas as imagens fulgurantes que acompanham esta figura da história para que, ao contemplá-la, o nosso espírito não se sinta algum tanto encandeado e mais levado à admiração do que à crítica imparcial.

Luís XIV é Versalhes, esse complexo de palácios, parques, espelhos de água e obras-primas, conjunto único, que o mundo vai imitar sem nunca igualar. Luís XIV é a glória submissa às armas da França, as praças de guerra tomadas por Vauban, as fulminantes campanhas de Condé e Turenne, as bandeiras inimigas colhidas para ornato de Notre-Dame de Paris, e a Europa quase prestes a ter por medida justa a ordem francesa. Luís XIV é também essa outra ordem que o gênio francês funda e proclama e a Europa admite sem reticências: a língua de Molière e de Racine usada pelos reis e as chancelarias; as normas da criatividade francesa impondo-se à civilização ocidental e abrindo-a a novas perfeições.

O que a França deveu a esse homem, a esse reinado, é tanto que negá-lo seria uma injustiça que raiaria pelo absurdo. Cinquenta anos de firme disciplina, uma organização que em boa parte ainda hoje sobrevive, uma literatura, uma arte e, mais do que isso, o sentido da grandeza, mas de uma grandeza nascida de uma altíssima exigência. A expressão que Perrault achou para caracterizar esse tempo[1], embora fosse apenas uma fórmula de cortesia destinada a lisonjear o *patrão* comparando-o a Augusto, exprime afinal uma realidade que a história reconhece: "o século de Luís XIV".

Em que medida é lícito ao historiador cristão partilhar dessa admiração? Que o cristianismo está associado a essa glória, a esse triunfo, é inegável. Antes de mais, formalmente: pelos textos oficiais que atribuem à religião católica um lugar capital no Estado; pelos usos e praxes que, do monarca onipotente ao súdito mais humilde, a imensa maioria dos franceses aceita; pelas cerimônias litúrgicas que, desde a sagração em Reims até o enterro em Saint-Denis, vão marcando e ritmando toda a existência do soberano, e, ao longo de cada ano, a vida do país. O século de Luís XIV, na ordem intelectual, não é somente o de Molière e de Racine, La Bruyère e La Fontaine, Mansart e Le Vau; é também o de Bossuet, apologeta impávido, de Fénelon — do seu coração enamorado de Deus —, de Bourdaloue, de Fléchier, de Mascaron, de Massilon, dessa plêiade de pregadores que certamente nenhuma outra época teve igual. É o século de Santa Margarida Maria Alacoque, de São Luís Maria Grignion de Montfort, de São João Batista de la Salle.

Na perspectiva do substancial, por outro lado, a religião cristã está ligada a tudo o que faz a solidez e a grandeza da França durante esse reinado. É ela o cimento da sociedade, a regra dos costumes, a chave das instituições, como também a explicação da vida, "o todo do homem", em palavras de Bossuet. Não lhe reconhecer o seu lugar é — como diz Nisard a propósito de Voltaire, historiador de Luís XIV — *não atingir o coração*. Situar-se na perspectiva cristã é estar seguro de descer ao mais fundo da alma da época, aí onde reside o segredo do seu gênio. A vitória da ordem e da disciplina sobre as forças de desagregação e de crise — esse triunfo que constitui o núcleo da Era Clássica em todos os terrenos — só pôde ser conseguido porque imemoriais fidelidades, despertadas, reanimadas pelo admirável impulso do período precedente, tinham preparado um povo inteiro para essa luta. Se o século de Luís XIV honra, mais ainda que a França, o homem, é porque as suas bases são as da Cruz.

E, no entanto, ao considerarmos os acontecimentos da época gloriosa, são demasiados os que dificilmente se harmonizam com uma concepção cristã do mundo e da vida. Esse reinado esplendoroso tem grandes manchas sombrias, e os detratores de Luís XIV — um Michelet e mesmo um Lavisse — não tiveram que pesquisar muito para achar argumentos em que basear o seu requisitório. Os fatos são tão evidentes que dispensam inferências. Encontramo-los, tanto na política adotada para com os protestantes e os jansenistas, como nos horríveis métodos utilizados para forçar a vitória das armas. E encontramo-los também, mais surpreendentes ainda, nas relações entre o soberano católico da França e o soberano pontífice, em quem um católico deve reconhecer o Vigário de Cristo. E como classificar, numa perspectiva cristã, certa indiferença para com a miséria e os sofrimentos dos pequenos, tão pouco em harmonia com a tradição que fizera de um outro Luís, Luís XII, o "Pai do povo"?

Há aí, evidentemente, uma espécie de contradição interna que, aliás, vem ao de cima quando cotejamos dois dos termos da titulagem em uso durante o reinado. Desde Luís XIII, formara-se o hábito de utilizar frequentemente a expressão *rei cristianíssimo* para caracterizar o rei da França, expressão de que Paulo II se servira, em 1469, para se dirigir a Luís XI. Mas, no momento mais brilhante da sua glória, os turiferários de Luís XIV persuadiram-no a deixar-se comparar ao próprio astro do dia e a mandar cunhar uma medalha para consagrar essa bajulação. Todo o problema está em saber se o *Rei-Sol* podia ser ao mesmo tempo o *rei cristianíssimo*, se não há nisso antagonismo. É pelo menos evidente que, "cristianíssimo", o Rei-Sol bem dificilmente o seria à maneira de São Luís.

Ao longo de todo o reinado, encontramos episódios que põem a nu essa oposição. Seria injusto, e contrário à história, ignorar a sólida realidade cristã em que assenta o reinado; mas seria igualmente injusto passar em silêncio as graves faltas que Luís XIV e o seu regime cometeram para com a religião, seus preceitos e direitos. Não haveria verdadeira antinomia entre os princípios cristãos — que nem o rei nem os seus servidores encaravam de ânimo leve — e as contingências, talvez as necessidades ou pelo menos as fatalidades do regime? O absolutismo régio, exigido pela época, reclamado pelos próprios povos, como meio de dominar a crise e de impedir o retorno das desordens, atinge agora o apogeu, a sua insuperável perfeição. Seria ele conciliável com o Evangelho, religião da humildade e da pobreza, com o seu ideal de justiça e de amor? Em última análise, todos os grandes debates religiosos da época girarão em torno deste problema.

É antes de tudo um problema que se põe a um homem, e no fundo da sua alma: a um homem que encarna tão totalmente o regime que se torna impossível separá-los, um homem de quem depende e de quem procede tudo o que se faz, para seu mérito e para seu demérito. De muitos modos, ele é prisioneiro do sistema, tanto como seu senhor. Onde começa e onde termina o orgulho num rei que, pondo — como ele próprio dizia — o amor da sua glória na primeira linha dos seus sentimentos, tinha a convicção de servir, exatamente assim, uma causa que o ultrapassava infinitamente? Onde começam e onde terminam os deveres da caridade num chefe que sabia que o rigor da ordem era indispensável à salvação do país que lhe estava confiado e que tinha, por vezes, de comprar com uma injustiça a manutenção dessa ordem?

Os acontecimentos religiosos, como de resto todos os outros, estão intimamente vinculados ao pensamento profundo do homem que era Luís XIV, à sua atitude perante a fé, perante Deus, perante a Igreja. Guindado pelo próprio regime a uma altura tal que quase já não lhe era permitido continuar a ser um homem, Luís XIV acharia em si a suficiente força moral, feita de humildade e de submissão à vontade divina, para resistir às tentações próprias dessas alturas? Como poderia ele guardar as proporções entre o que era exigido pela função que assumia e o que lhe era imposto, não menos, pela miséria da sua condição de pecador?

Os historiadores de Luís XIV, para definirem o seu "século", recorrem constantemente a termos tais como razão, ordem, clareza, unidade, disciplina, medida. Em todos os campos, esses termos correspondem apenas à superfície da realidade. E são sobretudo insuficientes e inexatos quando aplicados ao campo religioso. Bem mais que na majestosa solenidade das Missas de Versalhes e das orações fúnebres, a verdade reside, para esse longo reinado sulcado de crises, no conflito entre uma doutrina que, para ser plenamente aplicada, exigiria um santo — puro e desinteressado, de coração humilde e infinitamente caridoso —, e aquele a quem coube pô-la em prática, e que era somente um homem.

O "Vice-Deus"

Mazarino acabava de morrer. O arcebispo de Rouen, Harlay de Champvallon — que depois seria arcebispo de Paris e era então presidente da Assembleia do Clero — dirigiu-se ao moço Luís XIV: "Vossa Majestade tinha-me ordenado que, para todos os assuntos, procurasse o senhor cardeal. Como ele acaba de morrer, a quem determina V. M. que eu me dirija daqui em diante?" "A mim — respondeu-lhe o rei. — Atendê-lo-ei dentro de momentos". Tal foi a primeira expressão dessa vontade de ser, de futuro, "o seu próprio primeiro-ministro", expressão que logo depois repetiria por várias vezes: ao chanceler Séguier, ao inspetor-geral Fouquet, a Le Tellier e a Hugues de Lionne, os quais ficaram perfeitamente espantados.

Quem ler as suas *Memórias* perceberá que tal decisão de modo algum foi improvisada. Havia anos que, embora assinando sem ler os papéis que Mazarino lhe apresentava, ele meditava e refletia bem mais do que dava a entender. "Eu não deixava — escreve — de me experimentar em segredo e sem confidente, raciocinando sozinho e no meu íntimo sobre todos os acontecimentos". Não se enganara o velho cardeal, ao anunciar que o seu pupilo "se poria a caminho um pouco tarde, mas iria mais longe que qualquer outro". Quais foram, porém, as razões profundas que determinaram esse jovem de vinte e dois anos, até então, segundo parece, mais interessado em cavalos e moças graciosas que em questões políticas e administrativas, a chamar a si as responsabilidades autênticas do poder? Que fatores psicológicos operaram nele essa transformação, e sob a influência de que sentimentos, de quais homens, de que leituras?

É um problema ainda não formulado por qualquer dos seus biógrafos, e no entanto é aí que talvez resida a chave de todo o seu reinado. Seria apenas por orgulho, por ciumento apego ao poder, por desconfiança dos homens, que o mais autoritário dos reis resolveu não partilhar o governo fosse com quem fosse? Não se tem sublinhado suficientemente que o *Catecismo régio*, de Godeau, bispo de Grasse, publicado em 1659 e logo posto em suas mãos, lhe ensinou uma teoria do poder real especialmente apropriada para exaltar num espírito juvenil a paixão do absolutismo, mas que, por outro lado, assentava numa teologia autenticamente cristã. No momento em que começava um reinado que ia durar mais de meio século e durante o qual o rei não se afastaria nem por um instante da sua decisão de ser "o seu próprio primeiro-ministro", é razoável acreditar que, nesse "ofício de rei" cujas responsabilidades assumiria com tanto zelo, ele reconhecera exigências cristãs, e que, ao tomar em suas mãos o poder pessoal, pensava estar obedecendo a uma ordem do Alto.

Oito anos antes, já legalmente maior — os reis tornavam-se maiores aos catorze anos —, na catedral de Reims toda iluminada, com abóbadas e colunas recobertas de suntuosas tapeçarias, Luís recebera a sagração. Tudo na admirável cerimônia fora de molde a chamá-lo ao sentido religioso, sacramental, da sua função. A antiga liturgia, que pouco mudara desde Pepino o Breve, repetira-lhe — pelos seus ritos e cânticos, por toda a simbólica — que, ungido do Senhor, rei-sacerdote, sucessor de Saul, Davi e Salomão nesse papel, ele ocupava um lugar decisivo na ordem do mundo querida por Deus e confirmada pela Igreja.

A túnica, a dalmática e a capa de que o tinham revestido sucessivamente correspondiam afinal às três ordens do sacerdócio. Durante o canto das ladainhas, prostrara-se por terra, como fazem os sacerdotes ao serem ordenados e os bispos ao serem sagrados. O bálsamo com que lhe tinham ungido a fronte, o peito e as espáduas era do mesmo gênero daquele que se usava nos atos sacramentais, e até mais santo ainda: "Ó Deus onipotente e eterno — cantara-se na *Antífona* —, Vós quisestes que a raça dos reis da França recebesse a unção santa com o bálsamo expressamente enviado pelo Céu ao santo bispo Remígio". Mais ainda: a Igreja reconhecia-lhe poderes sobrenaturais, visto que por essa unção consagrara o rito do "toque das escrófulas" e admitira que, tocando ao de leve as chagas dos doentes, o rei poderia curá-las milagrosamente. Na verdade, todo o fausto da cerimônia, as saudações solenes, o repicar dos sinos, as aclamações populares, todos esses objetos sem preço que tinham adornado o jovem príncipe — a coroa, o cetro, a "mão de justiça", o manto violeta semeado de flores-de-lis feitas de ouro —, tudo isso eram apenas sinais, os sinais tangíveis de um poder que nada devia aos cálculos deste mundo, mas procedia diretamente de Deus.

Para o confirmar nessa convicção, o jovem rei encontrava, além disso, a doutrina pacientemente elaborada pelos legistas durante longos séculos, e que fizera progressos decisivos no reinado de seu pai e de seu avô: a doutrina da *monarquia de direito divino*[2]. Essa doutrina chegava agora à perfeição. "Os reis são instituídos por Deus", escrevera, pouco antes, o conselheiro Le Bret. E Coquille, Duchesne, Bignon e Savaron tinham dito o mesmo, ou mais ainda. Não tardaria que a mais potente voz cristã da época, a voz de Bossuet, na sua *Política extraída das próprias palavras da Sagrada Escritura*, rompendo decididamente com a tradição de Belarmino e de Suárez, comentasse, desenvolvesse e precisasse a ideia nestes termos: "O trono dos reis não é o trono de um homem, mas o trono do próprio Deus. — A autoridade real é sagrada: Deus estabelece os reis como seus ministros e reina sobre os povos por meio deles. —

Devemos, pois, obedecer aos príncipes por um princípio de natureza religiosa e de consciência. — Não devemos averiguar como é que se estabeleceu o poder do príncipe: basta que o encontremos estabelecido e reinando. — É inerente ao caráter real uma santidade que nenhum crime pode apagar". Tudo isso ia ser lido por Luís XIV; tudo isso ia ele ouvir, repetido de mil modos, quer pelos juristas, como Domat no seu *Direito público*, quer por bispos em tratados teológicos. Havia até de ler, também subscrito por Bossuet, esta frase que atinge o cúmulo: "Os príncipes são *deuses*, segundo a linguagem da Escritura, e participam, de certo modo, da independência divina [...]".

Como não havia ele de fazer sua uma tal doutrina? Nos seus escritos pessoais, as *Memórias* e o *Testamento*, essas ideias surgem de variadas formas. "Os reis exercem neste mundo uma função inteiramente divina. É vontade de Deus que todo aquele que nasceu súdito obedeça cegamente". Ou ainda, o que vai mais longe: "Estando no lugar de Deus, o rei parece ser participante do conhecimento divino"[3]. Todo o reinado, portanto, vai pôr em prática, de maneira sistemática e grandiosa, a doutrina da monarquia de direito divino. A divisa da existência de Luís XIV é a que ele pôde ler no *Catecismo régio* do bispo Godeau: "Que Vossa Majestade se lembre, a todo o instante, de que é um Vice-Deus".

Tal convicção, enraizada na consciência de um príncipe, não deixava de ter certas vantagens. E incontestável que contribuiu para fixar o próprio clima do reinado, essa incomparável majestade que, durante meio século, jamais teve exceções; essa solenidade que, porventura factícia e fastidiosa, garantia no entanto uma dignidade que outros reinados capetíngeos tinham estado muito longe de conhecer; essa referência constante e como que instintiva a um ideal de grandeza. Eram qualidades de que a pessoa do rei estava impregnada. Todos os testemunhos são unânimes: emanava de Luís XIV um tal ar majestático que quem quer que estivesse em sua presença ficava impressionado. "Tudo nele inspirava respeito e temor — diz Mme. de Motteville — e impedia de se libertarem aqueles em quem fixava os olhos especialmente". E Saint-Simon acrescenta: "Nunca homem algum se impôs tanto, e todos tinham de começar por acostumar-se a olhá-lo, se, ao dirigir-lhe a palavra, não quisessem emudecer". Que essa convicção de ser depositário do poder divino e da divina majestade tinha os seus perigos, é algo óbvio. Mas ao menos não era mau que o depositário da autoridade superior nutrisse grandíssimo respeito por ela.

A certeza de ser "Vice-Deus" teve, portanto, para Luís XIV, consequências felizes. Tomando-a a sério, não apenas nos direitos que lhe conferia, mas também nos deveres que lhe impunha, foi levado a assumir as respectivas funções com uma consciência e uma constância nunca igualadas. A grandeza da doutrina do direito divino consistiu em impor àquele que era seu beneficiário exigências dignas do poder que lhe concedia. Nunca Luís XIV sonhou em fugir a tais exigências. As *Memórias* e o *Testamento* são documentos admiráveis acerca do modo como concebeu a sua missão e se propôs cumpri-la. O ofício de rei parecia-lhe "grande, nobre, delicioso", mas ele queria sentir-se "digno de desempenhar bem todas as coisas a que obriga".

Esse rei glorioso vai ser, pois, o mais trabalhador de todos os reis. "É por isso, é para isso que se reina — diz ele —, e seria ingratidão e atrevimento para com Deus, injustiça e tirania para com os homens, querer uma coisa sem a outra", ou seja, o poder sem o trabalho. Durante toda a sua vida, Luís XIV consagrará longas horas diárias aos negócios de Estado — quer sozinho, quer com os secretários de Estado —, presidirá ao Conselho até à véspera da morte, vergar-se-á a uma disciplina que, por mais que se diga, não tinha por único objetivo permitir à etiqueta magnificar a todo o instante a glória régia.

Mais ainda: "Vice-Deus", o rei deverá exercer na terra uma ação providencial, reflexo da obra divina. Deverá fazer reinar "a justiça, precioso depósito que Deus confiou às mãos dos reis como participação da Sua sabedoria e do Seu poder". Deverá "dar aos povos que lhe estão submetidos as mesmas provas de bondade paterna que todos os dias recebemos de Deus", e não tomar "nada mais a peito que garantir os mais fracos contra a opressão dos mais poderosos, e fazer os mais necessitados acharem alívio na sua miséria". Deverá ainda ser o garante dessa ordem cristã sobre a qual assenta a sociedade inteira, o defensor das virtudes que o cristianismo exige dos homens — numa palavra, o protetor da fé, dos dogmas e da Igreja. É tudo isso que compõe os deveres de um rei, deveres de que Luís XIV tem plena consciência e aos quais nada nos permite pensar que ele procurasse esquivar-se, muito pelo contrário. "Carrega uma grande responsabilidade", diz Bossuet. E o rei sabia-o.

Semelhante concepção é autenticamente cristã. "Será possível — escreve Pierre Gaxotte — imaginar a monarquia absoluta se lhe tirarmos os mandamentos de Deus?" E é por isso, na medida em que se esforçou por ser fiel a tais princípios, que Luís XIV merece o título de "cristianíssimo" que lhe dava a diplomacia oficial. Mas até que ponto ele se esforçou?

Aí está a dificuldade. Para aplicar essa doutrina, temos um homem, feito de carne e de paixão como todos os outros, um homem incessantemente assaltado por tentações, e que não está mais protegido do pecado que qualquer outro.

Poderá um "Vice-Deus" sucumbir a certas fraquezas sem provocar escândalo? Mais grave ainda: não corre o risco de esquecer algumas vezes — esse representante do Céu na terra — que o menor dos seus atos depende de uma outra justiça? Não irá ele confundir a autoridade delegada de que está investido com um autoritarismo apenas temporal? Era quase fatal que se desse a colusão entre a monarquia de direito divino e o absolutismo de Estado, e as tendências da época arrastavam a isso. Mas não havia também, entre a certeza de representar Deus na terra e a ilusão de ser mais que um homem, uma vertente bem fácil de descer? Terá Luís XIV evitado essas duas confusões?

No segredo do coração

É impossível pôr em dúvida que, pessoalmente, Luís XIV tenha sido um homem de fé profunda. Toda a sua juventude decorrera numa atmosfera extremamente religiosa, sob a influência de uma mãe de piedade à espanhola e a recordação de um pai devoto. Tinham-lhe repetido incessantemente que o seu nascimento fora sinal de benevolência divina, que ele era de verdade Luís *le Dieudonné*, "o dado por Deus". Em 1650, renovara solenemente o gesto de Luís XIII, oferecendo o reino a Nossa Senhora e ordenando "a todas as companhias soberanas que mandassem advertir cada pessoa de que tinha o dever de prestar uma particular devoção à Virgem". Um dos primeiros atos do seu governo pessoal foi participar das "estações"[4] do Jubileu celebrado em 1661, seguindo a pé as processões e querendo mostrar com isso, conforme disse, "que era de Deus e da Sua graça, mais que da sua própria conduta, que esperava obter o cumprimento dos seus desígnios".

Durante todo o reinado, a religião iria ocupar um lugar considerável no horário e no calendário que regulava a etiqueta. A oração da manhã e a oração da noite faziam parte do cerimonial do *petit lever* e do *petit coucher*. O rei assistia à Missa todos os dias, sempre com o maior respeito, permanecendo de joelhos desde o *Sanctus* até à Comunhão do celebrante. Ao cair da noite, nunca deixava de assistir a um ofício da tarde. Participava pessoalmente de numerosas procissões, como a do *Corpus Christi*, as que a Ordem do Espírito Santo celebrava três vezes por ano (a 1º de Janeiro, a 2 de fevereiro e no dia de Pentecostes), e também a que, a 10 de fevereiro, comemorava o ato de consagração feito por Luís XIII. Durante o Advento, ouvia os sermões de domingo e, por vezes, também os das quartas e sextas-feiras. Na Quaresma, ia a todas as pregações e seguia com todo o rigor as prescrições da Igreja quanto ao jejum e à abstinência, não sem advertir publicamente a corte de que consideraria de mau tom que não fizesse o mesmo. Os ofícios da Semana Santa não tinham melhor assistente que ele, mesmo nos anos em que as suas dificuldades pessoais com o sexto e o nono mandamentos não lhe permitiam cumprir o preceito pascal. Na Quinta-Feira Santa, em presença do capelão-mor, lavava e beijava os pés de treze crianças pobres, após o que lhes servia pessoalmente uma refeição, assistido pelos príncipes de sangue real — com o Delfim à cabeça —, que substituíam os copeiros.

É evidente que tudo isso constituía um belo e constante preito à religião cristã. Mas em que medida esse cerimonial empenhava verdadeiramente a fé do rei? Não é fácil responder. O que sabemos da sua prática religiosa não dá a impressão de excessivo fervor. Comungava, quando muito, cinco vezes por ano: "No Sábado Santo, na igreja paroquial — diz Saint-Simon —, e, nos outros dias, na capela; estes outros dias eram a Vigília de Pentecostes, a festa da Assunção, a Vigília de Todos os Santos e a de Natal". Não se conhece caso algum em que tenha querido abeirar-se da Sagrada Mesa por impulso pessoal, por necessidade interior. Durante a liturgia, não gostava de servir-se de um missal (Mme. de Maintenon poucas vezes conseguiu decidi-lo); ou, quando pegava no livro, quase não o abria, limitando-se a recitar o terço. Aliás, o terço parece ter sido a sua devoção favorita: em toda a vida, jamais deixou de usar aquele que herdara do pai e que antes pertencera a Henrique IV; por sinal, um terço bem estranho, visto que as contas eram minúsculas caveiras de marfim. Nunca se ouviu dizer que tivesse tomado a iniciativa de uma leitura espiritual, como seu pai ou seu primo Filipe IV, fervorosos admiradores, um de Lourenço Scupoli, o outro de Maria de Agreda. Mme. de Maintenon queixava-se com frequência da falta de atenção com que o rei ouvia as leituras que ela lhe fazia. Também não há notícia, nas crônicas, de que tivesse feito algum retiro, como São Luís, tão inclinado a retirar-se por uns dias neste ou naquele convento. É bem evidente que a corrente espiritual do "grande século das almas" não transportava para as alturas místicas a alma do Grande Rei.

Diremos então que em tudo isso não havia senão formalismo, um modo de manifestar o respeito que Luís XIV tinha, sinceramente, pela religião de seus pais? Têm-no dito muitas vezes. Talvez com injustiça. Numa carta que Fénelon escreveu com a intenção de ser lida pelo rei[5], pôde ele encontrar — se é que de fato a conheceu — esta análise impiedosa da sua fé: "Vós não amais a Deus, e mesmo o vosso temor de Deus é temor de escravo. A vossa religião consiste apenas em superstições, em pequenas práticas superficiais. Sois como os judeus, de quem Deus diz: *Enquanto me honram com os lábios, têm o coração longe de mim*. Sois escrupuloso em bagatelas e endurecido em males terríveis". É difícil saber até que ponto o arcebispo de Cambrai tinha razão. Para emitir um juízo seguro, seria preciso penetrar nos arcanos de um coração que nunca foi pródigo em confidências e até procurou nada deixar transparecer dos seus sentimentos profundos.

No entanto, conhecemos dele aspectos e palavras que revelam algo que está muito longe de uma fé meramente formal. Aos dezoito anos, confiava a um familiar que não compreendia como podia alguém deitar-se tranquilo à noite, se estivesse em pecado mortal. "As grandes festas — diz Mme. de Caylus — causavam-lhe remorsos, como também ficava perturbado quando omitia as suas devoções ou as cumpria mal". E o padre Choisy observa com toda a pertinência: "Mais de uma vez, para escândalo do zé-povinho, mas para edificação das pessoas esclarecidas, o rei preferiu afastar-se dos sagrados mistérios a abeirar-se deles indignamente, embora o meio político murmurasse". Em 1704, à beira da velhice, e já muito ajuizado, ainda confessava a Massillon, depois de um desses sermões fulgurantes de que o célebre pregador tinha o segredo: "Todas as vezes que vos ouvi, meu padre, fiquei muito descontente comigo". Não são palavras de um homem que praticasse a religião só por conveniência, rotina ou razão de Estado[6].

Tinha certamente convicções pouco elaboradas, cuja tranquilizante simplicidade o punha ao abrigo das insidiosas sutilezas do jansenismo e do quietismo, uma fé bem distante do tremor pascalino, das procuras ansiosas, das revelações fulminantes... Mas uma consciência sempre satisfeita de si mesma, contentando-se com meia dúzia de práticas supersticiosas para se crer salvo — isso não. Não era assim tão simples. Através das aparências gloriosas de celebrante da religião oficial, adivinhamos um homem, confrontado, como qualquer outro, consigo próprio, e também ele travando com o anjo o combate próprio da condição humana.

Porque a verdade é que o rei da etiqueta soberana conheceu paixões de homem, essas paixões que devastam tudo e que tudo problematizam. Sucumbiu a umas; venceu outras. Como qualquer homem. Diríamos que a sua vida foi uma batalha da vontade. Quando jovem, era sujeito a acessos de cólera furibunda: conseguiu refreá-los e manter-se, em todas as circunstâncias, extraordinariamente senhor de si. Jamais consentiu a si mesmo um sinal de sofrimento, físico ou moral. Nem se permitiu estar doente, e menos ainda parecer que o estava. Diante da morte, vê-lo-emos dar provas de uma admirável firmeza de alma.

Noutros pontos, com certeza, foi menos exemplar. Alguns historiadores, para mostrarem que era, como diz um deles, "estranho às delicadezas da moral cristã", insistem muito nos extravios da sua vida sentimental. Não há dúvida de que temos aí um espetáculo pouco edificante. "Se é verdade — escreve o rei nas suas *Memórias* — que o nosso coração, incapaz de desmentir a fraqueza natural, ainda sente nascer, apesar dele, essas baixas emoções, a nossa razão deve ao menos escondê-las". O mínimo que podemos dizer é que ele aplicou mal esse preceito. A extensa lista das suas amantes e de bastardos legitimados é chocante. Os seus amores fragorosos — e simultâneos — com a terna Mlle. de la Vallière, com a inquietante e fascinante Mme. de Montespan, sem falar de outras beldades menos ilustres, tais como Mlle. de la Motte-Argencourt, Mlle. de Marivault, Mme. de Ludre e Mlle. de Fontanges, dão ao "rei cristianíssimo" o aspecto bem pouco agradável de um sultão no seu harém. Quer isto dizer que não sofreu com essa sujeição aos grandes apetites da carne?

Por várias vezes, ao aproximar-se a festa da Páscoa, viram-no fazer esforços para reentrar no bom caminho e poder comungar. Houve até momentos patéticos. Quando, em 1675, na Quinta-Feira Santa, um corajoso padre de paróquia recusou a absolvição a Mme. de Montespan, o rei, bem longe de castigar o atrevido, confessou-se perturbado e ordenou à amante que abandonasse a corte — o que ela fez, por pouco tempo, aliás... Impressiona também, e conta a favor do rei, que ele permitisse a pregadores como Bossuet, Bourdaloue, Massillon, Dom Cosme, dar-lhe lições de moral do alto do púlpito, com uma precisão na alusão e uma violência no anátema que nos deixam estupefatos. Releia-se o fulminante sermão de Bourdaloue sobre a impureza, pronunciado na cara do culpado: que ditador do século XX suportaria tais censuras? Grande pecador, pecador público, Luís XIV tinha plena consciência de o ser: e já é capital — e um elemento de salvação — o sentido do pecado numa alma.

Além disso, importa ter presente que esse período de desordens e de amores ruidosos teve um termo; findou a meio do reinado — para não mais recomeçar. Influência decisiva de Mme. de Maintenon, tem-se dito, e do pequeno clã devoto e hábil que gravitava em torno dela. Talvez. E não diminuamos os méritos dessa mulher de bem — e de cabeça. Neta convertida de Agrippa d'Aubigné, viúva ainda jovem do poeta paralítico Scarron, escolhida para governanta dos filhos ilegítimos do rei e de Mme. de Montespan, conseguindo cada vez mais a simpatia do seu senhor e acabando por casar-se secretamente com ele, Mme. de Maintenon é precisamente o oposto de uma ambiciosa vulgar, que teria utilizado os escrúpulos de consciência de Luís XIV para apossar-se dele. Num texto com todo o ar de confissão, exclamava: "Senhor, meu Deus, que me pusestes no lugar em que estou, quero adorar durante toda a vida o plano da vossa Providência acerca de mim, e a ele me submeto sem reservas. Que eu sirva à salvação do rei! Que eu me salve com ele!" Essas frases eram sinceras. Como certamente eram também sinceros, no rei, os seus impulsos para Deus, o desgosto que sentia pela vida passada, o mal-estar que lhe causava o pecado sempre recomeçado. Nem tudo na sua atitude pode ser explicado pela conspiração de Mme. de Maintenon e de Fénelon para o "inquietar" e "cercar". Mesmo quando a esposa secreta passou a inspirar-lhe apenas sentimentos de respeito, fortemente tingidos de tédio, Luís XIV não voltou aos antigos extravios. Tinha quarenta e seis anos quando se casou com a viúva de Scarron, e os últimos trinta de reinado foram de perfeita dignidade. Não podemos dizer que o envelhecimento basta para explicar essa vitória sobre si mesmo.

Há todavia uma vertente do caráter de Luís XIV que um cristão não pode considerar sem sofrer. Chamemos-lhe orgulho, ou egoísmo, ou dureza de coração; são coisas que costumam andar juntas. O orgulho parece ter-lhe sido conatural, mas esse defeito foi espantosamente desenvolvido nele pela educação que recebeu. De pequenino, fora objeto de uma adulação capaz de entontecer muita gente. A própria mãe se prosternava diante dele e declarava "rodeá-lo de um respeito ainda maior que o seu amor". O professor de caligrafia dera-lhe como primeiro texto a copiar: "Aos reis é devida homenagem: eles fazem o que lhes agrada". É evidente que a doutrina do direito divino só podia reforçar nele a tendência para o orgulho, e o que lhe disseram sobre o seu nascimento "milagroso" pode muito bem tê-lo feito mergulhar na convicção — diversos indícios o sugerem — de ter sido investido numa missão muito superior à de um simples homem.

Estava, pois, sob a ameaça de um orgulho desmedido, e, neste ponto, Fénelon parece ter dito a verdade, quando lhe dirigia estas palavras: "Vós não amais senão a vossa glória e a vossa comodidade. Tudo referis à vossa pessoa, como se fôsseis o Deus da terra e tudo o mais só tivesse sido criado para vos ser sacrificado". Bossuet devia pensar o mesmo, se bem que se exprimisse mais prudentemente, quando falava dos perigos do poder sem limites e aludia a Nabucodonosor e a Baltasar... Saint-Simon iria mais longe, representando o rei, em frases aceradas, como alguém que "só ama e tem em conta a sua pessoa, sendo para si mesmo o fim último".

A bem dizer, o que espanta, se se pensa na educação que recebeu e no culto de latria de que foi objeto[7], não é que semelhante orgulho existisse no Grande Rei. O que admira é que não tenha sido ainda maior; que esse príncipe adulado não tenha cedido mais ao delírio da *hybris* em que os gregos viam a pior das loucuras humanas. A frase, tantas vezes citada: "Se não fosse pelo medo do Inferno, teria querido que o adorassem", é maliciosa. Na verdade, o autoritarismo da monarquia divinizada foi temperado, em larga medida, pela cortesia do rei, pela sua perfeita polidez, pelo seu bom senso e, no fundo, pela religião. Luís XIV era inteligente o bastante para não perder de vista a precariedade das coisas humanas e o temor do Juízo: é o que Bossuet designa por "remédios que o próprio Deus preparou para os reis contra as tentações do poder". Conta Mme. de Sévigné que, tendo uns Mínimos dedicado ao rei uma tese em que o comparavam a Deus, de tal maneira que se via claramente que Deus não passava de uma cópia, Bossuet não teve a menor dificuldade em persuadir o rei da indecência dessa louvação, e o rei "não a tolerou de maneira nenhuma".

Mas não deixa de ser verdade que, na prática, ele seria com frequência, com muita frequência, de uma severidade ou de uma indiferença que beirava o desumano. Certamente capaz de alguns gestos de bondade fácil, sobretudo para com a gente humilde, mostrou-se, em demasiadas circunstâncias graves, desprovido da mais elementar mansidão. O mal não seria grande se essa dureza não fosse um princípio de governo. As palavras referidas por Olivier d'Ormesson — "Sei que não gostam de mim. Não me importo com isso, pois quero reinar pelo temor" — não bastariam para condená-lo, já que se pode discutir indefinidamente se, para conduzir os homens, é preferível o método da doçura ou o da força. E a sua célebre crueldade, tranquila crueldade, para com as mulheres que amava, justifica-se perfeitamente pelo princípio muito judicioso, que expõe no seu *Testamento*, de nunca deixar que os assuntos do amor invadissem os domínios da política. Mas o que há de grave é que essa dureza, esse orgulho, esse egoísmo parecem ter-lhe couraçado o coração, tornando-o insensível a grandes sofrimentos, indiferente a graves iniquidades, até mesmo pouco rigoroso em questões de justiça.

Surpreende-nos penosamente ver o jovem rei fazer clara pressão sobre os juízes do processo Fouquet a fim de conseguir a cabeça do inspetor-geral, e desgraçar para sempre e brutalmente, por não se ter pronunciado nesse sentido, o relator da questão, Olivier d'Ormesson. Aflige mais ainda ver o velho rei responder com medidas policiais aos apelos patéticos de Vauban em favor da justiça social. E que dizer do soberano das Dragonadas — das perseguições contra os protestantes —, do comandante supremo dos exércitos que devastaram o Palatinado? Para ser autenticamente cristão, faltou ao Grande Rei da França aquilo que, no século precedente, faltara também a outro grande soberano católico, Filipe II da Espanha: essa flor de delicadeza espiritual que é a misericórdia — ou seja, a caridade de Cristo.

Servir a Igreja ou servir-se dela

Ao pronunciar os numerosos e minuciosos juramentos da cerimônia da sagração, Luís XIV jurara "proteger a Igreja como é dever de qualquer rei em seu reino, assegurar-lhe a paz em todas as circunstâncias", impedir que ela fosse "vítima de qualquer perturbação e de qualquer iniquidade". Aí estava o essencial da aliança do trono e do altar que, desde Clóvis, fora, em suma, o fundamento da monarquia francesa. Mais preciso ainda, um dos juramentos acrescentava que o rei se comprometia a conservar "os privilégios canônicos da Igreja, seus direitos e sua jurisdição". E a isso tinham respondido os oficiantes, numa prece com ar de admoestação: "Assim como vós vedes o clero mais perto dos santos altares do que o resto dos fiéis, assim deveis ter o cuidado de mantê-lo no lugar mais honroso e em todos os misteres adequados, a fim de que o mediador de Deus junto dos homens vos estabeleça mediador do clero junto do povo". Nessas poucas linhas, achava-se definido o lugar que o clero, o primeiro dos estamentos do reino, julgava dever ocupar no Estado, e que, de fato, lhe era reconhecido.

Nem é preciso dizer que Luís XIV conservou a antiga aliança do trono e do altar. Conservou-a como homem de fé, que queria ser fiel aos juramentos de Reims, e também como político, que sabia que a base mais sólida do seu trono era essa. Mas há muitas maneiras de conceber essa aliança. Em princípio, trata-se de uma colaboração entre duas potências, cada uma das quais tem o seu campo de ação, uma, o espiritual, a outra, o temporal, mas que trabalham de comum acordo na direção do povo no melhor interesse deste. Na realidade dos fatos, e no decorrer dos séculos, essa colaboração num plano de igualdade mal existiu: ora a Igreja procurava submeter a si o poder laical, ora os reis se esforçavam — e com bem maior frequência desde que terminaram as grandes pretensões teocráticas — por dominar a Igreja. Foi este, claramente, o desígnio de Luís XIV, se não proclamado, pelo menos subentendido. Respeitada, lisonjeada, cumulada de honrarias nos membros da sua hierarquia, não iria a Igreja ser, no interior de um regime cada vez mais centralizador e autoritário, algo mais que um elemento do sistema, uma peça do aparelho governamental? Foi o que em breve se pôde perguntar.

Um dos princípios absolutos do regime, e que não sofreu nenhuma exceção, foi manter à margem do poder todos os homens da Igreja. Certamente em recordação de Richelieu e de Mazarino... Um dia em que — conta Saint-Simon — alguém dizia ao rei que estava admirado por ele não nomear para o Conselho um cardeal cujos serviços elogiava muito, Luís XIV respondeu: "Estabeleci para mim como regra nunca incluir no meu Conselho um eclesiástico, e menos ainda um cardeal". E no seu *Testamento* precisaria, com certo humor, as razões desse ostracismo: "porque os homens da Igreja estão sujeitos a gabar-se um pouco demais das vantagens da sua profissão, e por vezes querem servir-se delas para diminuir os seus deveres mais legítimos".

Mas, se não queria que o clero interviesse nos negócios de Estado, não pensava de modo nenhum que a recíproca devesse ser verdadeira e que tivesse de se abster de intervir nos assuntos eclesiásticos. Pelo contrário. A colusão entre o espiritual e o temporal — consequência infeliz da Concordata de 1516 e resultado de uma instituição viciada, que tanto mal fizera à Igreja e contra a qual o Concílio de Trento reagira frouxamente — viria a ser erigido em princípio de governo durante todo o reinado do Grande Rei. Luís XIV utilizou em toda a sua plenitude o direito de "apresentação" dos candidatos aos bispados e às abadias que a Concordata lhe reconhecia. Aos seus olhos, que o papa guardasse para si a investidura canônica era algo secundário. O que contava era que ele e só ele se julgava no direito de nomear o alto clero.

Notemos que, no seu entender, não se tratava de uma tarefa de pouca importância. Luís XIV teve, certamente, a intenção de exercer bem aquilo que Bossuet considerava "a parte mais perigosa dos seus deveres". Quis até, conforme ele próprio declara, "respeitar na milícia sagrada" o mesmo critério que na promoção dos oficiais e não admitir "aos bispados e outras dignidades importantes senão aqueles que tivessem servido a Igreja, quer nas missões, quer como párocos ou vigários". Lá estava o *Conselho de Consciência* para o ajudar na escolha. Era o rei que presidia às reuniões, e, especialmente a partir da crise de 1682-84, interessava-se muito pelo que lá se dizia. O seu confessor, primeiro o padre La Chaise[8], e depois, e principalmente, o padre Le Tellier, desempenharam nesse Conselho um grande papel, como representantes do clero da França junto do monarca, como distribuidores de títulos e benefícios, como ministros dos negócios eclesiásticos. Mas, quando passou a ser esposa secreta, Mme. de Maintenon ultrapassou qualquer desses jesuítas e, em boa verdade, foi ela o verdadeiro ministro dos cultos.

A que resultados levaram as boas intenções do rei e as influências? Em suma, a resultados pouco satisfatórios. O próprio sistema de governo posto em prática por Luís XIV, isolando cada vez mais a sua pessoa no círculo de Versalhes e reforçando incessantemente a ação do poder central, não podia deixar de escolher para as altas dignidades eclesiásticas — ao menos, na imensa maioria dos casos — criaturas da corte, do governo, da administração. Le Tellier, arcebispo de Reims, Jean-Baptiste Colbert, bispo de Montauban, e André Colbert, bispo de Auxerre, eram filhos, irmãos ou primos de ministros. O antigo capelão-mor da rainha-mãe foi nomeado para a diocese de Saint-Malo; o do rei, para a de Auch. Mme. de Maintenon conseguiu nomear para Chartres o seu dedicado confidente, o padre Godet des Marais, aliás sacerdote exemplar. Mais surpreendente ainda é que muitos bispos tenham procedido do círculo doméstico do rei. Foi o caso de Valot e de Dacquin, bispos, respectivamente, de Nevers e de Fréjus, de Sanguin, bispo de Senlis, filho de um mordomo de Versalhes (todos eles "fâmulos-violetas", diz Saint-Simon, que era duque e par da França), ou ainda de Ancelin, bispo de Tulle, o mais ridicularizado de todos, pois era filho da ama de leite do rei, o que lhe valeu ser apelidado na corte de "o bispo-teta"...

A mesma arbitrariedade se fez presente na escolha dos abades e abadessas. Neste domínio, as rivalidades eram enormes, já que as rendas não eram nada baixas. O sistema de comenda, que todos os reformadores da época anterior tinham denunciado, estava agora mais impante. Houve abadessas que mudaram de ordem para conseguir abadias mais ricas; houve bispos que ofereceram abadias da sua diocese a ministros poderosos. Mme. de Montespan e Mlle. de Fontanges conseguiram obter do favor real ricas abadias para as suas irmãs. E uma anedota famosa, contada por Saint-Simon, mostra o condezinho de Toulouse, filho legitimado de Luís XIV, reclamando a mitra para o seu criado Picard, em compensação das belas abadias obtidas pelo seu irmão Vexin. Talvez o cúmulo tenha sido ver o Rei-Sol teimar em conseguir da Santa Sé as dispensas canônicas necessárias para que um dos príncipes legitimados fizesse carreira eclesiástica.

O que é de admirar é que semelhantes processos não tenham contaminado e degradado radicalmente o episcopado de Luís XIV. Com efeito, embora não fosse, em conjunto, equivalente ao de Luís XIII e Richelieu, esse episcopado não foi mau. Teve até belas figuras, sobreviventes da época precedente, ou pelo menos, fiéis aos seus deveres de estado[9]. O que, porém, parece grave é que esse alto clero, feito de bispos mundanos e de abades comendatários, se mostrou literalmente *devoto* do rei, ofuscado pela sua glória e zeloso em servi-lo. Mesmo aqueles que, como Bossuet, tiveram os mais brilhantes méritos eclesiásticos deixaram-se fascinar por Versalhes, pela corte, pelo olhar do rei. "Que ides fazer a Reims?", perguntava uma dama elegante a Le Tellier quando o arcebispo ia retornar à sua diocese; "ides encher-vos de tédio como um cão..." Racine irá pôr em verso satírico a "pequena assembleia" dos cinquenta e dois prelados que seguiam a corte por todo o lado. As verdadeiras viagens *ad limina* eram as que os ambiciosos deviam fazer a Versalhes, não a Roma...

É certo que quase se desistiu de empregar bispos e altos dignitários religiosos em funções laicais, embora ainda houvesse um ou outro bispo diplomado ou administrador, e até um arcebispo lugar-tenente do rei e governador, e um outro, Henri de Sourdis, na chefia do Almirantado. Mas não há dúvida de que foram utilizados; faziam parte do instrumental de governo, tanto como da glória régia. Quando Colbert quis regulamentar a produção industrial e encontrou resistências, foram os bispos que, em vários lugares, trataram de fazer com que a classe operária obedecesse. A *domesticação* do episcopado era tal que, quando o bispo de Agen se descuidou na linguagem ao apreciar a política de Colbert, o poderoso ministro lhe fez uma cena em plena corte, ameaçando-o de mandar os guardas levá-lo de volta para a sua diocese. E o bispo... calado como um morto. É claro que tinha medo do castigo.

Um dos resultados mais lamentáveis dessa tutela sobre o alto clero foi separá-lo praticamente de Roma. "Escrever diretamente ao Papa, aos seus ministros ou a personagens da Cúria — diz Saint-Simon —, ou receber cartas de lá, sem que para cada uma o rei e o seu secretário de Estado soubessem o motivo e houvessem dado autorização, era um crime de Estado que não se perdoava e se punia, de modo que essa prática estava inteiramente abolida". De uma assentada, desaparecia, se não a fidelidade a Roma, ao menos a ligação com a Santa Sé. "Existe uma osmose entre Igreja universal e Igreja particular, que são distintas, mas não separadas. Abertas uma à outra, têm interesses solidários. Quando se fecham em si mesmas, é com prejuízo para a verdadeira vida de uma e de outra"[10]. A crise galicana ia mostrar, dolorosamente, as consequências dessa separação de fato e de espírito. E pode-se sem dúvida relacionar com essa separação o amortecimento do impulso espiritual que se observa desde o início do reinado do Rei-Sol[11]. Ao longo deste reinado, a legislação tridentina não será mais aceita na França do que no dos seus antecessores; já nem sequer se falará do assunto nas Assembleias do Clero, onde só se pensará nas liberdades galicanas[12].

Devemos acrescentar que, se nessa submissão imposta ao clero Luís XIV seguia uma grande linha política, também não estavam ausentes dos seus cálculos interesses bem materiais. A concepção que tinha da propriedade era estritamente totalitária. "Tudo o que se encontra no interior dos nossos Estados, qualquer que seja a sua natureza, pertence à coroa real [...]. Os reis detêm por natureza a disposição plena e integral de todos os bens que são possuídos tanto pelos homens da Igreja como pelos cidadãos seculares". Tudo o que estava estabelecido sobre o destino a dar aos bens eclesiásticos e sobre a intenção dos fundadores não passava de escrúpulo sem fundamento.

Na realidade, esse princípio só será invocado contra a tendência do clero para subtrair-se aos encargos públicos.

No seu *Testamento*, Luís XIV demonstra em cinco pontos que "os eclesiásticos, livres de luxos e do peso das famílias", até deviam pagar mais impostos que as outras ordens!... Que modo de justificar todos os abusos do poder público sobre os bens da Igreja, na distribuição dos benefícios, na maneira de desviar uma parte da fortuna do clero para o tesouro incessantemente esvaziado do Estado! A questão da *régale* vai ser a ocasião — ou mesmo a causa — do grave conflito que oporá o rei cristianíssimo à Santa Sé: é significativo que essa questão tenha parecido inicialmente uma questão de grossas maquias, ainda que as finanças reais não tirassem daí nenhum proveito[13].

Assim, de mil modos, a colusão entre o Estado e a Igreja é flagrante. Até os historiadores menos inclinados a condenar os erros do cesaropapismo o reconhecem: "Alguma vez se viu mais estreita união entre a Igreja e o Estado?", exclama o cardeal Baudrillart. "A igreja da França estava estreitamente ligada ao rei e quase confundida com o Estado", diz Pierre Gaxotte. Mais categórico, Gabriel Hanotaux conclui: "A religião era o próprio Estado". Aos olhos de um católico sensível às lições da história, esse gênero de identificação não tem nada que entusiasme. Uma igreja nacional tão submetida ao poder público permaneceria fiel aos princípios que lhe cumpria guardar? Não iria ceder a interesses demasiado temporais? Desde Constantino, desde Bizâncio, a Igreja aprendera a desconfiar dos soberanos que fossem "bispos do exterior". O grito de indignação de Fénelon tem fundamento: "Já não é de Roma que vêm os abusos de autoridade e as usurpações. O rei é na verdade mais senhor da igreja galicana que o papa; a autoridade do rei sobre a Igreja passou para as mãos dos juízes seculares. Os leigos dominam os bispos".

Ainda se fosse apenas isso... Mas, convertido de fato em senhor da igreja nacional, não quereria o soberano intervir em domínios mais reservados? Num momento grave do conflito jansenista, ouviremos o procurador-geral D'Aguesseau ameaçar a Igreja de ver o rei "estabelecer, quando lhe aprouver, um novo artigo de fé" e impô-lo aos bispos. Havia muita sabedoria no voto formulado por Bossuet: "Que Deus preserve os nossos reis cristianíssimos de pretender o império das coisas sagradas!"

Em suma, foi essa confusão entre a Igreja e o Estado que, ao longo do todo o reinado, determinou a política religiosa de Luís XIV. A sua intervenção nas "coisas sagradas" orientou-se constantemente no sentido do absolutismo, do cesaropapismo e dessa vontade de unidade totalitária que vemos também manifestar-se em todos os campos, quer se trate da economia, da vida intelectual ou das artes. Daí resultaram muitas crises, muitos dramas e, por fim, um flagrante malogro.

O defensor dos costumes e da fé

A bem dizer, a política religiosa de Luís XIV só tomou verdadeiramente o caráter muito acentuado e até brutal que lhe conhecemos nas crises do protestantismo, do jansenismo, do quietismo e mesmo do galicanismo, após 1680-85, anos que de muitos modos assinalam uma crise no reinado. A partir de 1682, instalado definitivamente em Versalhes, o Rei-Sol está no auge da glória, da sua orgulhosa glória. Acaba de ser cunhada a medalha que o compara ao astro que preside ao dia: Paris ofereceu ao seu senhor o título de Luís o Grande. A trégua de Ratisbona (1684) marca o apogeu do Sol francês sobre a Europa. Ao mesmo tempo, porém, o rei, que cumpriu os quarenta e cinco anos e enviuvou, renuncia às desordens da juventude, desposa Mme.

de Maintenon e não tardará a caminhar no sentido de uma sincera conversão. Política religiosa e evolução interior estão nesse momento estreitamente ligadas e de certo modo se identificam. Tendo-se tornado devoto sem com isso passar a ser menos autoritário, Luís XIV vai intervir nos assuntos religiosos como defensor da fé e dos costumes, protetor da Igreja, de uma Igreja cujos poderes estão, para ele, estreitamente submetidos aos seus.

Não é que, anteriormente, mesmo no tempo em que a sua conduta pessoal o desqualificava para fazer de Padre da Igreja, ele não tivesse mostrado zelo em fazer respeitar a fé católica e os mandamentos. Não há dúvida de que nunca se sentiu visado pelo verso que Cléante, no *Tartufo*, atira aos devotos de todas as espécies: *Des intérêts du Ciel pourquoi vous chargez-vous?*, "por que vos encarregais dos interesses do Céu?" Um dos primeiros atos do seu reinado pessoal foi reiterar um edito que punia com a morte os blasfemos, e assim, em 1661, o Parlamento emitia dois decretos em aplicação desse edito, um dos quais mandava para as galés um blasfemador, e o outro condenava à forca um jogador de *quilles*[14] que não conseguia vencer o mau hábito de praguejar, usando o santo nome de Deus, quando não derrubava nenhum pauzinho... Três anos depois, em 1664, as religiosas de Port-Royal, que se recusavam a obedecer à autoridade do arcebispo, eram pura e simplesmente dispersadas pela polícia. Ou seja, o amante de Mlle. de la Valliére velava pela defesa da fé.

Mais tarde, foi ainda melhor. A partir da guinada do reinado, multiplicaram-se as providências nesse sentido. Lançaram-se vários decretos para que se cuidasse da santificação dos domingos e das "festas com vigília", o que perfazia um total de setenta e oito dias, coisa que, a acreditarmos no malicioso sapateiro de La Fontaine, não deixava de arreliar os operários e artesãos diligentes. Uma ordenação régia lembrava aos generais que as suas tropas deviam cumprir a abstinência durante a Quaresma, e, quando os chefes militares objetaram que, em campanha, lhes era difícil respeitar tais ordens, foi-lhes respondido que, nesse caso, os intendentes deviam pedir aos bispos as necessárias dispensas.

Pessoalmente convertido a uma prática religiosa mais rigorosa, o rei fez pesar todo o seu poder sobre os que o rodeavam para que o imitassem. No *Diário* de Dangeau, lemos, com a data de 3 de abril de 1684, segunda-feira de Páscoa: "O rei, ao levantar-se, falou duramente dos cortesãos que não cumpriam o preceito pascal. Disse que apreciava muito os que o cumpriam bem e que os exortava a todos a pensar nisso seriamente, acrescentando mesmo que lhes estaria grato por isso". Decididamente, estava-se bem longe do verso de Cléante. O que é de duvidar é que tais pressões hajam operado uma verdadeira reviravolta espiritual na corte. Versalhes divertiu-se imenso com uma partida que o marquês de Brissac pregou às falsas devotas, ao dizer-lhes uma noite que o rei não assistiria à oração. Ouvindo isso, as elegantes apressaram-se a apagar as velas e a deixar a capela. Que aflitas ficaram quando vieram a saber que o augusto orante tinha mesmo comparecido... As célebres ironias de La Bruyère não eram descabidas: "Garantir um lugar nos ofícios, conhecer todos os recantos da capela, calcular o melhor ângulo, saber de onde se pode ser visto e de onde não... é o maior esforço da devoção do nosso tempo. Devoto é aquele que, com um rei ateu, ateu seria".

É evidente que Luís XIV não exerceu esse papel de defensor da fé apenas em Versalhes, mandando à confissão os cortesãos... Logo que rebentaram as questões em que estava em causa a pureza da fé, o rei interveio com zelo igualmente vivo. Na barafunda jansenista[15], foi mais ardente que o próprio papa em reabrir o debate. As religiosas de Port-Royal foram proibidas de receber noviças e quatro ou cinco jansenistas de segunda linha foram encerrados na Bastilha. Depois, quando a questão tomou um aspecto mais grave, o rei interveio diretamente: fez pressão sobre as autoridades espanholas para que o padre Quesnel fosse preso e examinou pessoalmente os papéis do suspeito, em colaboração com Mme. de Montespan e o padre La Chaise. Pediu também ao papa que condenasse sem demora as teses culposas, determinou a destruição de Port-Royal des Champs e, "sob sua ordem expressa", fez com que um Parlamento relutante registrasse a bula *Unigenitus*. No momento em que morreu, mais de duas mil pessoas estavam encarceradas por terem aderido ao jansenismo.

Tomou a mesma atitude na questão do quietismo. Contra as *Máximas dos Santos* e o *Novo Testamento em francês*, o Rei-Sol fez-se teólogo. Quando os examinadores das teses de Fénelon, em Roma, se dividiram e hesitaram, ele próprio enviou um memorial contra os partidários do "cisne de Cambrai". Nesse intérim, o padre Lacombe era preso pela polícia real, encerrado sucessivamente na Bastilha, na ilha de Ré, depois, por nove anos, no castelo de Lourdes, catorze em Vincennes, antes de ser declarado doido e mandado para Charenton, onde morreria[16].

Numa frase incisiva, Saint-Simon pretende explicar esse comportamento, dizendo que, envelhecido, o rei "se gabava de fazer penitência nas costas de outros". Talvez a ironia não seja inteiramente justificada. Também é legítimo supor que, assumindo uma fé mais exigente, e mais consciente dos deveres que lhe incumbiam na sequência dos juramentos da sagração, Luís XIV quis sinceramente desempenhar a função de "*sergent* [sargento] de Deus" que o seu antepassado São Luís dizia ser o primeiro dever dos reis, e que a desempenhou tal como a compreendiam os homens do seu tempo. E, principalmente, podemos pensar que, no sistema do absolutismo sem fissura que ele pretendia instaurar, os não-conformistas religiosos surgiam como rebeldes, agentes de destruição dessa unidade nacional que tinha como alicerce a religião católica. O princípio "um rei, uma lei, uma fé" não podia consentir desvios doutrinários. Heresias, ainda menos: o maior drama religioso de todo o reinado iria demonstrá-lo superabundantemente.

"Pior que um crime, um erro": a revogação do Edito de Nantes

Ao assumir o poder pessoal, Luís XIV achou a questão protestante numa situação bastante ambígua[17]. Os "religionários", como geralmente os chamavam, eram ainda muito numerosos, decerto mais de um milhão, repartidos por seiscentos e cinquenta templos, com setecentos e trinta e seis pastores. Eram sobretudo homens do mar — como Duquesne —, nas costas da Normandia, de Aunis e do Poitou; industriais e comerciantes, em Montauban, Nîmes, Montpellier, Grenoble; agricultores, como os montanheses do Delfinado e das Cevenas. Abandonados pelos chefes turbulentos que tinham buscado fortuna ou aventura nas agitações, eram em conjunto gente tranquila, desejosa de se fazer esquecer. Em 1652, Mazarino, em nome do rei, tinha-lhes outorgado um *satisfecit* que, como vimos, era apenas uma astúcia política. "Se o pequeno rebanho pasta erva ruim — dizia o cardeal —, ao menos não foge". Colbert, cuja influência crescia, apreciava as qualidades laboriosas das populações protestantes. Turenne, espada gloriosa da coroa, ainda não se tinha convertido. Era razoável supor que a paz continuaria.

Mas a verdade é que os fanatismos não se tinham desarmado. Nem de um lado nem do outro. Nos cantões onde estivessem em maioria, os reformados infligiam aos papistas constantes vexames. Onde a administração fechasse os olhos, tratavam de crescer, violando sem pejo as cláusulas do Edito de Nantes; só na região de Gex, em cinquenta anos, abriram vinte e três novos templos. Por sua vez, os católicos consideravam a pacificação imposta por Henrique IV como uma simples trégua, revogável em qualquer instante. Mesmo depois da destruição do partido político dos reformados, continuava viva a memória do Estado dentro do Estado e dos perigos que o poder protestante fizera correr ao reino. "A Inglaterra e os países protestantes do Norte — diz judiciosamente Jacques Bainville —, suprimindo os restos do catolicismo e afastando-os dos cargos públicos, tinham dado o exemplo". Se o rei da França resolvesse fazer no seu reinado o mesmo que fizera o da Inglaterra, certamente seria aprovado pela opinião pública.

Por que razão Luís XIV adotou essa política, tão radicalmente diferente da de Richelieu e de Mazarino? Antes de tudo, com certeza, por motivos religiosos — de uma religião entendida num sentido demasiado estreito e que, em última análise, nos parece pouco cristã, mas que era a da imensa maioria dos seus contemporâneos. No dia da sagração, ele jurara "exterminar da sua terra, de todos os lugares onde tivesse jurisdição, todos os hereges como tal designados pela Igreja". Era, pois, para ele, um dever de consciência. Assim lho recordava Bossuet na sua *Política extraída da Sagrada Escritura:* "O rei deve empregar a sua autoridade para destruir no seu Estado as falsas religiões". Luís XIV era certamente sincero quando escrevia: "Não quero duvidar de que é a vontade divina que se quer servir de mim para fazer regressar ao Seu caminho todos os que estão sob as minhas ordens".

É óbvio que esse motivo psicológico se via reforçado pelos motivos políticos que sabemos. Todos os súditos de Luís XIV — nunca o sublinharemos bastante — pensavam que a ordem perfeita no Estado excluía a diversidade de religião. "Se os súditos do rei — diz Fléchier — não forem todos eles mantidos na uniformidade do culto externo como na unidade interior da fé, serão sempre povos diferentes, que se combaterão entre si no seio da Igreja e da República, e serão corpos separados". A esse intransigente totalitarismo católico respondiam no mesmo sentido diversas vozes reformadas: "A diferença de religião desfigura o Estado», dizia o protestante Elie Benoist. E Turenne: "A independência dos pastores não é compatível com uma ordem bem estabelecida". Era o próprio sistema do absolutismo unificador, desejado por toda a França, que tendia à eliminação das diferenças de fé[18].

Desde o início do seu reinado pessoal, Luís XIV mostrou para com os protestantes uma frieza que confinava com a hostilidade. Quando os Corpos constituídos vieram apresentar-lhe felicitações, o rei não quis receber os ministros da religião protestante, e o pastor Vignoles, enviado pela Câmara de Castries, foi expulso de Paris. A Assembleia do Clero acabava de se queixar de diversos abusos dos religionários. Daí que um edito ordenasse a abertura de um inquérito em cada província, que seria dirigido por um católico e um protestante; este foi sempre escolhido dentre os moderados. No Poitou, foram derrubados sessenta e quatro templos. Na região de Gex, só ficaram dois. Outro edito, de 1662, foi mais longe: aplicando *stricto sensu* o artigo 28 do Edito de Nantes — que autorizava os protestantes a ter escolas, mas não fixava nem o número de mestres nem a categoria dos cursos —, foi determinado que apenas haveria um mestre por cada escola. Em Marennes, as seiscentas crianças protestantes ficaram com um só professor! Em junho de 1662, uns huguenotes que não tiraram o chapéu à passagem de uma procissão foram enviados para as galés. Seria de esperar mais tolerância de uma época em que a corte aplaudia a *Escola das Mulheres*, o *Tartufo* e o *Don Juan*.

Não haveria outros meios de trazer à unidade católica os religionários desviados? Alguns bons espíritos julgavam que sim e, generosamente, trabalharam para os converter. Distinguiram-se nessa tarefa diversos jansenistas, que a "Paz Clementina" acabava de reconciliar com a Igreja: Nicole e Arnauld publicaram três tratados para refutar os erros calvinistas. Alguns bispos entraram em ação por meio de cartas pastorais: foi o caso de Hardouin de Beaumont, então bispo de Rodez, mais tarde arcebispo de Paris. Devem-se mencionar também jesuítas como Raimbourg, padres diocesanos e leigos agrupados na *Compagnie du salutaire entretien* ["Companhia do descanso saudável"]. Eclipsou-os a todos o jovem Bossuet, com a sua *Exposição da doutrina católica*, admirável opúsculo, decisivo e profundo, que Inocêncio XI aprovou, e depois com a *História das variações das igrejas protestantes*. Replicaram os protestantes com Jean Claude (1619-87), Aubertin, Jurieu (1639-1713) e Basnage. Em 1678, uma conferência, promovida por Mlle. Duras, assistiu ao torneio oratório entre Claude e Bossuet; os católicos afirmaram que o seu campeão esmagara o outro.

Tais controvérsias tiveram resultados. Certas conversões sensacionais foram, em larga medida, fruto da argumentação de Bossuet, de Montausier, de Dangeau. A própria Mlle. Duras se converteu. A mais ruidosa de todas as abjurações foi a de Turenne, que em 1668, voltou à fé dos seus maiores, com gravidade, franqueza, lealdade de soldado. Quanto às outras conversões desses anos, talvez não as possamos classificar assim. Não faltavam os que aderiam ao catolicismo para comprazer ao rei e conseguir favores e cargos. Outros tinham motivações ainda mais materiais. Pellisson, antigo funcionário do inspetor-geral Fouquet e também convertido, inventou a "caixa das conversões", alimentada pelas rendas de riquíssimas abadias cujo posto abacial o rei fazia vagar, e ainda, após a ordenação de 1676, pelo terço da *régale*. Um plebeu que abjurasse recebia seis libras; um soldado de cavalaria, trinta; um sargento, quarenta. Quanto aos nobres, as recompensas atingiam três mil libras de pensão... Fossem ou não interesseiras, essas abjurações surtiam efeito, como a do duque de la Trémoille e a do duque de la Force, embora esta última mereça reservas[19]. Contribuíam para dar ao rei a impressão de que era viável pensar no regresso ao catolicismo de todos os protestantes e, portanto, para reforçar as pressões que se exerciam sobre ele nesse sentido.

Essas pressões vinham de todos os lados. Sempre que se reunia, a Assembleia do Clero retomava as queixas contra os abusos protestantes. Em 1675, o bispo-coadjutor de Aries exclamava, em sessão da Assembleia e dirigindo-se ao rei, então coroado pela vitória das armas: "Não é a Deus que deveis essas glórias? Falta agora que remateis o vosso agradecimento usando da vossa autoridade para extirpar por completo a heresia". De que estava à espera Luís XIV para ser um novo Teodósio, um novo Carlos Magno? "A liberdade de consciência — precisava a mesma Assembleia — é considerada por todos os católicos como um precipício cavado a seus pés, como armadilha montada à sua simplicidade e como porta aberta à libertinagem. Tirai-lhes, Senhor, tirai-lhes essa funesta liberdade!"

É indubitável que essas mesmas ideias eram sopradas ao ouvido do rei por Mme. de Maintenon, e com crescente insistência, à medida que aumentava a sua influência. Não dizia essa neta de Agrippa d'Aubigné, em 1679: "Se Deus conservar o rei, dentro de vinte anos não haverá um só huguenote"? Louvois, cuja influência se fortalecia, empurrava no mesmo sentido, por ódio a Colbert — que procurava proteger os industriais e os bons operários protestantes, como, aliás, todos os outros — e também para não deixar os lucros da operação em mãos da sua inimiga Mme. de Maintenon. Todo o círculo devoto do rei era partidário do método da força. E não é de excluir que certos interesses, ciosos dos êxitos comerciais e industriais dos huguenotes, tenham usado da sua influência com intuitos bem diferentes dos apostólicos. É impossível não nos sentirmos incomodados ao ler, numa carta de Mme. de Maintenon para o irmão, no momento em que a perseguição se tornava mais séria, esta frase sem artifício: "É a hora de comprar as terras dos protestantes: não valem nada".

"Eu acreditei, meu filho — escreve Luís XIV nas *Memórias* —, que o melhor meio de reduzir pouco a pouco os huguenotes do meu reino era, em primeiro lugar, não os pressionar de modo nenhum com novo rigor, fazer respeitar o que eles tinham obtido dos meus predecessores, mas nada lhes conceder para além disso e até apertar a execução nos limites mais estreitos que a justiça e a decência pudessem consentir. Quanto às graças que dependiam apenas de mim, decidi não lhes fazer nenhuma, a fim de os obrigar a considerar se não seria do seu interesse passarem a ser católicos". Era exatamente o que tinham sugerido o conselheiro Bernard, do tribunal presidiai de Béziers, na *Explicação do Edito de Nantes* (1666), e o jesuíta Meynier, no seu *O Edito de Nantes executado segundo as intenções de Henrique o Grande* (1670).

Os protestantes foram, portanto, submetidos a toda a espécie de vexames. Em nome do Edito! Tudo o que não fora formalmente autorizado foi proibido. Por exemplo, não estava dito que os reformados pudessem enterrar os mortos durante o dia; portanto, obrigaram-nos a enterrá-los de noite. Não estava dito que pudessem convidar para as bodas todos os amigos; portanto, limitaram-lhes a doze o número de convidados. Não estava dito formalmente que tivessem o direito de ser juízes, notários, meirinhos, secretários do rei, advogados, médicos, livreiros, impressores: foram afastados de todas essas profissões.

Poucas vezes a arte de forçar os textos legais foi posta em prática com tanta perfeição. Proibiram-se os casamentos mistos, e os filhos nascidos dessas uniões foram declarados ilegítimos e arrancados aos pais para serem educados na religião católica. O cômico juntou-se ao odioso quando um velho de oitenta anos, nascido nessas condições, foi intimado a assistir às aulas de catequese! Decretou-se que, a partir dos sete anos, os filhos de protestantes podiam aceitar o catolicismo e exigir dos pais uma pensão para serem educados na religião romana. E como, perante tais leis, se esboçasse uma corrente migratória, um edito condenou às galés os fugitivos que fossem apanhados e anulou todas as vendas de bens imóveis realizadas por eles nos dois anos anteriores...

Essas medidas produziram efeitos contraditórios. Os moles, os tíbios, cederam e abjuraram. Os convictos resistiram, e rebentaram distúrbios no Delfinado, no Vivarais, no Languedoc, até às portas de Bordeaux, e, como sequela desses motins, alguns protestantes, um dos quais pastor, foram submetidos, em vida, ao suplício da roda. Não tardaria que se fosse ainda mais longe. Colbert ganhava considerável influência, e foi talvez ele quem inventou um processo abominável de conversão, a menos que o tenha sido o intendente do Poitou, Marillac: as *Dragonadas*. Mandaram alojar-se em casa de protestantes soldados, dragões ou outros — mas os dragões foram os piores —, autorizados a fazer o que lhes aprouvesse...

É fácil imaginar a que excessos puderam chegar esses "missionários de botas". Uma gravura do tempo mostra um deles, com a espada à ilharga — "razão penetrante", diz a legenda —, visando com o mosquete — "razão invencível" — um protestante ajoelhado que se prepara para assinar a abjuração. Foram cometidas as piores abominações: pilhagens, torturas, violações, aos milhares. Homens e crianças tiveram os pés assados no fogo; houve mulheres arrastadas pelas ruas, puxadas pelos cabelos, velhos espancados em presença dos filhos. Foram tais os horrores que, em vários lugares, houve católicos que ofereceram abrigo aos protestantes cujas casas tivessem sido invadidas pelos dragões do rei. Houve bispos, como Le Camus de Grenoble, o cardeal Coislin de Orléans, os prelados de Gap, Lescar, Tarbes, Saint-Pons, que protestaram publicamente e se opuseram ao envio de tropas às suas dioceses. A Assembleia do Clero de 1685 votou uma resolução que condenava o emprego da força.

De todo esse drama, que saberia exatamente Luís XIV? Tem-se dito e repetido que ele ignorava as dragonadas. Completamente? Seria surpreendente. É difícil imaginar que, de todos os protestos do clero, de vários bispos, do marechal Vauban, nenhum chegasse até ele. De resto, a verdade é que demitiu Marillac. O mais provável é que julgasse que se tratava apenas de alguns excessos. O que o sensibilizava acima de tudo eram os resultados adquiridos, a notícia dessas conversões em massa que lhe chegava diariamente e lhe "trazia grandes motivos de alegria", como diz Mme. de Maintenon. Porque houve conversões, e em grande número. Na região de Nîmes, em três dias, sessenta mil! Em Montauban, toda a população, de uma só vez, por deliberação do Conselho Municipal. O mesmo em Bordeaux. Sucessivamente, Castres, Montpellier, Uzès seguiram o bom exemplo. Em diversos lugares, bastava a nova da chegada dos dragões para despertar um imenso zelo de abjuração. Os mais sensatos dentre os católicos duvidavam do valor de tais conversões, e Mme. de Maintenon inquietava-se com o estado de alma de todos esses desgraçados que abjuravam "sem saber por quê". Demasiado o sabiam...[20]

Haveria ainda protestantes na França? Persuadiram Luís XIV de que aqueles que não haviam fugido já se tinham convertido ou iam fazê-lo. Le Tellier, Louvois, o padre La Chaise repetiam-lhe isso cada vez que — e era quase todos os dias — o correio trazia a boa nova de uma abjuração em massa. A 18 de outubro de 1685, em Fontainebleau, apresentou-se à assinatura régia um edito preparado por Le Tellier e registrado no dia 22 pelo Parlamento: *era revogado o Edito de Nantes*. "Já que — dizia o preâmbulo — a melhor e maior parte dos nossos súditos da religião pretensamente reformada abraçaram a religião católica, a execução do Edito de Nantes passa a ser inútil [...]. Julgamos, pois, que, para apagar a memória das perturbações, da confusão e dos malefícios que os progressos dessa falsa religião causaram em nosso reino, nada poderíamos fazer de melhor que revogar inteiramente o Edito de Nantes"[21].

Todos os templos seriam demolidos. Todas as assembleias protestantes seriam proibidas, em qualquer lugar, mesmo em casas particulares. Os pastores teriam que deixar o reino dentro de quinze dias. Os filhos nascidos de pais protestantes deveriam ser batizados pelos párocos e educados no catolicismo. Os fiéis reformados que tentassem emigrar seriam condenados às galés... Eram medidas — importa dizê-lo — inteiramente análogas às que, como vimos, atingiam os católicos em muitos países protestantes[22]. Mas não deixa de ser doloroso que as decretasse o neto do rei Henrique. A França rebaixava-se assim ao nível dos países em que a intolerância se erigira em regra. Luís XIV cortava nitidamente com a política dos seus prudentes antecessores.

Esse ato, ao qual é difícil não aplicar a célebre sentença: "Pior que um crime, um erro"[23], foi acolhido, no entanto, pela opinião pública com um entusiasmo desolador. Desassossegaram-se as musas, mobilizaram-se os artistas. A Academia Francesa abriu concurso sobre o tema *Apoio vencedor da serpente Píon* (e Fontenelle conquistou a palma). Cunharam-se seis medalhas, fizeram-se sete gravuras. Le Brun pintou quadros; Coysevox, esculturas — tudo sobre o mesmo assunto. Os mais altos espíritos do tempo aprovaram a decisão real: Racine, La Bruyère, La Fontaine, Mme. de Sévigné, que escreveu: "É a maior e mais bela coisa que se imaginou e executou". O padre Rance falava de milagre, "um milagre que ninguém esperaria ver no nosso tempo!" Era também a opinião de Bossuet, que, na oração fúnebre de Michel Le Tellier, iria "elevar aos céus" as suas aclamações em honra desse "novo Constantino, novo Teodósio, novo Marciano, novo Carlos Magno". Raros foram os espíritos suficientemente livres — um Vauban imediatamente, um Saint-Simon mais tarde — para ousar manifestar a sua desaprovação e os seus receios. Luís XIV teve incontestavelmente do seu lado a opinião geral.

Quanto ao papa, Inocêncio XI, devemos confessar que a sua atitude foi ambígua. Embora declarasse publicamente a Cristina da Suécia que "a força nunca venceu a heresia, mas sempre a propagou", e mandasse dizer a Jaime II da Inglaterra que fosse benevolente para com os protestantes refugiados no seu país, e interviesse junto de Luís XIV para atenuar os seus rigores, a verdade é que mandou felicitar oficialmente o rei da França e, um ano depois, a fim de desmentir os rumores que corriam acerca do seu modo de sentir, promoveu um *Te Deum*. Haveria nele, realmente, essa "efusão de alegria" de que fala o duque d'Estrées, embaixador da França? O diplomata pode ter exagerado, para agradar ao seu senhor. A própria fórmula usada na carta pontifícia de felicitações podia ter várias interpretações: "uma ação que a Igreja não se esquecerá de registrar em seus anais". As circunstâncias políticas — a questão galicana estava no auge — explicam decerto a atitude do pontífice e as suas reservas[24].

Nem por isso é menos certo que causa aflição esse entusiasmo quase geral por algo que era um crime contra a liberdade das consciências. Explica-se pela intolerância da época, pelo desejo de unidade nacional, pela convicção — certamente sincera entre os melhores — de que muitos reformados tinham regressado por vontade própria ao redil católico. Nada mais significativo que a atitude de Bossuet nessa ocasião. Já vimos os seus gritos de entusiasmo pela revogação do Edito; mas ele fez também parte daqueles bispos que recusaram a violência nas suas dioceses e condenaram os abusos do poder. Declarou publicamente que os novos "reunidos" não deviam ser obrigados à prática da Comunhão e à assistência à Missa, mas que importava usar para com eles de doçura e instruí-los com mansidão. Melhor ainda: dentro em pouco, vê-lo-emos trabalhar no sentido de reaproximar as confissões adversas[25]. A atitude desse grande cristão leva-nos a julgar com mais comedimento o que nos parece uma lei odiosa, inadmissível, mas que, aos olhos dos contemporâneos, parecia um ato de sabedoria política e de verdadeira religião...

No juízo da história, a revogação do Edito de Nantes surge como um erro enorme. Para a França, representou uma verdadeira e grave perda de substância. A despeito das interdições régias, e não sem dolorosas hesitações, grande número de protestantes preferiu fugir a abjurar. Quantos foram? As cifras aventadas variam entre sessenta mil e dois milhões, número este manifestamente absurdo: o mais verossímil é que tenham sido entre trezentos e quatrocentos mil. Fuga horrorosa, êxodo doloroso, bem semelhante àquele que o nosso tempo conhece tão bem. Fugiam de barco, pelas costas do Aunis e da Bretanha, por entre as tempestades; fugiam pelos mais escarpados caminhos dos Alpes e do Jura, em pleno inverno. Quantos desses fugitivos terão morrido? Os que a polícia apanhava eram mandados para as galés. Mais felizes os que eram abatidos logo... Esses emigrantes eram, na maior parte dos casos, gente qualificada, bons artesãos, homens do mar, soldados, professores, todos eles enérgicos e trabalhadores. Que riqueza humana perdia assim a França! E que riqueza em si também! Porque houve muitos que conseguiram levar somas consideráveis em ouro.

Vários países se apressaram a oferecer asilo aos protestantes franceses: o Grande Eleitor povoou com eles Berlim e o Brandenburgo; a Holanda acolheu sobretudo os intelectuais, os cientistas: Pierre Bayle, Jurieu, Claude foram lá professores. Também os viram chegar as colônias inglesas da América, a Suécia, a Irlanda do Norte e a África do Sul. Esses homens levavam consigo técnicas francesas, então desconhecidas nos países onde se instalavam. Assim sucedeu no Ulster, com a telha dita de Belfast; na Alemanha, com a cultura da alcachofra; no Cabo, com a vinha e a oliveira. Denis Papin refugiou-se em Marburgo, onde iria inventar, em 1707, o barco de rodas movido por máquina a vapor.

Por toda a parte onde se fixaram, os protestantes franceses ocuparam quase todos os postos de importância, reforçando assim os adversários da França, ao mesmo tempo que a enfraqueciam com a sua partida. "Um doente que corta os braços e as pernas" — dizia com toda a propriedade a rainha Cristina da Suécia, referindo-se ao reino que cometia tal erro. Ver-se-ia, até, por força dessa emigração, algo de singularmente penoso: franceses protestantes servindo em exércitos inimigos, batendo-se contra a França. Foi o caso de Armand de Caumont, marquês de Montpouillan, huguenote, que lutou como comandante-em-chefe contra o seu primo, o católico Lauzun, na batalha de Beyne. Em 1914, só no exército prussiano, haverá mais de quinhentos oficiais de origem francesa e de sobrenome francês[26]...

No entanto, a revogação do Edito de Nantes esteve longe de resolver a questão protestante, mesmo no interior da França. Surgiram problemas concretos e melindrosos. Que fazer com os bens dos fugitivos? Vendê-los em proveito do Estado? Declará-los indisponíveis? Deixá-los aos parentes católicos mais próximos? Não se sabia bem o que fazer e daí muita desordem e muita injustiça[27].

Quanto aos "reunidos", bem depressa se percebeu que o eram apenas de nome. Os párocos da Normandia confessavam que os antigos huguenotes nunca tinham sido mais firmes nas suas convicções protestantes. Pastores corajosos, como Claude Brousson, regressavam e pregavam por toda a parte. A Igreja Católica ripostava, enviando os seus melhores oradores às províncias em que os convertidos eram numerosos: assim, Fénelon em Saintonge ou Bourdaloue no Languedoc. Faltava-lhe, porém, um corpo sacerdotal esclarecido, dedicado, capaz de conquistar os corações; a ação formativa dos seminários mal começara a dar frutos. Fénelon escrevia, de Saintes, que os seus ensinamentos tinham tocado os corações, mas que os seus novos convertidos lhe diziam, de lágrimas nos olhos: "Logo que o senhor partir, ficaremos à mercê dos monges, que só nos pregam frases em latim, indulgências e confrarias. Só nos falarão com ameaças".

A verdade é que não se sabia que fazer. Um inquérito, aberto em 1698, revelou uma rápida ascensão do protestantismo. Como detê-la? Se um intendente preconizava a doçura, outro pedia a coerção. Seis bispos, entre os quais Bossuet, erguiam firmes protestos contra algumas práticas ignóbeis, como a de atirar para um monturo os cadáveres dos protestantes, depois de arrastá-los pela lama. Em 1699, houve instruções régias aconselhando moderação e retirando aos intendentes os poderes policiais em matéria religiosa. Mas nada conseguia deter o fanatismo despertado pela revogação. Em muitos lugares, agentes do Estado e párocos perseguiam os suspeitos e forçavam os "reunidos" a submeter-se a todos os simulacros de fé católica. O tempo, ao invés de acalmar as paixões, exacerbava-as. Da Holanda, da Inglaterra, de Lausanne, chegavam em grandes remessas e eram imediatamente distribuídos à socapa os panfletos antirromanos, sobretudo os de Jurieu, que anunciavam para breve a libertação.

A resistência protestante organizava-se nas montanhas do Delfinado, da Lozére, do Languedoc. Crescia a exaltação nas comunidades secretas. Mulheres e crianças profetizavam, como Isabeau a bela, cardadora de lã em Grenoble. Rebentaram movimentos insurrecionais. Houve combates no Velay e perto de Castres. Em 1690, o tenente-general De Broglie esmagou uma primeira rebelião. Mas nem por isso se conseguiu deter a onda protestante. As *Assembleias do Deserto* continuavam a reunir-se cada vez com maior frequência, em pleno descampado, muitas vezes de noite, e nelas os reformados fiéis ouviam pastores ou chefes improvisados falar-lhes de fé e esperança. Preso, Claude Brousson foi esquartejado em Montpellier. Nada, porém, tirava a coragem aos temíveis "filhos de Deus".

A explosão decisiva ocorreu em 1702, na diocese de Mende. Quando o padre Chayla, célebre pelo seu zelo anti-huguenote, conseguiu apanhar uma pequena caravana de fugitivos, os camponeses do lugar libertaram-nos, chacinaram o padre-carcereiro e outros dois, e incendiaram castelos. Começou então uma verdadeira guerra.

Ao apelo dos pregadores — Séguier, Mazel, Espérandieu, Ravanel, Couderc, Pierre Esprit, Gédéon Laporte —, rebentou a revolta por toda a parte onde os protestantes eram numerosos. Tal como o povo eleito prestes a entrar na Terra Prometida, assim se mobilizou para a vitória uma igreja do silêncio, oculta no deserto. Pululavam profetas, anunciando êxitos fulminantes, e os que eram apanhados pela polícia caminhavam para o suplício com gritos de alegria: "A minha alma é um jardim de sombras e de fontes", respondia o pregador Séguier ao juiz que o sentenciava a ser queimado vivo. Surgiram alguns chefes notáveis, como Gédéon Laporte, ferreiro hercúleo, e, depois e sobretudo, *Jean Cavalier*, jovem padeiro de vinte anos, que se revelou um gênio na estratégia da guerra de guerrilha e teve como melhor lugar-tenente um garoto de dezessete anos chamado Roland. Organizaram-se operações contra presbitérios, igrejas, conventos. Para se reconhecerem durante a noite, os guerrilheiros vestiam por cima da roupa uma camisa branca. Em pouco tempo, toda a França e a Europa falavam das façanhas dos *camisards*.

Foi necessário enviar contra eles verdadeiros exércitos. Num momento em que o país, atacado de todos os lados, não dispunha de tropas suficientes para cobrir as fronteiras, Broglie e Montrevel entregaram-se a repressões ferozes. A guerra civil entre franceses atingiu um grau inaudito de violência, como se vê pela correspondência de Fléchier, bispo de Nîmes[28]. Foi preciso encarregar da tarefa os melhores generais do tempo, Villars e Berwick. Ao longo de três anos (1702-1705), continuaram os combates e as destruições: perto de quinhentas vilas! Uma astúcia de Villars conseguiu afastar Cavalier do seu campo, dando-lhe a patente de coronel e a vaga promessa de livre exercício do culto. Roland morreu em combate. Pouco a pouco, a febre amainou. Foi possível falar de anistia. Mas a igreja protestante não saía arruinada dessa luta, antes pelo contrário, reforçada, restituída às suas autênticas raízes rurais e populares, temperada pela provação.

Alguns dias antes de morrer, Luís XIV assinou um novo edito que autorizava a retomar os métodos policiais contra a "R.P.R." ("Religião pretensamente reformada"). Mas, no mesmo momento, numa pedreira desativada perto de Nîmes, Antoine Court, pregador natural de Viviers, reunia o primeiro sínodo para a reorganização do protestantismo na França. A política de força, como sempre sucede em matéria religiosa, não servira para nada[29].

O rei cristianíssimo contra Roma

Foi em nome dos interesses da fé católica que Luís XIV feriu jansenistas e protestantes: em nome do princípio da unidade da Igreja, que a seus olhos se confundia com o da unidade nacional. Custa crer que, no próprio momento em que encerrava na Bastilha os partidários de Port-Royal e em que os seus dragões cumpriam entre os huguenotes as "missões" que já vimos, o rei cristianíssimo tenha podido entrar em conflito violento com a Santa Sé, correr o risco de um cisma e enfrentar até a ameaça de excomunhão.

E no entanto foi o que aconteceu durante a "querela galicana", cujos episódios clamorosos chocaram o espírito dos contemporâneos.

Desde o início do reinado, houve alguns incidentes desagradáveis. O rei estava no *crescendo* do seu moço orgulho, resolvido a manifestar em todas as ocasiões o seu prestígio e poder. Mazarino acostumara o régio discípulo a tratar a Santa Sé com certa desenvoltura, ameaçando Inocêncio X de "examinar de perto o que se passara na sua eleição", vituperando Alexandre VII por ter dado asilo ao seu adversário, o cardeal Retz; Hugues de Lionne, que acabara de fracassar nos seus esforços por conseguir internar o terrível cardeal agitador, procurou envenenar as relações entre Paris e Roma. Foi enviado à Cidade Eterna o duque de Créqui, "soldado de alta posição, de grande autoridade, de grande brio, de nenhuma sutileza", com a missão de levar a cabo uma "embaixada de esplendor", destinada a apagar a impressão de derrota deixada pela questão Retz. O duque obedeceu ao pé da letra às ordens, mostrou-se rude, altivo, exigente em questões de protocolo, e toda a comitiva, quase uma pequena corte, o imitou. De tal modo que, em agosto de 1662, a guarda corsa, frequentemente molestada pela criadagem do embaixador, aproveitou uma disputa para uma *vendetta* exemplar: uma bala assobiou perto do nariz da esposa do duque, que voltava à embaixada na sua carruagem, e atingiu mortalmente um dos seus pagens.

Luís XIV encarou o caso "com uma altivez que espantou a Europa". Enquanto se enviava ao papa uma carta insolente, o núncio era conduzido à fronteira, o embaixador da França deixava Roma, o Comtat-Venaissin[30] era ocupado pelas tropas reais. Por último, um exército de quinze mil homens punha-se em marcha, numa clara ameaça aos Estados pontifícios. Era demasiado barulho para um incidente de criadagem. Mas o jovem rei queria mostrar ao mundo que "essa gente o conhecia mal" e que a sua vontade não consentia nenhuma resistência. Importa acrescentar que houve bispos que o aconselharam a tomar essa atitude. Alexandre VII teve de ceder. Concordou em mandar à França um cardeal com um pedido de desculpas, em licenciar a guarda corsa e, o que era o cúmulo, em levantar numa praça de Roma uma pirâmide para memória da ofensa e da reparação[31].

O incidente, porém, praticamente não tinha alcance doutrinário. Outros se deram que, esses, sim, embora menos ruidosos, tiveram maior significado. O absolutismo, em ascensão, não podia tolerar que outro poder que não o do rei atuasse na França. E o do papa menos que outro qualquer. Foi em 1662 que morreu Pierre de Marca, mas o seu erudito tratado latino sobre a *Concórdia do Sacerdócio e do Império*[32] fornecia armas sem conta aos adversários, confessos ou ocultos, do poder papal. O conselheiro de Estado Le Vayer de Boutigny, num pequeno manual que iria ter muitas edições, vulgarizava essa ciência. Comparava o Estado a um navio conduzido por um capitão e um piloto, em que o capitão tem autoridade plena quanto à rota do barco, sua segurança, sua disciplina, enquanto o piloto está encarregado da navegação. Mas, para ele, o capitão era o rei e o papa apenas piloto, e, evidentemente, o capitão tinha o direito de dar ordens ao piloto e mesmo de o repreender se ele se desleixasse!

Assim se desenvolveu a corrente de pensamento que vimos nascer[33] no período anterior, com Pithou e Richer, à qual damos hoje o nome de *galicanismo*, termo ignorado dos contemporâneos. Igreja galicana, máximas galicanas, liberdades galicanas: expressões que vão saltar constantemente dos lábios e das penas do Grande Reinado, num retinir de discussões ásperas e de polêmicas. Não é que o galicanismo tenha alguma vez tentado seriamente, à semelhança do anglicanismo, erigir uma igreja nacional disposta a ir até ao cisma. Nem que tenha constituído um corpo homogêneo de doutrina, ou, menos ainda, uma seita. Conjunto complexo de teorias, de tradições, de interesses, de suscetibilidades e de rancores, o galicanismo só terá verdadeiramente em comum a intenção, aliás determinante, de limitar o poder do papa e as suas intervenções no reino da França. Bastava isso para que Luís XIV se inclinasse a manifestar-lhe muita simpatia, propondo-se fundir na sua pessoa o galicanismo parlamentar e o eclesiástico.

De resto, para bem compreender a querela galicana e os ousados, hoje inconcebíveis, adversários do poder romano, importa recordar que no século XVII a Igreja não admitira ainda nem proclamara o dogma da infalibilidade pontifícia, que só seria definido duzentos anos mais tarde, no Concílio do Vaticano I. O próprio Concílio de Trento, apesar de certas propostas vindas de jesuítas, não o formulara. Todos aceitavam que o Papa detinha a autoridade suprema, mas o concílio ecumênico também a possuía, pois não fora ele que elaborara as sólidas verdades sobre as quais a Igreja se restaurara? Dos dois poderes, qual primava sobre o outro? Não se sabia muito bem, e as opiniões podiam divergir — *in dubiis libertas* —, embora, segundo o testemunho do jurista Domat, galicano notório, "os frades tivessem difundido de tal modo a doutrina da infalibilidade do Papa, que o povo, mal instruído nessas matérias, a tinha por católica, e por heresia a opinião contrária". Mas as pessoas esclarecidas, essas, não a seguiam.

Logo nas primeiras semanas do reinado pessoal, produziu-se um incidente significativo a respeito da atitude do rei nessa matéria. O padre jesuíta *Coret* defendeu no Colégio de Clermont uma tese em que ensinava que o Papa recebera de Cristo a infalibilidade e que essa infalibilidade se estendia tanto a questões de fato como a questões de direito. Estalou a guerra... Os jansenistas, felicíssimos por terem uma oportunidade de pôr em maus lençóis a Companhia de Jesus, saltaram. Arnauld arremessou dois vigorosos panfletos "em defesa das liberdades galicanas". E o rei, se bem que adversário decidido do jansenismo, ergueu-se contra as teses do jesuíta. Foi preciso que o seu confessor, o padre Annat, o admoestasse e que Pierre de Marca lhe dirigisse cartas suplicantes para que se acalmasse e desistisse de mandar apreender a tese e encarcerar o atrevido.

Dois anos depois, novo incidente, outra vez a propósito de uma tese. O bacharel Gabriel Drouet de Villeneuve, jovem bretão, preparava-se para defender tese na Sorbonne, quando correu o rumor de que o seu texto continha fórmulas "romanas", inaceitáveis para a livre igreja galicana. Na realidade, era pouca coisa: dizia apenas que os privilégios de certas igrejas tinham sido "concedidos" pelos papas e que os concílios, por muito úteis que fossem, "não eram indispensáveis". Novo *charivari*..., nova intervenção de Arnauld e dos seus amigos. Era no tempo do incidente com a guarda corsa. "Maltratai Roma de todas as maneiras!" — exclamava Luís XIV, enfurecido. E o Parlamento censurou o pobre do bacharel, proibiu a defesa da tese, e a Sorbonne, após ter fingido protestar contra essa intrusão no seu domínio, cedeu.

É claro que tais incidentes eram intencionais. Qualquer ocasião parecia boa para alimentar e aumentar a tensão. Bastou que um bom cisterciense, Laurent Desplantes, se permitisse escrever que "o Papa tem autoridade sobre todos os cristãos e plenitude de jurisdição sobre a Igreja inteira" para que o Parlamento se indignasse por ver assim ofendida a sua autoridade. E como a Sorbonne ficava na berlinda, logo se resguardou, precisando a sua doutrina numa *Declaração em seis artigos* (4 de maio de 1663), de tom muito prudente, mas em que dizia que, no douto santuário da teologia, não se ensinava oficialmente a infalibilidade do Papa. E recebeu calorosas felicitações da parte do rei.

Todos esses incidentes revelavam um estado de espírito. E houve montes de outros... À medida que a autoridade do rei se fazia mais absoluta, os galicanos ganhavam força. No seu clã, havia de tudo: políticos violentamente apaixonados pelo absolutismo e pelo prestígio nacional; bispos ligados ao regime e dos quais dizia Bossuet que estavam sempre prontos a seguir os ministros, "às cegas, como criadagem"; mas também altos prelados irrepreensíveis, como o próprio Bossuet, inteiramente devotados à Igreja, à sua unidade, à sua hierarquia, mas talvez demasiado propensos ao oportunismo; parlamentares herdeiros das doutrinas de Pithou e ciosos das suas prerrogativas; e igualmente jansenistas, muitos jansenistas — "raspai o galicano: achareis o jansenista", dizia-se correntemente —, hostis ao papa por ódio aos jesuítas; e, é claro, a massa dos cortesãos, todo o círculo próximo do rei, pronto a lisonjear-lhe o orgulho atiçando a sua ira contra o único senhor que podia permitir-se fazer-lhe frente.

Com alternâncias de tréguas e de retomadas, o conflito entre o rei cristianíssimo e a Santa Sé arrastou-se durante anos e anos. Uma tese na Sorbonne, a entrada na França de certo livro de um jesuíta espanhol, um edito de Colbert com o fim de diminuir o afluxo dos que ingressavam nos conventos e dar braços à agricultura, a questão da anulação do casamento de Maria da Savoia, uma ridícula história de extrema-unção dada ao núncio em condições que o clero francês considerou irregulares — qualquer pretexto servia para reavivar o conflito. E assim se chegou à questão capital que iria fazê-la rebentar com violência: a questão da *régale,* em 1673.

Na aparência, a origem de tudo esteve numa questão de dinheiro; na realidade, porém, o que ia estar em causa era nada mais nada menos que a pretensão do rei de controlar e dirigir a igreja da França, quase ignorando o papa. Recordemos a doutrina que Luís XIV professava em matéria de bens eclesiásticos: nos seu entender, o rei tinha "plena e inteira disposição" sobre eles. Em princípio, os eclesiásticos estavam isentos de impostos. Estabelecera-se, porém, o uso de a Assembleia do Clero votar de cinco em cinco anos a *doação gratuita* a favor do Tesouro: dois milhões de libras em 1661; quatro e meio em 1675. Por outro lado, o rei detinha, desde muito antes, provavelmente desde os merovíngios, o *direito de "régale"*, isto é, o direito de perceber os rendimentos de qualquer bispado e de certas abadias quando a sede vagava e até à tomada de posse do novo titular (*"régale" temporal*), e mesmo de proceder às nomeações relativas aos benefícios eclesiásticos da diocese que pertenciam à colação do bispo (*"régale" espiritual*)[34].

Havia ainda outra questão que se vinha arrastando há longo tempo: o direito da *régale* estendia-se ou não às dioceses do Sul, onde não existia quando essas regiões se tinham incorporado à coroa dos Capetos? Não, diziam os bispos, que, apoiados pelo papa, invocavam a autoridade de um concílio reunido em Lyon em 1274. Sim, afirmavam o Parlamento de Paris e os ministros, retomando argumentos de Filipe o Belo!

O problema voltara a ser ventilado em 1608 e, discutido durante mais de sessenta anos, foi resolvido no início de 1673 por um edito que submetia à *régale* todas as dioceses da França sem exceção. Pôde-se ver então até que ponto o clero estava já nas mãos do rei. Em cento e trinta bispos, cento e vinte e oito aceitaram, embora cinquenta e nove deles tivessem sido afetados pela medida. Só dois protestaram: *Pavillon*, de Alet, e *Caulet*, de Pamiers, um e outro personalidades respeitadas, de reconhecidas virtudes e de modo algum sensíveis ao argumento dos interesses. Cautelosa, a Assembleia do Clero de 1675, apesar do pedido de Caulet, recusou-se a tratar do assunto.

Roma não podia deixar passar em brancas nuvens o edito. Falecido o bispo de Alet, o de Pamiers ficou sozinho. A nenhum preço desejaria que, por sua morte, o rei introduzisse gente indigna no seu cabido. Embora acusado de simpatias jansenistas, a Santa Sé apoiou-o fortemente. Duas vezes condenado pelo arcebispo de Toulouse, duas vezes o papa anulou a decisão que o atingira. Condenado pela terceira vez, e agora destituído, apelou para Roma. Foi o ponto de partida de uma crise extremamente violenta, que não terminaria com a morte de Caulet, em 1680: iria durar catorze anos[35].

Desenrolou-se numa atmosfera pesadíssima e em condições muitos complexas, muito mais complexas do que geralmente se diz. Formalmente, tratava-se de saber se o rei da França podia por autoridade própria apoderar-se de direitos materiais e espirituais pertencentes à Igreja. Mas, para além desse ponto de direito, o que Roma visava era todo o conjunto das teorias galicanas e a complacência com que Luís XIV as acolhia. Além disso, a atuação do rei em matéria de política externa causava escândalo. As suas pretensões à hegemonia; as guerras contra outras coroas católicas; a sua aliança com o turco infiel; as suas anexações em plena paz — sobravam argumentos ao clã anti-francês em Roma para excitar a cólera do papa.

E, no entanto, o que choca, quando seguimos os episódios da querela, é a espantosa mansidão de que o papa dá provas, a lentidão com que reage, a magnanimidade com que suporta autênticas injúrias. O papa era, então, desde 1676, Inocêncio XI[36], homem sagaz e prudente, caráter bem equilibrado — talvez mais que inteligência muito vasta —, e, sem dúvida, alma extremamente sacerdotal, cheia de espírito de caridade e de justiça; numa palavra: um santo, que a Igreja iria elevar aos altares. Bem longe de desesperar dessa "filha primogênita" que se portava como filha rebelde, concedeu-lhe largo crédito. Em todas as circunstâncias, proclamou o desejo de manter "uma correspondência muito estreita" com o rei cristianíssimo, e só usou de sanções contra ele quando não teve outro remédio.

Luís XIV, por seu lado, no mais aceso do conflito, enquanto o tom oficial era mais que forte, não deixou de manter relações pessoais com o papa, mostrando-se para com ele respeitoso, proclamando que "era próprio beijar-lhe as mãos". Por quê? Terá sido porque sabia que, na sua política para com os protestantes e os jansenistas, precisava de Roma? Não apenas. Também porque, regressando então a uma religião pessoal mais viva, por influência de Mme. de Maintenon e de Bossuet, nunca aceitou, no fundo de si mesmo, a ideia do cisma, e porque lhe teria parecido inconcebível fazer o papel de Henrique VIII.

Já em 1678, Inocêncio XI escreveu por três vezes ao rei para o prevenir contra os "que não pensavam senão em fazer-lhe a corte com lisonjas", e deu-lhe a entender que dispunha de armas espirituais eficazes. Passaram meses sem que o rei respondesse. Circulavam os mais espantosos boatos: que era iminente a excomunhão, que um exército francês de duzentos mil homens se preparava para marchar sobre Roma... Em 1680, a Assembleia do Clero assinava uma proclamação de fidelidade absoluta, sem ressalvas, ao rei, "do qual nada seria capaz de a separar". A temperatura subia.

E subiu ainda mais com um novo incidente: o da abadia de Charonne. A Concordata de 1516 não autorizava o rei a nomear as abadessas dos mosteiros femininos: devia propor essas nomeações à Santa Sé. Como as religiosas agostinianas de Charonne fossem um tanto suspeitas de jansenismo, o governo deu-lhes uma superiora vinda da Ordem de Cister, sem consultar Roma. As religiosas recusaram-na, barricaram-se, elegeram outra superiora. Finalmente, a polícia fechou o convento e dispersou as monjas, violência contra a qual o papa protestou, indignado.

Para conseguir apoio na sua resistência, Luís XIV apelou para o seu clero. A atmosfera era de combate. "O papa forçou-nos até o extremo — exclamava Harlay —, e há de arrepender-se". Prelado cortesão, aliás de "costumes galantes" segundo Saint-Simon, o arcebispo de Paris foi a alma da resistência antirromana. Reuniu nos seus paços uma "Pequena Assembleia", que deliberou convocar uma *Assembleia geral do Clero da França*, composta por dois representantes do alto clero e dois do baixo clero por cada província. Harlay surgiu como chefe de fila. Diante dele, numa atitude bem mais matizada, o novo bispo de Meaux ia ganhar influência em pouco tempo: era Bossuet.

Os debates da Assembleia foram, em larga medida, uma luta entre esses dois homens. O primeiro, fanático da autoridade real, cortesão integral, galicano extremista. O outro, infinitamente mais moderado e prudente, devotado ao rei, mas filho respeitoso da Igreja, dominado pela preocupação da sua unidade, partidário sem reservas da autoridade pontifícia. A princípio, num discurso hábil, Bossuet tentou conciliar os pontos de vista: a Cátedra de São Pedro era certamente o centro único da Igreja, mas os fiéis estavam-lhe ligados por meio dos bispos e dos reis, depositários do poder de Deus sobre a terra. Houve até um momento em que pareceu que a questão da *régale* iria ser solucionada. Mas os ultra-galicanos aumentaram a pressão. Impelido por Colbert, grande inimigo de Roma, Luís XIV pediu à Assembleia que fixasse a doutrina oficial da igreja galicana e os limites das duas potências, a espiritual e a temporal.

Deram-se então debates extremamente vivos. O bispo de Tournai, Choiseul-Praslin, fez um longo relatório acerca dos abusos e erros de Roma, e a Assembleia apaixonou-se a favor ou contra a infalibilidade pontifícia. Que longe se estava da *régale!*... Seria o cisma? Houve quem falasse disso. Foi então que Bossuet, dividido entre as duas tendências, mas decidido a desempenhar de novo o papel de moderador, redigiu uma *Declaração* em quatro artigos (1682), que foi aprovada por unanimidade pelos setenta e dois membros da Assembleia. O primeiro artigo afirmava a total independência do poder temporal em face dos chefes da Igreja; o segundo (com uma alusão ao Concílio de Constança), que o concílio era superior ao Papa em autoridade; o terceiro, que a igreja galicana tinha especiais privilégios, por força das "regras, costumes e constituições recebidas"; o último rejeitava claramente a infalibilidade pontifícia, uma vez que, embora reconhecesse ao Sumo Pontífice "a parte principal em matéria de fé", afirmava que "os seus juízos não são irreformáveis, a menos que intervenha o consenso da Igreja".

Assim que foi votada, a *Declaração dos quatro artigos* foi registrada pelo Parlamento e promulgada como lei do Estado[37]. Como seria de esperar, Inocêncio XI ripostou condenando-a totalmente, "num frêmito de horror". Na própria França esboçaram-se certas resistências, como a da Sorbonne, furiosa por não ter sido consultada, ou a de certos teólogos aqui e acolá. Não foi difícil quebrá-las[38]. O que não era tão fácil era vencer o papa. Não que Inocêncio XI tenha utilizado as armas de que dispunha: nem a excomunhão feriu o Rei-Sol, nem o interdito caiu sobre o reino. Mas, energicamente, o sumo pontífice recusou a investidura canônica a todos os bispos nomeados por Luís XIV. Surdo a todos os apelos, mudo, deixou crescer o número das dioceses sem titular: vinte e cinco, trinta, trinta e cinco! Aonde se chegaria? A um reino católico inteiramente desprovido de chefes legítimos?

O rei passava por alternâncias de resignação e de cólera. Chegou a deplorar que o papa tivesse "endurecido" até esse ponto, e mandou dizer, pelo cardeal d'Estrées, que a Declaração não fora mais que "uma formalidade". Roma sorriu. Mudando então de atitude — e decerto minado no fundo de si mesmo pela dúvida e pelo remorso —, Luís XIV fez de ferrabrás. Um incidente bastante absurdo levou o conflito ao paroxismo.

Em Roma, as embaixadas gozavam do direito de asilo, as chamadas *franquias*. Abusivamente, esse direito fora alargado a todo o bairro que rodeava o palácio de cada embaixada, de modo que a polícia era praticamente impotente em metade da Urbe. Inocêncio XI quis fazer cessar essa prática. Todos os embaixadores abriram mão das franquias de bairro. Luís XIV, altivamente, recusou. Por morte do cardeal d'Estrées, o papa avisou o rei da França de que não receberia o novo embaixador se as franquias não fossem previamente abandonadas. Luís XIV reagiu enviando a Roma o marquês de Lavardin com uma escolta de seiscentos homens armados. Inocêncio XI excomungou o embaixador, o que, de resto, não evitou que houvesse padres, e até bispos, para lhe dar a Comunhão em São Luís dos Franceses! Uma campanha bem orquestrada levou ao rubro a opinião pública francesa. Avinhão foi ocupada e o núncio posto em residência vigiada; falou-se em apelar para um concílio. Colocado entre a espada e a parede, Inocêncio XI decidiu atingir o próprio rei. A 16 de novembro de 1687, excomungou-o. Mas, numa suprema prova de confiança e de afeição, recusou-se a publicar o ato, que só foi comunicado ao interessado em segredo[39].

Na realidade, Luís XIV estava cansado dessa penosa querela, que lhe atormentava a alma cristã. Junto dele, Mme. de Maintenon, titular da Rosa de Ouro — a mais alta distinção pontifícia —, trabalhava por uma reconciliação. As questões jansenistas complicavam-se, e, sem Roma, era impossível resolvê-las. A morte de Inocêncio XI, em agosto de 1689, simplificou as coisas. O rei fez de conta que, para ele, o conflito era com o papa defunto. E o novo papa, Alexandre VIII, aceitou o jogo, fazendo saber a Versalhes que estava disposto a "acomodar a *régale* à honra do rei e da Santa Sé"; em consequência, as tropas francesas deixaram o Comtat-Venaissin. Mas Roma não achou que pudesse ceder quanto aos princípios. A bula *Inter multíplices*, preparada por Inocêncio XI e publicada em 1691, repetia que os atos da Assembleia de 1682 eram "todos inválidos e sem força". Ao mesmo tempo, o papa, do seu leito de morte, dirigia ao rei uma carta em que apelava para a sua consciência.

Foi fácil a *Inocêncio XII* tirar partido das disposições conciliatórias do rei, acentuadas pela situação externa da França, que vivia em cheio as dificuldades da guerra da Liga de Augsburgo. O acordo foi feito em 1693. Os bispos nomeados depois de 1682 receberam a sagração canônica, em troca de uma retratação formal. Por sua vez, a Santa Sé estendia a toda a França o direito da *régale*. Luís XIV ordenou que os quatro artigos deixassem de ser considerados lei de Estado; mas os parlamentos, na sua maioria, recusaram-se a registrar essa retratação. Apesar de tudo, a querela galicana terminava com uma incontestável derrota do poder temporal e a vitória do poder espiritual.

Mas teria o galicanismo desaparecido? De modo algum. Misturado a partir desse momento com o jansenismo, o galicanismo iria continuar a minar a igreja da França por muito tempo após a morte do Grande Rei e até à Revolução Francesa. Foi talvez como desforra que, em 1695, Luís XIV assinou um edito, o *Edito dos 50 Artigos*, que regulava, "em conformidade com os direitos da Santa Sé", a organização da igreja da França, o poder da coroa sobre o clero, o sistema de jurisdição eclesiástica e até os honorários dos párocos e dos vigários. Mas, nessa altura, já não havia conflito, e Roma deixou passar. Esse documento, que ia estabelecer o regime da igreja da França até 1789, cheirava bastante a galicanismo...

"Amei por demais a guerra"

Na raiz dos penosos acontecimentos que assinalaram as relações de Luís XIV com a Santa Sé, o que nós vemos no rei é o orgulho, um orgulho tão forte que pôde, anos a fio, reduzir ao silêncio as objeções da sua consciência e mantê-lo numa atitude inadmissível para um católico. Como não reconhecer também esse orgulho na origem das guerras, incessantemente recomeçadas, que ensanguentaram o Grande Reinado, e nas intenções e nos métodos de uma política externa que, certamente, contribuiu muito para a "glória" do monarca, mas que, no fim de contas, deixou da França uma imagem que não é possível admirar?

Não é que Luís XIV não tivesse tido, por várias vezes, razões fundadas para fazer a guerra. Os processos iniciados pelo seu pai não tinham sido concluídos. A França estava longe de possuir todas as terras de língua e de população francesas às quais podia legitimamente ter pretensões. As fronteiras orientais e setentrionais estavam mal protegidas. A ambição dos Habsburgos não diminuíra, e uma outra ia crescendo a olhos vistos do outro lado da Mancha, uma ambição que em breve dificilmente toleraria que lhe fizesse frente uma potência de peso. Havia então em muitas capitais — até em Roma — uma corrente anti-francesa, a que um rei cioso dos interesses da França não podia deixar de prestar atenção. A luta de Luís XIV contra a Europa estava, portanto, longe de ser inteiramente injustificada.

Mas é também indubitável que, em muitos casos, o rei se lançou na luta levianamente, sem ter procurado sequer negociar e obter num clima de paz os resultados em vista. "Amei por demais a guerra..." — há de ele confessar no seu leito de morte. Já na sua mais tenra infância o preceptor real lhe tinha falado de vitórias e conquistas, e o bispo Godeau, no seu *Catecismo real,* propusera-lhe o exemplo — o que não deixa de ser bizarro — dos maiores chacinadores da história, Tamerlão e Gengis-Khan. Não nos podemos admirar de o ver escrever: "A qualidade de conquistador é considerada o mais nobre e o mais alto dos títulos".

Terá ele ambicionado, conscientemente, a hegemonia do mundo? Terá sonhado em estabelecer sobre a Europa uma monarquia universal? Nas suas *Memórias*, não há o mínimo indício de tais planos, nem sequer de uma política de "fronteiras naturais". Essas ambições, porém, pareciam estar dentro dele. Talvez os seus turiferários exprimissem o que ele pensava em segredo. De nenhum modo impediu Aubery — embora pouco depois tenha mandado encarcerá-lo na Bastilha por dois meses — de publicar, em 1667, o tratado latino sobre *As justas pretensões do Rei ao Império*, em que reclamava "o patrimônio e a antiga herança dos príncipes franceses", ou seja, tudo o que tinha sido "possuído por Carlos Magno como rei da França". Em 1670, foi reeditado o livro de Jacques de Cassan, *Investigação dos direitos do Rei*, no qual esse antecessor da geopolítica expunha os "direitos" da coroa da França sobre Navarra, Nápoles e Sicília, Mallorca, Milão, Gênova, Flandres, os Países-Baixos, Ravena e Avinhão.

Por outro lado, a atitude de Luís XIV parecia muitas vezes confirmar as suspeitas que semelhantes teses despertavam. Eram notórias a sua insolência nas relações com os outros príncipes, a maneira insuportável com que se gabava dos seus triunfos, o encarniçamento com que humilhava os adversários, e também — é forçoso reconhecê-lo — o seu desprezo pelo direito e a ideia, mil vezes expressa, de que os tratados não são confiáveis e só o recurso à força é que decide. Foi uma política, de certo modo, na linha do "realismo" consagrado pelos tratados de Westfália e que, no fim das contas, viria a desembocar, por força do princípio do equilíbrio europeu, num tremendo fracasso e no enfraquecimento da França. Mais ainda: foi uma política que afastava a França das suas mais nobres tradições. Em face dos abusos e agressões do Rei-Sol, o escritor Francisco de Lisola, embaixador da Espanha, publicou um libelo intitulado *O escudo do Estado e da Justiça*, em que declarava: "Trata-se de decidir da sorte da Europa e de pronunciar a sentença da sua liberdade ou da sua escravidão". Ainda que se tenham em conta os excessos próprios do estilo polêmico, é penoso ter de ouvir semelhante frase a propósito do herdeiro de São Luís.

A essa política, poderia ter sido contraposta uma outra, como na realidade o foi: aquela que Claude Fleury defendera na sua *Carta sobre a Justiça*, em que ousara dizer que "deve haver entre os Estados a mesma justiça que há entre os particulares", que "a maior parte das conquistas são injustas" e que uma política sem moral só pode levar à tirania; aquela que Fénelon iria retomar, com um idealismo talvez excessivo, ao reclamar de todo o príncipe cristão que restituísse as conquistas injustas e indenizasse os povos dos prejuízos sofridos; aquela, também, que Saavedra Fajardo expunha em Mônaco e o padre Recanati perante a Cúria romana. Utópica, se quisermos, mas que era uma política cristã, e que Inocêncio XI teve razão em lembrar a Luís XIV. Porque, se é verdade que, na sua linha de conduta diplomática, a Santa Sé não foi muito hábil nem muito clarividente, e se mostrou incapaz de discernir a tempo o perigo protestante na pessoa de Guilherme de Orange, ou de reconciliar umas com as outras as principais coroas católicas, também é certo que, pelo menos, teve o mérito e a coragem — muito em especial com Inocêncio XI — de declarar ao onipotente Rei-Sol que, mesmo como político, tinha deveres de cristão e que um dia teria de responder pelos seus atos num julgamento bem diferente daqueles que a espada decide.

Um dos pontos sobre os quais a Santa Sé tinha censuras a fazer a Luís XIV era a sua política oriental, as suas reticências — e depois as suas recusas — ante a ideia de se comprometer na cruzada contra os turcos, desejada pelo papado. Não é que o rei da França achasse a ideia anacrônica e irrisória, já que, desde o início do seu reinado, os acontecimentos vinham dando ao plano um terrível cunho de atualidade. Em 1663, o grão-vizir *Köprülü*, que acabava de reorganizar o Império otomano, lançou contra o Ocidente um exército de cento e vinte mil homens, entre janízaros, tártaros, cossacos. Esse exército varreu em ondas devastadoras a Morávia e a Silésia, e mais de oitenta mil cristãos foram vendidos nos mercados de escravos de Constantinopla. Em todas as cidades da Alemanha, passou a tocar a rebate, ao meio-dia, o "sino dos turcos", a *Türkenglocke*. Perante um tal perigo a ameaçar todo o Ocidente, Luís XIV sentiu-se dividido entre o seu dever de cristão e a aliança que desde 1536 unia a França à Sublime Porta. Finalmente, optou pela defesa dos batizados e enviou seis mil homens, a flor da nobreza da França, em socorro de seu cunhado Leopoldo I; foi esse corpo de jovens heróis de cabeleira — *as meninas*, diziam os turcos — que, na batalha de *Saint-Gothard*, (1664), nas margens do Rab, decidiu da vitória. Mas, muito habilmente, Luís XIV, embora tivesse intervindo desse modo, não rompeu os laços com o aliado turco.

Afastado de momento, o perigo não foi suprimido. Vinte anos depois, o grão-vizir Kara-Mustafá não foi menos agressivo que o seu predecessor Köprülü. Preparava bem às claras uma nova ofensiva contra o Império germânico. Foi então que Inocêncio XI, se bem que envolvido em viva polêmica com Luís XIV a propósito da *régale*, tentou interessar a consciência do rei num grande projeto de paz e união entre todas as nações cristãs, para fazer frente aos assaltos dos infiéis. Por um momento, julgou que o conseguia. Depressa, porém, a discórdia rebentou de novo entre os cristãos. A anexação de Estrasburgo por Luís XIV mergulhou o papa num grande desânimo. Em 1683, a nova ofensiva turca — duzentos e cinquenta mil homens — ameaçou Viena. A Santa Sé enviou um mensageiro especial ao rei da França, suplicando-lhe que pensasse na "salvação pública da cristandade". O núncio disse pessoalmente ao rei: "Deus quer a guerra contra os turcos e lançará os mais pesados castigos sobre todos aqueles que lhe fizerem oposição ou semearem a divisão". O "cristianíssimo" permaneceu surdo a esses apelos. E não houve franceses na batalha de Kahlenberg (12 de setembro de 1683), quando o heroico corpo expedicionário polonês, de *João Sobieski*, desfez os turcos a golpes de sabre. Também não houve franceses durante a guerra de dezesseis anos (1683-1699) que permitiu aos ocidentais expulsar da Hungria o Crescente. "Seria grande motivo de espanto em toda a cristandade — escrevia o núncio a Luís XIV, em 1687 — ver Vossa Majestade, depois de ter expulsado do seu reino a heresia, ter agora uma conduta favorável aos bárbaros e aos infiéis, o que não poderia deixar de trazer graves inconvenientes à sua glória e, o que mais importa, grande prejuízo à sua consciência, da qual um dia haverá de prestar a Deus as mais rigorosas contas". Era, no entanto, o que estava acontecendo: a aliança franco-turca acabava de ser estreitada.

Hesita-se em julgar uma tal política, formalmente tão distante do ideal cristão tradicional. Seria ela justificada pelos princípios do equilíbrio europeu, pelo desejo de conservar um aliado capaz de atacar pelos flancos o Império? Os acontecimentos parecem dar razão à diplomacia de Luís XIV. A derrota dos turcos — que, no fim das contas, o apoio francês não conseguiu evitar — aumentou enormemente o poder dos Habsburgos: com a impiedosa submissão da Hungria à coroa de Viena, depois das três "guerras kerutses", das decapitações de Eperies e da derrota de Francisco II Raköczy, amigo de Luís XIV; com o verdadeiro império montado pelo príncipe Eugênio, desde as montanhas boêmias até à Sérvia, força temível e que a França, concretamente, tinha razões para temer. Mas esses acontecimentos ter-se-iam dado se, como queria o papa, o Grande Rei tivesse chefiado a Santa Liga contra os turcos, conduzido ele próprio a cruzada, organizado à sua volta uma Europa cristã e pacificada? É sempre possível sonhar perante tais perspectivas; no entanto, foram outros os planos que inspiraram a política do Rei-Sol.

Mas que planos? Ao olhar essas guerras repetidas que Luís XIV empreendeu durante trinta anos a fio — trinta anos, em cinquenta e quatro de reinado é lícito perguntar quais foram as grandes intenções que as determinaram, e se uma tal política externa feita de força obedeceu verdadeiramente a uma ideia de conjunto. Acaso o motivo terá sido o interesse dinástico, como na Guerra de Devolução (1667-68), ou nessa desastrosa Guerra de Sucessão da Espanha (1701-14), que acabaria por arruinar a França e pôr termo à sua preponderância? Ou o interesse comercial, como na guerra da Holanda (1672-78)? Ou a necessidade de fazer face às ambições dos Habsburgos, como parece ter sido o caso quando da Guerra da Liga de Augsburgo (1688-97)? A verdade é que, nesse doloroso e vão conflito, que acabaria sem levar a nada, a França teve afinal, contra ela, tanto os protestantes, coligados por Guilherme de Orange e indignados com a revogação do Edito de Nantes, como os católicos do Império. Na perspectiva francesa, pode-se perguntar se a aquisição do Franco-Condado e de uma parte da Flandres compensou as terríveis perdas de substância que foram o resultado mais evidente de todas essas sangrias. E, na perspectiva cristã, como é possível aprová-las?

Como aprovar, especialmente, os métodos e os meios de que se serviu essa política? Logo no início do reinado, a ocupação pela França da parte meridional dos Países-Baixos, em nome do discutível direito de Devolução, mostrou o pouco apreço que Luís XIV tinha pelos princípios do direito internacional. Mais tarde, o plano de *reunião*, que pretendia ligar à França todas as regiões que, em qualquer data — até mesmo com o rei Dagoberto! —, tinham pertencido aos territórios adquiridos por ela, foi encarado pela Europa inteira como intolerável provocação. Sucessivamente, Montbéliard, as cidades do Sarre, Deux-Ponts e a maior parte do Luxemburgo foram assim ocupados. A anexação da cidade livre de Estrasburgo (28 de setembro de 1681), por mais justificada que pudesse ser — visto a cidade ter dado passagem, por três vezes, aos exércitos inimigos da França —, foi considerada unanimemente como inadmissível ato de violência. O papa ficou transtornado, e é possível que esse incidente tenha sido a causa determinante do fracasso do plano de retorno dos protestantes à Igreja, então elaborado por Spínola[40]. Toda a Europa estremeceu de angústia, temendo ver instaurada uma ditadura universal francesa. Os antigos amigos da França abandonaram-na. Ela estaria só, orgulhosamente só, nos duros embates dos derradeiros tempos do reinado. "Sozinha contra todos", exclamava altivamente Louvois. Mas deviam ver-se os resultados.

Quanto aos meios utilizados no decorrer dessas guerras, é impossível não reconhecer que, com muita frequência, foram desonrosos. Ainda que os holandeses exagerassem, como é de regra neste gênero de propaganda, quando denunciaram em inúmeros libelos "as inauditas crueldades praticadas pelos franceses", o que se sabe acerca da ocupação do Franco-Condado pelas tropas de Condé, e mesmo da ocupação da Alsácia pelas de Turenne, é bem pouco digno de admiração. Mas o episódio que fica para sempre a manchar o Grande Século é a atroz *devastação do Palatinado*, ordenada por Louvois no início da guerra da Liga de Augsburgo — e posta em prática com demasiado zelo por Duras e Tessé —, a fim de cobrir a fronteira com um talude desértico: as vinhas e as hortas foram destruídas; cidades e aldeias foram minadas ou incendiadas; castelos únicos — como o dos Eleitores, uma das maravilhas da Europa — foram arrasados; Mannheim, Espira, Oppenheim, Frankenthal, Bingen, Landenburgo, Heidelberg, foram pasto das chamas... Fugindo sobre a neve, os desventurados habitantes — os que sobreviveram ao frio e à fome — foram contar como é que o rei da França fazia a guerra. Não é de admirar que a Europa considerasse então Luís XIV como um "louco furioso".

Diante de tais episódios, não podemos reler sem emoção a carta que Inocêncio XI dirigiu ao seu núncio ao ter conhecimento das sevícias infligidas pelas tropas francesas à Flandres e do "miserável incêndio da cidade de Tongres". O papa encarregava o núncio de dizer ao rei "como Sua Majestade é mal servida por aqueles que, a coberto da sua autoridade, cometem excessos tão sacrílegos e desumanos, de natureza a atrair para as suas armas o ódio das nações cristãs; como o extermínio de tantos inocentes ofende a honra de Deus, desse Deus que, assim como concedeu ao rei tão longa série de prosperidades e vitórias, bem poderia com um simples dedo mudar a cena, castigando os autores dessas deploráveis chacinas". Mas era em vão que a mais alta voz da Igreja recordava a Luís XIV "a hora da morte, de que os monarcas da Terra, por maiores e mais vitoriosos que sejam, não estarão isentos". A esses comovedores apelos, uma nota seca do padre La Chaise replicou que tais acidentes eram necessidades da guerra, mas que o rei da França cuidaria de que fossem reedificadas as igrejas destruídas. No momento em que lhe falavam da caridade de Cristo e de clemência para com populações inocentes, Luís XIV, certamente de boa fé, julgava acalmar as angústias do papa anunciando-lhe que mandaria reerguer paredes...

"Aliviar os povos"

Nos últimos conselhos que deu ao bisneto — o futuro Luís XV após lamentar o gosto que tivera pela guerra, o velho rei acrescentou estas palavras: "Cuidai de aliviar os vossos povos, coisa que eu fui tão infeliz que não consegui levar a cabo". Expressão de um remorso tardio, mas também de uma verdade dolorosa. É este o último traço que devemos registrar nesse reinado, e que acabou por encher de sombras todo o quadro. Porque o esplendor de Versalhes, o seu luxo, as suas brilhantes festas não podem fazer esquecer o pano de fundo que se adivinha, um pano de fundo de ruínas e de sofrimento, que um cristão não pode considerar sem se emocionar.

A situação social durante o Grande Reinado parece ter sido bastante má. É possível que La Bruyère, num passo famoso dos *Caracteres*, tenha exagerado o estado dos habitantes do campo: "Vemos certos animais bravios, machos e fêmeas, dispersos pelos campos, negros, lívidos [...]. Têm uma voz que parece articulada, e, ao porem-se de pé, mostram um rosto humano [...]. Pela noite, retiram-se para covis, onde vivem de pão preto, de água e de raízes..." Queremos crer que há nessas linhas uma amplificação literária, e que, na linguagem do tempo, "raízes" talvez signifique legumes. Mas são muitos os testemunhos que confirmam essa visão pessimista.

Já em 1675 o intendente do Berry declarava que, na sua província, "os camponeses são mais infelizes que os escravos na Turquia". No mesmo ano, o duque de Lesdiguières registrava que, no Delfinado, "a maior parte dos habitantes não vive senão de bolotas e raízes, chegando a comer erva e cascas de árvore". Em 1680, Mme. de Sévigné observava: "Só encontro gente sem pão". Comissários régios enviados a Orléans e ao Maine descreviam uma situação inteiramente análoga. "O povo comum — observará Vauban — não chega a comer carne três vezes por ano. De toda essa gente, três quartos só vestem um pano meio podre, tanto no verão como no inverno, e calçam tamancos em que enfiam os pés nus".

Essa situação de fato, que ainda se agravaria no fim do reinado, quando o comércio e a indústria se arruinaram com as guerras e o excesso de impostos, acabou por provocar terríveis *jacqueries*[41], que foram dominadas de um modo ainda mais terrível. A da Bretanha, com a insurreição de vinte e cinco mil camponeses, ficou célebre pela abominável repressão que se abateu sobre a província. Os dez mil soldados lançados sobre a região cometeram exações sem conta. "Não fazem senão matar e roubar. Há uns dias, assaram no espeto uma criancinha", escreve Mme. de Sévigné.

Pode-se dizer que Luís XIV foi pessoalmente responsável por essa situação? É provável que, em larga medida, ele a ignorasse. Versalhes ficava distante da Bretanha, e nem ministros nem cortesãos estariam muito desejosos de informá-lo. Submetiam-lhe a correspondência dos intendentes? Davam-lhe notícia dos protestos de homens corajosos, como Vauban, Fénelon, os bispos de Montauban e de Mende? É possível que, se tivesse conhecido a verdade, esse príncipe, a quem muitas vezes retrataram como pessoa benevolente, que gostava de receber de vez em quando algum homem do povo e conversar com ele, tivesse querido agir. Mas era prisioneiro do próprio sistema que criara e que, por mais senhor absoluto que fosse, não lhe permitia conhecer e agir sem ser por intermédio de outros.

Mas também ficamos com a impressão de ter havido ao longo de todo o reinado um rebaixamento do que fora um dos traços morais mais belos da época anterior — aquilo a que se poderia chamar o espírito de São Vicente de Paulo. Não há dúvida de que decaiu sensivelmente o ímpeto na luta contra a miséria e contra os abusos da lei. É verdade que as grandes obras de caridade, criadas no princípio do século, continuaram a viver na sua maioria, e que se abriram novos hospitais. As Confrarias da Caridade, em muitos casos herdeiras da Companhia do Santíssimo Sacramento, empenhavam-se em fazer o bem, e o próprio rei não ignorava esses esforços e até os encorajava com frequentes doações. Mas é indubitável que essa preocupação não ocupou nele o primeiro lugar, ao contrário do que se vira no reinado de Luís XIII ou mesmo com Ana de Áustria. Luís XIV não sentia a angústia da caridade de Cristo. Quando Fénelon, no seu "plano de governo", traçar o exame de consciência do rei segundo o coração de Deus, e lhe pedir "que alivie os que se encontram no último grau de exaustão", que dê pão aos desempregados, que "mande libertar cada um dos condenados às galés imediatamente após o termo do período estabelecido pela Justiça para o castigo", não será um soberano como Luís XIV que poderá dar-lhe uma resposta satisfatória. O sentido do pecado social, uma das mais altas aquisições do cristianismo do século XX, só existia no século XVII em certas almas raras e privilegiadas.

No entanto, contra essas omissões permanentes no terreno das obras de caridade, houve vozes que se ergueram e souberam falar uma linguagem verdadeiramente cristã. Nunca morreria de todo o eco das palavras grandiloquentes pronunciadas por Bossuet, em 1659, no famoso sermão acerca da *eminente dignidade dos pobres na Igreja:* "Esses pobres que vós tanto desprezais, estabeleceu-os Deus como seus tesoureiros e seus recebedores gerais [...]. A Igreja só foi erguida para os pobres [...]; os ricos, como ricos, só são nela suportados por tolerância". Mais tarde, sobretudo quando se agravou a situação geral e a vida dos humildes se tornou ainda mais difícil, ressoaram outras vozes, denunciando erros, abusos. Foi o brado de Boisguillebert, que, na sua obra *Le détail de la France* (A França em pormenor), falava como economista, mas até por isso podia ser mais persuasivo. Foi o clamor do glorioso soldado *Vauban,* que, no seu *Dízimo real,* propunha um plano completo de reorganização administrativa, financeira e social, e que, em muitos passos do livro, chega a apertar-nos o coração. Mais tarde, faz-se ouvir a voz de Fénelon, no seu *Exame de consciência,* nas suas *Admoestações,* e até, em forma de romance, no *Telêmaco.*

Tais apelos ficaram sem resposta. Teria Luís XIV alguma vez tomado a sério o grito de Bossuet: "Olhai para esses acusadores: são os pobres que se vão levantar contra a vossa dureza inexorável"? O certo é que ele consentiu sem reservas que, às súplicas dos que desejariam um regime mais humano, Ponchartrain e D'Argenson ripostassem com medidas policiais. Era como se o *Dízimo real* e o *Telêmaco* merecessem as mesmas sanções que as peças obscenas, as gazetas libertinas ou as *Máximas dos Santos,* suspeitas de heresia quietista. Alguns dias antes da morte do velho marechal Vauban, o Conselho de Ministros mandava apreender-lhe o livro e ordenava um inquérito contra ele. O livro de Boisguillebert teve a mesma sorte. Por sua vez, Fénelon, sob pretexto de quietismo, foi afastado da corte, com todas as honras, sem dúvida, mas de tal modo que permanecesse confinado na sua diocese de Cambrai.

É fácil de compreender a indignação e o desespero que terá sentido esse verdadeiro sacerdote, de coração tão autenticamente cristão, diante de uma pertinácia que lhe parecia injustiça e pecado. Em 1710, quando a França, sozinha contra a Europa, parecia prestes a perecer, Fénelon ousará escrever — na famosa carta dirigida ao duque de Chevreuse, mas, na verdade, para além dele, ao rei[42] — estas frases em que há um juízo global da atitude do soberano, quer perante a guerra e a iniquidade social, quer perante a política religiosa: "Dir-me-eis que Deus sustentará a França, mas eu vos pergunto onde está tal promessa.

Acaso mereceis milagres, num tempo em que nem a vossa ruína próxima e total vos consegue corrigir, em que continuais a ser duro, altivo, faustoso, incomunicável, insensível e sempre inclinado à vanglória? Acaso Deus se apaziguará vendo-vos humilhado sem humildade, confundido pelas vossas próprias faltas sem as querer confessar e prestes a recomeçar se tiverdes dois anos para respirar? Acaso Deus se satisfará com uma devoção que consiste em decorar uma capela, rezar um terço, ouvir uma música, escandalizar-se com facilidade e expulsar algum jansenista? Não se trata somente de pôr fim à guerra no exterior; trata-se de dar pão aos moribundos dentro do país [...], de voltar a recordar a verdadeira estrutura do reino e de moderar o despotismo, causa de todos os males".

Terrível requisitório! Como é que um homem ousou escrevê-lo? Como é que, se o conheceu, Luís XIV pôde tolerar os seus termos sem encerrar o autor na Bastilha? Corresponderia esse requisitório à verdade? Olhadas as coisas de fora, com certeza; as aparências dão razão ao arcebispo de Cambrai. Para Aquele que sonda os rins e os corações, terá o juízo sido tão severo? Mais prudente nas expressões, Bossuet viu a oposição essencial entre um absolutismo sem limites e o cristianismo, quando exclamava: "Não é conveniente ao homem não ver ninguém acima de si: a essa constatação segue-se imediatamente o desvario. A condição da criatura não permite essa independência". Terá o rei cristianíssimo esquecido que havia Alguém acima dele, e que um dia Lhe havia de prestar contas? Quiçá algumas vezes... Em qualquer caso, faltou-lhe penetrar no sentido da mensagem — que talvez nunca tenha conhecido — recebida em nome do Sagrado Coração de Jesus[43], em meados do reinado, pela humilde freira Margarida Maria, e que mais uma vez repetia a lição do Evangelho: Deus é Amor.

"Só Deus é grande"

E, no entanto, não, o rei cristianíssimo não esquecera que estava, como todos os homens, nas mãos de Deus. Quando soou para ele a hora das últimas contas, mostrou-se tal como, no fundo de si mesmo, sempre quisera ser, mesmo nos dias dos extravios da sensualidade e do orgulho: autenticamente, um cristão.

Os últimos anos do seu reinado não foram mais que uma série de provações, dolorosa aprendizagem da completa renúncia. À volta do rei, na sua própria família, a morte feria com tal insistência que corria o boato de que ela tinha algum aliado entre os humanos. O Grande Delfim desapareceu em 1711; seu filho, o duque de Borgonha, discípulo de Fénelon, morreu dez meses depois, precedido pela mulher e seguido, um mês depois, pelo filho primogênito, o duque de Bretanha. Como herdeiro do trono, ficava o segundo filho, o duque de Anjou, quase ainda uma criança de berço.

A situação geral não era mais agradável. A guerra, que vinha causando efeitos devastadores desde 1701, parecera por várias vezes perdida. Ramillies, Turim, Oudenarde — nomes de derrotas — tinham sido quase o toque de finados da França gloriosa dos tempos antigos. Uma prodigiosa reação nacional permitira deter a derrocada em Malplaquet e alcançar a vitória em Denain. Mas se a paz assinada em 1714, em Utrecht e Rastadt, deu à questão espanhola uma solução favorável aos interesses dinásticos, não deu à França nenhuma vantagem — nada, em troca dos seus imensos esforços. E em que estado a guerra deixava o reino! Dessangrado, exaurido em homens e dinheiro, com a economia arruinada, a população reduzida de dezenove milhões para cerca de dezessete, e por toda a parte a fúria e a desolação.

Perante uma situação tão penosa, o velho rei mostrou a firmeza de alma que sempre tivera. Enfrentou as provações com o brio que lhe impunha o zelo pela sua "glória", mas também com a resignação própria do crente e até com uma surpreendente e admirável humildade. "Há poucos exemplos de desgraças como as que me acontecem. Deus castiga-me; bem o mereci", dizia ao marechal Villars. Em que pecados pensaria ele ao fazer essa confissão? Nas suas antigas amantes? Nos protestantes vítimas das dragonadas? Na pobre gente do Palatinado em fuga no meio da neve? Ou nas palavras proféticas de Inocêncio XI ao anunciar-lhe que Deus castigaria a sua revolta contra o Vigário de Cristo? No entanto, o rei arrependido não tratava de cobrir a cabeça de cinzas. Exigia, ao contrário, que nada à sua volta fosse alterado, que se obedecesse inteiramente à etiqueta, que nada transparecesse das angústias que todos, e ele antes de todos, tinham no coração. Também essa dignidade era virtude de cristão.

Assim permaneceu diante da morte: com admirável coragem. Atingido pela gangrena senil nas pernas por fins de agosto de 1715, tratado — se assim se pode dizer — pelo seu velho médico Fagon, depressa se apercebeu de que estava perdido. Exigiu então que lhe dissessem a verdade sobre o seu estado e, sabendo que não passaria do 1º de setembro, distribuiu os seus últimos dias com impressionante firmeza. Três dias antes de fechar para sempre os olhos, ainda presidiu a um Conselho, ditou precisões relativas ao testamento, regulamentou pormenores da vida da corte. Na véspera da morte, mandou chamar o bisneto, aquele que seria Luís XV, e deu-lhe os derradeiros conselhos. E aos que surpreendia mal conseguindo esconder as lágrimas, dizia, com ar risonhamente zombeteiro: "Mas então julgáveis que sou imortal?..."

Nessa atitude, reaparecia certamente o cristão que era. Ele que, em toda a vida, pretendera dominar os acontecimentos, abandonava-se a Deus com tocante simplicidade. Quando, pouco antes do fim, um elixir dado por um charlatão pareceu devolver-lhe a saúde, a alguém que lhe anunciava estar perto de recuperar a vida, respondeu: "A vida ou a morte: tudo o que a Deus aprouver". Confessou-se com o padre Le Tellier. Ajudado por Mme. de Maintenon, que lhe ia recordando algumas das suas faltas de que ela tinha conhecimento, para que pedisse perdão delas, declarou que estava em paz com Deus, cheio de confiança na divina misericórdia, "mas que jamais se consolaria de tê-lo ofendido". Por várias vezes, pediu desculpas aos presentes pelos escândalos que lhes houvesse dado, pelos males que lhes tivesse causado. Na noite de 31 de agosto, recitou com os sacerdotes as orações dos agonizantes, com voz forte e aparentemente calma. As suas últimas palavras foram para repetir as palavras da Ave-Maria: *nunc et in hora mortis* ("agora e na hora da minha morte") e os célebres versículos do salmo: "Meu Deus, vinde em meu auxílio! Apressai-Vos a socorrer-me!" Nessa hora, resolvia-se o longo e doloroso debate que, nesse homem e nesse reinado, opusera as exigências da religião aos defeitos de um caráter e às necessidades das circunstâncias. Luís "dado por Deus" surgia agora como "cristianíssimo".

E sabemos como, alguns dias depois, na Sainte-Chapelle recoberta de luto, uma voz cristã extraiu a moral do destino desse homem e da prodigiosa aventura que fora o seu reinado. Tomando por tema as palavras da Escritura: "Tornei-me grande. Ultrapassei em glória e em sabedoria todos os que me precederam em Jerusalém, e reconheci que, mesmo em tudo isso, só havia vaidade e aflição da alma", Massillon pronunciou o elogio fúnebre do rei que fizera tremer a Europa. Primeiro, guardou longo silêncio, de cabeça baixa. Depois, passeando o olhar pela assistência e apontando com o dedo estendido para os escudos profusamente suspensos das tapeçarias, com as siglas L.L.G. ("Louis Le Grand"), começou pelas palavras inesquecíveis: "Só Deus é grande".

Notas

[1] E que, como é sabido, Voltaire retomaria.

[2] Cf. neste volume o cap. III, par. *A caminho da Europa dos absolutismos.*

[3] Jacques Pirenne aproximou essas fórmulas de algumas do Antigo Egito: os faraós da quinta dinastia (século XXV antes da nossa era) declaravam possuir toda a ciência "desde o ventre materno".

[4] Série de sermões pregados por ocasião de uma celebração litúrgica (N. do T.).

[5] Essa carta foi escrita ao duque de Chevreuse, mas destinava-se ao rei. Figura nas *Obras Completas* de Fénelon (t. VIII, pp. 321-25). Não sabemos se o rei a leu ou não. Parece, no entanto, que outros passos dessa mesma carta, relativas à necessidade de fazer a paz, tiveram alguma influência no soberano. Há certos traços dela nas conversas de Luís XIV com o marechal Villars.

[6] Conta Saint-Simon que, ao informar Luís XIV da morte de seu pai, ficou muito impressionado com a solicitude com que o rei se mostrou inquieto por ele não ter recebido os últimos sacramentos.

[7] O orgulho de Luís XIV tem uma desculpa: o número e a insistência daqueles que o incensaram. O padre Dangeau (irmão do memorialista) compôs um *Dicionário das benfeitorias do rei!*

[8] O padre La Chaise ou de la Chaise (1624-1709) — que deu o nome ao cemitério, bem conhecido, instalado num parque a nordeste de Paris e que então pertencia aos jesuítas — exerceu considerável influência. Sem ser, como quer Rébelliau no *Lavisse* (VIII, 1), "o secretário de Estado para os negócios religiosos, o representante único da igreja da França junto do soberano, o tesoureiro-geral das munificências régias", era ele quem "propunha" ao rei a distribuição dos benefícios. Às sextas-feiras, depois da Missa, Luís XIV fechava-se com ele por longas horas de "confissão" e de trabalho. Cuidou com imensa coragem de evitar as nomeações escandalosas, no que teve muito mérito, pois andava esmagado por montanhas de pedidos. Acerca do papel do personagem, assediado por suplicantes, cf. o artigo do padre Guitton, *Le pére de la Chaise et la feuille des benéfices*, na *Revue d'Histoire de l'Église de France*, 1956, pp. 29 e ss.

[9] Cf. neste volume o cap. V, quer sobre os defeitos de alguns bispos, quer sobre as belas figuras do episcopado.

[10] P.Broutin, *La Réforme pastorale en France au XVIIe siècle*, II, 52.

[11] Cf. neste volume o cap. II, par. *A viragem de 1660.*

[12] O galicanismo é, portanto, abstraindo de qualquer posição doutrinal, um estado de espírito comum então no clero francês. Havia, de resto, graus diversos nesse particularismo moral e nesse chauvinismo eclesiástico. Entre os bispos, a tonalidade da batina permitia reconhecê-los: quanto mais azulada, mais o que a usava era galicano. Saint-Simon fala do *coin bleu* ["marca ou cunho azul"] dos bispos, e o famoso retrato de Bossuet por Rigaud, que vemos no Louvre, mostra o bispo de Meaux vestido de um violeta francamente azulado.

[13] Sobre a questão da *régale* e suas origens mais espirituais que financeiras, apesar das aparências, cf. neste capítulo o par. *O rei cristianíssimo contra Roma.*

[14] Jogo semelhante ao boliche (N. do T.).

[15] A história do jansenismo e do quietismo são objeto de todo o nosso cap. VI.

[16] No ativo de Luís XIV como "defensor da fé", devemos contar também o restabelecimento do catolicismo na Alsácia, onde tinha sido quase eliminado pelo protestantismo. A anexação da Alsácia foi benéfica para os católicos. A 21 de outubro de 1681, três meses após a rendição de Estrasburgo, foi celebrada Missa na catedral. Era a primeira depois de cento e vinte e dois anos. Dois dias mais tarde, o bispo Furstenberg, alemão muito favorável à França, recebia Luís XIV à entrada da sé. Os jesuítas da província de Champagne atiraram-se imediatamente ao trabalho. Foram eles que sugeriram a implantação de colonos católicos na Alsácia.

[17] Cf. neste volume o cap. III, par. *A caminho da Europa dos absolutismos.*

[18] Em 1657, reunidos em Paris, os delegados das igrejas reformadas votaram uma resolução bastante surpreendente, que fundamentava teologicamente o absolutismo régio: "Em política, temos o mesmo pensamento que em religião. Acreditamos que um súdito nunca pode merecer seja o que for do soberano, e que, depois de lhe ter prestado os mais assinalados serviços de que for capaz, só com insolência poderia pretender o menor de seus favores, a não ser como pura graça".

[19] Cf. o livro do seu descendente, o duque de la Force, *Louis XIV et sa Cour;* Paris, 1956, p. 58.

[20] Não se contentando com atuar na sua terra, o governo real ainda interveio na Savoia, onde o jovem Vítor Amadeu II, de apenas vinte anos, se sentia então fortemente atraído pela França. A perseguição contra os valdenses, desencadeada trinta anos atrás (cf. neste volume o cap. III, par. *Blocos católicos, blocos protestantes*) e um pouco abrandada, reacendeu-se. Fugindo da França, os valdenses de Briançon e de Pignerol tinham-se refugiado nos vales piemonteses. As tropas savoianas foram persegui-las, ajudadas pelos soldados franceses de Catinat. Não foi uma guerra; foi uma chacina. Perto de La Tour, três mil mulheres e crianças foram assassinadas. As prisões da Savoia ficaram cheias de detidos.

[21] A revogação não foi aplicada à Alsácia, pois estava regida pelos Tratados de Westfália. No entanto, também aí houve algumas dragonadas.

[22] Cf. neste volume o cap. III, par. *Blocos católicos, blocos protestantes.*

[23] Expressão pronunciada por ocasião da execução do duque de Enghien. Muitas vezes atribuída a Fouché ou a Talleyrand, é, na realidade, de Boulay de la Meurthe.

[24] Vejamos um indício muito claro dessa reserva: tendo Le Camus, bispo de Grenoble, caído em desgraça por ter censurado as perseguições violentas aos huguenotes, o papa concedeu-lhe imediatamente a púrpura cardinalícia (8 de setembro 1686).

[25] Cf. neste volume o cap. V, par. *Uma esperança e uma desilusão.*

[26] Pode-se ler um bom resumo da questão dos *Huguenotes no mundo* no jornal *Réforme* de 9 de novembro de 1957. Ao lado dessa emigração protestante propriamente dita, devemos também citar a de algumas centenas de valdenses perseguidos pela França e pela Savoia. Os mais numerosos foram os que se fixaram no Odenwald, no Taunus e no Wurtemberg, onde ainda encontramos aldeias com nomes como Grand-Villars, Petit-Villarda, Pinacle e Serres.

[27] A questão foi estudada muito especialmente por Mlle. Hélene Delattre, na sua tese da École de Chartres, defendida em janeiro de 1936: *Láide financiére aux protestants convertis. Étude sur le tiers des économats et la régie des biens des religionnaires jugitifi, des origines à 1724.* — Cf. *Position des théses de lEcole des Chartres*, 1936.

[28] "Tendes razão para lamentar a triste situação em que me encontro desde há quase dois anos [...]. O exercício da nossa religião está quase abolido em três ou quatro dioceses. Mais de quatro mil católicos foram assassinados nos campos, oitenta padres chacinados, perto de duzentas igrejas incendiadas. Quanto a nós, vivemos numa cidade em que não temos nenhum repouso nem aprazimento, nem sequer consolação. Quando os católicos são mais fortes, os outros temem ser mortos. Quando os fanáticos são em grande número aqui perto, é a vez de os católicos temerem. Eu tenho de consolar e tranquilizar ora uns, ora outros. Ainda estamos bloqueados e não podemos dar cinquenta passos fora da cidade sem temor e perigo de sermos mortos. Não podemos passear ou tomar ar. Das minhas janelas vi queimar impunemente todas as nossas casas de campo. Quase não se passa um dia em que não saiba, ao despertar, de alguma desgraça sucedida durante a noite. O meu quarto de trabalho fica muitas vezes cheio de pessoas arruinadas, de pobres mulheres a quem acabaram de matar o marido, de párocos fugitivos que vêm relatar-me as misérias dos seus paroquianos. Tudo causa horror, tudo suscita compaixão. Sou pai, sou pastor. Tenho obrigação de consolar uns, de aliviar outros, de ajudar e socorrer a todos. Foi derrotada uma grande massa desses rebeldes e julga-se que tudo acabou. Pura ilusão. Essas cabeças estão de tal maneira perturbadas que as suas perdas apenas os irritam mais".

[29] Acrescentemos que também foi catastrófica no plano da política externa, pois selou a aliança de todos os países protestantes contra a França (cf. vol. VII, cap. III). E o mesmo se pode dizer numa outra perspectiva. Michelet considera a revogação do Edito de Nantes como a gestação a longo prazo da Revolução Francesa. Albert Sorel observa que "os legistas do Terror não terão mais que ir buscar as suas armas à coleção dos arrestos contra os protestantes".

[30] Anexo a Avinhão, cidade papal (N. do T.).

[31] Para bem compreender o clima psicológico da questão e as reações da opinião pública, pode-se consultar o estudo do cônego Lortimort, *Comment les français du XV1I1' siècle voyaient le Pape*, editado no n° 25 do boletim XVIII (Paris, 1955).

[32] Cf. neste volume o cap. III, par. *A caminho da Europa dos absolutismos.*

[33] Cf. *ibid.*

[34] A "*régale*" *temporal* não aumentava as receitas da coroa. Desde 1676, um terço dessas rendas estava vinculada aos novos convertidos e o resto servia para conceder pensões a pessoas mais ou menos dignas. Dava-se importância ao grande merecimento que tinham os *économes-séquestres*, os depositários das cobranças, durante os períodos de vacância, pois mandavam reparar os edifícios que, em tempo ordinário, eram frequentemente muito mal conservados. Já a "*régale*" *espiritual* (que não existia senão desde o século XII) era de grande valor para o rei. Permitia-lhe beneficiar criaturas suas. (Cf. C. Laplatte, *L'administration des évêchés vacants et la régie des économies*, em *Revue d'Histoire de l'Église de France* (1937), pp. 161 e ss.

[35] Um dos seus episódios foi o "cisma de Pamiers". Por morte de Caulet (1680), seu filho espiritual, Jean Cerle, é nomeado vigário capitular. Mas o poder real reage violentamente. São enviadas a Pamiers quatro companhias de cavalaria, que ficam acantonadas entre os opositores. São já as "dragonadas"! Jean Cerle tem de fugir e levar vida de vagabundo, embora exercendo, *de direito e de fato*, a jurisdição episcopal. A 16 de abril de 1681, é condenado à morte por contumácia. Retruca excomungando os cônegos regalistas. A população é-lhe favorável. O papa apoia-o (mas com pouca firmeza): um breve de 1º de janeiro de 1681 rejeitara como intrusa e ilegítima uma administração da diocese instituída pelo metropolita de Toulouse, Montpezat. Temos, pois, um cisma: o "cisma de Pamiers".

Dois cleros se defrontam: o que é fiel a Cerle e o que é a favor do expediente imaginado pelo rei e pelo arcebispo de Toulouse. Em 1681, catorze párocos da diocese que tinham aceitado a obediência regalista retratam-se solenemente do seu erro. Fato importante, que acentua bem a gravidade do cisma: a Santa Sé dá aos párocos fiéis a Cerle poderes para revalidarem numerosos casamentos celebrados por párocos "regalistas". Cerle morre a 16 de agosto de 1691, num refúgio ignorado da polícia. É uma figura nobilíssima — que o grande público ignora! —, testemunha corajosa da fidelidade à Sé de Pedro. Embora perseguido pela polícia do rei, era muito respeitador do poder real; seus "mandamentos" falam da pessoa de Luís XIV exatamente nos mesmos termos em que o tinham feito os bispos residentes em Versalhes. Quando da queda de Jaime II, foi o único bispo francês a prescrever orações e jejuns expiatórios. Mons. Vidal contou com muito talento a história deste cisma, tão mal conhecido e que tantos historiadores (salvo Lavisse) passam em silêncio. Cf. a obra de Vidal, *Le schisme de la régale au diocese de Pamiers;* Paris, 1938 e o resumo na *Revue d'Histoire de l'Église de France*, 1939, p. 505.

[36] Sobre Inocêncio XI, cf. neste volume o cap. V. — As relações entre Inocêncio XI e Luís XIV foram estudadas de modo exaustivo por J.Orcibal: *Louis XIV et Innocent XI;* Paris, 1949.

[37] A vigência legal da *Declaração dos quatro artigos* foi longa. Na sala de audiências de muitos tribunais franceses ainda hoje existem o *Codes de la Ugislation francaise*, de Napoléon Bacqua, antepassados dos famosos *Codes dáudience Dalloz*. Nesses códigos, há um capítulo dedicado à matéria dos cultos. E abre com a Declaração de 1682. Ora, os Códigos Bacqua datam de 1843!

[38] De resto, Luís XIV desautorizou a Assembleia, certamente por achá-la mais realista que o rei...

[39] A excomunhão secreta de Luís XIV é um fato que os historiadores ignoraram durante muito tempo. Foi o padre Dubruel quem a descobriu, ao preparar um trabalho sobre o conflito da *régale*. A primeira revelação foi feita nos *Etudes* de 5 de Dezembro de 1913 (cf. Dubruel, *En plein conflit: la Nonciature de France sous Louis XIV;* Paris, 1927).

[40] Cf. neste volume o cap. V, par. *Uma esperança e uma desilusão.*

[41] Insurreições populares, assim chamadas devido ao nome próprio *Jacques*, Tiago, muito comum entre os camponeses (N. do T.).

[42] Cf. neste capítulo o par. *No segredo do coração*, nota 4.

[43] Sobre o culto ao Sagrado Coração, cf. neste volume o cap. V, par. *Do declínio dos místicos ao culto do Sagrado Coração.*

V. Cristãos dos tempos clássicos

Cristianismo clássico?

Ao reinado de Luís XIV — melhor dizendo, ao seu "século" — é tradicional associar a noção de *classicismo*. Belas imagens o exprimem, assim como inúmeras obras-primas. Peças de Corneille, de Molière, de Racine; sentenças de Boileau; orações fúnebres de Bossuet; sermões de Bourdaloue, e, acima de tudo, Versalhes, lugar privilegiado da beleza no seu rigor supremo: é tudo isso que evocamos ao falar da *Era Clássica*[1].

Ao mesmo tempo, porém, o que representamos é uma atitude de espírito. Podemos defini-la pela submissão a regras estritas, pelo permanente domínio da inteligência reflexiva sobre a imaginação e a paixão, pela vontade de atingir, na ordem e na disciplina, um ideal de perfeição e de estabilidade. Essa concepção, que não é simplesmente francesa, tem simultaneamente caráter moral, estético e político. É ela que o regime da monarquia absoluta traduz no plano que lhe é próprio; é ela que o Rei-Sol encarna na majestade da etiqueta.

Como todas as noções tradicionais, a de classicismo tem de ser recebida sob benefício de inventário, isto é, com reservas. Não é falso definir o século XVII como a Era Clássica, sobretudo na segunda metade, mas essa definição corresponde mais à superfície, de resto admirável, do que à realidade profunda; não nos fornece tanto as causas como o resultado. Quanto mais se estuda o Grande Século, melhor se compreende que, sob as aparências grandiosas, se processa uma crise "que afeta o homem inteiro em todas as suas atividades — econômica, social, política, religiosa, científica, artística — e em todo o seu ser, no mais profundo da sua potência vital, da sua sensibilidade, da sua vontade [...]. O Estado, o corpo, a classe social, o indivíduo lutam incessantemente por restabelecer no seu meio e em si mesmos a ordem e a unidade"[2]. Em política, o monumento monárquico foi arduamente erguido no início do século e depois mantido de pé, rodeado de prestígio, durante cinquenta anos, pelo gênio de um grande rei; mas, já no final do reinado, dá indícios graves de decrepitude. Assim, todo o sistema clássico surge como resultado de um esforço pelo equilíbrio, duramente conseguido e sempre ameaçado.

No plano religioso, acontece o mesmo. Pode-se falar de um *cristianismo clássico*? Com certeza que sim. Não é difícil ter uma ideia do que é. Associado à ordem estabelecida, com "o púlpito acostado ao trono" — como dizia Sainte-Beuve —, sustentáculo e beneficiário do absolutismo, esse cristianismo participa do esplendor do regime. Suas manifestações são as cerimônias esplêndidas cujas pompas organiza por ocasião dos casamentos ou dos funerais principescos. Seus dignos representantes são os bispos grandes senhores, que se deslocam em coches puxados por seis cavalos, rodeados de numerosa criadagem, solenes e, aliás, virtuosos. Suas obras-primas são os grandes tratados de Bossuet, *A política extraída da Sagrada Escritura*, o *Discurso sobre a História Universal*, e também a capela do Vai de Grâce ou a dos Inválidos. É um cristianismo grave, imperioso, de aspecto espontaneamente austero. Sem que sempre o consiga, pretende reger os costumes. Tem menos impulso próprio que submissão, menos amor que temor. Mas a sua fé é rígida, sólida, intocável; não é permitido discuti-la, tal como não é permitido discutir a autoridade real: é a fé de Jacques-Bénigne Bossuet.

Essas aparências não são falsas, mas recobrirão toda a realidade? Na medida em que esse cristianismo clássico tem ar de conformismo, não corresponde à vida religiosa profunda de inúmeras almas. O impulso de fervor ganho no início do século não esfriou. Os discípulos de Bérulle, de Vicente de Paulo, de Olier continuam em ação, e o fermento reformador é ainda muito ativo. Se, em conjunto, os cristãos aceitam de bom grado essa concepção do mundo e essa ordem estabelecida cujo valor, após tantos anos de perturbações e angústia, bem conhecem, são numerosos os que, na sua experiência íntima, seguem caminhos muito diferentes dos "clássicos". Assim como há alguns bispos que não vivem à moda dos grandes, da mesma maneira há muitos simples fiéis que, no quadro oficial do catolicismo clássico, procuram viver uma vida espiritual livre, sob o olhar de Deus.

Aí estão à vista os fatos para provar que, no campo religioso, a ordem, a disciplina e a bela estabilidade "clássicas" só são alcançadas à custa de um esforço constante, e até de lutas dramáticas. A Era Clássica é, na Igreja, uma era de lutas violentas, que se chamam jansenismo, quietismo, galicanismo, e ao mesmo tempo uma era de crise mais insidiosa, que mina os espíritos e as consciências. Em contraste com a ortodoxia oficial, revelam-se atitudes religiosas que traduzem com frequência aspirações eternas e que não é fácil enquadrar nos moldes do sistema. O século clássico não é somente o das cerimônias régias, em que a Igreja parece estar presente apenas para abençoar e fortalecer o absolutismo. É também o século em que se luta a propósito da graça santificante ou do «puro amor», e em que a própria violência dos conflitos, embora manifeste secretas fissuras, prova também a livre vitalidade da fé.

Pode-se até perguntar se, no "cristianismo clássico", não haverá uma antinomia interna e se não será por causa dela que o sistema se esboroa. Não se terá simplesmente colado o cristianismo sobre o ideal clássico, ao qual é fundamentalmente oposto? As palavras de Pierre Gaxotte são exatas: "O século XVII é o século humano por excelência, o século para a glória do homem". O culto real que se celebra com tanto fausto será algo mais que uma religião do homem? Que lugar ocupa Deus na imensidão de Versalhes? O mínimo. De resto, se é certo que, na capela, o rei olha para o altar, os cortesãos olham para o rei. O homem, nada mais que o homem, é o objeto de toda a grande literatura, a de Corneille, Molière e Racine, a de La Bruyère e La Rochefoucauld. Na época anterior, os "humanistas devotos" e os mestres da Escola Francesa, embora exaltassem o homem, decididamente o submetiam a Deus. Continuou a ser assim depois? Nas palavras, com certeza; nos fatos, menos. Deste modo se explica, por um lado, o claro esmorecimento do impulso espiritual e do poder criativo, e, por outro, os progressos da "libertinagem", ou seja, da incredulidade, que vai triunfar no século XVIII. É por força da sua própria contradição que o cristianismo clássico sucumbirá.

Mas não vai sucumbir sem lutar. A religião continua sólida, fortemente enraizada nas almas e nas instituições. As ideias dissolventes não conseguem ainda atacar muito a sério a bela ordenação do conjunto que associa num todo a fé e a estrutura política e social. Os santos, os doutores, os grandes pregadores vão lutar com todas as forças para impedir a subversão das justas hierarquias, uma subversão cujas causas não compreendem por inteiro — a não ser, talvez, Fénelon... —, mas cujos sinais observam. É a história dessas lutas, travadas simultaneamente no recôndito das almas e no cenário do mundo, que torna apaixonante a página, a tantos títulos grandiosa, escrita pelos cristãos dos tempos clássicos. Mais que os seus aspectos solenes ou a sua majestade um tanto forçada, o que a Igreja deste meio século tem para nos oferecer é o exemplo de uma tensão patética.

Uma época de fé

Uma religião enraizada na vida social, que ela controla e cujos princípios rege, tal é o fato mais evidente da sociedade ocidental do Grande Século. Contrapartida feliz, sem dúvida, da interferência dos poderes públicos nos assuntos religiosos, de que o reinado de Luís XIV fornece abundantes exemplos, mas que todos os soberanos do seu tempo rivalizam em praticar... "A estreita união que punha em contato mútuo no mundo católico as duas autoridades estabelecidas por Deus, a intimidade das suas relações no terreno comum da vida pública", em palavras de Pio XII[3], contribuem para manter o cristianismo inserido nas instituições. O Vice-Deus não poderá deixar de defender os direitos de Deus no meio do seu povo. A Igreja, depositária do tesouro da fé, é ao mesmo tempo garantia da estabilidade e da harmonia da vida social. Trata-se de algo evidente para todos. "Uma vez que a religião é o fundamento da ordem na sociedade dos homens...": é sobre este axioma que Domat, advogado do rei no tribunal presidiai de Clermont (Auvergne), ergue o seu *Tratado de Direito Público*, editado em 1697.

A religião está, pois, presente em toda a parte, e em toda a parte é eficaz. Assim acontece no plano da família, célula social, e antes de mais no matrimônio, que a institui. Henri Bremond observou com justeza que o casamento cristão, que sofrera uma grave crise com o Renascimento e a Reforma, recuperou a sua dignidade, e o século XVII vê estabelecer-se uma "mística do casamento tão pouco acessível à grosseria animal como à falsa delicadeza dos pseudoespirituais". Contribuiu muito para isso o capítulo corajoso e libertador de São Francisco de Sales acerca da honestidade do leito conjugal. Bossuet escreverá à Irmã Cornuau, cuja religião é muito fechada: "Tenho-vos dito muitas vezes, minha filha, que o estado de casamento é santo. As virgens que o desprezam não são virgens prudentes". E Le Maistre de Sacy louva a bondade e a sabedoria de Deus, que elevou a união carnal do homem e da mulher à dignidade de sacramento. Lugares-comuns — dir-se-á —, e muito gastos no nosso tempo... No século XVII, porém, tinham o frescor e a força de uma verdade reconquistada.

Fundada num sacramento, a família tem, portanto, um forte caráter religioso. "Todo o homem que teme a Deus será bom marido, bom pai, bom filho, bom irmão, bom amo, bom criado", escreve o padre Fortin, senhor da terra de Hoguette, nos *Conselhos fiéis de um bom pai aos seus filhos*. Os diários, de uso muito difundido, em que se registram os acontecimentos grandes e pequenos da família, abrem geralmente com alguns parágrafos de "princípios e fundamentos" que são autênticas orações, frequentemente belíssimas. O pai de família, chefe responsável da célula social, tem uma autoridade que, no seu plano, recorda a do rei no reino e que, como essa, é de essência religiosa. O respeito que o cerca, os poderes que lhe são reconhecidos, são a bem dizer inconcebíveis na sociedade moderna, impregnada de ideias igualitárias. Os seus direitos testamentários, muito mais vastos que os do nosso tempo, mostram que a sua autoridade ultrapassava a morte, o que, como observa profundamente Leibniz, "não teria nenhum sentido se não se acreditasse na imortalidade da alma".

Também em outro quadro social — o do trabalho — o homem encontra a religião. No século XVII, as coisas neste terreno ainda se passam como na Idade Média. É o calendário cristão dos dias santificados (até os havia demais, se acreditarmos no sapateiro de La Fontaine...) que regula a proporção de trabalho e de repouso. Ao sistema das corporações, de caráter especialmente econômico e ainda muito sólido, associa-se o das confrarias de artes e ofícios, que não se devem confundir com as confrarias de piedade, mas que, também elas, são religiosas, ao mesmo tempo que desempenham o papel de autênticas sociedades de socorros mútuos. A eleição dos *prud-hommes*, dos "homens bons", encarregados de dirigir a comunidade, faz-se em presença do pároco da igreja protetora da confraria, e os eleitos prestam diante do altar o juramento "de bem cumprir o seu dever". Os regimentos internos desses agrupamentos de trabalhadores preveem castigos para as contravenções: quase sempre esmolas ou multas cujo montante é guardado no mealheiro do santo patrono; ou, então, atos de devoção.

Num outro quadro, ainda, o homem se encontra unido aos outros pela religião: a paróquia, que ressurge agora, sob a influência das ideias reformadoras do século. Lembramo-nos de como *Monsieur Vincent* fez de Châtillon-des-Dombes, em lugar de um amontoado de desordens e de egoísmos, uma paróquia viva. A volta do pároco — que, até 1667, é o único conservador do registro civil[4] e do púlpito torna públicas as ordenações régias —, a vida paroquial denota animação e, se o padre é bom, é uma vida realmente cristã. O campanário é a torre de vigia do povoado, os sinos ritmam a vida cotidiana, chamam para a oração ou para as operações de socorro, celebram os grandes acontecimentos da comunidade. Nesta época, são inúmeros em todas as regiões católicas os exemplos de devotamento à paróquia: dão-nos fé disso os livros de assentos.

É, pois, incontestável estarmos em presença de uma religião associada à vida, não menos que na Idade Média, de uma fé que orienta os costumes e fixa as regras que a todos impõem o respeito pelos mandamentos de Deus e da Igreja. É por esse lado que a sociedade do século clássico é uma sociedade cristã. Com simplicidade, com naturalidade, porque vivem dentro de moldes cristãos, os homens só muito dificilmente poderiam não ser cristãos. Neste sentido, dizia Bossuet, na *Conférence avec M. Claude:* "Reconheço sem dificuldade que as pessoas particulares possam ignorar alguns artigos [...]. Mas pelo menos todos os confessam em geral, ao dizerem: Creio na Igreja universal".

Pois também a fé é praticamente universal. Crer é a atitude normal dos homens do Grande Século. Os "libertinos" existem, mas ainda são raros; só se encontram em pequenos círculos de intelectuais e de gente mundana, de que é produto típico Saint-Evremond, que, em 1661, teve de se refugiar em Londres. O número deles há de aumentar para o fim do reinado de Luís XV, e não apenas na França, mas não chegará ainda a ser considerável. Não podemos dar força de documento estatístico à cifra de cinquenta mil ateus que o padre Mersenne julgava encontrar em Paris por volta de 1660, nem tomar à letra os gemidos de Mme. de Maintenon, ao queixar-se de que "nas províncias não há cristãos", ou os da Princesa Palatina, ao lamentar que "a fé está extinta". Mais sensato era o padre Garasse, que dizia só conhecer em Paris cinco ateus, três dos quais eram italianos...

Devemos sublinhá-lo: não é por mero conformismo que se é cristão nesta época, mas sim por se viver num meio social cristão. Basta considerar, quase ao acaso, tal ou qual personagem dos tempos clássicos, para, muitas vezes ao menos, adivinhar uma alma impregnada de cristianismo até às fibras mais profundas. Nem sequer é necessário procurar um ou outro dos militantes da causa católica, que, aliás, abundam. Uma mulher da alta sociedade, como Mme. de Sévigné, que participa largamente das distrações lícitas, tal como nos surge nas suas famosas cartas, lê obras de piedade e de história religiosa, trata com gosto dos problemas da fé com as suas amigas Nicole e Abadie, explica todos os acontecimentos em função da Providência; espontaneamente, pensa, fala, age, reage como cristã. E tudo tão simplesmente, tão jovialmente! E não é a única. O trocista La Fontaine reza como uma criança, e o mesmo fazem Colbert, e Turenne, e tantos outros. Até pessoas menos recomendáveis mostram múltiplos traços de fé verdadeira. Mme. de Montespan, na Quaresma, pesa o pão que come, para não quebrar o jejum. O escabroso cardeal Retz tem crises de arrependimento, em que procede como verdadeiro cristão, indenizando, por exemplo, todos aqueles a quem prejudicou.

De resto, o Grande Século, século de mundanismo, é também o século das conversões retumbantes. Retz converte-se, como também Mme. de Montespan, após extravagantes incursões pela magia negra: Saint-Simon no-la mostra distribuindo em esmolas os seus vastos rendimentos, trabalhando para os pobres, usando cinta, ligas e braceletes com pontas de ferro e — suprema penitência!, acrescenta o malicioso memorialista — fazendo calar a língua... São às dezenas os convertidos em Port-Royal, de Antoine Le Maistre ao médico Hamon, de Pascal a Racine. Mas o Mont-Valérien, perto de Paris, ou o Mont-Voiron, em

Faucigny, ou a floresta de Orléans, abrigam também solitários que lá vivem totalmente como eremitas e que provêm da nobreza, da burguesia ou do clero mais "mundanos". Seria impossível estabelecer a lista dos convertidos. Mesmo só na França, o que é difícil é escolher. Conhecemos Rancé, a duquesa de Longueville, o casal principesco dos Conti. E em todas as memórias revive a sombra comovedora de Mme. de la Vallière. Mas também Eustache de Beaufort, Antoine de Chanteau, Gaston de Fieubet, chanceler da rainha Maria Teresa, Louis de Bailleul, presidente de um Parlamento, ou o cavaleiro de Reynel, lugar-tenente de Turenne, e tantos outros — tudo abandonam e vão terminar os seus dias num claustro. Se é por vezes flagrante o desacordo entre o mundo e Deus, com muita frequência é assim que se resolve.

Há mesmo casos de pessoas acerca das quais não se pode falar propriamente de conversão, mas que com muita frequência têm um fim de vida plena e admiravelmente cristão. Vimos a morte do próprio Luís XIV, realmente exemplar. Não são menos edificantes as de Michel Le Tellier, do grande Condé, do conde de Bussy, de Montausier e de muitos outros. Quinze dias antes de morrer, La Fontaine escreve a um amigo: "Ó meu caro, morrer não é nada. Mas já pensaste que vou comparecer diante de Deus?" Colbert, quase agonizante, recebe uma carta do rei e, quando a mulher lhe pergunta se não vai responder, replica com toda a calma: "É realmente o momento para isso?!... É ao Rei dos reis que tenho de responder". E, ao vigário de Saint-Eustache, que lhe comunica que os seus paroquianos rezam pela sua cura, interrompe-o e diz: "Isso não, padre! Que eles peçam a Deus que tenha misericórdia de mim". Uma sociedade que pratica assim a "arte de bem morrer" não será uma sociedade profundamente cristã? Como soa a falso a palavra de Vauvenargues: "Não há regra mais falsa para julgar da vida do que a morte!" Ao contrário: é a vida cristã que então pode ser exatamente julgada.

Os fatos desmentem, pois, as asserções pessimistas do padre Mersenne e das duas grandes senhoras piedosas. Se continuarmos a observá-los, veremos que confirmam a presença da fé. A prática dos sacramentos, que vimos restaurada no período precedente, é agora quase geral. Depois de um inquérito minucioso, G. Le Bras[5] concluiu pela "unanimidade da prática religiosa no início do século XVIII", e declarou ser levado a crer que ela "nunca foi tão geral" como entre 1660 e a Revolução. Numa diocese tomada ao acaso, a de Séez[6], vemos que, sem ser unânime, a prática religiosa é considerável. Todos ou quase todos cumprem o preceito pascal. Difunde-se cada vez mais a prática da Comunhão frequente. Na Espanha, são muitos os diretores espirituais que aconselham a comungar diariamente, e o teólogo Salazar tem de protestar contra uma "frequência desmedida". Na França, o jansenista Arnauld, cujo tratado sobre a *Comunhão frequente* dá tanto que falar, não é o único a exigir que não se comungue sem uma preparação séria. As próprias discussões a este propósito provam a que ponto o tema apaixona os espíritos[7]. É certo que o excessivo rigor dos discípulos de Port-Royal levará, por algum tempo, as almas mais exigentes a afastar-se da Comunhão. Mas não será por indiferença, antes pelo contrário!

Outro indício de fervor: a enorme produção de literatura religiosa. É fácil comprová-lo: nos sótãos das casas de campo, nos tabuleiros de alfarrabistas dos cais do Sena, esses livrinhos encadernados em bezerra que ainda hoje lá vemos não serão, na proporção de um para três ou quatro, tratados e obras de piedade do Grande Século? *Quaresmas* de

Bourdaloue e de Massillon, métodos de oração dos padres Pomey, Nepveu, Nicole, o *Ano Cristão* de Letourneaux e a sua *História da vida de Jesus Cristo* (1673), "pequenos ofícios", "elevações": quantos gêneros, quantas formas, nessa produção devota!

E que êxito junto do público! O *Exercício espiritual,* que três anônimos dedicam em 1664 à mulher do chanceler Séguier, tem inúmeras edições, e o livro das *Horas canônicas,* que Harlay de Champvallon publica em 1685 — pelo que muito lhe será perdoado... —, tem tiragens de cem mil exemplares. As *Vidas dos Santos,* do gênero daquelas que o bispo Vialart de La Herse manda compilar, andam em todas as mãos, e a *Bíblia* de Le Maistre de Sacy está em todas as boas livrarias. Como duvidar da fé de um público que assim alimenta o espírito?

Dentro dessa literatura devota, começa a multiplicar-se um gênero de livrinhos de grande utilidade: o catecismo, o manual do ensino cristão. Começou a difundir-se na Igreja imediatamente após o Concílio de Trento, quando se deu início à tarefa de adaptar a todos os públicos o grande Catecismo estabelecido pelos padres conciliares, e quando Canísio lançou o seu em todos os países germânicos. Os grandes reformadores atribuíram enorme importância à catequese por meio do livro, que já deve ir para as maos de toda a gente e não apenas dos párocos. Uma após outra, muitas dioceses mandam redigir catecismos para adultos e para crianças. Faz-se uma primeira tentativa de catecismo interdiocesano com aquele a que se chamou "dos três Henriques" — Luçon, La Rochelle, Angers —, infelizmente jansenizante. De uma versão para outra, esses livrinhos vão fazendo progressos: as perguntas são cada vez mais precisas; as respostas, curtas e incisivas. A catequese dos dias santos começa a ter valor litúrgico. A mais bem feita dessas obras ainda é a de Bossuet, que virá a servir de base a Astros para compor, em 1806, o catecismo da época imperial.

A fé assim ensinada em todas essas piedosas literaturas leva muitas almas sinceras a esforçar-se por cultivá-la com grande fervor. O êxito das peregrinações é quase tão grande como na Idade Média. As casas de retiros espirituais, que vimos nascer sob a dupla influência dos jesuítas e dos recoletos[8] e depois tomar muita força com São Lázaro, não param de se multiplicar. O êxito de Port-Royal é devido, em primeiro lugar, aos retirantes que aí acorrem. Sabemos com precisão que, ao retiro pregado em Vannes, na missão de 1695, assistiram 2.436 homens e 2.519 mulheres. A fim de proporcionar entreajuda espiritual, socorrer os necessitados e combater o vício, há gente santa que se reúne nas A.A. — Associações Apostólicas —, herdeiras da *Companhia do Santíssimo Sacramento*[9], ou nas Congregações Marianas. São os jesuítas e os lazaristas quem dirige essas formações.

Entre os simples fiéis, vemos uma piedade fora do comum. Todas as noites, em numerosas igrejas de Paris e de Roma, homens e mulheres se revezam para assegurar a *Adoração perpétua*. São muitos os que usam escapulário ou mesmo um cilício. Durante o dia, veem-se muitos fiéis que rezam longamente nas igrejas, se prosternam cinco ou seis vezes seguidas e depois vão beijar devotamente os pés do crucifixo. É uma fé mais exteriorizada que a nossa. Mal se juntam uns fiéis, logo começam a recitar ladainhas, apesar da resistência de uma parte da hierarquia, que receia o psitacismo. E aparecem sempre novas ladainhas: *ladainha dos Santos Anjos*, *ladainhas extraídas da Sagrada Escritura*, e essa *ladainha da Providência* que Rousseau admirará.

As devoções multiplicam-se. O culto do Santíssimo Sacramento, já tradicional, espalha-se cada vez mais. De certo modo, corresponde à pompa real, e os belos ostensórios, radiantes de ouro e de pedrarias, casam-se bem com o fausto das cerimônias oficiais nas "exposições do Santíssimo", que se tornam mais frequentes. Aprovadas em 1661, as Beneditinas do Santíssimo Sacramento consagram-se à adoração da Hóstia com fervor insigne. E há até um excelente carmelita que imagina um "relógio do Santíssimo" com o fim de evocar automaticamente, a horas fixas, e para serem expiadas, as injúrias feitas ao sacramento do altar. Entre os oratorianos, aconselha-se a devoção ao Menino Jesus, imagem perfeita do espírito de infância a que foi prometido o Reino dos Céus. De diversos lados surge o culto ao Sagrado Coração, cuja importância veremos a seguir.

Quanto à Santíssima Virgem, a devoção que lhe têm vai também em progresso. Em 1683, Inocêncio XI institui a festa do Santo Nome de Maria. Em 1716, a festa de Nossa Senhora do Rosário é estendida a toda a Igreja. Na Alemanha, em torno da imperatriz Maria Madalena de Neuburg, terceira mulher de Leopoldo, algumas piedosas mulheres começam a consagrar a Maria um mês inteiro, o mês de maio, o mais suave e delicioso do ano. E em Nápoles, algumas paroquianas de Santa Clara obrigam o clero a consagrar essa prática, que em breve se espalha por toda a Igreja. Alguns pensam que pode haver nessas práticas um certo perigo de "mariolatria". São desse parecer o padre Crasset e sobretudo o padre Windenfeld, cujas boas intenções, no entanto, ultrapassam as medidas e lhe atraem as censuras do *Index*. Mas não há dúvida de que a devoção mariana é um excelente apoio para a piedade e ajuda inúmeras almas a conservar a pureza e a humildade. Bem o compreenderá São Luís Maria Grignion de Montfort, que se fará vigoroso defensor desse culto.

Do declínio dos místicos ao culto do Sagrado Coração

A fé surge, pois, viva e profunda ao longo de todo o século XVII. E, no entanto, não podemos deixar de observar que, do "grande século das almas" ao "século de Luís XIV", qualquer coisa mudou. Diante do quadro que acabamos de contemplar, seria exagerado falar de declínio, de decadência, mas o certo é que se podem notar vários sinais de uma curva em queda.

A corrente espiritual continua poderosa. Mas será tão viva, tão impetuosa como antes? A questão levanta-se sobretudo na França, nessa França que, até às proximidades de 1660, foi o guia espiritual de todo o Ocidente. Se até então tínhamos visto trabalhar uma plêiade de altos místicos que eram ao mesmo tempo homens de ação singularmente eficazes, a bem dizer esses homens e mulheres desaparecem no período seguinte. Os seus discípulos empenham-se em continuá-los, mas já não são criativos. Os espirituais de agora trocam em miúdos as lições dos que os precederam. Bossuet e Fénelon são escritores de gênio, mas não santos.

Como vimos[10], no momento em que começa o reinado pessoal de Luís XIV — em atmosfera bem diferente da do reinado de seu pai todos os grandes espirituais da época anterior estão mortos ou prestes a morrer: Bérulle, Vicente de Paulo, Olier... Maria da Encarnação, a admirável ursulina, termina os seus dias no longínquo Canadá. O padre Surin trava os últimos combates com o Inimigo, num nevoeiro de demência; Maria de Agreda aproxima-se do momento da revelação derradeira. Da gloriosa falange, resta apenas São João Eudes, que morrerá em 1680, depois de lançar as bases teológicas do culto ao Sagrado Coração.

Ainda existem espirituais, místicos de real valor; mas são mais discípulos que mestres. Na linha do padre Chardon, vemos o padre Massoulié, mais asceta que místico. Na sequência do padre Louis Lallemand, cuja *Doutrina espiritual* foi publicada em 1695 pelos seus discípulos, a Companhia de Jesus conta com espirituais não despiciendos, como os padres Nouet e Crasset. É este último que guia para as alturas a fascinante, humilde e delicada *Mme. Helyot*, que comprava cestos inteiros de floristas da rua só para lhes falar de Deus, e cuja irradiação foi tão grande que transformou o aburguesado marido num místico — um místico que chegou a escrever belas meditações. Mais tarde, o padre Caussade (1675-1751), autor de admiráveis *Instruções espirituais*, terá o mérito de defender os direitos da mística quando ela for mais atacada, e de proclamar "o abandono à Divina Providência". Entre os carmelitas, o francês René de Saint-Albert, doutrinador da "oração do simples olhar", tem sérios rivais em Portugal, com José do Espírito Santo e Antônio do Espírito Santo, e, na Espanha, com outro José do Espírito Santo, que foi geral da ordem. Todos eles se inspiram diretamente em São João da Cruz.

O fato mais saliente é porventura o reaparecimento de uma escola espiritual na Itália, quando, na época precedente, lá não houvera praticamente senão São José de Cupertino. Agora, ocupam um lugar não desprezível na coorte dos espirituais a capuchinha estigmatizada Verônica Giulani, o bem-aventurado Sebastião Valfré, santo de Turim, o patrício de Veneza Gregório, que ganhou jus ao nome de "Carlos Borromeu de Pádua", o cardeal Giovanni Bona e sobretudo o franciscano Leonardo de Porto Maurício, que irá atuar principalmente na época seguinte[11].

Mas, em definitivo, os únicos comparáveis aos Bérulles, aos São Vicente de Paulo, aos J.J. Olier, aos João Eudes, quer pela altura da sua experiência, quer pela ação que exercem sobre o seu tempo, são apenas dois: *Luís Maria Grignion de Montfort* (1673-1716), que iremos ver trabalhando magnificamente como missionário e que é ao mesmo tempo um alto místico da devoção à Santíssima Virgem, e a humilde visitandina *Margarida Maria Alacoque* (1647-1690), que, do fundo do seu mosteiro de Paray-le-Monial, onde leva uma vida de oração fora do comum, impõe ao mundo o culto ao Sagrado Coração.

Mais ainda que a diminuição do número dos grandes espirituais, o sinal inquietante desta época é uma espécie de tensão na vida das almas, um antagonismo entre duas concepções, que conduz a violentos embates. Como caminhar para Deus? Desde sempre, várias vias vinham sendo propostas: uma, insistindo no esforço ascético, na necessidade de o homem experimentar pelo sofrimento a sua miséria profunda e de vencer em si a carne e o espírito; a outra, apoiando-se na verdade de que "Deus é amor" e daí concluindo que, se o amor for bastante forte no coração do homem, redimirá todas as impurezas e permitirá à alma voar para o Céu. A bem dizer, nos espirituais autênticos, ambas as atitudes são inseparáveis: a "via purgativa" precede a "via mística"; e não se pode esperar atingir a "fina ponta" do espírito antes da vitória sobre si mesmo. Para São Francisco de Sales ou São Vicente de Paulo, como para Santa Teresa de Ávila ou São João da Cruz, isso era claro como água. A partir, porém, de 1660 ou data próxima, acentua-se a oposição entre as duas tendências. Será porque o racionalismo cartesiano habitua os espíritos a desconfiar do irracional? Ou porque a austera moral jansenista insiste no hiato que existe entre as virtudes humanas e as virtudes divinas? Deve-se reconhecer que é também porque os defensores da mística do "puro amor", do "caminho curto" para Deus — os quietistas[12] — vão longe demais.

Desencadeia-se a reação anti-mística. A *Cidade Mística de Deus*, de Maria de Agreda, é condenada pelo Santo Ofício em 1681, reabilitada por Inocêncio XII, condenada pela Sorbonne. Tornam-se violentos os assaltos contra os "métodos fáceis de orar", como os do padre Pomey ou do padre Nepveu, contra *A vida de Jesus Cristo* do mestre de Viena, Avancini, e bem cedo também contra outros autores mais suspeitos. O agostiniano padre Nicole, figura primacial de Port-Royal, consagra nada menos que três tratados a fulminar, em tom extremamente vivo, aqueles a quem chama, sem exceção, "visionários". Contra o "caminho curto" vai combater Bossuet, seguido pelo jesuíta Bourdaloue. Comprometidos pelos exageros quietistas e arrastados pela sua derrota, os místicos experimentam agora um declínio, um verdadeiro eclipse, que será longo e que, para sermos precisos, só terminará no nosso tempo. Uma cifra dá a medida desse afastamento, por tantos motivos deplorável: entre 1687 e 1799, Roma condena perto de oitenta obras de espiritualidade!

Mas, em sentido inverso, não corre a tradição ascética o mesmo perigo de se desviar? Conhecemos bem esse risco: o jansenismo. Talvez não seja tanto a doutrina do bispo de Ypres que importa neste campo, mas sobretudo a atitude existencial que dela extrai o abade de Saint-Cyran, de acordo com as tendências do seu caráter[13]. Sob a ação dos "ascéticos", a experiência cristã torna-se austera, de extrema seriedade e sisudez, quase inumana. O sentido do pecado, que vimos reaparecer claramente no princípio do século[14], pode também cair no exagero. Mesmo nos meios onde não triunfa, o jansenismo imprime a sua marca na fé de muitas almas. Esse cristianismo exigente possui incontestável grandeza. É esplêndido que numerosas almas, nos tempos clássicos, tenham podido dizer o que Mme. de Sévigné escrevia, angustiada: "Como estarei eu com Deus? Que terei para apresentar-lhe? Que posso esperar? Sou digna do Paraíso? Sou digna do Inferno?" Mas será legítimo proibir à alma o grande impulso de amor que a pode arrebatar para longe das suas impurezas e lançá-la nos braços de Deus?

A tendência rigorista arrisca-se a endurecer a experiência cristã e a torná-la inacessível a muitas consciências nada inferiores à média; é por isso que os jesuítas "casuístas" a combatem. Arrisca-se também, como se verá abundantemente ao longo dos episódios do drama jansenista, a afastar os fiéis da prática dos sacramentos, persuadindo-os de que são indignos de os receber. Tendência perigosa, em que é fácil encontrar desculpas para todo os desleixos. E, quando a ruína do jansenismo tiver levado a atitude ascética a um certo descrédito, que restará para impedir a vida religiosa de desabar?

Um exemplo chocante desta crise profunda da alma cristã é a maneira como se firmou a devoção que hoje nos parece ser a mais feliz aquisição espiritual do século clássico, o maior fato místico dessa época: *o culto ao Sagrado Coração*. É um culto tão enraizado nos nossos dias que nos esquecemos inteiramente de que começou por ser — e continuou a ser por muito tempo — sinal de contradição dentro da Igreja. As suas origens são antigas. Já Santo Agostinho dissera que o Coração de Cristo, trespassado pela lança do soldado, havia derramado o seu sangue para remissão dos pecados dos homens. Na Idade Média, São Bernardo, Guilherme de Saint-Thiérry, Ricardo de São Vítor, mais tarde Santa Matilde, Santa Gertrudes, Santo Antônio de Pádua e, ainda mais tarde, Tauler e Suso, tinham falado do Coração de Cristo como refúgio e abrigo oferecido ao pobre coração dos homens. Mais ascéticas, Santa Lutgarda, Santa Ângela de Foligno e Santa Catarina de Sena tinham insistido menos nos laços pessoais do fiel com Cristo — "de coração para coração" — do que na necessidade de estudar o Coração do Senhor para aprender a viver melhor. No século XVI, a devoção ao Sagrado Coração era como um rio subterrâneo que corria um pouco por todo o catolicismo. Víamo-la surgir em Santo Inácio de Loyola, em São Pedro Canísio, em São Francisco de Borja, no Venerável Luís de Granada, em Santa Teresa e em muitos outros. São Francisco de Sales falava do Coração de Jesus às suas filhas da Visitação, e fazia-o em termos que anunciavam o culto em vias de nascer. Aliás, esse culto existia já entre as carmelitas de Unterlinden (em Colmar) e na Cartuxa de Colônia, onde Jean-Juste Lansperge o advogava com fervor.

No século XVII, o grande apóstolo do Sagrado Coração é *São João Eudes*, que já vimos[15] fundar uma ordem, criar seminários, missionar infatigavelmente, reformar o clero. Foi por uma lenta meditação, por um aprofundamento da sua fé e uma iluminação interior, que chegou a considerar o coração de carne do Deus humanado como símbolo do amor incriado do Onipotente pela sua criatura. É no Coração divino que ele descobre todos os grandes mistérios do cristianismo, a Criação, a Encarnação, a Redenção. É esse Coração que o faz pensar na presença real na Eucaristia e que lhe dita uma atitude de reparação pelos ultrajes e pelos sofrimentos que o pecado inflige a Deus. Dominado por essa grande ideia — que, sem dúvida, resume profundamente toda a teologia cristã —, São João Eudes redige, em 1670, o seu admirável *Ofício do Sagrado Coração* e, a partir de 1672, estabelece a festa do Sagrado Coração nas casas do instituto. Havia já perto de trinta anos que mandara celebrar uma festa em honra do Coração de Maria.

Essa devoção, de natureza muito teológica, não teria, certamente, podido sair de círculos estreitos, de algumas "Ordens Terceiras do Sagrado Coração", se, pouco depois, uma simples visitandina de Paray-le-Monial, *Margarida Maria Alacoque*, não tivesse sido favorecida com graças únicas: Cristo apareceu-lhe, falou-lhe, ordenou-lhe — a ela, "abismo de indignidade e de ignorância" — que "difundisse as chamas da Sua caridade". O Coração de Cristo, "cingido por uma coroa de espinhos e encimado por uma cruz", devia ser exposto à veneração dos cristãos, como "o último esforço do seu amor em prol do mundo resgatado". Essas revelações repetiram-se por três vezes, entre 1673 e 1675.

A partir desse momento, o culto ao Sagrado Coração ia tomar uma importância extraordinária. Milhões de católicos iam repetir ao longo dos séculos a palavra profundamente comovedora de Cristo a Margarida Maria: "Eis o Coração que tanto amou os homens". Mas não de imediato. A época mostrou-se exasperadamente rebelde a essa revelação. A vidente começou por ser considerada doida pelos superiores. O padre de la Colombière, diretor espiritual da religiosa, foi afastado para outra terra por afirmar a veracidade das revelações. O padre Croisset, professor em Lyon, que aderiu à mensagem da visitandina, foi também transferido para outro lugar, e o livro que escreveu sobre o tema foi posto no *Index* — tal era a desconfiança em relação aos místicos e a tudo o que se prendia com o "puro amor". Uma tentativa para fazer admitir em Roma a festa do Sagrado Coração fracassou em 1697.

Margarida Maria morreu em 1690, sem cessar de repetir que Cristo a tinha encarregado de uma missão e que o "Coração adorável" tinha de reinar sobre o mundo, mas também sem ter visto triunfar esse culto ao qual consagrara a vida. O mais que conseguiu foi que o adotassem em alguns mosteiros da Visitação e que fossem autorizadas e favorecidas com indulgências algumas confrarias do Sagrado Coração. Todos os rigoristas que havia na Igreja tinham cerrado fileiras contra essa devoção mística. E enche-nos de pasmo ver que Bossuet, cuja voz teria sido suficiente para anunciar aos quatro ventos a notícia, não impôs à sua época esse culto tão profundamente teológico e ao mesmo tempo tão intensamente sensível. Sintoma evidente do terrível conflito interno da consciência cristã. E, no entanto, são a via ascética e a via mística que se encontram associadas nestas duas orações em que se resume autenticamente toda a devoção ao Sagrado Coração de Jesus: "Ó Deus, que unis numa só vontade os corações dos vossos fiéis, concedei a estes povos que amem os vossos mandamentos!" — diz uma delas. E a outra: "Ó Jesus, manso e humilde de coração, fazei o meu coração semelhante ao vosso"[16].

O mundo e a fé: a questão do teatro

Em que medida o cristianismo do tempo influi na moral? É este um problema eterno e que nenhuma época conseguiu resolver, de tal modo é próprio da natureza pecadora do homem jamais viver plenamente de acordo com os imperativos da sua fé e da sua consciência. A famosa quadra de Racine, inspirada em São Paulo e em Santo Agostinho, não é mais verdadeira no Grande Século que em qualquer outro:

Meu Deus, que guerra cruel!
Encontro dois homens em mim:
Não faço o bem que quero,
Mas sim o mal que detesto[17].

Não nos admiremos, pois, se, no painel de uma sociedade realmente cristã, encontramos algumas sombras, por vezes bem espessas. É certo que os progressos verificados na época anterior se mantêm e se confirmam. Nas classes superiores, já não reina a brutalidade; o duelo, se não desaparece, pelo menos diminui muito; o comportamento moral melhorou. Mas ainda há muito a fazer. E o escândalo público dado, por tanto tempo, pelo próprio rei — e que, aliás, outros soberanos também dão — não encoraja a prática da virtude. As paixões são violentas, e ferozes os instintos. O caso dos venenos é demonstrativo[18].

Na massa dos fiéis, os defeitos vulgares espalham-se. A acreditar no que dizem muitos bispos do tempo, dir-se-ia que, entre o povo cristão, a licença sexual e a embriaguez são usuais. Todas as ocasiões são boas para isso: as feiras, os domingos, até a festa do santo padroeiro e as peregrinações! O que D'Aquin observa em Séez é idêntico ao que o cardeal Le Camus denuncia em Grenoble ou ao que faz gemer Roquette em Autun. Na Baviera, um documento episcopal critica a conduta de certos fiéis na peregrinação mariana de Altötting. Na Itália, são incontáveis os que se indignam com as arruaças e violências que rebentam constantemente. Quanto à superstição, está espalhada por toda a parte. Não há país que não acredite em feiticeiros e bruxas. "É preciso conhecer o povo dos nossos campos e sobretudo o das nossas províncias menos acessíveis — escreve um contemporâneo —, para poder fazer uma ideia das superstições ridículas, dos preconceitos de toda a ordem que a ignorância e a simplicidade os fazem adotar e aceitar como verdadeiros". O próprio cristianismo está invadido por eles, e muitos bispos se veem obrigados a intervir para refrear o culto insensato das relíquias ou das imagens. Bayle, o autor do famoso *Dicionário*, talvez não tenha tido razão quando escreveu que "o diabo ajudou tanto" que se acabou por fazer, "do que há de melhor no mundo, a saber a religião, um amontoado de extravagâncias, de bizarrices, de sensaborias e de crimes enormes". Mas talvez também não estivesse inteiramente errado.

Tais desordens não são as mais graves. Sempre existiram, e a verdade é que os que as fustigam — por exemplo, os bispos piedosos — podem muito bem tender a exagerá-las — uma tendência que diríamos profissional... Já Santo Agostinho dizia que o trabalho do Espírito Santo na Igreja "se faz lentamente, talvez insensivelmente, mas sem descanso". O que é preciso é deixá-lo trabalhar. E é neste ponto que importa salientar uma tendência dos tempos, num sentido bem mais inquietante que as pancadarias e as fornicações dos camponeses sob o efeito do vinho.

Essa tendência pode ser definida como uma separação crescente, ao menos em certos meios, entre a religião e a vida. O verdadeiro conflito entre "o mundo" e a fé, que tantos pregadores denunciam do alto do púlpito, consiste precisamente nisso: é o conflito entre o cristianismo que aspira a ser integral e procura dar forma a tudo, e aqueles que, de diversas maneiras, pretendem limitá-lo a determinado setor. Aceita-se que os pregadores ou os diretores de consciência intervenham em certos domínios — o que não quer dizer que lhes sigam os conselhos —, mas deixa-se grande parte da existência concreta fora da sua orientação.

É exatamente o contrário dos ensinamentos de São Francisco de Sales, cujo esforço consistiu em integrar a fé cristã na totalidade da vida, até nos aspectos e atividades mais modestos, em fazer "fiar o fio das pequenas virtudes" na oficina ou na cozinha, tanto como na corte ou na loja do comerciante. E esta concepção que está ameaçada.

As pessoas são cristãs, mas não pensam que seja necessário viverem totalmente como cristãs. O exemplo vem de cima: do próprio Rei-Sol, homem de fé sólida, mas cristão discutível em muitos aspectos da sua conduta. Mesmo entre os melhores, uma certa interiorização da religião, para a qual contribuiu a corrente espiritual do início do século, dá lugar a uma espécie de cisão íntima; uma fé vivíssima pode correr parelhas com atitudes pouco cristãs na substância. Numerosos documentos do tempo permitem ver o perigo do formalismo. "Da religião, não se conhece outra coisa senão confrarias, indulgências e congregações", diz o cardeal Le Camus, numa carta em que denuncia "a voluptuosidade e o luxo em todas as camadas".

Uma certa casuística persuade com demasiada facilidade a acreditar que se pode conseguir a salvação fechando os olhos a certas fraquezas humanas. Na corte, cristãs excelentes, como Mme. de Sévigné, gostam muito de ser vistas em casa de Ninon de Lenclos, notória tanto pelo ateísmo como pela galantaria. Entre os burgueses, cuja importância cresce com grande rapidez, a moral do dinheiro e dos negócios afasta-se cada vez mais da moral cristã. Os requisitórios retomados pelos jansenistas contra o empréstimo a juros caem em cesto vazio. A moral social, que estava de algum modo infusa no catolicismo medieval, separa-se da religião, e ainda não chegou a hora em que grandes vozes pontifícias se levantarão para a proclamar. Cresce o egoísmo de classe, que fará as honras do espetáculo no século XVIII, para acabar por ser a sua própria vítima. A sociedade torna-se cada vez mais compartimentada e menos caridosa. Massillon tinha razão ao escrever: "Sem perder a fé, deixamo-la enfraquecer dentro de nós, e não fazemos nenhum uso dela". Assim desponta o mundo moderno denunciado por Péguy, o mundo das elites descristianizadas, do "dinheiro coroado rei no lugar de Deus", e das suas grandes iniquidades.

Essa ruptura entre a fé e a vida deixa-se trair na literatura e, como veremos, também na arte. Para ser um herói de Corneille, será preciso ser cristão? Exceto no *Polyeucte*, onde estão as virtudes evangélicas das suas personagens, tão sensíveis nos seus pontos de honra, tão inclinadas à vingança? E a paixão raciniana será porventura mais cristã? O autor de *Fedro* deve ter precisado de uma dialética bem habilidosa para conseguir convencer os seus mestres de Port-Royal de que a sua tragédia era uma ilustração das teses morais que proclamavam... Quantos escritores clássicos dão a impressão de erguer uma barreira entre a sua arte e a sua fé, de modo a impedir que esta intervenha no domínio daquela! É o caso, por exemplo, do bom La Fontaine, cuja fábulas têm quase todas "moralidades" exatamente opostas aos princípios evangélicos... Mais tarde, um La Rochefoucauld, uma Mme. de la Fayette, partem tacitamente do princípio de que basta a razão para fazer uma mulher perfeita. Não há neles qualquer rejeição da moral cristã; apenas preterição.

Nada mais significativo dessa separação que a famosa Querela do Teatro, que, especialmente na França, inflamou as paixões.

Condenado pela maior parte dos Padres da Igreja, numa época em que, no Império Romano decadente, demasiadas vezes causava escândalo, o teatro tinha feito na Idade Média tão boas pazes com a Igreja que se instalava nos pórticos das catedrais e ia buscar a sua matéria aos grandes temas religiosos. Mas os "mistérios" tinham degenerado, levando o cômico até à palhaçada, parodiando o Credo, troçando da hierarquia. Fora necessário tomar providências, e, em 1548, o Parlamento de Paris proibiu-os. Todo o teatro foi desde então englobado numa reprovação oficial, a despeito dos esforços muito sérios feitos por diversas figuras de relevo, entre as quais Richelieu, para o depurar. Essa reprovação estava longe de ser merecida em outros países não menos católicos, como a Espanha por exemplo, onde a tradição do mistério continuava no *Auto do Nascimento* e na *Farsa do Sacramento*, em que *Calderón de la Barca* (1600-1681) punha ao serviço da sua fé católica todo o seu gênio dramático, poderoso em símbolos, e em que as "comédias devotas", misturando a pregação com narrativas bíblicas ou hagiográficas, tinham enorme êxito.

Na França, a situação é deveras estranha durante a Era Clássica. O gosto pelo teatro é incrível: as salas estão cheias; as companhias teatrais ganham muito dinheiro; os atores são famosos; a corte está aberta à comédia e ao drama. Ao mesmo tempo, porém, a doutrina oficial cristã condena sem apelo obras de teatro e comediantes. Esse rigor explica-se sem dúvida pela influência conjunta da Companhia do Santíssimo Sacramento e de Port-Royal. Em 1666, Nicole chama aos "poetas de teatro" (e aos "fazedores de romances") envenenadores públicos. De resto, os sínodos protestantes têm a mesma atitude.

Com *Tartufo*, a *Escola das mulheres*, *Don Juan*, Molière desencadeia tempestades. Em 1693, o padre Caffaro, teatino, que publicara uma *Carta para saber se a comédia pode ser permitida ou deve ser absolutamente proibida*, provoca uma refutação de Bossuet, nas suas *Máximas e reflexões acerca da comédia*, da qual o menos que se pode dizer é que ultrapassa todas as medidas; para ele, todas as peças de teatro levam a indecências. Molière sai seriamente malparado. O *Ritual de Paris* designa expressamente os comediantes como excomungados[19], e é sabido que foram recusadas honras fúnebres ao corpo de Molière. O pároco de São Bartolomeu trata-o publicamente de "diabo vestido de homem que devia ser queimado". No entanto, o rei da França opõe-se a todos esses ataques, é padrinho de Batismo de um filho de Molière e encoraja publicamente os espetáculos. Aliás, Roma (onde a comédia refloresce) nega-se a partilhar da hostilidade francesa, o que faz com que, em Paris, todos os comediantes italianos se declarem súditos do papa, para assim escaparem à excomunhão!

No fim das contas, essas condenações veementes obtêm algum resultado? Nenhum. Certamente por serem excessivas. E, neste caso, a principal responsabilidade pelo divórcio entre o princípio religioso e a vida cabe às autoridades eclesiásticas e não ao povo cristão. "Que ideia bizarra — escreve La Bruyère — imaginarmos uma multidão de cristãos, de ambos os sexos, reunidos em determinados dias, numa sala, para aplaudir uma companhia de excomungados!" Mais lógico, o arcebispo de Toulouse, Ecalucet, excomungava em 1702 os próprios espectadores. Felizmente, o núncio, que gostava tanto de ir à comédia, residia em Paris...

Altas vozes da oratória sagrada

Mas não faltam conselhos e advertências a essa sociedade do Grande Século! A tal ponto que um dos traços mais marcantes da época é o lugar proeminente ocupado pela pregação. Se não fosse uma insolência, diríamos que o êxito do púlpito concorre com o do teatro. Há tantos ouvintes para escutarem aqueles que os "fazem tremer sob o peso dos juízos de Deus" quantos espectadores para rirem com as farsas de Scapin ou com as impiedades encobertas de Dom Juan. Os grandes pregadores são tão famosos como os comediantes e os tenores; alguns são lendários. Corre de boca em boca a notícia dos milagres da sua eloquência. Por exemplo, no fim do sermão de Massillon sobre o Juízo Final, toda a assistência se levanta, como se o pregador, convertido em Juiz supremo, fosse pôr os eleitos à sua direita e os réprobos à sua esquerda. Nunca se exagerará a importância da arte do púlpito nos tempos clássicos. E, se é certo que reflete os males que ainda urge curar, não há dúvida de que é um dos principais instrumentos, se não o primeiro, da transformação dos costumes.

O fenômeno é universal. Todos os grandes países católicos têm nesta época pregadores gloriosos. Na Itália, é o padre *Paolo Segneri* (1624-1694), jesuíta, que veremos metido nas questões do quietismo e do probabilismo e cuja eloquência pura, elegante, foge quase sempre às burlescas palhaçadas que estavam na moda; e o capuchinho Jean François d'Arezzo, mais tarde cardeal Casini, que fustiga os ouvintes com chicotadas tão violentas que cabe perguntar se será eficaz. Em Portugal, é o padre *Antônio Vieira* (1608-1697), também jesuíta, que, após uma carreira de missionário ilustre no Brasil, regressa ao seu país, onde arrebata multidões[20]. Na Espanha, reagem contra o estilo empolado e grandiloquente o padre Tirso González, que virá a ser geral da Companhia de Jesus, ou D. Jaime de Córdova, a quem chamam "o pai dos pobres"; mas o padre Agostinho Carayon não se constrange de dizer, na oração fúnebre de uma rainha, que "a própria Lua pôs luto, para permitir aos humanos usar vestes negras"... Na Alemanha, muito ao contrário do gosto clássico francês, a pregação torna-se sentimental, pouco interessada na lógica, facilmente cheia de símbolos e lendas. O agostiniano Ulrich Megerle, em religião *Abraham de Santa Clara* (1642-1709), pregador oficial da corte de Viena, triunfa nesse gênero: os seus sermões sobre *Judas, o Mestre Infame*, recolhidos em livros, ainda hoje se leem. Os padres Rauscher, Pursel, Knelling, oradores mais populares, acrescentam ao gênero um humor frequentemente agradável.

Mas é sobretudo na França que a arte do púlpito atinge as alturas. Servida por uma linguagem universalizada que chega à perfeição (e, como é óbvio, para ela contribuem os grandes pregadores), e dirigindo-se a um público que aprecia cada vez mais a clareza e a finura de espírito, essa arte sobe a um nível que ainda não conhecera e em que não conseguiria manter-se. O próprio rei tem a paixão da oratória sagrada e a encoraja de mil modos, concedendo favores aos mais eminentes representantes da eloquência eclesiástica. Ele sabe muito bem que, na plêiade de homens que contribuem para a glória do seu reinado, os pregadores ocupam um lugar de especial destaque.

Essa arte do púlpito passou em pouco tempo por grandes transformações. Na primeira metade do século, esteve em preparação. Desapareceram os sermões burlescos, como foi o caso do famoso *Petit Père André* (falecido em 1657), que comparava os quatro evangelistas aos quatro reis do baralho de cartas e que, um dia, ao ver fiéis quase tocarem o altar, lhes gritou que ia ser cumprida a profecia bíblica: "Veremos bezerros nos altares!" São Vicente de Paulo ensinou aos pregadores lazaristas que a verdadeira eloquência devia ser direta, dirigida ao coração e ao espírito, e desconfiar dos "períodos perfeitos" e dos grandes efeitos tonitruantes. Os padres Le Jeune e Senault, ambos do Oratório, e depois os mestres de Port-Royal, Saint-Cyran e Singlin, infundiram nos pregadores o sentido da gravidade e da nobreza, demasiado esquecidas pelos pregadores imediatamente anteriores. Mas também seguiram exatamente essa mesma orientação o jesuíta Lingendes, o bispo Godeau e até — o que é mais de admirar — o cardeal Retz, cujos sermões do Advento e da Quaresma, pregados ininterruptamente durante oito anos (1640-1648), fizeram acorrer toda a cidade de Paris a Notre-Dame.

Por volta de 1660, a arte do púlpito na França está no apogeu. Não é que não tenha ainda grandes defeitos, bem evidentes: a erudição (nem sempre de grande quilate), o preciosismo e, por vezes, o mau gosto. Nem os melhores escapam disso, como o próprio Bossuet, que, entre os grandes impérios cuja queda lhe parece demonstrar a ação da Providência, cita os "de Baco e de Hércules, célebres conquistadores das Índias e do Oriente", e põe em paralelo o Sangue de Cristo e o que Catilina fez beber aos conjurados, ou, evocando o suplício de São Gorgon, fala das "exalações infectas que saíam da gordura do seu corpo assado".

Ao lado disso, porém, que altas qualidades nesses sermões cuja abundância nos parece tão excessiva que depressa nos faz perder a coragem! Que segurança dogmática e, com frequência, quanta riqueza! Que sentido da construção, da exposição, que ordem perfeita! Que arte da evocação realista! Entre os maiores, que musicalidade da palavra: sinfônica e ritmada em períodos, como em Bossuet; percuciente, como em Bourdaloue; melódica, como em Fénelon! E, devemos dizê-lo: que coragem, também!

Para denunciar a loucura das grandezas, os desvios da sensualidade, o orgulho e a dureza de coração, a maior parte desses pregadores maneja a alusão ou a invectiva com uma precisão que o nosso tempo, pretensamente mais liberal, não seria capaz de tolerar. Um sermão de Massillon sobre a crueldade inconsciente dos "grandes" que julgam ter nascido só para si mesmos, e o de Bourdaloue, tão famoso, sobre a impureza, pronunciado diante do jovem amante de Mlle. de la Vallière e de Mme. de Montespan, não estão muito longe das grandes apóstrofes bíblicas dos Profetas de Israel dirigidas aos reis pecadores. Aos nobres que se queixam da brutalidade de Mascaron, Luís XIV responde: "Ele cumpriu o seu dever. Cumpramos nós o nosso!" Conta para a honra do príncipe, da corte e da sociedade inteira que se tenham disposto a ouvir de bom grado essas grandes vozes que, do alto do púlpito, lhes lembravam as verdades de Deus.

Nem todos esses pregadores dos tempos clássicos deixaram nome na história. Alguns, que fizeram acorrer multidões, estão hoje inteiramente esquecidos. Pode suceder que sejam citados de vez em quando, mas por outras razões: por exemplo, Soanen, que causou tanta impressão na corte antes de ser bispo de Sénez, e que encontraremos na questão jansenista; ou Charles Boileau, sacerdote secular, este por causa da homonímia, embora nada tenha de comum com o Nicolas Boileau que deu leis ao Parnaso: Luís XIV gostava tanto dele que o fez eleger para a Academia. Mas quem conhecerá o padre Séraphin de Paris, capuchinho, cujos improvisos, antes de Massillon, apaixonaram a corte? E o padre Nicolas de Dijon, outro capuchinho que teve o mérito, raro no seu tempo, de utilizar abundantemente as fontes escriturísticas e patrísticas? E Dom Cosme, que, na corte, pregou tantas Quaresmas como Bossuet, e que nem sequer é referido no completíssimo *Dictionnaire des Lettres* do cardeal Grente? Alguns mereceriam muito mais que essa indiferença sumária. Por exemplo, o oratoriano Fromentières, que pronunciou a oração fúnebre de Ana de Áustria e o sermão da tomada de véu de Mme. de la Vallière. Ou o jesuíta de la Rue, que, a partir de 1687, foi personagem importante na corte, onde pregou nada menos que quatro Adventos e seis Quaresmas e que pronunciou em Meaux o panegírico de Bossuet. Dir-se-iam inumeráveis os pregadores do século clássico... Quando o padre Houdiy, também pregador prolífico, quis reunir numa 'biblioteca' as obras-

-primas da arte oratória sagrada da sua época, precisou de vinte e três volumes, e só aproveitou uma quarta parte.

Dessa multidão, emergem alguns nomes que ultrapassaram com mais ou menos glória a prova do tempo. Contamos hoje seis. Mas é curioso notar que os contemporâneos, se os consideraram grandes a todos eles, não os hierarquizaram como nós. Quando o padre Clerambault fizer na Academia o elogio de Bossuet, dirá que ele "deixou que os seus rivais obtivessem o primeiro lugar na eloquência"; e só a partir de Nisard e da crítica do século XIX é que se fará justiça plena à águia de Meaux[21]. Fénelon, cuja "força e ascendente" são bem sentidos pelos melhores espíritos, como La Bruyère, não é dos que fazem acorrer invariavelmente as multidões.

Quem são, pois, os que o século clássico tem por monumentos da oratória? É *Fléchier* (1632-1710), de quem se pode admirar a oração fúnebre nas exéquias de Turenne, assim como o estilo elegante e florido, a "nobre musicalidade religiosa" e as "amenidades", das quais dizia que deviam dar "o gosto das virtudes", mas que, demasiadas vezes pomposo e solene, nos parece justificar todas as críticas que se fazem aos sermões acadêmicos. É *Masaron* (1634-1703), que seduziu a corte e foi coberto de enormes louvores por Mme. de Sévigné, e cuja arte oratória não nos deixa indiferentes, mas que é muito desigual e demasiadas vezes nos parece tomar as metáforas por ideias... Mais tarde, no final do reinado, será aquele que há de pronunciar a oração fúnebre de Luís XIV — com o seu famoso e fulgurante exórdio — e que manterá durante a primeira metade do século XVIII a grande tradição sermonária clássica: *Massillon* (1663-1742). Os enciclopedistas e Voltaire hão de colocá-lo na primeira fila dos mestres do púlpito. Não lhe faltam decerto nem acuidade psicológica, nem talento dialético, nem mesmo lirismo e calor. Mas as comparações, as hipérboles, as paráfrases e antíteses de que usa parecem-nos hoje permeadas de uma retórica muito contestável.

Os rigores de Bourdaloue

Bourdaloue, o mais célebre orador do seu tempo, é o pregador-tipo, o "procurador-geral da lei moral", nas palavras de mons. Calvet, o homem que parece ter tido por vocação única, por única razão de ser, lembrar à sociedade do seu tempo os mandamentos de Deus e as suas exigências, mostrar-lhe infatigavelmente, definida pela razão e pela experiência, a via estreita que, iluminada pela fé, conduz ao céu. Desempenhou esse papel durante trinta e cinco anos, sem uma pausa, sem um desfalecimento e, devemos dizê-lo, sem nenhuma circunspecção... "Ele bate sempre como um surdo — relata Mme. de Sévigné —, diz as verdades à rédea solta... Salve-se quem puder! Ele vai sempre em frente".

Nada o detém. Para denunciar a corte, "sede do orgulho, centro da corrupção, escola de impiedade", mar traiçoeiro "onde as mais fortes virtudes naufragam", tem acentos dignos de Amos ou de Oseias. Quando rebenta o caso dos venenos, não hesita em abordá-lo e em designar com o dedo Mme. de Montespan, ainda favorita do rei. Em segredo, ou pelo menos em surdina, os visados resmungam. Certo dia, no momento em que sobe ao púlpito, em São Sulpício, Condé graceja: "Atenção, meus senhores, eis o inimigo!" Mas, em outra ocasião, depois de ter travado uma dessas "batalhas em formação cerrada contra a consciência dos ouvintes", em que era imbatível, o marechal Grammont, vendo a assistência dar mostras de impaciência, exclama: "Com mil diabos! Ele tem toda a razão!"

Dizer que os sermões de Bordaloue fazem afluir os ouvintes é pouco; lá combate-se por um assento, literalmente. As pessoas chegam muito tempo antes; os ricos mandam os lacaios marcar lugar. O ambiente é o mesmo do teatro antes de se levantar a cortina: uns gracejam, outros conversam. De repente, surge o pregador. Abre caminho com dificuldade por entre a multidão, sobe a escada e aparece no alto do púlpito. Por um longo momento, enquanto se faz silêncio, mantém-se imóvel, rezando, com as pálpebras fechadas[22]. Abre-as agora e põe-se a falar. Começa suavemente, apalpando o terreno. Depois, lança-se pouco a pouco e eleva-se até aquele "tom trovejante e terrível" de que fala o gazetineiro Robinet. Por fim, atinge uma altura inaudita na santa violência, na ameaça, a tal ponto que por vezes tem de se interromper e sentar-se um instante para refazer as forças. "Muitas vezes me tirou a respiração — escreve Mme. de Sévigné —, pela extrema atenção com que se está pendente da força e da verdade dos seus discursos, e eu não respirava senão quando lhe apetecia acabar de falar". Sempre que evocamos a fama eminente da oratória sagrada nos tempos clássicos, é em Bourdaloue que devemos pensar.

Nascido em 1632, em Bourges, onde o pai era conselheiro no tribunal presidial, a sua vida inteira cabe em duas palavras: foi jesuíta — e nada mais. Aluno, noviço, professor, dotado da longa e vigorosa formação que Santo Inácio quis para os seus filhos, Bourdaloue encarna tão claramente as virtudes e características dos melhores membros da Companhia que parece uma resposta viva às críticas das *Provinciais*. Nada há nele de tortuoso, de demasiado hábil; nada que permita o laxismo ou a facilidade. Toda a sua existência se passa na cela nua da casa-professa, onde, por exceção, os superiores o autorizaram a conservar o retrato do rei que este mesmo lhe deu. Debaixo de um exterior reservado, esconde uma vida interior profunda, tão distante dos sonhos quietistas quanto das excessivas durezas jansenistas.

Não considera que o seu papel consista apenas em preparar e pregar sermões. "A sua sublime eloquência — diz Lamoignon — vinha sobretudo do perfeito conhecimento que tinha do mundo". Diretor de consciência, confessor, exerce uma influência considerável por outros meios além do púlpito, porque — diz Mlle. de la Vallière —, nota-se que a sua vida está "penetrada das verdades que prega", o que, acrescenta ela, "dá gosto comprovar". Quando, ao sentir aproximar-se a morte, exprime o desejo de se retirar para qualquer casa de exercícios da Companhia, e os superiores lhe objetam que, aí onde está, é insubstituível, submete-se e fica na corte. Morre literalmente na frente de batalha, em 1704.

A sua arte — se é que, no seu caso, podemos falar de arte — é feita acima de tudo de lógica, de rigor, de estrita ordem na argumentação. Outros que se lancem nos amplos voos onde a eloquência perde o contato com a terra! Quanto a ele, só aprecia o patético da razão. Qualquer dos seus sermões está dividido em partes — geralmente, quatro ou cinco —, por sua vez subdivididas em seções, nas quais se situam, bem articulados, os argumentos. Tudo isso tem pouca — ou até muito pouca — força eletrizante e movimento dramático; mas essa bela ordenação agrada aos espíritos do tempo, apesar de Fénelon escarnecer dela. Além disso, moralista mais que teólogo, muitas vezes negligente — devemos dizê-lo — em apoiar no dogma os seus raciocínios, Bordaloue é um admirável conhecedor de almas, um La Rochefoucauld sem amargura, mas tão veraz como o autor das *Máximas*. É um analista do coração inigualável no trabalho de pôr a nu os refolhos da alma e as pequenas e grandes cumplicidades. Chega mesmo a ser tão preciso nas suas descrições que os maldosos julgam poder dar nomes aos seus retratos de pecadores e pecadoras.

Para ser completamente grande, talvez lhe tenha faltado a vastidão de horizontes e a esfuziante riqueza intelectual de um Bossuet, a sensibilidade e incansável curiosidade de um Fénelon, sem falar dos dons que, num e outro, caracterizam o gênio. Bourdaloue é um pregador, o maior do seu tempo. Nada mais. Bossuet chama-lhe "o mestre de todos nós". Quanto à técnica, com certeza; e é por isso que foi por muito tempo o mestre da oratória sagrada na França. Mas a ordem e o método podem ser ensinados. O gênio, não.

Os combates de Bossuet

Bossuet, pregador; Bossuet, orador sagrado... É com tais fórmulas que se evoca em primeiro lugar o grande bispo de Meaux, o homem prestigioso cujo nome parece resumir por si só todo o catolicismo dos tempos clássicos. São, de resto, as definições dos dicionários. E são corretas. Pregar a doutrina cristã, chamar os contemporâneos a uma vida de fé mais perfeita, exaltar em grandes circunstâncias as verdades religiosas para que a própria alma de um povo nelas se encontre — foi a essas tarefas necessárias que se consagrou grande parte da atividade de Bossuet.

Assim o vemos na estátua de pé erguida sob a cúpula da Academia Francesa, simétrica à do seu rival Fénelon. Assim o viram os seus contemporâneos: muito frequentemente grave, concentrado, com o olhar de frente, a mão prestes a sublinhar com o gesto o exórdio ou a apóstrofe, tão evidentemente dominado pela sua função sagrada que é difícil imaginá-lo em atitude diferente dessa — a atitude de um porta-voz de Deus. Quando citamos o seu nome e evocamos o que ele nos deixou, pensamos, antes de mais nada, nas suas obras oratórias. Pensamos nas suas onze orações fúnebres, sobretudo nas mais famosas, as que dedicou a Henriqueta de Inglaterra e ao Grande Condé — com os seus desenvolvimentos de ondulante majestade, semelhantes às pregas dos panejamentos do luto; com as suas páginas de antologia, como a morte da rainha ou a narrativa da batalha de Rocroi. Pensamos nos seus inumeráveis sermões, cujo texto escrito, quase sempre editado com base em simples notas, tem ainda, embora sem o prestígio da voz de ouro e o calor da presença, o poder de nos tocar: o sermão sobre a unidade da Igreja, o sermão sobre "a eminente dignidade dos pobres", os sermões sobre a morte...

Com Bossuet, a arte da oratória sagrada atinge o apogeu. Solidamente apoiado no dogma, longamente preparado por imensas leituras, a peça de eloquência mantém contudo a espontaneidade da improvisação, essa leveza na execução que é a característica da obra-prima. O pensamento avança firme e coerente, mas sem nada do rigor sistemático que, em Bourdaloue, limita a capacidade de penetração. Podemos descobrir nesse resultado as mais opostas qualidades: a energia aliada à flexibilidade, a concisão à abundância, a lógica ao fervor persuasivo. O tom tão depressa é solene como realista; passa do familiar ao lírico, ao lógico, ao poético, ao didático. A análise psicológica desce sem esforço à rocha firme do ser; a evocação histórica impõe-se ao espírito com a força da verdade. E que arte do discurso!, em que os períodos se encadeiam, os desenvolvimentos se equilibram e surge a "frase em abóbada" de que falava Valéry: uma frase que se eleva por patamares e vai despertando em cada um deles ressonâncias mais largas, e depois mergulha em sons fluidos, até às palavras calculadas que a rematam, em acordes perfeitos, de uma firmeza própria de sentença judicial, ou então em ecos surdos, semelhantes a longos queixumes...

Tudo isso é Bossuet. Mas Bossuet é também algo de bem diferente. Esse homem, um daqueles "que mais divinamente exerceram o poder da palavra", não se deixou encerrar nas fronteiras da oratória. É também um escritor, ao qual nada falta, nem a cadência, nem a precisão. É um historiador, o maior da sua época. É um moralista, êmulo dos La Rochefoucauld e dos La Bruyère, porque é um diretor de almas, êmulo de São Francisco de Sales. É um polemista, igual ao Pascal das *Provinciais*, e tão brilhante que foi sobretudo como controversista que os contemporâneos o admiraram. E é também, em certo sentido, um político. Mas é, ao mesmo tempo, um autor espiritual, admirável nas suas *Cartas sobre o amor de Deus* e no seu *Método para fazer uma oração de simplicidade*. E, mais ainda, é um Doutor, um doutor que continua em linha reta os Padres da Igreja, entre os quais figuraria sem dúvida alguma se estivesse na época deles: é o escritor religioso mais amplo e mais sólido do século. E tudo isso, com uma espécie de facilidade régia, pois as suas aptidões ágeis e múltiplas lhe permitem desenvolver toda a sorte de atividades, cada uma das quais bastaria para absorver um espírito e preencher uma existência. Por detrás de tudo o que ele é e de tudo o que faz, sentimos uma experiência humana de extrema riqueza. E o guia do seu tempo, mas não é menos a testemunha do seu tempo, a sua expressão mais perfeita. Se o gênio se mede pela extensão do campo que recobre, pelas suas ambições e pelo seu alcance, mais ainda do que pelos seus êxitos, é bem de gênio que podemos falar quando pensamos em Bossuet.

Todavia, um gênio é o que menos se poderia esperar dessa estirpe de vinhateiros da Borgonha e de mercadores de panos ascendidos a magistrados que eram os Bossuet.

Gente honesta, obstinada, sólida, bem mais que inspirada. *Jacques Bénigne*, o sétimo dos irmãos, revelou altos dons desde a mais tenra idade. Quando nasceu, a 27 de setembro de 1627, o padrinho fez-lhe o horóscopo e descobriu-lhe um destino fora do vulgar. E a criança parece ter confirmado a profecia, logo que teve idade para isso. No colégio dos jesuítas de Godrans, em Dijon, vemo-lo sério, todo dedicado ao seu latim e de uma devoção que os professores admiram. Em breve dizem dele que merece usar o brasão de família: em volta de uma cepa rugosa, as palavras *Bon bois Bossuet* ["boa madeira Bossuet"].

No entanto, não é por força da sua piedade que lhe conferem aos nove anos a tonsura — coisa que então não envolvia compromisso algum —, mas sim para poder receber a prebenda de cônego de Metz que o pai, instalado na cidade lorena, muito habilmente lhe consegue. Aos quinze anos, as suas qualidades intelectuais são tão notórias que os pais o mandam para Paris e o matriculam no Colégio de Navarra — a Escola Normal Superior da época —, onde o rapaz triunfa. O síndico de teologia, Nicolas Cornet, faz dele seu discípulo preferido. Aos vinte e cinco anos — no mesmo ano em que se ordena —, doutora-se na Sorbonne, e, no dia da defesa de tese, o próprio Grande Condé está entre a assistência. Não há dúvida de que uma glória precoce rodeia o filho do Conselheiro de Metz. No palácio de Rambouillet, todos se maravilham com certo sermão que ele improvisou, como quem joga, durante um serão.

Mas não, não era jogo. E o sacerdócio nunca há de ser para ele simplesmente uma carreira. Aos catorze anos, acontecera-lhe ler a Bíblia, e dessa leitura recebera, diz ele, "uma impressão de alegria e de luz". Depois, ao lado do austero Cornet, tomara gosto pela teologia — um gosto que nunca haveria de perder. Mas o que é mais importante é que, aos vinte e um anos, durante um retiro em que se preparava para o sub-diaconado, atravessou uma crise espiritual, singularmente próxima da pascalina "noite de fogo". Mediu então a fragilidade da existência e, numa página sublime, fixou tanto as suas resoluções como as suas angústias. Data decisiva e que mostra — o que é ainda mais importante — que, nos combates que vai travar, o mais terrível será o combate consigo mesmo.

A leitura de Bérulle e, mais ainda, o encontro com São Vicente de Paulo fizeram o resto. Desse moço ardente e apaixonado — tal como ele mesmo se retratará no panegírico de São Bernardo —, o santo da caridade acabou por extrair um homem de Igreja, um homem de Deus. Familiar de São Lázaro, assistente das Conferências das terças-feiras[23], e mesmo — dentro em pouco — orador, Bossuet descobriu o que é uma religião vivida, o que é uma vocação sacerdotal autêntica. Pronto: está decidido. Quando, jovem doutorado, o seu mestre Cornet lhe oferece o lugar de síndico, Bossuet recusa essa carreira excepcionalmente brilhante. E, quanto ao canonicato de Metz, de que é titular, vai mesmo desempenhá-lo como verdadeiro sacerdote.

Já é então o que há de ser por toda a vida, ele que disse definitivamente adeus à mocidade e que fixou traços de caráter que a maturidade acentuará, mas não modificará. Mignard, Nanteuil, mais tarde Largillière e Rigaud retrataram-no em diferentes idades. De um a outro dos retratos, não há nenhuma mudança. Todos falam de equilíbrio sadio, de domínio dos nervos, de robusta firmeza de ânimo, de uma bonomia a que não falta condescendência, e de muita confiança na vida e em si próprio. Talvez os lábios carnudos, as narinas abertas deixem adivinhar ricos gostos requintados, talvez essa serenidade tão evidente só tenha sido conquistada à força de grandes lutas. Aí temos nós, visivelmente, um borgonhês esforçado, um trabalhador infatigável. Após um dia de trabalhos apostólicos, é capaz de passar uma boa parte da noite — com meio corpo metido num saco de pele de urso — dedicado a escrever cartas, tratados, sermões...

Também o seu espírito é forte: lógico, preciso, inimigo instintivo do vago, do duvidoso, do mórbido, talvez mais genial que inteligente, mas de um gênio que não é feito de excessos. E, no entanto, é sensível, é capaz de delicadezas finíssimas — as suas dirigidas poderiam dar testemunho disso —, fundamentalmente bom, a ponto de ser por vezes ingênuo e de se deixar levar por astúcias dos espertos — como foi o caso de um sobrinho padre. E é também generoso em tudo, exceto quando a paixão do combate o exalta, fazendo-o perder, como aconteceu na luta com Fénelon, o sentido da medida e até da caridade. Poucos defeitos, a não ser esse fanatismo nas disputas, e também um gosto excessivo pelos prazeres da corte, seus faustos, suas honrarias, suas formas de domínio e de influência[24]. Mais humilde, mais suave, mais dado à renúncia — e teria sido um santo. É apenas um homem. Mas um homem cujo maior merecimento consistiu em ter querido colocar em Deus tudo o que fazia, tudo o que dizia, tudo o que esperava. Definitivamente, um homem de fé.

A fé: tal é a realidade central deste caráter, desta vida. Apostou no eterno. Fé simples, direta, que recusa os questionamentos e os equívocos quando está em jogo o essencial. Mas fé lúcida e que conhece os alicerces sobre os quais se ergue; fé, sobretudo, que se propõe governar a plenitude do ser e da vida, e que se horroriza espontaneamente com o pecado. Fé total e plenamente católica, isto é, não nascida somente da meditação pessoal e do debate de consciência, mas da adesão profunda à autoridade e à tradição, da disposição jubilosa de "sentir com a Igreja".

Nada mais distante dessa fé que o espírito herético, isto é, daquele "que tem uma opinião". Nunca Bossuet terá uma opinião fora do quadro das verdades reveladas e dos dogmas. Terá sido jansenista? Muitos o disseram, mas injustamente, porque ele soube condenar com veemência tanto os que "tornam demasiado larga a porta do Céu" como aqueles "cuja dureza torna a piedade seca e odiosa". Mas agostiniano sim, e certamente mais propenso a uma religião de temor que a uma religião de ternura. O que não o impediu de entregar-se a impulsos quase místicos — como vemos nas suas *Meditações sobre o Evangelho* e nas suas *Elevações acerca dos mistérios* —, os quais o levaram a "esgotar o próprio coração na profundidade infinita do amor" e que deram vida à sua devoção a Cristo, aos santos, a Maria. Em conclusão, o mais sólido e mais equilibrado de todos os pensadores cristãos da sua época.

Um homem desse perfil parecia tão claramente predestinado a travar o combate por Deus, que se nos afigura perfeitamente normal que tenha feito a carreira que o vemos percorrer. De Metz, onde residiu sete anos, e foi primeiro-arcediago do cabido e zeloso doutrinador entre os protestantes e os judeus, e onde também cuidou de "concentrar-se" e de alargar a cultura pessoal, foi chamado a Paris, para pregar. Seis "estações", quatro das quais na corte, seis orações fúnebres que, uma após outra, lhe aumentaram a fama — e não tardou que viesse o triunfo espetacular. Sagrado bispo de Condom em 1670, também nesse ano inflama a corte fazendo reviver Henriqueta de Inglaterra, meses apenas antes de ser eleito para a Academia e de o rei o escolher, numa lista de cem candidatos, para preceptor do Delfim. Tarefa difícil, que ele desempenhará, por doze anos, com mais zelo que prazer, e menos satisfação que mérito. Em 1681, sendo já primeiro-capelão da

Delfina, é eleito bispo de Meaux, diocese modesta, mas próxima de Versalhes. Desde então e até à morte, dedica-se às funções episcopais com a seriedade que põe em tudo: vela pela administração da diocese, inspeciona a vida do seminário, dirige os administradores, redige um catecismo, cuida diretamente dos pobres. E tudo isso enquanto exerce a função de grande orador oficial, aquele que é chamado quando a cerimônia tem de revestir um brilho excepcional ou quando se torna necessária uma autoridade para sair de alguma dificuldade ou pôr fim a uma disputa. É uma espécie de mentor da igreja da França e, em certa medida, também mentor do rei.

E o rei gostava dele? Talvez não muito, mas apreciava-o. Com toda a acuidade, diz Sainte-Beuve que os dois "se reconheceram". Pelo seu caráter, pela qualidade da sua fé, Bossuet integra-se muito naturalmente numa ordem que parece firmá-lo na sua própria existência. Todo o seu esforço tenderá, não apenas a aderir à concepção do mundo subjacente ao regime monárquico de direito divino, mas a defendê-la e a fortalecê-la. A sua *Política extraída da Sagrada Escritura* tem formalmente esse objetivo. Mas o mesmo se dá com o *Discurso sobre a História Universal*, em que, mostrando a obra de Deus através das ações humanas e dos acontecimentos, justifica um sistema em que, do céu à terra, tudo é estável, ordenado, fundado na obediência e na fé. Desse sistema, ele conhece bem os perigos e os limites, e, quando o absolutismo régio, por força do orgulho, ameaça comprometer a ordem estabelecida por Deus, a sua intervenção visa impedir a ruptura e restaurar a harmonia entre as duas autoridades providenciais que devem reger o mundo; assim faz na crise galicana[25]. É por este aspecto, mais ainda que pelo estilo e linguagem, que Bossuet surge como um clássico por excelência, se o classicismo é deveras o resultado de uma luta — talvez de uma vitória — travada contra as forças de desagregação.

A sua vida é, pois, uma luta. Sobretudo desde que, desembaraçado do cargo oficial do preceptorado, se sente livre para fazer frente a tudo o que lhe parece pôr em risco a ordem católica a que apaixonadamente se vinculou. Adversários não lhe faltam; são até inúmeros e poderosos. Antes de todos, "o mundo", cujos perigos conhece melhor que ninguém, essa imoralidade que campeia precisamente onde se deviam colher exemplos de virtude e de fidelidade. Contra esse inimigo, diz Lanson, Bossuet "cumpre a sua tarefa em consciência, sem brutalidade e sem lisonja, sem complacência e sem impertinência". E há também os cúmplices do mundo: os casuístas, os probabilistas, os laxistas, todos aqueles que, na sua impudência, imaginam e ensinam ser fácil viver como cristão. E há os "libertinos", cuja influência lhe parece aumentar — Fontenelle acaba de ser eleito para a Academia — e que lhe repugnam por inteiro: pela incredulidade, pelo absurdo orgulho da razão, pela ironia cética, pela indolente animalidade, por tudo isso que lhe parece tão "faccioso" como vergonhoso. Há ainda os hereges, todos os que rompem a unidade da Igreja, essa unidade que ele exalta em páginas definitivas. E os protestantes, a quem não odeia, em quem sabe reconhecer irmãos; esses protestantes para quem, ainda muito novo, escreveu uma *Exposição da doutrina católica*, breve e luminoso livrinho que abalou muitas consciências, e contra os quais, mais tarde, para os fazer sentir o erro em que incorriam, teve de compor a *História das variações das Igrejas protestantes.*

Até cerca de 1690, Bossuet tem a impressão de que os seus combates são vitoriosos, de que os inimigos acusam os seus golpes: o rei converteu-se; os excessos do probabilismo foram condenados; a *História das variações* desconcerta visivelmente os huguenotes. Depois, porém, a bela harmonia em que tudo lhe parecia ter entrado na ordem sob a sua mão, a seus olhos se desagrega. Novos perigos surgem diante dele. Esse Descartes... Bossuet aprovara-o como pensador que usava bem a razão e chegara a ensinar a sua filosofia ao Delfim. E eis que, bruscamente, lhe descobre os perigos e tudo o que sequazes sem escrúpulos poderão extrair desse pensamento. E exclama, profético: "Vejo preparar-se na Igreja um grande combate. Sob o nome de filosofia cartesiana, vejo nascer do seu seio e dos seus princípios, quanto a mim mal entendidos, mais que uma heresia". Também Malebranche o preocupa. Parece-lhe que o metafísico oratoriano pretende reduzir a moral à ideia de ordem, eliminar do mundo o sobrenatural e o espírito de penitência, exaltar uma liberdade que escarnece da autoridade e da tradição; ainda que as intenções do padre Malebranche sejam retas, não caminharão os seus discípulos diretamente para a heresia, como os de Descartes? E que dizer de Richard Simon, outro oratoriano ainda mais suspeito, que se permite aplicar à Bíblia os métodos da crítica e quer afinal "substituir a teologia pela gramática"? A princípio, ainda Bossuet consegue que o chanceler Michel Le Tellier proíba uma dessas horríveis obras; mas o adversário insiste, e o ataque tem de recomeçar constantemente![26]

Esses combates incessantes e a inquietação de sentir ameaçada a ordem divina tornam Bossuet, pouco a pouco, mais intratável, quase inumano, e a sua clarividência diminui. No que diz respeito a Richard Simon, não percebe que as teses do oratoriano, uma vez precisado o vocabulário, poderiam estar a serviço da apologética cristã ante os ataques da crítica incrédula. Quando, irritado com o livro do padre Caffaro, todo ele é fogo e chamas contra o teatro, e insulta Molière, e engloba as tragédias de Corneille e Molière na mesma reprovação que os espetáculos do Baixo

Império, não consegue entender que a sua excessiva severidade vai contra aquilo que sempre quis — inserir o cristianismo na vida — e que assim empurra os cristãos para a ruptura. Quando imprime a *Carta ao papa sobre as idolatrias e as superstições chinesas*, não vê que a sua posição contra os "ritos chineses" e a possibilidade de uma Igreja na China é diametralmente oposta à de São Paulo, que, para converter os gentios, se fazia "grego com os gregos" (cf. 1 Cor 9, 19-22)[27]. Quando, finalmente, se lança com todo o seu peso a esmagar, não só os discutíveis padre Lacombe e Mme. Guyon, mas Fénelon, seu discípulo, seu amigo, seu irmão no episcopado[28]; quando parte em cruzada contra os místicos e todas as Marias de Agreda deste mundo, não compreende que condenar todo o misticismo é privar a experiência cristã das pérolas da sua coroa e reduzi-la a um moralismo e a um dogmatismo dessecantes.

E foi essa incompreensão — ao mesmo tempo que o seu gosto por uma religião austera — que o levou a manifestar pelo jansenismo, bem mais perigoso que o quietismo, se não complacência, ao menos demasiada indulgência: é o que se percebe na questão Quesne[29]. Erros de avaliação, decerto, e reveladores dos limites do seu gênio, da sua inteligência; mas também representativos da sua atitude fundamental: a de um homem que luta por manter posições e não tanto por conquistar novas posições; a de um profeta do passado, mais que um criador de futuro[30].

Ao menos, morreu — em 11 de abril de 1704 — onze anos antes do seu rei, sem ver a decomposição brusca que marcaria o fim do reinado. Morreu, não como um santo, mas como um homem bom desse tempo, um tempo em que se sabia morrer. Uma das suas últimas palavras foi para atirar ao secretário, que lhe falava da glória que o cercava: "Deixai-vos disso! Vamos pedir perdão a Deus!"

No entanto, esperava-o a glória, uma glória que o tempo só iria aumentar, eliminando da sua obra o acidental, para melhor fazer ver o essencial. Uma glória porventura um tanto fria e pomposa — "uma das religiões da França", diz Sainte-Beuve —, uma glória que ignorou o que nele havia de humano debaixo das aparências solenes, uma glória que misturou com a admiração muita injustiça. Mas a verdade é que o ilustre epíteto que a glória lhe atribui — a *Aguia de Meaux,* dado por Fénelon[31] — o caracteriza às mil maravilhas, no seu grande voo pelas alturas, na lucidez com que feria o adversário, na sua firmeza, na sua coragem. Porque, no fim de contas, o que nele admiramos, mais que o paradigma da vasta composição monárquica, até mais que o mestre da língua francesa, é o lutador que sempre batalhou pela fidelidade cristã, o combatente da causa de Cristo.

Os tormentos de Fénelon

Incluir Fénelon na lista dos grandes oradores do século XVII pode parecer artificial. Não será o mesmo que considerá-lo por uma das facetas menores da sua rica personalidade? Embora tenha pregado muito, quer às *Nouvelles Catholiques* ("Novas Católicas", protestantes convertidas), quer em Saint-Cyr, durante as suas missões "protestantes" e sobretudo na sua diocese, Fénelon não é tido por um dos primeiros na eloquência sagrada da sua época. De resto, apenas conhecemos seis dos seus sermões, de um lado porque tinha por costume improvisar e, de outro, porque um incêndio no paço episcopal de Cambrai destruiu muitas das suas notas. No entanto, os contemporâneos admiravam-no como pregador. "Sente-se a força e o ascendente deste raro espírito — diz La Bruyére — quer quando prega por inspiração do momento e sem se preparar, quer quando pronuncia um discurso estudado".

Quanto a nós, ao lermos os seus *Diálogos sobre a eloquência em geral e a do púlpito em particular*, apreciamos a justeza e a pertinência das suas concepções acerca desse gênero difícil. Troçando com verve dos pregadores "que falam latim em francês", ou dos que multiplicam indefinidamente divisões, subdivisões e parágrafos (isto tem a ver com Bourdaloue), ou dos que, receando ser rasteiros, se mostram constantemente "subidos" (isto tem a ver com Fléchier e talvez um pouco com Bossuet), Fénelon recomenda uma eloquência simples, sem falso brilho nem rebuscamentos, uma eloquência que não hesite em apelar para a emoção e até para a paixão, mas que saiba guardar a graça, a doçura, a harmonia, e antes conquistar que atemorizar. É exatamente essa a sua eloquência, na qual a fluidez da frase se casa com a força persuasiva dos argumentos e o lirismo sóbrio anima a demonstração e humaniza a erudição. Eloquência rara no seu tempo e que anuncia a que hoje preferimos ouvir do púlpito. Eloquência que, ainda em vida, lhe valeu o famoso epíteto de *cisne de Cambrai*.

Todavia, não é apenas pelos seus dons espetaculares que Fénelon ocupa um lugar de primeira importância na oratória sagrada do Grande Século. Se é certo que cabe aos que falam em nome de Deus trazer ao mundo dos homens o juízo divino, recordar-lhes as exigências próprias do Batismo, nenhum o iguala como consciência viva do seu tempo. Um Bourdaloue, um Mascaron, um Massillon — e um Bossuet, embora num tom menos forte — denunciam corajosamente os vícios da sociedade, as faltas formais que cometem contra os preceitos e o espírito do Evangelho; mas nenhum deles se defronta com a questão de saber se, na perspectiva dos ensinamentos de Cristo, não haverá carências e erros graves no sistema do cristianismo clássico. Só ele — ou quase só ele, pelo menos no alto clero — ousa formular um juízo cristão sobre a ordem estabelecida e, sem a condenar em bloco, propor providências que a possam tornar mais cristã. Tanto como Bossuet, e talvez mais que este, por ser mais acessível à angústia, Fénelon sente a crise profunda da sua época e conhece a necessidade de dominar as forças de desagregação que ameaçam o edifício. Mas, em vez de lutar apenas para defender e resistir, ele combate para construir algo de novo, para criar. Apaixonadamente voltado para o futuro — tanto como o seu rival está preso ao passado —, Fénelon interroga-se: como fazer para conservar a fé no mundo que vai nascer? E o cristianismo que ele convoca para esse esforço é uma religião jovem, audaciosa, conquistadora, tal como a exaltou no fogoso e admirável sermão sobre a *Vocação dos gentios*. É a religião da revolução da Cruz: aquela que melhor nos fala ao coração.

O homem Fénelon tem qualquer coisa de fascinante. Admiramos Bossuet, o seu gênio, a sua força, o soberano equilíbrio da sua vida e do seu pensamento. Mas Fénelon está mais perto de nós, toca-nos mais. Tem mais angústias, mais fraqueza humana, mais inquietação e fragilidade. Aos vinte e um anos, o jovem Bossuet resolve a sua crise de alma por uma adesão tão plena aos imperativos cristãos que nunca mais, nem uma única vez, deixará adivinhar se nele voltou a travar-se algum combate doloroso. Já Fénelon passa toda a vida em demanda da unidade interior. Sofre com as suas contradições. De resto, falta-lhe equilíbrio psicológico; oscila entre a autoafirmação e o autodesprezo, entre o otimismo e a desesperança. Este grande senhor, arcebispo-duque de uma rica e bela diocese..., aí como está tão pouco à vontade consigo mesmo! Se, aos olhos dos homens, parece amável, benévolo, caridoso, bem sabe ele que, aos olhos de Deus, está cheio de orgulho, de dureza, de egoísmo, de "um fundo inesgotável de defeitos requintados". E uma tal certeza esmaga-o. Confessa, aliás, que não se compreende a si mesmo: "Não sou capaz de explicar o meu ser profundo: escapa-me; parece mudar a toda a hora. Que sou eu? Não faço ideia".

Tudo isso é trágico e mostra bastante bem como são vãos e inadequados os qualificativos de "terno, sedutor, sutil, ondeante, romanesco" que demasiados comentadores lhe afixam. Aliás, basta olhar os seus retratos, especialmente os da velhice, onde a expressão é dolorosa e secreta, para compreender que ele não era somente essa pessoa encantadora de que falou Saint-Simon, esse homem que "punha tanto cuidado em cativar os criados como em cativar os senhores", esse homem de grande beleza e de uma presença tão soberana "que, para deixarmos de olhar para ele, era preciso um esforço de vontade". E assim percebemos também que os seus dons ultrapassavam "a finura, o espírito, a graça, o decoro e sobretudo a nobreza" que o incisivo memorialista lhe reconhece. Sensível até à dor, apaixonado até à angústia, generoso até à imprudência, Fénelon pertence a essa rara estirpe de almas, sublimes entre todas, que jamais foram tocadas pela tentação de um cálculo mesquinho ou pela autossatisfação.

Ao serviço de um caráter tão sedutor, um autêntico gênio. Inteligência tão brilhante como profunda, e que, como que instintivamente, renova tudo aquilo que analisa. Até em assuntos que não cabem forçosamente na competência de um arcebispo ou de um pregador, as atitudes que assume são sempre as mais justas e ao mesmo tempo as mais novas. A propósito da *Educação das meninas*, por exemplo, enuncia, num tratado célebre, princípios tão judiciosos que nos sentiríamos tentados a tomá-los como truísmos, se não tivéssemos presente que deles saiu a nossa moderna pedagogia. A propósito da língua francesa, na sua famosa *Carta à Academia;* ou a propósito da história — que, com grande avanço sobre o seu tempo, quer que seja imparcial, "de nenhum tempo, de nenhum país", documentada e crítica ou ainda a propósito do teatro — que, contrariamente a Bossuet, não condena em bloco, mas em que discerne o bom e o mau —, em tudo e sempre a sua atitude é aquela que o futuro há de confirmar.

Em quantos domínios foi excelente! Moralista, iguala Bourdaloue, e, pela acuidade e delicadeza da análise, ultrapassa Bossuet: algumas cartas sobre a preguiça, sobre o orgulho, sobre as vaidades do mundo, escritas no estilo mais presto e mais ajustado, são obras-primas. Artista e poeta, não tem apenas uma imaginação viva, mas também uma sensibilidade aberta à beleza do mundo — o que é raro na época, especialmente entre os pregadores — e também a tudo o que o homem acrescenta à beleza natural. Filósofo e metafísico, muito mais que Bossuet, expõe com brilho, no seu *Tratado sobre a existência de Deus*, as provas tradicionais, e, como bom dialético, critica Malebranche, não sem injustiça, mas com vigor. Repetindo a crítica de certo pároco de São Sulpício, tem-se dito muitas vezes que "lhe faltava teologia", e a condenação das suas *Máximas dos santos*, aliás conseguida de maneira bastante estranha[32], permite aos espíritos apressados não se darem ao trabalho de verificá-lo de perto.

Mas isso é esquecer que cerca de vinte das suas obras posteriores à crise quietista, nunca postas sob suspeita, "representam uma suma de teologia mística sem precedentes"[33], e, ainda, que os seus *Diálogos sobre o sistema de Jansênio* são talvez a mais clara exposição da famosa doutrina e uma das suas refutações mais categóricas. Possivelmente, tudo isto não cobre um campo tão vasto como o de Bossuet, mas a verdade é que, em muitos pontos, o iguala em qualidade. O que faltou a Fénelon foi ter sabido dar a todo o seu pensamento esse aspecto de bloco compacto, sem fendas, que Bossuet impôs naturalmente ao seu. Assim como não alcançou a unidade interior, não lhe foi possível chegar à síntese intelectual.

Em tais condições, com tal temperamento, com essas falhas e esses talentos, como não seria a sua vida algo de excepcional, ao mesmo tempo bela e dolorosa, esplendorosa e, em certo sentido, fracassada? Numa página perfeita, um dos seus mais equilibrados admiradores, o cardeal Grente, evocou-o como "alguém que atingiu de um salto altas dignidades, nas quais brilhou e exerceu influência [...]; e depois, no fastígio da esperança, com a mão já prestes a alcançar o que ambicionava, se lançou numa aventura [...], incorreu na condenação da Igreja e no ostracismo do Estado [...], voltou a cair na decepção [...] e se consolou alimentando-se de uma piedade magnífica". O destino humano de *François de Salignac de la Mothe Fénelon* tem efetivamente o desenho da trajetória de um foguete, que, após ter subido muito alto e muito depressa, se precipita brutalmente. Mas, no pormenor dessa existência excepcional, quantas complicações, quantas aventuras do sentimento e do espírito, e também quanta violência interior!

A paixão com que, no Colégio de Cahors, o pequeno de treze anos, natural de Périgord (nasceu a 6 de agosto de 1651 no solar dos Fénelon), se embebe de humanidades; a paixão com que o jovem seminarista de São Sulpício se entrega à ascese de Tronson — é a mesma que há de lançar o adulto na tarefa de capelão das *novas católicas*, ou seja, das protestantes convertidas ou por converter, ou nas missões que o rei lhe manda pregar em Aunis e Saintonge, após a revogação do Edito de Nantes. Não faz nada pela metade. Quando é nomeado preceptor dos três filhos do Grande-Delfim, não se limita a educá-los corretamente, como fizera Bossuet com o pai deles; propõe-se fazer de cada um desses pupilos um verdadeiro príncipe segundo o coração de Deus, especialmente do primogênito, o difícil duque de Borgonha. Mais ainda: sonha suscitar por meio deste, quando lhe chegar a vez de suceder ao pai, um reino digno de São Luís. É também esse impulso que o incita a alimentar imprudentes relações com os quietistas, com a suspeita Mme. Guyon, em quem julga reconhecer a mensageira da verdade de que a sua alma está sequiosa e a quem, mesmo depois de desiludido, se manterá completamente fiel na desgraça, acompanhando-a com uma elegância de grande senhor.

Depois, sobrevêm a provação. Adivinha que não se pretende atingir apenas o seu pensamento religioso, e que, se o próprio rei se encarniça em perdê-lo[34], é bem provável que seja porque o ilustre déspota suporta mal o seu olhar de sacerdote pousado nele como juiz, e a energia com que educa o herdeiro da coroa em princípios que condenam os erros do regime. Mas nada faz para amansar a cólera do rei; não se curva a nenhuma bajulação, não se prostra diante do poder. Tem o coração dilacerado, mas a sua alma reage com veemência. Na sua diocese, convertida em lugar de exílio, entrega-se com a mesma paixão à função episcopal; consagra-se inteiramente àqueles que o Senhor lhe confiou; é de uma caridade sublime por ocasião das penosas misérias provocadas pela Guerra de Sucessão da Espanha. No entanto, uma parcela do seu ser duplo e contraditório continua voltado para Versalhes, na esperança de ser novamente chamado, na esperança de uma desforra... Quando, finalmente, a morte do seu discípulo o duque de Borgonha lhe destrói as últimas ilusões, mergulha na solidão, no trabalho desmedido, na tristeza. Mas, quando chega a morte, a sua alma, libertando-se subitamente do desgosto e da angústia, encara num impulso sublime o Deus da Providência e, durante a agonia (7 de janeiro de 1717), murmura: "Eu amo o Senhor mais do que o temo".

Num destino tão acidentado, numa personalidade assim complexa, que eixo poderemos encontrar, que dado será estável? Um só: a fé. Quase seria indecente dizer que esse arcebispo foi um cristão autêntico, se alguns, perigosos amigos ou inimigos, não tivessem dado definições pouco aceitáveis da sua religião. Fénelon é um crente admirável, tão representativo como Bossuet de uma época em que Deus não estava "morto"... A fé faz corpo com todo o seu ser. "Até nos seus argumentos se sente respirar a adoração". Nada mais absurdo — anota Faguet — que ver nele "um filósofo sensível e humanitário, apóstolo da tolerância, amigo do povo e precursor da libertação das mentalidades". A sua fé está patente na austeridade da vida episcopal que leva, na caridade inesgotável, na constante referência à vontade divina que marca o seu pensamento, na dedicação sem reservas à causa de Deus. É bem verdade que não combate por essa causa à maneira de Bossuet, mas o fim é o mesmo. A sua fé não tem o caráter monolítico que vemos em Bossuet; ressente-se das suas complexidades temperamentais, sem contudo ser atingida pela dúvida. Mas não é por os dois se terem enfrentado duramente numa questão que havemos de imaginá-los em desacordo no essencial: a fidelidade à Tradição, a submissão à Igreja, proclamadas tanto pelo arcebispo de Cambrai como pelo bispo de Meaux.

O mesmo acontece quanto às mais estritas exigências da moral cristã. "Todas as generosidades, todas as ternuras puramente naturais não passam de um amor-próprio mais requintado, mais sedutor, mais lisonjeiro, mais amável..., mais diabólico. Temos de morrer sem reservas para toda e qualquer amizade". Quem escreveu estas palavras? Bossuet? Saint-Cyran? O grande Arnauld? Nada disso: Fénelon, numa carta a Mme. de Maintenon, que o tinha como confessor. Na medida em que o quietismo pode ser sinônimo de certa facilidade, Fénelon, como veremos, nunca foi quietista, a despeito de graves erros de vocabulário e de certas imprudências nas atitudes. Mas essa religião cujos imperativos ele admite, Fénelon pensa-a consoante a sua compleição íntima, ou seja, apaixonadamente, com doçura e ternura, com essa absoluta confiança em Deus que as suas derradeiras palavras na agonia tão bem traduzem. É autenticamente um místico, uma alma para quem o cristianismo não se identifica com uma disciplina, com uma ordem, com um sistema de preceitos e instituições, mas é antes de tudo adesão, amor, oferenda de todo o ser ao amor supremo e abandono às promessas redentoras, até no sentimento dilacerante da sua miséria interior. Essa atitude espiritual tem sido, no decurso dos séculos da Igreja, a de tantos santos e de tantas figuras exemplares que não é lícito rejeitar a mensagem daquele que foi no seu tempo o grande depositário da doutrina do "puro amor".

E é isto, no fim de contas, o que faz a originalidade do gênio de Fénelon. Porque, nos seus melhores momentos, esse homem meio doente, esse apaixonado, sabe ver tudo sob a perspectiva de Deus; descobre coisas que é quase o único a discernir. Como num largo voo de cisne selvagem, ele domina a sua época. Para tantos problemas que dentro em pouco vão angustiar os homens, ele propõe soluções que teriam evitado catástrofes — soluções cristãs. O Fénelon "político", em quem o século XVIII se vai comprazer, torna-se incompreensível sem o Fénelon místico. Quando escreve o *Telêmaco* — conto poético em que o mundo, tal como se comporta, é sutilmente julgado —; ou quando dirige ao duque de Chevreuse a sua célebre carta[35]; quando, mais audacioso ainda, fixa as *Tábuas de Chaulnes,* o que ele denuncia são os vícios do próprio regime, esses vícios que não tardarão a arruiná-lo e que um cristianismo autêntico não pode deixar de condenar. Pode Luís XIV chamar-lhe "belo espírito quimérico": não é ao rei que a história vai dar razão. Antecipando-se ao seu tempo — e é isso exatamente o que explica o seu fracasso —, o lúcido gênio de Fénelon leva-o não apenas a ver o que há de monstruoso na violência, na injustiça social, na loucura das riquezas do Grande Reinado, mas até a discernir aquilo que o absolutismo sem limites tem de inaceitável para um cristão. Pode ter errado, num ponto ou noutro. Em certa medida, deu o flanco à crítica dos que veem nele um dos anunciadores da crise espiritual que vai desmantelar a ordem tradicional[36]. Nem por isso deixa de ser a voz mais emocionante do seu tempo.

A reforma continua? — Rancé

Bossuet, Fénelon, Bourdaloue, Massilon... Basta citar estes nomes para assinalar a permanência, em pleno século clássico, da grande corrente a que o Concílio de Trento dera origem cem anos antes. Em todos os campos em que o vimos triunfar, o espírito tridentino ainda permanece: porventura menos vivo, ou com alguns aspectos alterados, mas ainda eficaz. Espírito de reforma, espírito de missão. A igreja da França continua a fornecer exemplos desse espírito, e a Itália, a Espanha, a Polônia, a Áustria, também não o ignoram. Talvez se possa falar de desaceleração, mas não de desaparecimento.

Nos tempos que se seguiram ao concílio, os agentes primaciais da reforma foram os bispos: São Carlos Borromeu e os seus êmulos e discípulos. No limiar do século XVII, vimos muitos deles — com São Francisco de Sales à frente — darem o exemplo das mais altas virtudes[37]. E ainda surgem "borromeanos". Na Itália, o bem-aventurado *Gregório Barbarigo*, cujo lugar pusemos em destaque entre os grandes espirituais da época, é também, primeiro em Pádua, depois em Bérgamo, um bispo admirável, preocupado com a formação dos seus padres, incessantemente dedicado a visitar as suas ovelhas, a pregar, a reunir sínodos e a escrever uma obra considerável. Na França, vários dos melhores bispos do "século das almas" estão ainda em plena ação no início do reinado pessoal de Luís XIV: Estêvão de Vilazel, em Saint-Brieuc; Pavillon, em Alet; Vialart de La Herse, em Châlons-sur-Marne. O exemplo dado pelo bem-aventurado Alain de Solminihac vai-se prolongar em figuras nobilíssimas, tais como *Louis de Lascaris d'Urfé*, bispo de Limoges de 1676 a 1695, que se senta pessoalmente no confessionário para atender os penitentes, que se esgota em visitas pastorais e preside a sínodos e conferências eclesiásticas: verdadeiro herói da penitência e da caridade; ou o austero *cardeal Le Camus*, bispo de Grenoble de 1671 a 1707, que da "sentina da França" faz uma diocese bem ordenada e sã, e a quem se pôde chamar "o Rancé do episcopado".

Lascaris e Le Camus foram designados por Luís XIV. Quer isto dizer que o episcopado do seu tempo está longe de ser mau em bloco. Já vimos[38] que o rei cuidava das designações. Não que todas elas hajam sido excelentes... A política, os laços de sangue, as influências da corte ou outras ainda menos honrosas põem com muita frequência à testa das dioceses personagens que lá não deviam estar. Por outro lado, são muitos os bispos-cortesãos, aqueles que olham mais para as intrigas de Versalhes e a "folha dos benefícios"[39] do que para as necessidades das suas dioceses.

Mais ainda, aparece o bispo-grande-senhor, que ajunta aos rendimentos da diocese os de diversas abadias e vive com ostentação — alguns têm mais de trinta criados de libré — e constrói esses belos paços episcopais que ainda hoje se veem. Não são necessariamente maus... François de Canisy ou Antoine de Charpin de Genetines, sucessores de Louis de Lascaris d'Urfé em Limoges, típicos bispos-grandes-senhores, são também bons administradores ou até reformadores. Como é natural, há entre eles políticos de costumes duvidosos, como Harlay de Champvallon, ou ridículos vaidosos, como Clermont-Tonnerre e outros. Mas há muitos que se mostram excelentes. Bossuet em Meaux, Fénelon em Cambrai, Massillon, tão popular, em Clermont, Fléchier em Lavaur e depois em Nîmes, Mascaron em Tulle e em seguida em Agen: todos esses estão acima de qualquer crítica.

Há até exemplos de insignes virtudes episcopais: Claude Joly, bispo de Agen, Louis d'Estaing, bispo de Clermont-Ferrand, Gabriel de Roquette, bispo de Autun. Ou, em Besançon, Antoine-Pierre 1º de Grammont, que restaura admiravelmente uma diocese arruinada; mais ainda, em Annecy, Jean d'Aranthon d'Alex, verdadeiro herói das visitas pastorais; ou em Tournai, então terra da França, o inflexível Choiseul; ou em Gap, a partir de 1706, o "santo dos Alpes", Berger de Malissoles, que por cinco vezes se recusará a trocar a sua diocese pobre por uma outra mais rica, e que impõe a si mesmo a obrigação de visitar anualmente todas as paróquias.

Nunca se chegará a exagerar a importância de um episcopado tão sólido, que havia o bom senso de deixar ficar por muito tempo nos mesmos postos e que manteve firmemente os quadros da Igreja. Isto que dizemos corresponde à verdade não somente na França, mas em todos os grandes países católicos. Na Espanha, por exemplo, há uma plêiade de excelentes bispos que se puseram a trabalhar: em Gerona, Severo Tomás; em Toledo, Pascoal de Aragão; em Palência, Estrato de Manrique; e esse Jaime de Córdova, a quem o povo chamava "pai dos pobres" e que introduziu na sua diocese o culto ao Sagrado Coração.

Foi graças ao esforço perseverante de numerosos bispos que o clero melhorou. Lentamente, é certo, porque há ainda muitos abusos e bastaria o testemunho dos respectivos chefes para que ficássemos com uma ideia bem negra do estado dos clérigos. Certo decreto do bispo de Agen, Claude Joly, para forçar os sacerdotes a usar tonsura e batina, a residir na própria paróquia, a confessar, a celebrar corretamente a Missa, a dar catequese e a não ir às tabernas, tudo sob pena de excomunhão, diz muito sobre a persistência de tristes desvios. Roquette, em Autun, Le Camus, em Grenoble, e muitos outros fazem soar o mesmo alarme. Um alarme que ouvimos por igual em Gratz, em Barcelona, em Florença, em Veneza, onde um patriarca se vê obrigado a regulamentar a participação dos clérigos nas festas carnavalescas... Nada disso é novo. Não vale a pena insistir.

Mas, apesar desses defeitos por demais evidentes, o corpo sacerdotal do Grande Século é uma força. No conjunto, conserva prestígio e autoridade. O seu número continua a ser considerável: não há problema de vocações. As paróquias rurais têm todas elas pároco e coadjutor; nas cidades, em torno do pároco e dos seus dois ou três "auxiliares", vemos um conjunto de padres "aprovados", de padres "experimentados" e de capelães de confrarias.

Nem tudo é de primeira água nesses grupos heterogêneos; mas o esforço empreendido a partir do concílio —

que os Bérulle, os São Vicente de Paulo, os Olier tornaram mais eficaz —, no sentido de formar melhor os sacerdotes e de os fazer fiéis ao "ideal do sacerdócio", esse esforço dá, evidentemente, alguns frutos. As prescrições do espírito clássico vão, de certa maneira, no mesmo sentido. Assim se estabelece "um tipo de padre sério, moderado, de conduta perfeita, de equilibrado bom senso, fiel à norma e à uniformidade", como diz mons. Calvet. É um tipo de sacerdote que o jansenismo reforçará pondo o acento na rigidez da doutrina, das práticas e mesmo do vestuário. Talvez possa ser censurado por faltar-lhe originalidade e não dar grande espaço à "loucura da Cruz". Mas é de grande importância que esse tipo de padres, em que abundarão os heróis da virtude, reaja contra o velho *laissez-aller*.

O movimento para a criação de seminários vai crescendo pouco a pouco. Quando Choiseul recebe a diocese de Tournai, após a conquista, o seu primeiro cuidado é criar um seminário. O cardeal de Furstemberg faz outro tanto na diocese de Estrasburgo, agora francesa. Encontrar bons diretores para o seu seminário é uma das principais preocupações do cardeal Le Camus. Construir um seminário constitui o orgulho do bispo Roquette. Para formar os jovens clérigos, muitos bispos chamam lazaristas ou, sobretudo, sulpicianos[40].

Na Itália, são numerosos os novos seminários: em Andria, em Pistoia, em Lareno, na Catânia, em Nápoles; e Cavalieri, dominicano zeloso e vigário-geral do cardeal Orsini, introduz em Espoleto, em Cesena e no Benevento o modelo francês, em que os futuros padres permanecem mais tempo e não se misturam com os alunos de colégio. Em terras germânicas, Würtzburg e Ratisbona abrem seminários, e Brizen, Breslau, Viena, Olmütz, Praga e Friburgo da Suíça fazem progredir os seus.

Devem-se assinalar ainda certas fundações originais. Ao lado dos seminários oficiais, criam-se por vezes seminários privados. Tal é o caso do seminário de Claude Bernard, o dos "Trinta Meses", instalado devido à generosidade desse santo sacerdote. É também o caso das "escolas presbiterais", de *Pierre Crestoy* (1622-1703), pároco de Barenton (Normandia) desde 1678. São autênticos seminários rurais. A mais notável dessas criações é a de *Claude Poullard des Places* (1679-1709), que procura levar ao sacerdócio jovens das classes mais pobres, e cujo Seminário do Espírito Santo (1702) vai dar à igreja da França um corpo de párocos para as regiões pobres — os *Bouics*, nome que se lhes dará por causa do primeiro sucessor de Claude —, e também para missões mais difíceis em terras pagãs. São homens de uma enorme dedicação[41].

E o resultado desse paciente esforço? Vemo-lo nos fatos, especialmente na resistência que o corpo sacerdotal, tomado em bloco, vai opor, durante o século XVIII, às forças da incredulidade; e, depois, na coragem de que o clero francês dará provas durante a Revolução. Além disso, há figuras significativas que sobressaem da massa anônima de tantos bons e santos sacerdotes. Antes de ser bispo-conde de Agen, Claude Joly foi um pároco excelente em Saint-Nicolas-des-Champs (Paris). Excelente e corajoso, visto que ousou dizer à duquesa de Noailles que velasse pelo comportamento das donzelas da corte, num momento em que o moço Luís XIV... Em São Sulpício, Baudrand de Lacombe, biógrafo de Olier, e La Chétardye, que recusou o bispado de Poitiers para continuar a ser pároco, são também modelares. Em nenhum grande país católico faltam exemplos análogos.

No conjunto, a visão que temos do corpo sacerdotal poderia ser otimista, se o baixo clero, mal pago, demasiadas vezes desprezado pelo alto clero, não desenvolvesse no seu seio um movimento simultaneamente dogmático, social e reivindicativo, que ganhará importância por ocasião da crise jansenista. Trata-se de um verdadeiro "presbiterianismo católico", que vai buscar argumentos a Richer, que encontra um chefe de fila no chocarreiro padre *Jacques Boileau* (que dizia escrever em latim para não ser entendido pelos bispos...), e que já em 1700 tinha força bastante para que o bispo de Chartres recebesse dos seus padres, com surpresa, um texto muito argumentado em que era convidado a reconhecer que todos os sacerdotes têm os mesmos poderes espirituais que os bispos! Prenúncio de antagonismos bem graves e dramáticos.

A situação seria tão favorável no seio das ordens, institutos e congregações? Depende. Em geral, as instituições criadas no século XVI e nos começos do XVII revelam-se eficazes ao serviço do ideal tridentino. Discutidos, caluniados, perseguidos aqui, exaltados e onipotentes acolá, os jesuítas têm importância considerável. Assumem a formação das elites, confessam os príncipes, dirigem inúmeras almas em todos os Estados católicos. Em 1701, fundam as célebres *Mémoires de Trévoux* e assim se fazem publicistas, jornalistas. Todos os seus sucessivos prepostos gerais — o alemão Nickel, o genovês Oliva, o espanhol Tirso González, o milanês Tamburini — são excelentes. Apesar de certas tensões internas a propósito do probabilismo, a Companhia, forte nos seus dezoito mil membros, continua a ser um dos bastiões da Igreja. Voltaire há de compreendê-lo. Quanto aos capuchinhos, que estão a menos altura e por isso escapam às suspeitas, passam por um desenvolvimento extraordinário: por volta de 1700, são trinta mil em mil e oitocentas casas, e aparecem por toda a parte. É entre eles, de resto, que se conserva mais viva a grande tradição franciscana.

Mais modestos quanto aos números, os institutos recentes manifestam o impulso da sua juventude. O Oratório de Bérulle é muito falado, com Mascaron e Massillon, com Malebranche, e também a propósito da questão jansenista, na qual se envolverá um pouco, o que prova que constitui uma força espiritual considerável. Os lazaristas continuam a progredir, "dedicados a todos, queridos por todos", como diz a inscrição tumular de um deles, em Varsóvia. Os padres de Saint-Nicolas-du-Chardonnet têm à testa o prudente Matthieu Beuvelet, que se esforça por organizar melhor a fundação de Bourdoise.

Quanto a São Sulpício, cada vez é maior o seu êxito como fornecedor de mestres para os seminários. Chamados para numerosas dioceses, são "senhores de Montréal" e dão à colônia francesa do Canadá esse clero bem sólido que vai continuar até o nosso tempo. A glória dos sulpicianos, aquele que encarna verdadeiramente o seu espírito na época, é *Louis Tronson* (1622-1700), o famoso *Monsieur Tronson*, terceiro superior geral, gordo e asceta, que renuncia ao lisonjeiro posto de capelão do rei e mais tarde recusa o báculo episcopal para ser apenas formador de padres; da sua longa experiência de diretor de seminário, e também da sua alma fervorosa e exigente, extrai esse livro dos *Exames particulares* (1690) que há de ficar clássico até hoje, livro cujos preceitos nos podem fazer sorrir, mas em que o tom altíssimo, a finura de análise e o sentido prático justificam que tenha sido considerado uma incontestável obra-prima de pedagogia sacerdotal[42].

É entre os religiosos e as religiosas das antigas ordens que as coisas se mostram menos satisfatórias. Era certamente neles que pensava Bossuet quando escrevia ao abade dos trapistas: "Os assuntos da Igreja vão muito mal". O regime da comenda continua em vigor, sem que até os melhores — como, aliás, o próprio Bossuet, que dele se beneficia — achem nada que criticar.

Os esforços de reforma feitos na época anterior vão esbarrar no sistema. São muitas as comunidades literalmente escandalosas. Assim, por exemplo, as beneditinas de Metz, que se dispensam por completo do jejum, encarregando uma de cada vez de jejuar em nome de todas; pelo Carnaval, essas monjas mascaram com os seus próprios hábitos os porteiros e jardineiros. Assim também esses frades bernardos que fazem desaparecer da biblioteca das abadias a *História geral da reforma de Cister*, em que os seus vícios apareciam claros demais. Também sobre estes casos é escusado insistir. Entre os franciscanos e os dominicanos, a crise não é menos grave.

Para mais, as relações entre o clero regular e a hierarquia episcopal são geralmente más. É que há de permeio grandes interesses em jogo. "A independência do espiritual seria maior — diz Fénelon — se não houvesse o temporal a administrar". Acresce que muitos religiosos de todos os hábitos perderam o sentido da disciplina. A cada passo estalam conflitos: na França, na Itália, mas também na Polônia, onde o incidente da abadia de Andrzejow acaba em motim, e nos Países-Baixos, onde os beneditinos da Apresentação de Nossa Senhora estão em luta aberta com todos os bispos do país.

No entanto, há exceções felizes no meio desse quadro de decadência. Em todas as famílias espirituais se notam esforços, mais ou menos coroados de êxito, aliás sem que em parte alguma se enfrente a questão fundamental de saber se a própria organização do clero regular corresponde ainda "às necessidades de uma época cuja estrutura social se diversifica, cuja organização política se ordena e centraliza"[43]; é a mesma questão que, em 1765, o poder público francês irá formular em termos brutais[44]. Entre os beneditinos, a congregação francesa de São Mauro, abrilhantada por Mabillon, está acima de quaisquer censuras. Na Baviera, organiza-se um movimento renovador à volta de Reichenbach e de Michelfeld. As beneditinas estão longe de ser todas elas do gênero das que, em Metz, davam tanto que fazer ao senhor arcediago Bossuet... Faremoutiers, por exemplo, que era uma das mais antigas abadias femininas de França, passa por uma fase de progresso espiritual, sob a direção de duas sucessivas abadessas com fama de santas. Os cartuxos quase não são atingidos pela decadência. O seu superior geral, Dom Innocent Le Masson, que, em 1695, publica um excelente *Diretório de oração mental,* dirige a ordem com firmeza. Entre os franciscanos, o padre Samaniego, geral dos Menores, faz generosos esforços para reconduzir os seus frades à disciplina e à observância. Quanto aos dominicanos, surge um homem que encarna nobremente o ideal de reforma: o padre *Antonin Cloche,* eleito mestre-geral em 1686. Esse gascão magricela, que dorme cinco horas por noite e só come uma vez por dia, passa a vida por montes e vales, para exercer o ofício de pregador, reanimar as missões populares, impedir que os graus eclesiásticos sejam concedidos por favor ou por dinheiro. "A face da ordem mudou, a sua beleza diminui", geme ele com muita frequência. "As almas perecem, e eu receio que o Senhor nos peça contas disso". Pertence ao número dos que não se conformam com essa triste situação.

De todos esses reformadores do Grande Século, um é legitimamente célebre. Estranho destino, romanesco ao máximo, o desse *Jean Le Bouthellier de Rancé,* cujo nome ficou para sempre ligado ao nascimento de uma das mais originais famílias espirituais do catolicismo, aquela que, aos olhos do público profano, parece representar a experiência cristã no que tem de mais exigente, de mais contrário à natureza humana: *a Trapa*[45].

Estamos em 28 de abril de 1657. Jean Le Bouthellier entra no solar de Montbazon, de que é visita familiar. Vem muito de manhãzinha, porque a saúde da duquesa o inquieta há vários dias. Ao subir a escada, cruza-se com o senhor de Soubise, que lhe grita: "Pronto! A farsa acabou..." Le Bouthellier deixa-se cair nos degraus de pedra; pouco lhe importa agora deixar ver os seus sentimentos.

É um belo rapaz de trinta e um anos, inteligência fulgurante, cultura tão ampla que, aos quinze anos, como menino prodígio, publicou uma tradução de Anacreonte. Temperamentalmente violento, impulsivo, excessivo em tudo. Bremond chamar-lhe-á "o abade Tempestade". A sua carreira eclesiástica fora brilhante até esse momento. Meio por influência do pai, meio por benevolência do seu padrinho — Richelieu —, já aos onze anos começara a acumular benefícios. Cônego de Notre-Dame de Paris, capelão do rei, abade de Saint-Symphorien-lès-Beauvais, da Trapa, de Notre-Dame du Val, de Saint-Clémentin do Poitou, prior de Bolonha: que êxito, que triunfo! Eram coisas do tempo.

Levanta-se da escadaria. Vai rezar diante do corpo já frio dessa mulher que, mais do que sua dirigida espiritual, fora sua amiga, sua paixão secreta. Durante todo o verão subsequente a esse golpe, de pena em punho, faz exame de consciência num dos seus solares. Porventura o teria Deus trazido ao mundo para ser esse padre mundano, sequioso de belas relações, de coches, de lacaios e de caça?... A crise de alma é dilacerante, dolorosa. Deus parece falar-lhe — e com que voz tão severa! Instala-se nele o arrependimento, e nunca mais o largará. Assim como foi exagerado nos prazeres deste mundo, assim o vai ser na penitência. Alguns padres do Oratório e o austero bispo de Alet, Pavillon, indicam-lhe o caminho a seguir: Jean de Rance vai trilhá-lo até ao fim.

Renuncia de uma assentada a todos os benefícios. Dos títulos que o exornam, apenas guarda um: o de abade da Trapa, na diocese de Séez (Normandia). A casa é cisterciense e, como quase todas as dos monges brancos, muito mal conservada. Os edifícios estão cheios de rachaduras e invadidos pelo matagal. Dos duzentos monges que tivera outrora, restam seis, e esses seis vivem como caçadores furtivos, quando não como desordeiros. É a essa gente que Rance se vai dedicar: o abade comendatário vai ser o reformador dessa miserável comunidade, vai tornar a dar vida à Trapa. Se Deus assim o quiser, dessa casa renovada há de jorrar uma influência salvadora sobre as outras, talvez sobre toda a Ordem de São Bernardo.

Quantos esforços! Quantas lutas! Quantos riscos também, pois os seis monges-bandidos não precisam de ensaios para usar o punhal ou o veneno. O "abade Tempestade" aguenta firme. Para substituir os indignos, consegue instalar cistercienses de estrita observância, que aderem aos seus propósitos. De resto, toda a ordem começa a sentir dolorosamente tantas desordens: Eustache de Beaufort acaba de reformar Sept-Fons, perto de Moulins. O movimento de renovação ganha terreno e Rancé é o chefe. Não consegue levar todas as casas a aceitar os princípios de uma observância ainda mais estrita: os "mitigados" resistem e até vencem em Roma. Não importa. Se a Trapa devesse ser a única entre todas as comunidades a servir autenticamente a Deus na penitência, seria suficiente, e o seu exemplo acabaria por ser contagioso. Afinal de contas, tudo lhe prova que tem razão; vão-lhe chegando as vocações, algumas delas surpreendentes: um ex-navegador, um padre despadrado, o antigo meirinho-mor da Touraine...

O que atrai esses homens à Trapa é o espírito de penitência, assim como outros procuram Port-Royal. Na via da renúncia, Rancé avança com o ímpeto que caracteriza a sua maneira de ser. Suprime o peixe, os ovos, a manteiga, o vinho, a enxerga para a noite. Os monges nunca sairão do convento e guardarão silêncio perpétuo. As horas do dia serão reguladas pela recitação dos ofícios — diurnos e noturnos — e pelo trabalho físico, pesado.

Até onde irá o grande e terrível abade nesse espírito de penitência? Cantar salmos, de pés descalços sobre as lajes frias, dez ou doze horas a fio, é uma prova que lhe parece normal. Não há dúvida, porém, de que é ir longe demais. Em face dos protestos e do aumento do número de doentes, tem de bater em retirada em alguns pontos. No entanto, a Trapa — cume da penitência, modelo da renúncia levada até aos limites da resistência humana, cuja reforma é aprovada em 1678 pelo Papa Inocêncio XI — passa a ser o chefe de fila de todos os mosteiros de São Bernardo decididos a abandonar os antigos desvios e a pôr em prática a mais estrita observância. E cumprirá esse papel até os nossos dias.

Atitude excessiva, a de Rancé, foi o que disseram muitos no seu tempo e depois. E não há dúvida de que vai uma grande distância entre o comedimento e a humanidade de São Bernardo, e algumas durezas praticadas em diversas trapas. Não é menos certo que o desprezo do trabalho intelectual, patenteado, proclamado por Rancé, e que o levou a um violento conflito com Mabillon[46] e com Le Masson, é bem diferente do espírito daquele que exclamava: “Não convém que a Esposa de Cristo seja ignorante”. Mas é significativo que, num século que se pode qualificar facilmente como mundano e frívolo, tenha havido tanta gente para quem a Trapa era um porto de salvação, tantos dirigidos espirituais, da corte e da cidade, que esperavam do abade

Rancé conselhos para viver melhor. Rancé é certamente discutível; mas, quando morreu, em 1700, é indubitável que com ele se extinguiu uma das luminárias espirituais do seu tempo[47].

A caridade, a missão: São Luís Grignion de Montfort

Na primeira metade do século, o espírito de renovação tinha-se manifestado, não só na vontade de reforma, mas também, e não em menor grau, num esforço concreto de caridade e de apostolado. E durante a época clássica? Também neste ponto não poderíamos falar de eclipse. Menos inovação, certamente, menos iniciativa criadora. Já não temos São Vicente de Paulo. Todavia, as suas lições continuam a dar frutos.

O espírito de caridade não está ausente do Grande Século. Os pregadores exaltam-no em termos muitas vezes emocionantes. O mistério dos pobres, a sua "eminente dignidade", nas palavras de Bossuet, o dever de dar esmolas que incumbe aos ricos: tudo isso é matéria constante de sermões. "A intenção de Deus, ao criar os ricos, é fazê-los caridosos", diz Fléchier. E continua: "Deus escolheu-os para serem instrumentos da sua bondade, canais por onde hão de correr para a sua Igreja as divinas graças exteriores. Não é um conselho que lhes dá: é uma lei e uma necessidade que lhes impõe". E Bourdaloue exclama: "Sois ricos, mas para quem? Para os pobres".

Não são apenas belas fórmulas de oratória sagrada. Dentre aqueles a quem se destinam tais requisitórias, são muitos os que põem em prática esses preceitos. O exemplo vem do alto. Grandes senhores, na hora da morte, deixam em doação aos pobres todos os bens que lhes restam. As congregações que vimos aparecer e crescer, especialmente as A.A., recrutadas nas classes ricas, prolongam no campo da caridade a ação da Companhia do Santíssimo Sacramento. As geniais descobertas dos santos tendem a organizar-se, a institucionalizar-se, porque os leigos, desde há meio século, tomaram consciência das suas responsabilidades nesse terreno. Os governos entendem-se com a Igreja para essa tarefa. Cada vez são mais numerosos os hospitais ou asilos que se criam. Em Paris, depois do Hospital Geral, vêm o Val-de-Grâce e os Inválidos. No conjunto das províncias francesas, são abertos vinte e sete hospitais entre 1661 e 1715, os quais se vêm juntar aos fundados na época precedente. Nas regiões conquistadas pelos exércitos do Rei-Sol, é muitas vezes o bispo que, mal chega, trata de abrir um: assim Choiseul, em Tournai. A Itália e a Áustria trilham a mesma via. Em Turim, constroem-se três hospitais. Em Milão, dois. Em Veneza, outros dois. Em Viena, quatro.

As Ordens religiosas consagradas à caridade prosperam sem exceção, em certa medida como uma das consequências do declínio das ordens místicas, que desvia as vocações dos institutos contemplativos para os ativos. É o momento em que as *Irmãs da Caridade* passam pelo desenvolvimento que já conhecemos[48]. Os *Irmãos de São João de Deus*, os *Fate bene Fratelli*[49], estão em plena expansão: as suas casas multiplicam-se na França, na Itália, na Espanha e na América espanhola. Em Roma, o seu hospital, instalado numa ilha do Tibre, não cessa de crescer. Na França, acontece o mesmo com "A Caridade" de Paris e com as outras "Caridades" no interior, como a de Senlis. Esses hospitalários criam até pequenos hospitais de campanha, servidos por um irmão-médico. Os *camilianos crucíferos* seguem de perto os seus êmulos. Todas as ordens, todos os institutos femininos dedicados à caridade estão em franco desenvolvimento. E nascem vários outros, de acordo com vocações particulares: os «Refúgios» para raparigas da vida, cuja iniciativa pertence a Besançon; as instituições para protestantes convertidas, a que se consagram as *Irmãs da União Cristã*, criadas por Vachet e sua irmã, Mlle. de Crezé, e que, em dez anos, abrem dezoito casas.

Também não são esquecidos os forçados, os prisioneiros, os condenados, por amor dos quais sangrava o coração de Vicente de Paulo. Quem sabe que, na Itália, o ilustre erudito Muratori consagra a esses deserdados da sorte todas as horas que pode roubar aos seus trabalhos de biblioteca? Mercedários, trinitários e, como é óbvio, lazaristas cuidam da situação de miséria em que se encontram esses infelizes. Quanto aos dois primeiros institutos, trabalham heroicamente na Espanha, tal como na França, pela recuperação dos desgraçados que penam nas prisões barbarescas. Os antigos hospitalários de Jerusalém, que formam agora a nobilíssima *Ordem de Malta*, passam por uma renovação e assumem as suas tarefas tradicionais. Não: a caridade de Cristo não está morta. É certo que há demasiada dispersão em todos esses esforços; nota-se uma falta de organização que acaba por torná-los menos eficazes. Mas nem por isso são menos belos.

A *missão*, que, sobretudo na França, foi um dos florões do "grande século das almas"[50], continua a ocupar um lugar de honra, embora talvez menos vigorosa que nos dias de Vicente de Paulo. Entre os maiores das antigas equipes, São João Eudes ainda se mata a trabalhar nos primeiros vinte anos do reinado pessoal de Luís XIV, e, até 1683, o infatigável padre Maunoir revolve a Bretanha.

Encontrou-se aí um método próprio para renovar a chama nas almas, e os melhores dos bispos põem-no em prática sistematicamente. São incontáveis as missões diocesanas. O arcebispo de Besançon, Antoine-Pierre 1° de Grammont, confia uma delas aos josefitas de Lyon: dura dois meses, e é uma dentre a centena que ele pede aos capuchinhos, aos jesuítas, aos oratorianos, aos beneditinos e também a um grupo de padres diocesanos "que trabalham — diz o arcebispo — com muito fruto na vinha do Senhor". Em Limoges, Louis de Lascaris d'Urfé convoca o padre Honoré, capuchinho de Cannes, grande especialista que pregou qualquer coisa como trezentas missões. Todas as ordens e institutos importantes estão unidos nessa vasta empresa: os lazaristas, com o padre Planat, apóstolo do Auvergne, e com o padre Bonal, desbravador da região de Rourgue; os capuchinhos, com o padre Séraphin de Paris; os jesuítas, com os padres de Lingendes e de La Colombière, arauto do Sagrado Coração. E a todos esses se acrescenta, com René Lévêque, a *Companhia dos pietistas de São Clemente*.

Impressiona ver como a missão sai da França e se expande por todos os grandes países católicos. Na Itália, o seu iniciador incansável é o padre *Paolo Segneru* jesuíta, o mais ilustre pregador do seu tempo; entre 1665 e 1692, não há província italiana em que não tenha missionado. Depois dele, seu primo, o padre Segneri o Moço, e o seu amigo, o padre Pinamonti, continuam-lhe a obra. Na Itália do Sul, onde é grande a miséria, o padre Cristofarini tem por campo de ação os Abruzos. Durante quarenta anos, o padre Ansalone, modelo de ascetismo, luta contra os vícios dos napolitanos. É também em Nápoles que trabalha o padre *Francesco de Geronimo*, outro jesuíta: para apoio da sua ação, criou duas "congregações" leigas, a dos "duzentos" e a (secreta) dos "setenta e dois". Todos esses grandes missionários italianos são homens extraordinários, que se flagelam em público, pregam pelas ruas, pelas praças e diante dos teatros, travam diálogos veementes com os contraditores, "chamam os bois pelos nomes" e vituperam os pecados com santa violência. A ação que desenvolvem é eficaz; dizem que o padre Geronimo, durante as missões que pregou, fazia de cem a quinhentas conversões por ano.

Talvez menos vigorosas e menos espetaculares, as missões também se desenvolvem na Espanha. Missionário notável é o padre Tirso González, antes de ser eleito geral da Companhia de Jesus. Em Portugal, salienta-se também o célebre pregador padre Antônio Vieira, entre uma estadia na corte e uma viagem ao Brasil. Na Alemanha, as missões multiplicam-se, com jesuítas como os padres Schacht em Hamburgo, Jemingen nas regiões meridionais, Ampferle em Brisgau, Scheffler na Silésia; ou capuchinhos como os dois apóstolos da Renânia: Prokop von Templin e Martin von Cochem. Ao morrer, Furstemberg, bispo de Paderborn, deixa cem mil tálers para financiá-las. Dificilmente se exagerará a importância de todo esse trabalho na massa cristã. E às missões que se deve que o cantão helvético de Turgóvia tenha passado a ser em grande parte católico e que o decadente Valais se tenha reanimado. E é também graças às missões do padre Stankovicz e do bispo Erdöddy que a Hungria vê o protestantismo recuar.

O espírito de missão — como também o espírito de caridade e o de penitência — surge, pelos finais deste século e começos do século XVIII, encarnado (e com que vigor!) num homem — num santo. E que santo! Isolado no seu tempo, *Luís Maria Grignion de Montfort* é uma espécie de bloco errático da vida religiosa, inteiramente à margem das normas austeras e bastante conformistas em que se fixa então o ideal do sacerdócio. Um excêntrico, se quisermos. Mas os excêntricos não são coisa rara na Igreja, e, aliás, alguns deles desempenharam nela um papel considerável, como, por exemplo, São Filipe Néri ou o *Poverello* de Assis. Em vez de excêntrico, digamos antes que Luís Maria foi um louco de Deus. Tudo o que dele sabemos, por testemunhos autênticos, compõe a mais estranha das figuras.

Padre andrajoso e pedinte, mendiga o pão de cada dia e proclama a sua miséria como outros fazem alarde das suas riquezas. Taumaturgo, cura doentes impondo-lhes as mãos. Empreendedor de "autos de mistério" espetaculares, em que aparecem os anjos e os demônios a disputarem a alma do pecador moribundo, não sem grossa pancadaria. Como Catarina de Sena, para dar pública prova do que vem a ser a caridade, beija bem em cheio as chagas purulentas de um doente. Certamente, a santidade não está toda nisso; mas isso manifesta a santidade. Não foi nada mau que alguém viesse lembrar ao cristianismo do Grande Século que a moral das bem-aventuranças não é a moral das humanas prudências, e que não há escândalo mais violento que o escândalo da Cruz.

Luís Maria Grignion era de tronco bretão; Montfort é um vilório da antiga diocese de Saint-Malo. O pai, advogado sem causas, tivera grande dificuldade para educar os dezoito filhos. Quando o futuro santo, cuja piedade maravilhara os professores, os jesuítas de Rennes, decidiu partir para Paris, a fim de estudar para padre, estava longe de possuir as trezentas libras então exigidas para entrar num seminário, e ele teve de contar com a generosidade de algumas boas almas. Graças a essa generosidade, foi admitido num anexo de São Sulpício, onde Monsieur de la Baroudière recebia os filhos de famílias pobres. Tinha vinte anos — nascera em 1673 — e já era conhecido pela extravagância do comportamento, pela violência das mortificações, pela ânsia de humilhações. Em São Sulpício, sorriam um pouco desse jovem "João Batista" que trazia sempre na boca o Espírito Santo, era mais austero que um jansenista e mais devoto da Santíssima Virgem que um jesuíta. Corriam histórias singulares sobre ele. Um dia, um dos superiores levara-o consigo numa visita a um banqueiro com quem tinha assuntos a tratar, e, encerrada a reunião, os dois tinham ido encontrá-lo de joelhos no salão principal, no meio de empregados e serventes, recitando as suas orações sem o menor respeito humano.

Ordenado padre em 1700, Luís Maria é chamado a Nantes pelo velho bispo René Lévêque, aquele cuja Companhia dos pietistas de São Clemente rivaliza com os lazaristas em missionar os campos. Começa a pregar aqui e acolá, com bastante êxito, embora num tom que não agrada aos tradicionalistas. Dez meses depois, está em Poitiers, onde o bispo Girard adivinhou o bem que um padre desse gênero podia fazer nos meios populares da cidade. Com efeito, Luís Maria agita esses meios, a tal ponto que o bispo lhe confia a capelania do hospital. É o seu primeiro grande campo de ação. Triste hospital, na verdade, onde não sobressaem nem a dedicação nem a generosidade... Os pensionistas são mal cuidados e os leigos encarregados dos doentes são muito indisciplinados. O novo capelão toma à sua conta esse pequeno mundo anárquico. E ocorre-lhe uma ideia genial e ao mesmo tempo santa: por que não associar os próprios doentes à administração da casa, e sobretudo à sua vida espiritual?

Expõe o plano, agrupa primeiro numa confraria as boas vontades, reúne as suas filhas numa grande sala do hospital no meio da qual colocou uma cruz — a "sala da Sabedoria" — e fá-las recitar o ofício, como se fossem religiosas. A sua iniciativa fica a ser conhecida na cidade. A filha do procurador da coroa no tribunal presidial, Trichet, vem-lhe oferecer ajuda, troca os vestidos mundanos pela grosseira veste cinzenta e recebe o nome de Maria Luísa de Jesus. E o hospital-sentina transforma-se em hospital-modelo, hospital de santidade. Assim surgem as *Irmãs da Sabedoria,* a princípio poucas, mas que hoje passam de cinco mil. Isso não tomou ao santo mais de três anos de trabalho.

Era apenas um "aquecimento". Agora vai começar a corrida. O hospital de Poitiers já não precisa do seu trabalho. Quem espera por ele são os camponeses, cuja fé está ameaçada. Tal como Vicente de Paulo, Luís Maria Grignion experimenta a angústia das massas rurais, onde o Evangelho deixou de ser algo vivo. Armado do seu terço e de um grande crucifixo que, enquanto vai falando, ergue acima da cabeça como salvaguarda, parte em missão: prega, levanta cruzeiros, reconstrói igrejas. Não tarda que o chamem de muitas partes da Bretanha e da Normandia, e até de mais longe: de Saint-Malo a Saintes; de Saint-Brieuc a Coutances ou a La Rochelle. Quando fala, acorrem multidões, e ele as faz chorar à vista de Cristo crucificado e das misérias próprias. Quantas cidades, vilas e aldeias veem passar essa esguia estaca ambulante de batina esfarrapada... Quantos auditórios se deixam enfeitiçar por esse homem sem beleza, magricela, de traços angulosos, boca largueirona, narigão — mas que traz nos olhos uma chama e cuja voz trespassa as consciências... Onde não verão aparecer esse grande andarilho, peregrino de Notre-Dame de Ardillers ou — dois séculos antes de Péguy — peregrino de Chartres?

Mas é sobretudo a sua caridade que o torna proverbial. Conta-se que, quando era seminarista em São Sulpício, ia visitar os criados dos nobres e ensinar-lhes o catecismo. Poitiers inteiro o viu, quando se consagrava ao seu amado hospital, deambular pelas ruas e percorrer os mercados, escoltado por um burro com cestos pedinchões... Certa vez, passou por dois duelistas prestes a cruzar ferros; pois bem, lançou-se no meio deles e apoderou-se com as mãos ambas das lâminas homicidas... Noutra ocasião, encontrou alguns moços peraltas ocupados em incomodar umas lavadeiras com palavras indecentes; tirou da cintura — pois a sua caridade sabia ser violenta — o látego com que se disciplinava e que trazia sempre consigo, e vergastou o lombo dos moços com uma prodigalidade que os fez fugir... Que não se contou dele? Até se disse que chegava a entrar em casas demasiado acolhedoras e onde não era muito próprio encontrar gente de batina, para de lá fazer sair as pensionistas, falando-lhes da salvação de suas almas...

Era uma técnica de apostolado que as autoridades constituídas não aprovavam sem reservas nem hesitações. Pelo menos, só a aprovaram muito tempo depois, já canonizada... Um após outro, os bispos — mesmo os que o chamavam para a sua diocese — achavam que ele ia longe demais. Ao que o santo respondia: "Se a prudência consiste em não empreender nada de novo por amor de Deus e em não dar que falar, os apóstolos cometeram um grande erro quando saíram de Jerusalém, São Paulo não devia ter viajado tanto nem São Pedro levantado a cruz no Capitólio". Essa é a linguagem da verdade cristã. No entanto, dessa disparidade de pontos de vista nasceram frequentes conflitos, dos quais Luís Maria Grignion extraiu lições sobrenaturais: "Encontro-me mais que nunca empobrecido, crucificado, humilhado. Os homens e os demônios fazem-me uma guerra bem amável e bem doce. Que me caluniem, que escarneçam de mim, que despedacem a minha reputação, que me metam na cadeia: esses dons são preciosos para mim, esses manjares são deliciosos para mim! Ah! Quando serei crucificado e perdido para o mundo?" Decididamente, não existe para ele outra regra de vida que a loucura da Cruz.

Tal o sentido da sua espiritualidade, original e forte. Beruliano, discípulo de Olier e de Tronson, leitor apaixonado de Boudon, Luís Maria Grignion acrescenta elementos novos, tirados da sua experiência íntima, aos que recebeu dos seus antecessores. Como eles, repete que importa "esvaziar-se de si mesmo" e "aderir a Deus". Aos que o escutam, pede que fiquem "colados a Deus" e que pratiquem a "santa escravidão". Esse ilustre asceta é um místico: nele se conciliam espontaneamente, naturalmente, as duas grandes tendências. Defensor tardio do "puro amor", compreende-se que provoque grande desprezo entre os jansenistas ou jansenizantes.

Mas o que ele mais pessoalmente acentua é a noção da Sabedoria de Deus: loucura para os homens, santo paradoxo que quer reger o mundo, sublime absurdo que é o único fim legítimo do cristão. É isso que ele repete no seu grande tratado *O amor da Sabedoria eterna:* "pôr toda a sabedoria nas chagas de Cristo", não pregar senão Jesus humilhado, desprezado, crucificado. E essa doutrina, plenamente paulina e agostiniana, vem completar o que havia por vezes de demasiado humano no cristocentrismo do século XVII, o que não significa que deixe de falar ao coração dos homens, porque, ao mesmo tempo que propõe os fins, Luís Maria Grignion de Montfort propõe os meios, propõe o recurso a Maria, doce Mãe, Medianeira da graça. Assim o diz o seu *Tratado da verdadeira devoção à Santíssima Virgem*, em termos comovedores.

Essa vida, toda ela entregue, toda ela dom, consome-o. Apesar das dificuldades, a obra prossegue. Roma, aonde ele foi — a pé, como é óbvio —, aprovou-o e até lhe concedeu o título de missionário apostólico, outrora notabilizado por Jacques de Vitry. Ofereceram-se para ajudá-lo auxiliares em número bastante para ele poder criar uma sociedade sacerdotal destinada às missões, que era o seu sonho desde os primeiros anos de sacerdócio. Em 1712, Luís Maria funda a *Companhia de Maria* ou dos *Missionários de Maria*, que vai continuar e ampliar o seu apostolado rural. Junto deles, agrupa cooperadores, originariamente leigos, que tomam o nome de *Irmãos do Espírito Santo*[51]. A estes últimos, pede que assumam a educação das crianças pobres, pois o problema da formação dos jovens o preocupa tanto como os do apostolado. Pouco antes de morrer, envia a sua querida Irmã Maria Luísa de Jesus a La Rochelle, com a missão de abrir uma escola para menininhas das classes populares. Mas já não pode mais. Tudo nele está gasto antes do tempo, devido ao esforço sobre-humano, à ascese. Tem quarenta e três anos quando, em 1716, se deixa serenamente chamar por Deus.

Nesse momento, o Grande Rei está morto, e começou a Regência, que inaugura a era da rápida desagregação do cristianismo. Mais que ninguém, São Luís Maria Grignion de Montfort teve o pressentimento do drama em curso. Profeta dos últimos tempos, Jeremias do final do século XVII, fez soar com todas as forças os seus avisos patéticos: "Senhor, lembrai-vos de nós! Chegou o tempo de fazerdes o que prometestes! A vossa divina Lei é transgredida, o vosso Evangelho desprezado, a vossa religião abandonada, as torrentes de iniquidade inundam a terra, a abominação chega ao Lugar Santo! Estareis sempre calado? É pela Vossa Mãe que Vos peço. Lembrai-Vos das suas entranhas e não me afasteis! Senhor, erguei-vos na vossa misericórdia!" Tal é a última testemunha que o Grande Século nos deu da sua fé, da sua angústia e das suas esperanças. É significativo que esse padre descalço, absurdo ao olhar humano e santo aos olhos de Deus, se pareça tão pouco com o perfil tradicional do "cristão clássico".

O ensino cristão: de Charles Démia a São João Batista de la Salle

A preocupação de São Luís Maria Grignion por dar instrução às crianças não é apenas sua: partilha-a com numerosos contemporâneos. Vimo-la em São Vicente de Paulo, cujas santas filhas se fizeram professoras das primeiras letras[52]. Vimo-la em Bourdoise, em Pierre Fourier[53], nos jesuítas, nos oratorianos, nas ursulinas e em tantos outros. Instruir as crianças continua a ser um dos cuidados maiores da sociedade do Grande Século; e um dos seus aspectos mais felizes, embora dos menos conhecidos, é precisamente o esforço empreendido para aumentar o número de escolas e tornar o ensino acessível a todas as classes da população. Os nossos regimes democráticos e laicistas gabam-se de ter espalhado a instrução, mas, muito antes deles, o *Ancien Régime* católico levou a cabo uma obra que, em muitos casos, eles receberam como herança.

Por volta de 1660, as iniciativas em matéria de ensino passam por uma espécie de pausa após um tempo tão fecundo. Não demoram, porém, a retomar a marcha. Os poderes públicos solidarizam-se com essa preocupação, e muitas vezes é o próprio rei quem pede insistentemente que cada paróquia tenha a sua escola: um edito de 1700 ordena aos "altos oficiais da Justiça e procuradores" que façam os párocos inspecionarem a assiduidade escolar das crianças. Ainda neste domínio, como no das instituições de caridade, o Estado apela para a Igreja, pedindo-lhe quadros e meios de ação. De resto, a bem dizer, os dois campos se confundem, segundo o espírito da época: "o exercício da caridade" e "a educação da juventude" são duas expressões que se encontram com grande frequência reunidas nos textos do século XVII. As Assembleias provinciais dão o nome de

"Secretariado do bem público" à comissão que se ocupa simultaneamente da beneficência e da instrução. A Igreja, fiel à missão educadora que sempre assumiu, entra em cheio nesse esforço destinado a suprir as deficiências do sistema de ensino e a adaptá-lo às exigências da época. A instrução — diz Fléchier — "não se limita à simples boa educação nem é de instituição humana, mas de direito divino e de preceito necessário". Isto desfaz a lenda negra da Igreja do *Ancien Régime* como fautor da ignorância. Mas o ensino deve ser católico, e a instrução inseparável da educação cristã. Assim o diz formalmente uma ordenação de 1698.

Em 1661, obtiveram-se resultados notáveis em diversos setores do ensino. Naquilo que hoje designaríamos por "ensino superior", as universidades, após a longa crise dos séculos XV e XVI, reorganizaram-se. A Sorbonne goza de um prestígio imenso, é tida por oráculo da cristandade, e o seu corpo de doutorados tem celebridade universal, constituindo um círculo fechado onde não se entra senão mediante provas e defesas de tese que duram o dia inteiro.

O ensino a que chamaríamos "médio", mas que, efetivamente, quanto às classes mais adiantadas, entraria tanto no nosso segundo grau como no superior, está cada vez mais nas mãos das congregações que se orientaram nesse sentido no início do século[54]. Sobretudo os jesuítas são mestres das classes dirigentes, da nobreza e da alta burguesia. Seus colégios são cada vez mais numerosos, não só na França, onde, em 1700, têm perto de cem, mas também na Alemanha, na Boêmia, na Áustria (cento e um), na Itália (cento e trinta e três), na Espanha (cento e cinco), na Bélgica atual (vinte e seis). Por vezes, censura-se o ensino jesuítico pela uniformidade, falta de originalidade, disciplina excessiva que marca demasiado a criança. Mas a verdade é que os jesuítas formam homens de primeira água, admiravelmente preparados para os métodos de trabalho e para a autoexigência. Mais modernos na sua pedagogia, os colégios do Oratório[55] são os únicos concorrentes sérios dos jesuítas, desde que a crise jansenista praticamente eliminou as Pequenas Escolas de Port-Royal. Também eles formam as elites, sobretudo em Juilly.

Quanto ao ensino das meninas da alta sociedade, é ainda às ursulinas, fundadas por Santa Ângela Merici[56], que continua a caber o primeiro lugar. Só na França têm trezentas e vinte casas! As visitandinas, as Irmãs do Menino Jesus (também chamadas Damas de São Mauro) e muitas outras tratam de rivalizar com elas. Em Port-Royal, abrem-se casas organizadas de acordo com o regulamento elaborado por Jacqueline Pascal.

Tudo isso é muito positivo. E o ensino fundamental? O das meninas recebeu vigoroso impulso na época anterior. Numerosas ordens ou institutos se dedicam a essa tarefa. Em primeiro plano, as Irmãs da Caridade, mas também as ursulinas, as visitandinas, as Irmãs de Nossa Senhora, que, ao lado de casas para jovens ricas, criam escolas para mocinhas das classes populares. E surgem — ou melhor, pululam — muitas outras congregações locais e institutos com ambições mais vastas: as Irmãs da Providência, as Irmãs de Ernemont, fundadas em Rouen, em 1698, por um amigo de Renty e de Bernières[57], as Irmãs da Sabedoria, de Grignion de Montfort, uma parte das quais se dedica ao ensino, as Irmãs da Sagrada Família, de Besançon, as Irmãs da Infância, que acabam por dissolver-se por serem jansenizantes, as Irmãs da Doutrina Cristã, de Nancy, as Irmãs da Adoração do Santíssimo Sacramento, da região de Avinhão... Surpreende-nos essa proliferação, um tanto anárquica por certo, mas cuja ação foi sem nenhuma dúvida notável. Se, nos países católicos da Europa, as mulheres têm sido, no seu conjunto, mais praticantes do que os homens, é, em larga medida, por obra de tantas "irmãzinhas" consagradas ao ensino.

Já não se dava o mesmo quanto aos rapazes. Não que os tivessem esquecido. Já vimos[58] que as "escolas paroquiais" e as "escolas de caridade" se multiplicaram na primeira metade do século. E acabamos de verificar que as autoridades públicas insistiam na necessidade de abrir escolas e de garantir a sua frequência pelos alunos. No mesmo sentido se esforçavam os bispos, ao menos os melhores. Em Autun, Gabriel de Roquette estabelece um plano completo de ensino primário. Seu sucessor, Colbert, filho do grande ministro, chega até a obrigar os párocos a ir aos campos buscar os meninos que faltavam às aulas! Pavillon, bispo de Alet, num orçamento anual de 20 mil libras, destina sete mil ao ensino popular. Pode-se dizer que, na França (muito menos na Espanha e na Itália, um pouco menos no Império), a grande maioria das paróquias tem uma escola primária, normalmente na dependência do pároco.

Mas ficou um problema por resolver: o dos professores. Há uma carência cruel. Contrariamente ao que acontece quanto às meninas, nenhuma congregação se consagra totalmente ao ensino. Os Irmãos da Vida Comum, os escolápios, os doutrinários preferem o ensino secundário. As tentativas feitas pelos lazaristas ou pelos padres de Bourdoise são de alcance limitado. É por isso que, por volta de 1660, se observa um nítido retrocesso. Quando João Batista de la Salle chega ao bairro de São Sulpício, das trinta escolas que funcionavam no tempo de Olier, só subsiste uma — e com que pessoal!... A lacuna é flagrante, e só poderá ser colmatada por institutos especialmente dedicados à instrução popular.

Em 1666, os vereadores de Lyon recebem um longo relatório, intitulado *Remontrances* ["Reivindicações"] "concernentes à necessidade e utilidade das escolas cristãs para a instrução das crianças pobres". É seu autor um jovem padre da cidade, Charles Démia (1637-1689), um antigo aluno de São Sulpício que frequenta o grupo sacerdotal de Saint-Nicolas-du-Chardonnet, onde se insiste na palavra de Bourdoise: "Se São Paulo voltasse a este mundo, escolheria o ofício de mestre-escola". O relatório é lido provavelmente por um ou outro desses senhores magistrados, mas não lhe é dada nenhuma sequência oficial. Démia decide, pois, começar sozinho. As crianças em quem pensa são as mais pobres de todas, as abandonadas, aquelas cujos pais não podem pagar aos professores ou que não têm acesso às pouco numerosas "escolas de caridade". Para essas crianças, vai ele criar as Pequenas Escolas, inteiramente gratuitas. A primeira abre em Lyon, em janeiro de 1667. Outras se seguem, e em bom ritmo, pois há congregações de leigos piedosos que se interessam pelo empreendimento. Em vinte e dois anos, são dezesseis, só em Lyon, e outras dez na região lionesa. Para formar os mestres de que necessita, cria o Seminário de São Carlos. E, como as famílias pedem a esse padre admirável que cuide também das meninas, Démia funda as *Irmãs de São Carlos*.

Toda essa obra tem de ser bem organizada e regularmente financiada. Disso se vai encarregar o "Secretariado das escolas", constituído por clérigos e leigos. Os respectivos "reitores" olharão pela boa marcha das escolas, quer no que toca à higiene, quer no que diz respeito à instrução. O êxito é tão grande que o arcebispo confia a Charles Démia a direção de todas as escolas da diocese. Até à Revolução, a sua obra vai ficar de pé em toda a região lionesa.

Não é só como iniciador, fundador, organizador, que esse padre extraordinário se afirma. Tudo o que hoje é tido por progresso moderno nas escolas se encontra já no que ele criou — incluindo o exame de aptidão e a orientação profissional! No seu *Dicionário de pedagogia*, o muito laicista Ferdinand Buisson prestou-lhe homenagem como autor da "primeira tentativa de organização metódica" do ensino primário. Se a Assembleia do Clero de 1685, onde foi expor o seu plano, o tivesse seguido, a França teria sido a primeira nação a ter um Ministério da Educação Nacional — e esse teria sido cristão.

Charles Démia não foi o único a ter essa vocação. Vimos o esforço de São Luís Maria Grignion de Montfort e de seus filhos. Um jesuíta, o padre Barré, alma contemplativa e santa, associado à fundação das Irmãs do Menino Jesus, tenta criar em Rouen e depois em Paris os *Irmãos do Menino Jesus*, destinados ao ensino gratuito das crianças pobres. Só em pequena parte conseguiu o que queria, mas os seus "Estatutos e Regulamentos" lançam as bases do futuro. Um de seus discípulos, o cônego Nicolas Roland, pessoa fora de série — que tão depressa desempenha um papel teatral nas festas da sagração de Luís (tinha quinze anos!) como navega com flibusteiros —, retoma em Reims a ideia de Barré, cria escolas para meninas, procura fundar um seminário para professores primários, mas não chega a ter tempo para concluir a sua obra. Outro discípulo do padre Barré, Adrien Nyel, humilde *magister*, homem simples de coração puro e devorado de zelo, percorre a França para criar escolas; se tivesse tido melhores dotes de organizador, que trabalho não teria feito! Todas estas tentativas não são inúteis: preparam o caminho para aquele que, esse sim, sendo um pedagogo de gênio, um organizador metódico e autenticamente santo, vai recolher todo o esforço anterior: *João Batista de la Salle*.

Na primavera de 1688, a paróquia de São Sulpício, em Paris, encontra-se num grande rebuliço. Da rua Dauphine aos Inválidos, do Sena a Notre-Dame des Champs, não se fala senão das inovações — absurdas para uns, excelentes para outros — por que passa a velha escola da rua Princesse, onde, desde os tempos de Olier, recebem instrução as crianças pobres do bairro. Foram realmente estranhos os métodos introduzidos pelo novo mestre, um padre vindo de Reims, ladeado por dois acólitos leigos, ambos vestidos de maneira extravagante. Para começar, acabou com o latim. Depois, o trabalho manual deixou de ser obrigatório. Todos os alunos passaram a receber lições ao mesmo tempo. Quanto à disciplina, os mal-comportados achavam-na demasiado rigorosa, e os pais, demasiado mole. E já o pároco se perguntava se teria feito bem chamando esse Monsieur de la Salle...

A falar verdade, quando a nova equipe entrou em funções, a escola caritativa da rua Princesse estava bem decadente! Única sobrevivente das trinta que funcionavam no tempo de Olier, contava duzentos alunos que o pobre senhor Compagnon, ajudado apenas por um auxiliar de ensino, de quinze anos, e por um voluntário, mal conseguia controlar. O padre de la Salle e seus irmãos têm também dificuldade em fazer-se obedecer pelos que designam, amavelmente, por "nossas jovens feras"... Mas é de crer que os seus métodos não sejam maus, pois, pouco a pouco, a ordem volta à escola da rua Princesse. Os alunos afluem. Trabalha-se. Os pessimistas, os críticos perpétuos vão ficar mal. O inquérito conduzido por Forbin-Janson, sob as ordens das autoridades superiores, nada prova das acusações dos maldizentes. Mais ainda: o novo pároco, Baudrand, incita o padre de la Salle a abrir uma nova escola, na rua du Bac. Inscrevem-se trezentos alunos. É um êxito.

Mas quem é, afinal, esse Monsieur de la Salle cujos métodos se revelam tão eficazes? É um sacerdote de trinta e sete anos (nasceu em 1651), de uma velha família de camponeses enriquecidos no comércio e que, no exercício de cargos públicos, reconquistou antigos pergaminhos. Destinado à Igreja, João Batista já tinha, aos dezesseis anos, um sólido benefício canonical. No seminário de São Sulpício, seguira com zelo as lições de Tronson. Ordenado aos vinte e sete anos, regressa a Reims e preparava-se para levar a vida de um cônego bem provido — 40 mil libras de renda —, aliás honestamente, quando, de súbito, o acaso cujo outro nome é Providência lhe pôs no caminho Nicolas Roland, seu confrade no cabido da catedral, e depois Adrien Nyel, esse louco do apostolado pelo ensino que, desejosas de criar escolas de caridade, as piedosas mulheres da cidade tinham chamado. Para João Batista de la Salle, tudo foi simples, irresistível. Viu-se como que apanhado numa engrenagem — a engrenagem da vontade de Deus. Como havia ele de frustrar a confiança que Nicolas Roland acabava de pôr nele, ao morrer, deixando-lhe como herança a responsabilidade do orfanato? Como havia de resistir ao entusiasmo de Adrien Nyel, que apelava para a sua caridade? Para lhe dar satisfação, João Batista compra uma casa e nela aloja os mestres das escolas populares. Assim começa a interessar-se por essa boa gente que, como membro que era da alta burguesia, até então ignorava ou desprezava.

Deixa-se seduzir pela empresa. Prega um retiro aos pensionistas, estabelece para eles um *Regulamento de vida*. Mesmo sem querer, o que faz, afinal de contas, é criar um seminário para professores de ensino primário. Desse modo lhe veio a vocação pedagógica, súbita, inesperada. Quando Adrien Nyel parte para Guise, a fim de fundar uma escola, o cônego de la Salle substitui-o nas aulas. Logo a família o julga doido; e ainda mais quando instala os seus modestos mestres-escola na própria casa da família, o que leva os irmãos a fugir, incomodados com esses hóspedes. O pior acontece quando, aconselhado pelo padre Barré, a quem foi consultar em Paris, segue à letra o convite de Cristo ao jovem rico, renuncia ao canonicato e distribui todos os bens pelos pobres, abastecendo-os durante uma fome terrível. De um momento para o outro, faz-se pobre entre os pobres, exatamente como esses mestres-escola que o rodeavam e junto dos quais passa a sentir-se completamente irmão. Assim nasce esse humilde grupo, que não era instituto e menos ainda congregação, que não se chamava ainda Irmãos das Escolas Cristãs, mas que, a partir de 28 de maio de 1684, começa a existir diante de Deus e dos homens. Perto de doze professores de instrução primária passam a consagrar-se por juramento ao ensino das crianças das classes populares, a viver como religiosos leigos, na pobreza e na dedicação total. E João Batista de la Salle é o chefe, é a alma desse pequeno grupo. Humildemente, qualquer coisa de muito grande acabava de nascer na Igreja.

É, na verdade, um homem extraordinário esse João Batista de la Salle. Debaixo de um exterior moderado, reservado — traços finos e suaves —, o antigo cônego de futuro garantido passa a ser um asceta rigoroso, que usa a disciplina e o cilício, traz junto da pele um cinto de pontas de ferro, dorme sobre tábuas e jejua mais que o razoável. Mas é também um místico — para o provar, bastam as suas admiráveis *Meditações para o tempo de retiro* —, o herdeiro autêntico da Escola Francesa, dos berulianos e de São Sulpício. Seu único objetivo neste mundo é “aderir a Deus”, como diziam os seus mestres, e promover o Reino. A sua vida interior é tão poderosa que se exterioriza de modo visível, um pouco à maneira de Vicente de Paulo. É dela que procede o ascendente que exerce, o doce vínculo com que prende as almas, sem o querer, pois a sua humildade é extrema. Ele é decerto o último a pensar que a sua obra possa ser única, prodigiosamente adiantada em relação à sua época e marcada com o selo do gênio; mas é mesmo assim.

Efetivamente, é a essa vocação pedagógica, que vimos nascer nele de modo tão inesperado, que João Batista vai consagrar a vida inteira. Não será senão um pedagogo, no sentido mais nobre da palavra, mas com que amplitude! Do pedagogo, tem, antes de mais, a virtude primordial, sem a qual nenhuma outra se pode usar: tem o sentido das crianças, ama-as e compreende-as. Não hesita em meter a mão na massa, em dar aulas, passando pelas fileiras dos garotinhos, sublinhando um erro, guiando uma ou outra mão que hesita. Se se revela um admirável teórico no seu grande livro, *A direção das escolas*, é exatamente por ter uma experiência incomparável.

Para ele, a mais alta qualidade do ensino é que se adapte à criança, que seja concreto, vivo, para ser compreendido. Daí que suprima a leitura em latim para os que começam[59], um velho hábito, bastante disparatado para essas idades. Com o fim de criar emulação entre os alunos, põe-nos a trabalhar por equipes, que se corrigem umas às outras. Antes dele, o mestre procurava cuidar, sabe Deus como, de cada aluno, sucessivamente. A partir de agora, o ensino é dado à classe. Cada aluno segue a lição por um livro e é interrogado quando chega a sua vez. É o essencial do ensino primário moderno, com os seus métodos e com os seus programas, em que a ortografia e a matemática detêm os primeiros lugares.

Em torno dessa ideia central, muitas outras vão surgir. Importa formar mestres para essa nova pedagogia: com os seus noviciados, o humilde instituto cuidará disso. João Batista quereria mesmo criar "seminários de campanha", para onde cada diocese enviaria os futuros docentes: seriam as nossas Escolas Normais. Para os adolescentes que já trabalham, e até para os adultos, ocorre-lhe a ideia de criar cursos especiais: são os antecessores do nosso ensino pós-escolar, dos nossos cursos supletivos para os alunos difíceis ou atrasados. Mas o grande pedagogo ultrapassa o quadro do ensino primário. Entende que, entre os filhos da burguesia, há também quem precise menos de saber latim e mais de aprender ciências e técnicas: o colégio que fundará para esses será o primeiro dos nossos colégios modernos. Diante de tal personalidade, de tal obra, não é justo que se fale de gênio da educação? Os mais laicistas dos pedagogos franceses — Ferdinand Buisson, Victor Duruy — prestaram-lhe homenagem reconhecendo-o como um grande precursor.

Assim foi o homem que, depois de Reims e de outras cidades menores, revolucionou Paris com as suas inovações. O êxito que conseguiu no bairro de São Sulpício dá ao pequeno grupo força nova. Em 1691, instala-se num casarão de Vaugirard e, em outubro do ano seguinte, abre nele um noviciado, pois se apresentaram dez jovens dispostos a segui-lo. É tempo de estabelecer bases mais sólidas. Em 6 de junho de 1694, João Batista de la Salle e os seis mais firmes dos seus colaboradores fazem voto, diante da Santíssima Trindade, "de unir-se e permanecer em sociedade, a fim de manter em conjunto e associativamente as escolas gratuitas". É a ata de nascimento dos *Irmãos das Escolas Cristãs*.

Não serão padres, nem mesmo clérigos; para permanecerem totalmente fiéis à sua vocação pedagógica, não assumirão nenhum ministério eclesiástico: o ideal de professores cristãos deve ser-lhes suficiente. É um ideal que subordina todos os seus esforços à formação das crianças, um ideal suficientemente vasto e suficientemente nobre. O vestuário será o mesmo que já adotavam em Reims, e que faz rir muitos trocistas: batina de sarja grossa, peitilho branco, tricórnio de aba larga, e a vasta capa de mangas flutuantes, que era então usada pelos trabalhadores rurais.

É esse hábito que vai desde então aparecer num número crescente de cidades francesas. Porque a verdade é que, em pouco tempo, toda a gente começa a falar do sucesso desses homens. Godet des Marais, confessor de Mme. de Maintenon, convida-os a trabalhar em Chartres. Em Calais, o duque de Béthune custeia-lhes todas as instalações. Estão em Troyes, em Avinhão, na Normandia, na Borgonha. Por toda a parte onde bispos ou intendentes querem abrir escolas, é neles que se pensa: assim acontece em Mende, em Alés, em Grenoble, em Valence, em Moulins, em Bolognesur-Mer e mesmo em Versalhes. Nas regiões onde o protestantismo continua ativo, é com os Irmãos das Escolas Cristãs que se conta para fazer penetrar no espírito das crianças a fé católica, juntamente com as primeiras letras.

Tanto sucesso não deixa de provocar, como era de esperar, algumas reações bastante fortes. A vida de João Batista de la Salle é, a bem dizer, uma cruz continuada: é esse o privilégio de todos os grandes inovadores. Combatem-no violentamente todos os que ele incomoda, todos os que sentem desabar as suas rotinas. Os "mestres de escrita" e mestres-escola que ganham o pão com o que lhes pagam as famílias veem com muito maus olhos o desenvolvimento de uma instituição que nada cobra pelo ensino. Chegam até a invadir uma escola lassaliana, a saqueá-la, maltratando os irmãos. Certos bispos, incitados por essa gente, ou simplesmente partidários do princípio do "nada de complicações", rejeitam os irmãos, mesmo que eles próprios os tenham chamado. Montam-se estranhas e ridículas intrigas contra o grande inovador, movem-lhe processos, e a justiça, habilmente trabalhada, condena-o. Mas ele tem que defender também a sua obra dos que pretendem apossar-se dela, servir-se dela para fins completamente diferentes dos que lhe marcou. Assim, sobretudo no Sul da França, os jansenistas tomam demasiado interesse pelas escolas e pelos irmãos; e quando o fundador reage, desmandam-se e servem-se de todos os meios para destruí-lo.

Provações sem número e sem fim, às quais João Batista de la Salle apenas opõe a mais sublime confiança em Deus e a mais humilde aceitação. Só o fazem verdadeiramente sofrer as crises que abalam o seu instituto. Crises de crescimento, crises naturais, mas que abrem chagas vivas. Certo dia, chega ao ponto de duvidar de si, da sua vocação, da utilidade da obra empreendida. Também Santa Teresa conheceu essas horas de negro desamparo.

Mas não. A sua alma é demasiado nobre e forte para ceder ao desânimo. Na imensa maioria, os irmãos permanecem-lhe fiéis, mesmo quando tem de abandonar Paris, quase proscrito; mesmo quando um arcebispo desastrado tenta dar-lhe um substituto para dirigir a fundação; e, sobretudo, mesmo quando se fazem manobras para fraccionar o instituto e repartir os pedaços pelas dioceses. Conserva-se ainda hoje, assinada pelos diretores de todas as casas, uma carta de inexcedível beleza em que esses irmãos suplicam ao velho chefe — ou até lhe ordenam "em nome da Sociedade a que prometeu obediência" — que volte a colocar-se à frente deles e salve a obra empreendida. E ele obedece. Volta.

Estamos em 1714. O reinado do Grande Rei vai acabar. Começa um mundo novo, que causa inquietação ao santo. Mas, a essa sociedade sacudida por tantos poderes temíveis, São João Batista de la Salle deu o instrumento necessário para manter o cristianismo na alma das crianças do povo, mesmo quando rebentar a Revolução.

Quando morre, em 7 de abril de 1719, os Irmãos das Escolas Cristãs são duzentos e setenta e quatro. Em 1900, serão vinte mil e as suas escolas contarão mais de trezentos e cinquenta mil alunos. E, nesse ano de 1900, a Igreja canonizará o heroico e genial fundador.

Uma esperança e uma desilusão

Nem tudo, porém, justifica, no quadro da época clássica, o otimismo que poderíamos ter ao considerar personalidades como São João Batista de la Salle, São Luís Maria Grignion de Monfort, Santa Margarida Maria Alacoque, ou mesmo Rancé ou a numerosa falange dos arautos do púlpito. Noutros planos, a situação é até bastante desoladora. Ao terminar o século XVI, a Igreja tinha pensado que, ao mesmo tempo que trabalhava pelo regresso à ordem e pela restauração, poderia também cuidar da reconquista. Não se resignava a abandonar para sempre aos protestantismos as terras por estes conquistadas. Essa autêntica Contrarreforma prosseguiu enquanto o Grande Rei governou a França? A tal pergunta, temos de responder que não. Os católicos tinham encarado a reconquista das almas afastadas segundo dois métodos que haviam tentado pôr em prática simultaneamente: o da conversão e o da força. Um e outro — o de São Pedro Canísio e o da Montanha Branca — parecem agora condenados ao fracasso.

Na primeira metade do século XVII, algumas almas generosas tinham pensado que se podia tentar uma reconciliação entre católicos e cristãos reformados[60]. Em ambos os campos houvera tentativas. A verdade é que sem grande resultado. O luterano Calisto, mestre de Helmstaedt, fora criticado ao mesmo tempo pelos correligionários e pelos católicos. O ilustre capuchinho Valerio Magni acabara por ser metido na cadeia. E no entanto a ideia da união das igrejas não fora abandonada. Durante o último terço do século XVII, foi retomada e prosseguida com grande impulso. A situação parecia favorável. O fanatismo dos primeiros tempos da Reforma perdera virulência. Em diversas famílias reais europeias havia regressos ao catolicismo. Os diferentes protestantismos estavam todos eles mais ou menos em crise, incapazes de formar uma Igreja[61], inquietos com o avanço do socinianismo[62], e também com a crescente dominação por parte dos príncipes. Não poderia levar a bons resultados uma política hábil, feita de contatos e de concessões?

Foi essa a política tentada, a partir de 1665, por um franciscano entusiasta, porventura mais flexível, mais hábil e conciliador que prudente e refletido, um verdadeiro apóstolo da união das igrejas, *Cristóbal Rojas de Spínola*. Confessor da imperatriz, bispo de Tina (Dalmácia) e depois de Wiener-Neustadt, Rojas persuadiu Roma a considerá-lo como o único homem capaz de promover a reaproximação. Inocêncio XI, angustiado, quer pela divisão dos cristãos, quer pelo perigo turco, dá-lhe generosa confiança. O imperador Leopoldo apoia-o fortemente. Comissionado pelas duas autoridades, Rojas de Spínola percorre os diversos Estados alemães, visita príncipes, multiplica os contatos com teólogos reformados. O legado Bevilacqua é especialmente enviado para acompanhá-lo nos esforços. Não tarda que o entusiasta espanhol clame vitória. Parece-lhe seguro que o Eleitor de Saxe e o Eleitor Palatino se vão converter. Pelo menos, em Plannover, João Frederico regressa ao seio da Igreja de Roma, ajuda os capuchinhos e os jesuítas a trabalhar as massas, e as abjurações são agora tão numerosas que a Santa Sé nomeia um vigário apostólico. Apesar dos relatórios pessimistas enviados pelo núncio em Viena, é de otimismo o vento que sopra. É também neste momento que o dinamarquês Niels Stensen (ou Stenon) se converte, se ordena e é sagrado bispo. Molanus, abade luterano de Lokkum, parece prestes a abjurar. Quando Rojas vai a Roma em 1678, para dar conta da missão, o seu entusiasmo comunicativo persuade boas cabeças, entre as quais o papa, de que vem aí um triunfo.

A verdade é que, quando chega o momento de pôr em prática um programa de união, as coisas se tornam menos fáceis. Em 1683, após longas discussões, Rojas e os seus interlocutores chegam a acordo sobre os seguintes pontos: Roma concederia o casamento aos padres, a Comunhão sob as duas espécies para os leigos, a liturgia alemã, e em contrapartida os luteranos reconheceriam o papa. As outras questões, de natureza dogmática, seriam submetidas a novo concílio, e entretanto, as deliberações de Trento ficariam em suspenso. É bem claro que Rojas de Spínola tinha ido longe demais, e o Santo Ofício, apesar da confiança que Inocêncio XI continuava a dar ao generoso franciscano, teve motivo para protestar. Para mais, ficavam duas questões por resolver: a dos bens católicos secularizados e a do papel que os príncipes tinham assumido nas igrejas. Não se tardou a perceber que era essa a pedra de toque. Em Hannover, o herdeiro de João Frederico hostilizou a aproximação. Na Suécia, na Dinamarca, no Brandenburgo — um pouco por toda a parte —, as posições tornaram-se rígidas. Do lado católico, a mesma tendência. Na França de Luís XIV, o Edito de Nantes ia ser revogado. Na Boêmia, o santo cardeal Von Harroch, grande iniciador de missões, via cada vez mais dificultada a sua ação. Na Hungria, o Primaz de Gran continuava a usar o método da força — exílio e galés — para operar conversões. Desautorizado pela Santa Sé, combatido na Alemanha pelos interesses privados, Rojas bem que continuou as suas peregrinações pacifistas... Quando morreu (1695), nada tinha conseguido de positivo.

Enquanto Rojas de Spínola prosseguia a ação no plano prático, o diálogo entre católicos e luteranos começava no plano da teoria. Do lado luterano, a iniciativa pertenceu a um gênio, *Gottfried Wilhelm Leibniz* (1646-1716), espírito enciclopédico, capaz de assimilar quer as letras quer as ciências, a teologia ou a história, a filosofia ou o direito, personalidade imensamente simpática, meditativa e sutil, de coração generoso. Admiravelmente formado, não apenas pelos brilhantes estudos que fizera, mas por uma viagem pela Europa, onde conhecera Malebranche, o Grande Arnauld, Newton e Huyghens, Leibniz era conselheiro de Estado em Hannover, ou seja, num dos centros mais vivos do ideal pacificador. Tinha a paixão da unidade. Retoma as grandes ideias de Sully, de Grócio, sonha com a unidade da Europa, refeita sob a forma de República Cristã. Para ele, o cristianismo é uno, a Igreja é una — una em sua fé voltada para as grandes verdades fundamentais, garantes da salvação, una no amor que deve associar todos os membros. Leibniz não tem nenhuma hostilidade para com a Igreja Católica e romana. Admira-lhe a disciplina, as ordens religiosas, "santa milícia, milícia celeste". Compreende até os seus usos, a sua liturgia, as suas cerimônias, a sua música. Censura-lhe, sim, os grandes abusos que contém, a intolerância (a seus olhos, a excomunhão é tão condenável como o cisma) e a vinculação a dogmas inúteis. De resto, as igrejas protestantes também não são, para ele, universais. São igrejas particulares, tão intolerantes, tão rígidas como a Igreja Católica nas posições dogmáticas. O que, em suma, reclama o autor do *Tratado de Soberania,* o futuro autor da *Teodiceia* e da *Monadologia, é* a adesão de todos os cristãos a uma Igreja visível, feita de caridade e de fé, uma vez que, pertencendo à Igreja visível, todos se nortearão pela diversidade na unidade.

Por volta de 1680, as ideias de Leibniz conseguem grande atenção por parte dos meios intelectuais da Europa cristã. De certo modo iludida pelas fórmulas que usa a propósito das ordens religiosas, de Nossa Senhora e dos santos, ou mesmo do poder papal, a Santa Sé vê nele um mensageiro da reconciliação, a ponto de lhe oferecer o lugar de bibliotecário do Vaticano! Leibniz está em boas relações com o arcebispo de Mogúncia, com o legado Bevilacqua, com Malebranche, até com o núncio em Viena. Mas é sobretudo com *Bossuet* que dialoga mais profundamente.

Desde a mocidade, Bossuet sempre gostou de discutir com os protestantes. Discutiu seriamente, lealmente, na intenção de os trazer para a Igreja Católica, mas também com o firme propósito de não ceder no campo dos princípios. Quando publicou a *Explicação da doutrina cristã,* Leibniz garantiu-lhe que "apreciava imenso" essa obra. Mais tarde, a *História das variações* chamou a atenção do filósofo germânico. Em 1692, começa entre os dois grandes homens um diálogo epistolar que, depois de certa interrupção, vai durar até 1702. Um diálogo apaixonado, apaixonante. Cada um dos dois gênios defende o seu ponto de vista com todos os recursos do saber e da dialética. Mas não demora muito sem que, claro como o dia, se compreenda com clareza meridiana que as duas concepções são inconciliáveis. Sobre a própria noção de Igreja, como poderia um católico romano adotar as teses de Leibniz? Aliás, este, coerente com os seus princípios, nega ao Concílio de Trento o caráter ecumênico, ao passo que Bossuet, muito justamente, proclama que as decisões tridentinas constituem os fundamentos próprios da Igreja renovada, por serem a expressão autêntica da Tradição. Mais profundamente ainda, os dois espíritos opõem-se, sem nenhuma possibilidade de acordo, quanto à concepção da fé. Livre exame, defende Leibniz. Adesão plena às verdades da Igreja, diz o bispo de Meaux.

Quando, em 1702, Leibniz rompe o diálogo, sob o pretexto de que "o tom peremptório do seu interlocutor o repeliu" mas, de fato, porque, sendo conselheiro áulico do duque de Hannover — que, de um dia para o outro, por morte de Ana Stuart subiria ao trono protestante da Inglaterra —, já não pode falar de uma união das igrejas que iria despojar o seu soberano dos seus direitos; nesse momento, o único resultado que se consegue é a conclusão de que não é possível nenhum compromisso entre duas doutrinas absolutamente divergentes. É o fim do diálogo irênico. Alguns espíritos corajosos hão de continuar, é certo, a trabalhar sobre essas questões; mas serão apenas tentativas bem modestas e sem irradiação. Ao começar o século XVIII, torna-se claro que a propaganda católica já não conquistará terreno sobre os diferentes protestantismos.

Importa acrescentar que a esperança de ver o catolicismo reconquistar terreno por meio da propaganda está por igual comprometida no Oriente, nas regiões em que domina o cristianismo "ortodoxo". Mais grave ainda: o *uniatismo,* que, em 1596, trouxera para o seio do catolicismo cristãos da Lituânia e da Ucrânia[63] e lhes permitira reformar e reorganizar a sua Igreja, então decadente, surge agora ameaçado. A hostilidade dos ortodoxos, que, em 1623, levara ao assassínio de São Josafá Kuntzgewycz, não desapareceu. O conflito renasce entre metropolitas ortodoxos e bispos uniatas. Sob o enérgico metropolita Pedro Mokyla, a união é mantida. As guerras cossacas, porém, vão contribuindo para enfraquecê-la. Em Vitebsk, no ano de 1705, o próprio Pedro o Grande manda torturar padres uniatas, enquanto outros são despachados para a Sibéria. O pior é que os católicos tratam de modo humilhante os uniatas, a quem censuram pela liturgia própria, pelo casamento dos padres e por consagrarem, para a Eucaristia, o pão comum, o pão levedado; foram senhores e bispos católicos que conseguiram que os bispos rutenos fossem excluídos do Senado da Polônia. Em 1714, a situação é de tal maneira tensa que o metropolita Kiszka, ajudado pelo núncio em Varsóvia, prepara um sínodo em Lemberg, a fim de tentar "latinizar" o *uniatismo*. Mas seria isso salvá-lo?

Em todo o mundo ortodoxo, nada acontece de realmente satisfatório. O patriarcado de Constantinopla, em poder dos turcos, continua a discutir com furor a validade do Batismo latino e a transubstanciação tal como Roma a conhece. Na Sérvia, os católicos são tão maltratados que cerca de 40 mil fogem para a Hungria. E o clero ortodoxo tenta submeter os que lá ficam. Na Romênia, os nobres católicos conseguem reconstituir uma igreja, com alguns bispos; mas ela é ameaçada ao mesmo tempo pelas autoridades turcas e pelos ortodoxos; só conseguirá firmar-se por volta de 1730. A única tentativa séria para fazer penetrar o catolicismo em zona ortodoxa é a que é feita na Rússia pelo croata Krijanich e pela missão dos jesuítas. O pan-eslavismo de Pedro o Grande não lhes dá grandes esperanças. Por todo o lado — e é também o momento em que a querela dos ritos mina a atividade missionária na Ásia[64] —, parece que assistimos a uma suspensão drástica da reconquista pacífica ou da expansão.

Um passado morto: a Contrarreforma política

Também uma outra reconquista para abruptamente. Cem anos atrás, tinha sido um sonho. A Contrarreforma, no sentido político do termo, ou seja, o esforço por restabelecer o catolicismo pela força, cessara, como vimos, desde o princípio do século[65]. E o espírito ainda subsistiria? Se subsistia, era pelo menos bem diverso do que fora, e as tentativas feitas para o aplicar levaram quase sempre ao fracasso.

Seria apenas para servir a causa do catolicismo que Luís XIV já pusera em prática, contra os protestantes, a política coercitiva que conhecemos[66] — essa política que tivera por desfecho a revogação do Edito de Nantes? Não seria, tanto ou mais do que isso, para levar ao termo lógico o princípio de unificação? Seja como for, porventura será lícito afirmar que triunfou esse método horroroso de expulsar do país tanta gente de alta qualidade, que provocou a sangrenta revolta dos *camisards* e que, no fim das contas, foi preciso substituir por uma semi-tolerância?

No Império, uma política semelhante levou a resultados ainda piores. Julgando poder fazer na Hungria aquilo que fizera na Áustria e generalizar os meios de coerção do cardeal Pazmany[67], o governo de Viena rasga o *modus vivendi* penosamente estabelecido com os protestantes magiares. Aproveitando o impulso dado pela vitória sobre os turcos[68], implanta as suas tropas germânicas no velho país de Santo Estêvão. É a revolta geral. Ao apelo do filho de Rakoczy, do *ban* da Croácia, Zrinyi, e sobretudo de Imre Tököly, levantam-se autênticos *camisards* do Danúbio. Cai sobre eles a repressão, severa. Os bandos rebeldes são facilmente vencidos pelo exército regular austríaco. A maior parte dos chefes são presos, outros fogem para território turco. Há pastores julgados por heresia e traição. Os templos são fechados. O grão-mestre da Ordem Teutônica passa a governador de Presburgo. Mas é uma reação tão brutal, e de tal modo destinada a domar o nacionalismo húngaro tanto como o protestantismo, que a revolta se torna cada vez mais forte. Desta vez, católicos e reformados estão unidos.

Assim começam as *Guerres Kurutses*, guerras terríveis, de uma e outra parte. Sozinhos contra o imenso poder imperial, os húngaros resistem, com essa coragem e essa tenacidade que a história reconhece a esse povo. Imre Tököly conduz a luta, apoiado secretamente pela França, e também por uma revolta dos camponeses checos. Depois, quando vê que a situação é insustentável, recorre ao último dos meios, o apelo aos turcos, e é para o atender que o sultão vai lançar o seu gigantesco exército em direção de Viena. Tal é o resultado de uma pretensa Contrarreforma conduzida pelos piores meios. E, quando o turco for expulso, e se retomarem a cidade de Buda e as fortalezas do Danúbio, e a Hungria ficar inteiramente submetida, sistematicamente germanizada — será isso a vitória do catolicismo, ou antes do autoritarismo unificador dos Habsburgos?

Na Inglaterra, uma tentativa de reconquista conduz ao mais grave fracasso. O catolicismo sai da aventura inteiramente derrotado, não apenas no plano dos fatos, mas no das instituições. Por um momento, ainda pareceu possível o regresso do reino à sua antiga fidelidade. E é certo que, no interior do protestantismo, estava longe de haver acordo[69]; o anglicanismo e as diferentes seitas reformadas lutam entre si, mais ou menos abertamente, procurando impor a sua fé ao país. Mas há um ponto em que os irmãos inimigos estão absolutamente de acordo: o de eliminar o "papismo", o de não consentir sob pretexto algum que os "jesuítas" retomem terreno. O regime republicano de Cromwell levara, com efeito, a uma ditadura puritana, em que os católicos eram excluídos de qualquer direito. Iria a restauração monárquica, com Carlos II (1660-85), modificar a situação?

De maneira nenhuma. Apesar da pressão exercida pela mãe e pela irmã, as duas Henriquetas; apesar da sua indiscutível inclinação para o catolicismo, o rei não ousou dar o passo. E foi o que lhe valeu... A sua simples *Declaração de indulgência,* que autorizava os padres a celebrar Missa em casas particulares, desencadeou tal furor no Parlamento e na opinião pública, que ele teve fazer votar o *Bill of Test* (1673), segundo o qual todos os funcionários, antes de entrar em funções, tinham de prestar o *juramento de supremacia,* ou seja, reconhecer o rei como chefe supremo da Igreja. Seu irmão, o duque de York, convertido ao catolicismo, para não prestar esse juramento, que considerava blasfemo, renunciou a todos os seus cargos, até o de grande almirante, e abandonou a frota que tão admiravelmente criara.

Não foi tudo: o ódio ao catolicismo passou a ser alimentado zelosamente na opinião geral por todos os protestantismos. Uma acusação de conspiração, construída peça a peça pelo antigo ministro anglicano Titus Oates, foi aceita sem discussão. Os jesuítas preparavam uma nova *conspiração da pólvora...* Os católicos esperavam um desembarque de tropas francesas... A Irlanda estava dentro do caso... Seis jesuítas e nove padres foram enforcados. Dois foram metidos na cadeia ou forçados a fugir. Falava-se de excluir o duque de York da sucessão ao trono.

É nessa atmosfera de paixão que o duque de York sobe ao trono como *Jaime II* (1685-88). Tão má recordação tinham os ingleses da sua República, que o lealismo monárquico vence o antipapismo. O novo rei é aceito sem discussão. Era corajoso, honesto, virtuoso, mas obstinado e limitado. Mal sobe ao trono, julga do seu dever restaurar o catolicismo por sua real determinação. Passa a assistir às cerimônias católicas, comunga publicamente, rodeia-se de católicos. Avança tão depressa, que Inocêncio XI lhe aconselha prudência. A Escócia puritana, onde desembarcou o duque de Monmouth, bastardo de Carlos II, levanta-se ao apelo do

Conde de Argyll, filho de um protestante executado quando da Restauração católica de Carlos I. Jeffreys, favorito do rei, com as suas *Sentenças de sangue* esmaga a rebelião sem piedade. Apoiado pela "Alta Comissão Eclesiástica", Jaime II prepara o regresso do catolicismo.

Em 1687, anula o *Bill of Test*. O jesuíta Pètre passa a fazer parte do Conselho do Rei. O arcebispo de Cantuária e seis bispos anglicanos são levados a tribunal. É então que Dryden, convertido ao catolicismo, dedica à glória da Igreja Romana o seu estranho poema *A Corça e a Pantera*. O rei julga proceder habilmente editando uma *Declaração de indulgência* que procura associar aos católicos, na sua oposição aos anglicanos, todos os não-conformistas, os batistas presbiterianos e até os quakers. Os protestantes que se prezam desconfiam da vizinhança. Enquanto, pouco a pouco, todos os anglicanos são afastados dos cargos importantes, a opinião pública indigna-se. O Parlamento recusa-se a votar a indulgência aos "inocentes súditos católicos". O tribunal absolve os bispos inculpados. A revolução está em marcha. A Inglaterra protestante, que suportou por três anos esse rei impopular, na esperança de que dentro em pouco lhe sucedesse a filha mais velha, Maria, protestante, casada com o protestante Guilherme de Orange, enfurece-se quando nasce um herdeiro católico: Jaime Eduardo. Perante a tempestade ameaçadora, Jaime II prepara a retirada[70]. Guilherme desembarca em Torbay, com os seus soldados huguenotes. Os estandartes do Príncipe de Orange têm a divisa *Pro religione protestante*. Com Jaime em fuga, o catolicismo tem mesmo a partida perdida.

A partir desse momento, o pequenino rebanho católico da Inglaterra (cerca de um terço da população) vai ter cada vez menos importância. Cidadãos de segunda classe, afastados dos cargos públicos, são os únicos "não-conformistas" a quem é recusada a liberdade religiosa. Aos outros, a todos os que admitem o esquema de fé cristão formulado nos *39 Artigos*, o *Ato de tolerância de 1689* concede o direito ao culto. Deste são excluídos os católicos, os unitarianos e os judeus. Contra os papistas há decretos draconianos. É de novo punido o "crime de missa". *Guilherme* e Maria (1689-1702), aprovarão, no mais fundo da consciência, semelhante fanatismo? É lícito duvidar; mas a opinião pública constrange-os. E, depois deles, a boa e piedosa *Ana Stuart* (1702-14), segunda filha de Jaime II, casada com Georges da Dinamarca, tão protetora do baixo clero anglicano, continua a mandar aplicar aos católicos as leis penais no máximo rigor. O *Act of Settlement*, de 1701, votado pelo Parlamento, afasta todos os católicos da sucessão da coroa. Ana, que gostaria de a deixar ao seu meio-irmão Jaime Eduardo (Jaime III), é forçada a assinar o documento. Quem lhe vai suceder é seu primo de Hannover (1714). George I é protestante moderado, mas apesar de tudo autêntico protestante. Nada mais há a esperar, para a causa católica, do país de São Tomás Becket e de Santo Eduardo.

Vemos, pois, que a Contrarreforma não apenas fracassou na Inglaterra, como desencadeou a mais viva reação protestante. Tal reação foi também violenta noutros lugares. Por exemplo, nos países escandinavos. Na Dinamarca, depois do golpe de Estado de 1660, as leis anticatólicas foram reunidas num verdadeiro código (1683) e reforçadas. Qualquer padre que entrasse no reino era passível de morte. Qualquer conversão ao papismo expunha ao banimento e ao confisco dos bens. Quando o embaixador da França reclamou o direito de erguer uma capela católica, teve de tomar o compromisso de não deixar entrar nela nenhum dinamarquês papista. Por isso a vitalidade do catolicismo dinamarquês diminuiu a olhos vistos, apesar da conversão ruidosa do sábio Niels

Stensen, o qual, feito bispo e vigário apostólico, teve de viver no exílio. Também de nada valeram as missões clandestinas, financiadas por mons. de Furstemberg e organizadas, em Münster, pelos jesuítas. Por volta de 1715, só haverá um católico para cinco mil dinamarqueses.

Na Suécia, a situação não era melhor. A conversão da rainha Cristina[71] fez sensação, mas não provocou imitadores. Depois dela, seu primo, Carlos XI, reforça a legislação antirromana. A partir de 1686, essa legislação é exatamente igual à da Dinamarca: banimento e confisco de bens dos convertidos; proibição de entrada de padres, que só vêm clandestinamente. A desconfiança para com tudo o que lembra o papismo é tão grande, que um mestre venerado do luteranismo, Ussadius, por ter ousado ensinar que as obras são úteis para a salvação, será condenado a trinta anos de prisão. Só no último quartel do século XVIII é que, sob o rei-filósofo Gustavo III, o vigário-geral Oster reanimará a desventurada igreja católica da Suécia[72].

Na Alemanha, a situação reveste-se de menos brutalidade, mas não é muito melhor. É certo que numerosos Estados germânicos continuam totalmente fiéis ao catolicismo: os eleitorados episcopais, a Baviera, os principados eclesiásticos, como Fulda, Münster, Ratisbona, Würzburg. É certo também que, no Hessen e no Palatinado, foi estabelecido um *modus vivendi* entre católicos e protestantes e que, na Saxônia, Frederico Augusto, convertido ao catolicismo e eleito rei da Polônia, acha meio de fazer uma "Concórdia" que reconhece aos católicos o direito ao culto privado. Mas, fora esses casos, a reação protestante é, ou brutal, ou sinuosa. Nomeadamente na Prússia, se o Grande Eleitor Frederico Guilherme se mostra tolerante, já Frederico III, a partir de 1688, manifesta uma intransigência a que o estimulam os refugiados franceses, ali instalados desde a revogação do Edito de Nantes. É, aliás, uma personagem bastante quimérica, esse Frederico III que sonha com a unidade religiosa dos seus Estados e que estaria pronto a um entendimento com Roma se o papa aceitasse sagrá-lo rei. Como o projeto fracassa, o novo "rei na Prússia" retira aos católicos o direito de culto, renova os antigos decretos de perseguição, expulsa os jesuítas. O número de católicos no conjunto das terras prussianas não vai muito além de 3% e não faz senão decrescer.

Há certas regiões da Europa em que a situação parece pior, pois se trata de autênticas perseguições. É o caso dos Países-Baixos holandeses, por exemplo. Aí, porém, o catolicismo dá provas de maior vitalidade, e defende-se. Atacados desde 1648[73], os católicos são suspeitos de francofilia e tratados como inimigos do Estado, reduzidos a uma existência quase inteiramente clandestina. Não podem conviver com os funcionários públicos. Assistem, impotentes, à demolição das capelas votivas e dos cruzeiros das estradas. Numerosos padres e religiosos partem para o exílio. Mas essa Igreja quase proscrita luta sem cessar. Os católicos não esqueceram as lições de Roverius: subornam funcionários protestantes para poderem manter alguns atos de culto, mandam educar os filhos na Alemanha. Por volta de 1671, Amsterdam conta dezoito "casas de oração" e dez mil católicos; por volta de 1715, serão perto de 300 mil em terra holandesa. O lamentável caso do cisma jansenista de Utrecht[74] retarda gravemente esse progresso do catolicismo holandês. Mas será apenas uma interrupção.

Em parte alguma do Ocidente a reação protestante se mostra tão brutal e a resistência católica tão heroica como na *Irlanda*. Os motivos religiosos e os motivos políticos misturam-se para tornar o conflito irremissível. Desde que os *roundheads* ["cabeças-redondas"] de Cromwell arrastaram a catolicíssima Erin para a disciplina inglesa[75], à custa de uma repressão selvagem, a Irlanda, reduzida a espectro, continua a assustar os carrascos. Para esse povo, fidelidade à fé católica e fidelidade à consciência nacional são uma e a mesma coisa. E defendem as duas a preço de sangue. Não nos admiremos, pois, se virmos os irlandeses metidos na política do reino da Inglaterra, hostilizando os príncipes anglicanos, aliando-se aos pretendentes católicos.

Mas esse emaranhado das duas ordens de valores só poderia tornar mais rude a repressão. Quando, sob Carlos II, o grande medo provocado pelo "pseudo-complô" inventado por Titus Oates incendeia as iras, são os irlandeses quem a multidão acusa em primeiro lugar de ser a alma da coisa. E, para satisfazer a opinião pública, é enforcado em Tyburn o arcebispo de Armagh, primaz da Irlanda, *Olivier Plunket*. O reinado efêmero de Jaime II traz a paz à Ilha Verde. Durante o vice-reinado de *Mad Dick*, Talbot-Tyrconnel — que corresponde a uma semiautonomia —, os católicos retomam alento. Mas a "pequena revolução" de 1688 precipita-os na desgraça. Insurgidos contra os protestantes Guilherme e Maria, ajudam Jaime II a desembarcar no seu solo, em Kinsale, com os cino mil homens que Luís XIV pusera à sua disposição. Vencido em *La Boyne* (1690), o rei destronado regressa ao continente. É em clima de desespero que os irlandeses travam os derradeiros combates. Em *Limerick* (1690), têm de submeter-se. O texto do Tratado, formal, promete-lhes a liberdade da prática religiosa. Mas Guilherme III e Maria não podem manter a palavra dada, empurrados como são pelos protestantes da Ilha.

Depressa se desencadeia a perseguição. Os católicos são excluídos do Parlamento. Perdem o direito de ter padres, de usar armas, de abrir escolas. Literalmente bloqueados na sua Ilha — 100 libras de multa a quem mandasse o filho estudar no continente —, são reduzidos a uma situação de inferioridade: veem-se forçados, sob pena de multa de 60 libras, a assistir aos ofícios protestantes; muitos são expulsos das suas terras, que passam para as mãos dos inimigos (um milhão de acres assim confiscados); encontram-se praticamente entregues a todas as exações dos poderes estabelecidos pelo inglês. Reina na Ilha Verde um terror atroz — tão grave como o que conheceram os protestantes franceses após a revogação do Edito de Nantes. E todavia a resistência não enfraquece. *Patrick Donnelly*, com os seus 77 padres, 22 religiosos e 9 religiosas, deslocando-se incessantemente através da Irlanda, celebra a Eucaristia para as "assembleias do deserto", numa "pedra-relíquia", a *Corrig-an-Aifrion*, antes de ser aprisionado. Na sua maioria, os bispos têm de fugir — para França ou para Portugal. No continente, porém, com a ajuda do episcopado francês, vários deles abrem seminários, para formação de jovens destinados a continuar a luta. A Igreja Católica pode passar por um eclipse aparente no país de São Patrício. Vencida é que não está, nem sequer desanimada.

E eis que, no outro extremo da Europa, outro bastião do catolicismo parece em vésperas de afundar-se: a Polônia, que, há já muito tempo, causa à Igreja graves inquietações[76]. Não que a Polônia deixe de ser, neste final do século XVII, tão admiravelmente fiel como outrora. Pelo contrário: o drama de 1655, em que os monges de Czestochowa tinham repelido os suecos, parece ter exaltado ainda mais a fé. Em parte alguma a Igreja é rodeada de maior veneração e de maior amor. Em parte alguma as festas do Natal e da Páscoa são mais bem celebradas, a Santíssima Virgem recebe orações mais fervorosas. Em parte alguma, o clero é tão poderoso (possui 800 mil servos). Certo arcebispo é senhor de dezesseis cidades. Todas as ordens estão ativas, incluindo os novos institutos, vindos da França: Visitação, lazaristas. As missões estão em plena atividade.

Mas a própria situação do reino polonês, confinado entre a Rússia cismática, a Prússia e a Suécia protestantes, e só podendo comunicar-se com o Ocidente através do país de João Huss, é bem perigosa. Quanto à situação interior, está ainda mais ameaçada pelo sistema de monarquia eletiva, pelas pretensões dos nobres e sua incurável anarquia, pela latente discórdia entre regiões diversas e diversas classes.

Tudo isso excita cada vez mais o apetite dos vizinhos, dois dos quais, a Prússia e a Rússia, se encontram em plena expansão. Por um momento, *João Sobieski* (1674-96) refreia o processo de decadência. Por sua morte, o francês Louis de Conti, herói de Steinkerque, é eleito rei, mas a Inglaterra e o Brandenburgo-Prússia opõem-se à nomeação, e é o Eleitor da Saxônia que passa a ser Augusto II e reina em Varsóvia. Com ele, a marcha para o abismo é retomada e acelerada. A guerra da Liga de Augsburgo, a guerra do Norte, a Guerra da Sucessão da Espanha, isolando a Polônia, privam-na do apoio da França. Ponto de contato entre a Rússia, a Suécia e a Saxônia; sem dispor de exército sólido para fazer respeitar as suas fronteiras; mais que nunca repuxada pelas forças anarquizantes que a minam — a única coisa que a infeliz Polônia pode esperar são os *ukases* [ordens] de Pedro o Grande, que lhe são transmitidos pelo embaixador russo. Já no horizonte surge a tragédia da partilha.

Estamos decididamente longe da época em que parecia que o mundo católico, guiado pela Igreja renovada do Concílio de Trento, ia retomar aos adversários os territórios perdidos. Estamos bem longe da Montanha Branca, longe da Contrarreforma política. E, no entanto, existe um setor em que o seu espírito sobrevive sob uma das formas em que se manifestava com maior esplendor: o espírito de

Lepanto. A cristandade — se ainda ousarmos falar de cristandade — não está somente ameaçada de divisão. Um perigo antiquíssimo acaba de reaparecer no Oriente: os turcos! Desde que, em 1656, o grão-vizir de Maomé IV, o albanês *Köprülü*, tomara as rédeas do Império Otomano, a ofensiva estava em preparação. Desencadeia-se em 1663, no sentido do Danúbio. A Hungria, bastião da Cruz, encontra-se perturbada devido às repressões brutais lançadas pelos imperadores contra os protestantes, e numerosos húngaros se aproximam dos turcos.

Diante do perigo, o papado retoma o seu antigo papel de pregador de cruzada. Em 1664, ao apelo de Alexandre VII, um exército internacional, sob as ordens do italiano Montecucculi, trava o avanço de um exército de 200 mil turco-tártaros, nas margens do Raab, perto do mosteiro de *São Gotardo*. O contingente enviado por Luís XIV, flor da nobreza da França, opera maravilhas. Mas o perigo do Crescente não fica arredado. Tanto mais que o imperador Leopoldo, com receio dos seus súditos húngaros, se apressa a assinar a paz — e a Hungria passa a ser tratada a ferro e fogo por vários anos. Os turcos lançam novo ataque. Desta vez contra a veneziana Creta. E, apesar dos patéticos apelos de Clemente IX e dos socorros enviados por Luís XIV, Cândia tem de capitular (1669). Chamados por Tököly, húngaro revoltado, os turcos encarniçam-se agora sobre o Danúbio. É uma onda que avança. É a maré. Contra Viena, com 50 mil habitantes, lançam-se 250 mil soldados de dez raças diferentes. O ano de 1683 parece tocar a finados.

Mas, mais uma vez, o papado entra em ação. Inocêncio XI suplica a todos os Estados cristãos que cessem as suas querelas para se unirem contra o islã em marcha. Luís XIV é o único dos grandes príncipes católicos do Ocidente que fica indiferente a tais súplicas. Enquanto, em Viena, burgueses, operários, estudantes lutam lado a lado nas muralhas, sob o comando de Rogério de Stahremberg e incitados pela pregação do capuchinho Marco de Aviano, a contraofensiva está em preparação. Aos 60 mil medíocres soldados imperiais de Carlos de Lorena, João Sobieski, rei da Polônia, financiado pelo papa, acrescenta 25 mil homens de escol. É a heroica carga de cavalaria de Sobieski, que, nas vertentes de *Kahlenberg*, salva a cidade de Viena. Começa o recuo do Crescente. O imperador, humilhado por ter devido a salvação aos polacos (trata de maneira odiosa João Sobieski, a quem nem sequer diz obrigado), reorganiza o exército, arranja-lhe excelentes generais, retoma a ofensiva.

Uma após outra, as praças da Hungria são tomadas. Em 1686, a fortaleza de Buda, "escudo do islã", que os infiéis detinham havia 145 anos, é-lhes arrancada. Uma *Santa Liga Cristã*, organizada em Roma e à qual o próprio czar se associa com certo ar de desprezo, leva a guerra ao interior do Império Otomano; invade Zanta, Cefalônia, Leucádia; apodera-se de Corinto; chega a bombardear Atenas. E é então que o Parthenon, transformado pelos turcos em depósito de pólvora, vai pelos ares, sofrendo prejuízos irreparáveis (1697). O veneziano Morosini e o príncipe Eugênio triunfam. O sultão é forçado a assinar a paz de Carlovitz, a abandonar toda a planície da Hungria e a Transilvânia. Resta-lhe apenas o banado de Temesvar. Dele o expulsam os exércitos cristãos, levantados à voz de Clemente XI. A paz de Passarovitz (1718) consagra a redução do poderio turco à península balcânica. É este o primeiro ato de um drama que se prolongará por todo o século XVIII, assim como pelo século XIX e mesmo pelo início do século XX. É o fim da Sublime Porta.

Mas será lícito falar de vitória cristã? Será ainda legítimo falar de cruzada? Que haverá de cristão na política do imperador na Hungria?, e na maneira como os venezianos se reinstalam na Dalmácia e depois vão arrebanhar os mármores antigos e os leões do Pireu? Lepanto já esta longe. Agora, já não são interesses religiosos que se defendem: são interesses, sem mais...

Esforços e dores do papado

Nesta época determinante, em que, sob aparências gloriosas, se prenunciam para a Igreja amanhãs inquietantes, qual o lugar do papado? Acabamos de o ver dirigir a luta contra os turcos com eminente sentido dos seus deveres. A campanha vitoriosa de São Gotardo não teria sido possível sem Alexandre VII; a de 1683 teria sido bem diferente sem o milhão de florins que Inocêncio XI ajuntou para financiar a intervenção de João Sobieski; e, por trás dos feitos de armas do príncipe Eugênio, no ano decisivo de 1715, e da contraofensiva cristã na Moreia, está a diplomacia do prudente e ativo Clemente XI. Quererá isto dizer que a Santa Sé recuperou toda a sua autoridade? Que o papado estará pronto a assumir de novo o papel de guia do mundo cristão que outrora o caracterizara?

Um fato é certo, e capital: a Igreja não passa então pela "desgraça que conheceu em outras épocas, nos tempos da Renascença por exemplo, de ter à sua frente chefes mediocremente dignos dela". Os sete papas da Era Clássica podem ser muito diferentes uns dos outros — um Alexandre VIII e um Inocêncio XII estão longe de ter em todas as matérias as mesmas posições —, mas a verdade é que todos eles merecem a nossa estima e até alguns deles a nossa admiração. E evidente que já não estamos nos tempos de Júlio II nem do papa Bórgia.

O firme e corajoso Alexandre VII morre em 1667, depois de um pontificado agitado[77], macerado de humilhações que lhe foram infligidas por Luís XIV[78] e, nos últimos tempos de vida, encerrado numa piedade sombria. Deixou o exemplo de uma vida digna, de um caráter reto, de uma energia indomável. Clemente IX (1667-1669), que ocupa por menos de três anos a Cátedra de São Pedro, é um toscano sutil, prudente, duro para consigo mesmo, benévolo para com os outros (*aliis, non sibi clemens*, diz a sua divisa), notavelmente dedicado ao cumprimento dos deveres do cargo. Encarna visivelmente o espírito de conciliação[79], mas também a coragem — quando for preciso tentar salvar Creta das garras turcas. O velho cardeal Altieri, eleito papa após cinco meses de vacância da Santa Sé, num Conclave marcado por vetos, parecia inofensivo aos seus oitenta anos. Antes de aceitar a pesada carga, chorou abundantemente. E assim se tornou Clemente X (1670-76), precisamente o oposto de uma ruína: é ele o papa que resiste a Luís XIV na questão da *régale*, que com os seus subsídios ajuda a Polônia a lutar contra os turcos, que trabalha intensamente a favor das missões. Na vida privada, alma profunda, inspirada pelo espírito de reforma (provam-no as canonizações que faz), impelido pelo sentido eminente da santidade de que a época tem necessidade.

Com Inocêncio XI (1676-89), é a própria santidade que reaparece na Sé de Pedro. Havia um século — desde a morte de Pio V — que não a víamos. Muito antes de a Igreja do nosso tempo o ter beatificado (1956), já o povo cristão o tinha por bem-aventurado. Nobre personalidade, a de Bento Odescalchi. Italiano do Norte (sua família era originária das margens do lago de Como), nele se concentram perfeitamente as qualidades sólidas dos homens dessas regiões da Península: a tenacidade, a coragem no trabalho, a frugalidade, o amor da ordem. Os retratos mostram-no cheio de distinção, um tanto frágil, com algo de meditativo e quase ansioso no olhar. Os biógrafos referem que, quando celebrava a Missa (não diariamente, por se julgar indigno), experimentava tão forte emoção que por vezes chorava. Em paralelo com a piedade, a simplicidade da sua vida e a austeridade dos seus costumes são exemplares. É o tipo exato do padre inteiramente esquecido de si, em total renúncia. Mas essa severidade para consigo é acompanhada de infinita delicadeza para com os outros. Já quando era legado pontifício em Ferrara e depois bispo de Novara, se tornara célebre pela generosidade sem limites, pelas visitas aos miseráveis, aos doentes, aos presos. Inocêncio X, que conhecia os homens apesar da sua fraqueza, concede-lhe o chapéu cardinalício e chama-o para junto de si, para as funções que viriam a constituir a Secretaria de Estado. Não foi sem receio que os nobres romanos e as damas da alta sociedade e até muitos funcionários das Congregações viram essa nomeação.

Todos tinham razão para desconfiar. Com efeito, a partir do momento em que recebe a tiara, Inocêncio XI entra em luta implacável contra os abusos de toda a espécie. As sinecuras são suprimidas: nem um só dos seus sobrinhos se beneficia delas. O clero regular é atentamente vigiado e de novo obrigado a respeitar a disciplina (sobretudo os dominicanos e os cistercienses). Antes de nomear um bispo, o papa faz pessoalmente um rigoroso inquérito acerca das virtudes e ciência do candidato. Os párocos são convidados a pregar, a ser "simples e piedosos", a ensinar o catecismo, a residir na paróquia e a ter boa conduta. Também as "elegantes" de Roma ouvem o papa censurar-lhes a maneira de vestir. Talvez nem todos apreciem o regulamento pontifício sobre a *toilette*, e nem os seus maridos um certo decreto sobre o jogo. Defensor estrito e severo da moral, Inocêncio XI será porventura, como já se tem dito, um papa "*janséniste*"? Se é verdade que condena o quietismo de Molinos[80], e apoia decididamente o padre Tirso González, grande adversário de todos os laxistas e probabilistas, também é verdade que não dá quaisquer mostras de complacência para com as doutrinas de Jansênio, e é precisamente sob o seu pontificado que Port-Royal se desfaz. Sem ser um grande doutor, Bento Odescalchi é um defensor da fé.

E é também defensor dos direitos da Igreja e do mundo católico. Há mesmo algo de paradoxal e emocionante na luta encarniçada desse homem frágil e todo feito de interioridade. É ele o papa que faz frente a Luís XIV, então no apogeu da glória, indo ao ponto de excomungar o embaixador da França e chegando a preferir ver os territórios de Avinhão ocupados pelas tropas francesas, a ceder[81]. É também ele o papa que, à força de energia e de diplomacia, consegue formar a coligação contra os turcos. É ele o verdadeiro vencedor, o vencedor moral, de Kahlenberg.

E tudo isso — toda essa força de alma — se harmoniza com a caridade que já conhecemos e que não o abandonará até o último suspiro. Obrigado, por motivos políticos, a não desaprovar a revogação do Edito de Nantes, intervém junto de Jaime II da Inglaterra a favor dos infelizes huguenotes fugidos da França. E, no auge da luta contra o Crescente, vemo-lo minuciosamente ocupado — como sempre fazia — com o "hospital volante" que manda acompanhar as tropas e que é autêntico antepassado de uma "Cruz Vermelha" católica. É fácil compreender que, quando morre (12 de agosto de 1689), a cidade se esvazie para ver o cortejo fúnebre ligar o Quirinal ao Vaticano, e que o carro mortuário dificilmente abra passagem por entre os fiéis que apaixonadamente tentam tocar no caixão com um pano, com qualquer objeto, a fim de os conservar como relíquia. Nenhum pontífice do tempo abriu um sulco semelhante a esse.

Depois dele, o breve pontificado de Alexandre VIII (1689--91) parece feito para contrastar. Não que esse veneziano sagaz, canonista competente, muito conhecedor dos assuntos eclesiásticos (foi conselheiro de sete Congregações romanas), seja indigno de louvores. Mas Roma, enquanto se regozija por vê-lo autorizar as antigas festas carnavalescas e teatrais proibidas pelo antecessor, irrita-se com as fraquezas que o novo papa tem para com toda a parentela. Dentro em pouco, o nepotismo dos Ottoboni será tão proverbial na Igreja como outrora o dos Barberini.

Tais desvios não duram muito. Não é em vão que o cardeal Pignatelli, ao sentar-se na Cátedra Apostólica, toma o nome do santo que morrera dois anos antes: Inocêncio XII (1691-1700). Sob uma aparência afável, o novo papa conserva a severidade do Inquisidor que foi. As suas decisões draconianas contra o nepotismo causam impressão. Padres, bispos e até cardeais são forçados a compreender que têm de pregar com o exemplo. Quietistas e jansenistas são igualmente censurados. E esse lutador sabe também velar, com solicitude de pai, pelos pobres e pelos órfãos da Urbe. A sua morte, em pleno ano jubilar, lança o mundo católico no espanto e na tristeza.

Vem depois o primeiro papa do século XVIII, Clemente XI (1700-21), que se mostra digno de tal sucessão. Jurista eminente, antigo governador das cidades pontifícias de Urbino e de Rieti, a sua personalidade é tão forte que o Conclave o elege por unanimidade, embora só tivesse recebido as sagradas ordens e celebrado a primeira Missa dois dias antes da reunião (apesar de ter sido criado cardeal havia dez anos). No meio de dificuldades políticas sem número, mantendo perante o imperador e o duque da Savoia a mesma atitude de firmeza que fora a de Inocêncio XI em face do Rei-Sol, este italiano da Úmbria, afável, amigo das artes e das letras, desempenha com naturalidade o papel de defensor da Igreja contra os príncipes cristãos ou contra os turcos, de defensor da moral e do espírito de reforma, de defensor da fé autêntica. É ele o autor da bula *Unigenitus*.

Tal sequência de pontífices impressiona. Importa acentuar a sua qualidade, tanto mais que os historiadores franceses são com frequência injustamente severos com eles, em razão das censuras feitas pela Santa Sé, sobretudo desde Inocêncio XI, à política de Luís XIV. Já vimos onde estava o verdadeiro espírito cristão. Não queremos dizer que tudo fosse digno de louvor na Roma papal desta época, no círculo dos papas, nas Congregações, até no Sacro Colégio. A correspondência secreta entre os núncios e a Secretaria de Estado confirma as ironias de Saint-Simon.

O papa Fabio Chigi, Alexandre VII, não esconde a pouca estima que tem pelo seu homônimo o cardeal Sigismondo Chigi, cujas *parties carrées*[82] e "caçadas a ovelhas" provocam murmurações. Ginetti, Mellini, Bassadonna não honram muito a púrpura. Sobre o cardeal Carpegna diz-se tanta coisa que Inocêncio XI encarrega outro cardeal, o virtuoso Casanetta, de proceder a um inquérito. Tais manchas, tão próximas da Sé Apostólica, desolam e inquietam o santo papa. O cardeal d'Estrées ouve-o gemer por causa delas. Propositadamente, deixa que a morte vá abrindo vinte e quatro vagas no colégio cardinalício. Na esperança de o melhorar, pensa reduzir o número de cardeais para cinquenta. E, quando o cardeal Maidalchini se faz ordenar padre, o papa proíbe-o de celebrar Missa! Não exageremos, no entanto. Ao lado desses pastores mais ou menos sarnentos, quantos excelentes, dignos de elogio! O bem-aventurado Gregório Barbarigo é exemplo de zelo, de caridade, de piedade, de ciência.

O cardeal Bonvisi, núncio em Viena, o cardeal Saenz de Aguirre, espanhol, o cardeal Leopold von Kollonitz, austríaco, não lhe ficam atrás. A partir de Inocêncio XI, assistimos a um esforço sério por purificar o Sacro Colégio e combater todos os abusos. É sobretudo notável a ação desenvolvida por Inocêncio XII e Clemente XI.

Nada mais significativo, nesta perspectiva, que a luta empreendida contra o nepotismo, verdadeiro flagelo da Santa Sé na época anterior. Salvo Alexandre VIII, nenhum dos pontífices que acabamos de passar em revista cai nesse mal, certamente explicável, mas desastroso. Levado por Bonvisi, Kollonitz, Saenz e Albani, que virá a ser Clemente XI, Inocêncio XII decide desfechar um tremendo golpe contra esses erros excessivamente enraizados. E a bula *Romanum decet Pontificem* (1692) aplica à Sé de Roma os sagrados cânones que proíbem os bispos de enriquecer os parentes à custa dos bens eclesiásticos. "Os papas não poderão nomear cardeal senão um dos seus sobrinhos. Sob pretexto algum poderão dar aos parentes dinheiro, bens, cargos. Se tiverem parentes sem recursos, não os poderão socorrer senão como a quaisquer outros pobres. E, se um parente do papa, por força de seus méritos, se tornar cardeal, os seus emolumentos não ultrapassarão escudos romanos". Desse modo, o enérgico pontífice suprimia todos os cargos civis, militares ou eclesiásticos tradicionalmente concedidos como sinecuras aos parentes do papa reinante...

Tais fatos, tais gestos são prenhes de sentido. E não são atos isolados. Nos grandes debates doutrinais da época, é sempre a Roma que, em definitivo, cabe a última palavra. O próprio Luís XIV, para resolver a questão de Port-Royal, se vê forçado a entender-se, de boa ou má vontade, com o papa. Tudo o que, na Igreja da Era Clássica, manifesta a permanência do espírito de reforma apoia-se nos papas e é por eles apoiado. Assim acontece com Rancé e seus trapistas; assim com os dominicanos do padre Cloche. Veremos daqui a pouco[83] a ação pessoal dos papas, muitas vezes determinante, na obra missionária que prossegue além-mar. Não deixa de ter interesse registrar as canonizações e beatificações feitas por esses pontífices, especialmente por Clemente X e Alexandre VIII. Quem é elevado aos altares? Personalidades que encarnam o ideal do sacerdócio: Francisco de Bórgia, Lourenço Justiniano, Pio V; reformadores, como Gaetano de Thiène; altas figuras de missionários, como Louis Bertrand, Francisco Solano, Rosa de Lima; almas plenamente dadas a Deus — João da Cruz, Pedro de Alcântara, Madalena de Pazzi... Não duvidemos: tais escolhas são intencionais.

É evidente que esse esforço tenaz por restituir ao papado a sua autoridade se traduz num acréscimo de prestígio. Mesmo quando, politicamente, está nas piores relações com o papa — na altura da questão da *régale* —, Luís XIV tem o cuidado de lhe testemunhar, pessoalmente, muito respeito. A maneira como se fala dos pontífices e como se lhes fala nada tem de comparável com a que se usava noutros tempos, por exemplo no início do século XVI. O respeito que cerca a função sagrada é manifesto. Essa função distingue-se agora melhor dos homens que a exercem. Não se ignora que as eleições dos papas ocasionam toda a espécie de combinações políticas; que se exerce o direito de veto e que se dão muitas pressões. Diz-se correntemente que tal ou qual dos cardeais é "de coroa", ou seja, que, no Sacro Colégio, é menos homem de Igreja que homem de determinado soberano. Mas lembremos o que a tal respeito escreve Mme. de Sévigné: "Basta lermos a história para nos convencermos de que uma religião que subsiste por um milagre continuado, quer na origem, quer na duração, não pode ser produto da imaginação dos homens. Confiemos: por muitas combinações que se façam no Conclave, é sempre o Espírito Santo que faz o Papa". As multidões que, durante o grande Ano Jubilar de 1700, acorrem a Roma, dos quatro cantos do mundo, talvez não pensem nessas coisas. Noutros tempos, menos felizes para a Santa Sé, manifestações semelhantes atraíam também muita gente, pois sempre a auréola de Roma e do Vigário de Cristo foi esplendente. Mas é muito significativo que o escol do catolicismo tenha passado a ter consciência dessas verdades.

É agora, é durante este século XVII aparentemente abandonado aos cesaropapismos triunfantes, que a ideia da *infalibilidade do Papa* faz progressos decisivos. Bem podem as velhas teorias conciliares ser de quando em quando brandidas, até pelo próprio Bossuet; a verdade é que ninguém as toma muito a sério. É certo que a infalibilidade pontifícia não está ainda definida como dogma, e tem numerosos inimigos. Mas parece impor-se cada vez mais aos espíritos. O comentário que São Roberto Belarmino, no grande tratado sobre o *Pontífice Romano*, faz da frase de Cristo em Lucas (22, 31-32): "Eu orei por ti, a fim de que a tua fé não desfaleça, e tu, uma vez convertido, confirma os teus irmãos" — impressiona vivamente. Ninguém contesta ao Vigário de Cristo o soberano direito de fixar a fé. O próprio Jansênio está de pleno acordo com esse princípio. Quando, em 1703-1705, os bispos da França procuram opor-se a um processo tendente a reservar à Santa Sé a competência plena e exclusiva em matéria doutrinal, Clemente XI responde-lhes rudemente: "Quem vos estabeleceu como juízes? Os bispos não recebem os seus privilégios senão pelo favor do Romano Pontífice. De nada interessa ao Papa o juízo deles; apenas obriga-os à obediência". A opinião católica é favorável a essa linguagem. A *Bibliotheca Pontificia Maxima*, os trabalhos de Viva,

Billuart, Kilber, Orsi, e mais tarde, os tratados de Petitdidier e de Fénelon demonstram de maneira cada vez mais convincente a infalibilidade do Romano Pontífice. Apenas as suas características ainda não estão definidas de forma precisa: Fénelon vê nela o privilégio da Igreja Romana; Billart, o da pessoa do Papa. Seja de um modo ou de outro, a ideia está a caminho de ser doutrina comum.

Diremos que um tal quadro não tem sombras pesadas? Neste plano, como em todos os outros, o Grande Século, a Era Clássica, surge muito menos como época de perfeito equilíbrio do que como tempo de crise profunda, em que alguns esforços persistentes, corajosos, mantêm uma ordem incessantemente ameaçada. O papado compreende perfeitamente que tem contra ele forças temíveis. Sabemos quais são; têm nome: absolutismo, erastianismo, galicanismo[84]. Todas elas levam a afirmar a completa independência dos soberanos ante o poder espiritual, e até a justificar o domínio da esfera religiosa pelos Estados. À honra e à coragem de Inocêncio XI se deve ter ele lançado todo o peso da autoridade pontifícia contra o cesaropapismo do Rei-Sol, que os seus antecessores ainda olhavam com indulgência. Na batalha do galicanismo, foi a Santa Sé que acabou por vencer, embora, pelo Edito dos *Cinquenta artigos* (1695), o governo real se desforrasse disfarçadamente. Não é apenas na França, mas em todos os países católicos que o problema se põe: no Império, onde, a propósito do "imposto do centésimo"[85], o papa protesta vivamente; na Espanha, onde as discussões a respeito das taxas e dos impostos são constantes, e onde, sob Filipe V, o conflito chega a provocar a ruptura das relações diplomáticas entre Madri e Roma; e ainda na Baviera, e também na Polônia... Questão de dinheiro? Não só. Como na França, onde a luta galicanista se trava a propósito da *régale*, em toda a parte, por detrás dessas querelas financeiras, é bem de outra coisa que se trata.

No plano da política internacional, o papado não é atacado apenas por forças inimigas. Importa confessar que quase perdeu a partida. O papel de árbitro do mundo cristão, que desempenhara outrora, não lhe regressa às mãos. Os negociadores que, em Osnabrück e em Münster, tinham afastado dos seus trabalhos os representantes do papa e preparado os tratados de Westfália, com inteiro desdém pelos interesses da Igreja, tinham consagrado o apagamento político do papado, ou, mais propriamente, o fim da esperança de ver triunfar uma moral política cristã. Não que os papas não tivessem procurado retomar o seu papel. Vemos um Alexandre VII e um Clemente IX trabalhar por unir os Estados católicos contra os turcos. Vemos Clemente X trazer de novo a paz entre Gênova e a Savoia, oferecer-se como medianeiro entre Paris e Viena. Vemos Inocêncio XI entregar-se de corpo e alma à reconciliação entre os povos. Vemos Clemente XI retomar as mesmas negociações.

No conjunto, porém, todos os esforços permanecem vãos. A laicização da política internacional prossegue. Bem pode Inocêncio XI procurar esclarecer a consciência de Luís XIV, recordar-lhe em termos emocionantes os seus deveres de cristão[86]; a verdade é que não consegue grande coisa. Todas as questões políticas importantes se decidem, desde agora, fora do alcance do papado, sem terem em conta os interesses superiores da cristandade. No limiar do século XVIII, veremos até os Estados disporem dos feudos pontifícios, nos tratados de Utrecht e de Rastadt, sem terem minimamente em conta os direitos de suserania do papa. Mais tarde, vem o cúmulo do ocaso político da Santa Sé: quando se partilha a Polônia, os papas terão de assistir impotentes a essa infâmia.

Apagamento, também, noutro domínio — o das ideias. As novas correntes que vemos dominar espíritos e consciências[87] já não têm em conta para nada o parecer dos papas. E neste campo temos de reconhecer que há uma omissão, a mesma que marca a Santa Sé no princípio do século. Será que não se apercebe da gravidade da crise e da importância do que está em jogo? Será que lhe falta gênio ou intuição do futuro? A verdade é que, perante as doutrinas subversivas, a sua única atitude se resume em ripostar por meio de condenações. Mas porventura bastará inscrever no catálogo do *Index* as *Provinciais* e, sob reserva de correções, o *Discurso do método*, ou as *Histórias dos oráculos* de Fontenelle, ou o *Dicionário* de Bayle, ou mesmo os trabalhos bíblicos de Richard Simon? O que os papas do século XX virão a compreender tão admiravelmente — um Pio XI, um Pio XII —, ou seja, que, para lutar contra os erros modernos, não basta denunciá-los, antes importa pensar o mundo e os problemas que ele nos põe sob a perspectiva autêntica do catolicismo, os papas do século XVII não o compreenderam. E o seu silêncio é bem inquietante.

Os papas dos tempos clássicos, infinitamente mais estimáveis que os seus predecessores imediatos, parecem ter realizado esforços meritórios para diminuir a crise da sua época, mas as circunstâncias eram de tal ordem que é difícil deixar de pensar que era preciso ainda mais. O século XVIII não fará senão acentuar o temporário apagamento do poder pontifício.

A arte cristã no tempo do Grande Reinado

Será por acaso que a Era Clássica corresponde a uma baixa de vitalidade na arte religiosa[88]? A partir de 1670-80, o fato é evidente. Borromini morreu em 1667. Bernini desaparece em 1680. Em Roma, solicitados por questões de ordem bem diversa, os papas pouco tratam das artes. Quando muito, vemos Clemente X mandar ornamentar as cercanias da Basílica de São Pedro, construindo na Praça as duas famosas fontes e tratando da ponte de Sant'Ângelo. Ou Clemente XI interessar-se pelos mosaístas, cuja escola romana vai concorrer com as de Ravena e de Veneza, e pelos fabricantes de tapeçarias. Quanto ao austero Inocêncio XI, não é fácil vê-lo no papel de Mecenas... Mesmo no país do Rei-Sol, então pátria esplendorosa de todas as artes, como é pequeno o quinhão que cabe à arte cristã! Continuam as obras das igrejas começadas, como por exemplo, São Sulpício, da qual *Le Vau* (falecido em 1670) só pôde fazer o coro, o transepto e uma pequena parcela da nave. Mas praticamente não vemos abrirem-se novos canteiros de obras. As obras-primas da arquitetura religiosa do Grande Reinado são a cúpula dos Inválidos e a capela de Versalhes, nenhuma das quais serve menos a glória do rei que a de Deus. E se em Saint-Denis, sob a direção de Robert de Cotte, se fazem pelo final do reinado grandes trabalhos para erguer novos edifícios, é porque lá irá repousar o corpo do "senhor todo-poderoso"...

Será que diminuiu a fé no coração dos artistas da época? De modo algum. Esse sólido cristianismo que vimos tão enraizado nas almas do Grande Século, encontramo-lo nós igualmente vivo, igualmente exigente, entre os pintores e os escultores. Le Brun, Puget, Girandon, depois de enriquecerem, consagram parte da sua fortuna a mandar construir capelas nas igrejas de sua predileção: Le Brun, em Saint-Nicolas-du-Chardonnet; Puget, em Sainte-Madeleine de Marselha; Girardon, em Saint-Landry de Paris. Entre os convertidos famosos, figura Jacques Courtois, a quem chamam "o Rafael das batalhas", e que entrou para a Companhia de Jesus. Mesmo aqueles cuja obra vai deixar à posteridade a graça pagã das *Vênus da concha*, das *Afrodites acocoradas* ou mesmo dos *Embarques para Citera* — os Coysevox, os Watteau — não deixam de ser pessoalmente cristãos sinceros, que não parecem sofrer com a contradição entre a arte que exercem e a vida espiritual. "A última obra que Rigaud pintou, carregado de anos e de fortuna — nota Langevin é um dos poucos quadros religiosos que dele conhecemos: é uma *Apresentação no Templo*, onde literalmente ressoa o *nunc dimittis*[89] do artista".

Se a arte cristã deixa de ocupar o lugar eminente que outrora lhe fora reconhecido, não é porque haja menos fé; é porque a própria atitude da sociedade para com a arte mudou. Pede-se-lhe menos o louvor de Deus, pois se espera mais dela a exaltação do homem, e especialmente sob essa forma de deificação do homem que é o culto real. Não há nenhuma proporção entre as somas gastas em Versalhes e as que, durante o reinado de Luís XIV, se consagra à construção de igrejas. E não é somente na França que se observa esse fato. Os príncipes copiam Versalhes, tanto na Prússia como em Portugal, na Áustria ou na Polônia. Andarão por 30 mil os palácios e solares de grande luxo que se erguem por toda a Europa entre 1660 e 1715. No palácio do Rei-Sol, o verdadeiro santuário será a capela ou antes a sala onde o rei recebe as homenagens dos seus fiéis? Portanto: laicização manifesta da arte, como do resto. Não tarda que se chegue a uma sensualização, que um dia consagrará o total divórcio entre a arte e a fé, como acontecerá no século XVIII. Ainda Luís XIV não morreu, e já predomina o sonho do embarque para Citera com Watteau...

Não vamos, no entanto, até ao ponto de dar como inexistente a arte cristã. Como as grandes verbas dos Estados e dos ricos mecenas, indispensáveis ao desenvolvimento da arquitetura, se desviam dos canteiros de igreja[90], a arte religiosa volta-se para a pintura e a escultura, que podem ser aproveitadas na decoração das igrejas já existentes ou das capelas dos solares. *Pierre Puget* (1622-97), com o cinzel genial que esculpe o *Mílon de Crótona*, modela em Aix a admirável *Lapidação de Santo Estêvão* e a patética *Comunhão de Madalena. Girardon* (1628-1715), aconselhado por Le Brun, dedica à memória de Richelieu o expressivo mausoléu da Capela da Sorbonne. *Coysevox* (1640-1720) rivaliza com Girardon no *Túmulo de Mazarino* e ultrapassa-o na *Descida da Cruz* do coro de Notre-Dame de Paris. *Nicolas Courtois* (1656-1719) celebra no mármore o ato de consagração à Virgem de Luís XIII. E é uma obra-prima, demasiado esquecida, a estátua da *Fé* que *Sébastien Slodtz* (1655-1726), esse desconhecido, vai erguer na capela de Versalhes.

Mais vasta ainda que a obra esculpida é a obra pintada, que, nesta altura, tem os favores gerais. A moda, vinda ao mesmo tempo de Flandres e da Itália, espalha-se por toda a parte. Pululam os quadros de igrejas. Literalmente, invadem as paredes, enchem as capelas, atingem dimensões quase desmedidas. Os párocos, os cabidos das catedrais, as confrarias, os grandes senhores, os burgueses enriquecidos — toda a gente quer quadros. Em Saint-Germain L'Auxerrois (Paris), trocam-se os quadros consoante as festas anuais... A corporação dos ourives parisienses encomenda, ano após ano, um *Maio* para oferecer a Nossa Senhora, e, nesta época, é quase sempre um quadro — e de que formato! Há especialistas do gênero, como Philippe de Chennevières, autor de muitas dessas obras ainda hoje conhecidas, ou Sacquespée, sete vezes laureado pelos "Palinódias de Puy da Imaculada Conceição".

Mas os mestres que se ilustram na arte profana têm também, nos catálogos, quadros cristãos. Assim *Le Brun* (1619-90), com a *Vitória da Virgem*, com o *Martírio de Santo Estêvão*, com a *Elevação da Cruz; Mignard* (1610-95), amigo de Molière, com o seu elegante quadro *A Virgem do Cacho* (no Louvre) e, entre muitas outras obras, o assombroso *Batismo de Cristo*, em Saint-Jean de Troyes. Os dois Coypel, de la Fosse, Jouvenet — discípulo de Rubens e dos Carracci —, menos célebres, estão longe de ser insignificantes. Poderíamos ainda citar *Largillière* com o seu *Ex-voto de Sainte-Geneviêve*. De resto, devemos frisar a seriedade de todos esses artistas quando trabalham sobre temas religiosos. Na sua *A ideia do templo da Pintura*, então lido em tradução por toda a gente, Lomazzo explica aos pintores que, antes de abordarem um tema cristão, têm necessidade de pedir aos teólogos que lhes expliquem "como se deve representar Deus, os anjos, a alma, os demônios, os santos e os céus onde habitam, suas vestes, cores consoante as funções, e de modo geral todas as santas e devotas histórias". Não falta nada... E é assim que Le Brun exprime o melhor possível a teologia do seu mestre Olier.

Se a Era Clássica constrói menos igrejas, nem por isso deixa, pois, de ser, graças à pintura e à escultura, um período de abundante produção de arte religiosa. Não apenas na França, é claro, mas em todos os grandes países católicos. Poderemos classificar essa produção sob uma rubrica e falar a respeito dela de "arte clássica"? Não é um problema simples. Ao que parece, essa arte liga-se a duas grandes correntes.

Por um lado, a arte barroca, que na época anterior passara pelo apogeu, continua a subir. Não há mestres da qualidade de um Bernini, mas uma multidão de seguidores cheios de talento. Assim se torna possível construir e decorar ainda em estilo barroco centenas de igrejas e capelas, do Tirol à

Sicília, de Portugal à Boêmia e até nas Américas de cultura latina. Arrastado pelo seu estranho gênio, o barroco é cada vez mais exuberante, cada vez mais complicado e rebuscado, de certo modo cada vez mais gratuito e artificial. Já aí vem o *rocaille*, o rococó, que já pouco terá que ver com a inspiração cristã.

Por outro lado, observa-se outra corrente radicalmente diversa, que, como reação contra os próprios excessos do barroco, quer submeter a arte a regras de medida, de lógica, de gosto mais disciplinado. Para longe as fachadas de igrejas com ares de panejamentos batidos pelo vento! Para longe as naves sobrecarregadas de ornatos! Vão-se buscar na Antiguidade os exemplos austeros das colunatas estritas, do equilíbrio rigoroso. O que esta corrente prefere são as fachadas bem ordenadas, cuja beleza só provém da harmonia matemática das proporções, são as grandes naves frias e despojadas, que só da qualidade do material esperam o esplendor que, para outros, depende da prodigalidade da decoração. Arte que corresponde a uma religião muito oficial, associada ao sistema da monarquia onipotente, à religião de Bossuet.

Na realidade, semelhante oposição é teórica e corresponde mal às coisas. Há ainda muito barroco na grande arte clássica do tempo de Luís XIV, até mesmo nos elementos arquitetônicos típicos. Foi aos antigos ou aos barrocos que se foi buscar a colunata e a cúpula? Não terá sido considerável a influência das igrejas jesuíticas e da colunata de Bernini? Mas é sobretudo a decoração que deve ao barroco mais do que se tem querido dizer. Barrocos são esses quadros de altar que acabamos de ver, abundantíssimos, e em que a marca dos Carracci e dos Rubens é com frequência tão flagrante. Barrocas essas esculturas, mesmo as mais "clássicas", em que o mármore se verga às flexibilidades do tecido. Barrocos esses retábulos que, em tantas igrejas, se erguem por detrás dos altares sobrecarregados, eles próprios não menos barrocos. E barrocos também esses catafalcos ou pompas fúnebres que, por ocasião da morte de alguém ilustre, erguem nas naves prodigiosas decorações cobertas de panos negros, de galões e "lágrimas" prateados, de figuras simbólicas, de tochas e de lustres. De certa maneira, o próprio gosto do grandioso, do faustoso, do majestoso, que surge na arte clássica, não contradiz a tradição barroca — prolonga-a diretamente. Simplificando um pouco, quase poderíamos dizer que a arte cristã do Grande Século é "clássica" quanto ao exterior, mas permanece, em larga medida, barroca quanto ao interior dos edifícios.

O milagre consistiu em que isso não causou cacofonia e que, graças ao bom gosto, ao sentido inato da medida, os artistas deste tempo souberam harmonizar elementos tão contrários. Aliás, a vida espiritual da época não foi, por sua vez, herdeira das lições do Concílio de Trento e das da Escola Francesa? Não é verdade que sentimos a tensão entre tendências diversas? Se barroco e clássico coexistem, também coexiste na religião vigorosa deste tempo a fé de um Rancé e de um Bourdaloue com a de um Bossuet e de um Fénelon...

Podemos refletir sobre esses dois aspectos da arte religiosa clássica, considerando os dois monumentos que, isolados ou quase, na França do Grande Rei, atingem a plena significação: São Luís dos Inválidos e a capela de Versalhes. Um vale pela pureza das linhas arquitetônicas, pelo equilíbrio perfeito das colunatas da fachada, pelo movimento da cúpula tão bem assente no tambor, tão bem coroada pela lanterna e a flecha. *Mansart* (1598-1666), que teve nela a sua obra-prima, surge aí "clássico" no sentido mais formal do termo: herdeiro dos antigos, ele próprio um "antigo" que houvesse lido Descartes. O outro vale pela decoração interior, que é de uma prodigalidade no pormenor, de uma graciosidade, de uma liberdade igualmente admiráveis, mas que não tem como qualidade dominante nem a reserva austera nem o rigor. Não serão uma e outra significativas da França de Luís XIV? Não corresponderão elas à religião do rei cristianíssimo e da sua época[91]?

Também a música[92] está vinculada à glória do Grande Rei. Não podemos imaginar as festas de Versalhes sem o acompanhamento de orquestras dispersas pelos jardins e de vozes humanas misturadas com as modulações dos repuxos. O reinado de Luís XIV é a hora em que a ópera, que acaba de receber na Itália um impulso poderoso, invade a França e lá triunfa. É a hora em que o concerto instrumental, que começou a ter relevo precisamente por volta de 1660, entra nos hábitos. Nada disso — é manifesto — tem o que quer que seja de cristão.

E, no entanto, a música religiosa não decai, no meio do geral fascínio da sociedade inteira pela arte musical. Todos os mestres do tempo têm no seu repertório obras sacras. O próprio *Giovanni Battista Lulli* (1632-87), florentino, compõe um *De Profundis*, um *Miserere*, alguns motetos. J.B. Moreau — autor dos coros de *Esther* e de *Athalie* —, Clerambault, mais tarde *Couperin "o Grande"* (1668-1733) e *Rameau* (1683-1733), cuja arte anuncia os prazeres e os jogos da Regência e do reinado de Luís XV, são também autores de numerosas peças e motetos de inspiração plenamente cristã. De resto, o próprio rei se interessa pela música. A capela de Versalhes, em que ganham renome sucessivamente Du Mont e Lalande, é de alta qualidade. Os órgãos de Versalhes e dos Inválidos, e ainda os das principais sés de província, são de primeira ordem. As missas, acompanhadas a órgão, vozes humanas e orquestra, atingem uma beleza que até hoje nunca deixou de impressionar. Sobressaem as compostas por Du Mont e por Couperin "o Grande". Os grandes motetos passam por um enorme desenvolvimento. Lulli escreve vinte e três, demasiado secos talvez, mas donde sai por vezes um clamor nobre e fervente. Quando morre Lalande, Luís XV manda recolher e publicar os quarenta por ele compostos. Há um gênero que atinge considerável importância: o *Te Deum,* que exalta ao mesmo tempo a Deus no alto dos Céus e o "Vice-Deus" sobre a terra, donde o êxito dessa forma artística gloriosa e decorativa. A margem da corrente oficial (pois também Lulli, e depois dele Lalande, exerceram uma espécie de ditadura na música), André Campra compõe Salmos cuja originalidade começa agora a ser reconhecida, e *Marc-Antoine Charpentier* (1634-1704) extrai da história sagrada temas que o seu gênio misterioso transpõe para obras-primas tais como *O filho pródigo* ou o assombroso *Negação de São Pedro*[93].

Fora da França, a Itália vê também a música profana tomar um desenvolvimento enorme. Nenhuma das pequenas cortes italianas deixa de ter o seu grupo teatral para representar ópera. Veneza ofusca-as a todas. É lá que a música religiosa se aproveita dessa voga. As orquestras da época tocam nas Missas solenes. A Capela Sistina é célebre, e não apenas pelos seus eunucos. Prosperam os gêneros que a moda bafeja: o oratório, o moteto. As missas multiplicam-se à porfia. *Alexandre Scarlatti* escreve não menos de vinte! *Carissimi* apaixona-se pelo oratório, ao qual o aventureiro *Stradella* impõe uma forma elegante, clara, concisa. E a cantata, alternância de trechos de solo e de coro com recitativos, inventada por *Alessandro Grandi* em 1620 (antes de morrer, muito novo), está chamada a ter um grande futuro. Vai ser adotada pelos alemães.

Sim. O mundo germânico, tão pouco fértil em outros domínios, revela-se agora (sob que misteriosas influências?) como a pátria da música. E também da música religiosa, que se vai difundir no clima bíblico do protestantismo, quando surgir a gloriosa tribo dos Bach e a personalidade expansiva de Friedrich Haendel.

No limiar do novo século

Como todas as grandes épocas em que a sociedade parece ter atingido o equilíbrio e a plenitude, aquela que definimos como a Era Clássica tinha de conhecer um termo. Não pertence ao destino dos homens realizar de modo permanente a síntese das paixões e dos princípios, dos interesses e dos ideais. O Século de Péricles terminou um dia. E o Século de Augusto. O de Luís XIV não será mais eterno que eles. O classicismo, em todos os domínios, traduz um esforço corajoso, tenaz, por impor uma ordem às forças de ruptura que minam duramente a época. Por um momento, esse esforço triunfa; consegue um acordo miraculoso. Vê-se o regime político fazer corpo com as aspirações espirituais, a ordem social identificar-se, no que tem de melhor, com o ideal religioso. Mas, por mais belo que fosse, esse equilíbrio não podia deixar de se revelar frágil. Dependia do gênio de alguns homens. Dependia das circunstâncias. O tempo ia voltar a questioná-lo.

O fim do reinado de Luís XIV marca, pois, uma reviravolta. Depois das tristezas e rigores dos dez últimos anos, era inevitável a reação. É o que acontece na Regência e, depois, no reinado de Luís XV: reação moral e intelectual tanto quanto política. A bem dizer, os sinais precursores já eram perceptíveis durante quase todo o reinado de Luís XIV, pelo menos desde a década de 1680, em que a monarquia de direito divino começara a ser discutida nos princípios, no preciso momento em que parecia mais coroada de glória e em que, contra o domínio do Rei-Sol, se fizera a coligação da Europa. Trinta e cinco anos depois, quando morre o velho déspota, as ameaças são mais graves. Por toda a parte se ouve o crepitar.

Por singular fortuna, assim como a ascensão de Luís XIV ao poder pessoal coincidira em todo o Ocidente com uma alteração do clima geral, a sua morte parece também ter tido um significado fatal. Com ele morre o século XVII. Em todos os planos, em todos os domínios, podemos adivinhar que o século XVIII vai ser diferente. Qual será a sorte do princípio do direito divino dos reis na Inglaterra, onde, por duas vezes — primeiro quando Guilherme de Orange é chamado ao trono, depois por ocasião do advento de Jorge I —, é uma vontade meramente humana que funda o direito? E que poderá ele significar para essa casa de Brandenburgo e para a da Savoia, que só contam com a própria coragem e a própria habilidade para se manterem à testa da Alemanha e da Itália? A vida social transforma-se. Classes tidas por inferiores começam a discutir a hierarquia que as fixa no fundo da escala. A evolução econômica do Ocidente incita a questionar a ordem antiga. Surge o capitalismo; o dinheiro tem cada vez mais importância, em detrimento da terra; os banqueiros vão tendo maior função.

O mais grave ainda não é isso. Neste tempo, como em todos aqueles em que se preparam grandes mudanças, as verdadeiras razões da crise encontram-se no homem. É a própria concepção da sua vida e de si mesmo que ele discute e põe também em causa. Desde muito cedo no século XVII, quase desde o início, era possível observar sinais antecipados dessa "crise da consciência europeia" que Paul Hazard faz começar por volta de 1675[594] e que é, de fato, uma mescla indestrinçável de crise da inteligência e de crise da consciência moral. Desde muito cedo esse século nos mostra os progressos do espírito "libertino", o divórcio crescente entre a fé e a vida, os primeiros ataques da revolta luciferina contra Deus. No limiar do novo século, os sinais são tão claros que muitos espíritos os observam, mesmo Bossuet, apesar de pouco dotado do dom de profecia. O grande assalto tem aí as suas origens, e em breve vai lançar-se sobre as ideias que até então regiam o mundo, e sobre as autoridades humanas que o dominavam.

Autoridades humanas — e divinas. Porque, na crise em gestação, a Igreja estará em causa. Na Era Clássica, ela associou-se intimamente ao sistema dos Estados e da sociedade; foi ela que sustentou todo o regime e lhe serviu. Se este estava ameaçado, como não o estaria ela? Não há dúvida de que essa associação foi essencialmente provisória. A Igreja, Esposa de Cristo, depositária da mensagem eterna, não está ligada como tal a nenhuma forma de civilização. Pode inserir-se num ou noutro dos organismos transitórios que a história cria e suprime, sem que se altere o seu verdadeiro destino, transcendente ao tempo. Assim como houve uma Igreja dos tempos bárbaros, uma Igreja medieval e até uma Igreja do Renascimento e do humanismo, a Igreja dos tempos clássicos pôde, por sua vez, escorregar para o abismo — mas a Igreja, em si mesma, sobreviveria.

No entanto, para ser assim, era necessário que a seiva interior fosse, nela, suficientemente vigorosa para vir a ressurgir em futuras germinações; e também que aqueles que a dirigissem compreendessem a tempo as ameaças, não confundissem o transitório com o eterno (eterno por força da promessa), que soubessem distinguir num mundo que morria um mundo que queria nascer. Foi esse duplo esforço que a Igreja dos séculos V a X cumpriu maravilhosamente quando, do caos sangrento da Europa bárbara, fez nascer a civilização da catedral e da cruzada. É com a necessidade desse duplo esforço que a veremos confrontar-se no decorrer dos tempos contemporâneos.

Havia, pois, duas questões a formular no século XVIII. Para a crise dos espíritos e das consciências, qual seria a reação da Igreja? Teria ela consciência da importância do que estava em jogo? Saberia ela encontrar as respostas indispensáveis para as questões que os homens punham em nome do progresso do espírito? A uma alteração de atitude da inteligência, que ameaçava os seus princípios, teria a Igreja a opor algo mais que peremptórias palavras de autoridade? Eis um dos dois graves problemas que surgem no momento em que começa o século de Voltaire e da Revolução[95].

E a segunda pergunta é a seguinte: teria a Igreja em si mesma vitalidade suficiente para se renovar renovando o mundo? Em termos um tanto diversos, a questão já tinha surgido por volta de 1660. Porventura houve então uma resposta plena? É certo que se fizeram esforços admiráveis, por parte dos santos e também dos simples homens de fé e de talento, para levar o cristianismo até ao coração da sociedade. Da missão que a Igreja sempre assumiu — fazer levedar a pesada massa das multidões batizadas, mas pecadoras —, não se pode dizer que ela a tenha desempenhado mal. E, todavia, é um fato que havia ainda muito por fazer, e que o cristianismo puro, luminoso, irradiante, com que sonhavam os melhores, esse cristianismo que sem perigo poderia ir ao encontro dos males dos novos tempos, estava ainda longe de ser realidade. No final do século, aparecem diversos sintomas de alguma coisa semelhante a um deslizar. Menos missões, menos catecismos, revivescência de numerosos abusos. E a verdade é que a própria Igreja passou por crises internas, uma das quais estava longe de terminar no momento em que se iniciava o século XVIII. Crises que diminuíram a sua força, o seu prestígio. Não: não ia ser com as forças intactas que a Igreja defrontaria as tempestades do amanhã.

Notas

[1] O período a que os franceses chamam "Era Clássica" correspondeu, no resto da Europa e da América, ao que chamamos "neo-classicismo" (N. do T.).

[2] Roland Mousnier, em *Les XVIe et XVIIe siècles (Histoire Génerale des Civilisations)*, Paris, 1954, pp. 276 e ss.

[3] *Discurso ao Congresso Mundial do Apostolado dos Leigos*, 14 de Outubro de 1951.

[4] Desde a ordenação de Villers-Cotteret (1539), o pároco registra os Batismos e os funerais, e, desde a ordenação de Blois (1579), os casamentos. Ficará, portanto, encarregado do "registro civil" até à Revolução, com uma única alteração: a partir de 1667 *(Code Louis)*, tem de redigir os registros paroquiais em duplicado: o sumário é remetido ao cartório da municipalidade, ao passo que o original fica no arquivo do presbitério.

[5] G. Le Bras, *Introduction à l'histoire de la pratique religieuse*, Paris, 1942 (especialmente, I, 95, e II, 24).

[6] Estudada na *Revue d'Histoire de l'Église de France*, julho-dezembro de 1955, por Flament (p. 235).

[7] Números significativos, extraídos da estatística do Colégio dos jesuítas de Molsheim (Alsácia): em 1650, sete mil comunhões por ano; em 1670, 21.640; em 1706, 23 mil.

[8] Cf. neste volume o cap. II, par. *A vida das almas.*

[9] Cf. neste volume o cap. II, par. *Primeiras tentativas de "Ação Católica": a Companhia do Santíssimo Sacramento.*

[10] Cf. neste volume o cap. II, par. *Roma no tempo de Bernini.*

[11] Cf. vol. VII, cap. V.

[12] Cf. neste volume o cap. VI, par. *O quietismo, heresia do Amor divino.*

[13] Cf. neste volume o cap. VI, par. *Os três "jansenismos".*

[14] Cf. neste volume o cap. II, par. *A vida das almas.*

[15] Cf. neste volume o cap. II, par. *O santo dos seminários normandos: São João Eudes.*

[16] A resistência ao culto do Sagrado Coração durou bem para além do século XVII. Em 1720, por ocasião da grande peste de Marselha, o bispo consagrou a diocese ao Sagrado Coração e introduziu lá a festa. Apesar das suas instâncias, e das de outros, sempre repetidas, Roma, muito desconfiada em relação a tudo o que parecesse excessivo misticismo, recusou-se a

admitir o culto. Só em 1765 é que Clemente XVII o aceitou, a pedido dos bispos polacos. Maria Leczinka, polaca tornada rainha da França, pôde então generalizá-lo no seu reino. Mas ainda era somente um culto lícito, não um culto prescrito. De resto, quando o culto foi estabelecido em Paris (cf. neste volume o cap. VI, par. *Um duelo de bispos: Bossuet contra Fénelon*), houve alguns incidentes provocados pelos jansenistas, cujo "sínodo" de Pistoia (1786) o qualificaria de idolátrico. Foi só em 1856 que Pio IX estendeu a festa do Sagrado Coração à Igreja universal. Quanto a Margarida Maria, cujo processo de beatificação se iniciou logo em 1714, para ser abandonado em seguida e depois retomado em 1819, só foi beatificada em 1864 e canonizada em 1920. Caberia à nossa época perfilar o verdadeiro sentido desta devoção, o que Pio XII fez em termos admiráveis na encíclica *Haurietis aquas* (1956), publicada por ocasião do centenário da festa.

[17] "Mon Dieu, quelle guerre cruelle, / Je trouve deux hommes en moi, / Je ne fais pas le bien que j'aime, / Et je fais le mal que je haïs".

[18] Cf. neste volume o cap. II, par. *A massa que leveda: a missão.*

[19] A excomunhão não era meramente formal. "Para receber os últimos sacramentos, os comediantes tinham de ler uma fórmula de renúncia à sua profissão. Alguns não tiveram coragem para tanto. O caso de La Champmeslé é dramático: ela recusou-se a renegar o passado e declarou que era motivo de muita glória morrer fiel à sua arte: 'Se me curar, quero voltar ao teatro'. Só cedeu poucas horas antes de morrer, certamente por não ter mais esperança de cura". A. M. Carré, *L'Église s'est-elle réconciliée avec le théâtre?*, Paris, 1956.

[20] *Antônio Vieira* nasceu em Lisboa a 6 de fevereiro de 1608. Aos seis anos de idade, acompanhou os pais a São Salvador da Bahia, no Brasil, onde começou os estudos com os jesuítas. Numa tarde de março de 1623, ouvindo o padre Manuel do Carmo pregar sobre o Inferno, tomou consciência da sua vocação de jesuíta e da sua paixão pelo púlpito; pouco depois, saiu de casa contra a vontade dos pais e foi recebido no noviciado da Companhia. Os seus dotes linguísticos e habilidades de orador impressionaram os superiores desde o princípio; aos dezessete anos, foi encarregado de escrever as relações anuais a Roma e, no ano seguinte, incumbido de lecionar retórica no colégio de Olinda. O que mais o seduzia, nesse período, era a vida de missionário entre os índios; mas os superiores não acharam oportuno encaminhá-lo nesse sentido.

Ordenado em 1635, começou a pregar em público e desde o início teve enorme sucesso. Uma das peças mais conhecidas desse período é o *Sermão das armas de Portugal contra as de Holanda*, pregado durante as preces públicas que se faziam pela vitória dos portugueses contra os incessantes ataques da esquadra de Maurício de Nassau. Em 1641, volta à terra natal, enviado pelo *virrey*, o marquês de Montalvão, como acompanhante do filho deste que ia à metrópole render homenagens a João IV, recém-proclamado rei. O rei afeiçoa-se ao jovem sacerdote e passa a admirá-lo, principalmente depois que Vieira prega na Capela Real o *Sermão dos Bons Anos*, na festa da circuncisão do Menino Jesus. João IV convoca-o para que se ocupe dos negócios de Estado como conselheiro — encarregado de emitir pareceres principalmente em assuntos de guerra — e posteriormente como representante de Portugal em missões diplomáticas.

Embora nesse período levasse a vida de um prelado da corte, é preciso reconhecer que não foi um mero cortesão. Juntamente com as palavras que afagavam o auditório, não faltam ocasiões em que faz uso do púlpito como uma das poucas tribunas independentes perante a autoridade civil, deixando que ressoe nos sermões a voz de todos os agravos populares: "Os menos maus perdem-se pelo que fazem; os piores perdem-se pelo que deixam de fazer: por omissões, por descuidos, por desatenções, por divertimentos, por vagares, por dilações. Eis um pecado de que não fazem escrúpulo os ministros [...]. Ah, omissões, ah vagares, ladrões do tempo! Não haverá uma justiça exemplar para estes ladrões? Não haverá quem enforque estes ladrões do tempo, estes salteadores da ocasião, estes destruidores da república? Mas porque na ordenação não há pena contra estes delinquentes, e porque eles às vezes se acolhem a sagrado, por isso a sentença do dia do Juízo há de cair, principalmente, sobre as omissões" (*Antologia de Sermões. Pe. Antônio Vieira*, Editora Educação Nacional, Porto, 1939, pp. 88

e ss.). Falta-lhe, porém, como a alguns similares franceses do tempo, a íntima espiritualidade que leva as almas para Deus; e assim, se algum bem faz denunciando a injustiça, permanece no plano da mera justiça humana, sempre frágil, nunca definitiva.

Em 1650 participa de uma fracassada missão diplomática a Roma, que visava pôr termo à guerra entre Espanha e Portugal por meio do casamento do príncipe Teodósio com uma filha de Filipe V; o vasto plano de fundo abrangia nada mais nada menos que a união de toda a Península Ibérica sob a casa de Bragança, tendo Lisboa por capital. De passagem, Vieira devia fomentar a revolução de Nápoles, que rebentara nesse período e que poderia ser útil à política portuguesa (cf. *Obras completas do padre Antônio Vieira*, Lello & Irmão, Porto, 1951, vol. I, p. XLVII)... O insucesso da missão revela-lhe a futilidade e transitoriedade das manobras políticas, e o jesuíta sente crescer no íntimo o dissabor pela vocação desviada. Começa a afastar-se da administração pública e pensa em voltar à sua tarefa de missionário, atendendo ao apelo que sentira nos primeiros anos de vida religiosa. Por fim, os superiores autorizam-no a voltar ao Brasil e a dedicar-se às missões.

Chega a São Luís do Maranhão em princípios de 1653, e começa a trabalhar com grande zelo na evangelização dos índios e na defesa dos índios e negros escravizados. Mas a sua atitude granjeia-lhe a hostilidade dos colonos, que lhe opõem uma resistência que parecia intransponível. Retorna assim a Portugal com o intuito de obter do rei instrumentos legais que limitassem os poderes dos colonos e dos capitães-mores e conferissem à Companhia de Jesus autoridade em tudo o que se referisse às missões entre os indígenas. Com efeito, regressa ao Brasil em 1655 munido desses poderes e, tendo conseguido a cooperação do governador André Vidal de Negreiros, dá início a um período de vigorosa e mais desimpedida atividade evangelizadora. Mas os colonos, que continuavam a não olhar com bons olhos esse apostolado dos jesuítas, aproveitam-se da nomeação de um novo governador para o Brasil, Pedro de Mello, após a morte de D. Joao IV, para livrar-se daqueles pregadores de verdades incômodas: em maio de 1661, os moradores de São Luís assaltam o colégio da Companhia e sequestram os padres, enviando-os de volta a Portugal por navio. Pouco depois desse incidente, uma sublevação similar expulsa os jesuítas do Pará.

De volta a Portugal, Vieira prega o famoso *Sermão da Epifania* na Capela Real, em que estigmatiza a impiedade de que fora vítima e rebate as calúnias levantadas contra os missionários: "Quem havia de crer que em uma colônia chamada de portugueses se visse a Igreja sem obediência, as censuras sem temor, o sacerdócio sem respeito, as pessoas e os lugares sagrados sem imunidade? [...] Que será dos pobres e miseráveis índios? Que será dos cristãos? Que será dos catecúmenos? Que será dos gentios? Os vivos e sãos, sem doutrina, os enfermos, sem sacramentos, os mortos sem sufrágios nem sepultura. E que a tudo isto se atrevessem e atrevam homens com nomes de portugueses, e em tempo de rei português?!" *(Obras completas do padre Antônio Vieira.* Sermões, vol. II, pp. 3 e ss.).

Mas a situação política já não era a mesma que tinha conhecido dez anos antes. A questão da sucessão ao trono dividira a corte em dois partidos: o do príncipe herdeiro, D. Afonso, e o do infante D. Pedro. Imaginando que poderia encontrar apoio para a causa dos missionários em D. Pedro, Vieira alia-se a ele; mas, para seu desgosto, quem sobe ao poder é D. Afonso, e, pela segunda vez, Vieira é desterrado, desta vez do Porto para Coimbra. Como é de praxe, nessa hora todos os seus inimigos levantam cabeça e o denunciam à Inquisição. Há muito que Vieira não era bem visto pelo Tribunal do Santo Ofício: as suas opiniões a respeito dos cristãos-novos — havia proposto a D. João IV a readmissão dos mercadores judeus — e o seu trato com os hereges da Holanda — sugerira também ao rei que lhes oferecesse a compra de Pernambuco — faziam suspeitar da sua retidão. É, pois, chamado a prestar contas diante do tribunal em outubro de 1665, e permanece detido enquanto a sentença não é proferida.

O jesuíta é acusado de adivinhação e até de nigromancia. Bem é verdade que algumas das suas obras davam pé para essas suspeitas, uma vez que o orador gostava de forçar as imagens e levá-las a dizer mais do que continham, de fazer malabarismos com os jogos de palavras e de abusar do claro-escuro dos contrastes, e alimentava uma viva tendência ao sebastianismo. Mas o pior erro que cometeu, nas circunstâncias em que se encontrava, foi assumir a atitude de inocente ofendido: longe de reconhecer humilde e magnanimamente que muitas das suas expressões eram infelizes, para dizer o mínimo, quis à viva força defender as suas teorias sobre o sebastianismo e não poupou críticas aos métodos do tribunal. Resultado: dois anos depois do início do processo, viu-se condenado. Daí por diante, estava proibido para sempre de exercer o ministério e devia permanecer em uma casa-colégio da Companhia, à disposição do Santo Ofício. Mas a roda da fortuna tornou a dar meia-volta, e o jesuíta viu-se novamente empurrado para cima: uma revolução palaciana levou ao trono o infante D. Pedro — o mesmo que Vieira tinha apoiado —, e a pena foi comutada para seis meses de reclusão e, logo depois, completamente perdoada. Já se vê que os motivos últimos do seu castigo não tinham sido tanto os doutrinais como os políticos...

Mas, ao contrário do que esperava, o jesuíta encontrou-se numa espécie de vazio: ainda pesava moralmente sobre ele a sentença da Inquisição. Autorizado pelos superiores, partiu então para Roma a fim de submeter a sua causa diretamente ao Sumo Pontífice. Foi muito bem recebido pelos seus confrades, e lá pregou alguns dos seus melhores sermões; a única barreira era a da língua, mas o orador não se deixou abalar: após algum tempo de estudo, passou a pregar em italiano... Depois de obter um Breve do Papa Clemente X que o isentava da jurisdição da Inquisição portuguesa, voltou a Portugal em 1675 e ali permaneceu ainda durante sete anos, firmando a sua reputação como orador sagrado. Por fim, aos setenta e três, resolveu retornar à Bahia, sempre com a esperança de tornar a ressurgir no cenário político, uma vez que lá o seu irmão, Bernardo Vieira Ravasco, era secretário do governador. Para seu desencanto, porém, pouco depois de chegar, assumiu um novo governador, Antônio de Souza Menezes, o *Braço de prata*, homem de modos violentos e que não tinha o menor apreço pelos dois irmãos. Depois de uma série de desgostos, que chegaram a repercutir na corte e o deixaram com a saúde abalada, Vieira afastou-se definitivamente dos meios políticos.

Como tinha deixado excelente reputação em Roma, foi nomeado visitador da ordem no Brasil. Exerceu o cargo durante dois anos, mas teve de sofrer ainda um último insulto: na congregação reunida para eleger o procurador a ser enviado a Roma, foi acusado de ter solicitado votos. Sem lhe dar oportunidade para defender-se, o superior do colégio não hesitou em repreendê-lo publicamente. Vieira apelou para Roma dessa decisão e lá obteve a revisão, mas quando chegou a carta com a resolução final que o absolvia, em 1697, já estava morto.

Antônio Vieira foi, sem dúvida, um homem singular, de grandes luzes e grandes sombras. Foi sobretudo um virtuoso da linguagem, mais do que uma inteligência penetrante. Homem de fé, mas com uma confiança um tanto exagerada na força do seu intelecto; dotado de um conhecimento enciclopédico, mas mais amplo do que profundo; orador sem par — "imperador da língua portuguesa", chama-lhe o poeta Fernando Pessoa —, mas excessivo na manipulação das palavras e das imagens; missionário inteiramente sincero e grande organizador, mas inclinado demais à política e às honras da corte, ao menos para um sacerdote; autêntico defensor dos índios e cristãos-novos, e em geral de todos os desfavorecidos, mas desprovido daquela caridade ardente e daquele espírito de sacrifício que teriam feito dele um santo. A sua obra reflete todos esses perfis e as suas tentativas de conjugar os ideais, tão vastos e tão díspares, de missionário e de político. A maioria dos seus sermões e das suas cartas está ligada a circunstâncias históricas concretas, o que aumenta o seu interesse para o historiador, mas dificulta a leitura para o leigo e, até certo ponto, tira-lhes em parte o valor espiritual. No entanto, não faltam os sermões de caráter estritamente religioso, como o *Sermão do Santíssimo Nome de Maria* ou como esse *Sermão do Mandato*, pregado em Roma, na Igreja de Santo Inácio dos Portugueses no ano de 1670, em que atingiu talvez as maiores alturas da sua eloquência:

> "Cristo, quando veio ao mundo, deixou o Pai por amor aos homens; porém hoje deixa os mesmos homens, por quem tinha deixado o Pai. E neste mundo, que deixou Cristo? Nascendo pobre, deixou por amor dos homens a riqueza; desterrando-se, deixou por amor dos homens a pátria; trabalhando, deixou por amor dos homens o descanso; entregando-se, deixou por amor dos homens a liberdade; padecendo afrontas, deixou por amor dos homens a honra; morrendo, deixou por amor dos homens a vida; sacramentando-se, deixou por amor dos homens a si mesmo. Mas hoje, ausentando-se dos homens e partindo-se do mundo, *ut transeat ex hoc mundo*, deixou mais que as riquezas, mais que a pátria, mais que o descanso, mais que a liberdade, mais que a honra, mais que a vida, mais que a si mesmo... Porque deixou os mesmos homens por quem tudo isso tinha deixado" *(Obras completas do padre Antônio Vieira. Sermões*, vol. V, pp. 14 e ss.). [N. do E.].

[21] Em dez anos, de 1659 a 1669, Bossuet pregou quatro estações na corte, ou seja três vezes menos que Massillon e tanto como Dom Cosme. A oração fónebre de Henriqueta da Inglaterra foi pronunciada por ele numa capelinha de Chaillot, enquanto Senault pronunciava a mais importante em Notre-Dame. Mme. de Sévigné acha o sermão de Bossuet durante a profissão de Louise de la Vallière "menos divino" que o de Fromentières na tomada de hábito da ex-favorita real.

[22] Foi nessa atitude que o representou o gravador Jouvenel, criando assim a lenda de que Bourdaloue falava de olhos fechados, por saber de cor o texto.

[23] Cf. neste volume o cap. I, par. *"Dos padres depende o cristianismo"*.

[24] E também pelos bens materiais, pela boa mesa, pelo dinheiro. Proprietário de prédios em Paris, exigia dos locatários alugueres altos. Mas a famosa lenda, lançada por Voltaire, de que se casou secretamente com Mlle. de Mauléon foi destruída pela raiz por Amable Floquet, em seus *Études sur la vie de Bossuet*, e pelo cônego Urbain. A verdade é que Bossuet, por simpatia para com essa pessoa, foi seu fiador num empréstimo por ela contraído a fim de comprar uma pequena loja. O contrato de fiança, examinado por um certo Jean-Baptiste Deins, padre expulso de Meaux por má conduta, foi (propositadamente?) confundido por ele com um contrato de casamento! (Cf. a atualização dessa questão por A. Augustin-Thierry, em *Ecclesia;* Paris, dezembro de 1952).

[25] Cf. neste volume o cap. IV, par. *O rei cristianíssimo contra Roma.*

[26] Descartes, Malebranche, Richard Simon são estudados no nosso tomo II, capítulo VII.

[27] Cf. vol. VII, cap. II, par. *A deplorável querela dos ritos chineses.*

[28] Cf. neste volume o cap. VI, par. *Um duelo de bispos: Bossuet contra Fénelon.*

[29] Cf. neste volume o cap. VI, par. *A paixão de Port-Royal.*

[30] As palavras de Joseph de Maistre não deixam de ser excessivamente severas: "foi adulador dos poderosos e a miséria dos povos jamais lhe arrancou um grito".

[31] "Parece-me ver-vos — escrevia Fénelon a Bossuet — de barrete até as orelhas, segurando M. du Pin tal como uma águia segura nas garras um pobre milhafre". Louis Élie du Pin (1657-1719), teólogo e publicista, publicou uma história dos Padres da Igreja repleta de imprecisões e erros doutrinais e defendeu diversas teorias heréticas; Bossuet envolveu-se numa controvérsia com ele em 1692.

[32] Cf. adiante, cap. VI, par. *Um duelo de bispos: Bossuet contra Fénelon.*

[33] François Varillon, *op. cit.* no índice bibliográfico.

[34] Cf. neste volume o cap. VI, par. *A paixão de Port-Royal.*

[35] Cf. neste volume o cap. IV, par. *No segredo do coração*, nota 4.

[36] Como acontece com muitos espíritos elevados, a sua descendência espiritual prejudicou-o. A admiração que lhe votava *(s'il revenait ici-bas, je me ferais son domestique:* "se ele voltasse a este mundo, eu me faria seu criado") tornou Fénelon suspeito. Já tentaram ver nele o bispo retratado no *Vigário da Savoia,* de Rousseau.

[37] Cf. neste volume o cap. II, par. *"Ecclesia in episcopo"*.

[38] Cf. neste volume o cap. IV, par. *Servir a Igreja ou servir-se dela.*

[39] A folha dos benefícios era objeto de vivas competições, por causa dos rendimentos a que davam direito. Eis um testemunho da época, bem expressivo. Provém de François Hébert, pároco da "paróquia real" em Versalhes, de 1686 a 1704; era uma das pessoas mais bem

colocadas na França para observar as intrigas. Vejamos o que diz nas suas *Memórias:* "Vimos com espanto nos bispos o luxo que era de condenar nas mulheres. Seus séquitos, suas instalações ressentiram-se da corrupção do século [...]. Foi esse detestável costume que inspirou a muitos deles o desejo de serem transferidos para as igrejas de rendimentos mais consideráveis que os das suas primeiras 'esposas'. E tais translações tornaram-se comuns, porque havia o desejo de melhor mesa, de maior criadagem, de mais comodidades na vida [...]. Vários deles só raramente residiam nas suas dioceses, já que, tendo em vista obter dioceses mais ricas, nada havia que não fizessem para consegui-las. Era vê-los fazer vergonhosamente a corte ao padre-confessor ou mesmo a cortesãos que sabiam gozar do favor real, e, o que é ainda mais indigno, a damas cujo desregramento eles próprios, se quisessem desempenhar as suas obrigações, deviam repreender".

[40] Importa, no entanto, sublinhar que nem em todas as dioceses era ainda obrigatório passar pelo seminário. Naquelas em que havia essa obrigação, o tempo de seminário variava de quatro a dezoito meses. Os seminaristas pagavam uma pensão; os que eram demasiado pobres eram autorizados a cozinhar para si próprios e a ir à cidade fazer as compras necessárias. Os edifícios eram de qualidade muito variável: havia seminários instalados em antigos albergues abandonados. Acrescentemos que os simples leigos eram geralmente autorizados a assistir às aulas junto com os seminaristas, ou ao menos a participar com eles das cerimônias religiosas. Um regulamento do seminário de Coutances previa que, durante a Missa, haveria um aluno encarregado de "enxotar os cães e mandar calar os mendigos"...

[41] Cf. vol. VII, cap. II.

[42] Em *Ces Messieurs de Saint-Sulpice*, Jean Gautier, traçou um retrato muito exato de Tronson.

[43] E. Préclin.

[44] Cf. a questão da "Comissão dos regulares" no vol. VII, cap. IV, par. *Ataques a Roma.*

[45] Em francês, a palavra *trappe* tem força de imagem porque significa também "alçapão" ou "armadilha". Falsa imagem, aliás (N. do T.).

[46] Cf. vol. VII, cap. I.

[47] Ao lado do movimento de reforma, importa citar uma fundação religiosa: uma congregação beneditina, criada por Pedro Mekhitar, armênio vindo do cisma grego para o catolicismo e que, expulso da Grécia pelos turcos, se instalou com os seus irmãos em Veneza. O convento de São Lázaro, na laguna veneziana, ainda hoje abriga os mekhitaristas; um outro ramo está em Viena e um terceiro em Trieste.

[48] Cf. neste volume o cap. I, par. *"Caritas Christi urget nos".*

[49] Cf. acima, cap. II, par. *A massa que leveda: as obras de caridade.*

[50] Cf. neste volume o cap. II, par. *A massa que leveda: a missão.*

[51] São hoje os Irmãos de São Gabriel, desde que, em 1835, o padre Deshayes os reorganizou como congregação distinta.

[52] Cf. neste volume o cap. I, par. *"Caritas Christi urget nos".*

[53] Cf. neste volume o cap. II, par. *A massa que leveda: o ensino.*

[54] Cf. neste volume o cap. II, par. *A massa que leveda: o ensino.*

[55] Cf. *ibid.*

[56] Cf. *ibid.*

[57] As religiosas de Ernemont nasceram na mesma linha da Companhia do Santíssimo Sacramento e da obra de São João Eudes — o barão de Ernemont conhecia as duas — e foram também influenciadas por Saint-Sulpice, pois um dos seus primeiros superiores foi o padre Blain, sulpiciano. São muito representativas das numerosas fundações de religiosas devotadas simultaneamente ao ensino e ao trabalho em hospitais — verdadeira síntese do espírito católico desse tempo. Têm duas características originais. Foram as primeiras religiosas a serem erigidas (em 1690) por Colbert, então arcebispo de Rouen, como congregação de votos simples (São Vicente de Paulo fundara as Irmãs da Caridade, não como congregação, mas como simples sociedade). Além disso, sob a ação da espiritualidade eudista, foram as primeiras a usar o título de Irmãs do Sagrado Coração. Nas vésperas da Revolução, terão mais de cem escolas e perto de cem hospitais (cf. Levé, *Quést-ce quune religieuse dErnemont?*, Rouen, 1932).

[58] Cf. neste volume o cap. II, par. *A massa que leveda: o ensino.*

[59] Na Morávia, Comenius tivera a mesma ideia, mas não conseguira pô-la em prática.

[60] Cf. neste volume o cap. III, par. *Que sejam Um!*

[61] Cf. vol. VII, cap. III.

[62] Cf. vol. IV, cap. V, par. *Casamento e maturidade*, e vol. V, cap. III, par. *Seitas e dissidências no protestantismo.*

[63] Cf. vol. V, cap. V, par. *A procura das ovelhas perdidas.*

[64] Cf. vol. VII, cap. II.

[65] Cf. neste volume o cap. III, par. *A contraofensiva católica detém-se.*

[66] Cf. neste volume o cap. IV, par. *"Pior que um crime, um erro": a revogação do Edito de Nantes.*

[67] Cf. neste volume o cap. III, par. *Blocos católicos, blocos protestantes.*

[68] Em São Gotardo; cf. o final deste par.

[69] Sobre os acontecimentos internos da Inglaterra protestante e as tensões aí manifestadas, cf. vol. VII, cap. IX.

[70] Um incidente curioso mostra a que altura subiram as paixões. Em 22 de dezembro de 1688, ao saber que o rei abandonara o palácio, os londrinos foram tomados de verdadeiro pânico. Correu o boato de que os irlandeses estavam a atacar Londres. Apelo às armas com tambor soando; ruas iluminadas; barricadas; grande vaivém de mosquetes e alabardas. Ninguém sabia o que se passava. Finalmente, não se passava nada. Então, aos gritos de *No popery!* a multidão assalta todas as embaixadas católicas. Foi assim a "noite irlandesa".

[71] Cf. neste volume o cap. III, par. *Blocos católicos, blocos protestantes.*

[72] Cf. vol VII, cap. IV.

[73] Cf. neste volume o cap. III, par. *A contraofensiva católica detém-se.*

[74] Cf. neste volume o cap. VI, par. *Os últimos combates: a questão dos "bilhetes de Confissão".*

[75] Cf. neste volume o cap. III, par. *Irlanda e Polônia: inquietações católicas.*

[76] Cf. neste volume o cap. III, par. *Irlanda e Polônia: inquietações católicas.*

[77] Cf. neste volume o cap. II, par. *Força dos santos: fraqueza dos homens.*

[78] Cf. neste volume o cap. IV, par. *O rei cristianíssimo contra Roma,* a questão da Guarda Corsa.

[79] É ele o papa da paz clementina, que por algum tempo normalizou a questão jansenista. Cf. neste volume o cap. VI, par. *A paz clementina.*

[80] Cf. neste volume o cap. VI, par. *O misterioso Miguel de Molinos.*

[81] Cf. neste volume o cap. IV, par. *O rei cristianíssimo contra Roma.*

[82] *Parties carrées* ["partidas quadradas"] eram um jogo de salão em que tomavam parte dois homens e duas mulheres (N. do T.).

[83] Cf. vol. VII, cap. II.

[84] Cf. neste volume o cap. III, par. *A caminho da Europa dos absolutismos.*

[85] Imposto sobre a transmissão das propriedades (N. do T.).

[86] Cf. neste volume o cap. IV, par. *"Amei por demais a guerra".*

[87] Cf. vol. VII, cap. I.

[88] Cf. neste volume o cap. II, par. *Roma no tempo de Bernini.*

[89] Referência a Lc 2, 25-32: o ancião Simeão, ao ver o Menino Jesus nos braços de sua Mãe, no Templo de Jerusalém, exclama: *"Agora,* Senhor, podes *deixar partir* o teu servo". A expressão indica um momento culminante da existência, depois do qual a pessoa pode considerar realizada a sua missão neste mundo (N. do T.).

[90] Devemos considerar à parte o caso das abadias. Certo número de abades comendatários ou regulares mandaram-nas reparar ou reconstruir, em estilo clássico, frequentemente com grande nobreza estética. O modelo, muitas vezes imitado, foi a abadia premostratense de Mondaye (Normandia).

[91] Acerca das relações entre barroco e classicismo, cf. o excelente livro de V.L. Tapié, *Baroque et Classicisme*, cit. no índice bibliográfico.

[92] Cf. neste volume o cap. II, par. *Roma no tempo de Bernini.*

[93] Não esqueçamos que grandes missionários, como São Luís Maria Grignion de Monfort, compuseram cânticos a que não falta valor.

[94] Cf. vol. VII, índice bibliográfico do cap. I.

[95] Cf. vol. VII, cap. I.

VI. Duas crises doutrinais: jansenismo e quietismo

Uma amizade teológica

Pelo final do verão de 1621, dois amigos, dois padres, combinavam encontrar-se no Colégio de Santa Pulquéria, em Lovaina. Ambos tinham sido alunos da universidade dessa cidade, uma das glórias da Igreja havia perto de dois séculos, alto centro de cultura que Erasmo e, sucessivamente, Latomus, Busleyden e Justus Lipsius tinham tornado ilustre; centro também — importa dizê-lo — de lutas e tumultos muitas vezes ocasionados pela teologia. Havia já muito tempo que esses dois padres tinham abandonado os bancos escolares, mas um deles regressara à cidade flamenga e lá tornara-se presidente de um colégio, ou seja, superior de um seminário. Quanto ao outro, residia em Paris e viera de propósito a Lovaina para esse encontro.

O mais novo era holandês e nascera em 1585 em Acquoy, perto de Leerdam. Um holandês paradoxalmente magro e seco, todo ossos e músculos, do tipo daqueles que os espanhóis tinham achado tão intratáveis na luta pela independência. Alto, de testa larga, nariz comprido e ligeiramente aquilino, queixo saliente prolongado por uma barbicha pontiaguda, tinha o ar de um homem de combate, mais que de homem de oração, mesmo debaixo do barrete negro. Mas o olhar era profundo e, embora quase sempre calmo, deixava por vezes relampejar o fulgor de secretas tempestades; os que o conheciam de perto sabiam bem quanto de paixão e de arrebatamento se ocultava por trás dessa fleuma.

Filho de família muito pobre, encaminhado para o sacerdócio em memória de um tio paterno que fora bispo de Gand e delegado ao Concílio de Trento, fizera uma carreira brilhante na universidade, fora *primus* em Letras e Filosofia, e era mestre em Teologia. Tentara entrar na Companhia de Jesus, mas fora rejeitado por motivos obscuros, talvez porque o seu temperamento parecesse pouco apropriado para a obediência perfeita. Tendo voltado a Lovaina, depois de uma longa permanência na França, gozava de considerável prestígio, tanto pela ciência como pela piedade, pela eloquência como pela firmeza de alma. Chamava-se Cornelius Otto Jansen e, à maneira humanista, assinava geralmente *Cornelius Jansenius*.

Como era diferente dele esse francês que Jansênio recebeu de braços abertos, diante da estátua de mármore da *belle Notre-Dame* que adornava a entrada do seminário! Era um basco de corpo miúdo, precocemente calvo, rosto sulcado por mil rugas, olhar de tormento e de febre que logo à primeira vista denotava algo de inquietante e ao mesmo tempo fascinante. Nascera em 1581, em Bayonne, de pais opulentos e bem instalados na vida. Tonsurado aos dez anos, aluno dos jesuítas, protegido do bispo Bertrand de Eschaux (que Henrique IV estimava), o jovem *Jean Ambroise Duvergier de Hauranne* vira abrirem-se diante dele todas as portas. Aos vinte e cinco anos, recebera a paróquia de Itxassou, dotada de boas rendas, e, no ano seguinte, a murça de cônego. Como no caso de tantos outros, por muitos anos parecera, pois, aguardá-lo um destino fácil de clérigo semi-mundano... Mas não: havia nele uma fome e uma sede que não podiam ser saciadas pelas beatitudes do mundo nem pelos conhecimentos intelectuais que, primeiro em Paris, depois em Lovaina, adquirira como a brincar. Era uma alma sequiosa de Deus, atraída para uma santidade inacessível. Homem na verdade estranho, prodigiosamente complexo, de contradições evidentes, "todo ele fogo", disputador, amargo e crítico em tudo, uma espécie de profeta selvagem, mas afinal capaz de alegria e de delicadeza, de uma simplicidade que lhe conquistava os corações, de uma caridade quase franciscana. Um santo falhado? Um gênio incompleto? Com certeza, mas uma personalidade fascinante. Alguns meses antes da viagem a Lovaina, o bispo de Poitiers, que o admirava, concedera-lhe uma rica abadia cujas rendas o punham ao abrigo de preocupações materiais. Conforme era costume, passara a usar o respectivo título: *Abade de Saint-Cyran*.

Ter-se-iam os dois homens conhecido em Lovaina, nalguma sala de aula ou na biblioteca, quando lá eram estudantes? É verossímil, mas não está provado. O que é seguro é que se encontraram em Paris, entre 1604 e 1606, um e outro antigos alunos da mesma faculdade, um tanto ou quanto perdidos na grande cidade e sofrivelmente acolhidos na Sorbonne, onde a teologia dos jesuítas de Lovaina não era estimada. Durante longos serões, nessas intermináveis conversas que são a alegria da mocidade acadêmica, tinham discutido muitos e grandes problemas: os provocados pela Reforma protestante, que o holandês Jansênio conhecia bem, e os que então propunha o mestre galicano Edmond Richer[1], cujo curso seguiam e que tratava do papel recíproco dos poderes religiosos e laicos. Ambos alunos dos jesuítas, estavam de acordo em olhar os antigos mestres com uma antipatia bastante ácida, decerto justificada pelos juízos que esses conhecedores das almas exprimiam acerca deles. Momentaneamente separados, os dois amigos tinham podido reatar e multiplicar o diálogo ao longo dos cinco anos em que Jansênio estivera no país basco, primeiro como diretor do Colégio de Bayonne, depois no Camp-de-Prats, domínio de família em que a "dama de Hauranne", mãe de Jean-Ambroise, o tratara como filho. Tinham chegado àquele ponto em que, pela amizade, o sentimento se confunde com a pesquisa em comum das verdades vitais, e em que cada um dos amigos distingue mal o que é seu e o que é do outro. Quando a vida os afastou — um em Lovaina, outro em Poitiers e depois em Paris —, os dois amigos não se sentiram separados pela distância. Cartas frequentes, longas e pormenorizadas — um pouco cerimoniosas, como era moda no tempo —, permitiram-lhes continuar essa comunhão de alma e de espírito.

Em setembro de 1619, Jansênio escrevera a Jean-Ambroise uma carta de especial significado: falava-lhe de uma revelação intelectual que tivera, uma verdade tão importante que não podia deixar de levá-la ao conhecimento do amigo. De carta em carta, voltara ao assunto, e com uma insistência febril. E o abade de Saint-Cyran acabara por partilhar daquele tormento. Sim: Jansênio tinha razão. Passar o tempo lendo os autores gregos e latinos, e até os Padres da Igreja, e mesmo aprofundar nos textos da Bíblia, como ambos tinham feito até então, era uma atividade derrisória enquanto um e outro não obtivessem resposta à questão fundamental que todo o cristão deve formular de si para si, cheio de angústia: "Salvar-me-ei? E como?" Depois de um encontro com o padre Condren, o ilustre oratoriano, Saint-Cyran acabara de "se converter", no sentido pascaliano, e o seu espírito estava preparado para se entregar a esse problema único. Seria possível que o amigo tivesse achado a solução? Sem mais demoras, o abade tomou a estrada de Lovaina.

O problema da graça divina e o problema, conexo, da liberdade humana são daqueles que, há vinte séculos, atormentam as consciências, sobretudo no Ocidente, onde a salvação pessoal sempre se configurou como a grande questão, ao passo que o Oriente metafísico e o Oriente ariano e nestoriano preferiam discutir acerca do dogma da Santíssima Trindade ou das duas naturezas que constituem a Pessoa de Cristo. Era nesses problemas, nessas pedras de escândalo que Martinho Lutero tinha esbarrado asperamente. Livre-arbítrio, servo-arbítrio, graça eficaz e graça suficiente — era um nunca acabar de debates sobre essas palavras, mesmo depois de o Concílio de Trento haver fixado as firmes definições católicas.

Trinta anos antes, precisamente em Lovaina, *Michel de Bay,* conhecido por Baio, mestre e depois chanceler da universidade, falecido em 1589, procurara conciliar as teses protestantes com os preceitos da Igreja. Pio V, em 1567, e Gregório XIII, em 1579, tinham condenado essa tentativa, e ele submetera-se. As suas ideias, porém, sobreviveram-lhe, e um amigo, *Janson*, professor de Sagrada Escritura em Lovaina, continuou a perfilhá-las, certamente com grande prudência, por medo do Santo Ofício, mas o bastante para não desaparecerem. Outros tinham ventilado ideias semelhantes, tal como o franciscano irlandês *Conrius,* cujas lições, cheias de um agostinismo categórico, tinham feito sensação entre os estudantes.

Que a batalha à volta do problema da graça não estava ainda concluída era o que se acabava de ver quando os jesuítas e os dominicanos se tinham defrontado a propósito do livro do padre Luís Molina[2], *O livre-arbítrio e os dons da graça,* que os tomistas estritos, comandados por Bánez, haviam combatido vigorosamente, acusando-o, entre outras coisas, de abrir caminho a uma moral demasiado fácil.

Clemente VIII chegara até a instituir, em 1597, uma Congregação romana especial, destinada a pôr termo ao debate. A Congregação confessara-se incapaz de resolver a questão e depois, como a discussão se tornara cada vez mais acalorada, Paulo V proibira a todos os teólogos que tratassem em público do tema. Mas como impedir os cristãos de o debaterem em segredo, de se apaixonarem por ele, de lhe consagrarem a vida — se tudo depende disso?

O que Jansênio escrevera ao amigo fora precisamente isso: que só há um assunto que merece que lhe consagremos todas as forças e toda a existência — o problema da graça, ou seja, o problema da salvação. E acrescentara que pensava dever descobrir, para esse problema tão complexo, a única solução possível, aquela que reconciliaria todas as teses adversas, aquela que aquietaria a imensa ansiedade das almas de fé.

Mas como? Onde? Lendo Santo Agostinho. Santo Agostinho! Nesse nome estava o essencial da descoberta de Jansênio. Dizia-se plenamente confiante de que havia de encontrar tudo na obra imensa do inesgotável Bispo de Hipona: todas as questões e todas as respostas. Pois não era Agostinho o Doutor da Graça? Não traçara ele a justa via entre os erros — ele que, contra Pelágio, defendera os direitos de Deus, e, contra os maniqueus, os direitos do homem? Santo Agostinho! Bem diferente desses "ratos de biblioteca" que se petrificavam no molinismo ou nos argumentos da escolástica... Jansênio mostrava-se seguro: era na obra genial do africano que residia toda a verdade.

Foi sobre isso que os dois amigos conversaram acaloradamente durante as dez ou doze semanas em que Jean-Ambroise residiu no colégio de Santa Pulquéria.

Jansênio expôs certamente ao amigo as grandes linhas da doutrina que vinha concebendo e da qual, segundo julgava,

Santo Agostinho lhe forneceria as provas. Juntos, discutiram a questão, e o espírito inclinado à crítica do basco obrigava o holandês a responder às objeções. Juntos também, exultaram com a ideia da grandeza e da beleza da descoberta que faziam. Ah! que grande serviço prestariam à Igreja se formulassem em termos claros, com argumentos irresistíveis, a doutrina que entreviam!

Nasceu então o projeto. O grande projeto. Jansênio iase consagrar a esquadrinhar Santo Agostinho, a fim de lhe espremer toda a substância. Iria lê-lo e relê-lo dez vezes, da primeira à última página, se necessário, e cinquenta vezes ou mais os livros dedicados à graça. Faria deles um comentário digno desse gênio, e tão perfeito e profundo que todos os espíritos retos haveriam de aceitá-lo. Assim a doutrina — a doutrina que eles elaborariam, a solução que eles proporiam — penetraria em inumeráveis almas e embeberia o próprio âmago do catolicismo. Saint-Cyran ajudá-lo-ia, documentando-o, criticando-o, ensaiando junto deste ou daquele a força dos argumentos jansenistas e preparando assim os caminhos necessários à difusão da doutrina de ambos.

Mas, atenção! Deviam tomar precauções, não fosse suceder com esse trabalho o que sucedera com o de Baio! Segredo! Era preciso guardar segredo, até ao momento em que fariam rebentar a bomba... Montaram, pois, um verdadeiro sistema de cifra, para evitar que, se alguém lesse a sua correspondência, algo transpirasse do desígnio que os unia. O grande projeto seria designado por *Pilmot*, Jansênio seria *Boécio* ou *Sulpício;* Saint-Cyran, *Celias* ou *Solion.* A Companhia de Jesus teria direito à alcunha pouco agradável de *Gorphoroste*, e seus membros seriam chamados *os espertinhos*. O próprio Santo Agostinho teria pseudônimos: *Seraphi, Aelius, Leoninus*. Até personagens que se citassem ocasionalmente teriam direito a designações esotéricas: Richelieu seria *Purpuratus;* Bérulle, *Rougeart;* o rei de Espanha, *Carpocre.* Quanto aos protestantes, seriam chamados *Cucumer*, não se sabe por quê.

Depois de terem preparado cuidadosamente o grande desígnio e a minuciosa criptografia, os dois amigos separaram-se, combinando que manteriam correspondência e se encontrariam periodicamente, para se informarem dos progressos do plano. Jansênio ficou em território belga, primeiro em Lovaina, onde lhe foi confiada a cadeira de Sagrada Escritura, e depois em Ypres, de que foi bispo a partir de 1635 e de onde praticamente nunca se ausentou a não ser para uma missão na Espanha e para algumas breves viagens ao encontro de Saint-Cyran. Em 1627, certamente depois de ter lido e ruminado Santo Agostinho, começou a redação do seu famoso comentário, o *Augustinus.* Tinha-o concluído quando, em 1638, veio a falecer, numa atitude de grande piedade e submetendo antecipadamente ao juízo da Igreja o livro que Lammée, seu capelão, ficou encarregado de publicar após a sua morte.

Quanto a Saint-Cyran, que deixara ao amigo a vertente especulativa do trabalho, consagrou-se ao lado prático. Instalado em Paris, não tardou a ganhar autoridade. Conheceu Richelieu, que o apreciou tanto que publicamente lhe chamou "o homem mais sábio do mundo". Relacionou-se com o padre Condren, com o cardeal Bérulle, com o vigoroso Adrien Bourdoise e até com São Vicente de Paulo. Diretor de almas, viu aproximarem-se dele muitos homens e mulheres, em grande parte gente da alta sociedade; a todos ensinava uma doutrina firme, exigente, repleta do melhor espírito reformador, tal como o viviam, nesses anos fervorosos, tantas figuras de destaque no campo da espiritualidade. Por várias vezes lhe foram oferecidos bispados, mas ele recusou:

contentava-se com ser a consciência viva da sua época e com exercer uma influência discreta. As posições que tomava em público eram hábeis: denunciou, num panfleto devastador, a apologética um tanto apalhaçada do padre jesuíta Garasse, com o que trazia para o seu lado os que gostam de troçar. Os trabalhos que preparava, sob o nome de *Petrus Aurelius* (Petrus como o apóstolo, Aurelius como Agostinho...), iriam assegurar-lhe a simpatia dos bispos galicanos. O plano estava, pois, em bom caminho de execução. E a jovem Companhia do Oratório, muito aberta à sua influência, parecia dever ser o veículo das novas ideias. Já o bispo de Ypres a ajudara a fundar casas na Bélgica.

Assim, pouco a pouco, e antes mesmo de ser plenamente conhecido, *Pilmot* saía do quadro estreito da cogitação de intelectuais e tendia a tornar-se um movimento religioso capaz de arrastar as almas. E em breve o abade de Saint-Cyran descobria o ambiente mais adequado para suscitar esse movimento e difundir a doutrina: *Port-Royal.*

Port-Royal e os Arnauld

A seis léguas de Paris, "a poente, perto de Chevreuse", Port-Royal era uma abadia de bernardas, que a mulher de um guerreiro da IV Cruzada fundara, em 1204, para obter do Céu o feliz regresso do marido. Situada no fundo estreito de um pequeno vale, com o horizonte completamente fechado, melancólica morada onde a meditação e a prece pareciam ser o estado natural da alma, a abadia abrigara, por muito tempo, um grupo de piedosas mulheres, sem grande lugar na história, que seguiam honestamente a Regra de Cister. Desde os fins da Idade Média, como em tantas outras casas de todas as ordens, os costumes estavam relaxados.

Não que essas mulheres fossem propriamente escandalosas, mas mundanas, sem dúvida. Nada de clausura: entrava no mosteiro quem quisesse e, da mesma maneira, saía à rua qualquer monja que o quisesse. Para se distraírem, essas virgens um pouco loucas organizavam frequentes mascaradas, e os criados faziam o mesmo, dirigidos pelo capelão. Este, que era bernardo, não sabia traduzir o *Pater noster*. A biblioteca do mosteiro tinha um só livro religioso: um breviário. Em quarenta anos, as monjas não tinham ouvido mais que sete ou oito sermões.

E eis que, no limiar dessa mansão tão pouco preparada para acolher a graça, apareceu subitamente uma figura frágil, uma menina de sete anos. O pai, em boas relações cortesãs com o rei Henrique, e naturalmente zeloso do futuro das seis filhas, conseguira para ela o lugar de coadjutora dessa abadia, enquanto a segunda, Jeanne, de cinco anos, recebia o mesmo cargo no convento de Saint-Cyr com o nome de Madre Inês: assim eram os hábitos, deploráveis, dessa época. Três anos depois, em 1602, por morte da abadessa, sucedeu-lhe Jacqueline, a coadjutora, feita *Mêre Angélique*. No mesmo dia, fez a primeira Comunhão e recebeu a bênção abacial. Não parecia que houvesse muito a esperar dessa superiora de onze anos... Ela própria se aborrecia muito nesse convento, e fez-lhe tanta impressão pensar que ia passar ali a vida inteira, que caiu doente. Mas como escapar ao seu destino? A bula de nomeação tinha sido devidamente selada, aliás mediante uma falcatrua: haviam garantido à Santa Sé que ela tinha dezoito anos. E o terrível pai, aproveitando a fraqueza infantil, fizera-a assinar a renovação dos votos solenes, coisa que a fez pensar que ia "rebentar de indignação".

Mas bem sabemos que Deus se serve de tudo, até dos instrumentos mais duvidosos. Essa abadessa sem vocação tinha em si o estofo de que se fazem os santos. E, naquele lugar onde imaginava achar um infindo mal-estar, era a graça que a esperava. Aos dezessete anos, já era como iria ser por toda a vida: alma profunda, de impulsos violentos, capaz de uma firmeza viril, e no entanto carregada de angústias, a quem talvez só faltasse, afinal, a verdadeira simplicidade para ser contada entre aquelas que veem a Deus. Durante a Quaresma de 1608, um certo padre Basile, capuchinho, aliás monge girovago e de costumes suspeitos[3], pregou em Port-Royal de maneira tão tocante que a jovem superiora do mosteiro se sentiu inteiramente abalada. Ao ouvir falar do aniquilamento de Jesus, compreendeu, de alma dilacerada, a miséria da vida tão mundana que se levava na sua abadia e decidiu mudá-la.

Começou a reforma por ela mesma. Vestiu lã grosseira, tratou com as próprias mãos as chagas repugnantes de uma noviça, retomou o duro costume de levantar-se durante a noite para orar e o de usar as disciplinas de manhã e à noite. À sua volta formou-se um pequeno núcleo de religiosas igualmente desejosas de mudar de vida. O movimento foi crescendo. Ajudada por outro capuchinho que por ali passou, a jovem abadessa conseguiu das suas filhas o regresso à pobreza estrita, e todas elas depuseram aos seus pés os pequenos tesouros pessoais: joias, roupa fina, caixinhas... Por unanimidade, tomou-se uma grande decisão: restabelecer a clausura. Chegou então o dia 25 de setembro de 1609, *la Journée du Guichet*, o dramático "dia do postigo", que iria ficar célebre nos anais de Port-Royal e que é realmente digno de admiração: a Madre Angélica recusou-se a deixar entrar na abadia o próprio pai, fechou ouvidos e coração aos seus protestos indignados, resistiu, inflexível, às súplicas da mãe e acabou por desmaiar — vitoriosa, mas com os nervos desfeitos.

Essa moça feita de aço pertencia a uma velha família de origem auvernhense, uma estirpe de magistrados e advogados que mantinha de geração em geração o gosto pela chicana, mas a que não faltavam méritos e talentos: os *Arnauld*. O avô de Jacqueline, huguenote, abandonara o calvinismo após a noite de São Bartolomeu e, cinco anos depois, recebera um título de nobreza. O pai, sucessivamente auditor de contas e procurador da rainha, fizera carreira no foro, onde o haviam tornado famoso as alegações contra a Companhia de Jesus, então em disputa com a universidade. A mãe, Catherine Marion, era filha de um advogado geral junto do Parlamento de Paris. Meio de altos togados, portanto, a caminho da nobreza. Os Antoine Arnauld tinham tido vinte filhos, dos quais dez tinham sobrevivido. A Madre Angélica era a terceira. O primogênito, Robert Arnauld d'Andilly, viria a ser pai do marquês de Pomponne, ministro do Rei-Sol. O sexto, Henri, seria bispo de Angers. As outras cinco irmãs, donzelas ou viúvas, tomariam o hábito em Port-Royal. E o benjamim, Antoine, que nasceria em 1612, havia de ser o *Grande Arnauld*.

Passado o espanto e digerida a indignação, a família Arnauld passou a olhar com olhos mais equitativos o ato corajoso da jovem abadessa. Até o pai mudou de atitude: certamente reconheceu naquele golpe intempestivo o seu próprio sangue... Aceitando o fato consumado, apoiou com a sua autoridade a reforma empreendida pela Madre Angélica. Em Paris, já se falava das maravilhas que se levavam a cabo em Port-Royal. Começava então o "grande século das almas", e tudo o que de melhor e de mais nobre havia na Igreja estava nas condições ideais para se entusiasmar por uma tentativa tão exemplar. Em vez do ignaro frade bernardo ou dos desconhecidos frades menores que por ali passavam, Port-Royal pôde ter como diretores espirituais homens de alto nível e mesmo santos: o padre Archange de Pembroke, capuchinho ilustre e autêntico místico; o excelente bispo de Langres, Sébastien Zamet, homem de grande influência nos meios reformadores; os padres do Oratório, com Bérulle em pessoa, e, mais frequentemente, Condren. Nem faltou o bispo de Genebra, São Francisco de Sales, que, durante a viagem a Paris, quis visitar as monjas do Val de Chevreuse, ouviu a confissão geral da Madre Angélica e, de volta a Annecy, continuou a manter com ela uma correspondência espiritual.

Assim, a boa fama foi chegando aos ouvidos de Luís XIII, que encarregou a corajosa abadessa de reformar a abadia real de Maubuisson, perto de Pontoise, que uma outra Angélica, irmã de Gabrielle d'Estrées e sua brilhante rival em mundanidade, tinha posto em mísero estado. A despeito da resistência — violenta e até armada — da abadessa deposta, Jacqueline Arnauld conseguiu cumprir quase à perfeição a difícil tarefa, o que a levou ao auge da fama. Mal podemos imaginar hoje a celebridade que rodeava essa moça de vinte anos. Quando voltou de Maubuisson, trazendo consigo trinta monjas que não queriam separar-se dela, Port-Royal surgiu como um desses cumes do espírito para onde começaram a afluir em grande número as almas ávidas de renúncia e de austeridade plena. Mas ela — e é um dos traços patéticos do seu caráter — não pensava senão em retirar-se ainda mais do mundo, em mergulhar na mais completa renúncia, e pediu a São Francisco de Sales que a acolhesse na sua congregação como a mais humilde das visitandinas. O santo recusou.

Nesta história admirável, um só ponto parecia negativo. O vale profundo onde ficava o mosteiro era muito insalubre. Muitas religiosas morriam de febre, na flor da idade, coisa que a Madre Angélica aceitava, naturalmente, como vontade de Deus, mas que a preocupava. Tomou então a decisão que se impunha: partir. A mãe comprou-lhe nos arredores de Paris o palácio Chagny, no burgo de Saint-Jacques. Angélica deitou-o abaixo e substituiu-o por um imenso mosteiro. É este Port-Royal que ainda hoje dá o nome a um *boulevard* parisiense, e as suas construções abrigam desde 1814 o Hospital da Maternidade. Com essa decisão, que transferia para as portas da capital o foco de ação, a influência da comunidade reformada cresceu ainda mais. Ou seja: Port-Royal entrou na moda. Tudo o que a cidade contava de gente devota — magistrados, fidalgos, padres e religiosos de qualquer hábito — aí afluía, para rezar.

Mais ainda: os graves e poderosos senhores da Companhia do Santíssimo Sacramento — a famosa organização laica cuja ação se descortina por trás de todas as empresas reformadoras do tempo — tinham os olhos postos nessas monjas cujo ideal coincidia exatamente com o deles. Pensaram até em escolher algumas delas para criar uma nova ordem contemplativa, mais ou menos diretamente ligada a eles: o *Instituto do Santíssimo Sacramento*, cujas preces constantes atrairiam para o reino da França as graças divinas. Entusiasmada, a Madre Angélica concordou em abandonar o mosteiro para dirigir a nova fundação na rua Coquillière. E, como todas as religiosas, "em razão da grande devoção que tinham pela Sagrada Eucaristia", requereram a admissão na nova ordem, decidiram que a casa tomaria desde então o nome de "Port-Royal do Santíssimo Sacramento", e que todas elas ostentariam uma grande cruz vermelha, desenhada sobre o escapulário branco. De resto, a Madre Angélica não ficou por muito tempo na Rua Coquillière, porque lhe desagradava o sucesso mundano dessa casa, e regressou à sua cara comunidade dos arrabaldes de Paris.

Assim Port-Royal surgia, por volta de 1630, como modelo dos mosteiros reformados, segundo o melhor espírito do Concílio de Trento. Aos olhos de inúmeros católicos, o hábito da ordem, que tantas meninas sonhavam tomar, parecia o próprio símbolo do cristianismo renovado, restituído ao seu pleno esplendor. Evidentemente, não se estava ainda diante de nenhum problema de desvio doutrinal, e a Madre Angélica e suas filhas julgariam morrer de desgosto se alguém ousasse anunciar-lhes que um dia seriam condenadas pela Igreja. E, no entanto, o perigo estava já às portas...

Saint-Cyran em Port-Royal

No decorrer do ano de 1620, Jean Duvergier de Hauranne, o abade de Saint-Cyran, conhecera Robert Arnauld d'Andilly em casa de um amigo, e tinham simpatizado muito um com o outro. O irmão mais velho de Angélica era bastante parecido com ela: alma ardente e violenta, inclinada à solidão e à oração, preocupada com os grandes problemas; só encontraria a paz interior ao deixar o mundo e retirar-se para Port-Royal, em 1646. Desde que conheceu Saint-Cyran, a amizade entre os dois cresceu tanto que atingiu um calor a bem dizer estranho; Robert falava muitas vezes às suas irmãs religiosas do esplendor espiritual do amigo. Nesse momento, a influência do basco, aureolada pela sua reputação de austeridade, crescia a olhos vistos. As suas palavras eram repetidas de boca em boca: "Deus fez-me saber que há cinco ou seis séculos deixou de haver Igreja" — o que dava a entender que era ele que a refaria. Todos os seus dirigidos espirituais cantavam os seus louvores. Que esperavam então as monjas de Port-Royal, candidatas à santidade, para entregarem as suas almas a esse novo Agostinho?

OS ARNAULD

ÁRVORE GENEALÓGICA ABREVIADA

- Antoine Arnauld, advogado, casado com Mlle. Marion, mais tarde Irmã Catarina de Santa Felicidade
  - Robert Arnauld d'Andilly, pai de 15 filhos, mais tarde Solitário
    - Arnauld de Luzancy, Solitário
    - Arnauld de Pomponne, Ministro de Luís XIV
    - Madre Angélica de São João, Abadessa
  - Catherine, casada com I. Le Maistre, mais tarde Irmã Catarina de São João
    - Antoine Le Maistre, Solitário
    - Simon Le Maistre de Séricourt, Solitário
    - Le Maistre de Sacy, diretor de Port-Royal e editor da Bíblia
  - Jacqueline, Madre Angélica, abadessa reformadora de Port-Royal
  - Jeanne, Madre Inês abadessa
  - Henri, Bispo de Angers
  - Antoine, dito "o Grande Arnauld"

Um incidente fortuito trouxe esse resultado. A Madre Inês, jovem irmã da Madre Angélica, que se mudara para Port-Royal, redigira em cinco páginas uma série de dezesseis meditações em honra dos dezesseis séculos cristãos decorridos desde a instituição da Eucaristia. Era o *Chapelet secret* ["Rosário secreto"], um escrito demasiado requintado e com ar de coisa sublime, de notória fraqueza teológica, mas em que não havia quase nada a corrigir quanto ao fundo. Sébastien Zamet e o padre Condren tinham-no aprovado. Mas, à vista disso, o arcebispo de Sens, Monsieur de Bellegarde, tomado de ciúmes pela influência do seu colega de Langres no Instituto do Santíssimo Sacramento, submeteu o escrito à Sorbonne. A Sorbonne encontrou nele "várias extravagâncias, inexatidões, erros, blasfêmias e impiedades". O padre Binet, jesuíta, foi da mesma opinião. Era demais para um opúsculo tão pequeno... Quem sabe se, através das glosas ao texto da Madre Inês, não se queria atingir o padre Condren e o Oratório? Entre teólogos, é bastante frequente esse jogo...

Subitamente, corre por Paris um breve memorial intitulado *Apologia em favor do "Rosário secreto"*. Não se demorou a saber que o autor era Saint-Cyran. O ilustre abade declarava que, tendo examinado com a maior atenção as famosas dezesseis meditações, nada encontrara nelas de reprovável, antes pelo contrário, causara-lhe admiração a doutrina que continham. Mais ainda: avisava os seus amigos da Bélgica que obtivera a aprovação do texto por Jansênio e Froidemont, mestres eminentes de Lovaina. Depois disso, com pena incisiva, reduzia a nada as críticas do padre Binet. Como os Arnaulds lhe ficaram reconhecidos! E o Instituto do Santíssimo Sacramento! E Port-Royal inteiro! E Sébastien Zamet... Zamet até achou oportuno confiar-lhe, em sinal de gratidão, a direção espiritual das religiosas, que lhe passara a ser difícil assegurar por estar afastado de Paris.

Foi um encontro de futuro patético e pesado o que pôs frente a frente, de ambos os lados da grade do locutório de Port-Royal, os dois grandes protagonistas do drama: a Madre Angélica e Saint-Cyran. O "calhau da Ibéria, de onde por fim iria sair a faísca" — como diz Sainte-Beuve —, crepitou em mil fogos. Entre a Madre e o abade, operou-se imediatamente um acordo profundo de almas e de consciências. Em breve, todas as religiosas eram dirigidas pelo abade. A todas ele sugeria que os métodos espirituais de Zamet eram por demais suaves e que convinha mudá-los. Uma vertigem de austeridade arrebatou essas santas donzelas. Já em Port-Royal não havia lugar senão para "o ideal sobre-eminente da Igreja primitiva". Com vivíssimo desgosto, o bispo de Langres viu-se totalmente posto de lado. Na Quaresma de 1635, como pregador oficial da comunidade, Saint-Cyran tornava-se senhor de Port-Royal.

E não apenas do mosteiro designado por esse nome, mas de todo o núcleo de pessoas que já se aglomeravam em torno das suas piedosas muralhas. A influência do abade continuou a crescer. Um rapazinho de vinte anos, espírito precoce e inflamado de amor de Deus, tornou-se seu discípulo e, por ordem sua, mergulhou no estudo de Santo Agostinho, com o auxílio de pequenos fascículos de comentários que iam chegando de Lovaina e, mais tarde, de Ypres. Era Antoine Arnauld, o benjamim da família...

A conselho do reformador, homens graves, muitos deles bem situados na vida, todos "de grande inteligência, grande ciência e alta virtude", formaram um grupo livre, sem votos religiosos, a fim de viverem no silêncio, no trabalho e na oração. Eram Antoine Le Maistre[4], filho de Catherine Arnauld, advogado famoso, que, subitamente, renunciou ao mundo e foi construir uma pequeno ermitério no jardim de Port-Royal; seu irmão, Le Maistre de Séricourt, oficial brilhante; de Bascle, membro da nobreza, e o burguês Vitart, cuja irmã era casada com um senhor de sobrenome Racine; e dois clérigos, Claude Lancelot, discípulo de Bourdoise, subdiácono da comunidade de Saint-Nicolas-du-Chardonnet, e Antoine Singlin, que São Vicente de Paulo levara ao sacerdócio e que, abandonando os lazaristas, viera também tomar parte entre esses *Solitários*. Para aumentar o grupo com elementos jovens, Saint-Cyran lançou um projeto de Pequenas Escolas, onde se poria em prática uma nova pedagogia, orientada principalmente para a formação do caráter. O sábio Lancelot preparou a realização do plano e a seguir começou o recrutamento dos alunos.

Parecia, pois, ter triunfado o plano elaborado, catorze anos antes, em Lovaina! Os dois amigos tinham trabalhado bem, cada qual no seu setor. Estava prestes a dar-se a conjunção entre as principais teses do bispo de Ypres e as almas que melhor poderiam acolhê-las e difundi-las. Saint-Cyran podia deixar Paris e instalar-se por algum tempo na sua abadia de Poitiers, enquanto não se dissipassem certos rumores que lhe chegavam aos ouvidos. Jansênio podia morrer. As ideias de ambos pareciam destinadas a abrir caminho.

Os três "jansenismos"

O *Augustinus* apareceu em Lovaina no ano de 1640, em flagrante violação da proibição papal de que se discutissem publicamente os problemas da graça. Enquanto era impresso secretamente, os jesuítas conseguiram obter algumas folhas da obra e pediram ao internúncio que avisasse Roma, a fim de impedir a edição. Nem por isso o enorme *in-folio* deixou de sair da tipografia, revestido dos privilégios da praxe e dedicado ao Cardeal-Infante, governador da Bélgica.

Num instante, a obra "escapou por todo o lado". Venderam-se muitos exemplares na Feira de Frankfurt. Os calvinistas holandeses mostraram-se radiantes, porque notaram que o nome *Cornelius Jansenius* permitia o anagrama *Calvini sensus in ore* ["na boca, a opinião de Calvino"]. Na França, o livro teve tantos leitores que já no ano seguinte houve que reeditá-lo em Paris e, pouco depois, em Rouen. É de admirar o êxito de tal obra, escrita em latim e tão copiosa, tão indigesta, que só o seu aspecto desencorajaria os cristãos do nosso tempo. Entusiasmado — pelo menos em público, já que, privadamente, punha reservas a algumas expressões pouco prudentes —, Saint-Cyran exclamava com ar profético que aquele era "o livro de devoção dos últimos tempos", um livro que duraria "tanto como a Igreja". Dizia ainda que, "mesmo que o rei e o papa se unissem para o arruinar, estava escrito de tal maneira que nunca o haviam de conseguir".

Qual era a doutrina exposta pelo *Augustinus*? Para a compreendermos, temos de situá-la em confronto com aquelas que tinham estado em debate no seio da Igreja, já que a intenção de Jansênio era formular a solução que harmonizasse os contrários e pusesse termo às discussões. O essencial da fé católica é que o homem, ferido na sua justiça original pelo pecado, não pode ser salvo sem o auxílio de Deus, sem a graça; mas esse auxílio divino respeita a liberdade do homem, que tem de trabalhar pela sua própria salvação. Como conciliar esses dois agentes da salvação? É uma dificuldade extrema. Pôr demasiado o acento na graça não será destruir a liberdade humana? Exaltar a liberdade não será negar à graça o seu papel e o seu poder?

Daqui haviam procedido, no decorrer dos séculos, muitos desvios doutrinais num ou noutro sentido.

Já no século V o monge bretão *Pelágio* proclamara que o homem é totalmente livre de fazer ou não fazer o bem, por vontade própria; livre de se salvar ou se perder; em suma: de dizer a Deus sim ou não[5]. O pecado original não o atingiu de modo incurável: a graça divina é a própria natureza, e o homem a possui, uma vez que possui a razão e pode escolher o seu destino. Num tal sistema, o homem só depende de si mesmo. Como dizia o bispo pelagiano Juliano de Eclana, "pelo livre-arbítrio, o homem está emancipado de Deus". Assim a Redenção deixa de ter sentido, e Cristo não é necessário. Em quatro obras de argumentação cerrada, Santo Agostinho refutara essa heresia da liberdade.

Em sentido inverso, os grandes doutrinadores da Reforma protestante, como Lutero e Calvino[6], rejeitando o livre-arbítrio, tinham recusado ao homem qualquer ação positiva na obra da sua salvação. Para eles, ser salvo dependeria unicamente da graça, da vontade de Deus, de decisões estabelecidas desde toda a eternidade pela Sabedoria divina, infinita mas impenetrável. Predestinado, o homem, por si mesmo, praticamente nada poderia fazer para ser um eleito e não um condenado.

A verdade católica havia séculos que se situava entre esses dois sistemas categóricos, recusando-se a dar tudo à liberdade, mas também a submeter tudo à graça. Já em 853 o Concílio de Quierzy-sur-Oise, refletindo sobre esses problemas, ditara esta frase profunda: "Que alguns sejam salvos, é um dom do Senhor. Mas que outros pereçam é culpa desses mesmos que se perdem". Desse modo, graça e liberdade se harmonizavam. Era um acordo de princípio, que deixava vasto campo à discussão. Assim o acabavam de demonstrar as recentes disputas em que os jesuítas molinistas insistiam mais sobre a liberdade, para suscitar no homem um esforço moral, ao passo que os dominicanos tomistas acentuavam principalmente a graça, a fim de exaltar a fé. Como a Congregação expressamente instituída para decidir da questão se recusara a pronunciar-se após dez anos de trabalhos, ambas as doutrinas podiam ser ensinadas nas cátedras católicas. Quem havia de pôr termo à querela? Jansênio respondia: "Eu! Eu! O único intérprete fiel de Santo Agostinho".

O que, portanto, ninguém antes dele soubera descobrir na obra de Agostinho era a síntese das exigências da graça e das da liberdade. A tese que Jansênio sustenta é, a traços largos, como se segue. O pecado original cavou um fosso entre o estado primitivo do homem anterior ao pecado e o estado de decadência depois dele. No estado de inocência, o homem era plenamente livre, e a sua vontade reta tendia naturalmente para o bem. Livre, já não o é no estado de natureza decaída, mas sim escravo do pecado, incessantemente arrastado pelo "deleite terrestre"; tudo o que faz o conduz ao abismo da corrupção. Deus, porém, na sua bondade, oferece à humanidade uma possibilidade de escapar a esse abismo. Pelos méritos de Cristo, Ele dá a *graça eficaz*, que eleva a vontade humana. Aqueles que a possuem são verdadeiramente livres, libertos da escravidão do pecado, e a graça coincide neles com a exigência interior do bem. Quanto àqueles, porém, que não a possuem, não há nada a fazer, nenhuma esperança. Nem os justos, se privados da graça, podem obedecer aos mandamentos divinos, como aconteceu com São Pedro no pátio do Pretório, quando negou conhecer Cristo...

Essa graça será dada a toda a humanidade? Não. Muitos são os chamados, mas poucos os escolhidos. Só raras almas são capazes de liberdade, têm a salvação em potência. E as outras? Deus não as condena, mas, já que não lhes é dada a graça, permanecem na *massa damnata* em que o pecado as lançou.

A síntese jansenista — ao menos no plano das palavras — mantém o livre-arbítrio do homem, mas reserva-o aos pouco numerosos beneficiários da graça. É um sistema que se afasta do protestantismo pela primeira tese, mas que pela segunda se aproxima dele. Um sistema que não podia ser admitido pelo catolicismo, para o qual, segundo São Paulo, "Deus quer que todos os homens se salvem" (1 Tm 2, 4) e para isso dá a cada um uma *graça suficiente*, que lhe permite travar o combate da salvação. A expressão "calvinismo requentado", tantas vezes aplicada ao jansenismo, é excessiva; seria mais exato denominá-lo "semi-protestantismo".

Tal é a substância do enorme *Augustinus*, a base daquilo que podemos designar por "jansenismo doutrinário", especulativo, metafísico, do qual Bremond disse com toda a propriedade ter nascido "na biblioteca de um intelectual". Mas, ao inserirem-se no reduto de Port-Royal, as teses do bispo de Ypres passaram a assumir outra natureza e a traduzir-se em mandamentos imperativos, aplicáveis à vida cristã de cada dia. Desse modo, começou a desenvolver-se um "jansenismo moral", que é como geralmente se entende, na linguagem corrente, todo o jansenismo: nos nossos dias, o termo "jansenista" designa quase unicamente uma atitude moral de excessivo rigor. Deve-se observar que esta ligação não era de modo algum forçosa. A doutrina jansenista da graça — como, aliás, a de Lutero, conforme se viu muitas vezes na Alemanha — não levava necessariamente a uma conduta moral muito estrita. Se a graça eficaz me é recusada, se estou incluído, faça o que fizer, na *massa damnata*, para que me hei de esforçar e portar-me segundo os mandamentos?

Mas o meio em que o sistema se espalhou estava predisposto a interpretar o pensamento do bispo de Ypres no sentido mais "jansenista" de todos. Era um meio rigorista, que nutria uma visão sombria e trágica da vida cristã. Não é que o rigorismo de Port-Royal fosse o único. Pelo contrário: em muitos e muitos textos católicos da época, sob a pena de São Vicente de Paulo, de Bérulle, de Olier e mesmo do suave São Francisco de Sales, achamos asserções que os Solitários gostariam de tomar como seus. As religiosas reformadas da Madre Angélica não eram as únicas a recusar qualquer compromisso ou mistura com o mundo. Como também o jansenista Pascal não há de ser o único a debater dentro de si os grandes problemas, no dilaceramento e na angústia. Nas suas primeiras intenções e nos seus primeiros chefes, Port-Royal nada teve de criticável. "Tudo o que neles admiramos — diz Bremond — permanece católico". O desvio só se deu mais tarde.

Veio de Saint-Cyran. É indubitável que o espaço onde o jansenismo doutrinário se fez jansenismo moral foi a alma do místico apaixonado, excessivo, a quem a Madre Angélica entregara a direção espiritual da comunidade. Do *Augustinus*, Saint-Cyran só utilizou, na verdade, as conclusões morais, práticas. Quanto às ideias transcendentes do amigo, o que ele fez foi "ruminá-las", a fim de as adaptar a uma espiritualidade original que a sua experiência lhe sugeria. Havia nele um sentido agudo, dilacerante, da miséria do homem pecador. O que mais o comoveu em Santo Agostinho foi sem dúvida a ideia da "guerra cruel" que travam entre si os "dois homens em mim" — essa esgotadora batalha em que o homem, sem Deus, tem a certeza de perder. A sua tendência para o rigorismo, para uma religião austera e entenebrecida, era confirmada pelas teses jansenistas: "Temos em nós — escrevia ele já na *Apologia em favor do*

'Rosário secreto' — uma fonte constante de pecado, que jorra para a morte eterna, se Deus não abre em nós essa fonte de vida que jorra para a vida eterna". Nesta simples frase, encerra-se toda a doutrina jansenista sobre a graça. Quando repetia às suas filhas espirituais: "Lembrai-vos de que os juízos de Deus são terríveis", que todos os homens são horrorosos pecadores, que, mesmo que lutemos tenazmente, nunca podemos estar seguros da salvação, Saint-Cyran dizia-lhes verdades que já tinham sido proclamadas por muitos outros pregadores, no seu e em outros tempos, mas projetava-as sobre um pano de fundo doutrinal que era o do livro de Jansênio.

Assim se compreende que as santas filhas da Madre Angélica e até os Solitários tenham podido deslizar, com a melhor das intenções, para um erro de doutrina. E que numerosas almas tenham cedido depois a esse erro, atraídas pela austeridade do movimento, seu "temível talismã", no dizer de Sainte-Beuve. Era fácil cair nessa confusão, pois os jansenistas falavam como São Carlos Borromeu, como São Vicente de Paulo ou como Bourdaloue. Bossuet veria com lucidez o que se passava ao dizer que "esse rigor incha a presunção, alimenta uma tristeza orgulhosa e um espírito de faustosa singularidade". A medida que a história do jansenismo fosse desenrolando os seus episódios, os seus defeitos ir-se-iam tornando cada vez mais visíveis.

Acontece que o jansenismo não ia limitar-se a ser apenas uma doutrina da graça, à qual se ligava uma concepção coerente, completa e rígida da religião, e uma moral severa. Em breve, "Proteu", que reaparece em toda a parte na vida da Igreja, não demoraria a pôr em causa a disciplina, tanto ou mais que o dogma e a moral. Um terceiro jansenismo, que poderíamos designar por "jansenismo sectário", viria a sobrepor-se aos dois primeiros.

As suas causas são complexas. Encontramo-las no espírito arrogante dos Arnauld, tão ciosos do seu êxito e, mais tarde, também da santidade de tantos dos seus membros: "Confessar o nome da nossa família — dizia em voz bem alta a Madre Inês — é quase confessar a Deus". Encontramo-las também no incontestável orgulho de Saint-Cyran, no seu "zelo altivo e insolente" de que fala Jean-Jacques Olier, nessa perpétua segurança que tem — e que também tinha Jansênio — de ser o único a estar na razão, o único a representar o cristianismo autêntico. Vemo-las ainda na tendência para a polêmica e o ardil — igualmente própria dos Arnauld, mestres togados... —, pouco inclinada a aceitar humildemente as ordens da Igreja e a submeter-se ao seu juízo.

Desde os primeiros tempos, o jansenismo esteve em relações estreitas com os meios galicanos do mundo parlamentar, antirromanos por princípio, anti-jesuíticos por temperamento, e aí conquistou numerosas simpatias. Achou-as também em outras classes sociais, designadamente no baixo clero, cujo "sacerdócio presbiteriano" Jansênio exaltava, considerando-o tão depositário da graça como a hierarquia eclesiástica.

Assim se constituiu um "partido" jansenista — no sentido que a palavra "partido" tinha então —, cujos membros passaram a interessar-se cada vez menos pelas doutrinas agostinianas da graça e cada vez mais pela vitória da sua equipe. Bem sabemos que é esse o destino dos grandes embates doutrinários: o de reforçarem e desenvolverem sem cessar o espírito sectário. Deste modo, ao longo dos cento e cinquenta anos que vai durar a sua história, o jansenismo, a princípio apenas desvio doutrinal acerca da graça, em seguida concepção exigente da moral cristã, tenderá a ser cada vez mais uma heresia contra a Igreja e até, involuntariamente, um aliado dos inimigos do próprio cristianismo. Pode-se pensar que nem Jansênio, nem Saint-Cyran nem a Madre Angélica previam esse desfecho.

As desconfianças de Richelieu

Quando surgiu o *Augustinus*, a batalha do jansenismo tinha já passado pelas primeiras escaramuças — e Saint-Cyran estava preso. Havia já algum tempo que a opinião dos prudentes acerca do famoso diretor espiritual se fizera mais que reservada. O padre Condren, que, afinal de contas, tinha estado no ponto de partida da sua carreira, dizia dele: "É um espírito desviado, grande amador de novidade, com excessivo pendor para a singularidade". O bispo de Langres, Sébastien Zamet, decerto esclarecido sobre o seu antigo protegido pelo desgosto de ter sido afastado de Port-Royal, qualificava-o agora como "espírito injurioso e violento, sem nenhum respeito pelas pessoas que minimamente se oponham aos seus modos de ver". Quanto a São Vicente de Paulo, como era santo, suportava com humildade que Saint-Cyran lhe chamasse ignorante quando ele o admoestava delicadamente por pretender salvar sozinho a Igreja... "Ignorante? Muito mais do que vós pensais" — respondia o santo, com um sorriso. Mas foi-se afastando dele e espaçava cada vez mais os encontros.

Richelieu partilhava dessa desconfiança, por razões que, devemos reconhecê-lo, nem sempre mereciam admiração... O imperioso cardeal teve com certeza o desejo de pôr essa força ao seu serviço. Saint-Cyran recusou-se: não era daqueles que se vendem... Chegou então aos ouvidos do onipotente ministro que o abade falava de governos "que só querem escravos junto deles", e a sua opinião acerca do reformador mudou de um instante para o outro... Já não o considerava "o homem mais sábio do mundo", mas um exaltado, um desequilibrado, "um visionário". Não tardou que exclamasse, não sem algum exagero, que achava Saint-Cyran "mais perigoso que seis exércitos". Terá o mestre de Port-Royal conspirado contra ele? É de duvidar, mas deve-se reconhecer que assumia ares de conspirador, rodeado como andava de segredo, ordenando aos seus correspondentes que queimassem as cartas que lhes escrevia e ameaçando sem cessar coisas e pessoas. Richelieu pode ter acreditado ou ter fingido acreditar que Saint-Cyran era capaz dos "piores desígnios" — como diz Bremond —, e que comandava uma seita tão perigosa como a protestante. Na realidade, o que acontecia sobretudo era que havia entre os dois homens uma absoluta incompatibilidade. "Não tenho menos espírito de príncipe que os maiores potentados do mundo", dizia o próprio Saint-Cyran. E o *Purpuratus* não perdoava esse gênero de pretensão.

Diversos incidentes acabaram por irritá-lo. Jansênio, que todos sabiam ser amigo de Saint-Cyran, publicou em Lovaina um panfleto — *Mars gallicus* ["O Marte da Gália"] — extremamente cruel contra Richelieu e a sua política de aliança com os protestantes. Depois, quando o cardeal conseguiu a anulação do casamento de Gaston de Orléans com Margarida da Lorena, Saint-Cyran declarou publicamente que isso era um perfeito escândalo; e era mesmo. Por fim, um certo padre Séguenot, do Oratório, publicou um comentário ao tratado de Santo Agostinho sobre a *Virgindade* que continha frases bastante suspeitas, e um inquérito revelou que esse comentário fora escrito sob a inspiração direta de Saint-Cyran.

A 14 de maio de 1638 — oito dias depois da morte de Jansênio —, a polícia real prendeu Saint-Cyran, que havia regressado a Paris pouco antes, e levou-o para o castelo de Vincennes. Começou um processo, do qual o menos que se pode dizer é que foi conduzido de modo pouco correto. Interrogaram-se os antigos amigos do acusado e mesmo o seu confessor. Sébastien Zamet acusou de heresia aquele que, tão pouco tempo antes, elevava aos píncaros da teologia. Apreendidas pela polícia, foram lidas cartas de direção espiritual enviadas às religiosas de Port-Royal. Por trás de tudo isso, trabalhava eficazmente o *Père Joseph*, a eminência parda. Não resta a menor dúvida de que semelhante processo, conduzido pelo Estado, era canonicamente ilícito; só um tribunal da Igreja teria sido competente para o instruir, uma vez que Saint-Cyran era incriminado unicamente pelas suas opiniões religiosas. Quando foi chamado a depor, São Vicente de Paulo teve a coragem de o dar a entender claramente, recusando-se a acusar o antigo amigo e aconselhando a absolvição pura e simples. Nem por isso Saint-Cyran deixou de continuar preso durante cinco anos.

A provação foi dolorosa. Não fisicamente. Richelieu mandou-o tratar com todos os cuidados, autorizou-o a receber visitas, a corresponder-se com os amigos e até a escrever e publicar livros. Assim Saint-Cyran continuou a ser o chefe do movimento, a atender espiritualmente muita gente, e chegou a promover conversões entre os oficiais do exército imperial então prisioneiros em Paris. Moralmente, porém, sofria muito, a ponto de passar por uma dramática crise espiritual, durante a qual se perguntava se tinha razão, se as suas ideias eram justas, se a sua audácia não seria vã temeridade...

Esse cativeiro engrandeceu-o ainda mais aos olhos dos seus fiéis. Port-Royal tinha um mártir! "Lembrai-vos — exclamava a Madre Angélica — de que o abade de Saint-Cyran só está preso por ter mostrado os verdadeiros caminhos da penitência". Nem as suas filhas espirituais nem os seus amigos estavam dispostos a ceder à perseguição. Em vão suprimiram o Instituto do Santíssimo Sacramento: a casa de Port-Royal do Santíssimo Sacramento continuou a ser um centro de fervor místico. Em vão dispersaram os Solitários: instalados em Port-Royal des Champs, e mesmo expulsos de lá, foram regressando pela calada e continuando a recrutar novos elementos e lançando calmamente as suas Pequenas Escolas.

Foi nessas circunstâncias que se deu a publicação do *Augustinus*. O barulho que fez provocou reações igualmente vivas. Em Lovaina, os jesuítas entregaram-se a demolir a obra, pedra por pedra. Em Paris, o teologal da diocese, *Habert*, atacou-a violentamente do alto do púlpito, em Notre-Dame. Em Roma, o velho papa Urbano VIII, partidário da política do "não fazer ondas", começou por tentar guardar e impor silêncio. Mas, sob pressão da Companhia de Jesus, teve de assinar a bula *In Eminenti*, em março de 1641, embora só tenha resolvido publicá-la dois anos depois. Tudo isso eram ainda escaramuças de vanguarda; já se tomavam posições para batalhas mais duras.

Entretanto, morria Richelieu, e Mazarino, conciliador, concordou em deixar Saint-Cyran sair da prisão (fevereiro de 1643). Monjas, Solitários, amigos de toda a espécie acolheram-no com uma devoção idolátrica. Em Port-Royal, para anunciar a nova sem romper o silêncio, a abadessa desatou o cordão da cintura. Libertado, Saint-Cyran dedicou-se a lutar com a pena contra os protestantes, talvez para ganhar as simpatias da rainha-mãe e da corte. Infelizmente, passadas algumas semanas, morria. Os zelosos discípulos repartiram o seu corpo, pois todos queriam ter algum pedaço como relíquia; os menos afortunados tiveram de contentar-se com panos embebidos no seu sangue ou com um pouco do pó "que se formou quando lhe serraram a cabeça". Assim desaparecia no momento da luta decisiva o chefe apaixonado, o inquietante e fascinante místico. Mas ele bem sabia que deixava atrás de si um sucessor capaz de assumir e levar ainda mais longe a sua obra: *Antoine Arnauld*.

A hora do Grande Arnauld

O filho mais novo da ilustre família tinha então pouco mais de trinta anos, mas, quer no físico, quer no moral, parecia muito mais velho. Era um homem pequenino e seco, todo feito de nervos e tendões, e parecia estar sempre prestes a encolher-se para armar o salto. O rosto era trigueiro, mais feio que bonito, com grossos traços crispados e um nariz desgracioso. Os olhos, porém, eram duas brasas: fixados a direito no interlocutor, atravessavam-lhe a alma. Desse homem sem nenhuma imponência, emanava uma força singular, à qual só faltava, para ser irresistível, o calor do coração e a secreta ternura. Maravilhoso dialético e polemista, Antoine Arnauld dava menos a impressão de encarnar as convicções do que de as demonstrar e de as erigir em dogmas; neste papel, contudo, triunfava.

Desde a infância que a família o tinha tratado como menino-prodígio. Encaminhado pela mãe para o estado eclesiástico, defendera sucessivamente, de 1638 a 1641, na Sorbonne, as suas quatro teses regulamentares, perante plateias de bispos e de magistrados que o tinham ovacionado. Na verdade, já nessas teses se notavam as tendências "jansenistas", pois lera Santo Agostinho e diversos textos do bispo de Ypres; mas ainda não estava propriamente inserido no movimento. Seus sobrinhos Le Maistre, os Solitários — que eram mais velhos que ele —, não gostavam de o ver tão satisfeito com o êxito pessoal, tão ávido de triunfos temporais e tão espaventoso. Mas, como todos os Arnauld, também ele tinha o desejo das coisas divinas, e Saint-Cyran, profundo conhecedor das almas, já o adivinhara. Um dia em que o jovem estudante de teologia tinha ido ver o cativo de Vincennes, este levara-o a fazer-lhe confidências, a confessar a "perpétua letargia" em que vivera até então, pusera-o em guarda contra o orgulho e impusera-lhe a cura de renovação espiritual — pelo jejum, pela solidão e pela oração — que oferecia aos seus dirigidos. Como os demais Arnauld, o último deles correspondera admiravelmente à expectativa do mestre, integrando-se alegremente no sistema de austeridade e de rigor que já era o "jansenismo". Saint-Cyran não tinha quem o superasse em levar as pessoas para o caminho em que dariam o máximo, e não tardara a pressentir o papel que poderia vir a desempenhar esse moço magricela, tão dotado para as lutas da inteligência. A 1º de fevereiro de 1643, o abade escrevia da prisão ao discípulo: "Chegou o tempo de falar. Seria um crime ficar calado". Foi assim que entrou na liça aquele que ia ser o *Grande Arnauld.*

O terreno escolhido — certamente mais pelo mestre que por ele mesmo — não foi o da teologia da graça, mas o da moral e da prática. Talvez fosse o modo de afastar as atenções das críticas que se faziam ao *Augustinus*, e, mais provavelmente ainda, de atacar rudemente a Companhia de Jesus, adversária de Jansênio. Precisamente um jesuíta, o padre Sesmaisons, autorizara a marquesa de Sablé, sua penitente e amiga de Port-Royal, a ir dançar num dia em que tinha comungado, o que Saint-Cyran proibira à sua dirigida, a princesa de Guémené. Esse incidente mundano exaltara os teólogos dos dois campos. A ocasião era boa para fazer barulho.

A 25 de agosto de 1643, Arnauld publicava um livro intitulado *Sobre a Comunhão frequente*, obra em que, apoiando-se na patrística, nos papas e nos concílios, se propunha restabelecer a doutrina autêntica acerca da prática dos sacramentos, diluída e pervertida pelo laxismo dos jesuítas. A obra não deixava de ter boas qualidades: a linguagem era clara e precisa, a argumentação firme, e continha trechos belíssimos e opiniões muito elevadas sobre a Eucaristia, expressas em tom de impressionante piedade. Daí o êxito que teve. Mas as teses que sustentava eram estranhas.

Em vez de ser olhada como meio de adquirir forças e aumentar a graça, a Comunhão era apresentada como recompensa sublime, que só se podia obter à custa de mortificações severas e, de qualquer modo, muito raramente. Em suma — e aí apareciam as ideias de Jansênio —, só deviam comungar os que sentissem um apelo decisivo da graça divina. Não comungar passava a ser sinal de uma piedade exemplar e de uma profunda humildade de alma. Os confessores, antes de autorizarem os seus dirigidos a acercar-se do sacramento, deviam impor-lhes longos espaços de tempo e severas penitências. Tudo isso podia ir ao encontro da intenção, proclamada pelo Concílio de Trento, de revalorizar a Eucaristia e de lhe restituir toda a sua dignidade. Mas as ideias de Antoine Arnauld iam claramente contra a corrente do tempo, que via na Comunhão um meio de fortalecer a alma; o caráter rigorista da obra, desumano à força de austeridade, era desencorajante para os pobres pecadores, que são a maioria dos cristãos.

A reação foi vivíssima, e não apenas na Companhia de Jesus. O ponderado São Vicente de Paulo observou que, lendo a *Comunhão frequente*, se acabava por perguntar "se haveria homem sobre a terra que tivesse tão boa opinião da sua virtude que se julgasse em estado de poder comungar dignamente". O próprio São Paulo teria receio de o fazer. "A verdade é que — acrescentava o santo com uma ponta de ironia — Monsieur Arnauld não deixa de se gabar de celebrar Missa todos os dias". Parecia evidente que um livro assim iria afastar os fiéis da Eucaristia e aumentar neles a fraqueza e a indiferença. E, efetivamente, alguns anos mais tarde, os párocos registrariam uma diminuição impressionante da prática religiosa entre os paroquianos. "Se esse livro — dizia ainda São Vicente de Paulo — foi útil a uma centena de fiéis, tornando-os mais respeitosos para com os sacramentos, houve pelo menos dez mil a quem prejudicou, afastando-os completamente da mesa da Comunhão".

Mas nem todos eram tão clarividentes. Altos prelados, bispos como Caulet e Pavillon — e muitos outros — aprovaram o livro de Arnauld. Em Roma, um cardeal jesuíta, De Lugo, na esperança de fazer cessar a querela, propôs uma simples censura quanto ao corpo da obra e a condenação apenas do prefácio, em que havia uma palavra inábil acerca de São Pedro e de São Paulo, postos em pé de igualdade na Igreja. Apesar dessas intenções irenistas, a disputa ampliou-se. Depois de um primeiro jesuíta ter sido posto fora de combate, o padre *Pétau* lançou-se à luta com um tratado sobre *A penitência pública e a preparação para a Comunhão*, muito bem pensado mas tão mal escrito que os jansenistas não tiveram dificuldade em dizer que o bom do padre "conhecia todas as línguas exceto a da sua ama de leite". Olier interveio publicamente, e com ele o conjunto de São Sulpício. Em sentido inverso, tudo o que havia de galicanos e de anti-jesuítas na Sorbonne e no Parlamento se mobilizou, incitando Arnauld a apelar contra a condenação, afinal tão benigna, que o atingia — o que ele teve o bom senso de não fazer. A querela da *Comunhão frequente* estava no auge, quando a do *Augustinus* entrou em nova fase.

As "cinco proposições"

A bula *In Eminenti* não tinha afetado o prestígio da obra de Jansênio. Malgrado a proibição, o *Augustinus* continuava a ser lido e discutido. Contra ele lançou o padre Pétau, em 1643 e 1644, dois pesados tratados em latim, muito eruditos, mas que causaram o desespero do editor, o livreiro Charmoisy. Arnauld replicou com duas *Apologias por Jansênio*, e estas, ao contrário, impelidas pelo imenso sucesso da *Comunhão frequente*, tiveram grandes tiragens. Mais forte, porém, que Pétau, um jovem jesuíta de grande talento, o padre Deschamps, disparou contra o defunto bispo de Ypres uma seta afiada, demonstrando, com textos à vista, que o seu livro retomava exatamente as teses de Baio, condenadas pela Sorbonne em 1560. Não tardou que a ofensiva anti-jansenista ganhasse fôlego. O teologal de Paris, Habert, nomeado bispo de Vabre, conduziu o ataque lá do fundo do Tarn. Um pelotão de jesuítas entrou no assunto de corpo e alma. Foi então que Arnauld cometeu o maior erro da sua carreira, um erro que ia custar bem caro ao seu clã.

O padre Véron, pregador de renome, chamou publicamente os jansenistas de "calvinistas", e estes o denunciaram à Sorbonne a fim de obterem reparação da injúria. O síndico da Faculdade de Teologia, Nicolas Cornet, homem de grande honestidade, encarregou-se pessoalmente da questão. Leu cuidadosamente o *Augustinus* e achou que podia extrair dele, segundo um método muito usado nesse gênero de discussões teológicas, um certo número de "proposições" que, em seu entender, resumiam toda a doutrina de Jansênio, e submeteu-as ao juízo da Sorbonne (1 de julho de 1649). Inquietos, Arnauld e os seus amigos conseguiram que o Parlamento proibisse à Sorbonne o exame da questão.

Furiosos, Cornet e os outros mestres transferiram-na para a Assembleia do Clero, sugerindo-lhe que a submetesse a Roma. Redigida por Habert, foi apresentada a todos os bispos uma súplica ao papa em que se pedia "um juízo claro e distinto". São Vicente de Paulo, pasmado com o que sabia agora acerca do perigo jansenista e da queda da prática religiosa nas paróquias, pôs na balança todo o peso da sua autoridade e ele próprio recolheu assinaturas. Oitenta e cinco bispos apoiaram a súplica e onze prelados jansenizantes redigiram uma contrassúplica para que Roma se abstivesse de intervir. Inocêncio X recebeu os apelos e nomeou uma comissão de cardeais para decidir a questão.

O exame demorou dois anos. Houve inúmeras pressões num e noutro sentido, pois ambos os campos enviaram a Roma representantes altamente qualificados. Os jansenistas viriam a desforrar-se mais tarde e a tentar minimizar a sentença — aliás inutilmente — publicando o relatório de um deles em que se contavam espirituosamente os "mexericos" da questão... A 31 de maio de 1653, Inocêncio X assinava a bula *Cum occasione*, que condenava formalmente as "cinco proposições" submetidas pelo clero da França ao juízo romano. As cinco eram declaradas heréticas, e, mais que isso, algumas eram qualificadas de "blasfematórias, ímpias, injuriosas para com a misericórdia divina". Substancialmente, as quatro primeiras exprimiam a ideia de que a "graça eficaz" é indispensável para que se seja chamado à salvação e que, além disso, Deus não dá a todos os homens a "graça suficiente". A quinta afirmava que Cristo não derramou o seu sangue por todos os homens.

A condenação de Jansênio e das suas teses era, pois, formal. Que iriam fazer Antoine Arnauld e os seus amigos? Ainda nove anos antes, quando fora condenada apenas uma frase do prefácio da *Comunhão frequente*, o terrível polemista julgara prudente abrigar-se "sob as asas de Deus" e fora encerrar-se num solar da princesa de Guémené. Mas nesse lapso de tempo a situação mudara fortemente. O movimento jansenista ganhara em extensão e em influência. O "partido jansenista" passara a ter peso. Em primeiro lugar, o número dos que entravam no mosteiro não cessava de crescer: em 1648, fora reaberto Port-Royal des Champs, menos insalubre desde que os Solitários tinham tido a ideia de secar os terrenos mais baixos. E também os Solitários iam em aumento. Os seis primeiros foram imitados por numerosas pessoas cultas, que abandonavam o mundo para se dedicarem a rezar e cantar, ao mesmo tempo que cavavam a terra e escreviam livros. Entre eles já se contava Robert d'Andilly, o primogênito dos Arnauld, que cultivava belíssimas peras e enviava a Ana de Áustria os "frutos benditos" dos seus pomares. Havia também um filho deste, Arnauld de Luzancy, o médico Pallu, substituído por outro médico quando faleceu, clérigos como Manguelain, Giroust, Duchemin, até um bispo — Listolphe de Suzarre — e o mais eminente dos latinistas da época, *Pierre Nicole*. O antigo discípulo de Vicente de Paulo, Antoine Singlin, começara por ajudar temporariamente e acabara por substituir em definitivo Saint-Cyran, na direção espiritual de todo o Port-Royal, com tanta capacidade como o abade no conhecimento das almas, mas com maior doçura e prudência. O verdadeiro mestre era, porém, o Grande Arnauld.

Port-Royal estava, portanto, na segunda geração. Uma segunda geração, como é habitual, ainda mais empenhada, mais audaciosa, mais dura que a primeira. Quanto às religiosas, era a geração de uma filha de Robert d'Andilly, sobrinha da Madre Angélica, uma adolescente de vinte anos que, pelos seus dotes maravilhosos, fora nomeada mestra de noviças; uma natureza excepcional, em quem o impulso do coração se aliava a uma energia de aço, e que ocultava sob a capa de uma frieza estudada a mais fremente sensibilidade: a *Madre Angélique de Saint-Jean*. Do lado dos homens, era a geração de Blaise Pascal... E, para preparar o futuro, Port-Royal tinha, desde 1638, as suas Pequenas Escolas — a que se dedicavam Lancelot, Nicole, Le Nain de Tillament —, destinadas a fazer concorrência aos colégios dos jesuítas e a rivalizar com os do Oratório. Escolas em que se experimentava uma nova pedagogia, baseada na confiança recíproca entre o aluno e o mestre, e no exemplo; e onde, pela primeira vez na história do ensino, se estudava a língua francesa[7]. Ao mesmo tempo, as religiosas também acolhiam pequenas pensionistas, e a elas se consagrava, com zelo carinhoso, a irmã Santa Eufêmia: Jacqueline Pascal.

No que diz respeito ao "partido jansenista", a própria força das discussões públicas carreara-lhe grande número de elementos: magistrados e parlamentares, partidários das liberdades da igreja galicana, hostis, por princípio, a Roma, ou até grandes senhores inimigos do cardeal-ministro, que era tido (com pouco fundamento) por homem do papa. Na Fronda, que estava no auge, era de bom tom declarar-se jansenista. Para fazermos uma ideia da rede de altas influências que o partido estendia sobre o reino, bastará mencionar o nome de algumas das mulheres de sociedade que, de longe ou de perto, andavam à volta de Port-Royal: Anne de Rohan, princesa de Guémené, Isabel de Choiseul, condessa de Plessis-Guénégaud, a marquesa de Sablé, a duquesa de Longueville, que vinha de horizontes longínquos, mas que se convertera solidamente, Luísa Maria de Gonzaga, futura rainha da Polônia, e no entanto amiga de São Vicente de Paulo, a duquesa de Liancourt, a duquesa de Luynes, e mesmo Mme. de Sévigné, "jansenista amadora", "amiga esvoaçante" no dizer de Sainte-Beuve. Era um mundo de relações.

Sabendo-se assim apoiado, Arnauld não seria tentado a resistir à condenação? Decisão grave. Mazarino fez aprovar no Conselho cartas-patentes para que a bula papal fosse lei na França, e reunia em sua casa todos os bispos que passavam por Paris para lhes ordenar que a "recebessem". Com efeito, todos os bispos da França a aceitaram, incluídos os jansenizantes. Mesmo em Port-Royal, reinava a hesitação. A Madre Angélica, a grande reformadora, embora se entregasse de vez em quando a súbitas explosões de cólera contra Roma, preferia a submissão e o silêncio; Singlin e Nicole também. Talvez o próprio Saint-Cyran tivesse escolhido essa solução, se ainda vivesse lá; apesar dos defeitos que tinha, era uma alma de grande altura e incapaz de certas astúcias. Antoine Arnauld julgou possível adotar uma atitude oblíqua e servir-se de uma porta falsa.

Foi a famosa distinção entre *o direito* e *o fato*. O papa condenara as "cinco proposições". Que bem que fizera! Eram monstruosas heresias. Mas essas "cinco proposições" não estavam no *Augustinus;* tinham sido forjadas, peça por peça, pelos inimigos de Jansênio e da sua doutrina, deformando-lhe o pensamento. O argumento era hábil, mais hábil que válido. Durante as discussões em Roma, nem um só dos representantes do clã o invocara. Cheirava a manobra processual, a astúcia de advogado chicaneiro. Arnauld adotou-o, se é que não o inventou; também pode ter sido Nicole quem lho soprou ao ouvido. A verdade é que Arnauld, com a energia que lhe conheciam, se agarrou a ele.

E então renasceu o confronto, muito mais vivo. As "cinco proposições" estariam em Jansênio? A Assembleia do Clero, de 1654, afirmou-o solenemente e um Breve pontifício proclamou-o mais formalmente ainda. Mas teriam os bispos capacidade para dizer a última palavra numa questão de fato que qualquer pessoa de bom senso podia resolver por si própria? Concretamente, podiam eles dizer se certas frases estavam ou não estavam em determinado livro? Quanto ao papa, seria ele infalível, quando se erigia em juiz do que era ou não era, estava ou não estava? Bem escorregadio era o caminho que levava à revolta aberta..., ao cisma!

Fosse como fosse, muitas almas estavam profundamente perturbadas. Havia confessores que, antes de absolverem os penitentes, lhes perguntavam se rejeitavam as ideias de Jansênio e aceitavam a bula. Quando um sacerdote sulpiciano recusou a absolvição a um penitente ilustre, o duque de Liancourt, que lhe dizia não encontrar no *Augustinus* as "cinco proposições", o Grande Arnauld explodiu, publicando duas cartas para responder a esse confessor (Picoté), ao superior dele, Tronson, e a São Sulpício inteiro. Essas cartas tiveram grande repercussão, mas também provocaram uma reação brutal por parte dos adversários. A Sorbonne chamou a si a questão, examinou as cartas e declarou-as "escandalosas, injuriosas ao papa". Depois, a mesma Sorbonne, em duas sentenças copiosamente fundamentadas, acabou com a questão do direito e dos fatos. Em vão, Arnauld, extremamente inquieto, redigiu duas declarações que teria sido fácil tomar por retratações se os espíritos não estivessem tão aquecidos. Queriam forçá-lo a morder o pó — o que mostra que, nessa querela, nem todos os erros estavam de um dos lados... A Sorbonne condenou-o, ameaçando-o até de riscá-lo da lista dos doutores, caso não se submetesse formalmente. Os amigos que ele tinha lá só tiveram um recurso quando se tomou essa decisão: sair solenemente da sala, em sinal de protesto. O próprio Parlamento não ousou receber o apelo interposto pelo condenado.

A situação do jansenismo parecia crítica. Roma, o rei, Mazarino, a Companhia de Jesus, São Sulpício, os lazaristas, pelo menos nove décimos do episcopado... eram demasiados inimigos ao mesmo tempo. Arnauld sentia chegar a derrota. Viu-se obrigado a esconder-se, já quase não saía à noite, e, durante doze anos, iria continuar essa existência errante, sempre mudando de domicílio. Foi então que se deu uma intervenção explosiva, que pareceu reavivar a questão.

Blaise Pascal e as "Provinciais"

A 23 de janeiro de 1656, dia em que os sessenta doutores jansenistas deixaram a Sorbonne para não participar da condenação de Arnauld, apareceu um opúsculo com ares de panfleto, que logo a alta sociedade parisiense leu com sofreguidão. O estilo era incisivo, áspero; a argumentação, vigorosa e cortante. Tinha por título: *Carta escrita a um provincial e aos revdos. padres jesuítas, acerca da moral e da política desses padres*. Como fora ele composto, impresso, distribuído? A polícia investigou, mas não apurou nada. Com intervalos irregulares, outras "cartas provinciais" foram surgindo, nos meses seguintes. Até meados de 1657, em que foram editadas em volume, iriam sair ao todo dezoito dessas cartas. Desde a terceira, acrescentava-se uma precisão, falaciosa, certamente para espevitar ainda mais a curiosidade: uma assinatura — Louis de Montalte, obviamente um pseudônimo. Mont Alte, *mons altus*, Clermont. Acaso o autor seria de Clermont, na Auvergne? O próprio Mazarino devorou as *Provinciais* — e "riu a bom rir".

Os iniciados sabiam quem se escondia por trás do pseudônimo: um próximo de Antoine Arnauld, um dirigido espiritual de Singlin; alguém cujo pai, comissário dos impostos na Normandia, fora já amigo do movimento e que tinha uma irmã que usava o escapulário branco de cruz vermelha das monjas de Port-Royal: *Blaise Pascal* (1623-1662). Era um homem ainda novo — trinta e três anos —, mas cuja autoridade ultrapassava de longe a da idade. O rosto magro, de nariz acentuado e lábios finos numa boca larga, mostrava-se visivelmente incendiado por uma chama interior, transmudada em luz nos traços distintos. Seu olhar móvel parecia interrogar incessantemente a vida e perscrutar mistérios. Tudo nele traía uma tensão extrema, dolorosa, própria de um doente que, para criar, para viver, tinha de triunfar a cada instante das resistências da pobre matéria. Própria também de um gênio, atraído pela sedução dos abismos. Aos doze anos, redescobrira sozinho todos os teoremas da geometria plana. Aos dezesseis, compusera um *Tratado das seções cônicas*. Aos dezenove, inventara uma *Máquina aritmética*. A partir daí, multiplicara as provas de uma inteligência que causava assombro, quer pela vastidão, quer pelo poder, quer pela profundidade. Em 1647, as suas *Novas experiências sobre o vácuo* tinham apaixonado os meios científicos. Mas já a sua ardente inteligência olhava noutro sentido.

Até esse momento, mal prestara atenção aos problemas religiosos. Mas, no ano anterior, à cabeceira do pai, que deslocara uma perna, tinha conhecido dois médicos de Rouen, de la Bouteillerie e Deslandes, que eram fervorosos jansenistas. Toda a família Pascal passara a ler as obras de Jansênio, de Saint-Cyran e de Arnauld, e Blaise ficara impressionado com a leitura. Foi para ele uma "primeira conversão", de que conservam traços a célebre *Oração* que compôs *para o bom uso das doenças* e a admirável carta que dirigiu à sua irmã mais velha, Mme. Périer, por ocasião da morte do pai. De momento, não fora mais longe. E, enquanto sua irmã Jacqueline tomava o véu em Port-Royal, Blaise levava uma vida bastante mundana, frequentando a alta sociedade, andando em coche de três parelhas e, ao que parece, fazendo pouco caso das questões da graça e da salvação.

Mas Deus estava visivelmente à sua espreita... A morte vista bem de perto — ao atravessar a ponte de Neuilly, a parelha da frente, embalada, tinha mergulhado no Sena — e um misterioso trabalho interior, em que o sofrimento físico, seu quinhão cotidiano, deve ter entrado juntamente com a inquietação metafísica, tudo isso o conduzira lentamente à *noite de fogo*, às trevas trespassadas de luzes fulgurantes, em que, a 23 de novembro de 1654, Cristo — seu amor, sua verdade, sua mensagem — se lhe impusera como a mais irrecusável das presenças, para nunca mais o deixar. A partir daí, Pascal já escolhera, já "apostara": acreditara, quisera acreditar. Obedecer às leis do cristianismo é arriscar-se a tudo ganhar no momento da morte, sem nada arriscar-se a perder. Verdadeiramente convertido, lançara-se então nos braços do padre Singlin, que o enviara a Port-Royal des Champs para fazer um retiro.

Blaise Pascal achou-se, pois, introduzido no círculo dirigente do jansenismo no momento em que a crise parecia mais grave. Após um tempo de inquietação e de um breve desfalecimento, o indomável Arnauld decidira retomar a luta. Desta vez, não se tratava já de Santo Agostinho, da graça, dos direitos de Deus, mas de saber quem venceria: se o partido dos "verdadeiros cristãos" ou o clã dos jesuítas. A carta que a Sorbonne condenara tinha de ser reassumida, em termos novos, mais hábeis e eficazes. Arnauld concentrou-se nisso. Mas, como diz graciosamente Henri Bremond, pode-se ser "uma metralhadora teológica" e não passar de um medíocre polemista... Quando leu o novo texto aos amigos, Arnauld teve de reconhecer que o entusiasmo dos ouvintes foi moderado. "Quer-me parecer — exclamou ele — que não achais bom este escrito para o devido efeito, e penso que tendes razão". (Segundo Mme. Périer, Arnauld "era um homem nada cioso de elogios").

Voltando-se então para Blaise Pascal, disparou-lhe: "Vós, que sois jovem, devíeis fazer alguma coisa!" Dez dias passados, essa "qualquer coisa" estava feita: era a primeira *Provincial*. "Está excelente — exclamou Arnauld —, vai ser muito apreciada. É preciso mandá-la imprimir!"

Quer isto dizer que o fulgurante polemista, que em dezoito meses ia virar a opinião geral acerca do jansenismo, partilhava de todas as suas ideias?[8] A questão ainda hoje suscita controvérsias, e assim há de ficar, pois o pensamento religioso de Pascal só nos é conhecido, como se sabe, por fragmentos, os *disjecta membra* ["membros desarticulados"] de uma grande obra inacabada, e nem sequer é seguro que algumas das suas frases não exprimam, afinal, a opinião dos que ele pretendia refutar, mais do que a própria. O discreto Nicole garantia que "ele achava ter alguma coisa a observar sobre muitos escritos jansenistas".

O clima moral de Port-Royal, as suas altas e duras exigências, a sua sombria austeridade e também a sua incontestável nobreza eram aspectos que pareciam feitos sob medida para agradar a um convertido permanentemente dilacerado, obsessionado pela angústia da indignidade e miséria próprias, verme desesperadamente distante de Deus. Mas aceitava ele de verdade a doutrina do *Augustinus*? Certa vez, confidenciou a Nicole que, se um dia tratasse da graça, "esperava conseguir tornar essa doutrina tão plausível e despojá-la de tal maneira de certo ar terrível que lhe dão, que ela havia de ser proporcionada ao gosto de todas as mentalidades". Mas Pascal não era teólogo e bem pode ter sofrido a influência — e até exagerado na expressão — das teses que lhe propunham esses mestres em teologia que tantas razões tinha para admirar. Ao mesmo tempo, porém, nesse perpétuo e trágico diálogo que manteve consigo mesmo, com frequência lhe aconteceu tomar posições muito diferentes.

Talvez seja jansenista alguém que afirma que "o homem não passa de um sujeito cheio de erros naturais e indeléveis sem a graça", que não há "senão obscuridade e trevas" nas "pessoas destituídas de fé e de graça", ou que, "sem mediador necessário, é impossível encontrar a Deus" — e numerosas outras frases que soam do mesmo modo. Mas será porventura jansenista o Pascal que escreve: "Eu [Cristo] pensava em ti na minha agonia; por ti derramei certa gota de sangue"[9] ou "Amo-te mais ardentemente do que tu amaste os teus pecados"? O Pascal do "Deus sensível ao coração", do "coração vergado por Deus"? Ou o Pascal que tão perfeitamente exalta "o Papa, que é o primeiro", a *Maîtresse branche* [a "viga-mestra"] da Igreja? Sem chegarmos ao ponto de dizer, com Blondel, que "Pascal foi anti-jansenista até o extremo", podemos pensar, com Bremond[10], que, "ao lado, ou, melhor, por debaixo desse Pascal mais ou menos intoxicado pela teologia dos seus mestres, há um outro que escapa a esses mestres e cuja influência trará um dia inumeráveis almas ao catolicismo integral".

Mas, então, por que entrou ele no jogo e meteu ombros a uma tarefa tão distante das suas preocupações? Terá sido influência daqueles a quem seguia como verdadeiros guias? Ou o brio de um jovem de se ver associado à luta dos mais velhos? Não foi apenas isso. Com toda a sinceridade, Pascal odiava aqueles que considerava perigos públicos, corruptores do coração cristão, ou seja, os partidários dessa moral demasiado fácil que ele aprendera a odiar em si mesmo. A sua violência não foi outra coisa senão a violência que uma alma exigente experimenta contra as suas cumplicidades interiores. O amor pelo combate fez o resto, bem como o seu temperamento, menos imparcial que a inteligência, nunca propenso à rendição, antes sempre mais excitado diante das oposições. Por convicção, Pascal dispôs-se a não obedecer apenas às suas convicções, a ser porta-voz do grupo, advogado titular de teses que não perfilhou em toda a linha. A Mme. de Sablé, que lhe perguntou certa vez "se estava seguro de tudo o que punha nas suas cartas", Pascal respondeu que "se limitava a pôr por escrito os memoriais que lhe forneciam, mas que não era a ele que competia examinar se eram fiéis". O físico Pascal das experiências com o vácuo teria alguma vez concordado em agir assim?

Desde a primeira *Provincial* viu-se que se cumpria a predição do Grande Arnauld: a peça foi muito apreciada. Para lhe garantir o êxito, teria bastado a sua beleza literária, a admirável consonância da forma com o fundo, a soberana desenvoltura do estilo. "É a única obra moderna digna dos antigos", diria Bossuet, bom crítico. Todos os entendidos admiraram Louis de Montalte... Como não havia ele de prosseguir?

Morou primeiro perto do Luxembourg e da Porta St. Michel, numa casa de duas saídas[11]. Ocultou-se, depois, sob o nome de Monsieur de Mons, na estalagem "Ao Rei Davi" da rua des Poirées, em frente do colégio (jesuíta) de Clermont. Passou todo o ano de 1655 a escrever os seus panfletos, que tudo o que havia de jansenizante na França se empenhava em difundir. E estava feliz de ver que todos os golpes acertavam em cheio e que os adversários os acusavam...

Aliás, como é que Pascal poderia duvidar de ter razão, se o próprio Céu lhe dava um sinal? A 24 de março de 1656, quatro dias após a publicação da quinta *Provincial* — numa sexta-feira da terceira semana da Quaresma, dia em que a Igreja canta no Intróito: "Senhor, fazei brilhar um prodígio em meu favor, para que os meus inimigos o vejam e sejam confundidos!" –, ocorreu um milagre na própria família de Pascal. Uma relíquia preciosa, um espinho da coroa da Paixão, tinha sido exposta em Port-Royal de

Paris. Uma menina de dez anos, que sofria de uma úlcera lacrimal muito dolorosa, aproximou o olho do relicário, pedindo fervorosamente a cura, e ficou curada: era Marguerite Périer, filha da irmã mais velha de Blaise. O prodígio foi devidamente comprovado pela comunidade, pelos médicos — entre os quais, Guy Patin, que nada tinha de crédulo — e por autoridades laicas. E causou grande impressão, tanto mais que outros se lhe seguiram, sempre em Port-Royal, como se a relíquia só tivesse eficácia para os jansenistas. Nesse *Milagre do Santo Espinho*, podia o herói da "noite de fogo" não ver um encorajamento?

A ofensiva teve, pois, prosseguimento, diante de um público tão divertido como apaixonado. Porque a verdade é que em breve se tratou de uma ofensiva de grande estilo, conduzida certamente como manobra de diversão, a fim de afastar as críticas de Port-Royal e fazê-las recair sobre os seus adversários. As três primeiras *Provinciais* procuravam sair em defesa das teses agostinianas sobre a graça, inocentar Arnauld, fender de alto a baixo os doutores da Sorbonne que "julgaram mais fácil censurar que compartilhar, porque lhes é mais cômodo encontrar falhas tipográficas que razões". A partir da quarta e sobretudo da quinta, já não se tratou de defesa, mas de ataque. Os verdadeiros hereges, os verdadeiros envenenadores públicos, não eram as santas almas de Port-Royal, mas os jesuítas, que "põem almofadas debaixo dos cotovelos dos pecadores", que, para arrebanharem gente, faziam do cristianismo uma "religião obsequiosa e acomodatícia" em que se suprimia o escândalo da Cruz e o sacrifício do Calvário deixava de ter sentido.

Abram-se os livros dos jesuítas! Por exemplo, os do padre Escobar[12], autor de um manual de teologia moral que servia de guia a todos os casuístas... E eis que Pascal cita — nem sempre corretamente — frases capazes de fazer estremecer ou rir a bandeiras despregadas. Nem tudo, aliás, era falso nessas críticas veementes, e as cutiladas do polemista contra uma certa moral demasiado fácil não se perdiam no ar. Mas era toda a Companhia de Jesus que se via posta em xeque, apresentada como monstro de hipocrisia e de laxismo. Operação singularmente injusta no preciso momento em que, no Canadá, os padres Isaac Jogues, Brebeuf, Lallemant, Garnier, filhos de Santo Inácio, uma vez mais provavam pelo sangue a firmeza do heroísmo dos jesuítas. Em polêmica, porém, são frequentes os golpes baixos, e Pascal lançou mão deles, como os outros. Para mais, nem sempre foi coerente consigo próprio, pois na última *Provincial,* talvez para ganhar os dominicanos, exaltou o tomismo que censurara nas primeiras. Muitas vezes usou de restrições mentais, de citações truncadas, de alusões desleais, coisas todas que condenava no "jesuitismo". O ardor do combate não basta para desculpar certos tons e certos meios.

Terá ele percebido que estava indo longe demais, que se degradava ao entregar-se a semelhante jogo, que talvez mesmo abalasse a Igreja[13]? Terá ouvido os conselhos da Madre Angélica e do padre Singlin, que achavam as *Provinciais* demasiado ferinas, muito pouco caridosas? Terá também sofrido uma crise intelectual e moral, por despertarem eco na sua alma, incessantemente dilacerada, os argumentos que atribuía ao adversário? Na décima sétima *Provincial,* em resposta ao padre Annat, que lhe chamara "o secretário de Port-Royal", declarava: "Não sou de Port-Royal. Nada disse em favor dessas proposições ímpias [...]. E, se Port-Royal as sustentasse [...], não tenho outro vínculo na terra senão com a Igreja Católica, Apostólica e Romana, na qual quero viver e morrer, e em comunhão com o Papa". Preparara uma décima nona e uma vigésima *Provinciais.* Nunca as publicou. Doía-se, sem dúvida, de ter ido longe demais[14].

De qualquer modo, Pascal serviu bem a causa dos seus mestres. Se algum dia a arma do ridículo foi mortífera, foi decerto no combate das *Provinciais!* A gargalhada de Mazarino ecoou por toda a França. As réplicas dos jesuítas — *Entretiens de Cléandre et dEudoxe* ["Conversas de Cleandro e Eudóxia"], do padre Daniel, *La bonne foi des jansenistes* ["A boa-fé dos jansenistas"], do padre Annat, caíram no vazio. As ideias de Jansênio ganharam terreno. Era mais acessível a linguagem viva das *Provinciais* que o árido latim do *Augustinus*. Em vão o Santo Ofício incluiu no *Index* as famosas cartas, a 6 de setembro de 1657, e, três anos depois, uma ordenação régia mandou queimá-las pela mão do carrasco... A própria demora e o rigor usado provavam que elas eram ainda imensamente lidas. Terá sido por causa delas, ou por força do milagre do Santo Espinho, que, em julho de 1656, cessaram as perseguições a Port-Royal, se deixaram reabrir as Pequenas Escolas, fechadas em fevereiro, e se permitiu aos Solitários, que viviam dispersos após a condenação de Arnauld, o regresso à queridíssima solidão? Seja como for, a atmosfera mudou.

Luís XIV e Port-Royal de Paris

Mas nada mudou nos dados do problema. No ano anterior, o arcebispo de Toulouse, Pierre de Marca, tivera a ideia de redigir um *formulário* condenatório do jansenismo, e de pedir aos sacerdotes da diocese que o assinassem. Em agosto de 1656, a Assembleia do Clero retomou a ideia, modificou um pouco o formulário e submeteu-o ao juízo do papa Alexandre VII. Este, quando ainda era apenas o cardeal Chigi, fora um dos comissários encarregados por

Inocêncio X de examinar as "cinco proposições"; estava, portanto, perfeitamente ao corrente da questão e aprovou formalmente o texto. A Assembleia do Clero tornou então obrigatória a assinatura do formulário para todos os bispos. Nele se lia: "Condeno de coração e de boca a doutrina das *cinco proposições* de Jansênio, contidas no seu livro intitulado *Augustinus*". Já não se podia, pois, invocar a distinção entre o direito e o fato.

Que iriam fazer Arnauld e os seus amigos? O que estava em jogo não era apenas uma opinião teológica sobre a graça e uma atitude moral de maior ou menor severidade: era a própria autoridade da Igreja. O papa cortara pela raiz a questão de fato e afirmara que as "cinco proposições" condenadas estavam mesmo em Jansênio; invocar a falsidade do texto era pôr em dúvida essa autoridade. Já se entreviam a heresia contra a Igreja e o cisma. Os mais razoáveis, como Nicole, aconselharam a submissão. Outros sugeriram que se assinasse o documento fazendo-lhe "restrição mental", ou seja, exatamente o que os jansenistas acusavam os jesuítas de fazer com excessiva frequência; guardariam um "silêncio respeitoso", sem deixar de pensar o que pensavam. Os mais violentos, que eram o maior número, pretendiam que se optasse por uma rejeição pura e simples; entre eles, estavam Pascal, sua irmã Jacqueline e a indomável Madre Angélica de São João. Quanto a Arnauld, multiplicava as diligências e os memoriais, conseguia do Parlamento, em nome das liberdades galicanas, que se denegasse o registro da Constituição de Alexandre VII. E os vigários-gerais de Paris, na ausência do cardeal Retz, publicavam um texto ambíguo em que reaparecia a distinção entre o fato e o direito. Foi preciso um *lit de justice*[15] para domar os parlamentares, assim como ameaças bem claras para levar os vigários-gerais a retratar-se.

Compreende-se que Mazarino estivesse farto de todo esse chinfrim. Tanto mais que os jansenistas andavam mancomunados com o seu inimigo, Retz. Houve párocos port-royalistas que tiveram a insolência de cantar um *Te Deum* quando esse cardeal se evadiu da prisão de Nantes. E o próprio prelado enviou ao clero da França, do seu exílio em Roma, uma carta — redigida por Arnauld — em que se equiparava a Santo Atanásio, São João Crisóstomo, São Tomás de Cantuária, e tomava ares de defensor das doutrinas sobre a graça, louvando as teses de Port-Royal. Tudo isso era pura palhaçada, pois o "cardeal Dom Juan" pouco se interessava pela graça suficiente e pela graça eficaz[16]! Mas o jansenismo, convertido em seita, passara a ser uma espécie de Fronda eclesiástica. Antes de morrer, Mazarino aconselhou Luís XIV a desconfiar dessa "cabala de recalcitrantes" e a "não suportar mais a seita dos jansenistas ou sequer o nome deles".

Ora, o jovem rei não precisava de ser encorajado nesse sentido... Causava-lhe horror tudo o que pudesse fazer sombra à sua autoridade e, mais ainda, tudo o que lhe lembrasse a Fronda. O que havia de altamente valioso e até admirável na espiritualidade de Port-Royal não era para ser compreendido por esse moço príncipe galante, inteiramente ocupado em seduzir as damas de honor da mulher. Nomeou membros do Conselho de Consciência o padre Annat e Pierre de Marca. Port-Royal recebeu ordem de despedir as noviças e as pensionistas, o que deu lugar a cenas dolorosas, talvez demasiado lacrimosas. O padre Singlin teve de se retirar para evitar uma *lettre de cachet*[17]. Arnauld afastou-se uma vez mais para longe. A Madre Angélica, a velha fundadora, morreu de desgosto, e, pouco depois, Jacqueline Pascal. Por ordem do rei, houve uma breve tentativa de aproximação entre os jesuítas, dirigidos pelo padre Ferrier, e os chefes jansenistas, com Arnauld à cabeça; mas fracassou. Cristalizado nas suas posições, o jansenismo preparou-se para travar batalha. "Sob o pretexto de vingar Deus dos ultrajes que lhe fazem — dizia o protestante Jurieu —, esses senhores satisfazem as suas paixões particulares". Acertava no cravo.

De todo o clã, as mais encarniçadas na resistência eram as religiosas de Port-Royal do Santíssimo Sacramento em Paris[18], que tinham por alma a Madre Angélica de São João. Em vão a corte lhes ordenou que assinassem uma declaração, de resto mais atenuada do que o formulário, em que acatariam a decisão de Inocêncio X. Frias, orgulhosas, indomáveis, não cediam. O Céu estava por elas! Os milagres o provavam. *Soror* Santa Susana, filha do grande pintor Philippe de Champaigne, curara-se milagrosamente de um reumatismo. Mais revelador ainda: o novo arcebispo de Paris, Pierre de Marca — que acabava de substituir o finalmente demissionário cardeal Retz, e de quem Port-Royal tinha tudo a recear —,morria subitamente, três dias depois de ter recebido a bula de nomeação..., coisa que as santas senhoras saudaram com uma alegria bem pouco caridosa. Pierre de Marca foi substituído pelo bispo de Rodez, *Hardouin de Péréfixe,* um bom homem, inclinado à conciliação, mas cuja fronte não irradiava gênio... Perfeito cortesão, desejoso de agradar ao rei, meteu na cabeça a ideia de que podia "arranjar as coisas", para o que publicou uma carta pastoral bastante desconexa, em que dizia que a questão de direito era de *fé divina,* ao passo que a questão de fato era de *fé humana.* Em seguida, ordenou às religiosas que assinassem esse formulário de novo estilo.

A Madre Angélica de São João não era mulher que se deixasse prender por esse *pathos* episcopal. Apoderara-se dessa cabeça fria uma espécie de vertigem que, a bem dizer, já dominava toda a comunidade. O mosteiro de Paris decidiu fazer de mártir. Que viessem os carrascos: as vítimas estavam prontas! As boas das freiras viam em Péréfixe um novo Diocleciano... Em vão o arcebispo lhes mandou dizer, por Lancelot, que deviam submeter-se "para satisfazer o rei": essa expressão infeliz só serviu para lhes exaltar a coragem. Objetaram com os direitos da consciência. Ao que o pobre Péréfixe, plenamente imbuído da grandeza e firmeza da sua vocação de bispo, respondeu que elas confundiam "a teimosia com a delicadeza de consciência". No que tinha razão.

"Contra a Igreja, não há objeção de consciência que valha": esta sentença, de um dos teólogos mais eminentes do século XX[19], situa exatamente a parada que estava em jogo no drama então representado em Port-Royal. Resistir em nome da consciência a uma ordem dada em nome da Igreja era minar os próprios alicerces da Igreja, e, como a Igreja não é apenas uma sociedade humana, era dizer que não a Deus. Compreenderiam isso as piedosas filhas da Madre Angélica? A palavra que Péréfixe pronunciou na ocasião — alguma vez havia ele de ser profundo — caracteriza-as às mil maravilhas: "puras como anjos; orgulhosas como demônios". A 9 de junho de 1664, o arcebispo apareceu pela primeira vez no mosteiro e interrogou as religiosas uma após outra. Mas nada conseguiu, a não ser ir-se irritando cada vez mais com tamanha obstinação, ao ponto de chegar a dizer a uma ou outra: "Não passais de uma louca!" O diálogo com a Madre Angélica de São João foi especialmente duro, tenso e decepcionante.

Que fazer? O arcebispo de Paris esgotara todos os meios de conciliação. Chegara até a enviar às monjas o jovem Bossuet, pregador prestigioso, para que lhes explicasse qual o seu dever. Mantinham-se irredutíveis. Era Deus quem lhes ordenava que não cedessem. Prova? Abrindo o *Novo Testamento* para lá achar resposta, a Madre Inês deparou com o versículo de São Lucas: "Eis a vossa hora e o poder das trevas" (22, 53). Era quase iluminismo puro! E entraram nas trevas com sombrio fervor. Foi um episódio dramático, bem apropriado para inspirar um homem de teatro. Quando o prelado voltou, a 26 de agosto, acompanhado de soldados, e designou doze religiosas para serem tiradas de Port-Royal e repartidas por outros mosteiros, a ordem foi executada num silêncio mortal de soluços contidos. Compreende-se a "terrível solenidade" do bispo constrangido a semelhantes decisões; já não se tinha pela frente um pobre bom homem...

A Madre Angélica de São João foi transferida para o convento das visitandinas e substituída provisoriamente, como superiora de Port-Royal, pela Madre Eugénie de Fontaine, filha de São Francisco de Sales, acompanhada de outras cinco visitandinas. Mas o espírito de suave firmeza do bispo de Genebra não comoveu essas virgens terríveis. O que restava de Port-Royal montou uma guerra de chicanas, intolerável, contra a odiada visitandina. Quanto às exiladas, refugiaram-se numa silenciosa resistência nos conventos onde as meteram, escrevendo "relações do cativeiro" em que relampejava com frequência um orgulho de anjo negro. Foi necessário usar de mais força, reagrupar essas recalcitrantes em Port-Royal des Champs, isolá-las do mundo, privando-as de toda a vida sacramental. Indomáveis, elas resistiriam quatro anos.

A Paz Clementina

A resistência das religiosas não era a única. Manifestou-se também uma resistência episcopal, menos espetacular, mas mais grave[20].

Na primavera de 1664, Luís XIV mandou registrar no Parlamento uma declaração em que determinava que todos os sacerdotes assinassem o formulário, sob pena de exclusão dos benefícios. Quatro bispos jansenistas — Pavillon, Caulet, Choart de Buzenval e Henri Arnauld, das dioceses de Alet, Pamiers, Beauvais e Angers respectivamente — protestaram, dizendo que o rei não tinha o direito "de fazer cânones e leis na Igreja". Pensavam com certeza que, justamente pelo seu galicanismo, Luís XIV não apelaria ao papa. Mas o rei resignou-se a dar esse passo, e Alexandre VII, respondendo aos seus desejos pela bula *Regiminis apostolici*, tornou obrigatória a assinatura de um novo formulário, ainda mais preciso. Houve furor no campo jansenista, e também desorientação, querendo uns a submissão e Arnauld e Nicole a resistência. Novamente os quatro bispos jansenistas tomaram posição, ordenando às suas ovelhas que aceitassem o formulário quanto ao direito, mas guardassem o "silêncio respeitoso" quanto à questão de fato. O papa condenou essas estranhas ordens e, de acordo com Luís XIV, decidiu criar uma comissão para julgar os rebeldes. O caso começava a tomar uma feição mais grave, quando Alexandre VII morreu (maio de 1667).

O ambiente mudou. O novo papa, Clemente IX, era de espírito conciliador, e o seu núncio em Paris, Bargellini, também. Os amigos de Port-Royal desviviam-se para pôr termo à questão, sobretudo a duquesa de Longueville, que tinha o braço longo... Por diversos motivos, os três principais ministros de Luís XIV, Lionne, Le Tellier e Colbert, desejavam uma composição. Todo o clã galicano expunha ao rei que ele próprio permitira a Roma intervir numa questão estritamente francesa, e que isso não parecia prudente. Tangendo essa corda, Arnauld lançou por toda a França uma circular aos bispos, em que Roma era acusada "de envilecer a dignidade episcopal" e de "subverter os santos cânones" da igreja da França. Foi nessas circunstâncias bastantes surpreendentes que se entabularam negociações ultrassecretas, às ocultas de Péréfixe e do Conselho de Consciência. E elas viriam a desembocar, nos começos de 1669, numa declaração oficial de Clemente IX, proclamando a pacificação geral e o regresso ao redil das ovelhas tresmalhadas...

Olhando bem de perto, essa *Paz Clementina* assentava em bastantes equívocos: os jansenistas multiplicavam argúcias e reservas, e o papa não parecia ter sido informado com exatidão. Na França, espalhou-se uma tese que poderia resumir-se assim: "A Santa Sé não pretende que a assinatura do formulário obrigue a acreditar que o livro de Jansênio contém, explícita ou implicitamente, as 'cinco proposições' condenadas, mas apenas a considerá-las e condená-las como heréticas, seja qual for o livro em que se encontrem". Mas não é nada seguro que fosse esse o sentido que Clemente IX quis dar à declaração. Na verdade, o que acontecia era que todos estavam cansados de tanta querela, e o próprio Arnauld farto de tanta clandestinidade e de esconderijos. No sentido que vimos acima, os jansenistas aceitaram a submissão, incluídas as religiosas de Port-Royal! Os sinos voltaram a tocar no vale de Chevreuse; acenderam-se as velas na capela; os Solitários reinstalaram-se. E cantou-se um vibrante *Te Deum!*

Abriu-se então um período idílico, em que os bons corações puderam acreditar que o problema jansenista estava resolvido. "*Giansenismo extinto*", escrevia para Roma o núncio Bargellini. Um decreto emitido pelo Conselho de Estado proibia a todos os súditos do rei que se discutisse a propósito da graça e que se chamasse injuriosamente jansenista a quem quer que fosse. Le Maistre de Sacy, preso na

Bastilha, foi posto em liberdade. Arnauld de Pomponne, filho de Robert Arnauld d'Andilly, foi nomeado secretário de Estado para os negócios estrangeiros. Luís XIV recebeu o Grande Arnauld, com requintada benevolência. Como este exprimisse delicadamente o seu pesar "por se ter envolvido em todas as contestações", o rei cortou-lhe a palavra: "Isso passou. Não falemos mais desse assunto". Bossuet, que tinha mantido para com os jansenistas uma atitude moderada — condenando-lhes a rebelião, tomando partido formalmente sobre a questão de fato, mas sem deixar de admirar o que neles havia de elevação moral e de partilhar a sua aversão pelo laxismo —, procurou utilizar o vigor de Arnauld na luta que travava contra o protestantismo. Chegou-se a falar do chefe de Port-Royal para um barrete cardinalício! E, para celebrar tão feliz momento do Grande Reinado, foi cunhada uma medalha em que se via cruzarem-se sobre um altar as chaves de São Pedro e a Mão de Justiça[21], simbolizando a união dos dois poderes.

Estaria destruído o jansenismo? *Extinto?* Bem ao contrário. Na Paz Clementina, que, com altos e baixos, se prolongaria até ao fim do século, o movimento passou por um novo período de expansão. Foi o terceiro. E atingiu o apogeu. Port-Royal passou a estar na moda. As "belas amigas" do mosteiro, Mme. de Longueville, Mlle. de Vertus, mandaram construir lá pequenas mansões; Mmes. de Sévigné, de Sablé, de Liancourt e muitas outras multiplicaram as suas visitas. Os coches das duquesas provocavam congestionamentos no vale... Gente humilde do povo ia a pé de Paris, em peregrinação. As famílias abastadas disputavam a honra de poderem confiar a educação das suas filhas às ilustres religiosas. Até os moribundos pediam sepultura junto da casa santa. Muito sensatamente, Nicole, a Madre Inês e alguns outros disseram que tudo isso estava indo longe demais...

Os Solitários voltaram a ocupar as *Granjas* que tinham formado muito perto das monjas, e o número deles aumentou. Lancelot, o suave e diligente Le Nain de Tillemont, o sábio Pierre Nicole, o médico Hamon foram os mais brilhantes de um grupo que, no entanto, talvez já não tivesse o esplendor do primeiro. Desde a morte de Singlin, em 1664, o diretor espiritual do grupo era *Le Maistre de Sacy* (1613-84), sobrinho do Grande Arnauld e seu contemporâneo, profundo conhecedor das almas e douto exegeta. Sucedeu-lhe nessas funções Claude de Sainte-Marthe. Esta terceira geração jansenista, mais ainda que as anteriores, teve paixão por escrever, editar, publicar... Apareceram então inéditos de Saint-Cyran e, mais estrondosas, as notas que Pascal reunira para uma grande obra de apologética: os *Pensamentos* (1670). Le Maistre de Sacy começou uma tradução monumental da Bíblia (1672-96), que, escrita num francês elegante, teve imenso êxito.

As Pequenas Escolas não tinham podido reabrir oficialmente após a crise de 1661. Mas, na realidade, as casas port-royalistas eram cada vez mais numerosas, e a pedagogia jansenista — com a sua *Gramática*, a sua *Lógica*, as suas *Regras para a educação das crianças* — difundiu-se em muitas escolas e nelas se radicou durante todo o século XVIII. Alunos ilustres testemunhavam a excelência do método. Era o caso de um sobrinho do Solitário Vitart, que, nas Granjas, fora o aluno preferido de Sacy e cuja glória então esplendia nos cartazes, o que inquietava e desolava os seus mestres: *Jean Racine*, o autor de *Andrômaca* e de *Britânico*. Outros famosos homens de letras eram também amigos do movimento: Nicolas Boileau, a falar verdade quase só uma espécie de "jansenista amador" — como Mme. de Sévigné mas que tinha um irmão jansenista militante, Jacques, autor de um *Tratado contra o abuso da nudez do colo*, e até o bom La Fontaine, que, embora bem afastado dos rigores da seita, concordou em avalizar um volume de *Poesias cristãs* fabricado em Port-Royal.

Foi nessa ocasião que o espírito jansenista penetrou verdadeiramente no catolicismo francês. Numerosos cristãos, que as discussões teológicas deixavam indiferentes, fizeram-se discípulos daqueles e daquelas a quem Mme. de Sévigné qualificava de "anjos na terra", êmulos dos eremitas do deserto ou mesmo santos do Paraíso. Jamais foi tão fácil nem tão desculpável a confusão entre os autênticos movimentos reformadores na linha tridentina e essas tendências igualmente austeras, mas que ocultavam uma doutrina suspeita. Que algumas almas puras hajam podido beber nessa fonte a água da mais límpida vida espiritual, é algo que não oferece dúvidas. Mas exatamente por isso o perigo não era menos certo.

O espírito jansenista insinuava-se por toda a parte. Não tardará a manifestar-se nas ordens mais afastadas de Port-Royal, como por exemplo os beneditinos, e mesmo entre as visitandinas! Podemos também detectá-lo nas novas fundações, como a das *Irmãs da Infância,* criada em Toulouse por Mme. de Mondonville. O "Cristo de braços estreitos" penetrou também no clero, frequentemente entre os seus melhores elementos, e conquistou paróquias inteiras, como Saint-Jacques e Saint-Maur de Paris, algumas de Toulose, de Grenelle, de Orléans, e outras. Foi então que se multiplicaram esses famosos crucifixos de madeira preta[22], que ainda hoje se encontram em grande número nos antiquários, em que o corpo de Cristo, esculpido ao longo de um osso ou em marfim, estende os braços para o alto por cima da cabeça. A arte exprimiu também de outra maneira o pensamento profundo da seita: pelo pincel austero e talentoso de *Philippe de Champaigne*, pai da monja miraculada.

Fora da França, o jansenismo teve outro campo de eleição: os Países-Baixos, quer os da Espanha, quer os das Províncias Unidas. Nesses lugares onde afinal nascera, o movimento tinha ficado durante muito tempo confinado aos meios teológicos. O arcebispo de Malines, Jacques Boonen, o bispo de Gand, Antoine Triest, muitos professores de Lovaina, tinham-se recusado a aceitar a condenação do *Augustinus*. O êxito das *Provinciais* começou a introduzir nas massas as ideias jansenistas. Em 1671, subiu ao arcebispado de Malines um prelado favorável à seita, Alphonse de Bergh, que deixou pregar abertamente a moral de Saint-Cyran e de Arnauld. O sucessor, Guilherme de Precipiano, tentará combatê-la, mas em vão. A Bélgica pareceu desde então destinada a ser um dos focos do jansenismo, e a Holanda católica não tardou a sofrer-lhe o contágio, sobretudo quando o Grande Arnauld ali escolheu o seu último refúgio. Utrecht viria a ser uma capital do jansenismo.

Tudo isto nos dá a impressão de uma larga prosperidade, de um triunfo. No entanto, não faltavam motivos de inquietação para os mais ajuizados da seita. Que valia, afinal de contas, esse entusiasmo da gente mundana? Estaria o espírito de Saint-Cyran presente nas carruagens das duquesas? Entre alguns dos melhores, percebiam-se sintomas de lassidão. Assim, não foi com muita pressa que, uma vez estabelecida a paz, Robert Arnauld d'Andilly regressou às Granjas, talvez ainda um pouco cativado pelas doçuras do mundo. Notavam-se tensões no seio do grupo. Nicole fazia cada vez mais figura de cavaleiro isolado. Esses belos anos de Port-Royal não seriam, na palavra sutil de Sainte-Beuve, "admiráveis horas de suave outono, de rico e tépido pôr-do-sol", anos de aparente glória, mas de velado declínio? E depois, quanto tempo iria durar a Paz Clementina? Quem o poderia dizer?

O quietismo, heresia do "amor divino"

Pouco depois, rebentou uma nova disputa, cujo estrépito não perturbou menos a corte que a cidade. Não é que o assunto fosse, em si mesmo, de molde a apaixonar os espíritos. O desvio doutrinal que continha, se por vezes levava a verdadeiras aberrações morais, não dizia respeito, na essência, senão a certos matizes, unicamente perceptíveis aos olhos agudos dos teólogos. Mas não é assim tão frequente ver dois bispos — e que bispos!, nada menos que os mais ilustres do tempo! — defrontarem-se num duelo de morte, e um deles tombar por terra... O *quietismo*, em si questão ínfima, iria ganhar importância histórica pelo grande combate que travaram a esse propósito Bossuet e Fénelon.

Não é que o novo desvio fosse diametralmente oposto ao jansenismo, como se tem afirmado muitas vezes, de modo demasiado simples. Como nas teses de Jansênio, havia nele um agostinismo exagerado, deformado. A ideia que os quietistas tinham do homem não era muito mais otimista que a de Saint-Cyran, de Pascal ou de Arnauld. Aos olhos da grande massa católica, a diferença de acento residia sobretudo na atitude geral da alma em face e acerca das conclusões de moral prática. O jansenismo curvava o homem até ao chão perante um Deus terrível, que a seu bel-prazer chamava ou rejeitava uns ou outros: a sua moral ensombrava e ressequia o coração. O quietismo levava a posições muito menos pessimistas. Para usar o vocabulário político, era um desvio dos *moles* contra um desvio dos *duros* de Port-Royal.

O ponto de partida não era diferente das posições comuns à Escola Francesa mais ortodoxa e aos jansenistas: a certeza da miséria do homem, esse "nada", como dizia o cardeal Bérulle, "a mais vil e inútil criatura", "esse rebotalho do universo", nas palavras de Pascal. Dessa noção, justa em si, os grandes espirituais da Escola Francesa, os Bérulle, os Vicente de Paulo, os Olier, tinham extraído uma doutrina a um tempo prática e mística, que elevava o homem a Deus, tanto pelo esforço sobre si mesmo como pelo dom do seu ser ao Amor. Os jansenistas, desprezadores radicais da natureza humana — embora Pascal a proclamasse "a glória" ao mesmo tempo que o rebotalho do universo —, praticamente só tinham focado o primeiro aspecto da experiência espiritual: o esforço ascético. Os quietistas, esses iriam insistir exageradamente no segundo.

Na sua grande sabedoria, São Francisco de Sales aconselhara um certo abandono em Deus, que conforta o ser humano de muitas misérias: "Farei tudo o que puder para não ter um câncer no rosto, mas, se o tiver, amarei essa abjeção". Não "pular" a graça, confiar em Deus..., que descanso para as almas inquietas! Mas a justa doutrina — a da *Vida devota*, tal como a da grande Santa Teresa e de São João de Cruz, e mesmo a da *Imitação*[23] — ensinava que a bondade infinita de Deus só concede de verdade os seus dons à alma plenamente fiel e que caminha para ela heroicamente, ultrapassando as tentações da natureza pecadora. Abandono total, aniquilamento, sim, mas do nosso egoísmo, não das faculdades da alma e dos seus esforços.

A confusão era tanto mais fácil quanto a doutrina do abandono nas mãos de Deus engrossava afinal uma corrente que sempre existiu no cristianismo e mesmo antes dele, pois a encontramos já na Antiguidade, na *apatheia* dos gregos, na *sceptica* de Pirro, na famosa asserção de Sêneca: *Deo non pareo, sed assentior* (não obedeço a Deus: quero o que Ele quer), e bem sabemos como essa noção é essencial ao islamismo. Situada no contexto cristão, essa doutrina da *indiferença* tivera numerosos defensores. Santo Agostinho não estava muito longe de Sêneca quando dizia não haver verdadeira liberdade senão para aqueles que se submetem totalmente a Deus, à sua vontade, à sua lei. Os pensadores de Alexandria, Isaac o Sírio, São João Clímaco (autor da *Escada do Paraíso*), Máximo o Confessor tinham dito e redito sob diversas formas que a indiferença radical perante as paixões da terra é o primeiro degrau da contemplação. Na Idade Média, e mais ainda na grande escola dos místicos do Reno e de Flandres, a indiferença passara a ser sinônimo de despojamento, indispensável à ascensão da alma segundo Eckhart, Tauler, Suso e até o autor da *Imitação*. No século XVI, essa ideia espalhara-se. Para Santo Inácio de Loyola, a indiferença em relação a tudo era o meio de renunciar a todo e qualquer afeto ou desejo desordenados. Para São João da Cruz, era o ponto de partida da caminhada da alma para os cumes da mística. Para São Francisco de Sales, somente ela permitiria que a vontade humana — não apenas resignada a aceitar tudo, mas desapropriada de si mesma — se abandonasse inteiramente e não amasse "nada senão por amor à vontade de Deus".

Na Idade Média, esse estado fora designado por *quies mentis*, repouso do espírito. A própria palavra faz sentir o perigo contido na doutrina, por pouco mal interpretada que fosse. É fácil deslizar do repouso legítimo para a complacente preguiça, e isso não apenas no plano psíquico. A alma totalmente abandonada a Deus, estreitamente unida a Ele, terá ainda esforços a realizar? Atos a produzir? Mortificações a impor a si mesma? Basta-lhe estar em repouso em Deus, permanecer passiva, indiferente a tudo, mesmo às tentações que a possam assaltar, mesmo a respeito da sua própria salvação. "O meu desejo é nada desejar — dizia *Soror* Marie-Rosette, quietista notória — a minha vontade, nada querer; a minha inclinação, a nada me inclinar [...]. Não quero sequer desejar nada desejar, porque penso que mesmo isso seria já um desejo". Em que estranho universo moral e espiritual se entra desse modo! Está-se ainda em terreno cristão, ou antes em alguma perspectiva de *nirvana*? "Esperar que Deus nos sacuda". É bem fácil. "Nada fazer, mas deixar fazer". E se é o Diabo quem faz?

Quietistas, sempre os houvera na Igreja. Já São Jerônimo denunciara essa tendência no monge Evágrio. À volta do ano mil, em Bizâncio, tinham surgido os "hesiquiastas", ou seja, os silenciosos, que permaneciam imóveis e mudos, de olhos fixos no umbigo, a fim de chegarem à contemplação da luz sobrenatural. Nesse estado — assim pensavam eles —, a alma era radicalmente incapaz de pecar. No século XII, no Ocidente, tinham sido quietistas os discípulos de Amaury de Bêne e os Irmãos do Livre-Espírito, do professor Ortlieb[24], os quais, sob pretexto de um abandono total, tinham chegado a cometer torpezas que eram tudo menos espirituais. E também os misteriosos *Bégards*[25], para os quais o melhor e o pior se davam as mãos. O próprio Lutero, na sua juventude, entre 1515 e 1518, numa época em que desesperava da salvação, preconizara o abandono total em Deus, a supressão de todo e qualquer esforço ou desejo, a aceitação de tudo, até do Inferno — doutrina de tal modo desoladora que ele mesmo acabara por renunciar a ela.

No século XVII, sobretudo na França, a tentação do quietismo apareceu entre alguns dos místicos mais altos, mais sinceros — nos defensores do *puro amor*[26]. Mas instintivamente a repudiavam, permanecendo nos limites de um amor de Deus lucidamente compreendido e ao qual o esforço da alma fiel devia corresponder sem cessar. Quando, porém, Olier dizia a certa religiosa: "Nem sequer deveis purificar-vos senão para agradar a Deus", e, aos sacerdotes, que "ao servir a Deus, deveis aniquilar-vos de tal maneira que não penseis na recompensa que daí esperais";

ou quando o padre Condren aconselhava os seus dirigidos a "abandonar-se em Deus, perdendo todo o desejo de viver e de ser"; ou quando Jean-Pierre Camus, bispo de Belley, amigo e biógrafo de São Francisco de Sales, pregava a indiferença e afirmava que a alma "deveria deixar a salvação e correr para a condenação, na hipótese, impossível, de ser essa a vontade de Deus" — lançavam frases que podiam facilmente ser mal compreendidas.

Ora, essas frases corriam em abundância. Podiam-se ler ou ouvir sob a pena e na boca do padre Surin e do padre Nouet, jesuítas, do célebre capuchinho Bento de Canfeld, do piedoso leigo Jean de Bernières-Louvigny, autor do *Cristão interior*, do seu amigo Bertot, diretor espiritual das beneditinas de Montmartre, do bom padre Boudon, primeiro arcediago de Évreux e autor do *Só Deus*... O falso misticismo ameaçava os que ouvissem com demasiada complacência esses apelos sinceros à indiferença sagrada e ao abandono ao impulso místico. Sob o clarão do incêndio molinosista, a Igreja ia discernir melhor o perigo.

O misterioso Miguel de Molinos

Não era só na igreja da França que surgia essa tendência a deformar a "carta magna do Amor, sublime e santa", na expressão de Henri Bremond, que regia a religião no "grande século das almas". Não era só na França que se observava essa propensão a tomar o amor divino por uma espécie de voluptuosidade e a oração por um "haxixe vagamente celeste".

Na Itália, a "dama milanesa", Isabella Bellinzaga — autora de um *Breve compêndio acerca da perfeição cristã*, mulher de boa cabeça que, quando jovem, ajudara São Carlos

Borromeu na direção de um hospital — e o seu diretor espiritual, o padre Achille Cagliardi, tinham defendido teses análogas. Também na Espanha as defendiam duas pessoas muito santas, Gregorio López — que partira para o México e lá vivia como eremita, em contínua contemplação — e Juan Falconi, a quem a Igreja proclamaria venerável e que era o autor do *Alfabeto para aprender a ler em Cristo*. "O meio mais curto para a perfeição — ensinava Falconi — é permanecer em pacífico e silencioso repouso, na pura fé em Deus e no total abandono à sua santa vontade".

As mesmas tendências se encontravam em meios talvez menos exemplares ou, pelo menos, menos ortodoxos: assim, por exemplo, em certas confrarias, chamadas *Escolas de Cristo*, que misturavam à oração de quietude ideias mal amanhadas vindas do islã ou da Índia; e entre os *alumbrados*, os iluminados, como aqueles que, em 1625, tinham sido condenados em Sevilha, e que viviam uma espiritualidade bastante parecida. Grupos análogos existiam ainda na Itália, designadamente o dos *pelaginos* — assim chamados porque se reuniam em oratórios dedicados a Santa Pelágia — ou, nas Marcas, o dos *lombardistas* de Dom Giacomo Lombardi. Todos esses movimentos viriam dentro em pouco a juntar-se e a ser arrastados por uma corrente impetuosa.

Enigmática figura foi a de *Miguel de Molinos*[27]! A história está longe de ter desvendado o seu segredo. Seria um santo? Um impostor? Tem havido espíritos judiciosos, cultos, notáveis, a sustentar uma ou outra das opiniões. Seria uma espécie de Rasputin, que iludiu a corte pontifícia tal como o célebre monge viria a iludir a corte de Nicolau II? As suas próprias confissões parecem condená-lo, e, no entanto, a condenação oficial que o atingiu causa espanto pela moderação, desproporcionada para os crimes que lhe eram imputados. O caso Dreyfus ensinou à França e ao mundo como é difícil ver claro neste gênero de debates em que um homem se torna sinal de contradição.

Nascido perto de Saragoça em 1628, de família humilde, Miguel de Molinos estudou com os jesuítas de Valência, recebeu a borla de doutor em teologia em Coimbra e foi ordenado presbítero aos vinte e quatro anos. Seus dons eram certamente brilhantíssimos. Dele emanava uma autoridade que algumas testemunhas achavam "desconcertante ao primeiro contato, mas logo após dominadora". Aos trinta anos, era já o ídolo do mundo religioso valenciano, o pregador da moda, o confessor reclamado por todas as freiras de clausura. Seus concidadãos mandaram-no a Roma, em 1664, para defender uma causa de canonização que lhes era cara, e, na Cidade Eterna, Molinos teve os mesmos êxitos. A sua Missa tornou-se o ponto de reunião de um grupo de almas em demanda de vias místicas e até de alguns membros do Sacro Colégio, entre os quais o futuro papa — e santo — Inocêncio XI, então cardeal Odescalchi. Escreviam-lhe de toda a Itália, e ele respondia assinando as cartas "sob a moção do Espírito Santo" ou "na luz do Altíssimo". Estava nessa época "submergido numa vaga de almas, mas, quanto a ele, tão desapegado e solitário como um eremita". Esse triunfo conservou-se sem nuvens durante dez anos.

Em 1675, Molinos publicou em castelhano, e depois em italiano, uma obra em que expunha o que ensinava: o *Guia espiritual*. O êxito foi imenso, não apenas nas duas línguas originais, mas em latim, francês e alemão. Um breve *Tratado da Comunhão diária* foi menos notado. Recebeu por essa altura as mais lisonjeiras aprovações. E, quando os contraditores se arriscaram a criticar-lhe as teses, foram eles quem o Santo Ofício condenou, incluído o padre Segneri, então o mais célebre dos pregadores jesuítas e renomado doutor em ascética. Nesse ínterim, o sacerdote permanecia ostensivamente à margem dos debates e declarava que "o seu único desejo era ser, por amor de Jesus, aniquilado e ultrajado por todos".

A doutrina molinosista era a de um quietismo categórico. A sua espiritualidade resumia-se em dois grandes temas: passividade absoluta e contemplação no total repouso do espírito. A alma devia visar a morte mística, aniquilar-se em Deus, deixar Deus substituir-se ao *eu* e governar todo o ser. Nenhum desejo, nenhum ato! Qualquer ato desagradaria a Deus, uma vez que romperia o estado de receptividade passiva. As próprias devoções seriam prejudiciais, se se dirigissem ao que é visível: a humanidade de Cristo, à Virgem, aos santos. Assim, uma só via estava aberta à alma mística: a via interior. Já não era necessária a "via purgativa". Adeus toda a ascese!

Teria Molinos meditado o versículo do quarto Evangelho (Jo 14, 21) em que Cristo diz: "Aquele que conhece e observa os meus mandamentos, esse é o que me ama"? Não é que ele negasse o pecado e a queda. De maneira nenhuma. Afirmava, porém, que as próprias quedas eram aceitas por Deus, desde que a alma se sentisse minimamente humilhada. Quando elas ocorriam, era porque o Demônio fora autorizado a violentar a vontade dos melhores, até lhes fazer cometer torpezas. E, segundo a doutrina do abandono, seria mau resistir-lhe. As faltas que podiam parecer pecados graves não passavam, para ele, de miseráveis ciladas do espírito das trevas. *Etiam peccata*, os próprios pecados... Mas isso era ir longe demais.

Que tais teses não tenham sido condenadas imediatamente é algo que só se pode explicar pelo prestígio de que Molinos gozava junto de Inocêncio XI, dos cardeais Ricci, Azzolini, Cybo (secretário de Estado), Capizucchi (responsável pelo *Imprimatur* dado ao *Guia espiritual)* e Petrucci, autor de um livro de tendências análogas. Para não falar de tantas princesas romanas e da rainha Cristina da Suécia. O que não se entende tão bem é como, de repente, a opinião geral se voltou contra ele.

Podem ter intervindo diversos motivos. Houve confessores que se deram conta de que certos — e sobretudo certas — penitentes interpretavam as teses molinosistas num sentido que nada tinha de moral. O arcebispo de Nápoles, Íñigo Caracciolo, afirmou que, especialmente nos conventos de freiras, a oração de quietude levava à rejeição das orações vocais e da Confissão sacramental. O velho cardeal Albizzi, do Santo Ofício, tomou posição no mesmo sentido. Terá Inocêncio XI achado que o quietismo era um erro antitético do jansenismo já condenado, e que portanto devia ser igualmente golpeado, por amor à equidade pública? Terá sido o seu confessor, o padre Maracchi, quem o impeliu nesse sentido, para sublinhar bem que a Companhia de Jesus nada tinha que ver com tal doutrina, embora tivesse combatido os defensores de Jansênio e a moral demasiado violenta de Port-Royal? Corriam em Roma boatos estranhos, e houve denúncias à Inquisição a propósito das relações do santo homem com as suas penitentes.

Em 1685, a polícia papal prendeu-o. Os seus domésticos protestaram a absoluta pureza da sua vida e beijaram-lhe os pés quando ele subiu para o carro que o levava à prisão. Mabillon, então em Roma, anota no seu diário que ninguém sabia ao certo por que o tinham prendido. "Não se acredita que seja por causa da doutrina do seu livro impresso, mas das cartas ou ao menos das deploráveis interpretações que alguns adeptos têm feito do seu pensamento". Na famosa estátua do *Pasquino*, colaram-se epigramas vingadores em defesa da vítima da Inquisição. O processo não tardou em ganhar amplidão, e numerosos discípulos do místico se lhe juntaram nos cárceres do Santo Ofício.

Claro como o dia, viu-se que o molinosismo causava estragos não só entre as mulheres tentadas pelo *nirvana* do perfeito repouso espiritual, mas também entre outras pessoas que nele procuravam alegrias de índole menos celestial. O próprio Molinos confessou tudo aquilo de que era acusado, tudo o que quisessem, tudo o que o demônio, violentando a sua vontade, poderia tê-lo forçado a fazer. A sua atitude era visivelmente a do cristão que, sob os golpes e os insultos, se regozija por assemelhar-se a Cristo ultrajado. Sessenta e oito proposições extraídas dos seus manuscritos foram condenadas por Inocêncio XI. E ele submeteu-se imediatamente e concordou em abjurar solenemente os seus erros. E, no momento em que o fez — na igreja da Minerva, de joelhos entre dois esbirros, com um círio nas mãos atadas, enquanto a multidão uivava na praça: "À fogueira! À fogueira!" —, parecia misteriosamente alegre, impassível, talvez nesse total repouso do espírito em que "nenhuma notícia feliz traz alegria, nenhuma desgraça traz tristeza"...

Inocêncio XI recusou-se terminantemente a permitir que o condenassem à morte. E é essa recusa que deixa pairar uma dúvida acerca das infâmias de que Molinos foi acusado e das quais se reconheceu culpado. Passou na prisão os últimos nove anos de vida, até 1696, com todas as mostras de mortificação e de oração, se não de arrependimento.

Madame Guyon

O molinosismo penetrou na França desde o início, pois lá encontrou terreno preparado, como vimos. Os quietistas franceses, no entanto, embora exagerassem a incorporação em Deus e a passividade, nunca chegaram a avançar na teoria do mal e da irresponsabilidade humana lançada por Molinos. Assim, em 1664, o encantador místico cego *Malaval*, "o santo leigo de Marselha" como lhe chamavam os concidadãos, publicou uma *Prática fácil para chegar à contemplação* que teve imensa voga. Nessa obra, o padre Segneri assinalou sete ilusões, mas nada mais. O desvio, porém, tornou-se mais grave com o *padre Lacombe* e com *Mme. Guyon*.

Com essas duas personagens passou-se quase o mesmo que com Miguel de Molinos. Foram tão atacados e estiveram no centro de um tal redemoinho de discussões furiosas, de querelas apaixonadas, que o historiador hesita em tomar por boa moeda requisitórios em que nem sempre parece ter-se respeitado a equidade, e em que os acusados podem ter feito autoacusações inspiradas pelo desejo doentio, mas ainda assim cristão, de se sentirem abjetos.

Nascido em Thonon (1643), o padre Lacombe não parece ter sido dotado das sólidas qualidades de equilíbrio e de circunspeção que em geral se encontram nos seus compatriotas da Savoia. Era — diz mons. Calvet — "um bom homem, um missionário zeloso", mas também "um piedoso visionário", incapaz de pôr ordem nas próprias ideias, e um emotivo, que de si próprio confessava: "Dou passos em falso, como um insensato, e, logo depois, tenho de os pagar [...], bem mais pelas pungentes censuras que sinto na alma, do que pelos castigos que com eles atraí". Tal temperamento expunha-o fatalmente às aventuras. Ingressou na Ordem dos Barnabitas — fundada no século anterior por Santo Antônio Maria Zacarias —, foi professor de teologia na casa generalícia, depois superior da comunidade que a congregação tinha em Thonon. Em Roma, tivera conhecimento das teses de Molinos e ficara amigo do bispo de

Vercel, Augusto Ripa, molinosista fervoroso. Os dois breves tratados — um dos quais em latim — em que expunha a sua doutrina espiritual, próxima da do valenciano, não tiveram grande repercussão, e decerto o bom padre teria permanecido na obscuridade, no rol dos molinosistas menores, se o acaso — não seria o demônio? — não lhe tivesse posto no caminho Jeanne-Marie Bouvier de la Mothe, viúva de Jacques Guyon du Chesnoy e irmã do provincial da sua ordem, o padre Dominique Bouvier.

Não muito antes, fora criada em Gex, na margem do lago Léman oposta a Thonon, uma casa de novas católicas, destinada a fortalecer a perseverança das recentes convertidas do protestantismo. Fora fundada, a pedido do bispo de Genebra, por uma mulher que toda a gente considerava extraordinária e por quem o padre Lacombe, então diretor espiritual da casa, sentiu uma admiração ilimitada. Extraordinária, certamente que o era, e em toda a força do termo, essa pequena-burguesa de Montargis que, desde a mais tenra infância (nascera em 1648), assegurava ter tido "visões como Santa Teresa" e ter cosido sobre o abdômen, "com fitas e uma grossa agulha", um papel com o nome de Jesus! Fisicamente anormal, vítima de estranhos fenômenos de inchaço, durante os quais a pele se cobria de marcas roxas, não parecia muito mais equilibrada no foro psíquico. Aos quinze anos, no seu espírito em incessante ebulição, leituras romanescas e devaneios místicos tinham provocado espantosos fogos de artifício... Essa explosiva mistura lançara-a nos braços de um simpático primo de trinta e oito anos, que ela desposara, para afinal declarar, em soluços, no dia seguinte ao das núpcias, que o casamento fora para ela um odioso sacrifício e que desejaria ter ido para um convento. Entretanto, trouxera ao mundo quatro filhos, e, segundo um processo que Freud estudou, transferira para o plano religioso a sua paixão insatisfeita de grande amorosa, vivendo num deleite místico que a fazia esquecer a verdadeira vida, incorporando a si todos os estados espirituais cuja descrição lia nos livros, e chegando a proclamar que o Menino Jesus lhe pusera no dedo o invisível anel dos celestes desposórios.

Essa mulher estranha, em quem se observam, espantosamente mesclados, os traços da experiência mística e os da histeria, exercia sem sombra de dúvida um prodigioso ascendente. Quando jovem, fora bela e coquete, com olhos de corça e boca tentadora; mas a varicela crivara-lhe o rosto de sinais bastante desagradáveis, o que ela declarava ser uma graça insigne. Teria porventura necessidade dessas armas vulgares para seduzir e se impor? Falava com uma facúndia que desconcertava os mais rebeldes à eloquência. Escrevia também, e com uma velocidade que causaria inveja a São Jerônimo; em oito dias comentou os mais difíceis livros da Bíblia..., o *Cântico dos cânticos* em vinte horas! Quando enviuvou, Jeanne-Marie Guyon pôde, por fim, entregar-se à sua verdadeira vocação: conquistar almas. "Nosso Senhor fez-me saber que me destinava para mãe de um grande povo", dizia ela, e acrescentava: "Trago comigo um instinto de juízo justo que nunca me engana". Como vemos, essa cristã, pelo menos em matéria de humildade, não receava medir-se com ninguém...

O encontro com o padre Lacombe acabou de levar essa mulher excessiva a um alto grau de fervor. Inteiramente livre, por obra e graça das sólidas cinquenta mil libras de renda que Jacques Guyon lhe deixara, podia dar-se sem entraves a um zelo apostólico constantemente exaltado pelas suas vozes interiores. Na sua odisseia espiritual, arrastou para a sua causa o bom barnabita, a quem o próprio temperamento levava já por esse mesmo caminho. E foi uma fusão de almas total entre os dois, a descoberta em conjunto "de um país absolutamente novo para ambos, e tão divino que tudo lá era inexprimível". Fluxo e refluxo de graças comunicantes. Silêncio sobrenatural, em que os espíritos se unem sem necessidade de palavras.

Qual dos dois dirigia o outro? Bastava uma palavra do padre, um passe magnético na testa da penitente, para que cessassem as dores de cabeça de Mme. Guyon ou a sua tosse rebelde. Mas, longe dela, o barnabita confessava sentir-se viúvo de uma parte de si próprio. Terão as relações entre eles tomado uma forma menos etérea? Luís XIV, Mme. de Maintenon, Bossuet, o cardeal de Noailles julgaram que sim e disseram-no em público. Mme. Guyon nunca viria a acusar-se de nada de mais grave que uns beijos sem importância; quanto ao padre, acusar-se-ia de torpezas, mas só depois de ter enlouquecido e de ter feito, nesse estado, umas confissões bastante discutíveis[28]. Fosse como fosse, essas relações místico-sensuais eram próprias para acabar de desequilibrar dois temperamentos já de si instáveis.

Gex, Thonon — onde Mme. Guyon usou por algum tempo o hábito das ursulinas —, campanhas de apostolado em Marselha, em Lyon, em Dijon, passagem por hospitais de Turim como simples enfermeira, aliás de uma admirável caridade...: o zelo da profetisa não conhecia limites. O padre seguia-a, entusiasmado, exaltado, apesar das advertências do provincial, irmão da dirigida, e também das do seu bispo, Jean d'Aranthon d'Alex, já muito inquieto, e ainda do cardeal Le Camus, bispo de Grenoble. Em volta deles, havia um grande círculo de devotos e devotas, de fanáticos, a quem reservavam o ensino secreto das verdades inefáveis, ao passo que só confiavam ao público o *bê-á-bá* da sua doutrina. Em 1683, após uma crise terrível, ao mesmo tempo física e espiritual, em que não sabia já se estava grávida do Menino Jesus ou dominada pelo Grande Dragão do Apocalipse, Mme. Guyon, uma vez recuperada a calma, redigiu um pequeno tratado: *O meio curto e muito fácil de fazer oração*, que apareceu dois anos depois e teve um êxito enorme. Folhas clandestinas — as *Torrentes espirituais* — repartiam pelos iniciados as teses místicas. Era quietismo reforçado, molinosismo absoluto: abandono, passividade, "fusão em Deus", matrimônio espiritual, "inocência inconcebível", indiferença em relação aos atos. Nem tudo era novo. O único ponto em que Mme. Guyon e Lacombe se separavam de Molinos era a propósito do pecado: não falavam dele como de uma violência feita pelo demônio. Mas nem por isso deixavam de assegurar que "o extremo abandono" e o desapego de si mesmo podiam levar a alma a cometer faltas, e até que "cometer o pecado que mais se detesta" é oferecer a Deus o maior dos sacrifícios! Tais asserções justificavam as piores suspeitas.

Quando o barnabita e a sua alma-gêmea chegaram a Paris, as suas doutrinas encontraram eco. Logo se entusiasmaram pela profetisa senhoras da alta roda que eram tudo menos loucas, almas que, pelo contrário, estavam sinceramente interessadas em progredir espiritualmente: a duquesa de Charost, as três filhas de Colbert, as duquesas de Chevreuse, Beauvilliers e Mortemart, Mme. de Miramion (fundadora das Irmãs da Sagrada Família, conhecidas por *miramionnes)*, Mlle, de la Maisonfort, cônega de Saint-Cyr e, como veio a descobrir, prima de Mme. de Maintenon... Fez-se tanto escarcéu à volta do par místico que o arcebispo de Paris, Harlay de Champvallon, se inquietou e, para agradar a Roma — onde, justamente nessa ocasião, Molinos acabava de ser preso —, obteve do governo que o barnabita fosse encarcerado na Bastilha "por causa do seu comportamento escandaloso", coisa que deu lugar a falatórios e troças, pois a conduta do próprio arcebispo nada tinha de edificante... Pouco depois, Mme. Guyon era encerrada nas visitandinas da rua Saint-Antoine. Sofreu a provação com extrema firmeza, alegrando-se por ser "olhada como uma infame" e falando de arrostar o cadafalso, de que ninguém a ameaçava.

Entretanto, as suas amigas, indignadas, tratavam de libertá-la, e Mme. de Maintenon acedeu a intervir: estava então no auge da sua influência. Assim, enquanto o pobre do padre Lacombe, cada vez mais absorvido em Deus, perdido numa oração de quietude que o deixava insensível às provações, ia de prisão em prisão, da Bastilha para a ilha de Oléron, do forte de Lourdes para o de Vincennes, para acabar por morrer louco — ao menos foi o que se disse — no asilo de Charenton, em 1712, a sua dirigida saía da Visitação e regressava, triunfante, aos salões elegantes. Em casa da duquesa de Charost, encontrou um jovem prelado, de trinta e cinco anos, cuja bela figura e irresistível encanto pareciam terreno adequado para o misticismo, a abdicação da vontade, o aniquilamento do ser no amor divino. Chamava-se François de Salignac de la Mothe Fénelon. "Caíram no agrado um do outro — diz Saint-Simon — e o sublime de ambos se amalgamou".

Fénelon, quietista?

A expressão de Saint-Simon não passa de simples frase, dentre as muitas que o ilustre memorialista gostava de esbanjar... A verdade é que o "sublime de ambos" não se amalgamou num instante, e que Fénelon começou por mostrar-se reticente. Foram necessárias três longas horas de conversa com a dama mística, na carruagem que os trazia de volta do solar de Beynes a Paris, para que os princípios que ela lhe expunha acabassem por impressioná-lo. No fim do trajeto, como Mme. Guyon lhe perguntasse se tudo o que ela lhe dizia entrava bem nele, Fénelon respondeu: "Entra, sim..., pela porta da cocheira". Estava quase conquistado...

Devemos admirar-nos de que um homem em quem flamejava o gênio se tenha deixado prender dessa maneira? Se a viúva de Jacques Guyon parecia, por muitos sinais, uma neurótica, "obnubilada pelos vapores do subconsciente que ela tomava por impulsões divinas", mostrava-se também, sem sombra de dúvida, dominada por um ardente amor de Deus, pela força conquistadora dos apóstolos. Na ocasião em que Fénelon a conheceu, já se tinha desembaraçado da lembrança incômoda do padre Lacombe. De momento, não havia nela nada que desse a impressão de um transtorno. No círculo piedoso das duquesas filhas de Colbert, com as quais Fénelon se dava muito, ninguém punha em dúvida a sua virtude e elevação de alma.

As prevenções do prelado não tinham, pois, razão nenhuma para subsistir. E, como ele estava precisamente no momento da vida em que o homem, ainda jovem, mas já a caminho da maturidade, por pouco que traga em si a nobreza da inquietação, se interroga acerca do seu destino e, nos frutos com mais sabor a triunfo, encontra um gosto a cinzas, estava bastante preparado para ouvir como mensageira da Providência essa mulher que, com voz escaldante, lhe falava de total abandono, de apelo interior, de puro silêncio e de oração. Que importava, afinal, ser um pregador ilustre, o discípulo preferido do grande Bossuet, superior — aos vinte e oito anos! — da obra das novas católicas, um dos missionários oficialmente encarregados pelo rei de converter as províncias protestantes, se experimentava dentro de si mesmo — mais torturante por ser oculta — uma angústia que nem a fé mais viva era capaz de vencer? O que Mme. Guyon lhe disse era sem dúvida o que Fénelon esperava ouvir.

Quanto a ela, desde o primeiro encontro, sentiu — são palavras suas — "um não sei quê que me impelia a verter o coração" no do jovem diretor. Sem necessidade de recordarmos muito que Fénelon era então tal como o Ulisses que descreveu no *Telêmaco* — "os olhos cheios de fogo e o olhar tão firme, o ar reservado escondendo tanta vivacidade e tantas graças, o sorriso fino, a ação descuidada, a palavra doce, simples e insinuante" —, podemos pensar que Mme. Guyon, que possuía em alto grau a intuição dos seres, adivinhou o que nele havia de excepcional, a sua misteriosa chama interior. E foi, da sua parte, uma verdadeira campanha de sedução espiritual, em que a alma enamorada se sentia "em inteira relação" com aquela que queria conquistar, "colada a ela como a do rei Davi à de Jônatas", sem outro propósito que não o de tornar eficaz esse acordo sublime. Relações perfeitamente castas, sem a menor dúvida. Bossuet não se dignificou quando as acusou de torpeza, comparando-as às do herege Montano com a concubina Priscila. Sintonia de duas almas no amor puro, que nunca saíram dos limites do sobrenatural, a despeito das aparências, na verdade singulares, que cedo assumiu a mística união.

Porque, devemos confessá-lo, o que sabemos dessas relações — e sabe-se muito pelas cartas que trocaram — dá pé para deixar-nos admirados, mesmo tendo em conta que o vocabulário da época não era o nosso (lembremo-nos da correspondência entre São Francisco de Sales e Santa Joana de Chantal), e que certas palavras, hoje carregadas de ambiguidade, tinham então uma viçosa transparência... Ainda que admitamos, como fazem alguns, que Fénelon tinha "uma certa simplicidade de alma, a um tempo ingênua e profunda", não se pode negar que a filial confiança que mostrava para com aquela que tinha por mãe segundo o espírito, o levou a uma puerilidade de expressões bem desoladora. Constrange ver o espírito de infância forçar tão alta figura humana a versejar, pautando-se pela ária de *Taisez-vous, musette* ["Calai-vos, musasinha"]: *Como um recém-nascido, estou em graça [...]; mal balbucio, não sei o meu nome*[29]. E ainda aflige mais vê-lo chamar à viúva de Guyon *Maman Téton*, e ela responder-lhe tratando-o por *Bibi*. Era preciso que, na alma violenta e terna daquele que ia ser "o cisne de Cambrai", o amor à pureza fosse misteriosa salvaguarda para que tudo isso nunca levasse ao pior. E não levou. "Eu não sinto nada por vós — escrevia ele à sua mãe espiritual —, e todavia a ninguém quero tanto como a vós. Nada iguala o meu afeto frio e seco por vós". Podemos sublinhar essas duas palavras: *frio* e *seco*.

A influência de Mme. Guyon em Fénelon é, pois, incontestável. Ele acreditou com todas as forças que Deus a tinha posto no seu caminho para lhe dar uma resposta e guiá-lo. "A minha confiança em vós é plena — dizia-lhe ele —, pela persuasão que as vossas luzes me dão acerca das coisas interiores e do desígnio de Deus por meio de vós". E jamais ele renegaria essa confiança e admiração. Mesmo quando for obrigado a separar-se da amiga e tiver deixado de lhe escrever, mesmo quando ela for vencida e rejeitada por todos, ele continuará a ser-lhe fiel, com uma elegância de grande senhor. "Atende-vos com firmeza ao que vos digo, que é de Deus!", ordenava-lhe ela. E ele iria sem dúvida obedecer-lhe, do fundo do coração, até ao último dia de vida.

Quer isto dizer que Fénelon aceitou todas as teses de Mme. Guyon e perfilhou os seus erros? Decerto que não. Quando ele lhe dizia: "Recebo de vós o meu pão cotidiano", não pensava certamente nas afirmações dogmáticas da sua correspondente, mas no impulso espiritual que ela lhe dera, na paz interior que pudera recuperar no convívio com ela. Quanto ao mais, queria continuar livre. "Tomais as vossas ilusões por movimentos divinos... — escrevia-lhe ele. — Nunca duvidei da retidão das vossas intenções; mas, quanto aos pormenores da vossa doutrina, não me pronuncio. Creio em vós sem vos julgar, embora precise de fazer esforços para não vos julgar. Muitas vezes vos enganastes nas coisas temporais". Não são expressões de alguém que adere a uma doutrina e obedece às cegas a um guia.

Sobre muitos pontos, e dos mais importantes — pois é precisamente sobre eles que o quietismo propriamente dito errou gravemente e mereceu ser condenado como heresia —, Fénelon recusou-se a seguir a amiga. Mme. Guyon, pouco segura das suas ideias e do seu vocabulário teológico, caiu nas piores ciladas do molinosismo, aceitando a teoria de que o mal é imposto aos puros pela violência do demônio; mas, ao mesmo tempo, afirmava que Deus opera "sujidades" neles para lhes provocar um progresso, e sustentava que mesmo a salvação própria devia ser indiferente ao justo em estado de total quietude, chegando a proclamar que a alma em absoluta quietude "viveria contente ainda que lhe fosse vedada toda a prática da religião", o que, *ipso facto*, tornava quase inúteis os sacramentos. Nem por um momento Fénelon admitiu essas aventurosas proposições. Pelo contrário, procurou levar a amiga a corrigi-las, o que ela fez quanto ao essencial. É fora de dúvida que a Mme. Guyon de Fénelon cada vez menos se assemelhava à do padre Lacombe: mimetismo bem feminino. O filho espiritual exerceu, pois, por sua vez, uma influência sobre a "mãe": o guyonismo — diz muito judiciosamente mons. Calvet — foi "fenelonizado".

Se, portanto, o futuro bispo de Cambrai nunca foi quietista no sentido herético do termo, não é menos verdade que as suas posições doutrinárias e, mais ainda, as suas aspirações profundas — porque nunca foi um escolástico entusiasta — o aproximavam do essencial das doutrinas do "repouso do espírito". Nascera e crescera na atmosfera do "puro amor". Durante a infância, passada em Cahors — onde permanecia viva a recordação do venerável Alain de Solminihac —, lera, no livro que o padre Chastenet acabava de lhe dedicar, que o grande bispo exaltara a virtude do espírito de infância e do amor de Deus desprendido de todo e qualquer desejo de recompensa celeste. Na cartuxa onde fazia retiros, tinha também ouvido Dom Beaucousin falar-lhe de Mme. Acarie, Maria da Encarnação, e da sua mística do amor divino. O seu tio, Salignac Fénelon, membro influente da Companhia do Santíssimo Sacramento, pusera-o em contato com as ideias de Bernières-Louvigny. Mais tarde, em São Sulpício, Tronson, o grande diretor espiritual, falara-lhe da pedagogia do amor divino e inculcara nele o hábito de procurar a presença de Deus, introduzindo-o na admirável corrente nascida de Olier, em que o ideal do cristão é, antes de tudo, o total esquecimento de si mesmo.

Tudo isso ia no mesmo sentido, e a doutrina do "puro amor", do perfeito abandono em Deus, havia de se expandir facilmente numa alma que, segundo confessa, "carregava o fardo de si mesma" e aguardava na angústia uma resposta aos seus problemas. Que antídoto ao veneno da dúvida e do escrúpulo, essa doutrina que aconselhava a deixar cair tudo, a abandonar-se em Deus, a escutar a voz silenciosa! No círculo das suas amigas, as piedosas duquesas, Fénelon pudera ver o que havia de dessecante num certo ascetismo a que levava toda uma corrente que tinha no jansenismo a suprema vaga de ataque. Viver como cristão seria somente lutar contra o pecado? Não seria, ao mesmo tempo, e em grau mais alto, viver em Deus e no seu amor?

Assim, muito mais que ao "quietismo", Fénelon estava ligado a essa longa tradição que vimos percorrer toda a história do cristianismo: a tradição da *indiferença*. É esse um sentimento que acompanha necessariamente qualquer doutrina teocêntrica: o homem que procura unicamente a vontade de Deus não pode deixar de ser indiferente a tudo o mais. "Na santa indiferença — há de ele escrever —, nada se quer para si, mas tudo para Deus". E São Francisco de Sales, e Olier, e Vicente de Paulo disseram outra coisa? Era o *bê-á-bá* daquilo a que Bremond chama "a metafísica dos santos". De modo nenhum se tratava de aniquilar a vontade humana, mas sim de a livrar de tudo o que acorrenta, de a libertar do *ter*; a fim de que tenda para o *ser*. O "ponto alto" desse esforço era a própria experiência dos místicos, o despojamento absoluto, a absorção em Deus. Bem mais que a contemplação mais ou menos vaga, o estado passivo feneloniano — a santa indiferença — era submissão soberana à vontade divina. Amar a Deus era morrer para si mesmo; era renunciar a todo o egoísmo, até ao desejo egoísta de um dia ser recompensado por Ele de tal confiança. "Desapropriar-se", essa era a palavra última.

Seria heterodoxa? Santo Agostinho dissera coisa semelhante em termos diferentes, e Pascal também: "A verdadeira e única virtude é o ódio a si mesmo". O que havia de admiravelmente, de profundamente cristão em Fénelon era essa espera de Deus, "de um Deus sempre presente, que nos envolve e nos chama sem cessar, a quem muitas vezes faltamos, embora Ele nunca nos falte"[30]. Ainda que possa ter-se prestado a confusões em alguns modos de exprimir-se, a doutrina de Fénelon correspondia a um grande elemento da tradição cristã. Mais precisamente, a um dos dois grandes elementos dessa tradição.

Porque, na verdade, há duas concepções da vida espiritual, uma e outra cristãs, que a Igreja desde sempre se tem esforçado por conciliar e sintetizar. Uma delas encara a vida espiritual sobretudo numa perspectiva teológica, insistindo mais nos rudimentos que nos princípios — esses princípios em que, em última análise, no mais alto nível, ambas as concepções se encontram —, considerando principalmente os dogmas, as afirmações doutrinais a que a fé adere, e os mandamentos que hão de reger a vida. Nessa concepção, o aspecto psicológico dos problemas humanos permanece a bem dizer à margem. A outra concepção traz a experiência religiosa para o terreno psicológico, exige da fé que seja antes de mais a realização de uma espera, a resposta à angústia do *irrequietum cor nostrum* de que fala Santo Agostinho. Depois que a alma ouviu que a chamavam pelo nome, depois de ter sido trespassada pelo dardo do amor que estremece cravado no coração dos grandes místicos, tudo o mais lhe é dado por acréscimo: fidelidade aos dogmas, obediência aos mandamentos. E, em última instância, o desfecho de toda a experiência religiosa autêntica é justamente essa fusão total em Deus, esse "já não sou eu que vivo, mas é Cristo que vive em mim" de São Paulo, sempre que se tenha presente que essa fusão só é possível à custa de um esforço heroico sobre nós mesmos.

Que Fénelon haja encarnado plenamente a segunda destas concepções é indubitável. Mas, defronte dele, levantou-se um homem que encarnava, também plenamente, a primeira. No momento em que, pensando nas almas elevadas, ansiosas de plenitude, Fénelon lhes propuser a sua doutrina, esse adversário, pensando em almas menos elevadas e menos necessitadas de grandes voos e mais de salvaguardas precisas, há de responder-lhe que todo esse misticismo é bem perigoso e pode levar a graves aberrações. Um e outro terão razão para exclamar, cada um na sua perspectiva própria: "Disto depende a religião!" Um e outro, porém, estarão errados por não sentirem que a verdadeira experiência cristã resulta das duas concepções harmoniosamente complementares. Foi no terreno deste equívoco que Fénelon entrou em choque com o seu antigo mestre e amigo: Bossuet.

Tempestade em Saint-Cyr

O êxito do jovem prelado e da profetisa tornava-se triunfo. De 1689 a 1694, viveram anos deslumbrantes. Fénelon acabava de ser escolhido para preceptor do duque de Borgonha, neto do rei. Desse rapaz dado à fantasia e à cólera, mas reto e firme, começara ele a fazer um príncipe segundo o coração de Deus. Largos sonhos se entreteciam à volta dessa educação. O Grande-Delfim, pai da criança, era tão nulo!, retirado na sua pequena corte de Meudon e sem conhecer da França senão a crônica mundana da *Gazette de France!* Formar o futuro herdeiro para que viesse a ser um rei exemplar, para que estabelecesse na França o reinado da oração e do "puro amor"! A isso se consagrava Fénelon. E por que não poderia ser ele mesmo, por essa via, o Richelieu desse futuro Luís XIV?... Sentia em si "uma necessidade exigente e desinteressada de se ocupar das grandes tarefas para as quais julgava haver nascido". Mme. Guyon, aliás, profetizava-lhe que viria a ser a luz do reino, o astro que conduziria os reis ao Cristo-Infante. O romance *Telêmaco*, que começava a escrever para o pupilo, expunha as suas ideias sobre uma política inteiramente submetida à moral.

Mais ainda: dirigia ao próprio Rei-Sol uma carta fulgurante, digna dos profetas de Israel, em que lhe exprobava os erros e o ameaçava com os raios da justiça divina[31]. Como tudo isso era maravilhoso!

À volta do par místico, formou-se um pequeno grupo, não sem um certo ar de sociedade secreta: uma comunidade de almas santas, a ordem dos "miguelinos", que, tal como outrora o arcanjo, venceria o Diabo, o demônio, "*Baraquim*". Nenhum cargo se deixou de prever e prover: geral, assistentes, mestre de noviços, secretário e até "irmãos braceiros" e "irmãos jardineiros"! Complô místico e pueril, a que se misturavam algumas ambições mais temporais, porque, enfim, o duque de Borgonha viria um dia a reinar sobre a França... A rainha sem coroa, Mme. de Maintenon, estava ao corrente e aprovava essas piedosas intenções, das quais esperava a completa conversão do marido e a renovação religiosa da sociedade.

E foi por Mme. de Maintenon que começaram as dificuldades. A princípio, ela confiou plenamente em Mme. Guyon, "não esperando achar alegria e consolação que não fosse na doçura da sua conversação". Mas as coisas iam mudar. Acabava de fundar a escola de Saint-Cyr, no convento do mesmo nome, onde se propunha educar as *demoiselles* da alta roda, para fazer delas a elite das mulheres francesas. Fénelon foi convidado a pronunciar lá uma série de conferências, e falou com eloquência do "puro amor", da oração silenciosa, do aniquilamento de "qualquer meio racional", ou seja, das armas dos filhos pequenos de Deus. Mme. Guyon também não tardou a penetrar na casa e a falar lá com o mesmo ardor.

Nesse momento, a jovem instituição, que não tinha nenhuma tradição religiosa, foi então literalmente arrebatada por um furacão de fervor e alegria. Era por então que Racine aí levava à cena *Ester* e *Atália*. O próprio rei vigiava as entradas da sala de espetáculos, e Mme. de Sévigné não cabia em si de admiração. Mme. Guyon tinha ganho uma aliada dentro da *praça*, a deslumbrante Mlle. de Maisonfort, sua prima, ainda mais guyonista que a própria Guyon e que espalhava entre as alunas doutrinas estranhas. Trabalhos, orações, prática das virtudes e da penitência — nada disso era necessário. Bastava o caminho da união e da purificação passiva. Era realmente uma pedagogia curiosa...

Talvez movida por uma certa inveja subconsciente de ver outra mulher tomar tamanho ascendente sobre as *demoiselles*, Mme. de Maintenon falou abertamente com o bispo do lugar, que, por sua vez, também subconscientemente, não devia estar muito satisfeito com o êxito de Fénelon. Fez-se um inquérito entre as alunas, e todas se revelaram mais ou menos quietistas! Informado, o rei quis ler textos de Mme. Guyon e do seu grande amigo, e achou toda essa espiritualidade bastante quimérica para o seu gosto. Consultaram-se em segredo diversos teólogos, e, excetuados Tronson e Bourdaloue, todos eles fizeram expressas reservas; o superior dos lazaristas, padre Joly, chegou a pronunciar a palavra heresia. Mme. de Maintenon decidiu então submeter o caso a um árbitro: Bossuet.

Essa escolha, que Fénelon aceitou com grandes mostras de respeito, era mesmo apropriada para fazer correr mal a questão de Saint-Cyr. Teólogo excelente, bom conhecedor da patrística, Bossuet dominava muito mal os místicos dos dois últimos séculos, mesmo Santa Teresa e São Francisco de Sales; instintivamente, desconfiava deles. Para dar a sua opinião, ia, pois, embrenhar-se na mística através dos escritos de uma mulher pouco equilibrada e acerca de quem corriam as histórias mais desagradáveis. Era o suficiente para que confundisse, em maior ou menor grau, verdadeira e falsa mística, fenelonismo e guyonismo, quietismo e decadência moral. À medida que avançava na leitura dos textos de Mme. Guyon, designadamente da sua autobiografia, à medida que multiplicava as conversas com ela (ou, para falar com mais propriedade, os interrogatórios a que a submeteu, no convento da Visitação de Meaux, onde a profetisa se resignou a morar), mais se convencia de que tinha na sua frente uma cabeça louca — o que não era inteiramente falso, mas apesar de tudo excessivamente simples —, ou pelo menos, uma mulher muito perigosa.

Sentindo-se perdida, Mme. Guyon pediu que se agregassem dois outros juízes ao terrível bispo. Fizeram-lhe a vontade, e foi uma comissão de três membros que se reuniu em *Issy*, na casa de campo do seminário de São Sulpício. Estudaram, pois, a questão Bossuet, Tronson e Noailles, então bispo de Châlons. A discussão durou perto de oito meses, com grande irritação de Mme. de Maintenon, que teria preferido uma conclusão rápida. Mme. Guyon defendia-se a golpes de memórias extensíssimas, em que demonstrava ter do seu lado os Padres da Igreja e todos os mestres de espiritualidade. Discretamente, Fénelon ia-lhe fornecendo argumentos. Os três juízes não tinham a mesma atitude: Bossuet chegava a Issy com a carruagem cheia de livros, resolvido a demonstrar que tinha mil vezes razão; Tronson, mais sutil, receava que uma condenação demasiado categórica prejudicasse a causa dos autênticos místicos; Noailles espreitava para o lado de Versalhes. Sabendo o que pensavam os três árbitros, e para os ultrapassar em velocidade, o arcebispo de Paris, Harlay de Champvallon, condenou mais uma vez o pobre padre Lacombe e o *Meio curto* de Mme. Guyon. Por fim, foi elaborado um veredito: certos "artigos" extraídos das obras guyonianas seriam condenados formalmente, mas não se mencionaria o nome da autora... Mme. Guyon ainda tinha numerosos amigos, e os três bispos não desejavam desacreditar em público aquela que fora a egéria, a inspiradora, de Saint-Cyr. E Fénelon, grande senhor, tinha poderosas relações.

Durante todas as conferências de Issy, Fénelon não tinha sido posto pessoalmente em causa, e ele cuidara de só intervir à socapa, ao mesmo tempo que proclamava estar antecipadamente de acordo com as decisões dos três juízes. Terá sido para o recompensar dessa atitude? Ou com a oculta intenção de o afastar de Versalhes? Ou antes por hábil manobra das suas amigas, as duquesas?

O certo é que, em fevereiro de 1695, foi nomeado arcebispo de Cambrai, "bispado rural" — diz Saint-Simon, desdenhoso —, mas que não deixava de render as suas duzentas mil libras. E Fénelon logo aproveitou o seu novo título para se fazer acrescentar aos três juízes e ajuntar alguns artigos que atenuavam um pouco o sentido da condenação. Tudo parecia em vias de apaziguamento. Mme. Guyon concordava em retratar-se publicamente. Bossuet acabava de sagrar o novo bispo na capela de Saint-Cyr, na presença de Mme. de Maintenon e do duque de Borgonha. A questão do quietismo parecia terminada... Afinal, começava.

Um duelo de bispos: Bossuet contra Fénelon

Por que razão a querela se reacendeu? Por que os dois ilustres homens, que até então não se haviam defrontado publicamente, se lançaram num duelo de que nenhum dos dois sairia engrandecido? A verdade é que ninguém o sabe exatamente, e que as razões foram, certamente, complexas. O padre Bremond imaginou complôs romanescos, forjados pelos jansenistas a fim de desacreditarem a Igreja oficial que os tinha condenado, ao mesmo tempo que conseguiriam afastar deles as atenções. Pura hipótese.

Parecem mais verossímeis motivos psicológicos[32]. Fénelon, que se submetera com perfeita sinceridade e declarara a Bossuet que, desde então, "não teria outra doutrina senão a sua", teria mudado de convicções, numa dessas reviravoltas de alma que lhe eram habituais? A sua natureza tinha algo de instável. Ele próprio confessava: "Não sou capaz de dizer nada que não me pareça falso um momento depois". Não o acusariam os seus amigos de ter arriado bandeira e traído a causa do "puro amor", da verdadeira mística? Não atuariam no mesmo sentido os que tinham apostado nele, sonhando atingir altos cargos mediante o complô "miguelino"?... E, depois, Mme. Guyon continuava a ser um vivo sinal de contradição. Bossuet mantinha-a perto de si, na Visitação de Meaux, na esperança de a converter totalmente; mas, sem aguentar mais, ela fugiu para Paris, foi detida pela polícia, encarcerada em Vincennes e interrogada sem nenhuma delicadeza acerca das suas relações com Fénelon. Isso, mais o fato de ter sido afastado de Saint-Cyr e substituído por Bossuet — e de até Mlle. de la Maisonfort se ter tornado anti-quietista! —, acabou por magoar o sensível arcebispo de Cambrai. Quanto a Bossuet, terá pensado que o antigo discípulo fazia jogo duplo? Terá julgado com severidade a corajosa fidelidade que Fénelon manifestou para com a amiga perseguida? Terá visto com certo desprazer que este se tornava seu igual — ou mesmo seu superior — no episcopado? Uma ou outra frase de uma instrução pastoral do bispo de Meaux, certamente infeliz, feriu profundamente o coração do arcebispo...

A falar verdade, os dois homens eram tão diferentes que o seu antagonismo parece quase normal. Conflito de gerações, entre um mais velho que caminhava para os setenta anos e um mais novo ardente, na plena força dos quarenta... Oposição de temperamentos, entre o grande senhor altivo, cioso, meridional e, para mais, vivo e simples, e o filho de burgueses borguinhões, bem fincado no real, pouco propenso aos sonhos e talvez mais sólido que sutil... E, sobretudo, o que havia entre eles era essa diferença radical de atitudes espirituais que, como já vimos, correspondia àquilo que cada um tinha de mais essencial: o seu próprio gênio. No fim de contas, o que ia levar esses dois homens excepcionais a defrontar-se eram razões de doutrina. Um e outro acreditavam bater-se pelos direitos de Deus e do Espírito: um, defendendo a integridade do dogma e da moral contra inovações perigosas; o outro, lutando pela santa liberdade da vida interior, contra o conformismo religioso e a sua influência esclerosante. E esse debate entre os dois gênios teve grandeza, embora as fraquezas humanas de um e outro os tenham levado a servir-se de armas que não os honraram.

Em julho de 1696, Bossuet redigiu uma segunda *Instrução pastoral sobre os estados de oração*[33], e, quando a terminou, enviou o texto a Fénelon, pedindo-lhe que o aprovasse. A sua intenção era, com certeza, assinalar desse modo que estavam de pleno acordo quanto aos artigos de Issy. Desconfiado, nervoso, Fénelon viu nisso uma cilada. Entreabriu o manuscrito e viu, à margem, citações do *Meio curto* de Mme. Guyon, comentadas sem indulgência. Fechou o caderno, indignado. Como? Queriam que ele cometesse a infâmia de esmagar a amiga vencida? Pediam-lhe que renegasse aquilo que mais trazia dentro do coração? Reexpediu a obra, ao cabo de três semanas, sem a ter lido e, menos ainda, aprovado. Depois, lançando-se à pena e ao papel, escreveu a toda a pressa uma *Explicação das máximas dos santos sobre a vida interior*, a fim de expor a sua doutrina acerca da experiência religiosa e, subsidiariamente, mostrar como era fácil transformar verdadeiros místicos em hereges, distorcendo-lhes o pensamento. Lidos objetivamente por alguém dos nossos dias, os dois opúsculos não são tão opostos como julgaram os seus autores. Um e outro contêm ideias belíssimas — mais o de Bossuet — e, se Fénelon tivesse tido uma atitude mais serena, teria podido encontrar campos de entendimento. Mas as mútuas prevenções derivaram para o azedume. Mal terminou o seu escrito, Fénelon enviou-o aos amigos. O duque de Chevreuse apressou-se a levá-lo ao editor, sem que, segundo parece, Fénelon estivesse inteiramente de acordo. Tudo correu com tal celeridade que as *Máximas dos santos* vieram a público (1697) um mês antes dos *Estados de oração* de Bossuet. Ferido na sua vaidade de autor, o bispo de Meaux julgou, com alguma razão, que o procedimento fora descortês.

Foi a ruptura. Furioso contra o "perfeito hipócrita", Bossuet suplicou ao rei que lhe perdoasse "por não lhe ter revelado mais cedo a heresia de *Monsieur* de Cambrai". Sabia muito bem o que fazia. Havia em Versalhes um vasto partido anti-fénelonista: todos aqueles que lhe levavam a mal o seu triunfo demasiado clamoroso, todos os que lhe invejavam o lugar de preceptor, todos os que odiavam os jesuítas — que eram amigos, não do quietismo, mas de Fénelon —, e o novo arcebispo de Paris, Noailles, e Mme. de Maintenon, que não perdoava o rebate de Saint-Cyr. Quanto ao rei, os sentimentos que tinha por Fénelon eram equívocos; embora o admirasse, tinha-o por "espírito quimérico", o que, na sua boca, era uma crítica severa. E talvez já tivesse notícia do libelo — aliás judicioso — que Fénelon redigia contra a sua conduta moral, a sua política, as suas despesas e as suas guerras. Tudo isso era mais do que suficiente para que o "cisne de Cambrai" estivesse perdido.

Mal vieram a público, as *Máximas dos santos* foram violentamente atacadas, e em muitos casos por gente que não as havia lido nem tinha capacidade para as entender. Corriam pela corte e pela cidade os boatos menos indulgentes: assegurava-se que todo o livro não passava de uma defesa de Mme. Guyon pelo arcebispo; portanto, que relações haveria entre eles? Os teólogos, que, esses, as liam, eram, na maior parte, hostis. Até o prudente Tronson se mostrava reticente. Consultado, o austero abade Rancé, reformador da Trapa, respondeu que, "se *Monsieur* de Cambrai tem razão, há que queimar o Evangelho e queixar-se de Jesus Cristo, que só veio ao mundo para nos enganar"... Nada menos! Posto ao corrente de todo esse alarido, informado dos ditos e dos epigramas[34], sabendo que os seus inimigos confundiam de propósito as suas ideias, não só com o guyonismo mas ainda com o molinosismo que desaprovava, Fénelon cometeu um erro tático. Recusou-se a participar de um debate sobre o seu livro, se Bossuet estivesse presente. E acrescentou que, tendo do seu lado a sua consciência, não se retrataria em caso algum. Era a guerra aberta.

Quereríamos ignorar como foram os episódios dessa guerra, não tanto pela admiração que nos merecem esses dois grandes homens, mas pela honra da Igreja. Não apenas lançaram um contra o outro múltiplos escritos em que se misturavam a teologia e a polêmica, mas ainda recorreram ambos a processos injustificáveis. No plano das ideias, houve, por dois anos a fio, "um torneio em si mesmo esplêndido", como diz o cardeal Grente, em que Bossuet "se lançava impetuosamente a destruir pela indignação", ao passo que Fénelon, "rápido e fulgurante nas paradas, sempre cortês, tomava, com cruel elegância, ares de virtude caluniada"[35]. Mas, no plano dos fatos, foi algo sórdido.

Intrigas de palácio e de polícia, violação de correspondência, injúrias e calúnias públicas, difamações secretas, nada faltou ao caso para o tornar, como disse com toda a justeza Inocêncio XII, "infeliz e deplorável".

Sem o ter desejado, o papa foi levado a intervir, pois o próprio Fénelon apelou para ele. Recusando-se a aceitar o veredito dos seus pares, o arcebispo declarou só reconhecer um juiz, o Vigário de Cristo. O golpe era audacioso: hábil em relação a Roma, onde o gesto agradou, foi inábil em relação ao rei, que só o podia tomar como traição aos direitos da igreja galicana: quinze anos depois da Assembleia do Clero e dos quatro artigos, era por demais atrevido! A réplica do senhor da França não demorou a vir, e foi tanto mais severa quanto é certo que corriam à socapa certos trechos — quer do *Telêmaco*, quer das reflexões políticas que viriam a formar mais tarde as *Tábuas de Chaulnes* — que Luís XIV não leu com gosto, pois gostava pouco de que lhe ensinassem a arte de reinar... Veio, pois, de muito alto a ordem para que Fénelon deixasse a corte, fosse para Cambrai e não tornasse a sair de lá. Em vão o duque de Borgonha defendeu a causa do seu preceptor.

Fénelon partiu de Versalhes "debaixo de um dilúvio de afrontas". Foi-lhe recusada permissão para assistir ao casamento do discípulo com Marie Adelaide da Savoia, e até para visitar uma sobrinha que estava gravemente doente. O irmão, a família, os amigos, todos foram englobados no desfavor régio. E este iria durar até à morte do arcebispo — já que o falecimento prematuro do seu pupilo, em 1711, lhe tirou toda a esperança de desforra — e mesmo para além dela, pois os cônegos do seu cabido não ousarão pronunciar a oração fúnebre, e o seu sucessor na Academia Francesa abreviará tanto o elogio tradicional que nem sequer citará o *Telêmaco*...[36]

Caído em desgraça, vencido, alvo de inúmeros ataques, Fénelon reagiu. Àqueles de seus amigos que tinham a coragem de lhe guardar fidelidade, dizia, com humor triste: "Tende cuidado! Eu tenho peste!..." E no entanto o seu florete era tão ágil que por várias vezes Bossuet lhe sentiu a ponta. De semana em semana, de memória em memória, o tom subiu. O conflito atingiu o auge com a *Relação acerca do quietismo*, que Bossuet publicou em junho de 1698, verdadeiro panfleto, digno das *Provinciais* no plano literário, em que o bispo de Meaux, usando os mesmos métodos outrora manejados por Pascal, transpôs o debate do campo das ideias para o dos fatos, atribuiu ao adversário intenções pérfidas e supriu a fraqueza de certos argumentos com a violência das invectivas. Obra-prima de estilo... e de má-fé. Pior ainda: utilizando documentos de boa fonte sobre Fénelon e Mme. Guyon, Bossuet permitiu-se insinuações afrontosas — foi então que falou de Montano e Priscila —, o que, aliás, viria a lamentar.

O próprio excesso do ataque foi favorável a Fénelon, que replicou com tal finura que o adversário chegou a exclamar: "Oh! que homem tão hábil!... Tem tanta inteligência que faz medo". Um dos golpes da sua réplica feriu em cheio Bossuet: sem o dizer expressamente, Fénelon acusou o velho bispo, seu antigo mestre e amigo, de se ter servido de uma confissão escrita que lhe fizera, num impulso espontâneo do coração e com inteira confiança, antes das conferências de Issy. Formalmente, não fora uma Confissão sacramental, sem dúvida. Mas a indiscrição não era menos flagrante e não honrava o seu autor.

Em Roma, a batalha não era menos viva, nem as armas mais nobres. Os dois campos tinham lá partidários e agentes. Fénelon tinha por si o embaixador, o cardeal Bouillon, sobrinho do grande Turenne, que detestava os Noailles; e os jesuítas, que receavam que uma condenação tivesse o ar de atingir os autênticos místicos. Para mais, a apelação a Roma tinha agradado ao papa e à Cúria, que conheciam bem as virtudes do arcebispo e tinham em muito apreço o seu agente, o padre Chanterac. Bossuet enviara à Cidade Eterna o seu sobrinho, o padre Bossuet, personagem duvidosa, mas astuta, e Phelippeaux, um excelente teólogo. Era apoiado por todos aqueles que tinham combatido Molinos, e o prestígio de que gozava era considerável.

Dois episódios, bastante abjetos tanto um como outro, dão-nos ideia do extremo a que chegou esse duelo de influências: os "bossuetistas" passaram às mãos do Santo Ofício as atas dos interrogatórios em que o desventurado padre Lacombe, meio louco, confessara ter mantido relações culposas com Mme. Guyon; por seu lado, os "cambraisianos" encetaram uma campanha de difamação contra o bispo de Meaux, afirmando que estava dominado por um sentimento de baixa inveja, e difundindo por todos os cantos a triste aventura do seu sobrinho, o padre Bossuet, a quem os lacaios do duque Cesarini haviam espancado violentamente por ter tentado seduzir a filha do seu senhor... Como uns e outros andavam longe das solícitas delicadezas do "puro amor"!

Diante de tal mar de lama, quase nos sentimos gratos ao rei da França por ter intervindo junto do papa, com o pedido de que pusesse termo à questão o mais depressa possível. Se Inocêncio XII fosse um Júlio II, um Paulo IV ou mesmo um Inocêncio XI, teria reagido mal a essa intromissão régia, e o impertinente padre Bossuet teria sido encerrado no Castelo de Sant'Angelo no exato momento em que se permitiu, como perfeito galicano, vir dar-lhe lições, sugerindo que se preparasse a bula de acordo com os bispos da França... Mas o papa rendeu-se e concordou em assinar uma condenação, de tom muito moderado, em que a obra de Fénelon era declarada suspeita de "induzir insensivelmente os fiéis em erros já condenados pela Igreja" e de conter "proposições temerárias, malsonantes, suscetíveis de escandalizar". O texto não fazia alusão a nenhuma heresia.

E, todavia, para Fénelon, era um desmentido, uma derrota que ele acolheu com grandeza. Recebeu a notícia da condenação a 25 de março de 1699, no preciso momento em que ia subir ao púlpito. Abandonando o tema do sermão que preparara, improvisou uma declaração sublime acerca da obediência devida às decisões da Santa Sé e sobre as virtudes da submissão. Quinze dias depois, publicou por iniciativa própria o breve pontifício, declarando aderir a ele "simplesmente, absolutamente, sem sombra de restrição". É bem provável que sentisse uma certa alegria amarga por se ver "menosprezado e objeto de piedade" e por se manter, como lhe dizia Chanterac, "firme e tranquilo aos pés da sua cruz".

Mas nem por isso a sua atitude era menos admirável; saiu singularmente engrandecido dessa situação difícil. Pouco importa que, mais tarde, nalguns desses bruscos saltos temperamentais que lhe eram habituais, haja escrito a tal ou qual amigo que o tinham condenado por teses que nunca sustentara, e que tenha dado por vezes a impressão de se refugiar no famoso "silêncio respeitoso" que tanto censurava aos jansenistas. Pouco importa que tenha repelido um gesto de reconciliação esboçado por Bossuet, recusa a que o bispo de Meaux, ulcerado e bravo, ripostou tentando obter uma condenação ainda mais formal. A submissão de Fénelon punha fim à questão. Mme. Guyon acabaria os seus dias (1717) desterrada em Blois, em casa de uma das filhas. Seu filho espiritual só lhe escreveria de longe em longe. O quietismo deixará de existir.

Quais foram, no entanto, os resultados da crise? Considerada objetivamente, os livros que ela provocara poderiam ter feito progredir o conhecimento da vida espiritual, poderiam ter permitido definir melhor, num frente-a-frente cheio de grandeza, o papel do impulso místico, da razão e da ação na caminhada das almas. O clima apaixonado impediu esses resultados felizes. Em contrapartida, apareceram outros, menos felizes.

Ao condenar com toda a justiça o quietismo de Molinos, do padre Lacombe, de Mme. Guyon, e o semi-quietismo de Fénelon, Roma arredou com toda a certeza graves perigos: em substância, os perigos da moral fácil. Mas, com essa mesma mão, não feriu porventura a verdadeira mística, tal como receara Inocêncio XII? Sobretudo na França, onde um certo espírito racionalista em pleno desenvolvimento encontrou motivos para desconfiar de todo e qualquer impulso interior e denunciar os "possessos de Deus"? O aburguesamento do espírito católico tem aqui uma das suas origens. Por outro lado, porém, os fenelonistas, insistindo no sentimento e na experiência interior, não estavam a abrir caminho a toda a corrente de egotismo romântico que, no século seguinte, encontraria a sua expressão em Jean-Jacques Rousseau?

Uma outra consequência do conflito em que as duas cabeças da igreja da França se defrontaram desmedidamente foi encorajar os "libertinos", a quem os ditos cruéis do bispo de Meaux sobre o arcebispo de Cambrai fizeram chorar de tanto rir... Como tudo na França acaba em canções, houve uma que correu Paris:

Nesses combates em que dois prelados da França
Parecem buscar a verdade
Um diz que se destrói a esperança,

O outro afirma que é a caridade:
É a fé que se destrói, e ninguém nisso pensa[37].

Sabedoria popular... Seria assim tão sensato pôr os maliciosos a gracejar sobre o "puro amor"?

Outra consequência da querela quietista não tardaria muito a surgir num plano diferente: o da questão jansenista, que recomeçou com gravidade precisamente no momento em que Roma pôs termo ao conflito dos dois bispos. Levado pela paixão de combater os falsos místicos, Bossuet parece não ter visto que o jansenismo renascia. As *Reflexões morais*, do padre Quesnel, pareceram-lhe uma espécie de antídoto contra os erros do fenelonismo. Por desconfiar do "puro amor", defendeu teses que, asfixiando o amor sob o medo, iriam afastar os fiéis das práticas sacramentais e preparar o caminho para a irreligião. Como sempre acontece nesses violentos debates, o que saiu maltratado foi a verdade de Cristo e, mais ainda, a caridade de Cristo. Em termos formais, o papa era o único vencedor, visto ter sido necessário apelar para a sua autoridade para pôr fim ao conflito. Também ia ser ele o verdadeiro vencedor na segunda parte do grande desafio jansenista. Mas, espiritualmente, não foi toda a Igreja que perdeu?

Renovação do problema jansenista: o testemunho de Racine

Não tinham passado dez anos e já a querela a que o papa Clemente IX julgara ter posto termo dava indícios de recomeçar. A bem dizer, os jansenistas tinham-se comportado sem a menor prudência. A voga de Port-Royal, a algazarra que se fazia à volta de Arnauld não podiam deixar de suscitar a desconfiança do rei. Luís XIV detestava que a luz da moda incidisse sobre alguém que não ele. Os partidários mais zelosos da seita continuavam a repetir que nunca tinham sido condenados nem vencidos, e que, portanto, nunca se haviam submetido. Os bispos jansenistas — com o de Angers, Henri Arnauld, à cabeça — não cessavam de se insurgir contra o formulário, e mais uma vez, em 1676, um decreto do rei teve de os chamar à ordem. Nesse ano, interveio um novo elemento, que tornou a situação muito mais tensa.

Em 1673, acabara de rebentar a crise do *galicanismo*[38], a propósito da questão da *régale*, e o muito conciliador Clemente IX procurara dominá-la, mas em vão. Quando, em 1676, lhe sucedeu no trono de São Pedro o enérgico Inocêncio XI, tornou-se claro que a luta ia ser decisiva: quem triunfaria, o papa ou o rei cristianíssimo? Ora, quais eram os dois bispos que tinham protestado contra o governo pela sua pretensão de estender o direito de *régale* a todo o reino? Dois jansenistas notórios: Pavillon, de Alet, e Caulet, de Pamiers. A colusão dos port-royalistas com os inimigos do rei parecia clara. De fato, a Cúria romana mostrava-se cheia de indulgência para com os amigos do Grande Arnauld, ao qual — segundo se dizia com insistência — o papa prometera o barrete cardinalício e pedira um plano geral de reforma da Igreja. "Papa jansenista", murmurava-se nas imediações das sacristias jesuítas. A questão do *probabilismo* não confirmava essa suspeita?

Arnauld e os seus amigos não tinham perdoado os jesuítas, antes procuravam um modo de desforrar-se. Pascal tinha-lhes mostrado onde é que a Companhia devia ser ferida. O infatigável polemista respigara em diversos tratados casuísticos, de inspiração ou mesmo de redação jesuítica, nada menos que sessenta e "cinco proposições" próprias, em seu entender, de uma moral relaxada. Muitas delas procediam de uma doutrina "probabilista", variedade moderada do laxismo, que ensinava ser lícito ter por provável tudo o que não fosse formalmente rejeitado por um texto da Igreja ou condenado por um mandamento de Deus[39].

As sessenta e cinco proposições foram condenadas pelo papa em 1679, e, por iniciativa de Bossuet, a Assembleia do Clero repetiu a condenação. A Companhia de Jesus não era mencionada, mas visada: a pedido formal de Inocêncio XI, teve de escolher para preposto-geral um anti-laxista notório, o padre Tirso González. A opinião pública viu, pois, nos jansenistas os verdadeiros defensores da moral cristã, comprometida por atitudes de detestável indulgência. Tanto bastou para que o jansenismo fizesse novos progressos em diversos setores da vida religiosa, quer na Itália, quer na Holanda ou na França: um jansenismo prático, pouco informado das ideias de Jansênio sobre a graça, mas muito aferrado ao rigor moral. Não era certamente o que quisera Inocêncio XI, pois desejara simplesmente manter a integridade doutrinal contra os laxistas, tal como ia fazer contra Molinos e os quietistas. Mas o seu gesto acabou por inquietar Luís XIV, que viu nisso uma prova da aliança entre Port-Royal e Roma.

O clima tornou-se pesado. Na primavera de 1679, morreu a duquesa de Longueville, a amiga fiel do rei que, havia dez anos, residia seis meses por ano no seu palácio de Port-Royal des Champs; era uma das raríssimas pessoas de quem Luís XIV aceitava certa liberdade no falar. No arcebispado de Paris, o bom Péréfixe tivera por sucessor Harlay de Champvallon, que vimos intervir no caso quietista, grande senhor, bela inteligência, de costumes privados bem pouco edificantes, cuja ambição visava altos postos do Estado, que aliás nunca alcançaria. A Companhia de Jesus, que, pelo padre La Chaise, confessor régio, dominava o ouvido de Luís XIV, excitou-lhe a desconfiança. Ao mesmo tempo, apoiando-se nas revelações que Margarida Maria Alacoque tivera quatro anos antes, e no culto então recentíssimo do Sagrado Coração, procurava promover uma corrente de piedade radicalmente oposta à dura religião jansenista. O próprio Bossuet se mostrava inquieto.

Foi o arcebispo Harlay de Champvallon que, sabendo que agradava ao rei, tomou por iniciativa própria novas providências coercitivas. A 17 de maio de 1679, foi visitar Port-Royal. Cortês e sorridente, não deixou de ser implacável. Por sua ordem, todas as postulantes, todas as jovens pensionistas, todos os confessores tiveram de partir sem demora. O mosteiro foi proibido de receber noviças e o número de religiosas não podia ultrapassar cinquenta. Port-Royal estava condenado à morte por extinção. Ao mesmo tempo, Antoine Arnauld foi obrigado a suspender as reuniões espirituais que promovia no *faubourg* Saint-Jacques. Sentindo-se ameaçado, partiu para Flandres, depois para a Holanda, seguido pelo suave Nicole, que se deixou persuadir a fazer o mesmo. Nem por isso o grande lutador depôs as armas. Apesar das garantias que insistentemente lhe ofereceram, recusou-se a voltar para França (ao passo que Nicole as aproveitou), e multiplicou até o fim os escritos polêmicos, mais "metralhadora teológica" que nunca, mais firme que nunca na convicção de que as suas provações eram a garantia do seu bom direito e de que Deus o escolhera.

Antes de deixar para sempre a França, o Grande Arnauld tinha tido, no entanto, uma grande consolação: o mais genial aluno das Pequenas Escolas, que ele e seus amigos julgavam definitivamente perdido para o Céu, já cativo do mundo e das ruinosas paixões que afagava no seu teatro — Jean Racine —, tinha voltado para eles. Após o casamento e o relativo insucesso de *Fedro* (1677), caíra em si. O irmão de Boileau, padre Jacques Boileau, reconciliara-o com Nicole e, depois, não sem dificuldade, com Arnauld. Num diálogo famoso, em presença de todo o areópago do alto jansenismo, o dramaturgo demonstrara que a sua peça *Fedro* não era imoral, e o Grande Arnauld abraçara-o. Desde então, Port-Royal não tinha melhor amigo que ele. Ao descrever as perseguições de Amã contra os judeus, o que ele ia pintar era de algum modo a perseguição ao jansenismo. Pelo menos, não há dúvida de que Mardoqueu seria um bom retrato de Arnauld e as virgens de Ester iam ser bem semelhantes às religiosas do Val de Chevreuse. Mais ainda: tomando corajosamente partido pelos perseguidos, Racine concordava em consagrar a pena a escrever uma *História de Port-Royal*. E, por última vontade, reclamava uma sepultura no cemitério dos Champs, no meio dos Solitários, junto de Hamon.

A paixão de Port-Royal

Quando Racine morreu, em 1698, havia já quatro anos que Arnauld fechara os olhos e comparecera perante o Juiz eterno. Mas, assim como recebera o facho das mãos de Saint-Cyr, também ele deixou alguém para o substituir: *Pasquier Quesnel* (1634-1719). Era um oratoriano. Devemos estar lembrados de que, nos primeiros projetos, Jansênio e o seu amigo tinham sonhado fazer dos filhos de Bérulle a tropa de choque da sua grande ofensiva. Não o tinham conseguido, e o Oratório não se tornara jansenista em bloco. Mas encarava o movimento port-royalista com menos paixão que noutros lados e, por vezes, com uma neutralidade benévola. Era sensível às suas incontestáveis virtudes e receava que a condenação radical das doutrinas da austeridade viesse a desenvolver nas almas a tendência para a facilidade.

Pasquier Quesnel era dessa opinião. Diretor do Oratório de Paris, não interviera nas querelas jansenistas. Era um sacerdote piedoso, de categoria intelectual indubitavelmente inferior à de Arnauld e à de Saint-Cyran (revela-o bastante bem o fácies de tipo ovino, mais obstinado que luminoso), mas, moralmente, dos mais respeitáveis. Em 1671, publicara um livro de dimensões modestas — *Reflexões morais sobre o Novo Testamento* — em que bons juízes nada mais tinham visto que um tratado espiritual muito estimável, de tom austero, mas sem nada de suspeito. Os modernos que o estudam encontram-lhe um certo ar pascalino e até fórmulas próximas dos *Pensamentos*.

Mas o padre Quesnel foi vítima de um incidente, de tipo bastante frequente nessa época e que hoje nos causa espanto: algumas notas pessoais tomadas por ele foram publicadas sem sua autorização, e eram bem mais jansenistas. De nada lhe serviu desautorizar a edição; alguma coisa ficou. E, quando, em 1681, seu amigo, o padre Abel de Sainte-Marthe, superior-geral do Oratório, teve de pedir demissão do cargo por causa dos laços de amizade que o ligavam ao Grande Arnauld, o padre Quesnel foi arrastado na queda. Diversos incidentes agravaram o seu diferendo com a congregação, e ele acabou por deixá-la, instalando-se em Bruxelas, junto do chefe dos jansenistas.

Nesse ínterim, as *Reflexões morais sobre o Novo Testamento* tinham grande êxito e eram reeditadas várias vezes. Procedendo como La Bruyère, Quesnel, a cada nova edição, aumentava a obra com novas reflexões, de tal modo que ela acabou por tomar um novo cariz, infinitamente mais jansenista que o da edição original. Ora, essa primeira edição fora aprovada por pessoas muito santas, como Félix Vialart de Herse, bispo de Châlons-sur-Marne, que até a recomendara ao seu clero. O padre La Chaise, tal como o bispo de Meaux, falara dela em termos elogiosos, e era sabido que o próprio papa a lia. Mas as edições seguintes mereceriam tantas aprovações? E seriam ainda válidos os prefácios episcopais que o padre Quesnel mantinha na abertura das sucessivas edições? Os vigilantes adversários do jansenismo não iam deixar passar essa artimanha. Começaram então uma campanha contra Quesnel, acusando-o de ser o lugar-tenente de Arnauld. E, em 1694, as *Reflexões morais sobre o Novo Testamento* eram simultaneamente denunciadas à Sorbonne e ao Santo Ofício.

Foi nesse momento que, no cenário em que se representava o já demasiado longo drama do jansenismo, apareceu o bispo e depois cardeal *Louis-Antoine de Noailles*. Custa julgar severamente esse prelado piedoso, caritativo, de costumes irrepreensíveis, de vida austera, cujas intenções foram incontestavelmente retas... E, contudo, o papel que desempenhou não foi bom. Basta vê-lo, no retrato de Largillière, para compreender que esse homem de rosto inexpressivo, nariz pesado e avermelhado, sorriso benigno, nada tinha das qualidades de finura e de autoridade que seriam necessárias no lugar em que o puseram. Sucedera a Vialart de Flerse na sé de Châlons e, como vimos, desempenhara um papel eminente, embora confuso, na questão do quietismo e das teses de Mme. Guyon, como juiz, ao lado de Tronson e Bossuet. Em 1695, por morte de Harlay de Champvallon (vários pregadores se recusaram a pronunciar a oração fúnebre, "impedidos — diz um deles — tanto pela vida como pela morte" da personagem), Mme. de Maintenon conseguiu a nomeação de Noailles para o arcebispado de Paris, a fim de acabar com erros deploráveis e também porque Noailles era amigo de Bossuet e escolhê-lo era o mesmo que barrar definitivamente o caminho a Fénelon, que ela perseguia com rancor. "Tinha a inteligência curta e confusa, e o coração fraco e mole [...]; dizia branco para uns e preto para outros; seria inútil procurar saber a sua opinião — não tinha nenhuma": eis o retrato que dele traçou o "cisne de Cambrai"; é pouco lisonjeiro, mas não falso.

Um dos primeiros gestos de Noailles em Châlons fora dedicar ao livro do padre Quesnel um documento pastoral em que confirmava e ampliava os louvores que lhe dirigira o predecessor. "Esse livro valerá para vós por uma biblioteca inteira", dizia ele aos seus padres. Quando foi nomeado arcebispo de Paris, os jansenistas cantaram vitória e imediatamente os seus adversários o tiveram por suspeito. Um primeiro incidente fez divertir a galeria. Os jansenistas reeditaram um antigo livro de sua tendência, a *Exposição da fé acerca da graça,* de Barcos, sobrinho de Saint-Cyran, e os jesuítas pediram ao arcebispo que o censurasse. Grande embaraço de Noailles. Aprovar Quesnel e condenar Barcos parecia contraditório, mesmo para uma "inteligência curta". Chamou Bossuet em seu socorro, e foi o bispo de Meaux que o tirou do apuro, redigindo-lhe um texto em que, embora desaprovando Barcos, exaltava Santo Agostinho... Pouco depois, apareceu um minúsculo panfleto que levantou ondas de riso. Os autores anônimos do *Problema eclesiástico,* que eram dois beneditinos de São Mauro, fingiam perguntar ingenuamente se o Noailles que reprovava Barcos era o mesmo bispo que tão calorosamente recomendara as *Reflexões morais.*

Bossuet quis então compor as coisas. Teve a ideia de preparar uma nova edição da obra de Quesnel, expurgada daquilo que o livro pudesse ter de suspeito. Fez melhor: redigiu uma *Justificação das Reflexões morais,* no tom mais entusiasta. "Só se podem atacar as *Reflexões* — dizia ele —

por espírito de contradição", já que, em sua opinião, "não se colhe da sua leitura senão edificação e bom conselho". E acrescentava: "Não será manifesta calúnia julgar o autor das *Reflexões* por ter falado como tantos santos? Se essa linguagem é suspeita [...], estaremos sempre em guarda contra as expressões do Evangelho, não venha um amador de chicana ter conosco e dizer: sois jansenista". Sobre este último ponto, Bossuet tinha toda a razão: um certo anti-jansenismo exagerado podia fazer muito mal. Mas é fora de dúvida que, para defender uma causa, o ilustre bispo se deixou mais ou menos iludir acerca das *Reflexões* e não discerniu o outro perigo, o do jansenismo em pleno renascer. Não publicou o texto que redigira[40], mas enviou-o a Quesnel. Este, que então residia na Flandres belga e lá se julgava bem protegido, recusou-se a fazer as correções pedidas por Bossuet e reeditou o livro mais uma vez, acentuando as suas posições.

Havia um homem que não se deixava iludir pelas fórmulas quesnelianas: Fénelon. Acabara de encerrar-se a guerra do quietismo, em que ele mordera o pó... Não admira, pois, que tenha sido muito acusado de ter querido vingar-se de Bossuet e Noailles, deploravelmente comprometidos na nova questão. Não se pode descartar por inteiro essa intenção: naquela alma complexa, bem podem ter existido semelhantes cálculos, como também o desejo, mais nobre, de se reabilitar aos olhos do papa e do rei. Mas é indubitável que foi igualmente por dever de consciência que ele combateu o jansenismo.

A sua diocese de Cambrai estava infestada da doutrina sombria do "Cristo de braços estreitos", e isso não podia deixar de lhe causar horror, a ele que nunca cessara de proclamar que "não é com o respeitoso temor do escravo que nos devemos aproximar de Deus, mas com a ternura confiante e cheia de abandono do filho". Por meio de cartas — do seu exílio de Cambrai, escrevia muito —, alertou os amigos para o perigo do jansenismo e os progressos que esse erro vinha fazendo nas almas. Ganhou para as suas inquietações o bispo de Chartres, Godet des Marais, que tempos atrás estivera na origem da ofensiva contra o quietismo. Na Assembleia do Clero, de 1700, não foi a influência de Bossuet e de Noailles que pareceu prevalecer, mas a de Fénelon e de Godet des Marais. Foi aí condenado um opúsculo póstumo de Arnauld, em que o velho lutador se esforçara por demonstrar que o jansenismo, tal como o pintavam, não passava de um *fantasma*, uma invenção dos seus adversários. A única heresia seria o laxismo, e o seu antídoto a religião de Port-Royal.

Esses combates de teólogos e de bispos não eram de molde a aquecer muito o debate. Subitamente, este tornou-se violento. Os jansenistas, conhecendo o temperamento de Noailles, quiseram forçá-lo a tomar formalmente posição a seu favor. Propuseram-lhe — bem como ao seu mentor, o bispo de Meaux — um *caso de consciência*. O padre Gay, superior do seminário de Clermont-Ferrand, recusara a absolvição ao padre Fréhel, pároco de Notre-Dame du Port, por este ter absolvido o padre Périer, sobrinho de Pascal, jansenista impenitente, que desde sempre praticava o "silêncio respeitoso" acerca da questão de fato. Teria o superior esse direito? Quarenta doutores da Sorbonne tinham-lhe dado razão. Bossuet, furioso por não poder abafar essa nova questão (o opúsculo *Caso de consciência* corria por toda a França), enviou a Noailles um protesto veemente. Clemente XI condenou a brochura e os quarenta doutores da Sorbonne. Fénelon, em quatro *Instruções*, renovou a condenação de todos os "pretensos agostinianos". O próprio Bossuet, inquieto com a feição que as coisas tomavam, denunciou ao rei o perigo "manifestado por uma infinidade de escritos chegados dos Países-Baixos". Parecia ter-se estabelecido uma espécie de união sagrada contra o fantasma, demasiado vivo, do jansenismo.

Luís XIV estava cansado de tanta agitação. Quanto mais envelhecia, tanto mais horror lhe causavam os não-conformistas, em especial os jansenistas, em quem — dizia ele — via republicanos, e que, segundo Saint-Simon, considerava quase tão heréticos como os protestantes[41]. Pediu que lhe explicassem os últimos incidentes e concluiu que o verdadeiro responsável de tanta bulha era o padre Quesnel. E foi para ele uma brincadeira de crianças fazer com que o seu neto, Filipe V, novo rei de Espanha, mandasse prender em Bruxelas o antigo oratoriano. A polícia espanhola foi tão gentil que até remeteu a Versalhes os documentos que apreendera. Decifrados, revolvidos, comentados, os "papéis Quesnel" foram lidos ao rei pelo confessor régio, na presença de Mme. de Maintenon, ao longo de dez meses. Desde o *Pilmot*, os jansenistas tinham a mania dos nomes falsos, dos disfarces de linguagem, mas não havia dúvida! Não se tratava de nenhum fantasma, mas sim de uma cabala; o jansenismo surgiu aos olhos do velho soberano como um perigo público.

Pediu então a Clemente XI uma bula que mais uma vez condenasse a seita e especialmente o *Caso de consciência*. Com alguma hesitação, pois via nessa diligência um certo ar galicano, Clemente XI acedeu. A bula *Vineam Domini* foi publicada em 1703, registrada pelo Parlamento, aprovada pela Assembleia do Clero — os galicanos declararam que só a consideravam válida por essa razão — e até aceita pelo cardeal de Noailles, num documento pastoral embaraçado. Fénelon triunfava modestamente. Em substância, a bula declarava que não era suficiente assinar o formulário se não se acreditava que o jansenismo era uma heresia, "como se fosse permitido enganar a Igreja por meio de um juramento e dizer o que ela diz sem pensar o que ela pensa". Agora já não havia escapatória; já não havia maneira de jogar com o fato e o direito. Nem sequer seria possível refugiar-se por detrás das liberdades galicanas, visto que o rei já não queria mais disputas com Roma.

Era fácil aos adversários dos jansenistas acuá-los. Pelo menos acuar aqueles que não se mostravam hábeis no jogo da restrição mental, do subentendido, da reticência. Eram assim as religiosas de Port-Royal des Champs. A moda andava agora muito longe do seu valezinho. Tinham envelhecido e eram menos numerosas que outrora, uma vez que já não podiam admitir noviças. Mas continuavam firmes nas suas práticas piedosas e austeras, muito apegadas às grandes recordações do seu passado e, em suma, muito mal informadas acerca das recentes baralhadas. Quem terá sido o inimigo de Noailles que magicou servir-se delas para atingir o arcebispo? Pediram que as monjas de Champs[42] fossem convidadas a assinar uma aceitação formal da bula. O golpe era bem imaginado. Como se esperava uma recusa, o prelado ver-se-ia numa disjuntiva: se tomasse as medidas violentas que se reclamariam dele, passaria a ser o horror do jansenismo; se se recusasse, reconhecer-se-ia jansenizante. E Bossuet já não estava lá para tirá-lo de tão grave embaraço... Esse golpe disfarçado ia ser ocasião de um drama, de um dos episódios mais célebres e mais horrorosos de toda a questão jansenista.

Desconfiando de uma cilada, as religiosas concordaram em assinar o papel, apenas acrescentando estas palavras: "sem prejuízo da paz de Clemente IX". O papa estava disposto a aceitar essa submissão condicional. Mas o novo confessor jesuíta do rei, o padre Le Tellier, convenceu Luís

XIV de que essas velhas teimosas zombavam da sua autoridade. E o rei exigiu mais: uma bula de supressão. A decisão pontifícia demorou, em parte porque, dignas herdeiras de Arnauld, as religiosas multiplicaram os apelos; em parte porque o papa hesitou diante de uma medida tão severa. Noailles gemia; acusava de ingratidão as monjas que se recusavam a ouvi-lo e a cortar a frasezinha restritiva. Como outrora, Port-Royal des Champs voltara a ser o símbolo da resistência jansenista a toda a autoridade. Assim chegou o outono de 1709, e em 25 de setembro passaram-se exatamente cem anos desde o "dia do postigo"...

A 29 de outubro, o tenente de polícia d'Argenson entrou no mosteiro, com arqueiros e patrulhas da guarda real. Reuniu a comunidade na sala do Capítulo e, num tom cortês, gelado, terrível, deu a conhecer o decreto do rei. Em execução da bula, as religiosas iam ser dispersas. Eram vinte e duas. Tinham sido trazidas vinte e duas carruagens. Cada uma delas subiu para a sua e, acompanhada de uma velhota, partiu para a casa onde residiria. Partiram para Autun, para Rouen, para Nantes, para Amiens, para todos os cantos da França. Iam escoltadas por arqueiros a cavalo, como se fossem perigosos malfeitores. E o mosteiro ficou vazio, entregue à pilhagem dos soldados encarregados de guardá-lo.

"Um ato de autoridade como esse — diz o duque de Chevreuse — só pode despertar compaixão por essas mulheres e indignação contra os seus perseguidores". Era precisamente o que o papa receara. Todos os que na França eram amigos do jansenismo, e entre eles muitas pessoas de fé sincera e coração autenticamente cristão, suspiraram por ir em peregrinação ao querido valezinho do mosteiro abandonado. E, nos claustros desertos, havia mulheres desoladas que choravam e oravam. Exasperado diante de tais manifestações, Luís XIV decidiu cortar com elas pela raiz: mandou *destruir Port-Royal*

Em janeiro de 1710 — durante esse terrível inverno de fome em todo o país, de frio horroroso, de derrota militar e de angústias —, grupos de operários foram deitar abaixo o convento, as casas, a própria igreja; só foram poupadas as Granjas dos Solitários. Como o cemitério ficou e os peregrinos ainda lá afluíam, veio a ordem de também o arrasar. As famílias poderosas foram autorizadas a trasladar os seus mortos. Saint-Etienne-du-Mont, em Paris, onde já repousava Pascal, recebeu também as cinzas de Racine; Saint-Médard, as de Nicole; Saint-Jacques-du-Haut-Pas, as de Saint-Cyran. Quanto aos outros, os humildes, os anônimos, todos aqueles que tinham querido que os seus restos mortais gozassem do repouso eterno junto dos Solitários e das monjas, foram exumados e lançados em vala comum. Saint-Simon e, depois, Sainte-Beuve — penas vingadoras, talvez, mais que inteiramente verídicas — narraram a cena, que foi atroz: os coveiros bêbados trabalhando nas gavetas, os cães disputando os restos que a podridão poupara...

Decisão horrorosa, e também infeliz. Seria assim tão sensato fazer dessas vinte e duas velhas monjas rebeldes vinte e duas mártires? "As pedras desta casa santa foram caras aos vossos servos, e a terra foi preciosa à sua piedade". O versículo do salmo seria desde então murmurado como prece por inúmeras almas comovidas por tamanha injustiça. Mais tarde, num dia em que o pobre Noailles se lamentar pelas dificuldades que o jansenismo continuará a criar-lhe, uma mulher de espírito arguto responder-lhe-á: "Que quereis, senhor bispo? Deus é justo. As pedras de Port-Royal voltam a cair sobre a vossa cabeça".

A bula "Unigenitus"

Era fácil dispersar um pequeno número de religiosas, arrasar as paredes de um convento, lançar cadáveres numa vala comum... Mais fácil que extirpar o jansenismo das consciências. Em toda a parte eram flagrantes os sinais da sua vitalidade. Subsistiam ainda alguns mosteiros jansenistas. Em Gif (Île de France), as jovens monjas, com Françoise de Ségur, encorajavam a abadessa a reerguer o estandarte de Port-Royal. Em Toulouse, as Irmãs da Santa Infância eram tão abertamente da seita que foi preciso suprimi-las. Mais modestas, as Irmãs de Santa Marta, que a viúva do escultor Thesdon começava a agrupar, e que não pretendiam filiar-se à grande Ordem de Cister, prolongavam-lhe o espírito na sua modesta existência feita de trabalho rural e de oração. Havia bispos que não escondiam as suas inclinações jansenistas, e no baixo clero eram inúmeros os simpatizantes. As três paróquias que tinham acolhido os restos dos ilustres exumados formavam o bastião triangular da resistência parisiense. Existiam escolas jansenistas, quer na capital, quer nas províncias. E, depois, a corrente galicana acabara de operar a sua junção com a corrente jansenista. Todos aqueles que haviam encarado a reconciliação de Luís XIV com Roma, em 1693[43], como uma traição à causa das liberdades galicanas, faziam causa comum com aqueles a quem o papa e o rei, aliando-se, queriam ferir. Eram numerosos os jansenistas na magistratura, no alto funcionalismo político e mesmo no episcopado, onde alguns consideravam demasiada a autoridade assumida pela Santa Sé e excessivas as suas pretensões.

Quem lançou fogo à pólvora foi o padre Quesnel. Em 1708, as *Reflexões morais sobre o Novo Testamento* tinham sido condenadas pelo Santo Ofício — após catorze anos de deliberações. Em vez de se submeter, o antigo oratoriano replicou com um hábil panfleto, *Entretiens sur le décret de Rome* ["Conversas sobre o decreto de Roma"]. Os galicanos do Conselho Real, o chanceler Ponchartrain, o secretário de Estado para os negócios estrangeiros Torcy e o procurador-geral D'Aguesseau opuseram-se à recepção do breve pontifício, alegando que o texto confiava a execução da sentença à Inquisição. Ganhando coragem, Quesnel reeditou então as *Reflexões*, muito aumentadas e, além disso, agravadas pela inclusão à cabeça da famosa defesa redigida por Bossuet, que, evidentemente, não fora escrita para essa nova edição. O bispo de Meaux, falecido em 1704, já não podia vir dizer se estava ou não de acordo...

Foi uma explosão de cólera contra jansenistas e jansenizantes. Fénelon alertou os amigos. O padre Le Tellier interveio com todo o seu peso. Um discípulo do arcebispo de Cambrai, Chalmet, persuadiu dois bispos — o de La Rochelle, Champflour, e o de Luçon, Valderies de Lescure — a assinar um "mandamento" que lhes fora preparado e no qual se associavam à condenação romana e qualificavam como "fautores de heresias" os que tinham aprovado a obra perniciosa. A bom entendedor... E, a fim de que não houvesse dúvidas sobre a identidade do visado, encarregaram-se moços seminaristas de São Sulpício de ir plantar o papel mesmo por cima das portas do paço arquiepiscopal de Paris! Ao mesmo tempo, Fénelon fulminava numa *Instrução* certo velho prelado notoriamente jansenizante, Percin de Montgaillard, bispo de Saint-Pons. Roma felicitou os autores do "mandamento" e condenou o infeliz Percin.

Noailles percebeu perfeitamente para que lado iam os tiros. Envelhecido, fatigado, mais incapaz que nunca de governar a maior diocese da França, reagiu ao ataque com espantosa falta de jeito. Como reconhece Fénelon, não sem ironia, o cardeal era "de uma extrema delicadeza em pontos de honra e muito susceptível em tudo o que lhe dizia respeito". Zangou-se, pois, e ouriçou-se. Em primeiro lugar, "cometeu — diz Saint-Simon — o erro capital de imitar o cão que morde a pedra que lhe atiram e poupa o braço que a lançou": ou seja, mandou expulsar de São Sulpício os sobrinhos dos autores do "mandamento", o que ocasionou queixas dirigidas ao rei e a Roma, apoiadas por numerosos bispos e por Mme. de Maintenon. Depois, dando-se conta do erro tático, atacou abertamente a Companhia de Jesus, acusando-a de ser a autora de toda a cabala, retirou aos jesuítas as licenças de pregar e de confessar na diocese, falou publicamente, em termos desagradáveis, da complacência com que encaravam "as superstições e idolatrias da China" (o doloroso problema dos ritos chineses estava em plena discussão)[44] e foi ao ponto de pedir por carta a Mme. de Maintenon que persuadisse o rei a afastar o padre Le Tellier!

A réplica não demorou. Aconselhados por Fénelon e apoiados pelos seus amigos fiéis, os Chevreuse e os Beauvilliers, o padre Le Tellier, o cardeal de Rohan e o sucessor de Bossuet em Meaux — cardeal Bissy — sugeriram ao rei que solicitasse ao papa uma condenação formal do livro de Quesnel, ao mesmo tempo que se comprometiam a obrigar todos os bispos a acatá-la. Era uma grave derrota para os galicanos, tão grave como para os jansenistas! Clemente XI pensou acertadamente que lançar uma bula contra as *Reflexões morais sobre o Novo Testamento* era dar demasiada importância ao livro; mas não foi capaz de deixar passar tão bela ocasião, oferecida pelo Rei-Sol, de afirmar a sua autoridade.

Foi nomeada uma comissão para examinar mais uma vez a obra. Fato curioso: só um dos membros da comissão sabia bem francês. Decorridos longos meses, pressionado pelo rei da França, o papa promulgou a bula, a 8 de setembro de 1713. Começava assim: "Quando o Filho Único de Deus, feito homem". *Unigenitus*, Filho Único,: a palavra ia entrar na história. A condenação do livro de Quesnel e, mais amplamente, do jansenismo, era formal: "lobo rapace, falso profeta, mestre da mentira, enganador, hipócrita, envenenador das almas". Eram nove linhas de epítetos semelhantes a esses para qualificar o ex-oratoriano. Não faltou quem pensasse que ele não merecia nem essa honra excessiva nem essa indignidade. No plano doutrinário, a bula apenas retomava e precisava as condenações anteriores. No entanto, por entre as cento e uma proposições condenadas, Roma deixou deslizar algumas que não eram jansenistas, mas galicanas, extraídas palavra por palavra de Richer...

Faltava ainda aplicar o segundo ponto do programa: fazer que a decisão papal fosse acatada em todas as dioceses da França. Os bispos estariam todos de acordo? Imediatamente Fénelon se fez "o anjo da guarda" da bula. Escreveu uma memória acerca do modo de recebê-la. Uma Assembleia do Clero pronunciou-se no mesmo sentido e, logo após, cento e dezessete prelados aceitaram o documento "pura e simplesmente". Uns quinze, no entanto, fizeram algumas reservas e oito se manifestaram em franca oposição e anunciaram que apelariam ao papa para mais amplas explicações.

A bula *Unigenitus* vinha, pois, dividir o clero francês em dois clãs, e os opositores eram apoiados a fundo por todo o partido galicano. O Parlamento só registrou a bula sob a ameaça de ordens de desterro, e a Sorbonne só se resignou a aceitá-la quando viu excluídos sete ou oito doutores. Caminhava-se para um cisma? O próprio irmão do cardeal

Noailles, seu sucessor em Châlons, escrevia: "Se o papa se engana, afastando-se da tradição da sua Sé, é ele que se separa da Igreja".

Quanto a Noailles, o golpe começou por deixá-lo surpreendido e desconcertado. Por um momento, falou de aceitar a bula, mas refez-se e sugeriu que se pedisse ao papa que não *condenasse*, mas simplesmente *proibisse* o livro de Quesnel! Em seguida, tentou uma reaproximação com Versalhes. Paris apelidou-o de "nossa recuante Eminência" e cantarolou:

E Noailles, até ao fim
Será semelhante ao pêndulo
Que vem, revém e recua...[45]

Subitamente, o pêndulo parou e, num "mandamento" retumbante — o que não é o mesmo que claro —, Noailles proibiu os seus padres de receber a bula, sob pena de suspensão, porque, dizia ele, a decisão pontifícia era irregular por defeito processual e ofensiva para os bispos franceses. Ao mesmo tempo, contudo, condenava o livro de Quesnel.

O rei ficou furioso. Não viria então o dia em que conseguisse acabar com essa hidra jansenista de cabeças sempre renascentes, com esses conspiradores, com esses republicanos? Diziam-lhe que continuavam a aparecer, e com sucesso, certos livros cheios de ideias nocivas, como era o caso das *Hexaples*, que pretendiam mostrar a perfeita ortodoxia das teses quesnelianas. Faziam-no saber que havia agitação entre o baixo clero. D'Aguesseau declarava abertamente que, registrada por um ato de violência, a bula não tinha qualquer força de lei na França. A cólera do velho soberano, mais cioso que nunca da sua autoridade, recaiu sobre o cardeal-arcebispo de Paris. Foi proibido de assistir à Assembleia do Clero, tratado "quase como um herege" e impedido de ir explicar-se a Roma. Enfim, até se falou em "descardinalizá-lo"! A ideia ainda foi defendida em Roma pelo conselheiro de Estado Amelot, e chegou-se a sugerir ao papa que reunisse um concílio nacional que depusesse o arcebispo. Ao que Clemente XI respondeu, não sem bom humor, que ele não tinha nenhum interesse em que "o dessem a comer aos ursos", nem a ele nem à sua bula.

O padre Le Tellier aconselhou o rei a mandar registrar no Parlamento uma declaração pura e simples de adesão à bula, que todos os bispos assinariam. Luís XIV convocou, pois, o presidente e os advogados-gerais, mas não conseguiu vencer-lhes a resistência. Correu Paris a frase de Mme. d'Aguesseau ao marido que partia para Versalhes: "Ide e, diante do rei, esquecei mulher e filhos. Perdei tudo, menos a honra!" Pensou-se num *lit de justice* para forçar os parlamentares. Mas teria forças para tanto o velho rei já doente? Nesse ínterim, a polícia prendia uns dois mil jansenistas e jansenizantes e interrogava cerca de outros dez mil. Calmo e saboreando a desforra, Fénelon, antes de morrer, assestava nos defensores da seita inimiga os golpes friamente medidos das suas *Instruções em forma de diálogo*. A crise parecia atingir um paroxismo nunca experimentado. O papa acabava de ceder e aceitar a reunião do concílio. As pessoas sensatas perguntavam que poderia sair de bom de tal assembleia... quando, a 1 de setembro de 1715, o Rei-Sol morreu.

Esperanças e queda do partido jansenista

Com o novo reinado — o reinado do pequeno Luís XV, ou seja, com a Regência, tornada indispensável pela sua idade —, entramos decididamente "nesse jansenismo do século XVIII" do qual diz Sainte-Beuve que, "nem por todo o ouro do mundo nem por todas as promessas do Céu alguém o faria dar um passo". Um jansenismo, confessemos, cada vez menos grato, cada vez mais afastado dos primeiros port-royalistas, e que assume pura e simplesmente a feição de um partido, não já no sentido seiscentista do termo, mas nesse outro que lhe dá o nosso tempo: um partido político. "Tudo começa em mística e acaba em política". Talvez nunca a famosa expressão de Péguy tenha encontrado aplicação mais pertinente que neste caso.

O "partido jansenista" ia, pois, afirmar-se, sob a direção desse alto estado-maior de prelados galicanos, de nobreza togada e de políticos hostis a Roma que vimos aderir a ele. Como é natural, não contava nada a massa dos "militantes", essa boa gente que não percebia mais das teses galicanas que das discussões sobre a graça. E, no entanto, vemos medrar e tomar peso nesse meio um movimento de "presbiterianismo católico", inspirado a um tempo nas ideias de Jansênio sobre o sacerdócio e nas de Richer, e que reclamava para o baixo clero direitos iguais aos dos ricos beneficiados: primeiro sinal do antagonismo que se manifestará tão dolorosamente durante a Revolução. Mais inquietante ainda foi a adesão ao "partido" de certos elementos que zombavam abertamente da graça eficaz e da suficiente: "libertinos", céticos, irreligiosos, em crescendo rápido, que viam nos episódios da longa querela jansenista um modo cômodo de atacar o trono e o altar. Que castigo não representou para o espírito sectário e insubmisso dos descendentes de Saint-Cyran, de Pascal e de Arnauld esse apoio dado por aliados tão pouco estimáveis! Do cardeal Noailles disse um dia o cardeal Forbin-Janson: "Sem o querer e sem o saber, será um dia chefe de partido". Foi exatamente o que aconteceu.

Quando o corpo do Grande Rei foi levado a Saint-Denis, para alívio quase unânime da França, cansada desse reinado de setenta e dois anos, os jansenistas embandeiraram-se em arco. Não parecia, no entanto, que o austero ideal port-royalista viesse a ser favorecido durante

O tempo da amável Regência
Em que a loucura, agitando seus guizos,
Com pé leve correu toda a França;
Em que tudo se fez, exceto penitência[46],

tal como Voltaire o pintou... Mas bastava que o jansenismo tivesse surgido como partido de oposição às ideias do reinado defunto, para ter as simpatias das novas equipes e sobretudo do príncipe-regente, Filipe de Orléans. Que esse "fanfarrão de vícios" mostrasse benevolência para com os descendentes espirituais da Madre Angélica devia ter sido suficiente para lhes abrir os olhos. Mas o partido regozijou-se quando viu o novo senhor rever todas as *lettres de cachet*, libertar os jansenistas detidos e cancelar os benefícios do padre Le Tellier, que foi expedido para La Flèche[47]; assim como se alegrou quando alguns bispos proibiram os jesuítas de pregar e confessar nas suas dioceses e o cardeal Noailles recebeu a presidência do Conselho de Consciência. Os cortesãos, ainda na véspera tão devotos, aplaudiram às mãos ambas essas atitudes. Tartufo tornava-se Turcaret, mas invocava Quesnel em seu favor!...

E logo a resistência à bula se fortaleceu. A *Unigenitus* não era popular na massa católica, que nem sempre entendia muito bem por que tinham sido condenadas fórmulas de aparência tão ortodoxa. A Sorbonne proclamou que só recebera o documento pontifício coagida, forçada, no que foi seguida pelas faculdades de Reims e de Nantes. Vinte e cinco bispos foram buscar à nova conjuntura política a coragem de afirmar que "só tinham recebido a bula relativamente". E quando o cardeal Noailles, mudando mais uma vez o báculo de mão, disse que, bem vistas as coisas, o texto papal lhe pareceria aceitável se sofresse algumas modificações, o seu clero suplicou-lhe que se calasse e a Sorbonne veio pedir-lhe em procissão que não cedesse. Nos finais de 1716, seis Parlamentos, entre os quais o de Paris, tinham já revogado o registro da *Unigenitus*.

Tudo isso agastou o príncipe-regente, que tinha na cabeça outras preocupações mais graves: evitar, se possível, a bancarrota financeira — pedindo ajuda, por exemplo, ao genial escocês John Law — ou desfazer as intrigas de Alberoni, o tortuoso ministro da Espanha. A sua única ideia era que o deixassem em paz quanto a todas essas histórias político-religiosas... Junto dele, o seu antigo preceptor, agora seu secretário particular, *Guillaume Dubois* (1656-1723), a quem chamavam *l'abbé*, embora não fosse sacerdote, confirmava-o nessa legítima intenção. Esse "padre" Dubois não era, de resto, o monstro de hipocrisia, de baixeza e de intriga que Saint-Simon pintou numa página célebre, ferido no seu ducal orgulho por ver investido no poder um sujeito "muito do comum", saído "da lama do povo" e que subia "à força de grego e de latim". Na verdade, esse "homenzinho magro, alongado, com cara de fuinha e fisionomia inteligente", era sobretudo um ambicioso lúcido, que queria ser primeiro-ministro e cardeal e que, para atingir esses nobres fins, precisava de um trampolim.

O caso dos *Apelos jansenistas* forneceu-lhe a ocasião. Quatro bispos — Soannen, Colbert, de la Broue e de Langle — apelaram da bula ao futuro concílio. A Sorbonne aderiu ao apelo e o mesmo fizeram a seguir doze bispos, entre os quais o próprio Noailles. Na realidade, esse clã dos *apelantes*, como lhe chamaram, não representava grande coisa na Igreja: dezesseis bispos em cento e trinta, três mil padres em cem mil... Languet de Gergy, bispo de Soissons, que surgira como o mais fogoso dos defensores da bula, tinha razão quando dizia, nas suas veementes *Advertências*, que se tratava de uma bem fraca minoria. Mas era uma minoria rumorosa e todo o partido jansenista a apoiava. O príncipe-regente encarregou o cardeal Rohan de negociar com esses agitados; não se chegou a nada[48]. Clemente XI, que se exasperou com a resistência, ainda pensou em "descardinalizar" Noailles, mas o príncipe-regente opôs-se por orgulho galicano. Um decreto do Santo Ofício e depois uma bula — *Pastoralis officii* — condenaram então os "apelantes" e até os excomungaram. Noailles, na altura obstinado em resistir, apelou da nova bula, como apelara da *Unigenitus*. Falava-se abertamente em cisma, numa Igreja galicana independente de Roma e chefiada pelo arcebispo de Paris. Era muito forte!

Foi então que Dubois entrou em ação, e com soberana habilidade. Comunicou a Roma que estava em condições de aproximar os dois campos inimigos. A seu conselho, o príncipe-regente intimidou os intransigentes, mandando queimar escritos jansenistas e exigindo da Sorbonne que cancelasse dos seus registros uma moção pouco favorável à infalibilidade do Papa. Persuadiu Noailles a presidir, juntamente com os cardeais Rohan e Bissy, a uma comissão episcopal destinada a elaborar um "mandamento" de aceitação da bula, em termos suficientemente vagos para que toda a gente o pudesse assinar. O rei publicaria uma ordenação mandando "nada escrever, sustentar ou divulgar" contra a bula. E com isso se acalmariam ao mesmo tempo os por demais veementes defensores desta, como o bispo Languet. Assim foi proclamado o *Accommodement* (1720).

Depois de novas hesitações, Noailles resignou-se a assinar o "mandamento". Quanto a Dubois, teve a recompensa do seu zelo: atribuíram-lhe o arcebispado de Cambrai. Em oito dias, recebeu todas as ordens sagradas. O cardeal Rohan sagrou-o bispo e, um ano mais tarde, o papa concedia-lhe o barrete cardinalício. Nesse meio tempo, tinha sido feito secretário de Estado para as relações exteriores e viria a ser admitido no Conselho do Rei, antes de se tornar "Ministro Principal". O grande habilidoso tinha triunfado[49].

"Por ordem do rei, fica Deus proibido de fazer milagres neste lugar"

A verdade é que o *Accommodement* não serviu para nada. Correu o boato de que o cardeal Noailles fizera duas edições do seu "mandamento": uma, inteiramente submissa, destinada ao papa; outra, clandestina, enviada a amigos fiéis, que continha algumas reservas. De repente, todo o partido se sentiu reforçado na resistência. E no entanto o ano de 1720 assinalava uma viragem na história do jansenismo, a última. Quesnel morrera, em Amsterdam, a 2 de dezembro de 1719, depois de declarar, num belíssimo testamento, "jamais ter pretendido dizer, escrever ou pensar nada que fosse contrário ao que a Santa Igreja Católica crê e ensina". Com ele terminava a terceira estação da nossa história: após a fervorosa primavera de Saint-Cyran e o crepitante estio do Grande Arnauld, agora esse agitado outono em declínio incessante... Faltava apenas percorrer um triste inverno, cheio de nuvens e de penosas tempestades. Cada vez mais politizado, vítima de disputas internas e de secessões, e até agitado por ventos de loucura, o jansenismo entrava em agonia.

Durante todo o pontificado de Inocêncio XIII (1721-24), foram feitas negociações confusas, sem nenhum resultado. O novo papa, Bento XIII, dominicano de sólida formação tomista, resolveu acabar com isso. Um concílio romano declarou que a bula *Unigenitus* era artigo de fé. Noailles, que tentava formular em quatro artigos um corpo de doutrina intermédio, foi desaprovado. Quando o bispo de Montpellier, Colbert, invocou a Paz Clementina para defender posições jansenistas, o Governo, de acordo com Roma, retirou-lhe a administração temporal.

A *questão Soanen* fez muito mais barulho. Soanen era bispo da modestíssima diocese de Sénez, na Alta-Provença. Era um santo sacerdote, mas um espírito arrebatado e teimoso. Em 1726, publicou uma *Instrução pastoral* em que se retratava da submissão que fizera ao *Accommodement*, exaltava os bispos "apelantes", "únicos defensores da verdade", e incitava sem ambages à revolta e ao cisma. O governo ordenou ao arcebispo de Embrun que reunisse um concílio provincial para julgar o recalcitrante. A escolha era pouco hábil, porque se tratava de uma pessoa pouco recomendável. E a intervenção do poder político era de molde a irritar até mesmo bispos que não simpatizavam com a posição de Soanen: trinta e um bispos tomaram partido por ele. Soanen multiplicou apelos, chicanas, argúcias jurídicas. Por fim, o *Concílio de Embrun* suspendeu o pobre bispo de Sénez, que se refugiou no mosteiro da Chaise-Dieu, onde morreu em 1740, aos noventa e três anos, sem ter esboçado o menor gesto de submissão. Os jansenistas qualificaram o concílio como "banditismo"; cinquenta advogados parisienses assinaram um parecer jurídico que declarava nula a deliberação.

Houve nessa altura uma violenta labareda de jansenismo em Paris e em diversas regiões da França. Soanen foi considerado mártir. Todos os que em maior ou menor grau atacavam o poder denotavam a fibra quesneliana: párocos, magistrados, burgueses, intelectuais, gente do povo... Noailles parecia o chefe de fila desse jansenismo renascente. Subitamente, porém, mudou mais uma vez de opinião e, influenciado por sua sobrinha, a marquesa de Gramont, e pelo primeiro-ministro, então o hábil Fleury, sentindo a morte vir, resolveu reconciliar-se com Roma e submeter-se. Assim o fez em julho de 1728, com grande formalidade, retratando-se de todos os passados "mandamentos", condenando Quesnel e as *Reflexões morais sobre o Novo Testamento* e aceitando a bula. Pouco depois, morreu. Paris compôs-lhe um epitáfio irônico:

> *Aqui jaz Louis Assim-Assado*
> *Que devotamente "apelou"*
> *No* sim, *e no* não *se enrodilhou,*
> *Perdeu a cabeça e se foi*[50].

Só os pobres o choraram, lembrados de que durante toda a vida fora caridoso para com a miséria, a ponto de vender a sua prataria para dar pão aos deserdados. Porque, se tinha a cabeça fraca, o arcebispo tinha um coração grande. É claro que, logo após a sua morte, se editaram cartas suas em que desmentia a sua submissão. Que importava? O jansenismo episcopal desaparecia praticamente com ele. O seu sucessor, Vintimille, aceitou a bula sem qualquer reticência. A maior parte dos doutores parisienses fez outro tanto. Restavam três bispos recalcitrantes. Então, o rei decretou (1730) que os benefícios dos eclesiásticos que não tivessem assinado pura e simplesmente a aceitação seriam "declarados vacantes e impetráveis de pleno direito". Foi o bastante para que os grandes do partido entrassem em calma.

Isso não queria dizer que o jansenismo estivesse aniquilado. Ao contrário, a sua resistência tornou-se mais dura, especialmente em três meios.

Primeiro, no baixo clero, onde as ideias "presbiterianas" fizeram desde então progressos tanto mais rápidos quanto mais livre curso pôde ter o antagonismo ao alto clero: párocos e vigários de côngrua, mais ou menos jansenizantes, tiveram a impressão de que, posicionando-se contra o episcopado, servidor do poder e nem sempre muito exemplar, defendiam simultaneamente o autêntico cristianismo, as liberdades da Igreja e os seus próprios direitos.

Depois, no meio parlamentar, onde qualquer ocasião parecia própria para fazer frente ao poder, e onde atacar a bula em nome dos direitos da igreja galicana se tornava puro e simples instrumento político. Assim, em 1730, o Parlamento de Paris chegou ao ponto de afirmar, num memorial, não apenas que "a autoridade eclesiástica recebe do poder secular toda a jurisdição que exerce", mas também que "o poder real não é superior ao dos Parlamentos, pois os Parlamentos são o Senado, tribunal soberano da nação" — o que era propriamente revolucionário.

E, por fim, num terceiro meio, onde é óbvio que tais fórmulas encontravam eco muito favorável: o dos intelectuais "avançados", irreligiosos e céticos, aqueles que começavam a ser chamados "os filósofos". Desde 1727, aparecia uma folha clandestina semanal, as *Nouvelles ecclésiastiques* — redigidas pelos irmãos Essarts, o padre d'Etemare e o padre François de la Roche, e impressas no recôndito das florestas da Puisaye, nas longínquas campinas dos lados de Vitry-le-François ou nos fundos de quintal parisienses —, em que se denunciavam com humor os grandes e pequenos escândalos do clero, se vituperavam os jesuítas e se ridicularizavam os bispos cortesãos e os cardeais-ministros[51].

Tudo isso estava, evidentemente, cada vez mais distante do ideal dos Solitários de Port-Royal! Aliás, aqueles que procuravam manter-se fiéis ao antigo espírito sofriam outras desgraças. A propósito de uma pretensa "carta ao senhor Nicole" e depois a propósito de um tratado de certo senhor Petitpied sobre "o temor e a confiança", os chefes espirituais do movimento entrebatiam-se furiosamente, e já não havia Arnauld para lhes arbitrar as querelas. A desordem aumentava.

Foi então que ocorreram incidentes muito surpreendentes. Havia três ou quatro anos que se afirmava entre os jansenistas que o próprio Deus se manifestava e vinha em seu auxílio, como antes acontecera com o milagre do Santo Espinho. Com efeito, havia muitos milagres. Na paróquia de Santa Margarida, uma paralítica curara-se à simples voz do pároco, "apelante" notório; e, na diocese de Reims, tinham ocorrido duas outras curas inexplicáveis, operadas sobre o túmulo de um cônego quesnelista. Nenhuma delas se comparava, porém, às que se multiplicaram sobre o túmulo do diácono *François de Pâris*, jovem piedoso que, sendo filho de um magistrado, se fizera tecelão por humildade e que, no leito de morte, amaldiçoara a bula e os "aceitantes". Nada menos de oito milagres num só ano: uma hidrópica, uma cancerosa, três paralíticos, dois cegos, e um oitavo, mal definido. Atas oficiais registravam devidamente o caráter maravilhoso dessas curas.

Logo que se espalhou a notícia, o cemitério de Saint-Médard foi assaltado por hordas de estropiados, de doentes crônicos, de surdos-mudos, de cegos e, o que era mais inquietante, de semi-loucos e de loucos completos. Todos eles declaravam que, mal transpunham os muros do cemitério, se sentiam presa de uma força irresistível, que os sacudia, os lançava por terra, os forçava a rolar por cima da campa — tudo acompanhado de grandes gritos. "Ouve-se gemer, cantar, berrar, assobiar, profetizar, miar", relata um cronista. "Mas, sobretudo, dançam, dançam até perder o fôlego". Viam-se homens engolir pedras ou retalhar a pele com vidro; mulheres que "esperneavam e se retorciam" freneticamente em atitudes que nada tinham de castas. As *Convulsionárias de Saint-Médard* faziam as delícias de Paris.

A fama dessas "coisas estranhas" depressa chegou aos ouvidos do rei e do cardeal Fleury (1653-1743), seu antigo preceptor, que Luís XV acabava de fazer seu primeiro-ministro, um primeiro-ministro bastante absoluto. Esse velho de sessenta e três anos, de ar abonecado, tranquilos olhos azuis, era um homem prudente, pacífico, e desejava acima de tudo que "o seu ministério não ficasse na história". A sua reação foi imediata: mandou a polícia fechar o cemitério. Correu então por Paris um dístico de grande êxito:

Por ordem do rei, fica Deus proibido
De fazer milagres neste lugar[52].

Mas nem assim os convulsionários cessaram a sua atividade. Passaram a reunir-se em casas particulares, em regiões distantes, em caves, em celeiros... Algumas "irmãs" punham-se a profetizar; outras iam curar os cegos, com emplastros de saliva e pó. Havia também os "figuristas", que anunciavam a renovação da Igreja por meios dervichistas e pela conversão dos judeus. E os "socorristas", que socorriam os doentes — especialmente os neuróticos —, infligindo-lhes um sólido tratamento de bastonadas... Nem faltavam "agostinistas" que, confundindo Molinos e Quesnel, autorizavam as relações sexuais entre quaisquer homens e mulheres porque, diziam eles, obedeciam a um impulso divino e, portanto, não podiam pecar.

Todas essas loucuras, que fazem pensar em opereta barata, desacreditavam o jansenismo, ao qual os convulsionários se diziam vinculados. Ao passo que os primeiros "milagres" tinham sido acolhidos com entusiasmo, até por bispos como Soanen e Colbert — o padre jansenista d'Asfeld assimilava-os nada menos que aos de Cristo —, foi uma consternação quando se ouviu em Saint-Médard esse concerto de loucos e histéricas. Certos doutores da seita tentaram justificar as convulsões, mas, mais sabiamente, a maioria as desaprovou. Daí as divisões... Fleury aproveitou a ocasião para marcar um ponto em favor da autoridade: fez o Conselho Real cassar o insolente memorial do Parlamento de Paris e, como os advogados ripostassem, declarando-se em greve, mandou prender dez, o que levou os outros a ver melhor as coisas. Em 1731, o jansenismo francês parecia agonizante.

O jansenismo fora da França

Teria, porém, o jansenismo campos de expansão fora da França, onde pudesse desenvolver-se e perdurar? Aconteceria com ele o mesmo que acontecera com os diversos protestantismos, que tinham sido tão bem semeados fora do país de origem que nunca mais fora possível arrancá-los? Não há dúvida de que não foi esse o caso do movimento do "Cristo dos braços estreitos". Projetou-se, certamente, fora da França e chegou mesmo a exercer real influência em diversos pontos. Mas esteve bem longe de demonstrar a força conquistadora do luteranismo ou do calvinismo. Em parte alguma a batalha pelas ideias de Jansênio foi tão viva como na pátria de Saint-Cyran e dos Arnauld.

Nem sequer na Bélgica, onde vivera o bispo de Ypres. Nesse país, o movimento parecera a princípio ter-se implantado solidamente desde a época port-royalista, quando Alphonse de Bergh, arcebispo de Malines, deixara pregar abertamente as novas ideias. Seu sucessor, Guillaume de Precipiano, apoiara a fundo os jesuítas — a ponto de Inocêncio XII se ter visto obrigado a moderá-lo —, mas um bom número de teólogos, agrupados à volta de Ruth d'Ans, hostis à Companhia e ao molinismo, tinham tido ação mais ou menos jansenizante, e o colégio de Faucon, que exercia grande influência sobre a Universidade de Lovaina, passara a ser abertamente um centro jansenista. Mas a subida do neto de Luís XIV ao trono de Carlos V provocou uma violenta reação. Filipe V não se limitou a mandar prender Quesnel: baniu Ruth d'Ans e os seus amigos, que só voltariam após a ruína do regime espanhol, nos carroções dos exércitos protestantes da Inglaterra e da Holanda. O cônego *Van Espen*, de Lovaina, tomou a direção do movimento e publicou nessa altura uma série de tratados violentamente erastistas e antirromanos. Ruth d'Ans regressou. Numerosos bispos, aliás pouco seguidos pela massa do clero, recusaram a *Unigenitus*. Fogo de palha, apenas... Chegaram os governadores austríacos e apressaram-se a publicar a bula. A regente Maria Elisabeth e o arcebispo de Malines, Filipe de Alsácia (1716-50) empreenderam uma luta sistemática contra a seita, que não demorou a extinguir-se, deixando poucos traços. Van Espen viria a morrer na Holanda.

Foi, efetivamente, nos Países-Baixos do Norte, ao abrigo de qualquer ingerência espanhola ou austríaca, que o jansenismo se desenvolveu melhor. Recordemos que o Grande Arnauld lá tinha procurado refúgio, assim como Quesnel, quando se evadira das prisões episcopais de Malines. Vários vigários apostólicos encarregados pela Santa Sé de dirigir o pequeno rebanho que permanecia fiel no meio da maioria calvinista — até o corajoso Rovenius[53] — tinham mostrado muita simpatia pelas teses de Port-Royal. Um deles, *Pierre*

Kodde, tinha ido mais longe: em 1699, recusara-se a assinar o formulário e fora declarado suspenso pelo papa, mas nem por isso deixara de dirigir a sua igreja. Abrira-se, pois, a via do cisma, e a ele se chegou por ocasião da publicação da bula *Unigenitus*.

Um grupo de "apelantes" ressuscitou nessa altura, por sua livre iniciativa, sem sequer prevenir Roma, o cabido da catedral de Utrecht, e, em 1723, este elegeu um arcebispo, *Corneille Steenhoven*. Um padre francês das missões estrangeiras, de nome Varlet, que acabara de ser sagrado bispo coadjutor de Isfahan, dispôs-se a sagrar o novo arcebispo, com o beneplácito, segundo se disse, de alguns prelados da França, como Soanen. Era, portanto, o cisma. Estava constituída uma Igreja jansenista de Utrecht, que zombava das condenações romanas e era muito bem vista pelas autoridades calvinistas, que só podiam alegrar-se com essa cisão entre católicos. Quando Steenhoven morreu, Varlet, retirado na Holanda, ainda se encarregou de sagrar o sucessor. E à sé de Utrecht cedo se ajuntaram, como sufragâneas, as dioceses de Haarlem e de Deventer.

Na realidade, essa igreja cismática era coisa pouca. Estava numa situação ambígua: pretendia não ser jansenista, condenava as "cinco proposições", mas recusava a bula *Unigenitus*. Proclamava em altas vozes que de maneira nenhuma se separara de Roma, mas que era Roma que se separara da verdadeira Igreja! Apesar do reforço de emigrados franceses, não contava muitos fiéis: no máximo, uns quinze mil. E nem todos estavam de acordo. A chegada a Utrecht do convulsionário Pierre Le Clerc e as ideias mais que violentas que ali professou (um dos seus livros tinha por título *Roma, tornada paga e pior que paga*) contribuiu para semear a desordem nas suas fileiras. Pouco depois, em 1763, o Sínodo de Utrecht cindiu a seita em dois clãs, um dos quais regressou pouco a pouco ao seio da Igreja romana. Nas vésperas da Revolução Francesa, o cisma de Utrecht não terá mais de oito a nove mil de partidários, dos quais trinta padres. Irá sobreviver até ao nosso tempo, mas cada vez mais insignificante.

Houve surtos jansenistas em outros lugares, mas modestos e falhos de apoio. Quase por toda a parte, não foram a metafísica da graça nem a moral port-royalista que apaixonaram os espíritos, mas o antipapismo virulento com o qual o jansenismo parecia já identificado. Nos Estados austríacos, Maria Teresa e depois José II, no seu esforço por tutelar a Igreja[54], vão-se apoiar sobre todos os elementos antirromanos: por isso a imperatriz terá por confessor e por médicos partidários da igreja de Utrecht. Mas os jansenistas verdadeiramente convictos serão sempre raros nesse país, já que o temperamento austríaco combina mal com tudo o que seja rigor excessivo. Na Alemanha, onde foram traduzidos Nicole, Quesnel e a *História de Port-Royal* de Racine, o assunto não ultrapassou o nível da curiosidade e de alguns ditos de espírito lançados contra Roma. Em Portugal, um pequeno núcleo jansenizante, agrupado em torno do oratoriano Pereira, irá fornecer ao marquês de Pombal argumentos na luta contra os jesuítas e a Sé Apostólica[55]. Na Savoia e no Piemonte, onde se refugiaram quesnelianos e convulsionários, o jansenismo não passará de um antipapismo, e o mesmo acontecerá em Veneza, onde canonistas jansenistas incitarão a Sereníssima a reivindicar contra o papa privilégios decalcados sobre aqueles de que se jactava a igreja galicana.

Em tudo isso, tratava-se mais de política que de vida espiritual. No entanto, houve exceções, como, por exemplo, na Hungria, onde Francisco II Rakóczy se revelou uma nobre figura, digna dos Solitários. Na Itália, a austera moral port-royalista, dissociada dos erros dogmáticos condenados e identificada, na prática, com a dos grandes reformadores do início do século XVII, achou numerosos adeptos, tais como o conservador da Biblioteca Vaticana, mons. Bottari, o reitor do seminário de Pistoia, o ilustre erudito Muratori, e até o secretário da Congregação *de Propaganda Fide*. Mas, para toda essa gente séria, todos "romanos" convictos, não se tratava de modo nenhum de encorajar um movimento rebelde, ainda que, sem o saberem, a indulgência que mostravam levasse a resultado semelhante. O padre Grégoire viria a escrever que "a Itália era provavelmente o país em que Port-Royal tinha mais admiradores autênticos". Port-Royal, sim; mas não o movimento político em que o jansenismo se transformara.

Os últimos combates: a questão dos "bilhetes de confissão"

Na França, ainda se deram alguns episódios antes de a questão jansenista ter deixado de interessar por completo. Desenrolaram-se numa atmosfera bem diferente daquela em que tinham lutado os Sain-Cyran, os Arnauld e até Quesnel: uma atmosfera literalmente pré-revolucionária.

Em princípio, a questão girou, certamente, em torno do modo de administrar os sacramentos ou de que devoções admitir ou recusar; na realidade, porém, o que estava em jogo era bem outra coisa. Haveria doravante cada vez menos "apelantes" que vissem sinceramente na bula *Unigenitus* uma ameaça ao catolicismo na sua doutrina e na sua moral, ou que a considerassem uma tentativa romana de domesticar a igreja da França. Mas haveria cada vez mais espíritos retorcidos e hábeis em utilizar para fins nada religiosos a singular paixão que o público ainda e sempre dedica a essas questões.

Ante a fraqueza cada vez mais manifesta do poder público, ante uma situação financeira e social em rápida degradação, os parlamentos, sem nada a tanto os autorizar — visto não serem assembleias eleitas, como na Inglaterra, mas órgãos da Justiça —, arrogaram-se o direito de fazer frente ao rei e ao governo. Assim agradavam à opinião pública, mas o que faziam realmente era defender privilégios. O caso La Chalotais mostra até onde foi a insolência ambiciosa dos altos magistrados[56]. A plena aliança do jansenismo com os meios parlamentares era evidente: para que não houvesse dúvidas, em 1738, o Parlamento de Paris recusou o registro da bula de canonização de São Vicente de Paulo porque nela o jansenismo era maltratado! Intervindo em todos os incidentes suscitados pela seita, o que os magistrados de fato queriam não era senão o que tinham dado a entender no seu memorial de 1730: controlar tanto o Estado como a Igreja; impor a sua autoridade ao próprio regime.

Também se tornaram cada dia mais revolucionários, sem darem muito por isso, esses párocos que se agitavam, se insurgiam contra os bispos e proclamavam que "o menor presbítero tem poder de ordem e de jurisdição", recebe o seu poder espiritual diretamente de Cristo e não depende de nenhuma autorização do bispo para confessar. Essas teses presbiterianas foram desenvolvidas pelo pároco *Nicolas Travers*, que passava os seus dias entre esconderijos e prisões, mas exercia verdadeira influência. Desse modo, pretendia-se ajudar os padres "apelantes" e permitir-lhes administrar os sacramentos aos jansenistas. Mas semelhante vento de independência entonteceu muitas cabeças. Esses "presbisterianos" por ódio à *Unigenitus* e ao episcopado submisso tenderam a conceber uma igreja independente de Roma, não hierárquica, mas democrática, a um tempo galicana e igualitária. Era um sonho que viria a materializar-se mais tarde e que teria um nome: *Constituição civil do clero*...

Nenhum incidente mostra mais claramente a coligação dessas diferentes forças que o caso designado por *Bilhetes de confissão:* uma história banal de disciplina eclesiástica, que os parlamentares iriam engrossar a seu bel-prazer, e com grande chinfrim, para afirmarem os seus direitos e embaraçarem o poder público. Em 1746, ascendeu ao arcebispado de Paris *Christophe de Beaumont*, prelado de valor moral, piedade e caridade admiráveis, mas que não se distinguia nem pela sutileza nem pela habilidade de manobra. Conhecido como anti-jansenista militante (vários dos seus "mandamentos" tinham exaltado a bula), serviu, desde a sagração, de cabeça-de-turco do partido. Todos os seus atos e gestos foram sistematicamente deformados. Correram boatos difamatórios sobre o seu relacionamento com uma religiosa que pusera à frente do *Hotel-Dieu;* chegaram a pôr em dúvida a sua caridade. Ora, verificando que Paris estava cheio de padres sem licenças canônicas e cujas absolvições eram, portanto, nulas, se não sacrílegas, o arcebispo ordenou aos párocos que exigissem dos moribundos que desejassem receber a Unção dos Enfermos um "bilhete de confissão", assinado por um presbítero aprovado pela diocese, sem o que seria recusada a inumação em campo santo. Essa providência administrativa atingia duramente os jansenistas, porque nenhum padre podia ter as devidas licenças sem declarar a sua submissão às decisões da *Unigenitus*.

Não tardou que rebentassem incidentes. Bouettin, pároco de Saint-Étienne-du-Mont, recusou os últimos sacramentos, primeiro ao antigo reitor da universidade, Coffin, e depois a um velho sacerdote, Lemaire, os quais se tinham recusado a mostrar o famoso "bilhete de confissão". Todo o clero quesneliano da França se levantou contra Beaumont. O Parlamento de Paris, ao qual as famílias levaram a questão, ordenou por três vezes a Bouettin que administrasse os sacramentos, ou seja, desobedecesse ao arcebispo. Como Bouettin se recusasse, foi-lhe retirada a côngrua. O rei cassou a sentença. O Parlamento ripostou por meio de um decreto fulminante (1752), em que proibia aos párocos que exigissem o "bilhete de confissão" e, subsidiariamente, atacassem o jansenismo do púlpito, sob pena de serem perseguidos como perturbadores da ordem pública! Alguns meses depois, indo mais longe ainda, os parlamentares qualificaram o arcebispo de "fautor de cisma"...

Desgostado com essas disputas, Luís XV interveio e, por cartas-patentes, proibiu que se perseguisse quem quer que fosse por recusar-se a administrar os sacramentos. Isso valeu-lhe receber do Parlamento "grandes representações", redigidas com tal insolência que o revide não se fez esperar: por cartas régias, levadas aos destinatários pelos mosqueteiros da coroa, os magistrados eram desterrados de Paris. Quando, passados meses, os julgou acalmados, o rei deixou-os voltar e publicou uma *Declaração* (1754) que impunha a ambos os campos a "lei do silêncio". Ao mesmo tempo, mandava aconselhar ao arcebispo de Paris que se mostrasse mais moderado[57]. Tudo em vão! Quando uma velha solteirona jansenista se recusou a apresentar o bilhete de confissão, Beaumont ordenou ao pároco que não cedesse. Novo processo, novo julgamento. Desta vez, quem recebeu ordem de desterro foi o prelado, por ter infringido a "lei do silêncio".

O conflito tornava-se cada vez mais violento. Encorajados por essa vitória, os parlamentares e todos os seus amigos inflamaram-se. Correu toda a França um epigrama de Voltaire sobre "esses bilhetes tão famosos que os mortos os levam com eles para os infernos". Em várias províncias — por exemplo, em Aniens e em Troyes —, foram proibidos e queimados pelos parlamentos alguns "mandamentos" episcopais; houve casos em que a Justiça cassou a côngrua de alguns bispos. Nem a corte nem o governo fizeram nada para arranjar as coisas. Um bispo dizia, não sem razão: "Estamos abandonados aos rigores dos parlamentos". Entretanto, constituíam-se no baixo clero verdadeiras equipes de padres insubmissos que, "como aves noturnas", voavam para levar os sacramentos aos moribundos que se sabia serem hostis aos "bilhetes".

A falar verdade, muitos bispos achavam que o arcebispo ia longe demais e que não era preciso ser mais papista que o papa: se a bula não falava de "bilhetes de Confissão", por que exigi-los? A Assembleia do Clero, embora se manifestasse com vigor unânime contra a intrusão dos leigos nesses problemas religiosos, apareceu dividida sobre a questão fundamental e pediu ao papa que resolvesse o debate. Bento XIV respondeu pelo breve *Ex omnibus*, que deu razão aos moderados. Não se devia recusar os sacramentos senão aos que fossem pública e notoriamente refratários e declarassem formalmente não aderir à *Unigenitus*. Nem sequer se falava dos "bilhetes de Confissão" (1756).

Assim terminou um incidente que só fez tanto barulho por ter posto em conflito os parlamentos e a Igreja, para gáudio da galeria. Ainda houve outros, menos tumultuosos, durante os quais, no entanto, o intratável Beaumont voltou a partir para o desterro nada menos que três vezes. Entrou em briga com os seus inimigos parlamentares a propósito de censuras que lançara contra uma comunidade de religiosas jansenizantes, e de um "mandamento" que editara omitindo a licença de impressão e o nome do impressor. Mais ridículo e também mais desagradável foi o incidente que se deu, ainda em 1765, quando o velho arcebispo propôs à Assembleia do Clero que se estendesse a toda a França a festa do Sagrado Coração, já praticada em diversas dioceses. Levantaram-se veementes protestos contra "as visões de Maria *à la coque*" (sic!) e contra os "cordícolas". Houve manifestações dignas do *Lutrim* por exemplo, no dia em que o arcebispo foi celebrar a nova festa na sua própria catedral, viu que todos os paramentos determinados pela liturgia tinham desaparecido! Com certeza algum sacristão jansenista os surripiara...

Na verdade, tudo isso interessava cada vez menos. Dizimado nos seus últimos chefes pelas *lettres de cachet*, o jansenismo perdia importância de dia para dia. Só subsistia em poucas dioceses, naquelas onde alguns "apelantes" beneficiavam de negligências mais ou menos cúmplices, e em Paris, onde viviam escondidos os militantes verdadeiramente ardorosos. A atmosfera da época era cada vez menos favorável aos grandes debates religiosos. A moral jansenista já nada tinha a ver com os costumes de um tempo de facilidades, em que o *laissez-faire* sexual e o gosto desenfreado pela especulação não se afaziam a preceitos tão austeros. Rousseau — a despeito do arcebispo Beaumont, que condenara o *Emile* — ensinava a bondade da natureza, da existência, da atividade humana, o que era exatamente o mesmo que assumir a antítese das teses jansenistas sobre a miséria do homem e a graça de Deus. Nesse clima de geral indiferença[58], o jansenismo era engolido pelas areias da história. Antes de desaparecer, teve a sua suprema vitória quando os seus amigos parlamentares interditaram a Companhia de Jesus, culpada de ter sido desde sempre adversária impávida da seita, e o papa Clemente XIV, em 1773, teve a fraqueza de ceder aos governos que lhe pediam que a dissolvesse[59].

No pior momento da questão dos "bilhetes de Confissão", Voltaire escrevia ao seu amigo D'Argental: "Jesuítas e jansenistas continuam a despedaçar-se às dentadas. Devemos disparar sobre eles enquanto se mordem". E, pouco depois, a Helvetius: "Não poderia levar as coisas à conciliação a honesta e modesta proposta de estrangular o ultimo jesuíta com as tripas do último jansenista?" Semelhantes flechadas espirituosas, certamente acompanhadas de um acesso de riso, traziam bem a lume a moral de toda essa história, e o mal que, no fim de contas, a demasiado longa querela jansenista tinha causado à própria causa de Cristo.

Balanço do jansenismo

Nas vésperas da Revolução Francesa, o jansenismo, como movimento espiritual e como partido, tinha acabado. O que dele ficaria após a crise havia de ser insignificante. Na Holanda, a pequena igreja cismática de Utrecht vai continuar até ao nosso tempo[60], cada vez mais reduzida, embora a sua veemente hostilidade à infalibilidade pontifícia a tenha levado, em 1872, a absorver elementos dentre os "velhos católicos", também eles hostis ao novo dogma; a sua tendência mais recente a admitir o casamento dos padres acabou por aproximá-la de um puro e simples protestantismo. Em outros países, não restaram mais que núcleos minúsculos, ligados uns aos outros clandestinamente e ocupados em alimentar uma caixa de socorros mútuos designada por "Caixa para Perrette" (sempre o gosto pelos pseudônimos crípticos[61]...), na qual os vivos recolhiam os legados dos mortos. Ainda nos nossos dias, perdida entre as inúmeras seitas e igrejinhas que proliferam em Paris, existe uma igreja "jansenista", canonicamente dependente do bispo de Utrecht e cujo centro fica perto de Saint-Jacques-du-Haut-Pas, outrora um dos bastiões do jansenismo parisiense.

Algumas ordens diretamente saídas de Port-Royal sobreviveram até ao nosso tempo: as Irmãs de Santa Marta, embora condenadas por mons. Affre, subsistiram muito modestamente; só em 1918 é que se deixaram de ver — na aldeia de Magny, junto a Chevreuse, onde mantinham um dispensário — as toucas brancas dessas santas mulheres, que, nesse meio tempo, tinham tido o bom senso de submeter-se ao bispo[62]. Quanto aos "Irmãos Tabourin", fundados em 1709 por Charles Tabourin para continuar a obra pedagógica de Port-Royal, depois de um período fulgurante, sobretudo no bairro de Saint-Antoine, as escolas que mantinham, mais ou menos rivais das fundadas por São João Batista de la Salle e seus filhos, afundaram-se em 1887, por dificuldades financeiras. Tudo isso é bem pouco.

O que não é pouco é o rasto que o jansenismo deixou na consciência cristã, a irradiação ou a curiosidade que continuam a rodear as suas altas figuras e os seus grandes debates. Acerca de Port-Royal proliferou uma literatura inteira, e nela continuam os eruditos a defrontar-se, à força de documentos, quase como nos dias do formulário ou da *Unigenitus*. Presta-se verdadeiro culto à ilustre memória das religiosas e dos Solitários, cuja chama é alimentada pelos "amigos de Port-Royal"[63]. O êxito ontem obtido pelos seis volumes de Sainte-Beuve, e hoje pelo drama de Montherlant, não é menos significativo desse estado de espírito, que continua a suscitar problemas. Gosto secreto dos franceses por aqueles que enfrentam as autoridades constituídas; ternura compassiva pelos perseguidos e vencidos; antipapismo inconfessado; admiração legítima por almas que foram realmente admiráveis, por figuras de grande caráter, por coragens dignas de melhor causa — há alguma coisa de tudo isso na veneração que até hoje continua a dedicar-se ao jansenismo, ou mais exatamente a Port-Royal, já que os herdeiros que teve no século XVIII são bem menos admirados e celebrados. Como se fosse possível louvar a nascente e desprezar o rio que dela brota...

O jansenismo trouxe indubitavelmente elementos novos à experiência cristã, incessantemente múltipla e diversa ao longo dos séculos. Trouxe sonoridades novas à eterna mensagem. A literatura e até a arte dão testemunho disso. Se não é exato que Pascal e Racine devam tudo a Port-Royal — como pretende demonstrá-lo certo materialismo histórico[64] que deles faz produtos da "célula" sócio-religiosa do Val de Chevreuse —, é certo que a genialidade desses homens não teria sido como nós a conhecemos se eles não tivessem sido formados pelos *Messieurs* e pelo pensamento de Saint-Cyran. E é indubitavelmente à dolorosa doutrina do *Augustinus* — mais ainda que à austera moral que, como jansenista, ele próprio praticava — que Philippe de Champaigne foi buscar essas sombras de angústia e essa luz de eternidade que pôs em tantos rostos inesquecíveis que se combatem em farpas patéticas.

Ninguém pode, sem grande injustiça, desconhecer o papel que o jansenismo desempenhou no ressurgimento do catolicismo, sobretudo do francês, mas também do italiano. Se o nível moral desse catolicismo foi maior que era dantes; se a fé do século XVII revestiu o caráter grave, austero, marcado pela ascese, que lhe conhecemos, foi, em certa medida, sob a influência daqueles e daquelas que, à volta de Port-Royal, propuseram exemplos tão nobres. Até certo ponto: porque dificilmente se poderia separá-los de todos aqueles que, no "grande século das almas", reergueram a consciência cristã, fossem eles do Oratório, de São Lázaro ou de São Sulpício; de todos aqueles que, com instrumentos diversos, visaram o mesmo fim, mas que não caíram na rebelião.

O que podemos dizer com toda a justiça é que o jansenismo, pela sua própria extensão, pelos seus livros e pelas suas escolas, contribuiu para fazer penetrar nas massas uma certa gravidade de atitude, um respeito pelas coisas santas, que permaneceram visíveis até aos nossos dias no catolicismo dos tempos modernos. O costume de ouvir de pé a leitura do Evangelho, já existente na Idade Média, mas nem sempre praticado, foi sistematizado pelas paróquias jansenistas do século XVII, que além disso lhe acrescentaram o de estar de pé também durante a recitação do *Credo*. Certo esforço feito pelos jansenistas para levar os fiéis a participarem mais diretamente das orações litúrgicas deixou também vestígios, o mais manifesto dos quais é a leitura do Evangelho em francês[65].

Tais contribuições positivas[66], que são consideráveis, terão compensado porventura as perdas e as feridas que o jansenismo infligiu ao catolicismo, à Igreja? Num plano estritamente religioso, a sua responsabilidade parece esmagadora. É fora de dúvida que a obra dos santos — de São João Batista de la Salle, de São Luís Maria Grignion de Montfort, por exemplo — foi muitas vezes contrariada pelos sectários que não concebiam a santidade senão segundo as suas normas e dentro das suas fileiras. Mais grave ainda: foram os jansenistas — Nicole em primeiro plano — e todos os jansenizantes que abriram e conduziram, com tremendo zelo, esse "processo dos místicos" que não podemos limitar aos incidentes da questão do quietismo e que veio a paralisar o imenso impulso que, no início do século XVII, lançara tantas almas no caminho de Deus. Até a sólida doutrina de Santa Teresa e de São João de Cruz não deixou de sofrer as marcas dos seus ataques. Demasiados católicos ficaram com a ideia de que a via de união mística era um estado tão raro como inacessível, e que não oferecia nem uma perfeição mais alta nem mais mérito. Uma religião de mandamentos e de preceitos, ameaçada de formalismo, eis o que se continha em potência no anti-misticismo de Nicole e dos seus amigos.

Orientação tanto mais inquietante quanto, simultaneamente, o jansenismo induzia a diminuir a prática religiosa, ou seja, levava a privar as almas dos apoios sacramentais. Em virtude dos escrúpulos que já comentamos, numa concepção inteiramente falsa do que são verdadeiramente os sacramentos, os diretores espirituais no estilo de Saint-Cyran afastaram os fiéis da Eucaristia e da Penitência. São inúmeros os documentos que testemunham esse estado de espírito e os seus resultados. No início do século XVIII, na diocese de Auxerre, um padre gloriava-se de fazer alguns fiéis esperarem dez anos até serem absolvidos e poderem comungar! No Delfinado, um pároco dizia, todo ufano, ao seu bispo: "Na minha paróquia, tenho a certeza de que, no ano passado, não houve nenhuma Comunhão sacrílega, porque ninguém comungou!" Só nos finais do século XVIII é que, sob a influência de Santo Afonso Maria de Ligório, foi claramente traçada outra via, tão distante do laxismo como do rigorismo: essa pela qual São Pio X fará enveredar plenamente a Igreja, em 1905. Nesse meio tempo, porém, quantas almas não terão perdido o caminho do confessionário e da mesa da Comunhão!

Igualmente grave nas suas consequências foi a atitude tomada pelos jansenistas no plano da disciplina. A recusa de se submeterem francamente à autoridade, as suas argúcias, as suas discussões — numa palavra, a sua rebelião — trouxeram à Igreja, sem sombra de dúvida, males muito graves. Se ainda é admissível discutir se as ideias jansenistas constituíram verdadeiramente uma heresia acerca da graça, o que é impossível negar é que o comportamento da seita levou a uma verdadeira heresia acerca da Igreja, ao pôr em causa a própria autoridade e mesmo a legitimidade do soberano pontífice.

Subsidiariamente, o "presbiterianismo" que o jansenismo encorajou no século XVIII minava a autoridade dos bispos e a própria ordem da sociedade religiosa. Estava em jogo a "subordinação dos eclesiásticos da segunda ordem" — como escrevia acertadamente o príncipe-regente em 1717 — e, com ela, todo o edifício da Igreja. A *Constituição civil do clero* mostrará aonde conduziria essa democratização. E nem será preciso acrescentar que os furiosos ataques lançados — desde Pascal! — contra a Companhia de Jesus por todas as penas afiadas do jansenismo levaram a desacreditar, temporariamente, uma instituição que, se tinha os seus defeitos, não deixava de constituir uma das forças mais sólidas da Igreja. Eles deitaram por terra uma das colunas do Templo.

E não apenas isso. Foi de várias outras maneiras que a crise jansenista prejudicou gravemente a causa cristã. Conforme nos recordamos, o movimento port-royalista surgira no começo apenas como uma vanguarda das santas milícias postas em marcha pelo Concílio de Trento; muitos excelentes católicos não tinham feito nenhuma diferença entre São Francisco de Sales, Bérulle, Condren e Saint-Cyran, todos eles igualmente animados do espírito de reforma. Quando o jansenismo se tornou desvio doutrinal e depois rebelião contra a Igreja, quando a Igreja teve de condená-lo, um equívoco passou a envolver a reforma tridentina e tudo aquilo que dela procedia. Só ao fim de uma longa espera, só no nosso tempo é que os católicos virão a ter uma noção exata da obra do concílio e deixarão de confundir mensagens de santidade com contrafações.

Por outro lado, é óbvio que essas querelas incessantemente reabertas, em que os católicos se defrontaram sem quartel, não puderam deixar de ferir o seu prestígio comum. Da mesma forma, na questão quietista, os contemporâneos deram-se perfeitamente conta do que ela tinha de degradante e perigoso. "Os libertinos — escrevia Bossuet — acham aí o seu triunfo e aproveitam a ocasião para transformar a piedade em hipocrisia e os assuntos da Igreja em derrisão". Quanto às "convulsões" e aos espetáculos de que foi palco o cemitério de Saint-Médard, nem valerá a pena dizer quanto pareceram escandalosos às almas de boa vontade, que perguntavam se era isso o cristianismo.

O jansenismo terá sido também precursor da incredulidade? A expressão pode parecer por demais severa. Em larga medida, porém, é verdadeira. Se a Igreja, no século XVIII, se achou "tão impotente e desarmada, e, antes de mais, crivada das flechas pérsicas de Montesquieu", como diz Sainte-Beuve, não foi, decerto, só por culpa de Port-Royal e seus herdeiros; mas a responsabilidade que lhes cabe é grande. E não só pelas suas críticas e rebelião. O excesso de rigor que queriam impor afastou do cristianismo gente comum, cristãos correntes, que não se sentiam à vontade num sistema em que — na expressão do padre Bonal — "nada há de virtuoso se não for heroico, nada de cristão se não for milagroso, nada de tolerável se não for inimitável". E foi o mais ilustre dos port-royalistas que nos ensinou que quem quiser "*fazer de anjo arrisca-se a fazer de animal*".

À força de repetir ao homem que, no horrível estado de pecado em que se encontra, é apenas movido pelas suas paixões, corremos afinal o risco de levá-lo a concluir que, nesse caso, é bem mais simples para ele entregar-se ao instinto do prazer... À força de "retirar da Escola e da Igreja as matérias teológicas e propor à razão laica a decisão acerca de um dogma", o que se faz é servir a causa do racionalismo... À força de exaltar a transcendência de Deus, de o tornar cada vez mais inacessível, abre-se a porta para que o homem desespere de o alcançar... Ou, como notou um escritor de tendência marxista[67], para que o homem substitua (não é o que sucede no nosso tempo?) a transcendência de um Deus sobre-humano pela da comunidade humana, "ambos ao mesmo tempo exteriores e interiores ao indivíduo".

Se é verdade que os inimigos de Port-Royal, atribuindo à natureza e à razão a parte mais nobre, também trabalharam a favor dos filósofos racionalistas e de Rousseau, é indubitável que o jansenismo contribuiu poderosamente para a crise dos espíritos e das consciências que se desenrolou simultaneamente com os ruidosos episódios da demasiado longa querela. "Pela brecha aberta, exatamente por essa brecha — diz ainda Sainte-Beuve —, entraram Saint-Evremond, La Fontaine, Bayle" e muitos outros. "Pascal abriu caminho a Voltaire", escreve Lanson, e a fórmula não é tão paradoxal como parece. Certamente, não foi isso o que quiseram os profundos crentes de Port-Royal e Pascal, o herói da "noite de fogo".

Notas

[1] Cf. neste volume o cap. III, par. *A caminho da Europa dos absolutismos.*

[2] Jesuíta espanhol (falecido em 1600), que não deve ser confundido com o padre Miguel de Molinos, igualmente espanhol, cujas teses estarão na origem da crise quietista. A doutrina do primeiro é o *molinismo;* a do segundo, o *molinosismo.*

[3] Despadrou-se, fez-se pastor protestante e, anos depois, regressou ao seio da Igreja.

[4] Ou Le Maître. As duas ortografias se encontram nos textos da época.

[5] Cf. vol. II, cap. I, par. *O combatente da verdade.*

[6] Quanto as posições de Lutero e de Calvino, cf. vol. V, caps. V e VI.

[7] Cf. neste volume o cap. II, par. *A massa que leveda: o ensino.*

[8] Sobre este problema, é impossível formar uma opinião sem ler o memorável artigo de Maurice Blondel: *Le Jansénisme et l'antijansénisme de Pascal,* na *Revue de Metaphysique et de Morale* (abril-junho de 1923).

[9] Expressão exatamente oposta à quinta proposição condenada.

[10] No admirável capítulo que, no seu tomo IV, dedica à *Religião de Pascal* Cf. também *En prière avec Pascal* (Paris, 1923).

[11] De que era inquilino havia dezoito meses. Ainda hoje se vê a casa, no n. 54 da rua Monsieur-le-Prince. Cf. J. Mesnard, *Les Demeures de Pascal à Paris*, em *Mémoires des serv. hist. de Paris*, t. IV.

[12] O padre Antonio Escobar y Mendoza (1589-1669), santo religioso, publicara em 1630 um manual para a prática da Confissão sacramental, considerado tão severo que até o haviam denunciado à Inquisição! Ninguém se surpreendeu tanto como ele ao saber que um francês o acusava de laxismo...

[13] Blondel julgou severamente esse jogo. "Pascal atira a teologia em pasto à chacota das mulherzinhas. Expõe os pudores sagrados da alma religiosa à troça de um mundo de tontice e de corrupção". Bremond formula um juízo lapidar: "Louis de Montalte é culpado. Pascal é inocente".

[14] É uma atitude que torna verossímeis as asserções daqueles que admitem ter havido em Pascal uma "terceira conversão", do jansenismo ao catolicismo integral. Em apoio dessa tese, têm-se citado fatos e documentos: o depoimento do pároco de Saint-Etienne-du-Mont, padre Beurrier, que confessou Pascal em 1661, seis semanas antes da morte; as *Memórias* desse mesmo padre; de modo mais genérico, a mudança de vida de Pascal nos últimos anos, inteiramente consagrados à caridade ativa, ao serviço dos pobres, e já não à polêmica. Por outro lado, contudo, Pascal nunca assinou oficialmente o "formulário" do episcopado contra o jansenismo, limitando-se a declarar-se católico inteiramente submisso à Igreja; a sua família não parece ter pensado que ele se houvesse retratado. Sobre este ponto, a polêmica parece estar condenada a eternizar-se. Historiadores como A. Gazier, Petitot, Faguet e Hallays são *contra* uma "terceira conversão"; outros são *a favor*, tais como E. Jovy, Henri Bremond, Yves de la Brière, T. de Wyzewa.

[15] Sessão do Parlamento na presença do rei (N. do T.).

[16] Pouco firme nas suas convicções, oferecia-se, ao mesmo tempo, à rainha, "para exterminar os jansenistas, se ela quisesse atuar de combinação com ele", ou seja, se lhe quisesse dar o lugar de Mazarino.

[17] Carta emitida pelo rei, a pedido de uma instituição ou de um particular, contendo uma ordem de prisão ou desterro (N. do T.).

[18] A peça de Henri de Montherlant *Port-Royal* tem por tema a resistência do mosteiro.

[19] O padre Montcheuil, capelão do *maquis* [dos guerrilheiros da resistência contra a ocupação nazista] de Vercors em 1944, fuzilado em Grenoble a 8 de agosto.

[20] "Já que as meninas tiveram uma coragem de bispos — dissera Jacqueline Pascal — é preciso que os bispos tenham uma coragem de meninas".

[21] *Main de Justice:* assim se denominava o símbolo de justiça régio na França, constituído por uma mão de marfim (N. do T.).

[22] Que, aliás, não eram de origem jansenista. O Museu de Cluny tem um do século XVI. A forma do osso em que era esculpido o Crucificado teve muito que ver com a escolha dessa posição dos braços. Mas esse tipo de crucifixo teve grandes preferências nos meios jansenistas. Também o Cristo de Pascal que aparece na grande edição Lafuma e no opúsculo de Albert Béguin *Pascal, par lui-même,* p. 147, é, de fato, um "Cristo de braços estreitos".

[23] Cf. o cap. XXXIX do livro III.

[24] Cf. vol. III, cap. XIII, par. *As pequenas seitas.*

[25] Cf. vol. III, cap. XIV, par. *Uma intensa e dolorosa fermentação*, nota 3.

[26] Cf. neste volume o cap. II, par. *Essa alta fonte espiritual.*

[27] Que, como já vimos, não se deve confundir com o jesuíta *Luís Molina*, cuja casuística também chegou a ser muito discutida (cf. vol. V, cap. V, par. *A defesa da fé: o esforço positivo dos teólogos*, e neste capítulo a nota 2).

[28] Henri Bremond é taxativo: "Não há dúvida de que nunca Mme. Guyon admitiu sequer a sombra de uma falta com o padre Lacombe ou com qualquer outra pessoa".

[29] "Comme au maillot, je suis en grâce... à peine je bégaie, je ne sais pas mon nom..."

[30] Jean Lacroix, em *Le Monde* de 23 de fevereiro de 1957, a propósito do livro de J.M. Goré, *La notion d'indifférence chez Fénelon et ses sources.*

[31] Acerca desta carta, cf. neste volume o cap. IV, par. *No segredo do coração*, nota 4.

[32] E, em certa medida, também políticos, conforme o demonstrou R. Schmittlein no seu livro *L'aspect politique du différend Bossuet-Fénelon* (Baden-Baden, 1954). O culto pelo rei, do primeiro, e a atitude mais que reservada para com o absolutismo, do segundo, terçaram armas no campo do quietismo...

[33] Bremond notou, sutilmente, mas não sem certa ironia, que as melhores páginas de Bossuet talvez sejam precisamente aquelas em que, sem o saber, defende teses do "puro amor".

[34] Encontramos ecos dessa campanha até nos *Diálogos* de la Bruyère, por exemplo no sétimo, na exposição acerca das *Bodas espirituais.* A jovem penitente exclama, escandalizada: "Ah!, meu padre, que discurso diante de uma mulher da minha idade!" Por sua vez, Fléchier refutou o quietismo em verso.

[35] Cf. o verbete *Fénelon* do *Dictionnaire des Lettres, XVIIe siècle.*

[36] É este um dos pontos em que se percebe que a política não andava ausente desses debates.

[37] "Dans ces combates où deux prélats de France / Semblent chercher la vérité, / L'un dit qu'on détruit l'espérance, / L'autre soutient que c'est la charité: / C'est la foi qu'on détruit et personne n'y pense".

[38] Cf. neste volume o cap. IV, par. O *rei cristianíssimo contra Roma.*

[39] O probabilismo ia muito longe na via de uma moral fácil. Dizia, por exemplo: "Quando, num processo, as partes contrárias têm a seu favor opiniões igualmente prováveis, o juiz pode perfeitamente aceitar dinheiro para pronunciar a sentença a favor de uma de preferência a outra".

[40] Que só veio a lume em 1710, seis anos após a sua morte, como prefácio de uma reedição ainda mais jansenista das *Reflexões morais*, o que fez com que se acusasse Quesnel de novo abuso de confiança...

[41] O ódio que tinha pela seita atingia as raias do absurdo. Quando um general de exército, a quem censurava por ter aceitado no Estado-Maior um jansenista notório, lhe respondeu que o oficial em questão era inteiramente ateu, o rei saiu-se com esta: "Será possível? Com toda a certeza? Se é assim, não há mal nenhum; podeis nomeá-lo". Ao contar esse episódio a Saint-Simon, o duque de Orléans morria de riso.

[42] Port-Royal de Paris já não passava de uma abadia "mundana".

[43] Cf. neste volume o cap. IV, par. *O rei cristianíssimo contra Roma.*

[44] Cf. vol. VII, cap. II.

[45] "Et Noailles jusqu'au bout / Sera semblable au pendule / Qui vient, revient et recule..."

[46] "Le temps de l'aimable Régence / Où la folie, agitant ses grelots, / D'un pied léger courut toute la France, / Où l'on fit tout, excepté pénitence".

[47] O célebre colégio pré-universitário, dos jesuítas, que, entre muitos grandes espíritos, formou Descartes (N. do T.).

[48] Dá-nos uma ideia da violência das paixões a cena pitoresca que ocorreu em Saint-Léger de Soissons quando o vigário-geral lá foi ler o "mandamento" em que o bispo Languet de Gergy condenava os "apelantes". O pároco, que era jansenista, ordenou à multidão que saísse da igreja, aos chantres que cobrissem a voz do vigário-geral com cânticos tonitruantes, e aos sineiros que tocassem os sinos...

[49] Cf. a tese de Carreyre: *Le Jansénisme durant la Régence* (Lovaina, 1932), em que os incidentes são narrados em pormenor. O papel do bispo Languet de Gergy é bem analisado.

[50] "Ci-gît Louis Cahin-Caha / Qui dévotement "appela" / De *oui*, de *non* s'entortilla / Perdit la tête et s'en alla".

[51] As *Nouvelles ecclésiastiques* foram impressas na França até 1794 (durante muito tempo na abadia de Hautefontaine, junto de Vitry-le-François) e até 1803 na Holanda.

[52] "De par le Roi, défense à Dieu / de faire miracle en ce lieu".

[53] Cf. neste volume o cap. III, par. *A contraofensiva católica detém-se.*

[54] Cf. vol. VII, cap. IV, par. *Ataques a Roma.*

[55] A política religiosa e pedagógica do marquês de Pombal, radicalmente contrária à Companhia de Jesus, buscou apoio no Oratório e nos franciscanos. Foi, porém, mais longe: "impôs que o ensino religioso, quer no nível universitário, quer ao povo simples, fosse harmônico com o regalismo e jansenismo da sua prepotente cabeça" (Raul de Almeida Rolo, O.P., Introdução ao *Catecismo* de D. Fr. Bartolomeu dos Mártires, ed. de 1962). Os arcebispos de Évora (1765) e de Braga (1770) introduziram em Portugal, para fazerem a vontade ao marquês, o *Catecismo* de Montpellier, condenado pela Santa Sé em 1712, e que durante alguns anos substituiu o de Bartolomeu dos Mártires (N. do T.).

[56] La Chalotais, parlamentar de Rennes, entrou em conflito com o duque d'Aguillon — "comandante" da Bretanha como lugar-tenente do governador — a propósito dos novos impostos que o governo queria lançar. Esse incidente foi o ponto de partida para a tentativa,

infelizmente inútil, do chanceler Maupeou de reformar a justiça e pôr termo à venalidade dos ofícios.

[57] É curioso ler, numa carta de Mme. de Pompadour ao bispo Christophe de Beaumont, estas linhas não desprovidas de sabedoria e até de espírito cristão: "Eu desejaria que certos prelados, em vez de se olharem como reis da Igreja e de lançarem 'mandamentos' que o Parlamento queima e a nação despreza, quisessem, ao invés, dar-nos exemplo de moderação e de amor pela paz. Quero dizer com isto que os vossos 'bilhetes de Confissão' são coisa excelente, mas que a caridade vale muito mais".

[58] Devemos ainda notar que, nos meios que permaneciam cristãos, o jansenismo era agora combatido por correntes espirituais extremamente vigorosas, radicalmente opostas às tendências da seita, nomeadamente pela corrente que procedia de Santo Afonso de Ligório (Cf. vol. VII, cap. III).

[59] Cf. vol. VII, cap. IV, par. *Um erro capital: a supressão da Companhia de Jesus.*

[60] Cf. a reportagem de Erich Kunhelt Leddin, *Les foyers jansénistes contemporains en Hollande,* em *La Table Ronde,* dezembro de 1954.

[61] Perrette era a criada de Nicole.

[62] Após a condenação, por volta de 1840, surgiu delas uma outra formação, as *Irmãs de Santa Maria,* perfeitamente ortodoxas e submissas, que se dedicam aos hospitais e às escolas e que ainda hoje têm uma grande vitalidade e se estenderam para fora da França até ao México. Cf. sobre estas ordens saídas do jansenismo: Th. Le Moingn-Klippfel, *Les derniers jansénistes,* em *Ecclesia,* setembro de 1955; o livro de S.M. d'Erceville, *De Port-Royal à Rome* (Paris, 1956); e, como é óbvio, a *Histoire genérale du mouvement janséniste,* de Gazier, cit. na bibliografia.

[63] Foram, durante muito tempo, presididos por um conselheiro do Tribunal de Cassação (Supremo Tribunal), Henry Jaudon.

[64] Cf. Lucien Goldmann, *Le Dieu caché* (Paris, 1955). — Sobre esta obra, cf. o artigo de A. Blanchet: *Pascal est-il le précurseur de Marxi* (em *Études*, de março de 1957).

[65] "Durante a segunda metade do século XVII, e sob a influência de Port-Royal, não cessou de progredir uma nova corrente: os fiéis passaram a ser convidados a não se limitar a extratos ou parágrafos da Escritura, mas a tomar contato com o próprio texto sagrado" (art. *Écriture*, do pe. Du Chesnay, no *Dictionnaire de spiritualité*).

[66] A elas devemos acrescentar as que prestaram à erudição cristã e mesmo à erudição em geral. Le Nain de Tillemont foi um mestre nessa matéria, e a crítica histórica deve muito ao jansenista Launoy.

[67] Goldmann, *loc. cit.* Conforme observa o padre Blanchet, nos *Études* de abril de 1958, ao dar notícia do erudito livro de Geneviève Delassault sobre *Le Maistre de Sacy et son temps*, hoje em dia, muita gente que nada tem de cristã arvora-se em campeã de um jansenismo intransigente.

Quadro cronológico

Datas	História da Igreja	Acontecimentos Políticos e Sociais	Artes, Letras e Ciências
1600	Jacqueline Arnauld torna-se abadessa de Port-Royal, 1602 Leão XI, papa, abril de 1605 Paulo V, papa, 1605-1621 Nascimento de Antônio Vieira, 1608 *Journée du Guichet*, o "dia do postigo" em Port-Royal, 1609	A França renova as "capitulações" com os turcos, 1604	Nasce Calderón de la Barca, 1600 Fundação da *Academia dei Lincei,* em Roma, 1603 Nasce Corneille, 1606 Nascem o matemático italiano Torricelli e o poeta inglês John Milton, 1608 *Introdução à vida devota,* de São Francisco de Sales, 1608 Morre Aníbal Carracci, 1609

1610	Fundação da *Ordem da Visitação* por São Francisco de Sales, 1610 Fundação do *Oratório* da França por Bérulle, 1611 Começa a perseguição religiosa no Japão, 1614	Assassinato de Henrique IV. Luís XIII, rei da França, 1610-1643 Morte de Rodolfo II, 1612. Mathias, imperador da Alemanha (1612-1619) Miguel Romanof, czar da Rússia, 1613	*Tratado do Amor de Deus,* de São Francisco de Sales, 1610 *Tragédias* de Aubigné, 1613 Morre *El Greco,* 1614
1615	Decreto de Luís XIII contra a irreligião, 1617	Luís XIII e Ana da Áustria casam-se Defenestração de Praga e início da *Guerra dos Trinta Anos,* 1618 Ferdinando II, imperador (1619-1637) O *Mayflower* aporta na Pensilvânia	Morrem Cervantes e Shakespeare, 1616 Primeira condenação das teses de Galileu, 1616 Neper inventa os logaritmos, 1617 Kepler formula as suas leis, 1618 Nasce Cyrano de Bergerac, 1619
1620	Gregório XV, papa, 1621-1623 Beneditinos de São Mauro, 1621 Jansênio e Saint-Cyran elaboram o seu projeto, 1621 *Morre São Francisco de Sales,* 1622 Criação da Congregação *de Propaganda Fide,* 1622 Mártires de Nagasaki, 1622. O pe. Nobili na Índia Urbano VIII, papa, 1623-1644 Nasce George Fox, 1624	Batalha da Montanha Branca, 1620 Guerra da Holanda contra a Espanha, 1621 Morte de Filipe III da Espanha. Filipe IV, rei da Espanha, 1621-1665 Formação da Companhia das Índias Ocidentais pelos holandeses, 1621 *Richelieu, primeiro-ministro,* 1624-1642	Francis Bacon publica o *Novum Organon,* 1620 Diego Velázquez é nomeado pintor da corte, 1623

1625	*Fundação dos Padres da Missão (lazaristas),* por São Vicente de Paulo, 1625 Père Joseph, a *Eminência parda, é* nomeado prefeito das missões do Levante, 1625 Fundação do Colégio Urbaniano, em Roma, 1627 O pe. Pacífico de Provins na Pérsia Fundação das Irmãs da Caridade, 1629	Henriqueta de França casa-se com Carlos I da Inglaterra, 1625. Morre Jaime I. Carlos I, rei da Inglaterra, 1625-1649 Morre Maurício de Nassau, príncipe de O range, 1625 O "caso Santarelli", 1626 Morre o Xá Abas I da Pérsia, 1628 Edito de Restituição na Alemanha. Na França, o *perdão de Alais,* 1629 Quebec é saqueada por corsários ingleses, 1629	Morre Callot, gravurista, 1592--1625 Morre *Pieter Breughel* o Jovem, 1625 Morre Francis Bacon, 1626 Morre Malherbe, 1628 William Harvey, médico particular de Carlos I, descobre a circulação do sangue, 1628 Galileu publica o *Diálogo*
1630	Fundação da *Companhia do Santíssimo Sacramento,* 1630 Adrien Bourdoise funda Saint-Nicolas du Chardonnet, 1631	Fundação de Massachussets (Nova Inglaterra), 1630 Os suecos vencem a batalha de Lützen, mas Gustavo Adolfo morre, 1632 Fundação de Maryland, 1634	Trabalho de Gassendi sobre os planetas, 1631 Roberval inventa a cinemática, 1632 Rembrandt pinta a *Lição de Anatomia,* 1632 Segunda condenação de Galileu, 1633
1635	Saint-Cyran, diretor espiritual de Port-Royal, 1635 Missões de Le Nobletz e Maunoir na Bretanha, 1636 Holzhauser funda os bartolomitas, 1637 Saint-Cyran é preso, 1638	Maurício de Nassau é nomeado, pela Companhia das Índias Ocidentais, governador do Brasil holandês, 1636-1644 Ferdinando II, imperador, 1637--1657	Richelieu funda a Academia Francesa, 1635 Corneille publica o *Cid,* 1636 Morre *Tomás de Campanella,* 1639

1640	Morrem *São Pedro Fourier* e *São Francisco Régis*, 1640 Expulsão dos jesuítas de São Paulo, 1640 Morre *Santa Joana de Chantal*, 1641 São Vicente de Paulo funda o seminário de São Lázaro, 1642 *Jean-Jacques Olier funda São Sulpício*, 1642 São João Eudes funda os eudistas, 1643 Inocêncio X, papa, 1644-1655	Portugal separa-se de Castela. João IV de Bragança, rei, 1640--1656 Frederico Guilherme da Prússia, Grande Eleitor, 1640-1688 Revolta anti-inglesa na Irlanda, 1641 *Morre Richelieu*, 1642 *Mazarino*, primeiro--ministro da França, 1643-1661	*Augustinus*, de Jansênio, 1640 Descartes publica o *Discurso do método*, 1641 Morre *Van Dyck*, 1599-1641 Morre *Galileu*, 1642 *A Comunhão frequente*, Antoine Arnauld, 1643 Nasce *Isaac Newton*, 1643-1727
1645	Querela dos "ritos chineses", 1645 George Fox e os *Quäkers*, 1646 François Picquet na Síria, 1648 As "cinco proposições" jansenistas, 1649 Auge das reduções jesuíticas no Paraguai, 1610-1773	*Tratados da Westfália:* fim da Guerra dos Trinta Anos, 1648 A *Fronda*, 1648-1653 Execução de Carlos I da Inglaterra. Oliver Cromwell, lorde--protetor, 1649-1658. Terrível repressão inglesa na Irlanda, 1649	Morre *Hugo Grócio*, 1645 Morre *Torricelli*, 1647
1650	Supressão do vicariato apostólico nos Países Baixos, 1651 Nikonos, patriarca da Rússia, 1652 Condenação das "cinco proposições" jansenistas, 1653 Os jesuítas são readmitidos em São Paulo, 1653	Cristina da Suécia converte-se ao catolicismo e abdica, 1652 Fim da Fronda, 1653 Rendição final dos holandeses no Brasil, 1654	Morre *Descartes*, 1650 *O Leviatã*, Thomas Hobbes, 1654

1655	Alexandre VII, papa, 1655-1667 Massacre dos valdenses nos Alpes, 1655 Decreto sobre os "ritos chineses", 1656 Morte de *Olier,* 1657 Nomeação de vigários apostólicos para o Extremo Oriente, 1658 Fundação da *Sociedade das Missões estrangeiras de Paris,* 1659 As *Instruções* da *Propaganda,* 1659	Invasão da Polônia, 1655 Köprülü, grão-vizir do império turco, 1656 Morre João IV. Afonso VI, rei de Portugal, 1656-1668 Leopoldo I, imperador, 1657--1705 A Paz dos Pireneus, 1657 Morre *Oliver Cromwell,* 1658 Tratado dos Pirineus, 1659	Morre Eustache Le Sueur, 1617--1655 Início da "querela dos antigos e dos modernos", 1656 *Lemaistre de Sacy* publica a sua tradução da *Bíblia,* 1657 As *Provinciais,* 1657 Nasce Hyacinthe Rigaud, pintor, 1659
1660	*Morrem São Vicente de Paulo e Santa Luísa de Marillac,* 1660 Dissolução da *Companhia do Santíssimo Sacramento,* 1660 Os jesuítas são expulsos do Maranhão, 1661 *Bill of Uniformity* na Inglaterra, 1662 Reforma da *Trapa* por Rancé, 1664 Os pietistas alemães (Spener)	Carlos II, rei da Inglaterra, 1660-1685 Luís XIV casa-se com Maria Teresa, filha de Filipe IV da Espanha, 1660 Morre Mazarino, 1661. Início do reinado de Luís XIV, 1661 Colbert, ministro, 1661-1683 Kang Hi, imperador da China, 1664-1722	Morre *Blaise Pascal,* 1662 Fundação da *Royal Society* em Londres, 1662 O *Discurso do método* é posto no *Index,* 1663 Início da ampliação de Versalhes, 1664

1665	Charles Démia funda os *Padres de São Carlos,* 1666 Clemente IX, papa, 1667-1669 Vieira é condenado pela Inquisição portuguesa, 1667. Vai a Roma para defender-se, 1669 Paz Clementina: fim provisório à querela jansenista, 1669	O grande incêndio em Londres, 1666 Guerra da "Devolução", 1667--1668 Pedro II assume o governo em Portugal, 1668	Morre Nicolas Poussin (1594-1665) Morre *Velázquez,* 1599-1666 Morre *Frans Hals,* 1666 As *Fábulas* de La Fontaine, 1668 *Oração fúnebre de Henriqueta da Inglaterra,* Bossuet, 1669
1670	Clemente X, papa, 1670-1676 A querela da *régale,* 1673 Visões de Margarida Maria Alacoque, 1673	Guerra da Holanda, 1672-1678	O *Sermão do Mandato* de Vieira, 1670 Os *Pensamentos* de Pascal, 1670 *A cidade mística de Deus,* de Maria d'Agreda, 1670 *Tratactus theologico-politicus,* de Spinoza, 1670
1675	Inocêncio XI, papa, bem-aventurado, 1676--1689 São João Batista de la Salle abre sua primeira escola, 1679		*Guia espiritual,* Molinos, 1675 Roemer calcula a velocidade da luz e Mariotte formula a lei sobre os gases, 1676 Morre *Spinoza,* 1677

1680	Bossuet, bispo de Meaux, 1681 Declaração galicana do episcopado francês, 1682	Pedro o Grande, imperador da Rússia, 1682-1725 Derrota dos turcos diante de Viena, 1683 Carlos XII, rei da Suécia, 1684-1718	Morre *Bernini*, 1598-1680 *Discurso sobre a história universal*, Bossuet, 1681 Morre *Bartolomé Murillo*, 1617--1682 Newton descobre a gravitação universal, 1682 Morre Claude Gelée, dito Le Lorrain, 1600--1682 *Meditações sobre o conhecimento*, Leibniz, 1684
1685	Revogação do Edito de Nantes, 1685 Prisão de Molinos em Roma, 1685, e sua condenação, 1688 *Revolta dos camisards*, 1688 Alexandre VIII, papa, 1689-1691	Jaime II da Inglaterra, 1685-1688 Revolução Gloriosa: Guilherme III de Orange, rei da Inglaterra, 1688-1702 Frederico I, primeiro rei da Prússia, 1688 Guerra da Liga de Augsburgo, 1688--1697	Nascem *Johann Sebastian Bach*, 1685-1750, e *Gregor Friedrich Haendel*, 1685--1759 *Tratado sobre a existência de Deus*, Fénelon, 1687 Morre *G.B. Lulli*, 1633-1687 *História das variações*, Bossuet, 1688 Nasce Swedenborg, 1688-1772

1690	Inocêncio XII, papa, 1691-1700 Tentativa de união entre Bossuet e Leibniz, 1691-1702 Bula *Romanum decet* contra o nepotismo, 1692 Fim da querela galicana, 1693	Tratado de Limerick na Irlanda, 1690	A máquina a vapor de Denis Papin, 1690 Morre *Charles Le Brun,* 1690 Morre *Antoine Arnauld,* 1694 Nasce *Voltaire,* 1694 O *Novo Sistema,* de Leibniz, 1694
1695	Fénelon, arcebispo de Cambrai, 1695 Querela entre Bossuet e Fénelon a respeito do quietismo, 1697 Morre *Antônio Vieira,* 1697	A Hungria é reconquistada dos turcos, 1699 Nasce o futuro *Marquês de Pombal,* 1699	Morre Pierre de Mignard, 1610-1695 O *Cristianismo razoável,* John Locke, 1695 O *Cristo sem mistério,* de John Toland, 1696 Morre *Racine,* 1699
1700	Clemente XI, papa, 1700-1721 Pedro o Grande suprime o patriarcado na Rússia, 1700 Revolta dos *camisards,* 1702 Cisma jansenista de Utrecht, 1702 Fundação do seminário do Espírito Santo, 1702 Condenação dos "ritos malabares", 1704	Guerra de sucessão na Espanha, 1701-1714 Ana, rainha da Inglaterra, 1702-1714	Morre G. Lenôtre, 1613-1700 Morre Claude Perrault, arquiteto, 1628-1703 Morrem *Bossuet* e *Bourdaloue,* 1704 A *Ótica* de Newton, 1705 Nasce *Quentin de la Tour,* 1704-1788

1705	Bula *Vineam Domini* contra os jansenistas, 1705. Condenação de Quesnel, 1708. Dispersão de Port--Royal, 1709	José I, imperador, 1705-1711 Morre D. Pedro II. D. João V, rei de Portugal, 1706-1750 Vitória de Pedro o Grande sobre a Suécia, 1709	Morre Jules Hardouin--Mansart, 1708 Nasce Soufflot, arquiteto, 1709
1710	Destruição de Port--Royal, 1710 Bula *Unigenitus*, 1713	Carlos VI da Áustria, 1711-1740 Na Prússia, o "rei sargento", 1713-1740 George I de Hannover, rei da Inglaterra, 1714-1727	Nasce *J. J. Rousseau,* 1712 *Discursos sobre o livre pensamento,* de Collins, 1713
1715	Bula *Ex illa die*, condenando os "ritos chineses", 1715 Edito de Kang Hi proibindo as missões na China, 1717	Morre *Luís XIV.* Início da Regência e do reino de Luís XV, 1715-1723 Fundação da loja maçônica de Londres, 1717	Morrem *Fénelon* e *Malebranche*, 1715 Morre François Girardon, escultor, 1628--1715 Morre *Leibniz,* 1716 *Pensamentos filosóficos sobre Deus,* de Wolf, 1719 As *Cartas persas,* Montesquieu, 1719

1720	A "acomodação" da questão jansenista, 1720 Consagração de Marselha ao Sagrado Coração,1720 Inocêncio XIII, papa, 1721-1724 Zinzendorf funda Herrnhut, 1722 Bento XIII, papa, 1724-1730	Anderson organiza a grande loja maçônica da Inglaterra, 1721 Pedro o Grande suprime o patriarcado de Moscou, 1721	Morre *François Watteau,* 1684-1721 O termômetro de Farenheit, 1724
1725	Submissão do cardeal de Noailles, 1728	Morre *Pedro o Grande,* 1725 George II, rei da Inglaterra, 1727-1760	Morre *Isaac Newton,* 1643-1727 Fundação das *Nouvelles ecclésiastiques,* 1727 A *Henriade,* de Voltaire, 1728 A *Enciclopédia,* Chambers, 1728
1730	Clemente XII, papa, 1730-1740 Santo Afonso Maria de Ligório funda os Redentoristas, 1730-1732 As "convulsionárias" de Saint-Médard, 1732 Atividade de Wesley, fundador dos metodistas	Primeira loja de franco-maçons na França, 1732 Guerra de sucessão na Polônia, 1733-1735	O *Cristianismo tão antigo quanto o mundo,* Tindal, 1730 Linneu e a botânica, 1731 Nasce Jean Honoré Fragonard, pintor, 1732 O *Ensaio sobre o homem,* de Pope, 1733 Morre Alexandre Marchesini, pintor, 1733 As *Cartas filosóficas,* de Voltaire, 1734

1735	São Paulo da Cruz funda os passionistas, 1737 A bula *In eminenti* condena a franco-maçonaria, 1738		Morte de Pergolese, 1736 Cálculo do meridiano terrestre, 1736
1740	Bento XIV, papa, 1740-1758 Bento XIV encoraja a formação de "missionários párias" na Índia, 1744	A França renova as "capitulações" com os turcos, 1740 Frederico II o Grande da Prússia, 1740-1786 Maria Teresa da Áustria, 1740-1780 Guerra de sucessão na Áustria, 1740-1748 Carlos VII, imperador, 1742-1745	Apogeu da *Aufklärung* ["Iluminação"], 1740
1745	Clemente XIII, papa, 1748-1769	Batalha de Fontenoy, 1745 Francisco I, imperador, 1745-1765 O pe. Dupleix na índia, 1749-1754	*O espírito das leis*, Montesquieu, 1748 O *Ensaio sobre o entendimento humano*, de Hume Benjamin Franklin e a eletricidade, 1748 *Carta sobre os cegos*, Diderot, 1749 A *História natural*, de Buffon, 1749
1750	A questão dos "Bilhetes de Confissão", 1752		Morre *J.S. Bach*, 1750 Primeiro volume da *Enciclopédia*, Diderot e D'Alembert, 1751 Voltaire é posto no *Index*, 1753

1755	Supressão dos jesuítas nos territórios portugueses pelo Marquês de Pombal, 1758	Guerra dos Sete anos, 1756-1763 Atentado de Damiens contra Luís XV, 1757 A França perde o Canadá, 1759	Morre *Montesquieu,* 1755 *Ensaio sobre os costumes,* Voltaire, 1756 Morre *G.F. Händel,* 1759 O *Cândido,* de Voltaire, 1759
1760	Início da atividade do pe. Junípero Serra na Califórnia, 1760	George III, rei da Inglaterra, 1760-1820 A questão La Valette, 1760	A máquina a vapor e o para--raios, 1760

ÍNDICE BIBLIOGRÁFICO

Estas notas são meramente indicativas e pretendem apenas guiar o leitor que quiser aprofundar-se nesta ou naquela questão, ou situar este ou aquele acontecimento num quadro geral, indicando trabalhos que podem ajudá-lo.

Obras de caráter geral. História geral

Para uma visão geral, simples e rápida, do mundo entre 1622 e 1789, ver na coleção *Clio*, t. IV, dois volumes, de E. Préclin e V. L. Tapié; e os tomos IX, de H. Hauser, X, de Ph. Sagnac e A. de Saint Léger, XI, de P. Muret e XII, de Ph. Sagnac, na coleção *Peuples et Civilisations.* Na *Histoire générale des Civilisations,* os séculos XVI e XVII foram tratados por R. Mousnier e o século XVIII por R. Mousnier e E. Labrousse; o interesse desta coleção reside em que insiste menos na política e nas guerras, e mais no progresso do pensamento e da tecnologia e na evolução dos costumes. *Les grands courants de l'histoire universelle* de Jacques Pirenne é sugestivo e apresenta também a história dos outros continentes, além da europeia. Interessante também é a *Histoire des relations internationales,* direção de P. Revouvin, ts. II e III, de G. Zeller; em inglês, a *Cambridge Modem History,* em italiano, a *Storia Universale* de Barbagallo. O *Essai d'une histoire comparée des peuples de l'Europe,* de Ch. Seignobos (Paris, 1938), é útil, mas sem charme. Para a França, ver as diversas *Histoires de France,* desde a clássica *Lavisse* (do t. VI, 2 ao t. IX) até a *Formation de la société française moderne,* de Ph. Sagnac (Paris, 1945), a "engajada" de J. Bainville ou a *Histoire des français* de Pierre Gaxotte; igualmente os manuais *Histoire d'Angleterre* e *Histoire des États-Unis,* de André Maurois, *Histoire d'Espagne,* de Jean Descola, ou *Histoire de Chinez Histoire de l'Extrême-Orient,* de R. Grousset. Sobre inúmeros pontos que dizem respeito ao sistema judiciário, ver a *Histoire du droit* de Olivier Martin.

Sobre o Novo Mundo e a expansão europeia, ver G. Le Gentil, *La découverte du Monde* (Paris, 1952); a *Histoire universelle des explorations,* direção de L. H. Parias, ts. II e III (Paris, 1955); a *Histoire des colonies françaises,* de G. Hanotaux e Martineau (Paris, 1929-1934); a *The Cambridge History ofthe British Empire* (Cambridge, 1929), e a *Histoire de l'expansion coloniale des peuples européens,* de Lannoy e Van der Linden (Bruxelas, 1907-1911).

Sobre a evolução do pensamento europeu, ver as obras de Paul Hazard. Com relação à história da Arte, ver os trabalhos de P. Lavedan em *Clio* (Paris, 1944), de P.

de Colombier, o t. VII da *Grande Histoire de l'Art,* de André Michel, e os livros de L. Hautecoeur sobre a *Architecture classique française.* Quanto à música, Alfred Colling, *Musique religieuse.* Interessantes também são os anais do *IX Congresso Internacional das Ciências Históricas* (Paris, 1950), principalmente os trabalhos de H. Guerlac sobre a história das ideias e dos sentimentos e de Francastal sobre a história da civilização; e também os do *X Congresso* (Roma, 1955), onde há páginas muito boas sobre o conceito de Igreja durante os séculos XVI e XVII por H. Gerdin, E. G. Léonard e J. Orcibal.

Obras de caráter geral. História religiosa

Em primeiro lugar é preciso ver em Fliche e Martin o t. XIX, *Les luttes politiques et doctrinales aux XVIIe et XVIIIe siècles,* de Préclin e E. Jarry (Paris, 1955-1956). Também vale a pena a *Histoire du christianisme* de Dom Poulet, e os ts. IX e X de *L'avenir du Christianisme,* de Albert Dufoque. Há bons resumos em A. Léman (*Les temps modernes)* e E. Jarry (*L'Église contemporaine*) *da Bibliothèque catholique des sciences religieuses;* na *Storia della Chiesa* de L. Todesco; na *Histoire religieuse de la nation française,* de Goyau; na *Histoire de l'Espagne chrétienne,* de Descola, e na *Histoire de l'Angleterre chétienne*, de Toledano. Para aprofundar, convém estudar a famosa Geschichte der Pâpste, de L. von Pastor, da qual a *Histoire des Papes*, de F. Hayward, e a *Histoire du Vatican*, de Ch. Pichon, são úteis resumos. São de extrema importância G. Le Bras, *Histoire du droit et des institutions de l'Église en Occident*, e André Latreille, *L'Église catholique et la Révolution française* (Paris, 1946).

Quanto a dicionários e enciclopédias, há o *Dictionnaire d'Histoire et de Géographie ecclésiastiques*; a enciclopédia *Catholicisme*, dirigida por Jacquement; o *Dictionnaire de Spiritualité*, o *Dictionnaire de Théologie catholique*, o velho *Dizionario di erudizione storico e ecclesiastico*, de Morioni; a *Enciclopédia cattolica*, publicada no Vaticano. Pode-se ver também *The Catholic Encyclopedia*, o *Kirchenlexion* e o *Lexikonfur Théologie und Kirche*. Por fim, mencionemos também o *Dictionnaire des Lettres françaises* e o *Dictionnaire des Institutions françaises*, de Marion (Paris, 1923).

Quanto aos periódicos: a *Revue d'histoire ecclesiastique*, editada em Louvain, e a *Revue d'Histoire de l'Église de France*. Há numerosos estudos interessantes na *Revue historique*, na extinta *Revue des questions historiques* e na *Revue d'Histoire moderne*, e também nos periódicos de diversas congregações: *Études franciscaines, Amis de saint François, Revue bénédictine, Revue Mabillon*, na *Vie Spirituelle* dos dominicanos, na *Oratoriana* do Oratório, na *Notre vie* dos eudistas. Ver também a revista *XVIIe siècle*.

Por fim, ver também as monografias de história local indicadas nas notas, entre elas a *Histoire de Neuilly*, de Bellanger; *La paroisse Saint-Gervais* e *La paroisse Saint-Laurent*, de Brochard; a tese de Frarard, *La fin de l'Ancient Régime à Niort. Essai de sociologie religieuse* –, a *Histoire du diocèse de Coutances*, de C. Laplate (Coutances, 1943); a *Histoire de Montmélian*, de Bernard; os *Séminaires de Coutances et d'Avranches*, de Blouet. Também são úteis as histórias provinciais mais extensas: a *Histoire de Lorraine*, de Gain, a excelente *Histoire de la Savoie*, de Menabréa, ou a

Collection d'histoire des diocèses de France. Sobre esse tipo de estudos, ver a *Introduction aux études historiques d'histoire ecclésiastique locale* de Carrière.

I. Um construtor da igreja moderna: São Vicente de Paulo

A bibliografia a respeito de São Vicente de Paulo é considerável. A principal fonte é a monumental edição, em catorze volumes, das obras do santo, publicada por Pierre Coste, Paris, 1924. Alguns extratos, mais acessíveis, foram feitos por André Dodin (Paris, 1949), J. Calvet (Paris, 1913) e Chalumeau (Paris, 1958).

A primeira biografia de São Vicente de Paulo, de Louis Abelly, *La vie du vénérable serviteur de Dieu, Vincent de Paul*, aparece em 1664 (reeditada em 1891); a segunda, de Pierre Collet, de 1748, completa-a utilizando documentos hoje desaparecidos. Em 1827, J.B. Capefigue acrescentou-lhe algumas fábulas e histórias de pouco interesse. O primeiro trabalho moderno sério foi o de Ulysse Maynard, em quatro volumes (Paris, 1880-1886); seguiram-se L.E. Bougaud em 1889, Emmanuel de Broglie em 1897, Antoine Rédier em 1927, Paul Renaudin em 1928, e Henri Lavedan (*Saint Vincent de Paul. Aumônier des Galères*, 1928). Pierre Coste renova o tema com *Monsieur Vincent, le grand saint du Grand Siècle* (Paris, 1932), e L. Delplanque sustenta na Sorbonne (1937) duas teses: *Saint Vincent de Paul sous l'emprise chrétienne*, e *Saint Vincent de Paul et Louise de Marillac*. Os trabalhos posteriores dependem de Coste: J. Calvet (Paris, 1948), muito vivo; A. Menabréa (Paris, 1944 e 48) e Victor Giraud (Paris, 1932).

Sobre aspectos particulares, ver A. Loth, *Saint Vincent de Paul et la mission sociale* (Paris, 1880); R. de Chantelauze, *Saint Vincent de Paul chez les Gondi* (Paris, 1882); J. Robiguet, *São Lázaro* (Lyon, 1939); M. d'Escola, *Misère et charité au Grand Siècle* (Paris, 1942). Sobre a sua espiritualidade, é fundamental Henri Bremond, no t. VI da *Histoire littéraire du sentiment religieux en France*. Sobre Luísa de Marillac e as Irmãs da Caridade, ver as cartas e obras da santa, as biografias de N. Gobillon (Paris, 1675) e L. Baunard (Paris, 1898) bem resumidas por J. Christophe (Paris, 1945), a de M.D. Poinsenet (Paris, 1958), e dois livros intitulados *Les filles de la Charité*, um de L. Célier (Paris, 1929) e o outro de P. Coste, Ch. Baussan e G. Goyau (Paris, 1933).

II. O grande século das almas

O principal historiador do período de começos do século XVII é Henri Bremond; merece destacar-se a inacabada *Histoire littéraire du sentiment religieux en France* (1924-33), em 11 vols. Não há uma figura católica desses tempos que não seja evocada com um entusiasmo talvez excessivo, mas com uma leveza que torna a sua leitura agradável. Dos outros livros gerais sobre o período, vale a pena mencionar: *La renaissance catholique en France au XVIIe siècle*, de Prunel (Paris, 1921); *La France religieuse au XVIIe siècle*, de M.D. Poinsenet (Paris, 1954); *L'espirit de l'école française de spiritualité*, dejean Gautier (Paris, 1936), condensado por ele num capítulo da *Spiritualité française* (Paris, 1953); os capítulos dos três grandes manuais de Cayré, de Pourrat e Letourneau (*Écoles de spiritualité*, Toulouse, 1913). Ver também a *Anthologie mystique*, de Paul de Jaegher (Paris, 1933) e *Mystiques de France*, de Daniel-Rops (Paris, 1941).

Todas as figuras de primeiro plano e muitas de segundo ou terceiro foram objeto de numerosos trabalhos, monografias e biografias; indiquemos apenas Jean Harang, Bourdoise (Paris, 1935); Paul Renaudin, *Un maître de la mystique française: Benoît de Canfeld* (Paris, 1956); sobre Bérulle, os trabalhos de Taveau, *Le cardinal de Bérulle, maître de vie spirituelle* (Paris, 1933) e J. Dagens, *Bérulle et les origines de la restauration catholique* (Paris, 1952); sobre o Oratório na França, André George, *L'Oratoire* (Paris, 1928) e Bouyer (Paris, 1952). *La vie du P. Charles de Condren*, publicada por Amelotte em 1643, continua interessante; veja-se também Huvelin, *Quelques directeurs d'âmes au XVIIe siècle*. De Olier reeditou-se o *Traité des Saints Ordres* (Paris, 1953); a sua *Vie* em três volumes, de Faillon (Paris, 1873), não é muito atrativa, mas é uma fonte de informações; a de Monier (Paris, 1914) é melhor. Sobre ele, vejam-se também o artigo de Leflon, *Monsieur Olier et la fondation des séminaires sulpiciens*, em *Études* (novembro de 1957); o pequeno livro de Paul Renaudin (Paris, 1943) e sobretudo *Les Messieurs de Saint-Sulpice* (Paris, 1957), de Jean Gauthier. São João Eudes, cujas *Obras completas* foram publicadas em doze volumes (Vannes, 1905-1911), tem em Boulay um excelente e copioso biógrafo (Paris, 1905-1908), resumido por sua vez por E. Georges (Paris, 1929); acrescentemos ainda as teses de Pioger defendidas em 1940, *Un orateur de l'École* française, Saint Jean Eudes e Jean Eudes d'après ses traités. Por fim, sobre as ordens hospitalárias, veja-se André Chagny, *L'Ordre hospitalier de Saint-Jean de Dieu en France* (2 ts., Lyon, 1951).

Sobre a reforma neste período, e especialmente sobre a reforma pastoral, veja-se P. Brotin, *La réforme pastorale en France au XVIIe siècle*, 2 vols. (Paris, 1956); Aulagne, *La Reforme catholique du XVIIe siècle dans le diocèse de Limoges* (Paris, 1905) e L. Welter, *La Réforme ecclésiastique du diocèse de Clermontau XVIIe siècle* (Paris, 1956). Sobre os seminários, Degert, *Histoire des séminaires français* (Paris, 1912); em latim, há Schoenher; e muitos trabalhos especiais, como os de M. Boisard sobre Issy (Issy, 1942), Bonnefant sobre os seminários normandos, Cimetier sobre Mans, e um anônimo sobre o de *Santo Irineu de Lyon* (Lyon, s/d), além do de Blouet, *Les Séminaires de Coutances et Avranches*. Sobre o clero, E. Méric, *Le clergé sous l'Ancien Régime* (1890), continua a ter certo interesse; Joseph Grandet, *Les saints prêtres de France* (1690), reeditado em 1897 por Letourneau, tem valor de testemunho. *Alain de Solminihac* foi biografado por Sol (Cahors, 1930); *Zamet* por Prunel; *Caulet* por Vidal; e *Pavillon* por Dejean. Quanto à prática religiosa, G. le Bras, *La vitalité religieuse de France na Revue d'Histoire de l'Église de France* (1945, pp. 277-306), destinado a historiadores. Sobre a reforma do clero regular, Paul Denis, *Le Cardinal Richelieu et la réforme des monastères bénédictins* (Paris, 1912); S. M. Bo uchereaux, *La réforme des Carmes en France et Jean de Saint-Samson* (Paris, 1950); Pierre Ulrich estudou os esforços de reforma dos cistercienses anteriores a Rancé nas *Mémoires de la Société d'agriculture de la Merne* (t. XXX, 1956). Sobre as novas fundações, Anne Bertot, *Les ursulines de Paris* (Paris, 1936); J. B. Eriau, *L'Ancien Carmel du faubourg Saint-Jacques* (Paris, 1929); Catta, *La Visitation de Nantes* (Paris, 1954).

Quanto às missões e aos missionários: sobre *Michel le Nobletz*, Ferdinand Renaud (Paris, 1954); sobre *Maunoir*, ver as *Vies* de Auguste Séjourné (Paris, 1895), de D'Hérouville (Paris e Quimper, 1932) e de Le Berre (Paris, 1951); sobre *São Francisco Régis*, a obra de G. Guitton (Paris, 1941); e sobre o *Père Joseph*, os livros de Grente, *L'Éminence Grise* (Paris, 1941), e Fagniez, *Le Père Joseph et Richelieu*.

Sobre a misteriosa questão da Companhia do Santíssimo Sacramento, são fundamentais os trabalhos de Beauchet-Filleau, especialmente a sua edição dos *Anais da Companhia* (Marselha, 1900). Ver também o artigo de Rabbe na *Revue historique* de 1899; os de Clair nos *Études* de 1888; os de A. Rebelliau na *Revue des Deux Mondes* (1903-1908); o quase-panfleto de Raoul Allier, *La Cabale des dévots* (Paris, 1902), e em resposta o livro de la Brière (Paris, 1906). Há diversos trabalhos sobre a sua presença e os seus órgãos em diversas províncias: os de Rebelliau sobre o Dauphiné, Edmond Abba sobre a île de France, Prunel sobre Dijon e Begouen sobre Toulouse. Por fim, há os livros de M. Souriau sobre *Jean de Bemières et Gaston de Renty* (Paris, 1913) e Bessières sobre *Henry Buch et Gaston de Renty* (Paris, 1931).

Enfim, sobre a vida católica fora da França, ver sobretudo G. Schreiber, *Weltkonzil von Trient, sein Werden und Werken*, o artigo sobre *Holzhauzeroo Kirchenlexicon de Hergenröther*; J.P.L. Gaduel, *La perfection sacerdotale, ou la vie de l'espirit du serviteur de Dieu Barthélémy Holzhauser*, e a sua biografia, escrita por L. Tréveux (Paris, 1836). O nosso parágrafo sobre Holzhauser beneficiou-se também de um trabalho inédito de Broutin.

III. Quando a Europa muda de bases

Toda a documentação essencial deste capítulo encontra-se nas obras gerais indicadas no começo deste índice. Limitar-nos-emos a indicar alguns livros que dizem respeito a pontos particulares.

O comportamento religioso de Richelieu foi pouco estudado pelos seus biógrafos, mais ocupados em considerar o seu lado político; assim são L. Batiffol, *Richelieu et le roi Louis XIII* (Paris, 1934); a grande *Histoire du Cardinal Richelieu* de G. Hanotaux (6 vols., 1896); ou G. Fagniez, *Le Père Joseph et Richelieu* (1894). Somente Lacroix estudou seu papel como bispo em *Richelieu à Luçon*, e merecem ver-se também os artigos de G. Hanotaux e do duque de la Force, *Richelieu et la religion* (na *Revue des Deux mondes*, fevereiro de 1938 e maio de 1939), e o livro de Faurey, *L'Édit de Nantes et la question de la tolérance* (Paris, 1929).

Sobre a política dos papas, um livro fundamental é *Urbain VIII et la rivalité de la France et de la Mission d'Autriche* (Lille, 1922), de A. Léman. Quanto à doutrina da Europa unida, B. Voyenne, *Petite Histoire de l'idée européenne* (Paris, 2a edição, 1954). Sobre o tema das tentativas de união entre os cristãos, A. Toledano, *Les chrétiens seront-ils réunis?*, Paris, 1955. Sobre *Valeriano Magni*, a obra em alemão de

A. von Staldenried (Olten, 1939); sobre Grócio, em inglês, o de W. S. Knight (Londres, 1925). A pitoresca figura de *Cristina da Suécia* tem sido bastante retratada; a melhor biografia é a de J. Castelnau (Paris, 1944).

Sobre o galicanismo, ver o artigo de M. Dubruel no *Dictionnaire de Théologie*, os trabalhos de J. Leclerc, *Qu'est-ce que les libertés de l'Église gallicane?*, nas *Recherches de Sciences religieuses* (1933-1934); os trabalhos de V. Martin, *Le Gallicanisme et la Réforme catholique* (Paris, 1919) e *Le Gallicanisme politique et le clergé de France* (Paris, 1929). A curiosa figura de *Richer*, biografado por Puyol (1876), foi evocada por E. Préclin num artigo da *Revue d'Histoire moderne*, em 1939; e a de *Pierre de Marca* foi objeto do livro de F. Gaquère (Paris, 1932).

IV. Luís XIV, rei cristianíssimo

Além dos manuais de história geral e de história religiosa, pode-se ver o *Louis XIV* de G. Goyau ou o de Ernest Lavisse (ts. VII e VIII da sua *Histoire de France*), ou ainda o de Ph. Sagnac e A. de Saint-Léger (t. X de *Peuples et Civilizations*, Paris, 1949), e sobretudo *La France de Louis XIV*, de Pierre Gaxotte (Paris, 1946). *Louis XIV et sa cour*, do duque de la Force (Paris, 1956), está repleto de detalhes saborosos; e não podemos deixar de lado nem *Le siècle de Louis XIV*, de Voltaire, nem sobretudo as célebres *Memórias* de Saint-Simon. É útil a antologia de Gabriel Boissy, *Pages immortelles de Louis XIV*. Muito interessante é *La Religion, fondement de l'ordre social au Grand Siècle*, de François Gousseau, na revista *Verbe* de mai-jul de 1954.

Sobre Luís XIV e a religião, ver G. Lacour-Gayet, *L'éducation politique de Louis XIV* (Paris, 1898); L. Madelin, *La politique religieuse de Louis XIVet la Déclaration de 1682*, em *France et Rome*, 1913, p. 262; e R. Limousin-Lamothe, *Louis XTV et le Jubilé de 1702* na *Revue d'histoire de l'Église de France*, 1950, p. 66. *Le cérémonial du Sacre des Rois de France* foi publicado pelas edições Repuelia (La Rochelle, 1931). Ver também *Église et Monarchie*, de Besse (Paris, 1910), *Le Sacre de Rois de France*, de P. de Mallais (Orléans, 1927) e o artigo de Henri Charrier em *La Croix* (Paris, 23.01.1948).

Sobre o galicanismo de Luís XIV e as suas relações com o papado, Ch. Mérin, *Louis XIV et le Saint Siège* (Paris, 1893-1894), E. Michaud, *Louis XIV et Innocent XI* (Paris, 1883) e J. Orcibal, *Louis XIV et Innocent XI* (Paris, 1949), G. Desjardins, *Le droit de régale* (Les Études, 1899) e as obras sobre Bossuet e Inocêncio XI citadas adiante. D. Dubruel, que descobriu a excomunhão de Luís XIV, renovou os estudos sobre a *régale*, ver *La cour de Rome et l'extension da Régale*, na *Revue de l'Église de France*, 1923, pp. 161 e 465; *En plein conflit* (Paris, 1927), e *Les Nonces Apostoliques de France et l'Église galicanne sous Innocent XI* (*Revue d'Histoire de l'Église de France*, jul-dez de 1955).

Sobre a revogação do Edito de Nantes, Orcibal, *Louis XIV et les protestans* (Paris, 1951) é bastante objetivo; John Vienot, *Histoire de la Réforme française. De l'Édit de Nantes à sa révocation* (Paris, 1934) é bem documentado, mas de horizontes estreitos; G. Bonet-Maury, *La liberté de conscience en France* (Paris, 1909) e Puaux e Sabatier,

Études sur la Révocation de L'Édit de Nantes (Paris, 1886) ainda têm algum interesse. Há numerosos estudos sobre o estabelecimento dos protestantes fugitivos em diversos países, notadamente de Lehr, F. de Schiklern (na Inglaterra), Erman e Reklam (na Alemanha), Puaux (na Suécia), Pannier e Mondain (na América), Ch. W. Baird e G. Chinard (nos Estados Unidos) e até na África do Sul por P. Botha. Sobre a revolta dos *camisards* as suas consequências, Dedieu, *Histoire politique des protestants français* (3 vols.), composta com documentos diplomáticos descobertos pelo autor que mostram como a revolta de 1703 foi programada em Londres a partir de dezembro de 1702. A narrativa de A. Ducasne, *La guerre des Camisards* (Paris, 1946), tem de ser confrontada com o resumo crítico feito pela *Revue d'Histoire de l'Église de France*, 1947, p. 322. Sobre a coexistência de católicos e protestantes numa mesma aldeia, C. Cantaloube, *La Réforme en France vue d'un village cévenol, Saint-Laurent le Minier* (Paris, 1951). Quanto aos protestos contra a política de Louis XIV e a miséria, ver os trabalhos sobre Fénelon e Vauban, em particular o de Daniel Hálévy (Paris, 1923).

V. Cristãos dos tempos clássicos

Os trabalhos gerais indicados no capítulo anterior são válidos para este. Acrescentemos, quanto à história da literatura, o grande manual dirigido por Calvet (t. IV, *Les Écrivains classiques*; V, *La littérature religieuse*; VI, *De Télémaque à Candide*) e o tomo correspondente ao século XVIII do *Dictionnaire des Lettres* de Grente, prefaciado por Émile Fíenriot, além das obras de Paul Hazard.

Vale a pena consultar sobretudo os próprios textos dos escritores da época: para a história religiosa têm valor de documentos os *Caractères* de La Bruyère; a obra de Voltaire; *Manon Lescaut, Vie de Marianne* e *Vie de mon père* de Restif de la Bretonne; e até *Vert-vert*, de Gresset. Se quisermos saber como um cristão do Grande Século vivia a vida cristã integrada na mundana, bastará lermos as *Lettres* de Mme. de Sévigné. E nas *Obras completas* de Pierre Corneille encontraremos as prestações de contas escritas por ele quando era administrador da sua paróquia, Saint-Sauveur de Rouen.

Para o tema da vida cristã, *La vie chrétienne sous l'Ancien Régime*, de Henri Bremond (t. IX da sua *Histoire littéraire du sentiment religieux en France*), discutida, permanece o melhor trabalho de conjunto sobre a questão. Sobre a vida cotidiana da Igreja, há muito pouca coisa estudada, mesmo na coleção *La Vie Quotidienne* (da Hachette); apenas Cronsaz-Cretet, *Paris sous Louis XIV* (2 vols., Paris, 1921) trata em parte do tema, como também o estudo de M. Join-Lambert, *La pratique religieuse dans le diocèse de Rouen de 1707 a 1789*, publicado nos *Annales de Normandie* de 1953 (pp. 247 a 274) e 1955 (pp. 36 a 49). As cerimônias do culto, nos seus acessórios, deram lugar a numerosos litígios (processos a propósito do toque dos sinos, da precedência nas procissões, das distribuição de pão bento...; chega-se a mencionar um assassinato cometido em uma dessas causas); assim, os arquivos judiciários representam uma rica fonte para o conhecimento dos usos e costumes do tempo: veja-se por exemplo o artigo de M. Henriet, *À travers les archives du Palais de Justice de Château-Thierry*, nos *Annales de la Société historique de Château-Thierry* (1939, pp. 91 e ss.).

Sobre a crise dos místicos, a melhor fonte é novamente Bremond, *Procès des mystiques*. Para estudar as origens do culto do Sagrado Coração, vejam-se as obras citadas a respeito de São João Eudes e os trabalhos dedicados à Santa Margarida Maria Alacoque por Gauthey (Paris, 1915) e Deminuid (Paris, 1912), bem como a *Histoire du culte du Sacré-Coeur* de Auguste Hamon.

Uma exposição rápida mas bem documentada da questão do teatro é A. M. Carré, *L'Église va-t-elle se reconcilier avec le théâtre!* (Paris, 1956), em Paul-Courant, *Des planches à Dieu* (Paris, 1956), ou Urbain e Levesque, *L'Église et le théâtre*.

Quanto aos oradores sagrados, vejam-se em primeiro lugar as suas próprias obras. De resto: *L'éloquence sacrée*, de Gillet (Paris, 1943); sobre *Fléchier*, os livros de Grente (Paris, 1934) e A. Fabre, *La jeunesse de Fléchier* (Paris, 1882); sobre *Bourdaloue*, a obra de Castets (Paris, 1904); sobre *Bossuet*, o esboço de Calvet (Paris, 1941) e a obra de Gonzague Truc, *Bossuet et le classicisme religieux* (Paris, 1934); sobre Fénelon, a *Apologie* de Bremond e P. Varillon, *Fénelon et le pur amour* (Paris, 1957), útil também para estudar o quietismo. Ver igualmente as duas teses de J.-L. Goré (Paris, 1956), *La notion d'indifférence chez Fénelon* e *L'itinéraire de Fénelon*, e a de Albert Chérel, *Fénelon au XVIIIe siècle en France, son prestige, son influence* (Paris, 1917).

Rancé foi estudado por Bremond em *L'abbé Tempête* (Paris, 1929), mas a biografia de Chérel (Paris, 1932) é mais completa. *São Luis Maria Grignion de Montfort* foi estudado a fundo por Louis le Crom (Tarcouing, 1946); R. Christoflour (1947) e G. Bernoville (1946) analisaram-no sob uma perspectiva mais limitada. Uma pequena antologia feita por R. Christoflour foi publicada em Namur (1957). J.-S. Dervaux escreveu *Marie-Louise Trivuetet les premières filles de M. de Montfort* (Paris, 1951). Sobre *São João Batista de la Salle*, ver A. Merland (Paris, 1955), que se pode completar pela antologia feita por F. Anselme (Namur, 1957). Por fim, G. Rigault elaborou uma monumental *Histoire générale de l'Institut des Frères des Ecoles chrétiennes* (9 vols., 1953).

A. Toledano, *Les chrétiens seront-ils un jour tous réunis?* (Paris, 1956) apresenta uma visão de conjunto do famoso diálogo Bossuet-Leibniz, e J. Baruzzi, *Leibniz et l'organisation religieuse de la terre* (Paris, 1907) traz mais detalhes. Quanto às suas relações com Luís XIV, vejam-se as obras sobre Inocêncio XI. Quanto a um estudo completo sobre este papa, veja-se o estudo de Giorgio Papasogli (Roma, 1956) publicado por ocasião da sua beatificação.

Por fim, sobre a arte, além da obra clássica de André Michel, ver *L'art chrétien* de Maurice Denis (Paris, 1939) e o homônimo de Louis Gillet, além do curioso trabalho de V.-L. Tapié, *Barroque et classicisme* (Paris, 1957). Sobre a música religiosa, os manuais de Aigrain e Alfred Colling, e também Prévost, *Les instruments de musique usités dans nos églises depuis le XIIIe siècle* (Troyes, 1904).

VI. Duas crises doutrinais: jansenismo e quietismo

Ver nos grandes dicionários mencionados os verbetes *jansenismo*, *Jansênio*, *Saint-Cyran*, *Port-Royal*, *Pascal*, *Quesnel*, *Molinos*, *Fénelon*, *Bossuet*, quase sempre estudos detalhados e interessantes. Um estudo doutrinal sobre o jansenismo é o de J. Pasquier

(Paris, 1909); Bournet, *La querelle janséniste* (Paris, 1923) é um bom resumo. *L'Histoire générale du mouvement janséniste* de A. Gazier é uma fonte riquíssima, mas chega quase a ser uma defesa do jansenismo, que seria pura invenção dos inimigos do grupo port-royalista.

Sobre Port-Royal: *Abrégé de l'histoire de Port-Royal*, reeditado em 1909; os sete volumes de Sainte-Beuve, *Port-Royal* (Paris, 1878), são imprescindíveis, embora falseiem as perspectivas. Sobre as origens do movimento, *La réforme de Port-Royal* de Louis Cognet (Paris, 1950), seguido dos estudos sobre *La Mère Angélique e saint François de Sales* e *La Mère Angélique et Sébastian Zamet*. J. Orcibal tem *Les origines du jansénisme* (Louvain, 1947); C. Gazier, tão militante do port-royalismo que se pôde dizer com um sorriso que ela foi a "última abadessa", escreveu a sólida, mas parcial, *Histoire du monastère de Port-Royal* (Paris, 1929). Os diversos livros de A. Hallays (principalmente sobre Port-Royal no século XVII, Paris, 1910) retratam com viveza os religiosos e os Solitários. H. Bremond dedicou um dos melhores tomos da sua história à *L'École de Port-Royal (t.* IV.2, Paris, 1925), e J. Laporte escreveu *La doctrine de Port-Royal* (Paris, 1925). Ver também J. Pichard, *Les écrivains de Port-Royal,* na *Histoire de la littérature française* de Calvet; J. Calvet, *La littérature religieuse de saint François de Sales à Fénelon –*, Louis Cognet, *La Réforme de Port-Royal* (Paris, 1950); sobre os Solitários, A. Hallays (Paris, 1910) e C. Gazier, *Ces Messieurs de Port-Royal (Paris,* 1932); sobre as mulheres, J. Delplanque, *Des femmes de Port-Royal* (Paris, 1922) e C. Gazier, *Des belles amies de Port-Royal* (Paris, 1930). Romanceado, há *Port-Royal,* de H. de Montherlant, resenhado em *La Table Ronde* (dez 1954). L. Cognet reeditou a *Relation écrite par la Mère Angélique* e a *Relation de captivité* da Madre Angélica de Saint-J ean; L. Goldman, autor de *Le Dieu caché,* editou a correspondência de *Saint-Cyran* e de *Barcos,* seu sobrinho e sucessor. Muitas figuras de militantes jansenistas foram retratadas por J. Orcibal, *Duvergier de Hauranne* (Paris, 1947), L. Cognet, *Claude Lancelot,* e S. Delassant, *Lemaistre de Sacy et son temps* (Lille, 1955). Para um bom resumo, L. Cristiani, *L'hérésie de Port-Royal.*

A respeito das *Provinciais,* seria preciso resumir toda a bibliografia de Pascal. Baste ver J. Chaix-Ruy, *Pascal et Port-Royal* (Paris, 1930); A. Bayet, *Les Provinciales,* hostil aos jesuítas, mas rico em informações. Quanto ao jansenismo de Pascal, J. Chevalier, *Pascal* (Paris, 1923), e as obras de Reguron (Paris, 1939) e L. Brunschwicg.

Sobre o jansenismo no século XVIII, V. Durand (Toulouse, 1907); J.-F. Thomas, *La querelle de l'Unigenitus* (Paris, 1949), defesa de Quesnel e dos seus amigos; os três volumes de L. Séché, *Les derniers jansénistes* (Paris, 1891); L. Carreve, *Le jansénisme pendant la Régence* (Louvain, 1929-1932); G. Hardy, *Le Cardinal Fleury et le mouvement janséniste* (Paris, 1926); P.-F. Mathieu, *Les Miracles et les convulsionnaires de Saint-Médard* (1864), e os estudos regionais, como V. Carrière e E. Preclin, *Introduction aux études d'histoire ecclésiastique locale.* E. Préclin tem também *Conséquences sociales du Jansénisme* e a sua tese, *Jansénistes du XVLII*[e] *siècle* (Paris, 1929), que demonstra que os jansenistas foram antepassados da Constituição Civil do Clero. Ver também o artigo de M. Vaussard, *Les jansénistes italiens et la Constitution civile du clergé na Revue historique* (1951, p. 243).

Sobre o quietismo, o verbete de Pourrat no *Dictionnaire de Théologie* é excelente e completo; ver também *Qu'est-ce que le quiétisme?,* de J. Pasquier (Paris, 1910).

Molinos foi estudado por Menéndez y Pelayo no seu *Heterodoxos espanoles*; em francês, por P. Dulon, *Le quiétisme espagnol Michel de Molinos* (Paris, 1921). Sobre o pré-quietismo, Ch. Vincent sobre *Malaval* (Marseille, 1893) e M. Souriau sobre *M. de Renty etJ. de Bemières* (Paris, 1913), e, é claro, H. Bremond, t. XI, *Le Procès des Mystiques* e *La querelle du pur amour au temps de Louis XLII* (Paris, 1932). Em torno de Fénelon há uma bibliografia enorme; remetemos aos títulos sobre ele e sobre Bossuet indicados acima, e aos manuais de literatura: o capítulo de J. Calvet no *De François de Sales à Fénelon,* o artigo de Grente sobre Fénelon no *Dictionnaire des Lettres,* e dois *Lundis* de Sainte-Beuve (nos ts. II e X nas *Oeuvres complètes*). Evidentemente, é necessário reportar-se aos próprios textos de Fénelon e de Bossuet, as *Maximes des Saints* e sobretudo a *Relation sur le Quiétisme.* Sobre as relações entre Fénelon e Mme. Guyon, os documentos publicados por M. Masson e o livro de E. Seillière (Paris, 1938), que vê neles predecessores de J. J. Rousseau. Sobre o pensamento exato de Fénelon e o "puro amor", os trabalhos de A. Delplanque, Huvelin, L. Navatel, G. Joppin e J.-L. Goré, *La notion d'indijférence chez Fénelon et ses sources* (1956).

ÍNDICE ANALÍTICO

Abelly, Louis, 101, 671.

Afonso Maria de Ligório (Santo), 28, 648, 666.

Agreda, Maria de Jesús (Venerável), 173, 250, 294, 377, 380, 409, 662.

Alacoque, Marguerite Marie, v. *Margarida Maria Alacoque (Santa)*, 282, 379, 383, 456, 607, 662, 676.

Alain de Solminihac (Bem-aventurado), 104, 130, 136, 156, 201, 420, 587, 672.

Albani, Giovanni Francesco, cardeal, v. *Clemente XI, Papa*, 481.

Alberoni, Giulio, diplomata espanhol e cardeal, 626.

Albert, Charles Honoré d', duque de Chevreuse, 80, 190, 359, 378, 653, 670, 676.

Alberto o Piedoso, ex-arcebispo de Toledo e duque da Áustria, 190.

Albizzi, Francesco, cardeal, 575.

Alex, Jean d'Aranthon d', bispo de Annecy, 421, 580.

Alexandre VII (Papa), 71, 167, 179, 194, 195, 196, 197, 198, 328, 329, 339, 473, 475, 476, 479, 480, 481, 482, 485, 555, 556, 561, 661, 663.

Alexandre VIII (Papa), 339, 475, 479, 481, 482, 663.

Altieri, Emilio, cardeal, v. *Clemente X, Papa*, 476.

Álvarez, Baltasar, jesuíta, 173.

Amelotte, Dionise, padre, 672.

Amilia, Barthélémy, missionário, 12, 24, 93, 98, 106, 133, 138, 143, 295, 400, 403, 429, 433.

Ana de Áustria, rainha da França, 49, 50, 54, 57, 61, 62, 65, 67, 103, 125, 136, 143, 148, 166, 170, 172, 223, 351, 394, 543.

Ana Stuart, rainha da Inglaterra, 461, 467.

Ancelin, bispo de Tulle, 304.

André Bobola (Santo), 248, 279.

André II Bathory, rei da Polónia, 207.

Ângela de Foligno (Santa), 382.

Angennes, Jacques d', bispo de Bayeux, 117.

Angiboust, Barbe, irmã da caridade, 59.

Angoumois, Philippe d', capuchinho, 154, 180, 187, 489, 558, 565, 646.

Antônio do Delfinado (Santo), 169.

Antônio Maria Zaccaria (Santo), 166, 577.

Aragão, Pascoal de, bispo de Toledo, 147, 175, 422.

Arbouze, Marguerite d', beneditina, 128.

Arnauld d'Andilly, Robert, jansenista, 518, 521, 563, 566.

Arnauld de Luzancy, 543.

Arnauld de Pomponne, 563.

Arnauld, Antoine, "o Grande Arnauld", 271, 518, 524, 537, 539, 542, 545, 547, 607, 660, 664.

Arnauld, Catherine, irmã Catarina de São João, 524.

Arnauld, Henri, bispo de Angers, 561, 605.

Arnauld, Jacqueline, Madre Angélica, 129, 519, 657.

Arnauld, Jeanne, Madre Inês, 65, 162, 516, 523, 532, 560, 563.

Arnauld, Madre Angélica de São João, 556, 558, 559, 560.

Audiffret, Hercule, doutrinário, 96

Augusto II, rei da Polônia, 472.

Aviano, Marco de, capuchinho, 249, 474.

Azzolini, Decio, cardeal, 574.

Bach, Johann Sebastian, 115, 176, 331, 428, 495, 663, 667.

Bacon, Francis, filósofo, 211, 658, 659.

Bagni, Giovanni Francesco, núncio, 73.

Bagot, Jean, jesuíta, 160.

Ballon, Louise de, cisterciense, 129.

Barbarigo, Gregório, cardeal (bem-aventurado), 420, 480.

Barberini, Maffeo, cardeal, v. *Urbano VIII, Papa*, 34, 179, 193, 195, 196, 197, 198, 199, 204, 226, 227, 228, 229, 277, 536, 658.

Barbieri, Giovanni Francesco, pintor, 182.

Basnage, Benjamin, teólogo protestante, 315.

Bassompierre, François de, marechal, 70, 262.

Bayle, Pierre, filósofo protestante, 323, 385, 486, 651.

Beaucousin, Jean, beneditino, 587.

Beaufort, Eustache de, cisterciense, 372, 430.

Beaumont, Christophe de, arcebispo de Paris, 640, 655.

Beauvillier, Marie Saint-Aignan de, beneditina, 128, 581, 620.

Benard, Laurent, beneditino, 131.

Benoist, Élie, teólogo protestante, 314.

Bento XIII, papa, 629, 666.

Bento XIV, papa, 642, 667.

Bergh, Alphonse de, arcebispo de Malines, 566, 635.

Bermont, Françoise de, ursulina, 148.

Bernard, Claude, padre, 114, 146, 424.

Bernardo de Saxen-Weimar, 97, 129, 131, 132, 166, 218, 221, 381, 403, 427, 430, 431, 502, 516, 518.

Bernières-Louvigny, Jean de, teólogo, 146, 155, 571, 587.

Bernini, Lorenzo, arquiteto e escultor, 179, 180, 181, 183, 184, 185, 196, 487, 490, 491, 499, 506, 663.

Bertot, Claude, beneditino, 571, 673.

Bertrand, Louis, missionário, 482, 508.

Bérulle, Pierre de, cardeal, 16, 17, 18, 20, 22, 23, 28, 29, 34, 41, 44, 78, 79, 87, 88, 91, 92, 93, 94, 95, 96, 100, 105, 107, 110, 113, 121, 123, 128, 137, 151, 173, 175, 176, 180, 191, 200, 201, 203, 222, 242, 365, 377, 378, 403, 423, 426, 514, 519, 530, 567, 568, 608, 649, 658, 672.

Berwick, James Fitz-James, general, 327.

Beynier, Jean, protestante, 8, 9, 67.

Bignon, Jérôme, escritor, 270, 288.

Billuart, Charles-René, teólogo, 484.

Blatiron, Étienne, missionário, 38, 71.

Bobola, André, v. *André Bobola (Santo)*, 248, 279.

Boileau, Charles, padre, 394.

Boileau, Jacques, padre, 425, 608.

Boileau, Nicolas, escritor, 202, 394, 564.

Bona, Giovanni, cardeal, 175, 257, 308, 378, 423, 435, 468, 650.

Bonal, Raymond, padre lazarista, 435, 650.

Boonen, Jacques, arcebispo de Malines, 566.

Borromeu, Federico, cardeal arcebispo de Milão, 84, 104, 105, 106, 112, 134, 136, 171, 193, 201, 240, 378, 420, 531, 572.

Borromini, Francesco, arquiteto e escultor, 181, 487.

Bossuet, Jacques-Bénigne, bispo e orador, 37, 43, 60, 70, 92, 96, 110, 150, 156, 190, 191, 192, 257, 282, 283, 288, 289, 291, 297, 299, 303, 305, 308, 313, 315, 321, 322, 325, 332, 335, 336, 337, 351, 352, 353, 358, 363, 364, 365, 368, 370, 375, 377, 380, 384, 389, 393, 394, 395, 399, 400, 401, 402, 403, 405, 406, 407, 408, 411, 412, 414, 415, 416, 417, 418, 419, 421, 426, 427, 428,

432, 460, 483, 491, 492, 497, 500, 503, 531, 552, 559, 563, 567, 580, 583, 584, 590, 592, 593, 594, 595, 596, 597, 598, 600, 601, 602, 604, 606, 607, 610, 611, 612, 613, 615, 619, 620, 650, 653, 662, 663, 664, 674, 676, 678.

Bottari, Giovanni Caetano, padre, 638.

Boudon, Henri-Marie, arcediago, 95, 99, 160, 441, 571.

Bouquet, Geneviève, agostiniana, 144.

Bourbon Condé, Anne Geneviève de, duquesa de Longueville, 372, 544, 561, 606.

Bourbon, Charles de, bispo de Rouen, 92, 93, 95, 111, 113, 123, 236, 672.

Bourbon, Louis II de, príncipe de Condé, 103, 227.

Bourdaloue, Louis, jesuíta, 99, 191, 282, 297, 324, 363, 374, 380, 393, 396, 397, 399, 400, 411, 414, 419, 432, 492, 503, 531, 592, 664, 676.

Bourdeilles, François de, bispo do Périgueux, 12.

Bourdoise, Adrien, padre, 16, 41, 44, 108, 110, 113, 121, 122, 123, 147, 155, 157, 163, 177, 189, 201, 426, 443, 446, 447, 514, 525, 659, 672.

Bourgoing, François, padre, 17, 95, 114, 117, 167, 188.

Bourignon, Antoinette, reformadora protestante, 162, 203.

Bouvier, Dominique, padre, 578.

Brebeuf, Jean ou João de, v. *João de Brebeuf (São)*, 554.

Broglie, Victor Maurice de, tenente-general da França, 325, 326, 671.

Brousson, Claude, pastor protestante, 324, 325.

Buch, Henry, 673.

Buisson, Ferdinand, 80, 448, 453, 519.

Buoncompagni, Hugo, cardeal, v. *Gregório XIII, papa*. 192, 511.

Cadenet, Pierre de, oratoriano, 164.

Cagliardi, Achille, padre, 384, 572.

Calisto, Georg, jurista, 255, 256, 257, 456.

Callot, Jacques, desenhista, 180, 215, 659.

Campra, Andres, compositor, 494.

Camus, Jean-Pierre, bispo de Belley,90, 319, 359, 385, 387, 420, 422, 423, 571.

Canfeld, Bento de, capuchinho, 22, 97, 132, 173, 571, 672.

Canisy, François de, bispo, 421.

Canton, Anne de, agostiniana, 144, 360.

Caracciolo, Íñigo, arcebispo de Nápoles, 575.

Carayon, Agostinho, padre e orador, 391.

Carissimi, Giacobo, compositor, 494.

Carlos Gustavo, rei da Suécia, 253.

Carlos I Stuart, rei da Inglaterra, 172, 189, 242, 243, 244, 267, 464, 465, 466, 470, 659, 660, 661.

Carlos II, rei da Espanha, 172, 189, 464, 465, 470, 661.

Carlos XI, rei da Suécia, 468, 663.

Carpegna, Uldarico, cardeal, 480.

Carvalho e Mello, Sebastião José de, marquês de Pombal, 501.

Casanetta, cardeal, 480.

Casini, cardeal, 391.

Cassan, Jacques de, 342.

Caulet, Etienne François de, bispo de Pamiers, 121, 334, 360, 540, 561, 605, 672.

Caumont, Armand de, marquês de Mont-pouillan, 102, 106, 324.

Caumont, Henri Nompar de, duque De la Force, 316, 358, 673, 674.

Caussade, Pierre de, jesuíta, 378.

Caussin, Nicolas, jesuíta, 236.

Cavalier, Jean, chefe dos *camisards*, 326, 327, 423.

Cavalieri, Pietro Antonio, dominicano, 423.

Cavalli, Francesco, compositor, 188.

César de Bus (Bem-aventurado), 147, 148.

Champaigne, Philippe de, pintor, 180, 187, 558, 565, 646.

Champvallon, François de Harlay de, arcebispo de Paris, 286, 374, 421, 581, 593, 606, 607, 610.

Chantai, Jeanne ou Joana, v. *Joana de Chantal (Santa)*, 23, 79, 91, 92, 202, 584, 660.

Chanut, Hector Pierre, embaixador da França, 253.

Chardon, Louis, padre, 17, 44, 52, 80, 91, 96, 97, 110, 122, 378, 426, 447, 487, 525, 659.

Charmoisy, Sébastien, livreiro, 272, 541.

Charpentier, Marc-Antoine, compositor, 494.

Charpin de Genetines, Antoine de, bispo de Limoges, 421.

Chaurand, Honoré, padre, 145.

Chigi, Fabio, cardeal, v. *Alexandre VII, papa*, 71, 167, 179, 194, 195, 196, 197, 198, 328, 329, 339, 473,

475, 476, 479, 480, 481, 482, 485, 555, 556, 561, 661, 663.

Chigi, Sigismondo, cardeal, 480.

Choiseul-Praslin, bispo de Tournai, 337.

Clemente IX, papa, 196, 473, 476, 485, 561, 562, 604, 605, 615, 662.

Clemente VIII, papa, 192, 258, 512.

Clemente X, papa, 476, 482, 485, 487, 502.

Clemente XI, papa, 37, 479, 483, 485, 487, 613, 614, 620, 623.

Clemente XII, papa, 76.

Clemente XIV, papa, 643.

Cloche, Antonin, padre, 428, 482.

Cochem, Martin von, capuchinho, 436.

Coffin, Charles, escritor, reitor da Universidade de Paris, 640.

Coislin, Pierre, cardeal, 319.

Colbert, André, bispo, 303.

Colbert, Jean-Baptiste, ministro de Luís XIV, 303.

Coligny, François de, general, 155.

Colonna, Ascanio, cardeal, 228.

Concini, Concino, marechal, 223, 260.

Condren, Charles de, oratoriano, 78, 92, 93, 94, 95, 101, 105, 113, 121, 123, 137, 150, 154, 156, 510, 514, 519, 523, 533, 571, 649, 672.

Conrius, Florencius, franciscano, 511.

Cupertino, José de, v. *José de Cupertino (São)*, 173, 378.

Coquille, Guy, jurista e publicista, 270, 275, 288.

Coret, Jacques, jesuíta, 330.

Corneille, Pierre, poeta, 150, 162, 202, 363, 366, 388, 408, 636, 657, 659, 675.

Cornet, Nicolas, teólogo, 402, 403, 541, 542.

Cospéau, Philippe, bispo de Lisieux, 67, 103, 117.

Cotolendi, Charles, padre, 114.

Coton, Pierre, padre, 22, 90, 133.

Coudray, François du, padre, 34, 70.

Coulanges, Cristóbal, padre, 44.

Court, Antoine, reformador protestante, 73, 122, 130, 296, 327, 487, 489, 525, 544, 546, 563.

Courtois, Jacques, jesuíta, 487.

Courtois, Nicolas, escultor, 489.

Coysevox, Charles Antoine, escultor, 321, 488, 489.

Crasset, Jean, jesuíta, 376, 378.

Crestoy, Pierre, padre, 424.

Crétenet, Jacques, padre, 111.

Cristiano I, príncipe de Anhalt-Bernburg, 213, 216.

Cristiano IV, rei da Dinamarca, 213, 216.

Cristiano V, rei da Dinamarca, 253.

Cristina, rainha da Suécia, 79, 175, 253, 321, 324, 468, 575, 660, 674.

Cromwell, Oliver, 72, 231, 243, 244, 245, 253, 267, 268, 464, 469, 660, 661.

Cybo, Inocêncio, cardeal, 574.

Danès, Pierre, bispo de Toulon, 136.

Daniel, Antoine, jesuíta, 555, 672, 675.

Dauphiné, Antoine du, v. *Antônio do Delfinado (Santo)*, 673.

Démia, Charles, arcipreste de Brescia, 149, 443, 447, 448, 662.

Dernbach, Balthasar von, beneditino, 176.

Descartes, René, filósofo, 26, 85, 88, 97, 133, 150, 191, 203, 211, 253, 408, 493, 503, 654, 660.

Desplantes, Laurent, cisterciense, 331.

Dietrichstein, Francisco, cardeal, 249.

Dijon, Nicolas de, capuchinho, 115, 145, 153, 394, 402, 580, 673.

Domat, Jean, jurisconsulto, 289, 330, 367.

Dom Juan, 390, 557.

Donnadieu, Barthélemy de, bispo de Conninges, 105.

Donnelly, Patrick, 471.

Dubois, Guillaume, cardeal e primeiro-ministro, 234, 235, 626, 627, 628.

Duchesne, Andrés, historiador, 270, 288.

Dunod, Pierre Joseph, jesuíta, 145.

Duplessis-Mornay, Philippe de, político e teólogo protestante, 259.

Dupuy, Pierre, historiador, 276.

Duquesne, Henri, teólogo protestante, 312.

Dury, John, 252.

Duvergier de Hauranne, Jean Ambroise, v. *Saint-Cyran., abade de*, 508, 521, 677.

Ebermann, Vitus, 257.

Edelinck, Gerard, pintor, 75.

Eduardo da Baviera, 175.

Effiat, Charlotte d', religiosa, 129.

Erdöddy, Gabriel, bispo de Erlau, 436.

Ernst de Hessen-Rheinfels, 240.

Eschaux, Bertrand de, bispo, 508.

Escobar y Mendoza, Antonio, jesuíta, 652.

Espírito Santo, Antônio do, 378.

Estaing, Joacquin d', bispo de Clermont, 104.

Estaing, Louis d', bispo de Clermont, 201, 421.

Estrada Manrique, A. de, bispo, 175, 422.

Estrées, César d', cardeal, 322, 338, 480, 519.

Eudes, Jean ou João, v. *João Eudes (São)*, 41, 70, 78, 93, 94, 99, 100, 107, 113, 114, 115, 116, 117, 118, 119, 121, 134, 136, 140, 157, 162, 167, 168, 173, 176, 189, 197, 200, 201, 206, 377, 378, 382, 434, 499, 505, 660, 672, 676.

Fajardo, Diego Saavedra, escritor e diplomata espanhol, 343.

Falconi, Juan (Venerável), 572.

Faure, Charles, padre reformador, 126, 130, 673.

Fénelon, François Louis de Salignac de la Mothe-F., bispo e orador, 124, 156, 158, 162, 191, 192, 282, 294, 298, 299, 307, 311, 324, 343, 350, 351, 352, 354, 357, 367, 377, 393, 395, 398, 399, 404, 409, 410, 411, 412, 413, 415, 417, 418, 419, 421, 427, 484, 492, 500, 503, 567, 582, 583, 584, 585, 586, 587, 588, 589, 590, 591, 592, 593, 594, 595, 596, 597, 598, 599, 600, 602, 603, 611, 612, 613, 614, 619, 620, 621, 623, 653, 663, 664, 665, 675, 676, 677, 678.

Fernando II da Austria, imperador da Alemanha, 180, 207, 208, 212, 215, 216, 230, 231, 249, 502.

Ferrier, Jean, jesuíta, 557.

Fieubet, Gaston de, chanceler, 372.

Filipe de Orléans, regente da França, 625.

Filipe III, rei da Espanha, 250, 658.

Filipe IV, rei da Espanha, 172, 190, 207, 208, 217, 229, 250, 273, 294, 658, 661.

Filipe II, rei da Espanha, 61, 172, 250, 251, 268, 273, 274, 300, 658.

Fléchier, Esprit, bispo de Nîmes, 150, 191, 282, 314, 327, 395, 411, 421, 432, 444, 653, 676.

Fleury, Andrés Flercule de, cardeal e político, 423, 425-6.

Fleury, Claude, pedagogo e moralista, 233, 342.

Foix, Françoise de, condessa de Chateaubriand, 90, 128.

Foligno, Ângela, v. *Ângela de Foligno (Santa)*, 382.

Fontaine, Eugénie de, religiosa, 185, 282, 309, 320, 321, 369, 371, 372, 388, 560, 565, 651, 654, 662.

Fontenelle, Bernard le Bouvier de, 321, 407, 486.

Forbin-Janson, Charles Auguste Marie-Joseph, cardeal, 449, 624.

Fouquet, Nicolas, inspetor-geral, 286, 300, 316.

Fourier, Pierre ou Pedro, v. *Pedro Fourier (São)*. 129, 130, 138, 147, 173, 443, 660.

Francisco de Sales (São), 21, 22, 23, 28, 29, 52, 77, 78, 79, 88, 89, 90, 91, 93, 97, 99, 100, 104, 105, 151, 162, 166, 177, 195, 200, 201, 202, 368, 379, 382, 386, 401, 420, 519, 530, 560, 568, 569, 571, 584, 588, 592, 649, 657, 658.

Francisco II Raköczy, príncipe da Transilvânia, 345, 637.

Francisco Régis (São), 100, 137, 139, 145, 146, 173, 197, 660, 673.

François, Simon, pintor, 12, 18, 19, 33, 34, 53, 60, 75, 106, 109, 116, 121, 128, 129, 130, 131, 143, 148, 155, 157, 201, 202, 265, 391, 415, 421, 503, 582, 618, 631, 632, 654, 660, 665, 666, 670, 674, 677, 678.

Frederico Augusto da Saxônia, rei da Polônia, 319, 468.

Frederico Guilherme da Prússia, 468, 660.

Frederico I, rei da Prússia, 468, 469, 663, 667.

Frescobaldi, Geronimo, compositor e organista, 187.

Froidemont, Libertus, teólogo, 523.

Fromentières, Jean Louis de, bispo de Aires, 394, 503.

Gabriel Garnier (São), 554.

Gabrieli, Giovanni, compositor, 187.

Gassendi, Pierre, filósofo, 189, 659.

Gault, Jean-Baptiste, bispo de Marselha, 59, 87, 105, 136, 137, 188, 676.

Gaultier, René, escritor, 87.

Georges da Dinamarca, 467.

George de Podiebrad, rei da Boêmia, 234, 235.

George I, rei da Inglaterra, 467, 665, 666, 668.

Gergy, Jean Joseph Languet de, bispo de Soissons, 627, 654.

Geronimo, Francesco de, jesuíta, 435, 436.

Gesvres, Augustin Potier de, bispo de Beauvais, 42, 67, 144.

Girard, Jean Baptiste, bispo, 45, 122, 438, 453, 487, 489, 665.

Girardon, François, escultor, 487, 489, 665.

Giulani, Verônica, capuchinha, 378.

Godeau, Antoine, bispo de Grasse, 44, 70, 101, 106, 108, 156, 164, 165, 266, 287, 289, 341, 392.

Godefroy, Charles, padre, 113.

Gondi, Françoise de, 19.

Gondi, Jean-François de, arcebispo de Paris, 33, 157.

Gondi, Jean-François-Paul de, v. *Retz, cardeal de*, 60.

Gondi, Philippe-Emmanuel de, oratoriano, 18.

Gondren, Louis Henri de Pardaillan de, arcebispo de Sens, 267.

Gonzaga, Luisa Maria de, 50, 71, 81, 236, 544.

González, Tirso, jesuíta, 391, 425, 436, 478, 606.

Grammont, Antoine Pierre I de, 114, 396, 421, 435.

Gregório XIII, papa, 192, 511.

Gregório XV, papa, 129, 148, 167, 193, 219, 225, 226, 228, 658.

Grimmelshausen, Hans Jakob, escritor, 238.

Grócio, Hugo van Groot dito *Grotius*, 234, 255, 256, 257, 265, 273, 459, 660, 674.

Guarini, Camilo Guarino, teatino, 181.

Guilherme III de Orange, rei da Inglaterra, 470, 663.

Gustavo Adolfo, rei da Suécia, 47, 213, 217, 221, 222, 253, 659.

Gustavo Vasa, rei da Suécia, 253.

Guyon du Chesnoy, Jacques, 578.

Guyon, Mme., Jeanne-Marie Bouvier de la Motte-G., mística(?) quietista, 578.

Habert, Isaac, bispo de Vabre, 536, 541, 542.

Händel, Friedrich, compositor, 668.

Hardouin-Mansart, Jules, arquiteto, 315, 558, 665.

Haut-Pas, Jacques du, v. *Jacques do Haut-Pas (São)*, 180, 617, 645.

Helvetius, Claude Adrien, filósofo, 644.

Henriqueta da Inglaterra, 189, 242, 400, 405, 503, 659, 662.

Huyghens, Gommar, teólogo jansenista, 459.

Inocêncio X, papa, 66, 194, 195, 196, 198, 239, 328, 542, 556.

Inocêncio XI, papa, 190, 315, 335, 337, 338, 339, 343, 348, 355, 360, 376, 431, 458, 465, 473, 475, 476, 477, 478, 480, 484, 485, 575, 576, 674.

Inocêncio XII, papa, 339, 380, 475, 479, 481, 599, 601, 603, 629, 635, 664, 666.

Inocêncio XIII, papa, 629, 666.

Isaac Jogues (Santo), 554.

Jacot, Louis, carmelita, 132.

Jacques do Haut-Pas (São), 180.

Jaime de Córdova, bispo, 391, 422.

Jaime I Stuart, rei da Inglaterra, 241.

Jaime II Stuart, rei da Inglaterra, 321, 465, 466, 470, 478, 663.

Jaime III Stuart, rei da Inglaterra, 467.

Jansen, Cornelius Otto, v. *Jansênio*, 28, 31, 65, 66, 94, 99, 105, 118, 132, 159, 163, 186, 187, 190, 192, 198, 200, 201, 204, 251, 277, 280, 283, 295, 308, 310, 311, 315, 327, 331, 332, 334, 335, 336, 339, 340, 353, 358, 365, 373, 374, 379, 380, 381, 387, 394, 398, 405, 409, 423, 425, 426, 438, 441, 445, 455, 469, 479, 499, 500, 506, 507, 508, 513, 525, 526, 529, 530, 531, 532, 533, 537, 538, 540, 541, 542, 543, 544, 545, 546, 547, 548, 549, 550, 551, 552, 553, 555, 556, 557, 558, 561, 562, 563, 564, 565, 566, 567, 568, 575, 587, 594, 602, 604, 605, 606, 607, 608, 609, 610, 611, 612, 613, 614, 615, 616, 617, 618, 619, 620, 621, 622, 623, 624, 625, 626, 627, 628, 629, 630, 631, 632, 634, 635, 636, 637, 638, 639, 640, 641, 642, 643, 644, 645, 646, 647, 648, 649, 650, 651, 652, 653, 654, 655, 660, 662, 664, 665, 666, 676.

Jansênio, teólogo, criador do jansenismo, 66, 414, 478, 483, 508, 509, 510, 512, 513, 514, 523, 525, 526, 528, 531, 532, 533, 534, 538, 539, 541, 542, 545, 546, 548, 555, 556, 562, 567, 575, 606, 608, 624, 634, 658, 660, 676.

Jean de la Cropte de Chanterac (São), 136.

Jesus, Maria Luísa de, religiosa, 439, 442.

Joana de Chantal (Santa), 23, 79, 91, 92, 202, 584, 660.

Joana de Lestonnac (Santa), 148.

João Batista de La Salle (São), 149, 191, 282, 443, 446, 448, 450, 451, 453, 454, 455, 456, 645, 647, 662, 676.

João Casimiro, rei da Polônia, 81, 174, 247.

João Eudes (São), 41, 70, 78, 93, 94, 99, 100, 107, 113, 114, 115, 116, 117, 118, 119, 121, 134, 136, 140, 157, 162, 167, 168, 173, 176, 189, 197, 200, 201, 206, 377, 378, 382, 434, 499, 505, 660, 672, 676.

João Frederico de Hanover, 457, 458.

João Sobieski, rei da Polônia, 344, 472, 474, 475.

Jogues, Isaac, v. *Isaac Jogues (Santo)*, 554.

Joly, Bénigne, padre, 115, 153.

Joly, Claude, bispo de Agen, 421, 422, 424.

Josafá Kuntzgewycz (São), 461.

José de Calazans (São), 147, 148.

José de Cupertino (São), 173, 378.

José II, imperador da Áustria, 637.

Jouvenet, Jean, pintor, 490.

Joyeuse, Ange de, padre, 133.

Júlio II, apa, 475, 601.

Jurieu, Pierre, teólogo protestante, 315, 323, 325, 558.

Kara-Mustafá, grão-vizir da Turquia, 344.

Kériolet, Pierre de, missionário, 138.

Kilber, Heinrich, teólogo jesuíta, 484.

Kollonitz, Leopold von, cardeal, 481.

Köprülü , grão-vizir da Turquia, 236, 343, 344, 473, 661.

Kuntzgewycz, Josaphat ou Josafá, v. *Josafá Kuntzgewycz (São)*, 461.

La Barrière, Jean de, beneditino, 131.

La Bruyère, Jean, 282, 310, 321, 349, 366, 390, 395, 401, 609, 653, 675.

La Chaise, François d'Aix de, padre, 303, 311, 320, 348, 357, 607, 610.

La Ciotat, Alexandre de, capuchinho, 96.

La Colombière, Claude de, jesuíta, 137, 383, 435.

La Cour, Didier de, beneditino, 129, 131, 674.

La Croix, Françoise de (Venerável), 129, 143, 148, 674.

La Cropte de Chanterac, Jean de, v. *Jean de la Cropte de Chanterac (São)*, 136.

La Fayette, Marie Madeleine Pioche de la Verne, Mme. de, escritora, 388.

La Fontaine, Jean de, poeta,282, 309, 321, 369, 371, 372, 388, 565, 651, 662.

La Fosse, Charles de, pintor, 301, 490.

La Herse, Félix Vialart de, bispo de Châlons-sur-Marne, 105, 108, 374, 420.

La Puente, Luis de, jesuíta, 98.

La Rochefoucauld, Alexandre, duque, 68.

La Rochefoucauld, François de, cardeal, 109, 129, 130, 132, 143.

La Salle, Jean-Baptiste de ou João Batista de, v. *João Batista de La Salle (São)*, 34, 149, 191, 282, 443, 446, 448, 449, 450, 451, 453, 454, 455, 456, 645, 647, 662, 676.

La Tour d'Auvergne Bouillon, Emmanuel Theodose de, cardeal, 260, 600, 690.

La Tour, Georges, pintor, 186.

La Vallière, Louise Françoise de, Mme. de, 128, 189, 296, 372, 393, 394, 398, 503.

Lacombe, Baudrand de, padre, biógrafo de Jean-Jacques Olier, 311, 409, 424, 577, 578, 579, 581, 582, 583, 586, 593, 601, 603, 653.

Lacroix, Émeric, dito Émeric Crucé, 235, 653, 673.

Ladislau IV, rei da Polonia, 71, 247, 254, 257.

Lalande, Michel, compositor e organista, 493, 494.

Lallemand, Louis, jesuíta, 87, 98, 200, 378.

Lallemant, Charles, jesuíta, 200.

Lallemant, Jacques, padre, 200.

Lallemant, Jérôme, padre, 200.

Lamoignon, Guilherme de, magistrado, 150, 155, 398.

Lancelot, Claude, beneditino, 525, 677.

Langeac, Agnès de, dominicana, 120.

Laporte, Gédéon, chefe *camisard*, 326, 677.

Largillière, Nicolas de, pintor, 403, 490, 610.

Laruelle, Servais de, premostratense, 129, 130.

Laud, William, arcebispo anglicano da Cantuária, 114, 131, 146, 169, 242, 252, 315, 323, 324, 325, 342, 370, 390, 421, 422, 424, 525, 564, 625, 663, 664, 677.

Le Bret, Cardin, conselheiro de Estado, 271, 288.

Le Brun, Charles, pintor, 186, 321, 487, 489, 490, 664.

Le Camus, Etienne, cardeal, 319, 359, 385, 387, 420, 422, 423, 580.

Le Maistre de Sacy, Isaac Louis, padre jansenista, 368, 374, 562, 564, 655.

Le Maistre de Sericourt, solitário jansenista, 525.

Le Maistre, Antoine, solitário jansenista, 371, 524.

Le Masson, Innocent, cartuxo, 428, 431.

Le Nain de Tillemont, Louis Sebastien, solitário, 564, 655.

Le Nobletz, Michel, missionário, 32, 138, 189, 673.

Le Proust, Ange, padre, 144.

Le Sueur, Eustache, pintor, 186, 661.

Le Tellier, Charles-Maurice, arcebispo de Reims, 303, 320.

Le Tellier, Michel, jesuíta, 321, 372, 408, 615, 619, 620, 623, 625.

Le Tellier, Michel, ministro de Luís XIV, 321, 372, 408, 561.

Le Vau, Louis, arquiteto, 282, 487.

Le Vayer de Boutigny, conselheiro de Estado, 329.

Le Voyer d'Argenson, René, 58, 155, 202.

Leibniz, Gottfried Wilhelm, filósofo, 257, 369, 459, 460, 461, 663, 664, 665, 676.

Lejeune, Jean, oratoriano, 137.

Lemercier, Max, arquiteto, 185.

Leopoldo Guilherme, arquiduque da Áustria, 217.

Leopoldo I, imperador da Alemanha, 179.

Lestonnac, Jeanne ou Joana, v. Joana de Lestonnac (Santa), 148.

Lévêque, René, bispo, 435, 438.

Lévis, Henri de, duque de Ventadour, 154, 155.

Levis, Marie-Liesse de, carmelita, 155.

Lieber, Thomas, dito Erasto, médico, 210.

Ligório, Afonso Maria de, v. Afonso Maria de Ligório (Santo), 28, 648, 655, 666.

Lingendes, Claude de, jesuíta, 137, 392, 435.

Lionne, Hugues de, político e diplomata francês, 286, 328, 561.

Lisola, Franz-Paul von, político e diplomata austríaco, 342.

Lohélius, arcebispo de Praga, 175, 250.

López, Gregorio, escritor, 572.

Lorraine, Louis de, cardeal de Guise, 670.

Ludovisi, Alessandro, v. Gregório XV, papa, 129, 148, 167, 193, 219, 225, 226, 228, 658.

Lugo, Juan de, cardeal, 540.

Luís Maria Grignion de Montfort (São), 282, 376, 379, 436, 437, 439, 440, 441, 442, 443, 448, 456, 506, 647.

Luís XII, rei da França, 47, 60, 62, 85, 103, 136, 137, 142, 148, 154, 162, 164, 170, 172, 179, 188, 189, 202, 234, 236, 242, 255, 259, 268, 270, 271, 273, 283, 284, 292, 293, 304, 351, 489, 519, 658.

Luís XIII, rei da França, 47, 60, 62, 85, 103, 136, 137, 142, 148, 154, 162, 164, 170, 172, 179, 188, 189, 202, 234, 236, 242, 255, 259, 268, 270, 271, 273, 284, 292, 293, 304, 351, 489, 519, 658.

Luís XIV, rei da França, 57, 61, 80, 149, 150, 152, 159, 162, 183, 188,

192, 194, 200, 202, 203, 267, 269, 277, 281, 282, 283, 284, 285, 286, 289, 290, 291, 292, 294, 297, 298, 299, 301, 302, 303, 304, 306, 307, 308, 309, 310, 311, 312, 313, 314, 316, 317, 319, 320, 321, 327, 328, 330, 331, 333, 334, 335, 336, 337, 338, 339, 340, 341, 342, 343, 344, 345, 346, 348, 350, 351, 352, 353, 357, 358, 360, 363, 367, 372, 377, 394, 395, 419, 420, 424, 434, 458, 463, 470, 473, 476, 478, 480, 481, 482, 485, 488, 491, 493, 495, 496, 555, 557, 561, 563, 580, 590, 599, 605, 606, 607, 614, 615, 617, 618, 623, 635, 661, 665, 674, 676.

Luís XV, rei da França, 348, 355, 370, 493, 494, 495, 623, 633, 641, 665, 668.

Luísa de Marillac (Santa), 50, 51, 53, 54, 56, 144, 189, 661.

Lulli, Giovanni Battista, compositor, 188, 493, 494, 663.

Luxemburgo, Diniz de, capuchinho, 153, 164, 176, 346.

Luynes, Charles d'Albert, condestável da França, 223, 260, 544.

Mabillon, Jean, beneditino e orador, 131, 192, 428, 431, 575, 670.

Magni, Valeriano, capuchinho, 147, 177, 186, 250, 254, 256, 257, 291, 379, 456, 673.

Maidalchini, Camilo, cardeal, 480.

Maidalchini, Olympia, 195.

Maintenon, Françoise d'Aubigné, viúva Scarron, Mme. de, 294, 297, 298, 303, 304, 309, 316, 317, 319, 320, 335, 339, 356, 370, 418, 454, 580, 581, 582, 591, 592, 593, 594, 597, 610, 614, 620.

Malebranche, Nicolas de, filósofo, 27, 408, 414, 426, 459, 460, 503, 665.

Malissoles, Berger de, bispo, 421.

Manara, Juan de, v. Dom Juan, 180.

Maomé IV, sultão da Turquia, 236, 473.

Maracchi, Luigi, padre, 575.

Marais, Pierre Godet des, bispo de Chartres, 304, 454, 613.

Marca, Pierre de, arcebispo de Paris, 276, 329, 331, 555, 557, 558, 674.

Margarida Maria Alacoque (Santa), 163, 282, 353, 379, 383, 456, 500, 607, 662, 676.

Maria Adelaide da Savoia, 332, 599.

Maria da Encarnação, ursulina, 91, 97, 100, 377, 587.

Maria de Santa Teresa, Marie Petit, carmelita, 97.

Maria Madalena de Neuburg, imperatriz da Alemanha, 376.

Maria Teresa da Áustria, imperatriz, 667.

Marillac, Luísa de, v. Luísa de Marillac (Santa), 50, 51, 53, 54, 56, 144, 189, 661, 671.

Martellange, Etienne, jesuíta, 185.

Mascaron, Jules, bispo de Agen, 282, 394, 411, 421, 426.

Massen, Jacques, jesuíta, 257.

Massillon, Jean-Baptiste, orador, bispo de Clermont, 191, 295, 297, 356, 374, 387, 391, 393, 394, 395, 411, 421, 426, 503.

Massoulié, Antoine, dominicano, 378.

Mastrilli, Gregório, jesuíta, 174.

Maunoir, Julien (Venerável), jesuíta, 100, 137, 139, 140, 434, 659, 673.

Maupas, Henri Cauchon de, bispo de Évreux, 76.

Maurício de Nassau, príncipe, 218, 500, 659.

Maximiliano da Baviera, duque, 207, 215, 225, 226.

Maximiliano de Trauttmansdorf, 231.

Mazarino, Júlio, cardeal-ministro da França, 62, 63, 67, 68, 69, 75, 80, 103, 137, 159, 188, 194, 222, 229, 231, 256, 266, 267, 268, 277, 286, 302, 312, 313, 328, 489, 536, 545, 546, 547, 555, 557, 652, 660, 661.

Mazel, Abraham, chefe *camisard*, 116, 326.

Mechthilde, Catherine de Bar, beneditina, 128.

Megerle, Ulrich, agostiniano, 391.

Meliand, Biaise, procurador geral, 52.

Mellini, Savo, cardeal, 480.

Mercier, Pierre, 144, 185.

Mersenne, Marino, jesuíta, 189, 266, 370, 373.

Meynier, Bernard, jesuíta, 317.

Mézeray, François Eudes de, historiador, 116.

Michaelis, Sebastian (Venerável), dominicano, 176.

Mignard, Pierre de, pintor, 403, 490, 664.

Miramion, Marie Bonneau de, 50, 581.

Molanus, Gerhard Gualterius, teólogo luterano, 458.

Molina, Luís, teólogo jesuíta, 89, 511, 653.

Molinos, Miguel de, teólogo jesuíta, 478, 506, 571, 572, 573, 574, 575, 576, 577, 578, 581, 586, 598, 601, 603, 606, 633, 651, 662, 663, 676, 678.

Mont, Henri du, 187, 188.

Montbazon, Maria da Bretanha, duquesa de, 132, 429.

Montespan, Françoise Athenais de Pardaillan, Mme. de, 296, 297, 304, 311, 371, 393, 396.

Monteverdi, Cláudio, compositor, 188.

Montgaillard, Percin de, bispo de Saint-Pons, 619.

Moreau, Jean-Baptiste, compositor, 493.

Morin, Simon, visionário e escritor, 159.

Motteville, Françoise Bertaud de, escritora, 61, 290.

Muratori, Lodovico Antonio, historiador, 434, 638.

Murillo, Bartolome Esteban, pintor, 180, 663.

Nanteuil, Robert, pintor, 403.

Nepveu, François, jesuíta, 374, 380.

Nevers-Gonzague, Charles de, duque, 676.

Nicole, Pierre, teólogo jansenista, 543, 564.

Ninon de Lenclos, Anne, cortesã, 387.

Nitard, Johann Everard, cardeal alemão, 172.

Noailles, Louis-Antoine de, cardeal, 156, 424, 580, 593, 597, 600, 610, 611, 612, 613, 614, 615, 616, 617, 619, 622, 624, 625, 626, 627, 628, 629, 630, 654, 666.

Nouet, Jacques, jesuíta, 98, 378, 571.

Noulleau, Jean-Baptiste, oratoriano, 95.

Noyelle, Charles de, jesuíta, 172.

Nyel, Adrien, 448, 450.

O'Neal, Phelim, 244.

Oates, Titus, ministro anglicano, 108, 465, 470.

Odescalchi, Bento, cardeal, v. *Inocêncio XI, papa.*

Olier, Jean-Jacques, 476, 478, 573.

Olivares, Gaspar de Guzman de, o conde-duque, ministro de Filipe IV, 207, 218, 224, 273.

Orleans, Antoinette d', beneditina, 128.

Orsini, Pietro Francesco, cardeal, v. *Bento XIII, papa*, 423.

Palladio, David, compositor, 182.

Pallu, François, bispo missionário, 73, 543.

Papin, Denis, físico, 323, 664.

Pâris, François de, 632.

Pascal, Blaise, 146, 161, 174, 203, 544, 547, 549, 550, 661.

Pascal, Jacqueline, religiosa jansenista, 445, 544, 557, 652.

Pasquier, Etienne, jurisconsulto e escritor, 271.

Patin, Guy, médico e escritor, 553.

Paulo II, papa, 284.

Paulo IV, papa, 601.

Paulo V, papa, 143, 167, 199, 242, 512.

Paulo, Vincent ou Vicente de, v. *Vicente de Paulo (São)*, 7, 10, 14, 15, 16, 17, 19, 20, 22, 24, 27, 28, 35, 36, 37, 38, 39, 40, 41, 42, 43, 45, 46, 47, 48, 49, 50, 51, 52, 53, 54, 55, 56, 57, 58, 59, 60, 62, 63, 64, 65, 67, 68, 69, 70, 71, 72, 73, 74, 76, 77, 78, 79, 80, 81, 83, 88, 91, 95, 96, 100, 101, 103, 105, 107, 110, 111, 113, 114, 115, 117, 118, 123, 134, 135, 140, 141, 142, 143, 144, 145, 147, 154, 156, 157, 160, 162, 167, 173, 175, 176, 178, 179, 189, 190, 191, 192, 197, 199, 205, 206, 225, 242, 246, 284, 350, 365, 377, 378, 379, 384, 392, 403, 409, 423, 432, 434, 439, 440, 443, 447, 451, 505, 512, 514, 525, 529, 530, 531, 533, 535, 539, 540, 542, 543, 544, 568, 588, 589, 601, 639, 657, 659, 660, 661, 667, 671.

Pavillon, Nicolas, bispo d'Alet, 70, 105, 334, 420, 430, 446, 540, 561, 605, 672.

Pedro I o Grande, czar da Rússia, 662, 665.

Péguy, Charles, 387, 439, 624.

Pellisson, Paul, abade, 316.

Pembroke, Archange de, capuchinho, 519.

Père Joseph, 97, 138, 157, 221, 223, 224, 235, 236, 255, 263, 659, 673.

Périer, Marguerite, 553.

Pétau, Denys, jesuíta, 540, 541.

Petitdidier, Jean-Joseph, jesuíta, 484.

Petrucci, Geronimo, cardeal, 575.

Phelippeaux, Jean, teólogo, 601.

Pignatelli, Antonio, cardeal, v. *Inocêncio XII, papa*, 479.

Pinamonti, Giovanni Pietro, jesuíta, 435.

Pithou, Pierre, jurisconsulto e humanista, 275, 276, 329, 332.

Places, Claude Poullard des, padre, 424.

Plessis, Armand Jean du, v. *Richelieu, cardeal*, 219, 259, 544.

Pomey, François, jesuíta, 374, 380.

Poquelin, Jean-Baptiste, v. *Molière*, 120, 150, 151, 156, 191, 281, 282, 363, 366, 389, 390, 408, 490.

Portail, Jacques Andrés, pintor, 33.

Portmorand, Alexandre Colas de, padre, 147.

Porto Maurício, Leonardo de, 378.

Poussé, Antoine Ragnier de, padre, 122.

Precipiano, Humbert Guillaume de, arcebispo de Malinas, 566, 635.

Provenzale, Francesco, compositor, 188.

Puget, Pierre, pintor e escultor, 487, 489.

Quarré, Hugues, padre, 95.

Quesnel, Pasquier, padre jansenista, 311, 409, 604, 608, 609, 610, 611, 612, 614, 618, 619, 620, 621, 622, 625, 628, 630, 632, 633, 635, 637, 638, 641, 654, 665, 676, 677.

Quetplus, Gabriel de, padre, 122.

Racine, Jean, poeta, 151, 202, 281, 282, 305, 321, 363, 366, 371, 384, 525, 564, 591, 604, 607, 608, 617, 637, 646, 664.

Raissant, Firmin, padre, 164.

Rameau, Jean Philipe, compositor, 493.

Rancé, Armand Jean le Bouthillier de, fundador dos trapistas, 43, 132, 191, 372, 419, 420, 428, 430, 431, 432, 456, 482, 492, 598, 661, 672, 676.

Raoul, Jacques, bispo de Saintes, 70, 202, 673.

Ravanel, Pierre, teólogo protestante, 326.

Réaux, Gedeon Tallemant des, escritor, 106.

Régis, François ou Francisco, v. *Francisco Régis (São)*, 100, 137, 139, 145, 146, 173, 197, 660, 673.

Renty, Gaston Jean-Baptiste, barão, 64, 98, 155, 162, 169, 445, 673, 678.

Retz, cardeal de, 19, 60, 68, 80, 85, 100, 102, 194, 277, 328, 371, 392, 556, 557, 558.

Ricci, Jacobo, cardeal, 574.

Richelieu, cardeal, 39, 44, 47, 48, 60, 66, 85, 102, 103, 106, 113, 114, 117, 121, 129, 131, 132, 136, 146, 148, 157, 162, 199, 200, 202, 213, 214, 218, 219, 220, 221, 222, 223, 224, 226, 228, 231, 234, 235, 243, 255, 256, 257, 258, 259, 260, 261, 264, 265, 266, 267, 268, 270, 272, 273, 276, 277, 278, 279, 302, 304, 313, 389, 429, 489, 514, 533, 534, 535, 536, 590, 658, 659, 660, 672, 673.

Richéome, Louis, jesuíta, 90.

Richer, Edmond, síndico da Universidade de Paris, 275, 276, 329, 425, 509, 621, 624, 674.

Ridolfi, Nicola, dominicano, 176.

Rigaud, Hyacinthe, pintor, 358, 403, 488, 661.

Ripa, Augusto, bispo de Vercelli, 578, 644.

Rivet, Andrés, teólogo protestante, 266.

Rodolfo II, imperador da Alemanha, 211, 658.

Rogério de Stahremberg, 474.

Rohan, Armand Gaston Maximilien, cardeal, 620, 627.

Rohan, Charles de, príncipe de Soubise, 260, 261, 264.

Rohan, Henri de, duque, chefe dos huguenotes, 259.

Rojas de Spinola, Cristobal de, franciscano, 457, 458, 459.

Roland, Nicolas, padre, 149, 326, 327, 448, 450, 499, 531.

Roquette, Gabriel de, bispo de Autun, 385, 421, 422, 423, 446.

Rospigliosi, Giulio, cardeal, v. Clemente IX, papa, 196.

Rotrou, Jean, dramaturgo, 145.

Rousseau, Marie, 120, 125, 201, 375, 503, 603, 643, 651, 665.

Rovenius, Philippe, vigário apostólico, 241, 635.

Rubens, Pier Paul, pintor, 490, 491.

Sáenz de Aguirre, José, cardeal, 481.

Saint Joseph, Chérubin de, carmelita, 132.

Saint-Albert, René de, carmelita, 378.

Saint-Cyran, abade de, 65, 66, 99, 107, 163, 380, 392, 418, 509, 510, 513, 514, 515, 521, 523, 524, 525, 526, 530, 531, 532, 533, 534, 535, 536, 538, 543, 545, 548, 564, 566, 567, 609, 611, 617, 624, 628, 634, 646, 648, 649, 658, 659, 676, 677.

Saint-Denis, Charles Marguetel de, senhor de Saint-Évremond, escritor, 52, 56, 130, 282, 487, 625.

Sainte-Beuve, Jacques de, teólogo, 364, 406, 410, 524, 531, 544, 566, 617, 624, 645, 651, 677, 678.

Sainte-Marthe, Abel de, oratoriano, 609.

Sainte-Marthe, Claude de, jansenista, 564.

Saint-Lô, Chrisostome de, franciscano, 96.

Saint-Maur, Charles de, duque de Montausier, 565.

Saint-Samson, Jean de, carmelita, 87, 97, 672.

Saint-Simon, Louis de Rouvroy, duque de, historiador, 79, 170, 290, 293, 299, 302, 304, 306, 311, 321, 336, 357, 358, 371, 413, 480, 582, 594, 614, 617, 620, 626, 654, 674.

Saint-Sorlin, Jean Desmarets de, escritor, 159, 235.

Sales, Francisco de, v. Francisco de Sales (São), 21, 22, 23, 28, 29, 52, 77, 78, 79, 88, 89, 90, 91, 93, 97, 99, 100, 104, 105, 151, 162, 166, 177, 195, 200, 201, 202, 368, 379, 382, 386, 401, 420, 519, 530, 560, 568,

569, 571, 584, 588, 592, 649, 657, 658.

Santarelli, Antônio, jesuíta, 272, 276, 659.

São José, Madalena de, 87, 147, 148, 167, 173, 378.

Sarrazin, Jacques, escultor, 187.

Sauli, Alexandre, barnabita, 32.

Savaron, Jean, magistrado e historiador, 270, 288.

Savoia-Nemours, Maurice de, 190.

Scarlatti, Alexandre, compositor, 494.

Scarron, Paul, escritor, 297, 298.

Schwartzenberg, Adam de, príncipe, 254.

Segneri, Paolo, jesuíta, 173, 391, 435, 573, 577.

Séguier, Dominique, missionário, 136.

Séguier, Pierre, chanceler, 67.

Senault, Jean François, oratoriano, 137, 392, 503.

Serres, Just de, bispo de Puy, 140, 359.

Sévigné, Marie de Rabutin-Chantal, Mme. de, 299, 321, 349, 350, 371, 381, 387, 395, 396, 397, 482, 503, 544, 563, 564, 565, 592, 675.

Sigismundo III Vasa, rei da Polônia, 246, 247, 278.

Silly, Françoise de, 18.

Simiane, Gaspard de, cavaleiro, 59, 157.

Simon, Richard, oratoriano, 75, 79, 159, 164, 170, 185, 290, 293, 299, 302, 304, 306, 311, 321, 336, 357, 358, 371, 408, 413, 480, 486, 503, 582, 594, 614, 617, 620, 626, 654, 674.

Singling, Antoine, padre, teólogo, 525, 543.

Sisgaud, Cristophe d'Authier de, bispo de Béthléem, 111, 118, 136.

Sisto IV, papa, 195.

Sisto V, papa, 179, 192, 225.

Slavata, Guilherme, historiador, 249.

Slodtz, Sébastien Antoine, escultor, 489.

Soanen, Jean, bispo de Sénez, 394, 629, 634, 636.

Solminihac, Alain de, bispo de Cahors, v. *Alain de Solminihac (Bem-aventurado)*, 70, 104, 130, 136, 156, 201, 420, 587, 672.

Sourdis, François d'Escoubleau de, cardeal, 106.

Sourdis, Henri d'Escoubleau de, arcebispo de Bordeaux, 305.

Spinoza, Baruch de, filósofo, 191, 211, 662.

Starowolski, Simon, historiador, 246.

Steenhoven, Cornelius, arcebispo jansenista de Utrecht, 636.

Stensen, Niels, cientista e bispo, 175, 458, 468.

Suárez, Francisco *(Doctor Eximius)*, teólogo jesuíta, 234, 270, 288.

Sully, Maximilien de Béthune, duque de, 207, 235, 237, 459.

Surin, Jean Joseph, jesuíta, 98, 377, 571.

Suzarre, Listolphe de, bispo, 543.

Sweelinck, João Pedro, compositor holandês, 187.

Talaru, arcebispo de Lyon, 168.

Tarisse, Grégoire, beneditino, 117, 131.

Templin, Prokop von, capuchinho, 436.

Thesdon, escultor, 618.

Tököly, Imre, 463, 464, 473.

Tomás, Severo, bispo de Gerona, 144, 422, 467, 557, 659.

Travers, Nicolau, teólogo e historiador, 639, 675.

Tremblay, Joseph du, capuchinho, v. *Père Joseph*, 97, 128, 133.

Tronson, Louis, teólogo, 166, 203, 415, 426, 441, 450, 504, 546, 587, 592, 593, 598, 610.

Urbano VIII, papa, 34, 179, 193, 195, 196, 197, 198, 199, 204, 226, 227, 228, 229, 277, 536, 658.

Urfé, Louis de Lascaris d', bispo de Limoges, 420, 421, 435.

Vair, Guillaume du, bispo de Lisieux, 102, 109.

Vallées, Marie des, 117, 162, 201, 203.

Van den Vondel, Joost, poeta, 241.

Varlet, Dominique Marie, bispo coadjutor de Isfahan, 636.

Vauvenargues, Luc de Clapiers, marquês de, escritor, 373.

Verneuil, Henri de, duque, 14, 103, 190.

Véron, François, escritor, 32, 255, 265, 541.

Vicente de Paulo (São), 7, 10, 14, 15, 16, 17, 19, 20, 22, 24, 27, 28, 35, 36, 37, 38, 39, 40, 41, 42, 43, 45, 46, 47, 48, 49, 50, 51, 52, 53, 54, 55, 56, 57, 58, 59, 60, 62, 63, 64, 65, 67, 68, 69, 70, 71, 72, 73, 74, 76, 77, 78, 79, 80, 81, 83, 88, 91, 96, 100, 101, 103, 105, 107, 110, 111, 113, 114, 115, 117, 118, 123, 134, 135, 140, 141, 142, 143, 144, 145, 147, 154, 156, 157, 160, 162, 167, 173, 175, 176, 178, 189, 190, 191, 197, 205, 206, 246, 350, 365, 377, 378, 379, 392,

403, 423, 432, 434, 439, 443, 451, 505, 514, 525, 530, 531, 533, 535, 539, 540, 542, 543, 544, 568, 588, 639, 659, 660, 661, 671.

Vieira, Antônio, jesuíta e orador, 178, 391, 436, 500, 501, 502, 657, 662, 664.

Vigneron, Marie, 53.

Villeneuve, Gabriel Drouet de, 331.

Villeneuve, Marie l'Huillier, Mme. de, 50, 121, 148.

Vintimille du Luc, Charles Gaspar, arcebispo de Paris, 630.

Von Harroch, arcebispo de Praga, 175, 250, 458.

Vouet, Simon, pintor, 185.

Voyer d'Argenson, Marc René, 58, 155, 202.

Wallenstein, Alberto Wenceslau, general alemão, 216, 221, 228.

Wartenberg, Franz von, 175.

Watteau, François Louis Joseph, pintor, 488, 666.

Yves de Paris, 91.

Zaccaria, Antônio Maria, v. Antônio Maria Zaccaria (Santo), 166.

Zamet, Sébastien, bispo de Langres, 70, 106, 156, 519, 523, 524, 533, 535, 672, 677.

ESTE LIVRO ACABOU DE SE IMPRIMIR
A 5 DE NOVEMBRO DE 2024,
EM PAPEL IVORY SLIM 65 g/m².